한국사

20

고려 후기의 사회와 대외관계

국사편찬위원회

자문위원

민 병 하　　변 태 섭

편찬위원

박 용 운　　최 병 헌　　홍 승 기

집필(고려 후기의 사회와 대외관계)

김 구 진　　김 성 준　　나 각 순
나 종 우　　윤 용 혁　　이 정 신
장 동 익　　홍 승 기

기획 · 편집

신 재 홍　　변 승 웅　　이 근 택
고 혜 령　　권 영 국　　김 영 미
나 애 자　　박 남 수　　박 한 남

복간 간행 : 김 용 곤 · 장 득 진

한국사 간행취지

우리 겨레가 앞으로 어떻게 살아갈 것인가 하는 문제는 우리들은 물론 우리와 더불어 살아가는 세계인들의 관심사일 것이다. 이에 대한 해답은 과거에 어떻게 살아왔는가 하는 우리 역사에 대한 인식을 통해 찾을 수 있을 것이라고 생각된다.

본 위원회에서는 이미 1970년대에 『한국사』 25권을 간행하여 해방 이후 한국사의 연구성과를 집대성함으로써 한국사에 대한 인식을 새롭게 한 바 있다. 그 이후 한국사회는 놀라운 성장과 발전을 이루었고 역사학계도 상당한 연구성과를 축적하였다. 이러한 변화에 발맞추어 한국사학계는 새로운 『한국사』 편찬의 필요를 느끼게 되었다.

이에 본 위원회는 일차적으로 한국사 연구지원비를 마련하여 역사학계로 하여금 1980년대 중반까지 연구성과가 미진하다고 생각되는 분야를 연구할 수 있도록 하였다. 이어서 1989년부터 1990년까지의 준비를 거쳐 1991년에는 '신편 한국사 편찬위원회'를 따로 구성하고 총 60권에 달하는 새로운 『한국사』를 편찬하기로 하였다. 그리고 다음과 같은 『한국사』 편찬의 목표를 세웠다.

① 한국의 역사와 문화에 대한 객관적 인식의 토대를 제공할 수 있는 한국사를 편찬한다.

② 민족의 창조적 문화활동과 민족사의 내재적 발전을 드러내는 한국사를 편찬한다.

③ 최근까지의 연구성과를 체계화하고 새로운 영역을 개척함으로써 한국사 연구의 지평을 넓힌다.

④ 한국사 연구와 관련하여 고고학·인류학·사회학·경제학 등 인접학문의 연구성과를 수용하여 한국사 인식의 폭을 넓히는 데 기여한다.

새로운 『한국사』를 펴내면서 우리 모두가 바라는 바는, 민족의 통일에 대비해야 하고 급격히 변화하는 시대상황 속에서, 한국사 연구자의 깊이 있는 연구를 도와주고 독자들의 역사인식을 드높일 수 있는 길잡이 구실을 할 수 있었으면 하는 것이다.

국사편찬위원회 위원장

목 차

개　　요

I

고려사회는 무신란 이후에 크게 변화하였다. 그 가운데 하나가 정치의 주도세력이 바뀌었다는 점이다. 문벌귀족의 사회에서 무신들의 사회로 변화하였던 것이다. 무신들의 집권이 영속적인 것은 아니었지만 무신란의 성공으로 말미암아 빚어진 변화가 단순히 문무 사이의 정권교체에 그치지 않았다는 사실에 유의할 필요가 있다. 무신들이 집권한 한 세기는 문벌귀족들의 재기가 불가능하게 되기에 충분한 기간이었으며, 무신들의 주도적인 지위를 굳건히 하기에는 부족함이 없는 기간이기도 하였다. 뿐만 아니라 이 기간에 무신집권세력은 여러 사회적 변화를 주도하여 후기사회의 커다란 변모에 기여하였다. 후기사회의 여러 변모 가운데에서도 먼저 주목되는 것은 신분제가 동요하였다는 점이다.

고려 후기에 있어서 신분제의 동요에 직접적인 계기가 된 것은 정치적인 변동이었다. 그러한 변동의 대표적인 예가 무신란의 발생이다. 고려가 원의 간섭에 따라 부마국의 지위로 떨어졌다는 점도 중요하다. 공민왕의 개혁도 간과할 수가 없다. 무신란을 성공시킴으로써 무신들은 종래의 문벌귀족들이 누리고 있던 지배세력의 지위를 차지하게 되었다. 원의 정치적 간섭을 받게 되면서부터는 원의 후원을 받는 권문세족이 등장하면서 지배세력의 위치에 오르게 되었다. 그러나 원의 세력이 약화되자 권문세족들의 지배적인 지위도 흔들리게 되었다. 특히 공민왕의 정치적 개혁을 통하여 그들은 커다란 타격을 입었다. 이에 대신하여 사대부 세력들이 공민왕의 개혁을 지원하면서 크게 부상하게 되었다. 이와 같이 거듭된 지배세력의 교체는 신분제가 동요한 결과이기도 하지만 한편으로는 그 원인이 되기도 하였다.

한편 경제적인 측면에서 고려 후기에 두드러지게 보이는 농장의 발달도 신분제의 동요에 영향을 주었다. 자영농들이 권세가의 농장에 많이 흡수되면서 전호가 되기도 하였고, 노비의 지위로 전락하는 예도 적지 않게 나타났다. 제도상의 변화도 신분제를 움직이는 데 크게 도움을 주었다. 이와 관련하여 특히 주목되는 것은 文武交差制·納粟補官制·添設官制가 시행되기도 하였다는 점이다. 또 部曲制가 폐지되었다는 점도 중요하다.

정치적·경제적·제도적 변화에 따라서 신분제가 동요하게 되었거니와, 신분제 동요의 내용은 신분이동이 전에 비하여 커졌다는 점이다. 신분제를 유지하는 데 있어서 지금까지 가장 중시한 것은 신분을 고정시키는 일이었다. 물론 일정한 한계 속에서 신분이동도 인정되었다. 신분을 고정시키는 일이 신분을 이동시키는 일보다 훨씬 더 큰 비중을 차지하고 있었던 것은 말할 나위도 없다. 후기의 사회가 되어서도 신분고정은 여전히 강조되었지만, 신분이동이 더욱 두드러진 현상이 되어 갔다. 신분이동에서 중요한 것은 낮은 신분층이 높은 신분층으로 나아가는 일이었다. 이야기가 거듭되지만 무신이 문신을 제압하고 지배계층이 되기도 하였다. 양인에 견주어질 수밖에 없는 한미한 집안 출신들로서 원의 세력에 줄을 대어 권문세족으로 등장하는 일마저도 생겨났다. 향리신분 출신들이 정계에 진출하여 중앙귀족이 되는 일도 전에 비하여 증가하였다. 고려 말이 되면 그러한 계보를 잇는 사대부 계층이 정국을 주도하는 상황에까지 이르게 되었다. 李義旼이나 金俊 또는 辛旽은 노비신분 출신이었지만, 정권을 장악하기까지 하였다. 물론 그들의 경우는 극단적인 예에 해당하지만, 어쨌든 전기의 문벌귀족사회에서는 상상하기 어려운 일이었다.

고려 후기에 신분상승과 관련하여 각별히 주목되는 것은 향리들의 경우이다. 향리의 자제가 과거를 통하여 중앙에 진출하는 길은 일찍이 열려 있어 과거를 통해 중앙관료로 진출한 사례는 많았다. 그런데 후기에 이르면 그러한 예가 더욱 증가하였다. 무선정권에서는 과거를 통하여 能文能吏의 관리를 뽑고자 하였는데 이에 부응하여 많은 향리자제들이 과거에 합격하여 중앙관리로 출세하였다. 원의 간섭기에 있어서도 그러한 향리자제들의 정계진출은 꾸준히 계속되어 충선왕의 개혁정치를 뒷받침하여 권문세족에 대항하기도

하였다. 특히 공민왕의 개혁정치에 향리신분 출신의 관리들이 커다란 역할을 한 사실에 주목해도 좋을 것이다. 그들이 조선을 건국하는데 기여한 신진사대부와 연결되어 있다는 점에서 그러하다. 그러나 고려 말의 신진사대부들의 주력이 과연 향리신분 출신이었는지는 다시 면밀한 검토가 있어야 할 것이다. 또 그들이 무신집권시대 이래 정계에 진출한 향리출신 관리들과 같은 성격으로 파악될 수 있는지도 따져 보아야 할 과제라고 생각된다.

고려 후기에는 신분의 하강이동도 상승이동에 못지 않게 많아졌다. 중앙의 귀족들이 정치적으로 몰락하여 시골로 내려가 在地品官이 되는 일도 점차 하나의 뚜렷한 추세를 보여주기 시작하였다. 일반 양인 농민들 가운데에는 경제적인 이유에서 남의 노비가 되는 사람들도 많아졌다.

고려 후기에 접어들면서 특히 무신집권기에 농민·천민의 봉기가 크게 일어났다. 중앙의 통치체제가 제대로 유지될 수 없는 상황 속에서 지방의 하층민의 반항이 커졌다. 이것도 신분제의 동요와 밀접한 관련이 있는 것이었다. 만적의 난과 같은 천민들의 봉기는 주로 신분해방을 목표로 하였다. 만적은 "公卿將相의 씨가 따로 있는가"라고 물었다. 이 말은 핏줄의 귀하고 천함에 바탕을 둔 신분제에 대한 근본적인 부정을 뜻하는 것이었다. 일반농민들의 경우에는 경제적인 요인이 더 중요하였다. 그들 가운데에는 권세가들의 대토지 겸병이 확대되면서 토지를 잃어 생계유지조차 어려워지는 사람들이 많아졌다. 게다가 그들에 대한 지방관의 경제적인 수취는 더욱 심해져갔던 것이다.

일반 농민들의 사정에 대하여는 좀 더 자세한 설명을 부칠 필요가 있다. 고려 후기에 와서 농업기술이 발전하였다. 그 결과 常耕田이 증가하였고, 토지의 생산력도 증대하였다. 이에 따라서 농경지의 경제적 가치는 크게 높아졌으므로 재화와 권력을 가진 사람들은 전보다 더 농경지에 관심을 가지게 되었다. 그들은 권력으로써 토지를 겸병하였고, 재화로써 농장을 넓혀 갔다. 반대로 재화와 권력이 없는 농민들은 토지의 소유에서 점차 밀려났다. 농토에서 유리된 농민들은 유력하고 부유한 사람들의 농장에 흡수되어 토지를 빌려서 농사를 지을 수밖에 없었으니 많은 농민들이 자영농의 지위에서 佃戶의 위치로 전락하였다. 전호의 지위마저도 얻지 못한 농민들은 도적이 되거나 유랑할 수밖에 없었다. 이처럼 생산력의 증대가 오히려 많은 농민들을 토지에서 떨어져 나오게 하였던 것이며 계급분화가 그로 말미암아 보다 심해졌다는 이야기가 된다. 이에 더하여 지방관의 수취는 더욱 심화되어 갔으니 고려 후기 농민의 반항과 봉기는 바로 이러한 사회경제적 변화 속에서 빚어진 현상들이었다.

그런데 그들에게 경제적인 어려움을 가져다 준 권세가나 지방관은 대체로 귀족들이었고 그들의 수탈·수취도 그들이 주도한 신분제의 운용의 결과였다고 할 수 있다. 이러한 견지에서 보면 농민들의 반항은 귀족중심으로 짜여져 있고 그렇게 운용되고 있는 신분제에 대한 반발로서 이해될 소지도 아울러 지니고 있다 하겠다.

Ⅱ

고려 후기에 있어서 대외관계는 주로 몽고(원)와의 사이에서 생겨난 것이었다. 고려와 몽고와의 관계는 전쟁으로 시작하였다고 보아도 지나치지 않다. 물론 전쟁은 몽고의 도발과 침입으로 빚어진 것이다. 몽고는 30여 년 동안 전후 6차례에 걸쳐 고려에 침입하였다. 그것은 넓게는 몽고의 세계정복전의 일환으로, 좁게는 동아시아에 대한 지배권 확보책의 하나로 이루어졌다. 몽고의 의도가 그러하였으므로 고려에 대한 침입은 대대적이고 전국적이었다. 따라서 그에 따른 폐해는 큰 것이었다.

몽고의 침입에 대처해야 했던 것은 최씨무신정권이었다. 최씨정권은 몽고의 침입에 굴하지 않았다. 강화도로 도읍을 옮겨가면서까지 최씨정권은 몽고에 대한 항전의 결의를 굳건히 하였다. 팔만대장경의 조판도 그러한 항전의식에서 나온 것이었다. 침략군에 대하여 싸워야하고 이겨야하는 것은 어느 정권에 있어서도 당연한 일일 것이다. 국토나 국민을 침략군에게 내어줄 수는 없는 노릇이다. 그러나 강화천도 이후에는 국토와 국민의 대부분이 그들의 침략에 의하여 오랫동안 철저하게 유린되었다. 그러한 참담한 현실을 애써 외면하고 최씨정권은 오로지 항전으로 일관하였다. 최씨정권의 이러한 태도는 쉽게 이해가 가지 않는다. 이것은 최씨정권의 민족적·자주적 태도만 가지고는 설명할 수 없다. 이와 관련해서는 최씨정권과 그에 편들었던 여러 정치적 세력들의 이해관계를 따로 헤아려 보아야 할 것이다.

대몽항전에 있어서 고려가 취한 일관된 전략은 입보책이었다. 섬이나 산성에 백성들을 입보시킴으로써 기병 위주의 몽고군에게 어려움을 줄 수 있어서 이 전략은 효과적이었다. 이 입보책은 주로 행정계통과 조직을 통하여 추진되었다. 자연히 입보민의 지휘와 감독을 일선에서 맡는 일은 대체로 지방수령의 몫이었다. 그러므로 지방민들이 크게 흩어짐이 없이 모여서 생존을 유지할 수 있었고, 고려에서 전쟁을 장기간 끌 수 있었던 것도 이 전략에 힘입은 바 컸다. 또한 사정이 그러하므로 일반 농민들이나 천민들이 항몽전선에서 중요한 역할을 할 수가 있었다.

대몽항쟁의 맥락에서 이채를 띠는 것은 삼별초의 난이었다. 원종과 일부 문신들과 연결되어 삼별초는 임유무의 무신정권을 타도하는 데 기여하였다. 그러나 원종이 출륙환도를 결정하자 이에 불복하여 삼별초가 반란을 일으킨 것이다. 배중손 등에 의하여 이끌린 삼별초는 처음에는 진도로, 다시 제주도로 옮겨가면서 원나라 군대와 관군에 맞서 싸웠다. 남부지방에서는 그에 호응하는 농민·천민들도 상당수에 달하였다. 삼별초의 지휘부나 그에 동조한 세력들의 의도가 구체적으로 어떠한 것이었는지는 앞으로 더 연구를 기다려 보아야 할 것이다.

무신정권이 끝나고 다시 왕정이 이루어졌지만, 이 왕정은 원의 간섭기로 이어졌다. 원의 고려에 대한 정치적 간섭은 주로 정동행성을 통해서였다. 정동행성의 기구·역할·성격 따위는 몇 개의 시기구분이 가능할 만큼 한결같지가 않았다. 따라서 그것이 고려의 내정에 간섭하는 내용이나 정도도 시대의 변화에 따라서 달랐다. 이 사실은 물론 원의 정치적 사정의 변화와 무관할 리가 없다. 그러나 이 점은 원의 내정간섭에 대한 고려정부의 정치적 대응과도 밀접한 관련이 있는 것이다. 당시 실권을 쥐고 있던 고려정치인들의 태도나 의도를 면밀히 검토해야 할 이유가 여기에 있다.

정동행성을 앞세운 원의 내정간섭으로 고려에는 많은 변화가 생겨났다. 고려는 원의 駙馬國이 되었으며 정치제도를 비롯하여 많은 제도가 제후국의 격에 걸맞게 낮추어졌다. 고려와 원 사이에도 경제적 교류가 이루어졌지만, 호혜적인 무역 거래와는 거리가 멀었다. 원의 압제에 따른 고려의 일방적인 희생 위에서 경제적 교류가 이루어졌을 따름이다. 그러나 문화적인 교류는 활발하여 고려가 성리학을 적극적으로 수용하게 된 것은 원으로부터였다. 종교에 있어서도 라마교·도교·강남불교 등이 수용되었다. 이외에도 원으로부터 화약·授時曆 따위를 받아들여 과학을 발전시킬 수 있었다는 점도 지적되어야 할 것이다. 특히 원에서 《農桑輯要》와 목면을 받아들이고 移秧法을 소개받을 수 있었던 것은 고려의 농업발전을 위하여 다행한 일이었다고 하겠다.

원은 고려의 내정에 간섭하였을 뿐만 아니라 고려 영토의 일부를 직접 관할지로 편입시켰다. 즉 원은 원종 11년에 최탄 등의 叛附에 따라서 서경에 東寧府를 두고 북계와 서해도의 60여 성을 관할하게 하였다. 그러나 20년 뒤에 원은 그 지역을 고려에 환부하였다. 한편 원은 和州에 雙城摠管府를 두어 화주 이북의 15주를 그 관할 아래 두어 대략 한 세기 동안 그 지역주민을 지배하였다. 한편 원은 심양과 요양에 유망해 온 고려인들을 지배하기 위하여 瀋陽路를 설치하고 고려의 왕족으로서 瀋陽王(瀋王)을 삼았다. 원나라는 의도적으로 심왕과 고려왕을 대립시켜 고려를 견제하였기 때문에 고려정국이 불안에 휩싸이는 일이 많았다.

공민왕이 즉위하면서 원과의 관계는 새로운 국면으로 접어들었다. 공민왕이 반원적 개혁정치를 추진하여 나아갔기 때문이다. 공민왕이 즉위할 무렵에는 원에서 漢族들의 반란이 사방에서 벌떼처럼 일어났다. 원의 세력이 돌이킬 수 없을 만큼 쇠퇴하였음을 알게 된 공민왕은 즉위하자 몽고풍의 두발 풍속을 고치고 政房을 혁파하였다. 그의 치세 5년에는 부원세력인 奇轍 일당을 숙청하고 征東行中書省理問所를 혁파하고 원의 연호 사용을 금지시켰다. 나아가 그가 쌍성총관부를 공략하여 잃은 땅을 회복한 것도 이 때였다.

그러나 그의 반원적 개혁정치는 후퇴하지 않을 수 없었다. 아직도 원은 무시할 수 없는 대국으로 남아 있었고, 그로부터의 압력과 협박이 그치지 않았기 때문이다. 더욱이 국내에는 아직도 공민왕에게 호의적일 수 없는 부원세력의 뿌리가 남아 있었다. 게다가 두 차례에 걸친 紅巾賊의 침략은 커다란 충격을 주었다. 공민왕으로서는 국가를 보위하고 왕위를 유지하기 위해서는 원에 대하여 적대적일 수만은 없는 사정들이 있었던 것이다.

공민왕 13년에는 원에 있던 德興君이 원의 군사 1만 명을 거느리고 침입하여 공민왕을 폐위하려 하였는데, 이는 공민왕의 반원정책에 대하여 원이 반발한 결과였다. 다행히 이 침략군들은 최영·이성계 등의 분전으로 패퇴되었다. 공민왕 폐위음모를 좌절시킴으로써 공민왕은 비로소 원의 지배와 간섭에서 벗어나 국가의 자주성과 왕위를 굳건히 지킬 수 있게 되었으며 그의 개혁정치도 다시 추진되었다. 그러나 이와 관련하여 주목되는 것은 바로 신돈의 집권이다.

공민왕 13년 신돈을 등용한 왕은 왕권을 강화하기 위하여 개혁정치를 추진하였다. 신돈을 앞세우고 공민왕은 田民의 推整事業을 추진하여 주로 농장의 확대로 다져진 권세가들의 경제적 기반을 허물고자 하였다. 또 여러 지방에 있는 散官들의 赴京侍衛를 법제화하여 군사력의 강화를 꾀하였다. 공민왕 초기의 개혁이나 신돈이 주도한 개혁이나 모두 반원적인 성격을 띠면서 아울러 왕권을 강화하고자 하였다는 점에서 같다. 그러나 초기의 개혁이 반원적 성격이 더 두드러졌다면 신돈의 개혁은 왕권강화에 보다 큰 비중이 두어졌다고 하겠다. 신돈의 개혁에는 이색·정몽주·정도전·이숭인 등 신진사대부들도 깊이 관여하였다. 이들은 그 뒤 공민왕의 친명정책의 추진에 협조하면서 점차 하나의 정치적 세력으로 성장하여 갔다.

그러나 고려 말에 다가서면서 국내의 정국이 복잡해져 갔다. 당시의 정치인들은 친원파와 친명파로 갈라져 다투는 형국을 드러냈다. 특히 명이 철령위 설치를 적극 추진하면서 친명파와 친원파의 대립이 첨예화되었다. 고려에 대한 명의 태도가 더욱 위압적이 되자 우왕은 요동정벌을 단행함으로써 이에 결연히 맞섰다. 정벌 길에 이성계가 회군함으로써 친명파가 득세하게 되었고, 그들이 결국 조선을 건국하기에 이르렀다.

고려는 원의 압제에서 벗어나 자주국가로서의 면모를 갖추어 갔지만, 한편으로는 원을 대신하여 홍건적과 왜구가 침입하여 옴으로써 커다란 피해를 입게 되었다. 홍건적은 공민왕 때 두 차례에 걸쳐 침입하였다. 특히 두번째 침입의 경우에는 10여만 명의 홍건적이 쳐들어 와서 개경이 함락되기도 하였다. 이에 비하여 왜구의 침략군은 비교적 적은 규모로 짜여져 있었지만 그 침입은 오랜 기간 동안 많은 횟수에 걸쳐서 이루어졌다. 그로 말미암은 민심의 동요와 국력의 낭비가 대단히 심각하였다. 따라서 홍건적의 침입과 왜구의 침략이 고려의 마지막을 재촉하였다는 점은 의심이 가지 않는다.

〈洪承基〉

Ⅰ. 신분제의 동요와 농민 · 천민의 봉기

1. 신분제의 동요

2. 농민 · 천민의 봉기

Ⅰ. 신분제의 동요와 농민·천민의 봉기

1. 신분제의 동요

1) 신분제 동요의 배경

흔히 의종 때 일어난 武臣亂을 지표로 삼아 고려사회를 그 이전과 이후로 나누어 전자를 전기사회로, 후자를 후기사회로 보고 있다. 적어도 신분사의 관점에서 볼 때 이러한 구분은 적절한 듯하다. 무신란은 무신들이 정변을 통하여 집권할 수 있었던 계기가 되었다. 그들의 집권은 성공하였고, 그들이 주도하는 정치가 한 세기에 걸쳐 지속되었다. 무인들의 집권이 그토록 장기간에 걸쳐서 성공적이었다고 하는 사실은 그 자체가 고려의 신분제도에 커다란 변화가 있었음을 보여준다고 하겠다. 무신들도 귀족이었지만, 그들은 문신귀족들의 밑에서 그들의 주도 아래 움직일 수 있었을 뿐이다. 무신들은 문신들의 위에 오를 수는 없었다. 무신란의 발생이 지니는 신분사적 의미를 크게 보는 까닭이 여기에 있다.

고려 후기사회의 신분사에서 다음으로 주목되는 것은 고려가 元의 정치적 간섭을 받게 되었다는 사실이다. 물론 이 사실은 무신란의 경우와는 달리 그 자체가 곧바로 신분제도의 변화를 뜻하는 것은 아니다. 그러나 원의 간섭을 받게 되면서 원의 세력과 연결을 맺고 새로이 權門世族들이 지배 세력으로 등장하였다는 점을 유의할 필요가 있다.[1] 이것은 신분제도의 변화와 밀

1) 고려 후기의 권문세족에 관해서는 閔賢九, 〈高麗後期 權門世族의 成立〉(《湖南文化硏究》 6, 1974)과 〈高麗後期의 權門世族〉(《한국사》 8, 국사편찬위원회, 1974)의 연구가 있다. 이에 관한 보다 상세한 설명은 朴龍雲, 〈權門世族과 新進士類의 社會〉(《高麗時代史》, 一志社, 1987), 527~539쪽이 참고가 된다. 한편 「권문세족」이라는 용어가 적절하지 않다는 견해도 있지만, 더 중요한 것은

접한 관련이 있는 것이다. 새로 등장한 권문세족 가운데에는 종래의 문벌과는 구별되는 새로운 계층도 포함되어 있었다. 고려 후기 권문세족을 대표하는 평양 조씨의 경우 군인 출신의 趙仁規가 몽고어 통역을 맡은 일로 발돋움하게 되었다는 것은 다 아는 사실이다.[2)]

무신란의 발생과 원의 간섭은 지배계층 내부의 신분상 지위에도 변화를 가져왔다. 가령 무신란으로 무신들의 신분적 지위는 올라갔지만, 반대로 문신들의 경우는 낮아졌다. 그러나 원의 간섭을 받게 되면서는 다시 무신들의 지위는 내려가고 문신들의 경우는 올라갔다. 다만 무신란을 계기로 지배계층의 신분상 지위에 나타난 이러한 변화가 전면적이었던 데 비하여 후자의 경우에서는 부분적이었다고 할 수가 있고, 또 전자에서 변화의 진행이 급격하였는데 비하여 후자의 경우는 점진적이었다고 할 수가 있다.

무신란의 발생이나 원의 간섭과 함께 신분사의 관점에서 중요한 것은 공민왕에 의한 개혁이다.[3)] 그에 의한 개혁은 권문세족을 대표하는 종래의 附元세력을 제거하는 데 초점이 맞추어진 것인데, 그 결과 이른바 新進士大夫가 새로이 지배귀족으로 등장하게 되었다.[4)] 공민왕의 개혁은 지배귀족층 내부에

그러한 개념을 규정해 주는 여러 특성들이 정당한지의 여부일 것이다. 현재까지는 이 문제를 다룬 선학들의 논의에 커다란 결함이 발견되지 않는다. 따라서 이 글에서는 관례대로 이 용어를 사용하기로 한다. 金光哲, 《高麗後期 世族層硏究》(東亞大出版部, 1991) 참조.

2) 閔賢九, 〈趙仁規와 그의 家門〉 (上)·(中)(《震檀學報》 42·43, 1976·1977).

3) 공민왕의 개혁은 여러 차례 있었다. 그가 즉위하면서 李齊賢을 내세워 개혁을 추진한 적도 있고, 동5년에는 洪彦博을 중심으로 한 개혁의 시도도 있었다. 그러나 그의 개혁 가운데 가장 과감한 것은 동14년 辛旽을 기용하여 추진한 것이었다. 이에 관한 상세한 설명은 閔賢九, 〈辛旽의 執權과 그 政治的 性格〉 (上)·(下)(《歷史學報》 38·40, 1968) 및 〈益齋李齊賢의 政治活動—恭愍王代를 중심으로—〉(《震檀學報》 51, 1981)에서 얻을 수 있다.

4) 고려 후기의 신진사대부의 등장과 성격에 관한 초기의 연구로는 李佑成, 〈高麗朝의 '吏'에 대하여〉(《歷史學報》 23, 1964)가 있고, 이것을 바탕으로 한 金潤坤, 〈新興士大夫의 대두〉(《한국사》 8, 국사편찬위원회, 1974)가 참고가 된다. 한편 신진사대부의 등장과 활동을 충선왕이나 각별히 공민왕과 연관지어 보다 구체적으로 파악하고 있는 연구로는 다음과 같은 것들이 있다.
閔賢九, 앞의 글(1974b).
李成茂, 〈兩班層의 成立過程〉(《朝鮮初期 兩班硏究》, 一潮閣, 1980).
李泰鎭, 〈高麗末 朝鮮初의 社會變化〉(《震檀學報》 55, 1983).
朱碩煥, 〈辛旽의 執權과 失脚〉(《史叢》 30, 1986).
朴龍雲, 앞의 책.

이러한 변화를 가져왔다는 점에서 무신란의 발생이나 원의 간섭에 버금가는 중요성이 있다.[5] 그런데 무신란의 발생이나 원의 간섭 또는 공민왕의 개혁이 단순히 지배귀족 내부의 변화만을 뜻하는 것은 아니었다. 그러한 정치적 변화들은 하위계층의 신분이동에 대하여서도 커다란 영향을 주었던 것이다. 그러한 사실들로 해서 우리는 고려 후기의 신분제의 동요를 이야기하는데 있어서 이 세 가지의 정치적인 변동에 각별한 의미를 부여하고 있는 것이다.

이상과 같은 커다란 정치적 변동이 주요 계기가 되어 고려 후기에 와서 신분제가 동요하게 되었다. 그렇다면 신분제의 동요란 구체적으로 무엇을 의미하는 것일까. 고려시대 신분제 운영의 기본 원칙은 신분계층 사이에서의 이동은 최대한 억제되어야 한다는 점이었다. 신분계층은 저마다 국가에 대하여 일정한 역할을 하도록 기대되어 있었다. 그러므로 당연히 그들은 저마다 신분상의 지위도 달랐다. 그들이 사회적으로 누려야 하는 권리(특권)와 의무(부담·제약)가 각기 달랐던 것이다. 이러한 원칙은 그 정도가 통일신라시대의 경우에 비할 바는 못되었지만 고려에서 아직도 엄격하게 지켜졌다.

그러나 한편으로 고려는 신분제를 시행하면서 신분이동을 어느 정도 허용하고 있기도 하였다. 문반이든 무반이든 또는 향리이든 군인이든, 그 자식들이 아버지의 役과 신분과 지위를 이어야 하는 것은 당연하였지만, 그렇다고 그 자식들 모두가 언제나 반드시 그러했던 것은 아니었다. 고려시대에 限職制度가 시행되었다는 사실도 이와 관련이 있다. 한직의 제약을 받는 많은 신분계층은 원칙을 따지면 관직에 나아갈 수 없는 사람들이었다. 雜類라든지 工匠·승려·군인 등이 그러하였다. 그들은 그들에게 주어진 본래의 임무만 대대로 이어받아야 할 사람들이었다. 그러나 그들은 본래의 임무를 벗어나 신분을 바꾸고 관직에 나아갈 수도 있었다. 다만 그럴 경우 나아가는

그런데 朴龍雲은 신진사대부보다는 新進士類라는 용어가 더 적절하다고 하였지만(위의 책, 540~542쪽), 필자는 판단이 잘 서지 않는다. 따라서 이 글에서는 일반적 관행대로 신진사대부라 칭하였다.

5) 신진사대부의 현저한 대두가 공민왕의 개혁과 관련이 있는 것은 분명하지만, 그렇다고 그들이 당장 정국을 주도하게 되었다고 말할 수는 없다. 권문세족과 맥락이 닿는 보수세력들의 위력이 고려 말까지 살아 있었던 것이다. 그러나 대국적으로 보아서 신진사대부가 정국에서 중심세력이 되어갔다고 보아도 좋을 것이다.

관품이나 관직에 제약이 따랐다. 제약을 가진 대로나마 그들이 관직자가 될 수 있었다는 사실도 역시 하나의 엄연한 원칙으로 살아있었다. 한직제도는 바로 이 원칙을 전제로 하고 시행된 제도였다. 과거제도의 시행에서도 이러한 원칙은 존중되었다. 과거시험은 문관을 채용하는 것인데, 본래의 원칙대로 한다면 문반에게만 응시의 자격이 주어져야 마땅할 것이지만, 실제에 있어서는 그렇지 않았다. 무반은 말할 것도 없고 지방의 향리들이나 군인·잡류 등도 응시할 수 있게 하였으며, 일반 양인 농민들에게도 과거에 나아갈 수 있는 문은 열려 있었다.6)

이와 같이 고려 전기의 신분제도는 모든 사람들이 제각기 특정한 신분계층에 속하여 일정한 임무를 대대로 수행하여야 하였지만, 한편으로는 그 신분계층을 벗어나서 다른 임무를 세습할 수도 있었다. 이것은 신분을 고정시키는 원칙과 함께 신분을 이동시키는 원칙이 고려의 신분제도 운영에서 아울러 공존하고 있었음을 뜻한다. 상반되는 이 두 원칙이 실제에 있어서 조화를 이루고 있었던 것이 고려 전기의 신분제도였다고 할 수 있다. 그러나 이 두 원칙에 있어서 우선적이고 더 중요했던 것은 신분을 고정시키는 원칙이었다. 신분을 이동시키는 원칙은 어디까지나 부차적인 원칙이었다. 그러므로 이 둘의 조화라는 것도 전자가 훨씬 더 우대되고 그것에 더 큰 비중이 두어진 속에서 이루어진 그러한 의미의 조화였던 것이다.

고려 후기에 와서 보이게 되는 신분제의 동요란 이와 같이 두 원칙 사이에 있었던 종래의 조화가 깨졌다는 것을 의미하는 것이다. 신분이 고정되는 일보다는 신분이 이동하는 일이 더 두드러진 현상이 되었다. 지배계층의 변화만 보아도 전기사회에서는 보기 드문 일들이 나타났다. 이미 언급하였듯이 무신들이 한 세기에 걸쳐서 집권하게 되었던 것은 전혀 새로운 사실이었다.

---

6) 다만 그들이 응시할 수 있는 과거는 明經科와 雜科에 한하였다. 製述業에는 그들이 나아갈 수 없었다고 보는 견해가 유력하다는 점에서 그러하다.
李基白, 〈高麗貴族社會의 形成〉(《한국사》 4, 국사편찬위원회, 1974 ; 《高麗貴族社會의 形成》, 一潮閣, 1990), 67쪽.
朴龍雲, 〈高麗時代의 科擧－製述科의 應試資格－〉(《高麗時代 蔭敍制와 科擧制 硏究》, 一志社, 1990), 239~243쪽.
———, 〈高麗時代의 科擧－明經科에 대한 檢討－〉(위의 책), 571~572쪽 참조.

원나라의 간섭을 받게 되면서 원과 연결을 맺고 그 비호 속에서 정국을 주도하는 새로운 성격의 지배세력으로 권문세족들이 크게 대두하였다. 고려 말이 가까워지면서 지방의 향리출신들이 중앙의 정계에 진출하여 강력한 정치세력을 이루게 되는 것도 전기사회의 경우에 비하여서는 크게 눈에 띄는 일이었다. 그러나 고려 후기사회에 있어서 신분이동을 보여주는 극적인 예는 아무래도 하급 신분계층들의 경우에서 찾아볼 수 있다. 비근한 예로 李義旼은 노비신분으로 군인이 되었다가 최고의 권력자가 되었다. 金俊도 노비출신으로 마침내 정치권력을 장악한 사람이었다. 辛旽 역시 노비신분으로 승려가 되었다가 끝내 정치권력을 한 손에 거머쥔 바가 있었다.

고려 후기의 신분 이동은 높은 신분으로 상승하는 경우도 있었지만 반대로 낮은 신분으로 하강하는 경우도 있었다. 비근한 예로 반역을 꾀한 죄로 귀족들이 하루아침에 관노비로 전락하는 경우도 정치적 변동이 심하였던 고려 후기에 흔히 볼 수 있는 일이었다. 또 꼭 그런 경우가 아니라고 해도 정치적으로 몰락하여 점차 지방으로 내려가 在地品官이 되는 귀족들도 나타났다.[7] 물론 그렇다고 그들이 귀족의 지위를 당장 버리게 되는 것은 아니었다. 그러나 그들 가운데 상당한 수는 종국에 가면 귀족의 지위에 겨우 매달려 있거나 더 운이 나쁘면 일반 양인과 별반 차이가 없는 존재가 되었다. 이것은 고려 전기에서는 찾아보기 어려운 현상이었다. 일반 양인층의 경우도 신분상 지위의 하락은 드문 일이 아니었다. 이와 관련하여 주목되는 것은 고려 후기에 農莊制가 발달하였다는 점이다. 권력을 배경으로 한 세력가들에 의하여 대토지 소유가 늘어나고 이것은 농장제의 발달을 가져왔다. 그 결과 많은 자작농들이 전호로 밀려나게 되었으며, 심하면 노비신분으로 전락하기도 하였다.[8]

---

7) 이와 관련하여서는 朴恩卿, 〈高麗後期 地方品官勢力에 관한 硏究〉(《韓國史硏究》 44, 1984)가 크게 참고가 되며, 그 밖에도 다음과 같은 연구가 있다.
千寬宇, 〈麗末鮮初의 閑良〉(《李丙燾華甲紀念論叢》, 1956 ; 《近世朝鮮史硏究》, 1979).
浜中昇, 〈麗末鮮初の閑良について〉(《朝鮮學報》 42, 1967).
韓永愚, 〈麗末鮮初 閑良과 그 地位〉(《韓國史硏究》 4, 1969).

8) 壓良이나 投托에 의하여 일반 양인 가운데 노비로까지 전락하는 일이 많았다는 점에 대해서는 洪承基, 〈奴婢의 社會經濟的 役割과 地位의 變化〉(《高麗貴族社會와 奴婢》, 一潮閣, 1983), 198~200쪽 참조.

신분이동이 이러한 정치적 변동이나 경제적 변화에 따라서 찾아지기도 하였지만, 제도의 변화에 힘입어서 일어나기도 하였다. 고려 후기에 접어들면서 문반과 무반 사이에 교차가 이루어지게 되었다. 그 결과 문반도 무반직에 나아가고 무반도 문반직에 나아갈 수 있는 일이 보편화되었다.[9] 그리고 添設職 제도를 두어서 관리가 되는 이들의 수를 늘리기도 하였다. 이 첨설직에 나아가는 계층은 주로 士人과 향리층이었지만, 일반 양인이나 천인들의 경우도 농민·공장·상인과 같은 일반 양인이나 노비와 같은 천인들이 첨설직을 받을 수 있는 기회를 가지게 되었다.[10] 또한 고려 후기의 신분이동과 관련하여 중요한 것은 충렬왕 원년(1275)부터 시행된 納粟補官制度였다.[11] 일반 양인이 군공과 같은 특별한 공적이 없다고 하더라도 일정한 양의 白銀이나 米를 바치면 관직에 나아갈 수가 있었다. 이것이 얼마나 철저하게 시행되었는지는 잘 알 수가 없지만, 돈을 주고 관직을 사는 것을 합법적으로 보장하여 주었다는 점에서 주목해야 할 사실이다. 또 이미 알려져 있듯이 고려 후기에 와서는 部曲制가 점차 혁파되어 갔다. 이것은 일반 郡縣人보다 낮은 사회적 지위를 가지고 있던 鄕·所·部曲人들이 더 이상 군현인과 구별되지 않게 되었음을 의미하는 것이다. 요컨대, 문무교차제·첨설직제·납속보관제의 시행이나 부족제의 폐지와 같은 제도상에 보이는 변화들이 또한 당시의 신분이동을 보다 쉽게 해주었던 것이다.

〈洪承基〉

2) 양인·천인의 신분이동

여러 신분층 가운데 특히 양인과 천인의 신분이동이 고려 후기에 와서 더 수월하여진 데에는 그들 자신들의 항쟁에 힘입은 바가 크다는 점도 중요하

---

9) 邊太燮, 〈高麗朝의 文班과 武班〉(《史學硏究》 11, 1961 ; 《高麗政治制度史硏究》, 一潮閣, 1971), 321~329쪽.

10) 添設職制度는 공민왕 3년에 軍功을 세운 사람들에게 상으로 주기 위하여 시행되기 시작하였는데, 이에 대한 연구로는 鄭杜熙, 〈高麗末期의 添設職〉(《震檀學報》 44, 1978)이 있다.

11) 《高麗史》 권 80, 志 34, 食貨 3, 納粟補官制.
朴龍雲, 앞의 책, 586~587쪽.

다. 고려 후기에 접어들면서 양인 가운데에서 일반 농민이나 그보다 낮은 소·부곡인들과 공사노비들에 의한 반란이 꼬리를 물고 거의 전국적으로 일어나게 되었다.1) 이러한 농민이나 천인의 반란은 제각기 성격이 다른 것이고, 그들의 바라던 바도 역시 한결같지는 않았다. 농민 반란으로는 西北面 지역 농민의 항쟁, 全州民의 항쟁, 雲門·草田 농민의 항쟁, 慶州民의 항쟁 등이 있었는데, 국가의 수탈에 항거하여 일어난 것이다. 이러한 경제적인 이유가 농민들의 반란에 있어서 가장 중요하였다. 그러나 그들이 거부하고 나선 경제적 수탈도 그들의 신분적 한계와 직접 관련이 있었다는 점에서 그들의 항쟁에는 일면 신분해방의 의도도 잠재하여 있었다고 할 수 있다. 신분 해방으로서의 성격이 보다 뚜렷한 것은 노비이거나 사회적으로 천시되는 사람들에 의한 반란이었다. 鳴鶴所民의 항쟁, 奴兀部曲民의 항쟁이나 晋州 公私 奴隷의 반란 및 萬積의 난이 그러한 예들이다. 특히 만적은 난을 선동하면서 "公卿將相의 씨가 어찌 따로 있겠는가"라고 하면서 동지들의 마음을 움직인 것으로 유명하다.

농민의 반란이나 천민의 반란은 최씨집권기에 오면 대부분 모두 진압되었고, 어느 하나도 성공을 거두지는 못하였다. 그러나 그 결과 신분제의 동요가 더욱 커져서 신분이동을 촉진하게 되었음도 의문의 여지가 없다. 특히 향·부곡·소 등의 특수한 행정구역이 점차 소멸되기에 이른 것은 그들의 항쟁과 밀접한 관련이 있다고 하겠다.

(1) 양인·천인의 신분상승

고려 후기에 양인과 천인의 신분상의 변화가 생겨나게 된 배경에 대하여 알아보았다. 이제 그들의 신분이동의 실제에 접근하여 볼 차례이다. 이와 관련하여 신분이동 가운데 먼저 신분상승에 관한 모습부터 정리하여 보기로 한다. 고려 후기에 양인이나 천인의 신분상승을 가장 극명하게 보여주는 것

---

1) 이러한 문제에 대해서는 여러 학자들이 관심을 가져온 바 있었지만, 그 연구들은 모두가 개별적인 것이었다. 최근에 이 문제를 포괄적이고 체계적으로 다룬 연구가 나왔는데 여기서의 설명은 대체로 그에 따른 것이다. 李貞信, 《高麗武臣政權期 農民·賤民抗爭 研究》(高麗大 民族文化研究所, 1991) 참조.

은 무엇보다도 노비출신으로서 고위관직에 나아간 사람들의 수가 대단히 많았다는 사실일 것이다.[2] 앞서도 언급하였지만 이의민이나 김준 등은 그 대표적인 인물이라고 할 수 있다. 그러나 그들의 대부분은 국왕이나 집권자와 밀접한 관련을 맺고 각별한 총애와 비호를 받았다는 점에서 지극히 정치적이었으며, 이 점에서 이러한 사실로써 일반론을 말하기는 어렵다고 하겠다. 또 양인이라 하여도 그 상층부에 속하였던 향리·군인·잡류 등의 신분적 배경을 가진 이들로서 관리가 된 경우는 헤아리기조차 어려울 정도로 많다. 특히 향리들의 경우가 그러하였음은 이미 널리 알려진 사실이다. 그래서 양인의 상층부에 속하는 이들의 예를 가지고 양인의 신분상승을 이야기하는 데에도 한계가 있는 것이다.

따라서, 여기서는 보통 양인의 경우를 알아보고 천인이라고 해도 특별한 정치적 이유에서가 아니면서 신분을 상승시킨 예에 한하여 설명을 이끌어 가고자 한다. 일반 양인이나 천인들의 신분상승에 관한 대략적인 경향은 아래의 여러 기록으로써도 대충 파악할 수 있다고 본다.

① 續命이 상소하여 이르기를… '땅(근본)은 臣道인데 이제 상과 벌이 밝지 못하므로 높고 낮은 신하들이 게으르고 해이해져 관직을 비우고 또 軍功으로 말미암아 白丁이 갑자기 卿相에 나아가고 노예가 외람되이 朝班에 처하여 臣道가 혼란하고 이로써 지진을 초래하였습니다. 청컨대 이제부터 상벌을 엄격히 하고 고귀한 국가의 관직을 신중하게 취급하소서'(《高麗史》 권 111, 列傳 24, 金續命).

② 이 때 여러 해 동안 나라에 전쟁이 계속되어 창고의 저장이 다 말랐고 德興兵이 또 이르름에 공있는 사람을 모두 벼슬로써 상을 주게 되자 (吳)仁澤과 (金)達祥이 먼저 문·무관을 첨설할 것을 건의하고 드디어 銓注를 맡게 되었다. 출정하는 將士가 모두 건너뛰어 벼슬자리에 나아가니 사람들이 즐겨 從軍하였다. 그러나 청탁이 크게 일어나고 뇌물이 공공연히 행하여져 工匠·賤隷도 관직을 받지 않음이 없으니 官爵이 크게 범람하였다(《高麗史》 권 114, 列傳 27, 吳仁澤).

③ 紹宗이 상소하여 이르기를… '예로부터 帝王이 천하의 백성을 4등급으로 나누어 士·農·工·商이라 하였는 바 농·공·상은 각각 그 業을 대대로 하여 웃

---

2) 원나라 간섭기에 한한 것이기는 하였지만, 필자는 이미 노비출신으로서 정계에 나아간 이들의 구체적인 사례들을 자세하게 검토한 바가 있다(洪承基, 〈元의 干涉期에 있어서의 奴婢출신 인물들의 政治的 進出〉, 《高麗貴族社會와 奴婢》 제9장, 一潮閣, 1983). 그리고 같은 책 제7장 〈崔氏武人政權과 崔氏家의 家奴〉 및 제8장 〈武人執權時代의 奴婢叛亂〉도 노비출신 인물들의 정치적 활동을 이해하는 데 도움을 줄 것이다.

사람을 모셨습니다. 오직 士는 일함이 없이 학교에 들어가 독서하고 몸을 닦아 집을 바르게 하여 임금을 섬기는데, 백성을 다스리는 道를 다 배운 다음에 벼슬합니다. …신축·계묘년 이래로 나라의 쓰임이 부족하여 官爵으로써 功을 상주는 물건으로 삼으니 소인이 외람되이 軍功을 무릅쓰고 뇌물을 인연하여 차례 없이 뛰어서 제수되어 왔습니다. 그 근원이 한 번 열리매 오늘에 이르기까지 商賈·工匠·公私奴隷가 모두 얻어 관리가 되었습니다'(《高麗史》 권 120, 列傳 33, 尹紹宗).

위의 사료들은 모두 공민왕 때의 사정을 전하고 있지만, 그것들을 통해서도 고려 후기에 일반 양인과 천인들이 벼슬에 나가는 일이 과거에 비하여 보다 많아지게 되는 경향을 읽기에 부족함이 없다. 벼슬길에 나가는 일은 그들의 신분상승을 가장 확실하게 보장하여 주는 것이었다. 윤소종은 관직은 본래 사족만이 맡아야 하는 것인데도 농민이나 공장 및 상인은 말할 것도 없고 심지어 공·사노비들까지 관직에 나아가고 있는 것이 현실임을 지적하고, 이 현실을 개탄하는 입장을 보였다(③). 그런데 위의 사료들을 두루 보면 백정(농민)·공장·상인·노예 등이 관직을 얻게 되는 계기가 주로 군공에 의하여 마련되었음을 알 수 있다. 군대에서 공을 세우는 일이나 그러한 공을 세우도록 권장하는 일에서 그들이 관직에 접근할 수 있는 기회를 가지게 되는 것이 일반적이었다고 할 수 있다. 그 다음으로 중요한 것은 뇌물이었다. 그들이 재화를 가지고 관직에 접근하였다는 뜻이다.

구체적인 사례를 통해서도 이러한 사실들을 확인하여 볼 수 있다. 일반 양인과 천인으로서 관직을 받아 신분을 상승시킨 예는 많지만, 여기서는 대표적인 예를 몇 가지만 들어보기로 하겠다.

④ 白任至는 藍浦縣 사람으로 농업에 종사하였다. 처음 驍勇함으로써 뽑혀 서울에 이르러 셋집에 살면서 섶을 팔아 자급하였다. 의종이 선발하여 內巡檢軍에 충당되어 왕의 행차를 호종하였는데 잠시도 儀仗의 곁을 떠나지 않으니 그 공로로 隊正에 보임되었다. 鄭仲夫의 난으로 무인이 뜻을 얻게 되자 드디어 貴顯하게 되었다. 명종조에 여러 번 옮겨 刑部侍郎이 되었다(《高麗史》 권 100, 列傳 13, 白任至).

⑤ 曺元正은 玉工의 아들이니 어머니와 할머니는 모두 官妓였다. 처음 7품직에 한정되었으나 정중부의 난 때 李義方을 도왔으므로 드디어 郎將·將軍을 지내고 명종 때 工部尙書가 되었다가 樞密院副使에 전임되었다(《高麗史》 권 128, 列傳

41, 叛逆 2, 曺元正).

⑥ 孫琦는 본래 상인으로 충숙왕의 倖臣이 되었다. 여러 번 옮겨서 大護軍이 되고 시종한 공으로 전토와 노비를 사급받았는데, 摠部典書를 거쳐 知密直司事에 승진하였다(《高麗史》 권 124, 列傳 37, 嬖幸 2, 孫琦).

⑦ 朴球는 蔚州에 속한 部曲人이니 그 선대가 부유한 상인이었으므로 그 유산을 물려받아 부자로 알려졌다. 원종 때에 上將軍이 되었다. … (그는) (金)方慶을 좇아 일본을 쳐서 공이 있었다. 뒤에 同知密直司事로서 合浦에 出鎭하고 贊成事로서 죽었다. 구는 별다른 기능은 없었으나 군공으로서 귀하게 되었다(《高麗史》 권 104, 列傳 17, 金方慶 附 朴球).

⑧ 李英柱의 아버지는 應公이다. 영주가 처음에 중이 되었다가 뒤에 세속으로 돌아와 양가의 딸에게 장가들어 한 아들을 낳았다. (영주가) 管城縣令이 되었다. 충렬왕이 세자가 됨에 靴工 金淮提의 처가 美色임을 듣고 이를 들였는데 때에 임신한 지 이미 수개월이 지났었다. 딸을 낳으매 궁중에서 기르기를 자기가 낳은 것 같이 하였다. 영주가 그 처를 버리고 이에 장가드니 때에 國壻라 칭하였다. 충렬왕이 즉위함에 미쳐 內園丞으로서 郎將에 건너뛰어 배수되니 궁중에 출입하여 권세가 날로 성하였다. … (충렬왕) 26년에 密直副使로 임명되었다(《高麗史》 권 123, 列傳 36, 嬖幸 1, 李英柱).

⑨ 池奫은 忠州人이니 그 어머니는 巫女였다. 行伍에서 출세하여 여러 번 종군하면서 공이 있었으므로 공민왕 때에 여러 차례 옮겨 判崇敬府事가 되었다. 우왕 때에 門下贊成事·判版圖司事에 임명되었다(《高麗史》 권 125, 列傳 38, 姦臣 1, 池奫).

⑩ 平亮을 멀리 떨어진 섬에 유배하였다. 평량은 平章事 金永寬의 家奴였는데 見州에 거주하면서 농사일을 열심히 하여 치부하였다. 권력의 요직에 앉아 있는 사람에게 뇌물을 주어서 천인을 면하고 양인이 되었으며 散員同正을 얻을 수 있었다(《高麗史》 권 20, 世家 20, 명종 18년 5월 병진).

위의 사례들은 평량의 경우만 빼고는 모두가 《고려사》의 열전에 당사자가 입전되어 있다. 같은 사례로서 입전되어 있는 다른 경우들도 있고, 그렇지 않은 구체적인 예들은 더욱 많다. 여기서는 다만 대표적인 사례에 해당한다고 판단되는 것에 한하여 검토하고자 한다.

백임지는 농업에 종사하던 농민이었다. 그는 일반 양인의 전형적인 인물이었다. 그는 군인으로 뽑혀 서울로 가서 경군으로서의 임무를 충실히 수행한 공로로 장교가 되었으며, 정중부의 난에 참여하여 더욱 출세할 수 있었다(④). 조원정은 옥공의 아들이었으므로 工匠의 신분이라고 할 수 있는데 정중부의 난에서 공을 세워 정4품의 장군이 되었고 마침내 정3품의 공부상서에까지 오를 수 있었다(⑤). 손기는 본래 상인이었는데 충숙왕을 시종한 공으로 종2품의 지밀직사사에까지 승진하였다. 그에 앞서서 종3품의 대호군이 되었다고 한 것으로 미루어 보건대 그도 백임지나 조원정과 마찬가지로 처음에는 군인이나 장교로서의 임무를 잘 수행하여 그 공이 인정된 것은 아니었나 싶다(⑥). 박구는 부곡인이면서 동시에 상인이었던 인물인데 정2품의 찬성사까지 되었지만, 기록에도 있듯이 군대에서의 임무가 공로로 인정되어 그렇게까지 출세할 수 있었다(⑦). 지윤은 무녀의 아들로서 찬성사에 이른 사람이었다. 그런데 그의 출세도 군공에 힘입어 이루어졌다(⑨).

이영주는 승려출신으로서 충렬왕의 총애를 받아서 출세하여 정3품의 밀직부사가 되었다. 그가 국왕의 총애를 받게 된 것은 국왕의 뜻을 헤아려 그에 부응하는 일을 잘하였기 때문이라고 믿어진다(⑧). 끝으로 평량은 사노로서 양인이 되고 산원동정의 직도 얻게 되었는데 권세있는 관리에게 뇌물을 주어서 그렇게 할 수 있었다(⑩).

대체로 보면 일반 양인이나 천인이 관리가 되어 신분을 상승시키는 데에는 군인이나 장교로서의 임무를 충실히 수행하거나 그 이상 공이 인정되는 일이 중요하였다. 이것은 전문적인 군인들을 중심으로 운영되는 軍班制의 병제가 무너진 데다가 밖으로는 외족의 침입이 잦고 안으로는 정변이나 그 밖의 정치적 변동이 많았기 때문에 군사적인 임무가 전에 없이 중요하게 되었을 것이다. 이와 관련하여 아래의 기록을 보자.

> 병사를 모집하는 데 있어서 응모하는 사람 가운데 私賤을 제외한 나머지 士族과 鄕吏는 관직을 주고 宮司奴隸는 양인이 되게 하거나 錢帛으로써 상을 주는데 그들이 원하는 대로 해주게 하였다(《高麗史》 권 81, 志 35, 兵 1, 兵制 공민왕 10년 10월).

군사적인 임무의 중요성이 워낙 커서 병사가 되는 궁사노예까지도 그가 원하면 양인이 되게 할 정도였다. 이것은 사료 ①~③에서 읽을 수 있는 당시의 일반적인 경향을 다시 한번 확인시켜 주는 일이기도 하다.

그런데 사료 ②에 언급이 있듯이 뇌물도 그들의 신분상승에서 중요한 요인이 되었다고 보여진다. 여기서 잠시 아래의 기록을 보기로 하자.

개성부 5部와 외방의 州·縣에서 百姓을 양반으로, 천인을 양인으로 戶口를 위조하는 자들은 법에 의거하여 단죄하라(《高麗史》권 78, 志 32, 食貨 2, 戶口 충숙왕 12년 10월 敎).

이 기록은 호구를 위조하여 신분을 바꾸는 일이 전국적으로 있었음을 말하여 준다. 그러한 위조에 그것을 바라는 사람이 연루됨은 말할 나위가 없지만 위조행위 자체는 호구를 맡고 있는 관리가 하는 것이다. 호구담당 관리가 위조하는 것은 그것을 원하는 사람이 있어서 하게 마련이지만, 이러한 불법은 대체로 뇌물이 없이는 이루어지기 어려운 일이다. 평량이 양인이 된 것도 호구를 위조한 결과이겠는데, 그도 담당관리에게 뇌물을 주었던 것이다(⑩). 고려 후기는 정치적으로 경제적으로 그리고 사회적으로 안정되었다고 볼 수가 없다. 불안정한 사회에서는 관리들도 원칙에 따라서 일을 처리하기가 어렵다. 관리들에 대한 뇌물이 성행하는 상황 속에서 신분적 한계에 있는 이들이 그들의 신분상승을 위하여 뇌물에 의지하고자 하는 유혹에 빠지기 쉬운 것도 이해하기가 어렵지 않다. 일반 양인이나 천인 가운데는 평량처럼 열심히 일하여 재화를 모은 이들도 적지 않았을 것이고, 그 가운데는 역시 평량처럼 뇌물을 써서 호구를 위조하여 신분을 올리거나 벼슬을 사는 사람들도 결코 적은 수는 아니었을 것이다.

(2) 양인의 신분하락

위에서 일반 양인과 천인이 신분을 상승시키는 모습을 더듬어 보았다. 그러나 그들에게는 높은 신분으로 오를 수 있는 출세의 사다리만이 주어진 것은 아니었다. 양인 가운데에는 반대로 낮은 신분으로 전락되어야 하는 비운을 맞는 이들도 많았던 것이다. 이와 관련하여 아래에 보이는 몇 개의 사료에 눈을 돌려보기로 하자.

① 빈민으로 조세 때문에 자식을 판 사람은 관청에서 물어주어 그 (팔려간 자식)를 되돌려 주도록 하라(《高麗史》권 80, 志 34, 食貨 3, 賑恤 恩免之制 충렬왕 22년 정월 旨).

② 요즈음에 양인을 억압하여 천인으로 만드는 일이 매우 많다. 그 담당관청으로 하여금 그 文契가 없거나 속여서 위조한 자를 탄핵하여 죄를 주도록 하라. … 양반의 노비는 그 주인의 役이 따로 있어서 옛부터 公役과 雜斂이 없었는데 지금은 良民이 모두 권세가에 들어가서 官役을 받들지 않아 반대로 양반의 노비로써 대신하여 양민의 역을 하게 하고 있으니 지금부터는 일체 금하게 하라(《高麗史》 권 85, 志 39, 刑法 2, 奴婢 충렬왕 24년 정월 敎).

③ 오래된 부채를 빙자하여 양인을 겁주어 노비로 삼아 부리는 자에 대해서는 전의 判에 賤口의 役價를 1년에 5升布 32필 반으로 한 예에 따라서 계산하여 상환하고 모두 다 역을 면제하여 주십시오(《高麗史》 권 85, 志 39, 刑法 2, 禁令 충목왕 원년 5월 整理都監狀).

④ 처음에 貞和宮主의 오빠가 승려로 桐華寺에 거주하였는데 양인을 속여 천예를 삼으니 늘어나 천수백 호에 이르렀다. (王)琠 등이 그들을 대대로 부리니 整治都監이 사리를 밝혀서 양인으로 돌아가게 하였다(《高麗史》 권 91, 列傳 4, 宗室 2, 忠烈王子 江陽公 滋).

⑤ 都僉議使司가 啓奏하여 '흉년으로 굶어죽는 사람들이 매우 많은데도 진휼하여 살릴 수가 없으니 양인으로서 능히 스스로 먹을 수 없는 이들은 부유한 사람으로 하여금 먹이게 하고 부리기를 당대에 그치도록 하며 사람이 노비를 두었지만 능히 먹이지 못하는 경우에는 그를 먹이는 사람으로 하여금 영구히 노비로 삼게 하소서'라고 하였다. 왕이 양민을 천예로 인정하는 것을 싫어하여 그 啓書를 불태웠다(《高麗史》 권 39, 世家 39, 공민왕 10년 5월 갑술).

⑥ 權奸의 親黨이 兩府에 포진하였으며 중외의 요직이 사사로운 인연 아님이 없어서 권세를 오로지하여 방자하게 관작을 팔고 남의 토전을 탈취하여 산야를 점령하고, 남의 노비를 탈취하여 천백으로 떼를 이루고 陵寢·宮庫·州·縣·津·驛의 전토에 이르기까지 점거하지 않음이 없었다. 주인을 배반한 노예와 賦稅를 도피한 양민들이 淵藪 같이 모여들어서 안렴사와 수령이 감히 징발하지 못하였다(《高麗史》 권 126, 列傳 39, 姦臣 2, 林堅味).

이 기록들은 경제적으로 가난하여 생계를 꾸리기가 어려운 양인 농민 가운데에 노비가 되거나 그렇게 될 수밖에 없는 사람들이 많았음을 말하여 준다. 사료①은 생활이 어려워 자식을 아예 노비로 팔아버리는 일이 있었음을 보여준다. ⑥에서는 조세를 부담하기 어려운 일반 양인 농민이 권세있는 이들의 농장에 상당수가 모여들었다고 하는데, ②에 의하면 그 수가 많아서 양반 노비들이 양인 농민이 국가에 져야할 공역·공과의 부담을 대신 맡고 있을 정도였다. ④에서 왕유 등이 대대로 부렸다고 하는 천수백 호의 양인들도 그들의 농장에 모여든 사람들이었다. 물론 권세가에 모여든 양인들이 곧바로 노비가 되는 것은 아니었다. 왕유 등이 부린 천수백 호의 양인들도 속아서 노비가 되었던 사람들이다. 노비가 된 것이 그들의 자의가 아니었다는 뜻이 된다.

그러나 자의건 타의건 그것은 그렇게 중요하지 않다. 노비가 되기를 바라는 양인은 거의 없었을 것이라는 점에서 그러하다. 그렇게 되지 않을 수 없었던 불가피한 여건이 더 중요하다. 속이는 줄 뻔히 알고 있지만 가난한 그들로서는 그러한 상황을 피할 도리가 없었던 것이다. ⑤에서 가난하여 살 수 없는 이들을 당대에 한하여 부리게 하는 조건으로 부유한 사람이 먹여주게 하자고 한 제의에 대해 공민왕이 그렇게 되면 남의 노비를 만들어 주는 조치가 된다고 하여 반대하였다고 한다. 하지만 가난하여 굶어 죽을 상황에 놓인 양인은 오직 그를 먹여주는 사람의 자비를 기대하는 것 말고는 따로 할 수 있는 일이 없었을 것이다. 그런데 그들에게 자비를 베풀어 줄 이가 그렇게 많을 수가 없었으리라는 사실에 문제의 심각성이 있는 것이다. ③에서도 부채를 가지고 양인을 노비로 삼는 일을 금지시키고 있지만 국가에서 그들의 빚을 탕감시켜줄 수 없는 바에야 부채를 갚을 능력이 없어 채권자의 집에 가서 일을 할 수밖에 없는 사람은 채권자의 의도대로 마침내는 그의 노비가 될 수밖에 없었을 것이다. 물론 경제적으로 궁핍하지 않은 일반 양인을 권세가가 억압하여 자기의 노비로 만드는 일도 있기는 하였겠지만, 억압을 받는 이들의 대부분은 경제적으로 궁핍하였을 것이다.

일반 양인 가운데 노비로 전락하는 예들이 흔히 있었음을 보아 왔지만, 그들은 대부분 가난한 사람들이었다. 그리고 그렇게 될 수밖에 없었던 가장 큰 이유도 그러한 경제적 열악성에 있었다. 그러므로 일반 양인들 가운데에는 경제적인 요인에 의하여 신분을 위로 상승시켜 관직자가 되는 이들도 있었지만 반대로 신분이 떨어져 노비가 되는 이들도 있었다는 말이 된다. 신분을 상승시키는 양인들은 대체로 부유하였다. 일반 양인 가운데 경제적으로 부유한 이들은 재화를 가지고 신분을 높이는 기회를 가지는 경우가 있었지만 반면에 가난한 이들은 가난 때문에 신분이 낮아질 수밖에 없는 경우도 있었다. 물론 이러한 현상은 고려 전기에도 있었지만, 후기사회에는 더욱 두드러지게 되었다.

일반 양인에게 있어서 신분을 높이는 것과 그것을 내리는 일 가운데 어느 쪽이 더 현저하였는지는 지금 갑자기 단정할 수가 없다. 아무튼 이렇게 눈에 띄게 나타난 신분이동이 신분제의 근본을 크게 흔들어 놓는 일이었음은 분명하다. 고려 후기에 와서 지배세력은 전례 없이 자주 바뀌어 갔다. 문신에서 무신으로, 무신에서 권문세족으로, 권문세족에서 신진사대부로 바뀐 것이 그 대표적인 예이다. 이러한 지배세력의 변화가 양인을 포함한 각계 각층 사이의 신분이동을 촉진하였다. 그러나 양인과 천인을 포함한 각계 각층 사이에 나타난 신분이동이 반대로 그러한 지배세력의 교체를 촉진시켜 주었다는 점도 의문의 여지가 없다. 이러한 관점에서 볼 때 고려 말에 와서 조선의 새로운 체제를 준비하게 되는 신진사대부의 대두도 결국 이러한 전례 없는 신분이동의 한 결과였다고 이해해도 무리가 없다고 생각된다. 따라서 양인과 천인의 신분이동이 가지는 역사적인 의의는 우선 여기서 찾아볼 수 있을 것이다.

(3) 이성계 일파의 집권과 양인·천인의 신분고정

고려 후기 이래로 두드러지게 나타난 양인과 천인들의 신분이동은 고려 말 李成桂 일파가 집권하면서부터는 크게 둔화되었다. 이와 관련하여 아래에 보이는 일련의 사료들을 검토하여 보기로 하자.

> ①-㉮ 公私奴隷·州驛吏·工·商·雜類로서 외람되이 관직을 받은 자는 청컨대 憲司로 하여금 관품을 논함이 없이 모두 그 직을 빼앗을 수 있도록 허락하여 주십시오…㉯ 옛적에는 백성의 나이 16세이면 丁이 되어 비로소 國役에 복무하게 되고 60세에 老가 되어 役을 면하였습니다. 주·군이 매년 計口籍民하여 按廉에 올리면 안렴은 戶部에 올려서 조정에서 징병하고 調役하는 일이 손바닥을 가리키는 것과 같았는데 근래에 이 법이 한번 무너지매 수령이 그 州의 호구를 알지 못하고 안렴이 한 도의 호구를 알지 못하게 되었습니다. …원컨대 지금 마땅히…전토의 많고 적음으로써 그 호를 編籍하되 상·중·하로 삼고 또 호를 양·천으로 나누어 수령은 안렴에게 바치고 안렴은 版圖에게 바치게 하여 조정에서 무릇 징병과 조역할 때에는 이에 의거하게 하십시오…㉰ 禾尺과 才人이 갈고 심는 일을 하지 않고 앉아서 백성의 조세를 먹고 있으니…원컨대 이제부터는 그들이 거주하는 주·군에서 그 인구수를 헤아려 그 籍을 만들어 流移할 수 없도록 하고 빈 땅을 주어서 부지런히 씨뿌리고 갈게 하여 평민과 더불어 같게 하여 주

십시오(《高麗史》 권 118, 列傳 31, 趙浚 창왕 즉위년 趙浚條陳時務).

② 諸色工匠으로 공로가 있는 사람은 錢穀으로써 상을 주고 職事는 허락하지 마십시오(《高麗史》 권 81, 志 35, 兵 1, 兵制 공양왕 원년 2월 諫官上疏).

③ 양인을 억압하여 천인으로 만드는 것은 和氣를 感傷케 하는 것이니 王旨가 있은 뒤부터 한 달을 한하여 모두 방면하게 하고 위반하는 자는 엄중히 다스린다(《高麗史》 권 85, 志 39, 刑法 2, 奴婢 충목왕 원년 2월 敎).

④ 人物推辨都監이 奴婢決訟法을 정하여 '양인과 천인이 서로 혼인하는 것은 이제부터 律에 의하여 禁斷한다…'고 하였다(《高麗史》 권 85, 志 39, 刑法 2, 奴婢 공양왕 4년).

⑤ 노비를 放役하는 자가 뒤에 폐단을 생각하지 않고 그 자손에 이르기까지도 방역시키는 자가 있으므로 그 자손이 役을 말지 않기 때문에 분수에 넘치는 마음을 가지고 冒名하여 직을 받고 良族과 결혼하여 명예를 어지럽히고 혹은 本主를 모해하고 官法을 두려워하지 않아서 소송을 감히 합니다. 원컨대 이제부터는 애정과 공로를 논하고서 방역한 노비는 다만 그 일신에게만 그치고 자손에게는 미치지 말게 하소서(《高麗史》 권 85, 志 39, 刑法 2, 奴婢 공양왕 4년 都官上書)

사료 ①-㉮에서 조준은 노비·공장·상인은 말할 것도 없고 향리나 잡류까지도 관직에 나아간 자는 모두 그 직에서 축출하고자 건의하였다. ②에서도 어느 간관은 공장이 공이 있으면 전곡으로 상을 주고 관직에 제수하지 말라고 요구하였다. 그러한 요구는 노비·공장·상인향리·잡류가 어떤 공을 세웠다고 하더라도 관리가 되어서는 안된다는 견해를 보여주고 있는 것이다. 이 견해는 더 나아가 각 신분층은 저마다의 신분상의 지위를 지키면서 대대로 그에게 주어진 임무를 충실히 이행하여야 한다는 생각에서 나온 것이다. 그렇기 때문에 그들에게는 양인이 노비로 전락하는 것도 바람직한 것이 아니었다. ③에 보이는 바와 같이 양인이 억압으로 천인이 되는 것을 엄중히 금한다는 국왕의 교서도 역시 당시 개혁파들의 그러한 생각을 반영하고 있는 것이다.

양인은 양인으로 남아 있으면서 그가 할 일을 세습적으로 해야만 하였다. 천인의 경우도 마찬가지였다. 천인이 양인이 되는 것도 엄격하게 금지되었다. ④에 보이듯이 천인이 양인과 혼인하는 것을 엄금한 것이나, ⑤에 나타나 있듯이 주인이 노비의 공을 인정하여 자애심을 가지고 해방시키는 경우에도, 어디까지나 그 노비 당사자에 국한시켜야 한다는 都官의 견해는 모두 그와 관련이 있는 사실들이다. 천인도 양인이 그러하였듯이 천인신분으로 남아 있어야 했던 것이다.

이 둘 사이의 경계가 더욱 뚜렷하고, 그것이 오래 가도록 하기 위하여 고려 말의 개혁론자들은 호적제도를 정리하고자 하였다. 즉 고려 후기 이래로 문란하여진 호적제도를 바로잡기 위하여 조준은 호적제도에 있어서 중요한 두 가지 기준을 제시하였다. 하나는 경작토지가 많은가 적은가 하는 점을 기준으로 상·중·하의 3등급으로 編戶하라는 것이고, 다른 하나는 양인인가 천인인가를 기준으로 分戶하라는 점이다. 이 호적제도의 정비는 신분이동을 금지·억제하여 신분제도를 고정적이고도 안정적으로 운용하는 데 긴요한 것이었다.

이와 관련하여 화척과 재인을 호적으로 파악하고자 한 점도 중요하다(①-㉰). 그들은 본래 양인이라고는 해도 일정한 곳에서 생업을 하고 살지 않았고 또 호적도 없이 사회에서 천대를 받고 있던 사람들이었다. 조준은 그들에게도 일정한 지역에서 농사를 짓도록 국가가 배려해야 하며, 더 이상 떠돌아다니지 않도록 거주지에서의 호적에 올려야 한다고 하였다. 조준의 의도는 그들의 신분상 지위를 높여주면서 동시에 그것을 고정시켜 놓자는 것이었다.

고려 후기에 접어들면서 양인과 천인의 신분이동은 이전보다 매우 커졌다. 양인과 천인의 상층부는 신분을 상승시킬 수 있는 기회를 더 많이 가지게 되었고, 반대로 그 하층부는 신분을 낮추지 않을 수 없는 상황을 전에 비하여 더 많이 부딪쳐야 했다. 그러나 고려 말에 이르러서는 오래 지속되어 온 이러한 신분의 이동이나 유동은 새로운 국면을 맞게 되었다. 양인과 천인 사이의 경계를 엄격하게 하면서 각 신분층이 위로 아래로 움직이는 것을 봉쇄하려는 시도가 정치권에서 강력하게 추구되었기 때문이다. 양·천의 구별과 신분의 고정에 주로 바탕을 둔 신분제도의 새로운 정비작업은 役制의 정비 노력과도 밀접한 관련이 있는 것이었다. 아무튼 그와 같은 일은 이성계를 편드는 조준과 같은 개혁론자들에 의하여 집요하고도 진지하게 그리고 성공적으로 추진되어 갔던 것이다.

〈洪承基〉

3) 향리 및 양반귀족의 신분동요

(1) 향리의 신분동요

고려 후기에 나타난 향리의 신분동요는 크게 두 경우로 나누어 볼 수 있다. 하나는 향리의 중앙관인으로의 진출을 법제적으로 보장한 科擧·胥吏職·軍職·雜職 등을 통한 신분상승의 경우이다. 즉 토착 중간 지배계층인 향리신분에서 양반관료신분으로의 상승을 말하는 이른바 士族化·士大夫化 현상을 들 수 있다. 또 다른 하나는 유력 향리층이 중앙으로 진출하거나 留鄕品官層으로 전이함에 따라 나타난 役의 공백을 대신 담당해야 했던 잔존 향리층의 역의 苦役化와 이를 제도적으로 편제시키는 방향에서 상대적인 자기 신분상승의 도태화 과정을 설정해 볼 수 있다.

물론 이 두 과정은 고려 전기 이래로 계속된 정치·사회적 변동과 각 지배계층간의 상호 이해관계 속에서 이루어진 것이다. 그리고 제도적 장치에 보장된 신분변화와 격동하는 현실상황에 따라 실제적으로 대두된 여러 현상이 그 내용에 포함된다. 그러면 여기서 귀족사회에서의 향리의 위치와 고려 후기에 있어서 향리층의 신분상승 및 계층분화를 살펴보자.

가. 귀족사회에서의 향리의 위치

고려 귀족사회에서의 향리층은 관직체제상 중앙관인층에 대응하여 지방자치조직에 따라 기층민 통치의 일선을 담당하는 吏屬職이었으며, 그 법적 지위가 중앙 관인지배층과 피지배층간의 중간적 위치를 점하고 있으면서 지배적 속성을 가진 존재였다. 이러한 향리의 사회적 지위는 그 연원이 나말 여초의 호족적 전통에서 이루어졌다. 즉 호족적 성격을 가졌던 지방세력이 향리로 전락하는 과정에서 고려 향리의 신분적 지위가 설정되었다고 할 수 있다.

고려 건국에 참여한 호족세력은 중앙 통치기구에 직접 참여하는 집단과 지방에 남아 기존의 향촌사회 질서를 유지하는 집단으로 분화되었다. 지방에 침투되어 결과적으로 지방에서 독자세력을 구가하던 토착세력은 중앙의 통치체제에 편입될 수밖에 없었다. 즉 군소호족들은 고려 초 중앙관료화한 대호족과 구분되어 지방에 남아 중앙의 수취와 力役 동원의 담당자로 존재함으로써 그들의 지배적 신분성을 유지하게 되었다. 따라서 향리층은 새로운 지배신분층으로 국가 운영의 관인층이 형성됨에 따라 그 범주에 포함되면서 그 말단인 吏職에 편제되었던 것이다. 이렇게 향리층은 초기 군소호족층을 그 계층의 바탕으로 하면서 관인층으로서의 활동에 일반적 자격을 가진 사회계층이었다.

한편 고려 향리는 고려시대의 사회계층 가운데 양인신분으로서 중앙관료군의 관인층에 대응하여 중앙 各司의 말단 행정실무자인 서리나 하급장교 등 고려 통치체제상의 하급직역 담당자와 비교되며, 중앙에서 파견된 외관의 예하에서 지방행정의 실무담당자로서의 법적 지위를 가졌다.

그리고 향리의 행정실무의 대상은 생산담당자인 일반 백성이었다. 향리계층은 이들의 역역 및 조세징수 등 국가체제 유지를 위해 중앙으로부터 부여된 役務를 수행하였으며, 이를 통하여 그들의 법적 지위와 지배층으로서의 신분을 유지하였다.

새로운 관료체제적 신분분화에 따른 향리계층은 대략 현종 이후 고려의 중앙관료 집단이 문반을 중심으로 귀족화하는 경향을 보임에 따라 지방토호적 성격의 존재로 중앙과의 연계관계가 약화되면서 그 예하에서 신분적 속박을 받는 단계에 이르렀다.

현종 9년(1018) 지방제도 개편에 따라 향리의 정원과 公服이 제정되고, 지방관의 직무로서 향리에 대한 감찰이 제도화되자 기존의 지방세력으로서의 고유성을 상실한 채 지방관의 직무를 보좌하는 지위로 전락되어 갔다. 이러한 경향은 고려의 제도적 정비가 거의 완성되는 문종 때를 전후하여 안정기에 들어, 향리체제는 9轉階의 승진규정이 마련되고 고려 관료체제 내에서의 향리의 위치가 일단 정착되었다고 할 수 있다.[1)]

물론 전국적으로 일제히 지방관이 파견되지 못하고 지극히 제한된 지역에만 중앙의 직접적인 통치력이 미치는 한계성을 지니고 있었다. 그렇지만 중앙 관인 지배층의 하부에 향리세력을 편제시킨 결과, 향리의 법적 지위를 중

1) 《高麗史》 권 75, 志 29, 選擧 3, 鄕職.

앙관인층보다 한 단계 낮은 계층으로서 정착시켰던 것이다.

그러나 이렇게 격하된 향리의 법적 지위의 정착에 따른 불만을 해소하고 지방세력을 회유하는 정책을 마련하지 않을 수 없었다. 즉 향리세력들의 중앙진출의 문호를 열어 놓음으로써 이를 대신코자 하였다. 그리하여 지방 향리세력의 자제교육에 많은 관심을 기울였고, 과거를 통한 이들의 중앙관료진출을 적극 유도하였다. 뿐만 아니라 지방 州縣軍의 장교로서의 기능을 가지게 함으로써 무반으로의 입사도 가능케 하여 관료자원으로서의 향리계층의 신분적 지위를 유지시켰던 것이다.[2)]

신분제 사회의 한 사회세력을 형성하고 있던 고려시대의 향리는 그들의 세력유지와 재생산을 위하여 이직의 세습과 동일 신분층과의 통혼 및 상향통혼을 통하여 신분세습을 유지하였다.《新增東國輿地勝覽》善山都護府 人物條에 보이는 金宣弓의 경우를 보면, 고려 定宗 때 김선궁의 두 아들이 중앙에 있다가 큰아들 文奉은 귀향하여 父의 출신 신분인 吏가 되어 지방세력으로 정착하고, 둘째 奉術은 중앙에 남아 侍中職을 계승하고 있다. 여기서 지방 호족으로서 출신한 부친의 세력기반을 유지하고자 장자로서 재지세력의 지위를 우선적으로 세습하고 있음을 볼 수 있다. 그리고 그의 자손이 대대로 선산지방의 이족으로 세습되어 벌족을 형성하였다는 사실도 세습성의 일면을 보여주는 것이라 하겠다.

또《安東權氏世系》나〈南原梁氏族譜序〉를 통해서도 향리직의 세습형태를 엿볼 수 있는데, 고려 초부터 호족의 뒤를 이은 지방의 향리집단은 대부분 고려 전시대에 걸쳐 세습의 형태로 재생산되었다. 이러한 향리직의 세습은 '版籍世皆爲州吏'·'世爲戶長' 등의 구체적 표현으로 그 실태를 말해주고 있다.

또한 이들은 특정지역 즉 그들의 본관지역에서 집단을 이루어 인근지역 향리집단과의 통혼권을 유지하면서 그 지방내 일정한 지배신분적 속성을 유지하였다. 이들은 향리층 상호간의 혼인 및 지방 사족과의 통혼을 이루기도 하였다. 이렇게 향리들은 일련의 통혼관계를 통하여 그들의 고유한 신분성을 유지하면서 신분의 상승을 꾀하였으며, 고려 전시대에 걸쳐 일반 백성과의

2) 羅恪淳,〈高麗鄕吏의 身分變化〉(《國史館論叢》13, 1990), 151~152쪽.

신분 격차를 지켜나갈 수 있었다.

나. 향리의 신분상승

가) 배 경

고려 후기는 어느 시대보다도 집권세력의 교체가 빈번한 시기였다. 의종 27년(1170) 무신의 난으로 무신정권이 성립되어 權臣의 교체가 빈번하였고, 몽고의 침입과 원 간섭기를 겪으면서 자주적인 개혁정치의 추진과 좌절의 번복을 체험하였다. 더욱이 공민왕 이후 반원 개혁정치와 왕조의 교체를 맞이하는 등 시대적 변화가 무쌍하였다. 이러한 시대정황의 흐름은 당시대의 정치·사회적 중심세력의 교체를 가져왔으며 그 상황하에서 지방세력인 향리층의 존재는 중앙 정치세력화할 수 있는 여건을 갖춘 인적 자원집단으로 주목되었다. 무신정권에 의해서 기존의 문벌귀족이 도태됨으로써 무인들만으로 통치체제를 구축할 수 없는 상황에서 새로운 관인층이 필요하게 되었다. 여기에 향리세력은 경제적으로는 중소지주층으로 유학적 지식과 행정담당 능력을 소유하고 있었던 만큼, 이들은 무신정권의 행정적 공백을 메울 수 있는 훌륭한 인적 자원으로 대두되었다. 그리하여 향리출신의 이들은 점차 중앙 정치무대에서 꾸준히 기반을 다져 나갔으며 정치지배세력으로서의 신진사류층으로 성장하여 갔다.

다시 말하면 문신귀족중심의 문벌통치를 종식시킨 무신정권이었으나 무인들만의 통치로는 국가운영에 한계가 있었다. 이른바 「庚寅의 亂」으로 "文冠이면 胥吏라도 종자를 남기지 말라"하며 문신을 살육하고, 또 명종 3년(1173)에 일어난 金甫當의 亂을 계기로 문신에 대한 2차의 대규모 학살이 저질러지고 무신의 전횡은 일시 행정의 공백상태를 초래했다. 이에 국가운영을 위한 행정 공백을 메우고 관료기구를 원활하게 가동시키기 위해서는 실무행정 능력을 보유한 인물이 필요하였다. 이에 따라 대대로 지방에서 행정업무를 수행해 온 향리층의 중앙진출이 전보다는 용이하게 이루어질 수 있었다.

더욱이 무신정권기 對金外交關係는 무인들의 식견으로는 어려웠던 것이다. 무신들은 문신정권을 타도하고 국왕을 멋대로 폐위하면서도 다음 왕을 옹립하여 왕위를 존속시켰다. 이러한 왕의 교체에 있어 금나라의 승인을 받아야 했기 때문에 그 왕위교체의 정당성을 피력할 수 있는 문인관료가 필요하게 되었다. 이러한 무신정권의 외교·행정적 한계를 극복하기 위하여 무신정권은 의종 때 소외되었던 문신을 등용하고 일부 문벌귀족을 회유하여 새로운 관인을 확보하였다. 특히 독자적인 집권태세를 구축하기 위해서 신진사류를 등용하였다. 즉 과거를 자주 실시하고 합격자수를 증가시켰던 것인데, 이에 편승하여 지방향리 자제들이 대거 중앙에 진출할 수 있었다.

귀족정치의 난숙기라 할 수 있는 예종·인종·의종 3대 65년간에 설행된 과거횟수는 44회로, 취사인원이 1,248명에 달해 1년에 19.2인을 급제시켰다. 이에 비하여 무신집권기인 명종부터 고종 때까지 89년간에는 57회 과거 시행으로 1,974인을 급제시켜 1년에 22.2인을 취사시킨 셈이 된다. 따라서 무신정권기 과거 설행과 취재가 귀족정치시대보다 훨씬 상회하고 있다.[3] 이러한 사실은 곧 무신정권 하에서 새로운 문신이 많이 배출되었음을 의미한다. 여기서 당시 문신세력이 약화된 상황에서 과거에 응시할 수 있는 집단으로서, 지방에 토착하여 대대로 행정업무를 관장하였고 문학적 교양을 쌓았으며 지방 주현군을 지휘하였던 향리층의 존재가 주목되었다. 곧 향리집단은 당시 문신으로 진출하는 가장 유력한 인적 자원집단이었던 것이다.

또한 무신정권의 성립으로 미천한 출신의 무신들이 권좌를 장악하는 사태가 발생하자 기존의 신분관념이 와해되었으며, 지방에서는 농민·천민의 난이 지속되었다. 이러한 지방의 반란을 진압하기 위해서 무신정권은 지방에서 지배적 신분층을 이루고 실제 통치력을 발휘하였던 향리세력의 도움을 필요로 하기에 이르렀다. 이 또한 향리층이 중앙에 진출하는 한 계기가 되었다. 특히 이러한 무신정권과 향리세력과의 연계는 외관 임용에 문무교차제가 시행되어 무신이 지방관에 임용됨으로써 더욱 원만하게 이루어질 수 있었다.

최씨정권시대에 들어서면서 신진문인의 양성과 등용이 더욱 활기를 띠었다. 李仁老·李奎報·琴儀 등은 崔忠獻의 문사우대로 그의 측근에서 활동하였으며 이를 계기로 문인들의 활동이 두각을 나타내기 시작하였다. 그리고 崔瑀는 政房과 書房을 설치하여 향리출신 문인들이 그들의 능력을 발휘할

3) 閔丙河, 〈高麗武臣政權에 對한 一考〉(《史學硏究》 6, 1959), 61~64쪽.

수 있게 함과 아울러 계속적인 문사 배출의 교량적 역할을 하게 하였다. 최씨정권의 문사우대정책으로 「文武雙全」의 통치조직은 더욱 강화되었으며, 그만큼 지방세력이 중앙에 진출할 수 있는 문호가 넓어졌다. 이로써 독자적인 정치기반을 구축할 수 있는 신진문인층이 형성되었던 것이다. 이렇듯 정치·외교적 차원에서 새로운 정권의 창출에 이은 원만한 체제운영 담당자로서 신진관인의 필요성이 대두되었고, 이러한 시대적 요구는 당시 향리층이라는 사회집단이 중앙관료집단으로 신분이 상승되는 계기를 만들어 주었다. 그러나 향리집단 자체내에서는 계층분화를 가져오는 결과를 낳았다.

한 사회계층의 신분유동은 먼저 그에 상응하는 경제적 기반을 바탕으로 하여 그를 유지하고 축적하며 나아가 보다 나은 경제생활을 추구함에 따라 진행된다고 할 때, 그 경제적 배경을 살펴보는 것은 매우 중요한 일이다. 향리층은 신분상승을 꾀함에 있어 무엇보다도 풍부한 경제적 기반이 필요하였다. 지방 토호세력의 성격을 지닌 향리층은 그들의 지배신분적 지위를 유지하기 위해서는 물적 토대를 견고하게 가져야만 했다.

일반적으로 고려조에 있어서는 일정한 직역에 대한 반대급부로 국가로부터 주어지는 공식적인 녹봉과 전시과체제에 따른 직전으로서의 토지지급, 그리고 지방관아에 주어진 公廨田柴가 있었다. 또 호족적 전통에 따른 功蔭田柴로서의 永業田, 신라의 丁田의 전통을 이은 민전으로서의 영업전, 별도의 賜田, 기타 토지의 겸병과 수탈·개간 등에 의한 사전의 확대가 진행되었다.

고려시대의 일반적인 향리의 경제기반은 토지소유였다. 고려 초 전시과체제에 있어서 향리에 대한 구체적인 직전 지급에 대한 기록은 찾아볼 수 없다. 그리나 "퇴역한 戶長에게 직전의 절반이 지급되었다"든지, "州縣長吏들이 100일간의 疾苦가 있으면 京官의 예에 따라 직을 파하고 직전을 거두어 들였다"는 기록을 통해 향리 일반에 대한 직전의 지급이 있었음을 알 수 있다.[4] 물론 이 직전은 경기지역의 전시과 대상 토지는 아니었고 해당 지방의 토지를 말하고 있음은 향리의 토착성을 통해 알 수 있다. 이 밖에도 향리층은 본래 지방호족으로서 많은 재산을 축적하여 광대한 토지를 소유하고 있었다. 이러한 토지소유 형태는 국가의 체제정비에 따라 상당한 양의 토지가 勳田으

4) 《高麗史》 권 75, 志 29, 選擧 3, 鄕職.

로 사급되어 종전의 지배권이 국가적 차원에서 인정되었던 것으로, 이것이 향리들에게 전승되었다. 즉 신라 말부터 지방세력의 경제적 기반이 되어 왔던 기존의 토지소유가 추인되어 존속되었다. 이와 같이 지방에 있어서 전통적인 재지세력으로서의 향리는 鄕役의 세습과 더불어 기존의 토지소유에 대한 우선적 소유권을 획득하여 초기 토호세력의 사유적 경제기반이 되었던 민전을 영업전의 성격으로 변화시켜 세습토지화함으로써 그들의 중추적인 경제적·물질적 기반을 이룩하였다.[5]

직전과 전통적 소유의 토지 이외에 비록 일부 향리에게 해당되는 것이지만 鄕職·武散階의 수혜에 따른 전시의 지급과 同正職·其人役, 기타 軍職을 가짐에 따른 토지지급 또한 향리의 경제기반의 일부분이 되었다. 이외에도 국가 통치질서가 문란해지면서 중앙 권세가들이 토지를 겸병할 때 지방관이나 향리들과 결탁하여 남의 토지를 불법적으로 점탈하거나 고리대를 경영하는 형태를 취하였다. 이 때 향리는 토지겸병의 말단실무자로서 貢役價 징취 등 그들에게 주어진 경제적 수탈방법을 이용하여 자기들의 부를 축적한 일면도 있었다.[6]

이러한 향리의 경제적 기반의 안정은 중앙관료로의 진출에 있어 경제적 제약을 크게 받지 않았다는 것을 반증한다. 따라서 향리세력은 家業田을 바탕으로 한 토착성과 직역에 따른 경제력의 우위성 확보를 통하여 신분상승을 꾀하였다. 예를 들면 향리층은 자영농민적 토지소유자로서 그들 자의로 처리할 수 있는 所耕田을 가지고 있었는데, 이는 고려 후기에 발달한 중소농장의 성격으로 볼 수 있다. 그런데 향리들은 그들의 신분상승 및 免役을 위해 이 소경전을 권세가에게 투탁하였던 것이다.[7] 이는 비록 그들로서는 일시적인 토지의 상실이지만 투탁 후의 획득된 권세 내지 신분상승을 배경으로 다시 부를 축적하는 데 이용하였다.

한편, 고려 후기에 있어 전시과체제의 붕괴로 인한 사전의 확대 및 농장의 발달과 지주·전호제의 성행은 향리로 하여금 중소지주적 자영농민으로

5) 李佑成, 〈高麗의 永業田〉(《歷史學報》 28, 1965), 3~4쪽.
6) 《高麗史》 권 79, 志 33, 食貨 2, 借貸.
7) 《高麗史》 권 85, 志 39, 刑法 2, 禁令.

서의 경제적 기반을 배경으로 중앙에 나아가 당시 대농장 소유주인 권문세족에 대응하는 하나의 공동적 이익집단인 신진사류 집단을 형성하게 하였다. 즉 경제적 이익의 갈등을 매개로 신분상승을 꾀하는 욕구를 집단화하여 새로운 정치집단으로 성장할 수 있었다. 이와 같이 고려시대의 향리는 호족적 전통을 가진 토착성을 배경으로 지방에서 행정력과 경제력을 겸비함으로써 시대상황에 능동적으로 대응하여 신분상승을 꾀하였다.

고려 후기 지방교육의 향상과 신유학의 수용 또한 향리층 신분상승의 내적 요인으로 작용하였다. 무신란을 계기로 기성 관인과 문인들의 낙향생활에 따른 지방교육의 육성은 그 교육대상의 중심이 지방유력자인 향리층이라 볼 때 이들의 上京從仕와 在地品官化를 촉진시켰다. 무신란 이후 고려사회는 극도로 문란하였으며 새로운 정권수립에 위협을 느끼고 정치적인 화를 피하여 스스로 낙향하거나 혹은 파직·유배당하여 지방에 정착한 관인층이 생겨났다.[8] 그들은 낙향 후에도 그들의 학문적·족적·경제적 기반에 따라 지방에서 지배적인 위치를 차지하였으며, 사사로이 지방교육에도 힘써 향리층의 과거 진출을 용이하게 하였다. 그리고 신유학의 수용은 기득권을 가진 권문세족이 기존 통치이념을 배경으로 보수적 성향을 띠고 있었던 것과 대응하여, 사회개혁을 위한 새로운 지배이념으로 정착해 가면서 이를 수용한 신진사류의 입지를 더욱 강하게 하였다. 따라서 신진사류로 등장했던 많은 향리층은 신유학을 수용하면서 시대상황에 편승하여 중앙 진출을 꾀하였다.

다음 고려 후기 향리의 신분상승의 배경으로 잦은 전쟁에서의 군공과 이를 통한 중앙 진출을 들 수 있다. 무신정권 성립 이후 趙位寵의 난, 대몽항쟁, 三別抄의 항전, 홍건족·왜구의 침입 및 각종 지방민란 등으로 이어진 고려 후기사회에 있어서 이러한 정치·사회적 혼란을 극복한 주체는 바로 이들 향리층이었다. 아울러 이처럼 변화하는 환경 속에서 이들 향리층은 신분상승의 계기를 포착할 수 있었다. 즉 향리는 주현군의 장교직을 겸하고 있었으므로 전란이 많았던 시대상황에서 上京侍衛·選軍應募·地方軍引率赴戰 등 자신의 능력에 따라 군공을 세울 수 있게 되었으며 그 논공 결과에 따라

---

8) 朴恩卿, 〈高麗後期 地方品官勢力에 관한 硏究〉(《韓國史硏究》 44, 1984), 51~56쪽.

신분상승을 이룰 수 있었다.

나) 신분상승의 유형

고려의 신분체제는 국가의 운영체제에 종사하는 일종의 기능 즉, 役을 기반으로 하여 마련되었다. 이 역은 혈연집단을 단위로 부과되었고 대대로 세습되었다. 향리에게 주어진 鄕役 역시 세습적 성격을 띠고 존속되었다. 그러나 고려 신분체제의 원칙은 그 이면에 신분의 유동성을 가지고 있었다. 사회구성의 복합적인 환경을 운영해 나아갈 능력있는 자의 필요성은 곧 원칙적인 역의 고정이나 신분의 세습을 동요케 하였던 것이다. 특히 향리층의 중앙으로의 진출은 문반 형성의 한 요소를 이루면서 부단히 중앙관인층을 보충하는 방편이 되었다.

그런데 고려 향리가 관인이 되는 길은 일정한 교육과정과 문학적 실력에 의해 과거에 급제하는 방법과, 武弁에 의한 무반으로의 진출 및 吏科로의 진출방법 등이 있었다. 먼저 과거를 통해 향리층이 중앙관인으로 진출하는 것은 가장 보편적인 것이라 할 수 있는데, 이는 고려사회에 있어서 중앙귀족과 지방향리는 그 혈연적 기원을 같이 하는 존재였다는 인식으로부터 출발한 것이다. 고려 건국 초 호족세력으로서 형제간에 중앙관인과 지방향리를 자의에 따라 선택할 수 있었음은 그 후 지방세력의 중앙 진출에의 문호를 자유롭게 출입할 수 있는 정치·사회적 여건으로 작용하였다고 보여진다.

또한 고려 초의 정치적 변동이 일단 정비된 성종 때의 지방 향리자제에 대한 교육 강화는 바로 이들을 중앙 관인층으로 편입시킬 수 있는 배경이 되었다. 이것은 관인의 자질을 육성하고자 취해진 것으로 보인다. 따라서 문학적 실력을 시험하는 과거제도에 의한 향리의 중앙 진출은 가장 보편적인 신분상승의 방편이 되었다. 특히 향리층은 중앙관직에 蔭敍로 진출할 수 없었기 때문에 신분상승은 주로 과거를 통해서 이루어졌다.

아울러 고려왕조에서는 향리의 과거 응시자격을 제도적으로 마련하여 그들의 관료 진출을 보장하였다. 《고려사》 選擧志 科目條에 보면 향리층 가운데 副戶長 이상의 자손과 副戶正 이상의 아들에게 鄕貢의 신분으로 과거에 응시할 자격을 주고 있다. 이들은 주현의 인구수에 따라 1,000丁 이상에서는 3인, 500丁 이상에서는 2인, 그 이하에서는 1인씩 향공을 낼 수 있었다. 그런데 1,000정 이상의 주현의 경우 호장 8인, 부호장 4인, 兵正 2인, 倉正 2인 등의 편제로 되어 있어 향공을 배출할 수 있는 향리군은 상당히 넓게 분포되어 있었음을 알 수 있다. 이러한 향공은 문음의 혜택이 없고 특별한 공을 세울 수 있는 기회가 항상 있었던 것이 아니었기 때문에 界首官의 선발을 통하여 과거에 응시하는 것이 가장 보편적인 신분상승의 방법이었다.

한편 향리들은 고려시대 입사직인 胥吏職으로 나아가 관직에 등용되기도 하였으며, 서리직 재임 중에 과거에 응시하여 등제함으로써 達官하기도 하였다. 향리의 경우 3子 중 1자의 從仕가 國制로 인정되었고,[9] 이 종사는 과거를 거치지 않고 서리직으로 진출하는 것을 의미하는데, 이것은 향리자제가 이 과정을 거쳐 광범위하게 관직에 나아갔음을 추측케 한다. 따라서 향리가 서리직을 통해 문반으로 진출하는 것은 거의 제도화되어 그들의 신분 상승의 한 유형을 보여준다.

예를 들면 숙종 때 등제한 李永의 경우를 볼 때, 그는 호장으로서 京軍에 나아간 부친의 영업전을 계승하기 위하여 서리로 나아갔으며[10] 寧越郡吏 嚴守安, 茂松人 尹諧 등도 서리로 출사하여 달관하였다.[11] 이들은 다시 과거에 응시하여 현달하고 있는데, 이 역시 과거를 통한 중앙 진출이 향리의 신분상승을 보장받는 데 있어 가장 일반적이었음을 보여주는 것이다. 拓俊京의 경우를 살펴보면, 그는 谷州吏의 자손으로 서리직을 구하였으나 얻지 못하고 숙종이 鷄林公으로 있을 때 그의 從者가 되었으며 그 인연으로 추밀원의 서리직인 別駕에 임용되었다가 이어 군공으로 달관한 자이다.[12] 여기서 종자란 곧 王府의 給使와 丁吏일 것으로, 척준경은 군공에 의한 달관에 앞서 하급 잡류직 및 서리직을 거쳐 무반으로 진출하였던 것이다. 그가 향리의 자손으로 먼저 서리직을 구하고자 했음은 결국 향리의 서리직을 통한 중앙진

9) 《高麗史》 권 106, 列傳 19, 嚴守安.
10) 《高麗史》 권 97, 列傳 10, 李永.
11) 《掾曹龜鑑》 권 2, 觀感錄.
12) 《高麗史》 권 127, 列傳 40, 叛逆 1, 拓俊京.

출이 일반적으로 행하여지고 있었다는 사실을 반증하는 것이라 하겠다.

이외에도 향리의 서리직으로의 진출에 있어서 其人의 존재를 연관시켜 볼 수 있다. 즉 향리의 자제 혹은 중견 향리층이 직접 選上되어 중앙 吏職에 해당하는 제반 잡역에 종사하고 그 신역에 대한 대가로 입사의 길을 보장받고 있다. 이는 기인을 통해 입사직의 서리직을 거쳐 중앙관직으로의 진출도 가능했다는 사실을 알려주는 것이다. 其人選上 규정에 따르면 주현의 丁數에 따라 선상된 기인은 일정 기간 입역하면 同正職을 가하고 역을 마치면 加職함으로써 제도적인 입사의 길이 보장되었다고 할 수 있다.[13] 따라서 기인제는 군현의 향리출신이 과거를 거치지 않고 중앙관직에 진출할 수 있는 길의 하나였다.

다음으로 향리들은 지방 주현군 및 주진군의 장교직을 겸할 수 있는 제도적 장치로 말미암아 군직과도 밀접한 관계를 가지고 있었다.[14] 따라서 향리세력은 시대상황에 따라 군직을 통하여 중앙관직으로 나아가거나 군공을 통하여 출사하기도 하였다. 즉 향리들은 주현군의 지휘자로서의 여건이 주어짐으로써 경군에 나아가 무반으로 진출하는 것이 보다 수월한 신분상승의 방편이 되었다고 여겨진다. 예컨대 앞에서 언급한 이영의 부친 仲宣은 安城戶長으로서 경군에 선군되고 있으며, 恒陽人 咸有一은 서리로 나아가 군공으로 등사하여 尙書左丞에 이르렀고, 泰山郡人 田寵文은 역대 郡司戶의 가계에서 무반으로 나아가 대장군에 이르고 있다. 또 寧州人 宋子淸, 天安府人 申甫純, 咸陽人 朴康壽의 경우도 향리가계에서 출신하여 무반으로 진출하고 있다. 이렇게 고려시대의 향리들은 武弁의 호족적 전통과 주현군의 장교 역할을 통하여 군직에 의한 중앙 무반으로서의 신분이동이 상당히 활발하였다.

그 밖에 고려 전기에 보이는 사례이지만 勤幹·淸白·夤緣攀附 등 특별한 경우를 통하여 중앙에 진출함으로써 신분상승의 계기를 이루기도 하였다. 예를 들면 土山小吏인 李周憲은 성종 때 근간으로 출세하여 監察司憲이 되었다가 후에 右僕射에 이르렀다.[15] 郭尙은 小吏 출신으로 선종이 잠저에 있는 동안의 인연으로 궁궐에 출입하면서 출사하게 되었으며 숙종·예종조에 걸

13) 《高麗史》 권 75, 志 29, 選擧 3, 其人.
14) 《高麗史》 권 75, 志 29, 選擧 3, 鄕職.
15) 《高麗史》 권 94, 列傳 7, 李周憲.

쳐 내외 요직을 역임하다가 참지정사에까지 올랐다.[16] 李俊陽은 직접 全州吏에서 시작하여 일의 처리능력과 청백함으로 출사하였는데 中書侍郎平章事에 이르렀다.[17] 이러한 경우는 고려 전시기에 걸쳐 비록 신분제사회라 하더라도 인간사회 구성상의 예외적인 한 부분으로 보여지며 일반적인 경우라고는 생각하기 어렵다.

또 왕실 및 귀족자제들이 활동하였고 상층사회의 일부분을 형성하였던 불교계에도 향리의 자제들이 大禪師·僧統·王師·國師 등 고위 승직을 담당하였다. 이것이 향리세력의 직접적인 신분상승이라고는 할 수 없지만 상향적 신분이동으로는 볼 수 있다. 그 대표적인 경우로 智光國師 海麟, 僧統 知偁, 大禪師 祖膺, 眞覺國師 慧諶, 圓妙國師 了世 등을 들 수 있다. 이들은 군리·호장·향공진사의 자제로 왕족·귀족출신 승려들과 대등한 지위를 지녔다. 이는 향리층의 승려직을 통한 신분적 지위 상승의 특수한 일면을 보여주는 사례이다.

이처럼 향리세력은 고려사회가 안정되고 문벌이 형성되는 시대적 흐름에 따라 신분상승의 기회가 확대되거나 축소되었다 하더라도 과거·서리직·군직 등 다양한 형태로 꾸준히 중앙에 진출하여, 신진세력으로서 문벌귀족과 병립하였다. 이것은 고려사회에 있어서 지방세력이 갖는 특징 중의 하나로 지방세력의 기반을 가지고 중앙관료화하는 사회적 신분상승이 끊임없이 전개되었던 것을 말해준다.

다) 사대부로의 성장

고려 말 지배적 중심세력은 권문세족과 「能文能吏」의 기반을 가지고 출사한 신진사류 내지 신흥사대부라 할 수 있다. 그런데 무신정권에 의해 중앙문벌귀족이 제거되고 지방 토착세력인 향리층의 중앙진출이 뚜렷해졌다. 그 후 원과의 관계를 가지며 고려 말기에 실권을 장악한 권문세가 가운데는 이미 지배세력으로 중앙에 진출한 경우도 나타났다. 또 신흥사대부 역시 상당수가 향리출신으로 달관한 가계에서 등장하였으며 이 사대부는 조선 양반관

16) 《高麗史》 권 97, 列傳 10, 郭尙.
17) 《高麗史》 권 17, 世家 17, 의종 즉위년 9월.

료사회의 근간을 이루었다.[18]

그러면 여기서 고려 후기의 정치·사상계의 주요 인물의 행적을 통해 향리층의 사대부로의 성장 내용을 살펴보자.

무신정권 특히 최씨정권 때에는 문인우대정책으로 지방의 향리세력들은 능문능리의 자격으로 중앙 관인층에 진출하여 사족화되기도 하였다. 당시 최씨정권 밑에서 文才를 인정받은 대표적인 신진사류 중의 한 사람으로 李奎報를 들 수 있다.[19] 그는 명종 20년(1190)에 과거에 급제하여 신종 3년 최충헌에 의해 權補直翰林에 발탁되어 그 후 국자좨주·보문각학사·문하시랑평장사를 역임하였다. 그런데 이규보의 가계는 驪州 李氏로 증조 李殷白은 향직 中尹을 가졌던 토착세력이었고 조부는 檢校校尉 和이며, 부친 允綏는 호부낭중으로 아버지대에 이르러 처음 실직에 나오고 있다. 이렇게 이규보는 향직을 가진 토착향리 가계에서 출신하여 과거를 통해 중앙에 진출하였으며 그 후손들도 계속되는 등제로 사족으로서의 지위를 굳혔다. 즉 아들인 涵은 지주사에 이르고, 손자인 益培는 고종 때 문과에 급제하여 충렬왕 때 版圖判書를 거쳐 재상의 지위에 이르렀다.

또 고종 때 추밀부사를 지낸 蔡靖은 본래 陰城縣吏로 과거에 등제하여 사족화하였다.[20] 채정은 그의 청렴과 덕망을 배경으로 慶州·永川의 민란을 진정시킨 인물인데 大司成·同知貢擧를 역임하였던 그의 행적에서 신진사류로서의 활동상을 엿볼 수 있다.

역시 고종 때 등제한 朱悅도 綾城縣吏를 세습한 가계에서 출사하였는데, 그의 조부 潛은 호장이었고 부 慶餘는 현리로서 恩賜科에 올랐다.[21] 知都僉議府事에까지 오른 주열은 문장이 뛰어났으며 權貴에 아부하지 않고 청렴하

18) 무신집권기 이래의 能文能吏의 文士와 성리학을 수용하여 불교를 배척하고 고려 말 개혁의 주체가 된 신진사대부와는 동질성이 적어 구별되어야 한다는 주장이 있어 일면 긍정적으로 받아들여지고 있다. 그런데 鄕吏集團이라는 사회 계층적인 시각에서 볼 때 학문·사상적인 측면보다는 신분적 출신과 중앙관료 진출에 따른 제도적 보장 등 정치·사회·경제적인 측면에서는 같은 기반으로부터 發身하여 士大夫·世族 등을 형성하고 계속적인 지배계층을 이루고 있었던 전체적인 흐름을 전제로 하여 구별 또는 연결되어야 할 것이다.

19) 李蘭暎 編, 〈李奎報墓誌〉(《韓國金石文追補》, 亞細亞文化社, 1968), 203쪽.

20) 《高麗史》 권 103, 列傳 16, 蔡靖.

21) 《掾曹龜鑑》 권 2, 觀感錄.

기가 한결같아 달관하여도 치부하지 않았다. 즉 가산을 돌보지 않고 높은 벼슬에 있어도 스스로 寒士와 같이 하여 公廉淸白한 신진사인으로서의 자질을 보여주고 있다. 그러나 그의 아들 朱印遠은 충렬왕 때 문과에 급제하여 달관하고 있으나, 왕의 嬖幸으로 백성들을 탐학하여 선대의 신진사인상을 혼탁하게 하였다. 어쨌든 주열의 가계는 지방 향리가계로부터 무신정권하에 과거로 출사하여 사족화하였으며 그 후손들 역시 과거로 달관하여 신흥사대부층을 형성하였다.

한편, 晋州牧 姜彰瑞의 경우는 향리자제의 과거를 통한 起家와 그 후손의 명문화 및 신진사인층의 孝意識을 살펴볼 수 있는 좋은 사례가 된다.[22] 즉 강창서는 향리의 자제로서 향교에서 수학하여 희종 때 과거를 통해 출사하고 있다. 그런데 그의 과거응시는 부친의 죄를 방면하기 위한 목적이 있었던 것으로 효에 대한 당시 신진사인의 사상은 성리학적 효에 대한 관념과 일치하고 있음을 볼 수 있다. 이러한 강창서의 기가를 계기로 여말 晋州姜氏는 그 족세가 번창하였으며 그 후손 姜蓍 이후 최고 문벌을 자랑하기에 이르렀다.

이렇게 무신정권 하에서의 향리출신 신진사류들의 활동을 보건대 권귀에 아부하지 않고 청렴한 일면을 지닌 일군의 인물상이 부각된다. 나아가 이러한 일면은 뒤로 이어지는 여말 선초의 사대부의 전형과 연계시켜 볼 수 있다.

그러나 당시 신진사류 가운데는 무신정권의 측근에서 정방 및 서방 등 권력부서에 적극 참여하여 정권주체의 총애를 받는 경우도 있었다. 琴儀는 奉化縣人으로 삼한공신 容式의 후예로 명종 14년에 등제하여 최충헌의 측근이 되어 華要職을 역임하였다.[23] 그런데 그는 과거에 급제하기 전 淸道監務를 지낼 때는 청렴하고 강직하여「鐵相公」이라 칭해지기도 하였다. 이는 자신의 능력으로 과거에 오른 인물로서 초기 관직생활에서 청렴한 士類의 모습을 보여주는 것이다. 그러나 최충헌을 아부로 섬겨 2學士·3大夫를 겸하고 고종 때는 문하시랑평장사에 이르고 있는데 이것은 신진사인이 권신의 비호를 받아 세력을 유지하고자 했던 변절된 모습을 보여주는 것이라 하겠다.

---

22)《新增東國輿地勝覽》권 30, 晋州 人物.
23)《高麗史》권 102, 列傳 15, 琴儀.

또 兪千遇는 長沙縣人으로 고종조에 급제하여 정방에 참여하였다. 그는 권세가에 뇌물을 바치는 등으로 아부를 하였으며 최이의 門客이 되어 樞要職에 나아가 뇌물을 받아 치부하고 전주를 맡아 친지를 발탁하여 주위의 비난을 받기도 하였다.24)

이상과 같이 무신정권기의 향리출신 신진사류들은 관계에 진출하여 정방 등에 참여하여 전주를 담당하고, 화요직을 겸임하기도 하였으며, 다른 한편으로는 청렴결백한 사대부로서의 표상을 보여주기도 하였다.

한편 무신정권기의 향리출신 신진사류들이 중앙 정치무대에 적극적으로 진출함으로써 그들의 정치적 존재여건은 성숙되었다고 할 수 있다. 그러나 이들 신진사류계층 전체의 신분적 지위상승 형태는 아직 미숙했던 것으로 보여진다. 즉 무신정권이 통치체제를 운영하면서 신진문인의 필요에 따라 보충한 인적 자원으로서의 성격을 가진 존재였기 때문에 아직은 정권주체에 편승하여 자신의 능력을 인정받고자 하는 단계에 머물러 있었다고 보여진다. 따라서 정권주체나 기존 세력권에 대응한 정치집단으로 성장하기에는 일정한 시간이 필요하였다. 그러나 향리출신의 신진사류의 진출은 다음 시대로 이어지면서 신분상승의 추세를 진작시키는 바탕을 마련하였다. 다시 말하면, 무신정권기에는 향리출신 신진사류들이 아직 확고한 정치세력으로 등장하지는 못하였으나 同系出身 세력간에 공동체적 정치의식을 키워나가는 토양을 형성시켜 나갔다고 하겠다.

이렇게 무신정권 이후 계속 성장한 능문능리형의 신진사류층은 원간섭기에도 꾸준히 성장·발전하여 일군의 정치개혁세력으로 대두하여, 對元關係가 전개되면서 부원적인 권문세족이 새롭게 등장하자 이들과는 대립되는 정치성향을 띠었다. 물론 권문세력이 「宰相之宗」을 이루며 최고 지배세력으로 군림하였지만 정치실무에 밝은 능문능리형의 官人群은 그들을 인식하면서 상당한 비중을 가지고 조정에 참여하였던 것이다.

대원관계를 배경으로 권세를 차지한 세력집단을 중심으로 적체되는 사회·경제적 모순과 이에 대한 고려왕권의 개혁 시도는 고려 후기사회를 끊임없이 변모케 하였다. 따라서 충선왕·충목왕이 제도개혁을 통해 새로운 통

---

24) 《高麗史》 권 105, 列傳 18, 兪千遇.

치질서를 만들고자 하였을 때는 기존 권세집단에 대응한 개혁세력의 존재가 요망되었고, 이러한 개혁세력으로는 무신정권 이후 능문능리로 성장한 세력들이 적격자로 등장하였던 것이다.

충선왕은 권문세력을 숙청하고 정방을 폐지하여 부원세력을 배척하는 개혁을 추진하였다. 이 때 정방을 대신해서 詞林院을 설치하여 전주·왕명출납 및 정치고문의 일을 맡게 하였는데, 이 사림원의 구성원은 모두 과거를 통하여 출세한 사람들이며 대부분 지방출신의 신진사류들이었다. 그리고 이들에게는 선비의 기질인「청렴」이 공통적으로 나타나고 있는데 이는 곧 사대부의 속성이기도 하였다. 그러므로 충선왕의 개혁은 기존의 권문세력 중심의 체제를 부정하고 새로이 사대부정치를 지향한 것이었다.[25] 물론 이 개혁은 성공하지 못하였지만 고려 후기사회의 변화 방향과 그 주체세력의 성격을 뚜렷이 하는, 즉 지방세력 출신의 정치적 추진방향을 설정하였다는 데 큰 의의가 있다.

그 후 권문세력의 불법 토지점탈 등으로 사회질서가 와해되자 충목왕 때 다시 개혁이 착수되었는데 이는 整治都監의 설치와 활동으로 이루어졌다. 정치도감이 설치되어 다시 설치되었던 정방을 혁파하고 祿科田制度를 정비하는 등 개혁이 이루어졌다. 이 개혁을 주도한 王煦는 權溥의 아들로 충선왕이 아들로 삼아 賜姓한 사람이었다.[26] 그는 안동 권씨로 권문세력 출신이지만 그 선대는 호장계 향리가계에서 기가하였으며 사대부적 기질을 가졌다. 따라서 충선왕의 사대부 정치와 연계성을 가지면서 충목왕 때의 개혁을 주도해 나갔다. 그리고 이 정치도감에 참여한 사람 가운데 安軸·田祿生·白文寶 등 신진세력은 과거를 통해 입사한 사람들이 상당수 있었으며 그 중 지방출신이 많이 있었다.[27]

이와 같이 충렬왕 이후 원 간섭기의 고려왕권의 독자성 강화 및 부원권문세력의 영향력을 약화시키기 위한 일련의 개혁정치의 추진과 더불어 신진사

25) 李起男, 〈忠宣王의 改革과 詞林院의 設置〉(《歷史學報》 52, 1972), 98~99쪽.
26) 《高麗史》 권 110, 列傳 23, 王煦.
27) 閔賢九, 〈高麗後期의 權門世族〉(《한국사》 8, 국사편찬위원회, 1974), 50쪽.
金光哲, 《高麗後期 世族層과 그 動向에 관한 硏究》(東亞大 博士學位論文, 1987), 168~210쪽.

류들은 기존세력들에 대한 공통적인 대응을 갖는 정치세력으로 성장되었다. 나아가 무신정권 이후 착실히 성장해 온 이들 지방 향리출신의 신진문인들은 권문세족에 대응하여 정치·경제적 이해를 같이 하는 공동체적인 관료군을 형성하였으며, 원 간섭기의 중심 정치세력의 하나로 부각되었다. 그러나 개혁정치가 실패로 돌아간 이유는 사대부 정치체제가 아직 성숙되지 못한 것을 의미한다고 할 수 있다. 반면에 그들이 정치·경제·사상적으로 자기성장을 계속하면서 공동체적인 정치집단으로 등장하였음은 다음에 전개될 시대상황의 중심세력으로 성장할 수 있는 기반을 확고히 한 것이다.

그러면 원간섭기의 향리가계 출신 신진문인들의 사대부로의 성장과정을 살펴보자. 먼저 薛公儉의 경우를 보면, 그는 추밀부사 薛愼의 아들로 고종 때 서리직 都兵馬錄事에서 과거에 급제하여 충렬왕 때 밀직부사를 거쳐 찬성사에 이르렀으며 충렬왕의 묘정에 배향되었다. 그의 부친 설신은 郡司戶의 증손이며 외가 역시 군사호직을 가지고 있었다. 설신은 詩賦와 吏幹에 능하여 과거를 거쳐 내외 요직을 역임하였고, 공검은 여·원간을 왕래하면서 최고 관직에 올라 배향공신이 되어 사족으로서의 지위를 더욱 굳혔다. 이어 공검의 아들 之冲 역시 찬성사에 올랐다. 따라서 淳昌 薛氏는 향리가계에서 출신하여 설신의 등제와 달관으로 기가하고 그 자손들이 현달함으로써 사족으로 정착하였던 것이다.[28] 한편, 설공검의 경우는 청렴 정직하고 검소하였으니 이는 사대부의 한 속성으로 볼 수 있다.

다음 충선왕 때 성균좨주에 오른 禹倬은 증조·조부가 호장이었던 丹陽 향리가계의 후손으로 향공진사 天珪의 아들이다.[29] 그는 충렬왕 16년에 문과에 급제하여 司錄·監察糾正을 역임하였는데, 특히 經史와 易學·卜筮에 능통하였고 程朱學에 조예가 깊었다. 말년에는 禮安으로 내려가 글을 벗하는 등 사대부생활을 하였으며 나아가 조선왕조에 들어 영의정에 추증되기에 이르렀다. 이렇듯 우탁의 경우는 향리가계에서 과거를 통하여 사족화하고 학문적 소양을 바탕으로 하는 사대부의 생활상을 보여주고 있다.

鄭可臣의 경우도 향공진사의 아들로 고종 때 등제하여 충렬왕 3년(1277)

28) 李蘭暎 編, 〈薛愼墓誌〉(《韓國金石文追補》, 亞細亞文化社, 1968), 205쪽.
29) 《高麗史》 권 109, 列傳 18, 禹倬.

보문각대제를 거쳐 화요직을 두루 역임하였다. 그의 성품은 정직·단엄하고 일의 처리에 정밀하게 살펴 공정성을 띠었으며 높은 지위에 올라서도 서생과 같이 행동하였으니[30] 사대부의 한 면모를 느끼게 한다.

충숙왕 때 檢校僉議政丞에 오른 李瑱은 사림원 설치에 따른 충선왕 개혁정치의 4학사 가운데 한 사람이다. 그는 삼한공신 金書의 후손으로 그의 고조와 증조가 軍尹·甫尹 등 향직을 소유하고 있는 바 역시 향리가계에서 기가한 것을 알 수 있다.[31] 한편, 이진은 어려서부터 학문을 즐겨 제자백가에 정통하고 시문에 뛰어났으며 문과에 급제하여 직한림원·대사성·정당문학 등을 역임하고 과거를 관장하였으며, 또 충선왕 때는 시정 적폐를 일소하자는 상소를 올려 그 실현을 보았다. 이러한 사실로 미루어 볼 때, 그는 당시 권문세족의 득세에 의한 사회모순을 극복하고자 하는 신흥사대부적 개혁정치를 추구하는 성향을 띠고 있었음을 알 수 있다. 이어 그의 아들인 李齊賢은 시중의 지위에까지 오른 대학자였다. 이처럼 慶州 李氏는 향리가계에서 출신하여 이진 이후 과거에 의해 사족화하여 명문으로 성장하였던 것이다.

한편, 정치도감에 참여한 田祿生은 潭陽의 향리가계 출신이었다. 그는 충렬왕 때 담양호장으로서 과거에 급제한 田得時의 후손으로 충혜왕 때 등제하였다.[32] 이렇게 담양전씨는 전득시·전녹생 부자대에 이르러 향리직을 벗어나 과거를 통해 사족화하였던 것이다. 전녹생은 충목왕 3년(1347) 整治官이 되어 부원세력인 奇三萬을 치죄하였고, 공민왕 때에는 이색 등과 더불어 鹽鐵別監의 폐단을 논의하기도 하였으며, 우왕 때에는 북원 배척과 李仁任 주살을 청하는 사건에 연루되기도 하였다. 그러한 그의 행적이나 동지공거·정당문학, 우왕의 사부 등의 관직을 통하여 그는 원 간섭기의 신진문인세력으로서 권문세족과 대립하면서 신흥사대부들의 정치력을 성장시키는 데 앞장섰음을 알 수 있다.

또 전녹생과 같이 정치도감에 참여했던 안축 역시 대대로 호장직을 세습

30) 《高麗史》 권 105, 列傳 18, 鄭可臣.
31) 李樹健, 《韓國中世社會史硏究》(一潮閣, 1984), 304쪽.
32) 《高麗史》 권 112, 列傳 25, 田祿生.

해 오던 향리가계 출신이다. 즉 안축의 가계는 조부대까지 대대로 興州戶長이었으며 아버지 碩은 현리로서 급제하였으나 不仕하였다. 이렇게 안축은 호장가계의 후손으로 문과에 급제하였으며 충숙왕 11년(1323) 원나라 制科에 다시 급제하였다.[33] 그 후 成均學正·典法判書·尙州牧使를 역임하였으며 충목왕 때에는 僉議贊成事로 判整治都監事가 되어 양전 등 개혁정치에 참여하였다. 또 〈關東別曲〉·〈竹溪別曲〉을 남겨 문명도 높았다. 이와 같이 그의 행적이나 문명으로 보아 청렴·강직하면서 문학적 교양을 겸비한 사대부였음을 확인할 수 있다. 한편 그의 아들 宗源은 충혜왕 때 급제하여 우왕 때 대사성·대사헌·지공거를 역임하고 조선 태조 때 판문하부사에 이르는 등 두 왕조에 걸쳐 현달하였다.

安珦 역시 조부 때까지 興州吏였으며, 아버지 孚는 홍주리에서 醫業에 올라 밀직부사에 이르렀다. 그는 원종 원년에 문과에 급제하여 감찰어사를 거쳐 충렬왕 11년(1285)에 尙州判官으로 나아가 미신을 타파하였으며, 高麗儒學提擧로서 원에 들어가《朱子全書》를 필사하여 돌아와 주자학을 연구하였다. 한편 문교진흥을 위해 贍學錢을 만들고 國學에 大成殿을 낙성하여 공자의 초상을 비치하는 등[34] 고려에서 유학이 크게 떨치게 하였다. 이후 文翰之任을 역임하고 都僉議中贊에 이르렀다. 이렇듯 順興 安氏는 본읍호장을 세습하다가 원 간섭기에 안향 및 安軸·安輔·安輯 형제가 상경종사하면서 신흥사대부로 성장하였던 것이다. 나아가 그 후손은 조선왕조에 이어지는 명문이 되었던 것이니 순흥 안씨의 가계는 원 간섭기 이후 향리가 사대부화하는 전형적인 사례인 것이다.

李兆年은 星州戶長 長庚의 아들로 충렬왕 20년에 향공진사로 등제하여 정당문학에 이르렀다. 향리가계에서 일어난 이조년 일가는 그의 5형제가 모두 등과 출사하여 중앙에 포열하고 그 자손들 또한 현달함으로써 곧 권문이 되어 고려 말에 극성을 이루었다. 이조년은 어려서부터 뜻을 품고 학문에 힘썼으며 문장에도 능하였다. 그는 충숙왕이 원에 억류된 지 5년이나 되자 瀋王暠의 왕위계승 책동에 발분하여 혼자 원의 중서성에 가서 충숙왕의 정당함

33)《高麗史》권 109, 列傳 22, 安軸.

34)《高麗史》권 105, 列傳 18, 安珦.

을 밝혀 원으로부터 찬사를 받았다. 또한 충혜왕이 연경에 숙위하였을 때에 따라갔는데, 이 때 충혜왕의 생활이 방종무도하여 수행하는 신하들이 모두 실망하고 말하지 못하였으나 이조년만은 進戒를 올려 견제하였다.[35] 그 의 성품은 날래고 겁이 없고 의지가 굳으며 강직한 사대부의 모습을 갖추었다. 그의 아들 褒 역시 성품이 순후하여 충실하게 예의를 지켰으며 벼슬은 檢校門下侍中에 이르렀다. 이어 포의 아들은 8형제인데 4인이 문과에 급제하였으며 그 중 仁復은 충혜왕 때 원의 제과에 급제하여 검교시중에 이르렀으며, 仁敏은 공민왕 9년(1360)에 급제하여 대제학·밀직사사를 역임하고 조선 건국에 따라 사직·환향하였다. 그러나 그의 아들 稷은 우왕 3년(1377)에 급제하여 조선조에 이르러 영의정에까지 올랐다. 이렇듯 星州 李氏 이조년의 가계는 대대로 호장직을 계승한 향리신분에서 원 간섭기에 이조년 형제의 등과로 사족화되었으며, 그 후손들이 계속하여 현달함으로써 명문으로 성장하였다. 비록 이인임의 전횡과 왕조 교체로 큰 타격을 받았으나 조선시대에도 仕宦은 계속되었다.

또 李穀은 韓山郡吏였다가 井邑監務를 지낸 自成의 아들로, 충숙왕 7년(1320)에 등제하였으며 충숙왕 후원년(1332) 원의 제과에 급제하고 도첨의찬성사에 이르렀다.[36] 이어 그의 아들 穡과 손자 種德·種學·種善이 재상을 지내는 고위직에 나감으로써 사족으로서의 지위를 견고히 하였다. 이곡은 어려서부터 독서에 열심이었고 일찍이 부친을 잃고 어머니를 효성으로 섬겼다. 그는 도평의사사의 서리로 나아갔는데 경사를 열심히 연구하여 많은 학자들이 모였다. 그는 충숙왕 때 원의 童女 징발에 따른 폐단을 지적하고 이를 중지하기를 청하여 실현을 보았으며 충혜왕 때는 관작이 외람됨을 지적하기도 하였다. 또 충렬·충선·충숙왕의 三朝實錄을 편수하였으며 성품이 단정하고 강직하였으니 여기에서 또한 사대부의 모습을 엿볼 수 있다.

그의 아들 색은 고려 말 대학자로 공민왕 2년(1353) 과거에 장원급제하고 이듬해 원의 會試에 급제하였다. 이어 대사성·정당문학·지공거·문하시중을 역임하였으며 동방의 성리학을 일으키고 유학을 일신하였다. 그의 아들

35) 《高麗史》 권 109, 列傳 22, 李兆年.
36) 《高麗史》 권 109, 列傳 22, 李穀.

종학·종선 역시 우왕 때 급제하여 조선조에 현달하고 있다.[37] 이렇게 韓山李氏 이곡의 가계는 대대로 호장직을 지닌 향리층에서 기가하여 원 간섭기에 과거로 출사하여 고려 말기에 걸쳐 사대부층으로 상승하였으며 그 후손들은 왕조 교체에도 그 지위를 지켜 명문으로 성장하였다.

이상과 같이 원 간섭기에도 향리가계 출신의 신진사류들은 중앙 정치무대에서 그 일익을 담당하여 신분상승을 이룩했고 현실정치에 적극적으로 참여하였다. 또한 대원관계에 있어 고려왕조의 자주성 확립을 위한 외교활동을 통하여 당시 권세를 장악하고 있던 부원세력에 대응하여 일련의 개혁정치세력으로서의 공동체적 성향을 키워 나갔다. 나아가 현실모순을 타파하기 위한 이들의 꾸준한 성장과 도전은 공민왕대 이후 더욱 활발해졌다.

공민왕 5년(1356) 친원세력의 제거로 원의 영향력에서 벗어나고, 동 14년에 辛旽이 등용되어 田民辨正都監의 운용 등 개혁정치를 추진하여 권문세족들의 정치·경제적 세력기반을 약화시켰다. 이 때 공민왕은 강화된 과거제도를 실시하여 이를 통하여 등장한 신진사류를 개혁의 주체로 참여시켰는데, 이는 곧 사대부세력의 정치적 성장을 후원하는 계기가 되었다. 이어 신진사대부세력은 계속적인 개혁의 추진으로 권문세력의 지배적 지위를 대신할 수 있었으며 나아가 조선왕조를 개창하는 주체세력으로 성장하였다.

그러면 여기서 공민왕 이후 개혁정치에 참여한 주요 인물의 행적을 통하여 이들이 향리가계 출신으로 사대부층으로 진출하였음을 살펴보자.

먼저 李集은 廣州地方의 토착 향리가계의 출신으로 선대 호장직을 세습한 尉의 손자요 州吏 唐의 아들이다.[38] 그는 충목왕 때 문과에 급제하여 이색·정몽주 등과 교유하였으며, 공민왕 때 신돈의 배척으로 永川으로 피신하였다가 신돈이 주살된 뒤 개경에 돌아와 判典校寺事에 임명되었다. 그러나 곧 사직하고 驪州에 내려가 독서로 세월을 보냈다. 따라서 그는 留鄕士族의 선비상을 보이고 있다고 할 수 있다. 이렇게 이위의 차자인 당의 가계는 이집이 과거로 기가하여 사족화하였으며, 아들 之直, 손자 仁孫 및 증손 克培 5형제

37)《東文選》권 129, 墓誌, 有明朝鮮國特進輔國崇祿大夫韓山伯牧隱先生李文靖公墓銘.

38)《掾曹龜鑑》권 2, 觀感錄.

로 이어지면서 여말 선초에 재상직으로 현달하여 명문이 되었다. 역시 주리였던 이위의 장자 漢의 가계는 여말까지 광주의 향리직을 세습해 오다가 조선시대에 이르러 그의 증손 知가 향공으로 출사하면서부터 사족으로 성장하였다. 이렇듯 廣州 李氏는 여말 선초에 향리층으로부터 사대부층으로 성장하였던 것이다.

다음 여말 선초의 대학자요 정치가인 鄭道傳 역시 향리가계의 출신이다. 그는 충숙왕 때 급제하여 형부상서에 이른 云敬의 아들로 공민왕 11년에 등제하여 사대부로 성장하였다. 정운경은 奉化戶長 鄭公美의 증손으로 처가를 따라 榮州에 이주하였다. 그는 등제하기 전 安東州吏 權授와 함께 향교에서 수학하고 출사 후 良吏로서 외직을 거쳐 검교밀직제학에 이르렀다. 이어 정도전은 이색의 문하에서 정몽주 등과 교유하면서 경사를 강론하였으며 문장이 뛰어나고 성리학에 조예가 깊었다.[39] 그는 우왕 원년(1375)에 북원의 사신 접대를 반대하다가 귀양을 가기도 하였으며 성리학적 입장에서 排佛論을 강력하게 주장하였다. 이와 아울러 토지개혁을 단행하는 등 고려 말 개혁의 주체로 활동하였으며, 이성계를 추대하여 조선왕조를 개창하는 주역으로 개국 1등 공신이 되었다. 이렇게 세력기반이 빈약한 향리가계 출신인 정도전은 선대의 등제에 의한 중앙 진출에 이어 사대부로 성장하였으며 그의 사상과 정치활동은 전형적인 신진사대부의 모습이었다.

또 정도전과 더불어 고려 말 개혁정치를 주도한 尹紹宗 역시 향리가계 출신의 사대부였다.[40] 즉 그의 가계는 茂松縣의 호장을 세습해 오다가 충렬왕 때 고조 諧가 현리로서 급제, 출사하면서 사족화하였다. 그는 청백을 몸소 지키어 한때 벼슬을 버리고 낙향하는 등 사대부상을 보여주었다. 이어 조부 尹澤 때에는 外鄕을 따라 錦山으로 이주하여 留鄕士大夫로 정착하였다. 그는 충숙왕 4년(1317) 문과에 급제하여 왕의 은택을 받았으며 뒷날 공민왕에 대한 遺託을 받아 그 추대운동을 벌이기도 하였다. 따라서 공민왕 때 큰 신임을 받았으며 「孔子之道」를 강조하면서 崔承老의 시무책을 진강하는 등 치국의 도를 왕에게 건의하였다.[41] 이어 윤소종에 이르러서는 청렴결백한 사대

39) 《高麗史》 권 119, 列傳 32, 鄭道傳.
40) 《掾曹龜鑑》 권 2, 觀感錄.

부의 자세를 더욱 견지하였다. 윤소종은 공민왕 14년(1365)에 과거에 장원급제하여 사관·정언·대사성을 역임하였으며 여말에 이성계와 밀착됨으로써 조선왕조 개창과 더불어 병조판서·동지춘추관사에 올라 그 가세를 확고히 하였다. 그는 이색의 제자로 시문에 뛰어나고 성리학과 경사에 밝아 문명이 높았으며, 배불운동에도 적극 참여하였다. 또 상소문을 올려 天命을 논하고 관직의 소중함을 말하며 또 民本을 주장하였다.[42] 그의 동생 會宗 역시 우왕 때 등제하여 司宰副令에 이르렀다.

공민왕 20년에 문과에 급제하여 토지개혁에 적극 참여한 李行 역시 여주의 토착향리가의 후손이었다. 李行의 가계가 언제 사족화하였는지 구체적으로 파악되지는 않으나 고려 후기에 吏族을 벗어난 것으로 보인다.[43]

한편, 조선 건국 초 사대부로서 집현전학사를 지낸 鄭麟趾·申叔舟·梁誠之 등도 고려 후기에 향리층에서 사족화한 가문의 후손이었으며, 조선시대 성리학자로 이름이 높던 金馹孫·李彦迪·李滉의 가계 역시 고려 후기에 향리층으로부터 사족화하였던 것이다.[44]

이상과 같이 고려 후기에 지방 향리가계에서 출신하여 사대부로의 진출이 활발하였다. 이들 군현향리에서 등과 출사한 인물들은 물론 권문세족화하기도 하였다. 그러나 대개 능문능리형의 신진사류로 활동하였으며 생활은 청백하고 권세가의 비리와 사회모순을 공격하면서 일군의 정치세족으로 성장하였다. 아울러 무신란 이후 정권의 주체가 바뀌면서 중앙에 본격적으로 진출한 재지토착세력으로서의 향리층은, 점차 그들의 지배적 속성을 중앙관료층에 정착시켜 사대부층을 구성하였으며, 在地品官化한 세력과 더불어 시대변혁의 중심세력으로 성장하였다.

다. 향리의 계층분화

가) 잔류 향리역의 고역화

13세기 중엽 몽고의 고려 침략은 고려의 사회질서를 근본적으로 흔들어

---

41) 《高麗史》 권 106, 列傳 19, 尹諧 附 澤.
42) 《高麗史》 권 120, 列傳 33, 尹紹宗.
43) 李樹健, 앞의 책, 267쪽.
44) 《掾曹龜鑑》 권 2, 觀感錄.

놓았다. 지배세력의 변동과 더불어 지방사회는 수십 년간의 대몽항쟁으로 말미암아 국토는 피폐해지고 촌락은 황폐하여 많은 유망민이 생기게 되었다. 아울러 향촌사회의 붕괴는 향리층의 존재 토양을 잃게 하였다. 즉 고려 향리는 혈연성을 바탕으로 지방에 토착하여 지방행정의 실무를 담당함으로써 지배적 속성을 가지고 있었다. 그런데 이러한 그들의 권위와 세력은 많은 전란과 고려에 대한 원의 간섭에 따른 향촌질서의 붕괴와 함께 무너졌고 향역 자체의 고역화를 경험하여야 했다. 《고려사》 식화지 田制 踏驗損實條의 충숙왕 5년 하교를 보면, 주군에는 원과 결탁한 권세가의 대규모 농장이 있어 그들이 조세를 내지 않자 조세징수 담당자인 향리가 이를 대신 충당하다가 해결하지 못하여 자기의 지위를 지키지 못하고 도산 유망하는 일이 속출하고 있다고 지적하였다. 이렇게 자기의 직무를 정상적으로 수행할 수 없는 상황에서 그들의 역은 고역화될 수밖에 없었다.

또 향역이 고역화 내지 천역화되는 경우는 기인역의 변화에서도 살필 수 있다.[45] 주지하다시피 기인은 고려 초 향리의 자제로서 선상되어 지방세력의 국왕에 대한 군신간의 담보로서의 의미를 가지고 있었다. 그런데 고려 초 지방호족의 자제로서 상경한 이들은 국왕의 측근과 결혼이 이루어지고 고위관등이 주어지는 등 상당한 대우를 받았다. 따라서 초기 기인은 일정한 身役을 가지지 않았다. 그러나 문종 때의 其人選上 규정을 보면, 상경향리로서 노동의 인적 자원으로 신역을 갖는 그 기능이 제도화되고 있다. 반면 입역에 따른 同正職 수여나 加職을 통한 일정한 신분적 지위를 누렸다.

그런데 고려 후기에 전국적으로 지방관 파견이 확대됨에 따라 토착적 세력을 유지하던 향리의 정치·사회적 지위 전락과 더불어 기인역 또한 고역으로 변하였다. 고종 43년(1256)에는 租賦의 감소에 따른 경비보충을 위한 閑地 경작에 기인이 동원되고 있으며,[46] 충선왕 때에는 주로 궁실의 조영과 관부의 사령역을 맡아보는 등으로 그 역이 고역화되었다.[47] 나아가 충숙왕 5년(1336)에는 기인의 역사가 노예보다 심하여 그 고통을 견디지 못하여 逋亡함

45) 《高麗史》 권 75, 志 29, 選擧 3, 其人.
46) 《高麗史》 권 79, 志 33, 食貨 2, 農桑.
47) 《高麗史》 권 83, 志 37, 兵 3, 工役軍.

이 끊이지 않을 정도까지 되었다.[48] 이러한 기인역의 고역화 내지 천역화는 향리의 향역 변화의 실태를 그대로 반영한 것이라 하겠다. 즉 향리신분층이 시대변천에 편승하여 중앙관료로 상승하는 부류가 존재하는 반면, 지방에 잔류한 一群의 향역은 상대적으로 고역이 되었으며 이는 기인역을 통해 잘 반영되고 있다. 뿐만 아니라 향역의 고역화 내지 향리들의 지방으로부터의 유망은 심지어 향리들이 한 집도 남아있지 않은 군현이 출현하는 현상을 빚기도 하였다.[49]

그런데 이렇게 고역화된 향역을 면하고자 하는 노력은 호장 등 상층 향리들이 우선하였다. 그리하여 지방통치는 자연 지방관이 남아있는 하급 향리들을 직접 운용하여 수행할 수밖에 없었고, 이러한 상황 속에서 새로이 편제되는 실제 향역은 독자성을 상실한 채 고역화될 수밖에 없었으며 상대적으로 향리의 신분 자체도 천시되어 갔다.

나) 사족화 동향

고려 후기 향리층의 사족화 동향은 과거 이외에 권문세족에의 투탁과 문과에 비해 품관으로 나아가기가 보다 수월한 잡과로의 진출, 기타 군공 등에 의한 동정직·첨설직·封君 등을 통한 非實職品官化의 진로 등으로 대표된다.

먼저 몽고의 침략을 겪은 후 원 간섭기에 권문세족이 멋대로 권력을 부리자 향리세력은 향역의 어려움을 극복하고자 하였다. 그리하여 상층 향리들은 과거 등 정규과정을 통하여 신분상승을 꾀하기보다는 권문세족에 붙어 중앙으로 진출하는 경우가 빈번하였으며, 이 결과 그들은 京職을 대규모로 받게 되었다. 즉,《고려사》선거지 향직조의 충숙왕 12년 교서를 보면, 지방 향리와 그 자제들이 권세가에게 붙어 本鄕吏役을 탈피하여 중앙관직을 차지하는 사례가 많았음을 보여준다. 따라서 지방의 호구가 줄어드니 관직 7품을 한계로 다시 향역으로 돌려보내라 하고 있다. 이 기사에서 지방 향리들이 권문세족의 힘을 빌려 많은 수가 중앙으로 진출하였던 사실을 알 수 있는데, 이들 중앙 진출세력은 지방에서 강력한 세력기반을 가지고 있던 호장층이었다

48)《高麗史》권 81, 志 35, 刑法 1, 職制.
49) 위와 같음.

고 여겨진다.

이러한 향리의 본역으로부터의 이탈은 공민왕 이후 더욱 심화되었다. 예를 들면 正科 대신 보다 쉬운 잡과로의 진출을 통한 향리의 면역이 심하게 나타나고, 홍건적의 침입과 왜구의 침략에 따른 전공에 따라 첨설직이 남발됨으로써 이에 편승한 향리들은 당대를 이어 자손대에는 사족에 편제되어 재지사족으로 변하였다. 앞에 든 《고려사》 향직조 공민왕 12년 5월 교서의 내용을 보면, 많은 향리들이 잡과로 출신하여 본역을 탈피하자 지방통치가 원만히 이루어질 수가 없었고, 그 결과 향읍이 황폐됨으로써 국력 동원에 지장을 초래하게 되었다. 이에 製述·明經 이외의 잡과를 통한 향리의 진출을 금지하고 있다.

이와 아울러 우왕 9년(1383) 左司議 權近 등의 진언에서도 향리들의 본역 이탈과 잡과를 통한 중앙 진출이 꾸준히 이루어지고 있었음을 알 수 있다.[50] 實才가 없는 향리들도 잡업으로 면역함으로써 지방 향리의 수는 날로 줄어들어 지방행정의 업무수행에 곤란을 받을 정도였다. 이러한 상황으로 볼 때 당시 향리들의 중앙 진출을 통한 사족화의 경향이 일반적이었다. 특히 잡과에 의한 향리의 면역은 충숙왕 12년의 교지 내용에도 나오고 우왕 9년에 다시 언급되고 있다. 이렇게 볼 때 향리의 잡과를 통한 면역은 실제에 있어서는 60년 가까운 기간에 비록 공민왕 때와 같이 금하기도 하고 통제를 가하고자 하는 논의가 있기도 하였으나 커다란 제약 없이 진행되었다.

공양왕 원년(1389) 趙浚의 上言에서도[51] 향리세력 일반의 면역 내지 신분상승의 제유형을 통한 향역의 변화 실태를 엿볼 수 있다. 고려 말기에 있어 향리들은 군공을 칭하거나 거짓으로 관직을 받고 잡과로 나아가 면역을 하거나, 권세가에게 투탁하여 品秩을 올려 달관하고 있는 경우가 헤아릴 수 없을 정도로 나타나 이러한 향리의 신분상승 내지 향역의 변화가 일반적인 사회현상이 되었다. 이리하여 지방사회가 텅비고 황폐해짐으로써 향리층의 還役을 도모하고 더 이상 어떠한 형태로든지 사족화하지 못하는 조치를 취하였던 것이다. 따라서 조준은 3정 1자로 3·4대 면향이 되었더라도, 文契를 살피고 군공과 잡과 진출 내용을 조사하여 일정한 기준에 미달하는 경우는

50) 《高麗史》 권 75, 志 29, 選擧 3, 鄕職.
51) 위와 같음.

향리역으로 환역케 하고자 하였으며, 첨설직의 하위자도 역시 이에 해당되었다. 이렇게 향역의 환역 조처가 강력히 대두되었음은 당시 시대상황의 혼란과 변동에 따라 항상 신분 상승을 꾀할 수 있었던 향리층을 중심으로 한 신분체제의 일대 변혁이 있었음을 알려준다.

이 밖에도 첨설직을 통한 대규모의 향리층의 사족화가 이루어졌다.[52] 첨설직은 공민왕 3년에 군공포상을 위해 수여되었는데 매우 남발되었다. 홍건적과 왜구의 침략으로 인해 고려는 전란을 극복하기 위해서는 지방세력의 물적·인적 자원의 협조가 절대적으로 필요하였다. 그러나 고려 조정은 국용이 고갈되어 군공자에게 물질적 포상도 할 수 없었고, 한계가 있는 관직에 유공자마다 실직을 줄 수도 없었기 때문에 부득이 첨설직을 수여할 수밖에 없는 상황이었다. 따라서 향리세력들은 여말의 시대상황에 따라 대대적으로 첨설직을 받음으로써 비실직 품관으로서 사족화되었으며, 여기서 지방세력의 사족과 이족의 분화가 더욱 심하게 되었다. 아울러 사족화하지 못한 향리세력은 조선시대에 이르러 법전체제로 신분이동이 억제됨에 따라 중인신분으로 고정화되어 자기도태 현상을 보였다. 그런데 첨설직을 받을 수 있었던 계층은 군현행정을 장악하여 조세를 징수하고 역역을 동원하며 주현군의 장교직을 맡아 전란에 동원되었던 호장층의 상급 향리가 대종을 이루었다고 판단되며, 하급 향리층은 잔류하여 記官層을 중심으로 새로운 향리조직으로 재편성되어 갔다.

이상 살펴본 고려 후기 향리의 신분동요는 다음과 같이 성격을 규정지을 수 있다. 많은 향리층들이 사족화하고 이들이 지방에서 일정한 경제적 기반을 가지고 여론을 조성할 수 있는 사회세력으로 성장하였다는 양적 팽창은 곧 고려사회 질서체제에 있어 그들의 존재가 질적으로 상승 변화될 수밖에 없게 하였다. 우리는 흔히 귀족제사회로부터 관료제사회로의 전이의 특징을 먼저 신분보다 개인의 능력을 우선하는 지배집단의 형성을 들고 있다. 즉 소수 가문에 의해 관직이 세습적으로 독점된 것이 아니라, 점차 보다 많은 가계집단들이 제한된 관직을 놓고 개인의 능력에 따라 진출함이 그 객관적 특성이라 할 수 있다. 이렇게 볼 때 관직에 나아갈 수 있는, 보다 많은 가

52) 《高麗史》 권 75, 志 29, 選擧 3, 添設職.

계집단이 토착적인 향리층의 사족화를 통하여 이루어졌다함은 새로운 지배집단의 질적 비약이 이루어졌음을 뜻하는 것이다. 따라서 이들은 새로운 사회질서를 요구하게 되었고, 그 외형이 토지개혁과 고려에서 조선으로의 왕조교체로 나타났으며, 이들 새로운 지배층은 내부적으로 실질적이고 수적으로 팽창된 양반관료층으로 정착되었다. 물론 양적 팽창에 참여하지 못한 잔류향리는 새로운 질서체제에 의해 도태된 지위를 견지해야만 했다.

(2) 양반귀족의 신분동요

가. 문·무반의 신분적 융합

고려 후기 양반 귀족의 신분동요는 양반귀족의 신분상의 몰락이나 상승을 의미하기보다는 지배계층 내부의 상호간 위상변화 즉, 권력의 우위권이나 신분 특권상의 변화 등으로 설명되어야 할 것이다. 곧 무신란 이후 정치권력 담당자의 성격 전환과 그들의 지배적 특권을 유지하고자 했던 새로운 사회질서의 개편이 이루어졌던 것이고 이는 곧 고려 후기 신분제 변화의 계기가 되었다.

고려 전기에 있어서는 정치적 권력을 장악한 귀족을 중심으로 엄격한 신분제도가 운영되었는데, 이 귀족계급은 오로지 문반에 의해서만이 형성되었고 같은 관료층인 무반은 한 단계 낮은 신분으로 상대적 열세를 면치 못하였다. 따라서 국가 통치체제 운영의 근간이 되었던 문무양반체제 내에서 신분적으로 구별되는 계층이 존재하는 것이 되어 상호집단간에 갈등을 일으킬 수 있는 내적 모순으로 작용하였다.

그리하여 문신 중심에서 무신 중심으로 정권이 교체된 무신란을 계기로 문신 중심의 귀족사회는 변질되고 새로운 형태의 양반제와 신분제가 운영되었다. 무신의 정권 장악에 따라 무신의 지위는 상승되었고 아울러 문반과의 신분상의 차별이 해소되었다.

그러나 문반귀족이 몰락하고 무반이 정권을 장악한 후에도 양반제는 유지되었다. 이 변질된 양반제도는 형식적인 외형은 무신란 이전과 다름없었으나 실질적으로는 문무간의 상호교통이 일반화되는 커다란 변화가 있었다. 즉 무

반의 문반직 겸직과 무신정권의 비호를 받는 문신들의 무반직 겸직이 일반화되었다.[53]

먼저 무신란 이후 무반에 의한 문반직 겸직을 살펴보자. 원래 무신란 전에는 무반의 문직 겸유는 그 관직 수여의 경우나 또는 수여되는 문관직 자체에 제한이 있었지만, 무신란 후에는 아무런 제한 없이 무반의 문반직 겸유가 일반화되었다. 이는 정권을 장악한 집단이 그들의 통치기구인 문반직을 자의로 차지하였기 때문이었다.

실제로 무신들의 문반직 겸유의 실태를 살펴보면, 우선 무신란 직후 무신에 대한 회유책으로 전원을 일급 특진시키고 있다. 이 때 상장군은 守司空僕射에 가하였는데 이는 무신란 전의 무신의 문직 겸유와 같은 성질의 것으로 보이며 명종 즉위 후 본격적인 문직 겸유가 시작되었다. 무신들의 추대로 왕위에 오른 명종은 일대 인사개편을 발표하였는데 이 때 무신들이 많은 문무관직을 차지하여 鄭仲夫와 梁淑은 참지정사, 李紹膺은 좌산기상시가 되는 등 무신의 문반직 겸유가 실제화되었다. 이후로 무신들이 정권을 장악하고 모든 문무관직의 전주권을 오로지함으로써 그들이 정부의 주요직을 차지하게 되는 것은 필연적이었다. 명종 즉위 직후 참지정사가 되었던 정중부는 결국 문하시중에 오르고 李義旼도 수사공좌복야·판병부사가 되며, 杜景升은 문하시중에 오르는 등 재상들이 무신들 가운데 많이 배출되었다.

다음으로 명종 16년(1186)에 장군 車若松 등 43인을 内侍院과 茶房에 겸속시키고 있다.[54] 이러한 사실은 이제는 무신들이 중앙의 문반직 뿐만 아니라 내시·다방의 近侍職까지도 겸하게 되었음을 말해준다. 아울러 문반직인 지방관직에도 무인이 진출하였다. 명종 3년에는 3경·4도호부·8목의 관인은 물론 군현 및 심지어 館驛之任까지도 무관이 병용되었다.[55] 이렇게 하여 무신란 이후에는 文武交差制가 시행되어 무신이 지방관에 파견되는 경우가 많아졌다. 그리고 한때 중단되기도 하였으나 충렬왕 원년 다시 복구되는 등 무신의 외직 임명이 일반화되었다.[56] 따라서 대장군 洪仲方과 같은 무신은

53) 邊太燮,《高麗政治制度史硏究》(一潮閣, 1971), 322~327쪽.

54)《高麗史節要》권 13, 명종 16년 10월.

55)《高麗史》권 19, 世家 19, 명종 3년 10월.

56)《高麗史》권 75, 志 29, 選擧 3, 銓注選用守令.

무신들에 의한 문관직 독점을 중지하고 양반제의 정착을 주장하기도 하였다.[57]

이처럼 무신란 후에는 무신에 의한 문반직 겸유가 보편화되어 양반제도가 유명무실하게 되었는데 심지어 文翰職까지도 무인이 겸하게 되었다. 원래 문한직은 문관 중에도 유학과 문장에 능통한 유신과 문사만이 등용되었다. 따라서 무신란 전에는 무반이 문직을 겸유하는 경우에도 절대로 문한직을 수여하지 않았는데 무신란 이후에는 무인으로서 儒官職을 겸하는 경우가 나타났다. 예를 들면 상장군 崔世輔는 글을 해독하지 못하는 무인이었으나 명종 16년 史館의 同修國史가 되고 있다. 또 장군 崔璉과 金富가 모두 예부시랑이 되어 이 때부터 무관으로 유관직을 겸하게 되었으며,[58] 그 후 무인 두경승은 判吏部事로 修國史를 겸하였다. 국사를 편찬하는 사관직이 문한직임은 말할 것도 없고 예부의 관직도 전형적인 유관직인데도 이제는 이들 유관 문한직도 무인이 겸직하게 되었던 것이다.

이와 아울러 외국에 파견되는 사신과 서장관 등은 문관에 한하였는데 무신란 이후 무인들이 보내지는 것이 일반화되고, 또한 수행하는 경우도 많아졌다. 이는 유교적 지식이 뛰어난 자만이 임명되었던 자리에까지 무인들의 세력이 침투하였음을 알려준다.

마지막 형태를 살펴보면, 당연한 경우 같지만 무관이 군직을 갖게 되었다. 무신란 전에는 姜邯贊이나 尹瓘의 경우에서 보는 바와 같이 문관이 양계병마사나 출정군의 군직을 겸하여 병마를 지휘하고 군사지휘권을 장악하고 있었다. 그러나 무신란 이후에는 무관이 이를 담당하였다. 이를테면 정중부는 명종 2년에 재상직과 더불어 북면병마판사와 행영병마 겸 중군병마판사의 군직을 가졌다. 그 후 고종 3년 및 4년의 거란 침공 때 고려 방어군의 편성을 보면, 병마사가 모두 무관으로 편성되어 있어 출정군 지휘부의 군직과 양계 병마사직이 무반에 의해 장악되었음을 알 수 있다.[59] 이는 원래 무반이 가져야 할 군사권이 회복되었다고 할 수 있다.

다음으로 무신란 이후에는 무반이 문관직을 겸하는 것과 상대적으로 문반

57) 《高麗史》 권 100, 列傳 13, 洪仲方.
58) 《高麗史節要》 권 13, 명종 16년 12월.
59) 《高麗史》 권 103, 列傳 16, 金就礪.

이 무반직을 겸하는 사례가 널리 나타났다.[60] 정권을 장악한 무반에 비해 열세한 지위가 되어버린 문반이지만 하나의 정권이 문·무 양반체제로 운영됨으로써 이들의 존재는 계속 유지되었다. 또 문반의 입장에서 볼 때 자체 세력유지를 위해서는 생존이 우선이었다. 도피와 은둔으로 화를 면한 문신들은 무신세력과 타협하여 벼슬을 하기도 하고 끝내 초야에 묻히기도 하여 새로운 질서체제에 적응하였다. 실제 무신정권은 자기 정권 강화를 위하여 문직을 담당할 문신이 절대적으로 필요하였으며, 따라서 舊文臣을 포섭 등용하고 신진문인을 활발히 등용하였다.

이로써 문신세력은 무신정권에 부용된 위치에서 그들의 존재를 유지하기에 이르렀다. 무신란의 소용돌이 속에서 살아난 문신의 경우로, 예로부터 사람됨이 덕성이 있어 평소에 존경을 받아오던 자, 성격이 청렴하고 곧기 때문에 백성으로부터 존경을 받아오던 자, 언관으로서 그 직분을 다하여 直臣으로 알려진 자 등은 그 인간성이 훌륭하여 그 자신은 물론 가족까지도 화를 면하게 되었다. 그 밖에 무신 또는 무신에 포섭된 문신과 사제관계 등 친분 또는 친인척관계에 있는 자, 관용 또는 의협심이 있는 무신에게 의탁한 자 등도 화를 면하였다.[61]

한편 무신정권은 살아남은 문반들을 문인으로서 필요한 전문직에 임용하였고 이들 문신들은 자기 보신책으로 무신정권에 결탁하기에 이르러 재상에 나아가기도 하였다. 그런데 이들 무신정권하의 문신 가운데는 무직을 겸하는 경우가 나타났다. 무신란 전에는 상대적으로 우위에 있던 문신이 극소수의 예외적인 경우를 제외하고는 무반직을 가질 리 없었지만 이제 무신정권하에서는 무반의 지위가 우세하여졌으므로 문관 중에 무반직을 점유하는 예가 많아졌다.

예를 들면 화를 면한 文克謙은 무신정권에 협력하여 명종 즉위 후 右承宣·御史中丞을 거쳐 龍虎軍上將軍이 되고 다시 재상에 이르러 상장군을 겸하여 문관으로 무반직을 겸하는 시초가 되었다. 그 후 尹鱗瞻도 문신으로서 무직을 겸하게 되었다. 윤인첨은 등제한 문신으로 무신란 후 명종조에는 국

---

60) 邊太燮, 앞의 책, 327~332쪽.

61) 閔丙河, 《高麗武臣政權硏究》(成均館大出版部, 1990), 57~62쪽.

자감 대사성의 儒官職을 가지고 재상에까지 올랐는데, 마침내 무직인 상장군을 겸하는 중방에 나아가 議事까지 하였다.[62] 이와 같이 문극겸은 문재가 뛰어난 문관이었고, 윤인첨은 대사성을 역임한 유관이었는데, 상장군의 무직을 가지고 중방에서 參署까지 하였으니 이것은 무신란 이전의 낡은 구조에서는 생각할 수도 없는 문·무양반의 신분적 변화의 한 현상이라 할 것이다.

이러한 문신의 무반직 겸유는 그 후 고종 때 趙冲이 한림학사·승지로서 상장군이 되었고, 柳璥이 국자대사성을 역임하고 지주사가 되어 좌우위 상장군을 제수 받은 경우에서도 살필 수 있다. 이처럼 문신이 무반직을 겸하게 되는 현상은 무신정권이라는 전제조건 아래 문신들이 무반직을 선망하였고 아울러 무직의 겸유는 일신의 권세를 상징하는 직책으로 인식하였기 때문이다. 따라서 야심있는 문신들은 무직을 겸함으로써 그들의 특권을 유지하고자 하였고, 나아가 이를 바탕으로 문반 중심의 새로운 질서체제를 추구할 수 있었을 것이다.

이와 같이 무반직이 문반직보다 천대되었던 고려 전기에 비하여 무신정권 성립 후에는 무반관직은 그 지위가 상승하여 사회일반에서 우대되었다. 이러한 점은 충렬왕 때 제정된 納粟補官制에 있어서도 증명되고 있다.[63] 이러한 무반직의 지위 상승은 문무반 사이의 차이를 없애고 양자의 상호교통을 초래하였다.

그러나 여기서 유의할 점은 문무반 관직의 겸유로 상호교통이 있게 되었지만 출신으로서의 문반·무반의 관계는 명확히 구별되었다는 것이다. 정치상황에 따라 엄격한 문무반의 불변성은 이들간의 상호대립과 경쟁이 계속되는 요인이었다. 또한 양자간의 신분동요 및 사회변동의 내재적인 추진력이 되었다. 실제에 있어서 정권을 장악한 무신들이라 하지만 문신세력을 억압하려는 노력이 계속되었다. 이는 고려 전기 이래에 계승된 출신신분에 대한 문신 우위의 인식이 잔존하였음을 알려준다. 곧 그들은 무신 자신의 사회적 지위 상승의 실제를 문반직을 겸유함으로써 나타내고자 했고, 상대적으로 대립관계에 있던 문신의 세력확대를 억제하였던 것이다. 이렇듯 내재적인 대립관

62) 《高麗史》 권 96, 列傳 9, 尹鱗瞻.
63) 《高麗史》 권 80, 志 34, 食貨 3, 賑恤 納粟補官制.

계는 무신정권하에서도 무신관료들이 갖는 신분적 한계를 나타낸 것이다.

이상 살펴본 바와 같이 무신란 후에는 문무관직의 상호교통을 통하여 문무반의 신분·문벌상의 차이가 없어졌다. 이는 무신란에 의해 신분이 낮은 무신들이 문반귀족에 대응하여 정권을 장악하게 되었으므로 양반간 신분질서의 필연적인 변화 현상이었다. 신분과 문벌이 모든 사람의 정치적 권력과 경제력, 사회적 특권을 결정하는 주요조건이 되었던 것이 이제는 실력과 능력이 특권을 누리는 중요한 요건으로 대두되었다. 따라서 무신란 이후의 귀족세력은 그 이전의 귀족과는 전혀 다른 성격을 띠었다. 요컨대 무신란 이전의 귀족은 오로지 문반만으로 구성되어 있었는데 대하여 무신란 이후에는 무반도 宰相之宗이 되기도 하였다.

충선왕 하교에 있는 15개 재상지종 가운데 원종의 비 順敬太后의 가문은 金慶孫·金琿으로 이어지는 慶州 金氏로 무반가문이었으며, 金方慶·金忻 부자 역시 무신이었다. 또 金就礪로 대표되는 彦陽 金氏는 무반가문으로 신진 재상지종이 되고 왕실의 외척까지 되고 있으며, 蔡松年의 平康 蔡氏와 趙仁規의 平壤 趙氏 또한 무반가문의 신진 재상지종이 되었다. 왕실과 혼인관계를 맺을 수 있는 재상지종에 무반가문이 진출하고 있다는 사실은 무신란 이후의 양반 귀족사회의 변질을 보여주는 것이며, 여전히 문반계통의 재상지종이 강력히 존재하는 상황에서 무반의 지위 상승을 말해준다. 더욱이 이들 문반귀족 가문에서 무직을 겸하거나 무반으로 진출하는 경우가 일반적으로 나타남을 통하여 문무반의 신분상 융합을 볼 수 있다.

또 무신란 후에는 무반으로 공신호를 받은 자가 절대적으로 많아졌다. 崔竩를 주살한 공으로 衛社功臣이 된 사람 가운데 13명의 壁上功臣 중 12명이 무인이었으며, 나머지 한 사람인 문신 柳璥도 뒤에 상장군을 경유하였다.[64] 이렇듯 무신란 후에는 공신호도 거의 무반이 독점하게 되어 그들 가문의 신분상승에 영향을 끼치게 되었다. 따라서 무신란 후에는 무직이 비하되지 않고 무반으로서 귀족이 될 수 있었으므로 이제는 귀족가문의 자제도 음직으로 무반직을 받는 경우가 많이 나타났다.

64) 《高麗史》 권 25, 世家 25, 원종 3년 10월.

이에 문무반의 신분상의 차이가 없어지자 문반귀족 내의 폐쇄적인 연혼관계를 탈피하여 문무 양반간의 통혼이 행해지게 되었다. 먼저 무신란을 계기로 권력을 잡은 무신들은 그들의 미천한 신분을 상승시키기 위해 문신귀족과 통혼하고자 하였다. 문무반 사이의 통혼은 이미 명종 3년에 문신들의 반기를 방지하기 위한 방법으로 무신들에 의해 정책적으로 실시되었으며,65) 이에 의해 양반간의 신분상 융합이 더욱 촉진되었다. 그리하여 출신이 미천한 무신들이 무신귀족으로 상승하여 무인정권 이후는 문무양반층이 상대적인 귀족층을 형성하였다.

그런데 신분 전통에 대한 관념은 극히 보수적이어서 비록 무신란을 계기로 새로운 신분질서체제가 이루어졌다고 하지만 기존의 문벌가문의 권위는 끊임없이 잠재해 있어 신분의 우월성이 그대로 존속되었다. 따라서 무신란 후 정권을 장악한 무반의 지위가 실제적으로 상승된 점과 더불어 무인신분에 대한 전통적인 멸시감이 병존하는 신분의식으로 나타났다. 그러나 무신란 이후 고려사회는 실질적으로 문무관 관직의 상호교통과 통혼, 그리고 무반귀족을 형성할 수 있는 새로운 신분질서를 창출하는 변화를 보였다.66)

나. 양반귀족의 신편제

무신정권이 붕괴된 후 새로운 대원관계가 성립되었는데 이 때 양반귀족의 신분상의 동요는 역시 문무 양반계층상이나 하층 신분층과의 동요를 말하기보다는 지배세력 내에서의 보수와 개혁, 또는 외세의존과 토착 등 새로운 관인층의 형성과 그들의 성격상의 변질을 말하는 것이 되어야 할 것이다. 이것은 기존의 관인형성층이 새로운 정치상황에 따라 신분상 어떻게 변질되었고, 이들과 대응하여 신진관료층의 등장은 어떠한 형태로 새로운 지배질서체제에 편제되었는가라는 관점으로 이해되어야 한다. 따라서 이것은 신분동요의 문제라기보다는 정치지배세력의 성장과 새로운 통치질서 체제의 확립이라는 시각에서 다루어져야 할 것이다.

무신정권을 몰락시킨 원의 간섭과 부마국체제의 성립은 기존의 정치세력

65) 《高麗史》 권 128, 列傳 41, 叛逆 2, 鄭仲夫.
66) 邊太燮, 앞의 책, 339쪽.

을 새로운 대원관계에 적응케 하였고, 전혀 새로운 권세가를 성립시켰다. 따라서 부원세력이나 왕실 측근세력들이 정권을 장악하고 새로이 편성된 정치기구를 중심으로 권력을 행사하였으며, 무신정권 이후 계속 성장하기 시작한 신진사류층이 이들에 대응하여 새로운 정치집단으로 성장하면서 새로운 형태의 양반관료사회를 지향하였다. 이렇게 왕실을 포함한 외세의존적 정권주체와 고려사회 내에서 모순을 직접 체험하면서 관료사회에 진출한 신진사류가 지배층의 주류를 이루었으며, 공민왕 이후에는 신진사류층을 중심으로 형성된 사회모순의 개혁세력들이 정치주체로 등장하는 지배세력 내부의 변질을 가져왔다.

아울러 공민왕 때 등장한 신흥세력 가운데 공민왕의 실지회복운동, 홍건적의 침입, 계속되는 왜구의 침략 등 많은 전란을 통하여 성장한 새로운 형태의 무장세력이 등장하였다. 이들은 양반귀족의 후손이거나 당대 자신의 무공으로 발신하여 정치적 영향력을 키워 나갔으며, 때로는 보수적으로 때로는 개혁세력으로 활약하며 새로운 형태의 무반으로 정착하였다.

다. 양반수의 증가와 불복신

고려 후기의 양반층의 신분동요에 있어서는 이들의 수적 증가가 중요한 의미를 갖는다. 고려 후기에는 관제상의 정원이 원래의 수보다 훨씬 늘어난다. 예를 들면 본래 宰樞는 「宰五」 8명과 「樞七」 9명을 합하여 17명이 정원이었는데 고려 말에는 70~80명으로 늘어났으며,[67] 이러한 현상은 문무반 각품 모두 그러하였던 것으로 나타난다.

한편 관제상의 증가와 더불어 양반 귀족층 자체의 인구증가에 따른 수적 증가를 생각할 수 있지만, 앞의 향리의 신분변동에서 살펴본 바와 같이 중간지배층의 양반층으로의 신분 상승이 양반수 증가에 절대적인 원인이 되었다. 즉 향리층의 正科·雜科 등을 통한 신분상승과 첨설직·납속보관제·투탁 등을 통한 광범위한 진출을 통하여 양반층의 팽창이 이루어졌다. 아울러 양반수의 절대적인 증가는 필연적으로 관제의 문란을 가져왔는데 이는 제한된 관직과 인적 자원의 확대에 따른 현상이었다.

67) 《高麗史》 권 75, 志 29, 選擧 3, 銓注 選法.

한편 무신정권 이후 정치적 혼란기를 맞아 중앙관인들이 낙향하는 경우가 많아지고 잇따른 정치적 사건과 빈번한 정권교체, 많은 전란에 따라 파직 및 유배자가 지방에 정착하거나 일시 머무르는 현상이 나타났다. 이들은 지방에서 일정한 사회적·신분적 특권을 가지고 있었는데 중앙관인으로서의 신분적 우위와 지식층이라는 이유로 지방에서 영향력을 행사하는 새로운 형태의 사족층으로 대두하였다. 즉 양반 귀족의 한 존재형태로 地方品官勢力이 형성되어 갔다. 이들 지방 품관세력은 호족출신 관인층이 경제적·혈연적으로 맺어지는 지방과의 관련성을 바탕으로 하여 관직에서 물러난 후 낙향하여 하나의 사회세력으로 정착하였던 것이다. 또한 이들의 영향을 받은 지방 토착세력들은 동정직이나 첨설직을 받는 기회를 이용하여 비실직 관인층으로 성장할 수 있었으며 이들의 수적 증가는 양반으로 진출할 수 있는 사족층의 수적 증가를 가져왔다.

이와 같은 정치사회의 변동에 따라 토착세력의 사족화가 활발하게 진행되는 것과는 상대적으로, 기존의 중앙관인층이 여말 선초의 새로운 정권에 불복함으로써 향리층으로 전락하기도 하였다. 즉 고려의 遺臣으로 조선왕조에 불복하여 지방의 호장 등 향리화한 경우 이들 불복신 후손 향리들은 '不服臣戶長' 등으로 그 명칭이 계속 이어졌으며 그 중 武弁이 있는 자는 驛吏로 전락되기도 하였다.[68]

〈羅恪淳〉

2. 농민 · 천민의 봉기

1) 농민 · 천민봉기의 배경

우리 나라 농민항쟁의 역사에서 민중들의 지배권력에 대한 저항이 고려 무신정권기의 1세기처럼 앙양된 시기는 그 유례가 보기 드문 것이었다. 민란

---

68) 《掾曹龜鑑》 권 1, 不服臣罰定錄.

의 주체인 민중은 특정한 역사적 통치체제나 경제구조 아래에서 통치지배와 경제적 수탈의 대상이 된 사람들을 의미한다. 농업생산이 사회적 생산의 대부분을 차지하는 전근대사회에서 농민이 민중을 대표하는 기본계층으로 인식되는 것은 당연한 일이다. 천민도 농민의 범주에 넣을 수 있지만 양인 농민과는 구별된다는 점에서 따로 언급하여 그 특수성을 부각시키면서 봉기의 배경을 설명하고자 한다.

(1) 중앙 통치체제의 문란

무신정권기에 발생했던 농민·천민의 봉기는 고려사회의 정치적·경제적·사회적 모순이 폭발되어 일어난 것이라고 볼 수 있다. 이미 무신정권이 성립하기 이전부터 토지에서 유리된 농민들이 산발적으로 일어났으나 무신집권 이후에는 전국적으로 광범위하게 농민들이 봉기하였다.

우선 무신정권이 성립하기 이전의 정치적 상황을 살펴보면, 인종대에 李資謙과 妙淸의 난이 발생하여 집권층 내부의 권력 다툼이 표면화됨으로써 중앙집권체제가 동요하고 있었다. 그런데 인종의 뒤를 이어 즉위한 의종은 인종대 이래로 실추된 왕실의 권위를 회복하고 중앙집권체제를 강화시키기 위해 이에 위배되는 여러 귀족들을 숙청하였으나, 문신 지배층의 압력과 그 자신의 방탕한 생활로 인하여 효과를 거두지 못하고 도리어 의종은 사치와 향락을 위해 백성들로부터 수탈을 강화하였으므로 농민들의 유망이 더욱 늘어갔다.[1] 그리하여 의종 6년에 洪川,[2] 9년에 全州,[3] 16년에는 伊川·安峽·東州·平康·永豊(平山)·宜州(德原)·谷州 등 각지에서 도적이 일어났으며[4] 그 이후에도 남쪽에서 계속적으로 소요가 일어났다.[5] 따라서 의종 24년(1170)에

---

1) 의종이 왕권강화를 위해 노력했다는 설도 있으나(河炫綱, 〈高麗 毅宗代의 性格〉, 《東方學志》 26, 1981) 그것은 지배층 내부에서 귀족과의 대립관계를 유리하게 이끌려고 했을 뿐 농민의 입장에서는 의종의 방탕과 이로 인한 수탈이 더욱 심각한 문제였다고 생각된다.
E. J. Schultz, 〈韓安仁의 立場과 그 役割〉(《歷史學報》 99·100, 1983), 174~180쪽.

2) 〈李文著墓誌〉(《朝鮮金石總覽》 上, 朝鮮總督府, 1919), 402쪽.

3) 〈林景軾墓誌〉, 위의 책, 383쪽.

4) 《高麗史節要》 권 11, 의종 16년 5월.

일어난 무신란이 성공하게 된 원인은 무반 지위의 상승과 더불어 귀족사회의 수탈체제에 신음하던 피지배층의 광범위한 지지와 성원에 의한 것이었음을 알 수 있다.

그러나 무신정권은 하급 군인층, 농민들의 호응으로 성립하였음에도 피지배층을 위한 수취체제의 개편이나 지방관 수탈을 근절하기 위한 적절한 시책을 제시하지 않았다. 무신들의 목적은 문신을 대신해서 정권을 장악하여 많은 토지와 노비를 소유하고 부귀영화를 누리는 것일 따름이었다. 그리하여 李高·李義方·鄭仲夫 등 무신집정자들은 무신들의 회의기관인 重房을 중심으로 서로 권력 다툼을 벌여 높은 관직을 경쟁적으로 차지하고 토지겸병에 열중하였다.

① 처음에 의종이 私第 셋을 지어 館北宅·泉洞宅·藿井洞宅이라 이름짓고 재화를 거두어 모아 巨萬을 헤아리게 되었는데 仲夫·義方·高가 다 이를 나누어 가졌다(《高麗史》 권 128, 列傳 41, 叛逆 2, 鄭仲夫).

② 仲夫는 성질이 본래 貪鄙하여 재물 늘리는 일에 거리낌이 없었다. 侍中이 되어서는 널리 田園을 확장하였으며, 家僮과 門客이 권세에 의탁하여 멋대로 방자하니 中外가 이를 괴롭게 여겼다(위와 같음).

③ 義方이 딸을 東宮에 바친 이래 더욱 威福을 제멋대로 하여 조정의 정치를 濁亂하게 하니 사람들이 분노하고 원망하였다(《高麗史》 권 128, 列傳 41, 叛逆 2, 李義方).

사료 ①의 내용에서처럼 무신들이 정권을 장악한 후 제일 먼저 한 일은 의종의 집과 재화를 빼앗아 나누어 가진 일이었다. 이후 정권은 이의방에서 정중부·慶大升·李義旼을 거쳐 崔忠獻에게로 옮겨졌는데 그 과정에서 무신들은 주도권을 장악하기 위해 서로 죽이는 등 치열한 권력투쟁을 계속하였다. 즉 초기의 정치권력은 이고·이의방이 장악하고 있었는데, 우선 이의방은 명종 원년에 정권을 독점할 뜻을 품고 승려 및 惡小의 무리와 결합하여 난을 일으키려던 이고를 주살하고, 이어 함께 이고를 죽여 세력이 커진 內侍將軍 蔡元을 살해하였다.[6] 이고와 채원을 제거하는데 성공한 이의방은 사료 ③에서 나타나는 바와 같이 그의 딸을 태자비로 삼고 국정을 함부로 하였다.

---

5) 〈醴泉龍門寺重修碑〉(《朝鮮金石總覽》 上), 410쪽.

6) 《高麗史》 권 128, 列傳 41, 叛逆 2, 李義方.

이 때 정중부의 아들 鄭筠은 서북민의 항쟁으로 조정이 어지러운 틈을 타서 이의방과 그의 측근을 제거하였다.

그러나 정중부 또한 정권을 장악한 후에는 자신의 일파를 재추의 요직에 앉히고 아들 균, 사위 宋有仁과 더불어 백성을 수탈하고 토지를 겸병하였다. 뿐만 아니라 정균은 무리하게 공주와 결혼하려 하였고, 송유인은 권신 文克謙과 韓文俊을 貶斥하는 등 물의를 일으켜 장군 경대승에 의해 모두 처형되었다.[7] 그러나 무신란과 관련없는 인물인 경대승의 대두는 무신란에 가담하여 출세한 무신들을 그의 적대세력으로 만드는 결과가 되었다. 경대승은 이들의 위협으로부터 신변을 보호하기 위해 都房을 설치하고, 이를 중심으로 독재체제를 강화하였는데, 정권을 장악한 지 4년만에 병사하였다. 그가 죽은 후 정권을 잡은 이의민 또한 동중서문하평장사·판병부사가 되고 공신 호를 받아 권세가 커지니 銓注를 함부로 하고 토지를 탈취하였다. 뿐만 아니라 그의 아들들도 아버지의 세력을 믿고 횡포를 부리다가 모두 최충헌 형제에게 죽임을 당하였다.

이상과 같이 무신들의 정권 장악을 위한 내부 투쟁은 국가의 기강을 더욱 문란하게 하여 중앙의 통치체제는 제기능을 발휘하지 못하게 되었다. 그리하여 무신정권 초기에 상장군·대장군이 모여 국정의 전반을 논의하던 重房政治가 제대로 이루어지지 않아 중방에서 어떤 일을 명령하면 그 아래 將軍房에서 반대하고 장군방에서 명령하면 郎將房에서 반대하여 서로 대립하는 형세에 이르렀다.[8] 지배층 내부 갈등의 표출과 무신권력자들의 부패 타락은 중앙의 지방에 대한 통제력을 약화시켜 지방관의 가렴주구를 감시하는 능력을 상실하게 했을 뿐 아니라 농민 봉기가 일어났을 때 정부가 효과 적으로 대응할 수 없게 만드는 결과를 초래하였다.

(2) 지방관의 탐학

전근대사회에서 지방관의 탐학으로 인한 농촌사회의 파탄이 농민봉기의

7) 《高麗史》 권 128, 列傳 41, 叛逆 2, 鄭仲夫.
8) 《高麗史》 권 101, 列傳 14, 宋詝.

직접적인 도화선이 되고 있음은 주지하는 바이다. 중앙의 지방에 대한 통제력의 약화를 틈타 지방관은 농민에 대한 착취를 더욱 강화시켰다. 지방관의 탐학은 이미 무신정권 이전부터 성행하여 백성들이 유망하는 요인으로 작용하고 있었으니 다음의 예종과 인종대의 기록에서 그 편린을 엿볼 수 있다.

① 지금 諸道州郡의 수령 가운데서 청렴하여 백성을 돌보아주는 자는 열에 한 둘도 없고 거의가 이익을 탐내고 공명에 팔려서 나라의 체면을 손상시킨다. 뇌물을 좋아하고 자기의 사사로운 이익만을 도모하여 백성들을 침해하니, 유망이 연이어져서 열 집 가운데서 아홉 집이 비게 되어 짐은 매우 가슴 아프다(《高麗史》 권 12, 世家 12, 예종 즉위년 12월).

② 지금의 수령은 백성의 재물을 빼앗아 利로 삼는 자가 많고 근면과 검소함으로 撫民하는 자가 적어 창고가 비고 백성들이 궁핍하다. 여기에 力役이 더해지니 백성들이 손발을 둘 곳이 없게 되어 일어나 함께 모여 도적이 되었다(《高麗史》 권 79, 志 33, 食貨 2, 農桑 인종 6년 3월).

예종대에 유민이 성행하였고 한 걸음 더 나아가 인종대에는 유망민이 모여 도적이 되었는데, 그 원인 중 가장 중요한 것이 수령의 탐학임을 위의 기사 는 나타내고 있다. 그런데 무신정권이 들어선 직후인 명종 2년(1172) 6월에 정부는 전국 53개의 속현에 監務를 파견하였다. 사실 감무의 파견은 주·군·현에 예속된 속군·속현민의 오랜 열망이었다. 고려시대의 지방 통치조직은 군현제도로서 주군·주현이 있고, 주군·주현에 예속된 속군·속현, 그리고 그 아래에는 향·소·부곡이 있었다. 따라서 東京·尙州·晋州 등 대읍은 조세부과 및 역역동원에 있어서 주읍의 吏들이 중앙에서 그들 군현에 부과시킨 부담 중에서 많은 부분을 속읍에 지웠다.[9] 이에 속읍민들은 주·군·현의 과다한 부담을 이기지 못하여 연이어 유망을 하게 되었으며 국가는 이 사태를 수습하는 방편으로 감무제를 실시하였다. 즉 속읍에 지방관을 파견하여 주읍의 예속에서 벗어나게 하는 것이다. 다음 예종의 조서는 감무를 파견하게 되었던 당시의 실정을 잘 나타내고 있다.

지난번 西海道의 儒州(黃海道 信川)·安岳·長淵 등의 현에서 사람들이 유망한다는 해당기관의 보고를 받고 처음으로 監務官을 파견하여 안무시키기 시작

---

9) 金潤坤, 〈羅·麗郡縣民 收取體制와 結負制度〉(《民族文化論叢》 9, 嶺南大, 1988).

했더니, 드디어 유민이 점차 돌아와서 산업이 날로 성하게 되었다. 지금 牛峰·兎山·積城·坡平·沙川·朔寧·安峽·僧嶺·洞陰·安州·永康·嘉禾·青松·仁義·金城·堤州·保寧·餘尾·唐津·定安·萬頃·富閏·楊口·狼川 등 군현 사람들이 또한 점차 유망하고 있으니 마땅히 유주의 예에 의거하여 감무를 설치하여 招撫토록 하라(《高麗史》권 12, 世家 12, 예종 원년 4월).

위의 기록에 의거해 볼 때 명종대에 파견했던 감무도 主郡縣의 속군현민에 대한 침탈을 근절하기 위한 조처였다고 볼 수 있다. 그러나 무신들의 지방관 파견은 백성들의 수탈을 방지하기 위해서라기보다는, 쿠데타에 참여했던 하급 무인들에 대한 논공행상과 무신정권을 확립하기 위한 지방통치권의 확보에 근본이 있었다. 그리하여 牧民官으로서의 자격이 없는 무인들이 많이 임명됨으로써, 감무가 파견된 지역의 주민들은 주군현의 억압보다 감무의 수탈을 더 근심하지 않을 수 없었다. 무신집정자들은 명종 3년 10월에는 3京·4都護·8牧으로부터 郡·縣·館·驛의 직임에 이르기까지 모두 무인을 임명하는 제도를 만들었다.[10]

요컨대 지방관의 탐학은 무신정권 이전에도 빈번하게 백성들의 원성의 대상이 되었으나, 무신정권 이후에는 백성들을 다스릴 만한 역량이 없으면서 재물에만 눈이 어두운 자들이 더욱 많아져서 농촌사회는 완전히 파탄에 이르게 되었던 것이다. 더구나 무인 집권자 중에는 재물을 탐하여 벼슬을 파는 자까지 있어서, 이제 지방관의 탐학은 중앙의 권세가와 연결되어 자행되고 있었다. 이들의 농민수탈은 남도뿐 아니라 양계지방까지 확산되고 있었으니, 예컨대 鄭世猷는 아들의 관직 제수를 위하여 병마사로 있으면서 백성들의 재화를 거두어 중앙에 바쳤으며, 동북면병마사 曺元正은 재화뿐 아니라 머리카락까지 잘라 땋은 머리로 만들어 자기집으로 가져갔다. 이 같은 불법적인 농민수탈 외에도 백성들은 가중되는 조세와 공역으로 고통은 날로 심해갔다.

① 문종 7년 6월에 三司가 아뢰기를, '옛 제도에 稅米 1碩(섬)에 耗米(축난쌀)는 一升(되)을 거두게 하였습니다. 이제 12倉의 곡식을 京倉으로 輸納하는데 여러 차례 水陸을 지나쳐 오기 때문에 손실이 많아 수송자가 이를 변상하느라 고통이 심합니다. 청컨대 세미 一斛(10말)에 모미 7되로 增收케 하소서' 하니

10) 《高麗史節要》권 12, 명종 3년 10월.

制하여 좋다고 하였다(《高麗史》 권 78, 志 32, 食貨 1, 田制 租稅).

② 처음에 左右倉에서 쓰는 말(斗)을 재는 저울이 정확하지 않아 쌀 1섬을 바칠 때에 정액 이상으로 받는 것이 2말이나 되므로 지방 아전들이 이를 빙자하여 과중하게 거두어 오랫동안 민폐가 되어 왔었다. 이제 이를 바로잡고자 왕명으로 租 1섬에 耗米를 합하여 17말을 넘지 못하게 하였더니 민심이 흉흉하므로 이 때 이르러 制하여 본래대로 거두게 하였다(《高麗史》 권 78, 志 32, 食貨 1, 田制 租稅 명종 6년 7월).

③ 명종 18년 3월에 制를 내리기를, '여러 州府郡縣의 백성은 각각 貢役이 있는데, 요사이 지방관리들이 使令에게 시켜 공역의 값을 거두고 그 貢賦는 해당년도가 지나면 면제시켰다. 이에 따라 아전들도 모두 이 방법을 따르게 되어 역이 고르지 못하므로 貢役을 맡은 백성들이 정처 없이 떠나가고 있다' 하였다(《高麗史》 권 78, 志 32, 食貨 1, 田制 貢賦).

고려 초에는 농민들이 국가에 쌀 1섬의 조세를 바칠 때 耗米가 1되였는데 문종대에는 7되로, 그리고 무신정권 이후인 명종 6년에는 2말 이상으로 늘어나게 되었다. 그리하여 정부가 1섬의 조세에 축난 쌀까지 합하여 17말 이상은 받지 못하도록 하였으나 지방관과 아전이 극구 반대하여 다시 예전대로 모미를 2말 이상 받도록 허용하였다. 백성들 입장에서는 모미가 1되에서 2말 이상으로 늘어난 것만으로도 부담이 되는데, 국가가 이조차도 제어하지 못하고 민심을 빙자하여 지방관 임의대로 모미를 거두어들이기로 했으니 분노하지 않을 수 없었다. 이는 정부가 백성들의 편의보다는 지방관 · 향리 등 지배층의 이익을 대변하고 있음을 보여주는 예로서, 무신정권이 사소한 개혁조차도 시행하지 못하였고 오히려 이전보다 농민에 대한 수탈이 강화되었음을 알 수 있다.

다음 貢賦는, 이것을 수취하는 왕실 · 정부의 입장에서 보면 수공업품 · 자연산물 등 현물의 형태를 취하는 것이지만 이를 헌납하는 농민의 입장에서 보면 대개 貢役의 형태로 나타나는 것이 보통이었다. 그런데 위 사료 ③에서 보는 바와 같이 비교적 부강한 자는 지방의 관원이속과 결탁하여 미리 役價를 바치고 공역에서 면제되도록 하였으니, 이로 인해 貢戶의 부담이 고르지 않아 과중한 부담을 지게 된 농민들이 견디지 못하고 유리하는 현상이 발생하였다. 사료에 나타나지 않으나 요역도 마찬가지였으리라 보여진다. 본래 공역 그 자체도 무거운 것이었지만 공부의 수취과정에서 불공평하게 자행된 관리의 폐단은 토지겸병 및 조세의 과중과 더불어 농민의 생산기반을 파괴하여 유랑민이나 도적이 되게 하였으며, 급기야는 대규모의 농민항쟁을 일으키게 하였던 것이다.

(3) 대토지겸병의 확대

무신란 이후에 광범위하게 발생했던 농민항쟁의 중요한 원인 중의 하나가 권세가의 토지겸병으로 인한 농촌사회의 파탄에 있음도 지적하지 않을 수 없다.

고려시대 토지제도의 근간은 田柴科體制였다. 전시과 제도는 문무백관을 비롯한 국가의 공직자에 대하여 그들이 공직에 복무하는 대가로서 그 지위에 따라 일정한 토지를 나누어주는 제도였다. 전시과 제도에 의하면 전국 의 토지는 公田·私田으로 구분되었는데 공전은 주로 國用·祿俸의 재원이 되는 토지로서 民田이 가장 큰 비중을 차지하였고 公廨田·屯田·內莊田 등도 이에 포함되었으며, 사전은 주로 궁원·사원의 사유지와 양반·직역자에 지급된 分給收租地 등으로 이루어졌다. 이에 따라 관리들은 국가에 대한 복무의 대가로 수조지를 분급 받았고, 정부의 각 기관들 역시 토지를 배정받아 재원을 확보할 수 있었으며 백성들은 자기의 소유지인 민전의 자가경영을 통하여 생활의 토대를 마련하는 한편, 조세를 납부하여 녹봉과 국용 및 군수 등을 지탱해 주고 있었다. 그러나 고려 중기에 이르러 권세가의 탈점으로 인하여 재래의 자영농민의 토지지배에 큰 변동이 생겨, 토지겸병이 성행하고 농민의 佃戶化가 진행되니 전시과체제는 그 기반이 동요하여 마침내 붕괴되기 시작하였다.

토지탈점에 관한 기사는 이미 12세기 초인 예종대부터 나타나기 시작하지만, 본격적인 토지겸병은 귀족사회의 동요가 시작된 인종대에 심화되어 무신정권이 성립하면서 더욱 확대되었다. 이러한 대토지겸병이 성행하게 된 이유는 전시과체제의 모순이 표면화된 데다 농업기술의 발달에 따라 생산력이 높아졌기 때문이었다. 전시과체제의 제도적인 모순점으로는 양반관료에 지급할 분급수조지가 항례적으로 부족하였다는 사실과 또 분급수조지 제도는 이념적으로 토지국유제를 표방하고 있음에도 불구하고 功蔭田柴나 賜田같은 실질적으로 사유지와 다름이 없는 토지의 존재가 용인되고 있었다는 점이다.[11] 따라서 토지분급 질서가 무너지니 수조권에 입각한 전시과체제는 흔들리게 되고 소유권을 강화시킨 토지겸병이 나타나게 된 것이다.

12세기 농업기술의 발달은 수리시설의 발전, 施肥法의 발달, 그리고 새로운 종자의 보급을 통해 파악할 수 있는데, 이에 따라 歲易農法이 不易常耕農法으로 전환되었다.[12] 李齊賢의 《益齋亂藁》에 의하면 경종 때에는 "압록강 이남 지방은 모두 산이므로 田地로서 해마다 심을 수 있는 비옥한 땅이 없다"[13]고 하여 고려 전기에는 休耕田이 일반적인 현상이었음을 알 수 있다. 그리고 고려 전기에는 수조법이 同積異稅制로 量田尺도 단일척이었으므로, 농산물의 소출을 기준으로 마련한 면적의 단위인 結負制가 실제의 면적을 표시하는 頃畝法과 일치하였다. 그런데 고려 중기부터 말기에 이르는 어느 시기부터는 결의 실적이 頃面積의 몇 분의 1로 축소되어 隨等異尺制라는 새로운 양전법이 채택되었다. 이 같은 변화는 일반적으로 耕地가 휴한농법의 단계를 지양하여 常耕田化하고 다시 그 상경화한 토지가 비척도에 따라 소출액에 차등이 있었다는 사실의 전제 위에서 가능한 것이었다. 따라서 농경의 발전은 단시일 내에 이루어지는 것이 아닌 만큼 농업기술의 발달에 의해 상경화가 고려 중기부터 서서히 진행되었다고 생각한다.

농업기술의 발달은 농민층에 현저한 빈부의 차이를 가져와 계층분화를 촉진시킴으로써 많은 몰락농민을 탄생시켰다. 또한 현실적으로 토지가 많은 부

---

11) 姜晋哲, 〈田柴科體制의 崩壞〉(《高麗土地制度史硏究》, 高麗大出版部, 1981), 313쪽.

12) 농업 생산력의 향상에 대해서는 金容燮은 고려 말, 조선 초에 1結의 단위면적이 축소 재조정되는 사실을 고려 후·말기 이래의 농업기술 발달의 결과로 이해하는 견해를 발표하였으며, 李泰鎭은 《農事直說》의 연구를 통해 대몽항쟁기를 농업기술 발달의 전환기로 파악하였다. 이를 토대로 魏恩淑씨는 이보다 조금 앞선 시기인 12세기부터 농업기술이 발달하였음을 다각도로 검토하였다. 이와 관련해서는 아래의 글들이 참고된다.
金容燮, 〈高麗時期의 量田制〉(《東方學志》 16, 1975).
李泰鎭, 〈14·15세기 農業技術의 발달과 新興士族〉(《韓國社會史硏究》, 知識産業社, 1986).
魏恩淑, 〈12세기 농업기술의 발전〉(《釜大史學》 12, 1988).

13) 《高麗史節要》 권 2, 경종 6년 7월 李齊賢 贊.
이외에 《高麗史》 권 78, 志 32, 食貨 1, 經理 문종 8년 3월의 기사 내용에서도 고려 전기에는 歲易田이 일반적이었음을 보여주고 있다.

를 창출하게 되니 권세가의 토지지배 의욕을 한층 자극시켜 農莊이 형성되게 되었다. 고려시대에서 토지탈점으로 인한 대토지겸병의 구체적인 사례로 나타나는 최초의 인물은 인종대의 이자겸이다. 그러나 이 때는 아직 보편화된 것은 아니었고 토지 탈점이 심화된 것은 무신정권이 들어서면서부터였다. 정중부·이의민 그리고 최충헌 등 무신집정자들은 노골적으로 토지 침탈을 감행하였으니 다음은 그 예를 든 것이다.

① 廉信若의 토지가 峰城에 있었는데 정중부가 이를 빼앗았다가 후에 돌려보냈다. 신약이 奴를 보내어 수확하게 했는데 중부의 家奴가 중도에서 기다려 이를 탈취하려 하여 서로 싸웠다. 중부가 신약의 노비를 街衢獄에 가두어 죽이고 重房을 시켜 신약을 탄핵하였다(《高麗史》 권 99, 列傳 12, 廉信若).

② (義旼이) 백성들이 사는 집을 많이 점령해서 큰 집을 짓고 남의 토지를 빼앗아 그 탐학을 마음대로 하니 中外가 震恐하였다(《高麗史》 권 128, 列傳 41, 叛逆 3, 李義旼).

③ 최충헌이 죽으니 怡는 그가 모은 금·은 등의 진기한 보물을 왕에게 바쳤다. 이듬해에 또 충헌이 점탈했던 公私의 田民을 각기 그 주인에게 돌려주었다(《高麗史》 권 129, 列傳 42, 叛逆 3, 崔忠獻 附 怡).

무신집정자들의 토지겸병은 국가의 기강을 더욱 무너지게 하여 대토지소유자들의 상호 쟁탈까지 일어나고 있었다. 사료 ①에서 정중부는 判大府事로 재직하고 있던 염신약의 토지도 빼앗았다고 하니, 무력한 백성들의 민전 침탈은 일상적이었으리라 생각된다. 이는 토지겸병을 방지하여 백성과 국가의 재산을 보호해야 한다는 상소문을 올렸던 최충헌도 예외는 아니었다. 그리하여 명종대의 「賢宰相」으로 칭송을 받았던 문극겸조차도 토지를 넓히는데 주력하였다고 한다.[14]

권세가의 토지겸병을 위한 수단은 이의민의 경우처럼 함부로 탈점하기도 했지만 가장 일상적인 경우는 수조권을 통해서였다고 생각된다. 즉 科田主는 생산량이 증가한 것을 기화로 점차 규정 이상의 액수를 거둬들여 수조권을 강화시켰다. 그리고 그러한 수취과정에서 농민이 조세를 내지 못할 경우에 그 토지의 소유권을 탈취하는 것이었다. 이외에도 권세가들은 황무지 등 陳田 개간이나 柴地의 전토화를 통한 토지소유권의 확보, 그리고 長利·寄進

14) 《高麗史》 권 99, 列傳 12, 文克謙.

등 다양한 방법을 사용하여 토지겸병을 확대하였다. 이들 토지 탈점은 명종 18년(1188)에 반포했던 왕의 조서에 잘 나타나 있다.

① 모든 州縣에는 각기 서울과 지방에 양반 · 군인의 家田과 永業田이 있는데 이에 간사한 吏民이 권세있는 자들에게 의탁하고자 하여 거짓으로 閑地라 칭하고는 권세가의 이름으로 등기하였다. 또 권세가 역시 이를 자신의 가전이라 주장하면서 公牒을 요구하여 취득하려고 즉시 사환을 보내어 편지를 써서 부탁하였다. 그리하여 그 주의 관원들은 간청을 이기지 못하여 사람을 파견하여 田租를 징수하므로 한 토지에서 받는 조세가 두세 차례에 이르게 되었다. 이에 백성들이 고통을 견디기 어렵고 어디에 가서 호소할 곳도 없게 되었다. …이 使喚을 잡아 칼을 씌워 서울에 알리고 登記한 吏民은 끝까지 추궁하여 그 죄를 다스리도록 하라(《高麗史》 권 78, 志 32, 食貨 1, 田紫科 명종 18년 3월).

② 각처의 부강한 양반이 빈약한 백성이 빌린 것을 갚지 못하면 옛부터 내려오던 丁田을 빼앗으므로 백성들이 생업을 잃고 더욱 가난해졌다. 富戶는 겸병과 침탈을 하지 말 것이며 빼앗은 토지는 각기 그 본 주인에게 돌려주도록 하라(《高麗史》 권 79, 志 33, 食貨 2, 借貸 명종 18년 3월).

③ 서울 사람으로서 향읍에 농장을 크게 벌여놓고 폐해를 끼치는 자는 농장을 몰수하고 법으로써 서울로 돌려보내도록 하라. 道門의 승려가 여러 곳의 農舍에서 함부로 貢戶라 하며 양인을 부리고 또 거친 종이와 직물을 강제로 빈민에게 주어 그 이익을 얻으니 이를 다 금지하라(《高麗史》 권 85, 志 39, 刑法 2, 禁令 명종 18년 3월).

위의 사료 ①은 양반의 가전과 군인전마저 권세가의 겸병의 대상이었음을 보여준다. 특히 군인전은 직역의 대가로 받은 수조지로서, 이것의 침탈은 토지분급제에 기초한 정권의 지배 질서를 동요시킬 위험성을 안고 있었다.[15] 그리하여 농민들은 원래의 소유주인 군인과 권세가 두 곳에 조세를 수탈당하였다. 뿐만 아니라 각 지방의 토호들도 토지를 겸병했으며 승려들까지 대지주로서 백성을 괴롭혔으니 결국 농민들은 유망하거나 봉기할 수밖에 없었다. 이에 대한 정부의 대책은 극히 미약하였다. 즉 정부는 토지침탈에 대해 겸병의 주체자인 권세가는 놔두고 사환과 이민에게만 죄를 물었으며, 사료 ②의 부호들에게는 주인에게 돌려주게끔 하는 제도적 장치도 없이 무조건 돌려주라는 지시만 내리고 있다. 즉 대토지 소유에 대한 정부의 입장은 권세가들의 이익을 크게 침탈하지 않는 범위 내에서만 방지하려는 것이었다.

15) 박종기, 〈농민항쟁과 대외관계〉(《한국사》 6, 한길사, 1994).

사실 정부로서도 대토지 소유의 확대는 국가의 재정에 치명적이므로 방지하려는 의지는 있었지만, 정책 시행자가 대토지겸병을 자행하고 있는 상황에서 제대로 시행될 수가 없었다. 또한 승려들도 권세가와 더불어 농장을 설치하여 농민을 수탈하고 강제로 매매하여 그 이익을 획득하였으므로 사원 또한 농민들의 타도의 대상이 될 가능성을 보여주고 있다.

요컨대 12세기 이래 농업 생산력의 증가로 인해 토지를 통한 일정한 수익이 보장되니 중앙 집권체제의 문란을 틈타 권세가들의 토지겸병은 더욱 확대되었던 것이다. 그들은 초기에는 陳田·山田 등의 개간을 통해 농경지를 확대했으나 나중에는 군현의 민전, 나아가서는 양계지방의 국유지인 둔전까지도 사유화하였다.[16] 권세가의 토지겸병은 날이 갈수록 더욱 심각해져서, 명종 26년에 최충헌이 올린 封事에서도 "관직에 있는 자가 貪鄙하여 公私田을 빼앗아 점유하니, 일가의 비옥한 토지가 주·군에 걸치게 되었다"라고 한탄하고 있다. 지배층은 토지겸병과 탈점을 통하여 농장을 확대시켜 나갔다. 이들은 조세를 내지 않음으로써 국가 재정을 궁핍하게 했으며 각종 수탈과 고리대 운영을 통하여 농민층을 몰락시켰다.

그리하여 고려 후기는 농업기술의 발전으로 농민경제가 상대적으로 안정되어 농민층의 성장이 가시화되어야 함에도 불구하고, 지배층의 농장 확대와 국가의 수취력 강화로 인해 농민에게 돌아가야 할 잉여생산물에 대한 권익이 송두리채 수탈당하고 있었다. 이제 고려사회는 많은 비중을 점하고 있던 국가 대 농민의 예속관계에서 지주 대 전호관계로 바뀌어 가고 있었다. 특히 국가는 많은 농민들이 대토지 소유자의 전호로 바뀌어 조세·공부·역역을 납부하지 않아 재정이 고갈되니, 남아있는 농민들을 더욱 수탈하여 이를 보충하려고 하였다. 이 같은 여건을 타개하기 위해 그들은 11세기까지는 유리와 도망 등 소극적인 방법으로 저항하였으나, 12세기 후반기에 무신정권이 들어서서 내부의 갈등으로 중앙 집권체제가 악화되자 같은 수탈당하는 계층으로서의 공감대가 형성된 농민·전호는 연합하여 농민봉기와 같은 적극적인 항쟁을 일으키게 되었다.

---

16) 《高麗史》 권 82, 志 36, 兵 2, 屯田 공민왕 5년 6월.

(4) 신분제의 동요

무신집권기의 광범위한 피지배층의 봉기에는 단지 농민 · 천민 · 노예들만이 가담했던 것이 아니라 지배층에 가까운 향리 · 토호 그리고 同正職 소유자들도 상당수가 이에 호응하였다. 무신집권기의 지방관은 일반 백성들뿐 아니라 부유하나 중앙과 연계된 권세가 없는 토호들에 대한 수탈도 병행하였는데, 이것이 西北民의 항쟁이나 慶州와 濟州民의 봉기에서 토호 등 향리층이 광범위하게 가담했던 원인이 되었다. 뿐만 아니라 公州 鳴鶴所民의 봉기나 경주민의 항쟁에서는 정치권에서 소외된 관인층인 동정직 소유자들도 이에 동조하고 있다.

농민 · 천민들 못지 않게 고려사회의 불만계층은 동정직 소유자들이었다.[17] 동정직은 正職에 준하여 설정된 散職으로서 閑職 및 初入仕職의 성격을 띠 고 있으며, 그에 初補되는 자들은 대기하였다가 규정에 따라 實職으로 진출하였다. 그러나 시간이 경과함에 따라 관료층이 팽창하여 동정직을 가진 산직자들이 희망하는 실직으로의 진출은 어려워졌다.

徐兢의 《高麗圖經》에 의하면 인종조에 時官이 3,000명, 散官同正이 14,000명이었다고 하는데, 이 같은 동정직 소유자들 중 특히 문관직을 지닌 사람들은 무신정권 수립 이후 실직으로의 진출이 더욱 어려워졌다. 결국 동정직 소유자들은 지배층인 관인층에 속하면서도 그에 합당한 대우가 선행되지 않았고, 이것에 대한 사회적인 불만이 그들로 하여금 농민 · 천민들의 봉기에 가담하게 한 중요한 요인이 되었다고 생각한다.

그리고 무신정권이 들어섬에 따른 신분제도의 변화로 인한 피지배층의 사회의식의 성장이 항쟁의 또 하나의 요인이었다. 고려사회는 신분제사회로서 양반귀족 · 중간층 · 양민 · 천민의 신분이 엄격하게 구분되어 있었다. 이러한 신분체제는 예외적인 경우가 없지는 않았으나, 문신귀족이 정치권력을 장악하고 있던 시기에는 어느 정도 잘 유지될 수 있었다. 그러나 무신란으로 문신귀족이 몰락하고 대신 신분이 상대적으로 낮은 무신이 집권함에 따라 종래 엄격했던 신분질서는 동요하게 되었다. 우선 양인에서 출세하여 병부상서

17) 金光洙, 〈高麗時代의 同正職〉(《歷史敎育》 11 · 12, 1969).

(정3품)·지문하성사(종2품)까지 지낸 李英搢·白任至가 있다. 그리고 이의민은 아버지가 소금과 체를 파는 상인이었고 어머니는 延日縣 玉靈寺의 婢였는데 경대승에 이어 최고의 무신집정자가 되었다. 이 밖에 조원정은 그의 어머니와 할머니가 관기로서 賤出이었는데 무신란 후에 추밀원부사(정3품)까지 지냈으며, 石麟도 본래 미천하여 창고 부근에서 쌀을 주워먹으며 살 정도로 가난했으나 점차 승진하여 상장군(정3품)으로서 동서북면병마사까지 지냈다.[18]

이들의 출세는 정치권에서 지배층이 교체됨으로써 가능해진 경우로서 무신정권이라는 정치적 변혁이 이들 양인·천민의 신분을 상승시켜 주었다면, 명종대에 평장사 金永寬의 사노였던 平亮의 예는 경제적 부를 통해 신분을 상승시킨 경우이다. 평량은 見州에 살면서 열심히 농사를 지어 부자가 된 후, 권세가에게 뇌물을 바쳐 양인이 되었을 뿐 아니라 산원동정이라는 관직까지 얻었다. 또한 그의 아들 禮圭는 隊正이 되어 八關寶判官 朴柔進의 딸과, 仁茂는 明經學諭 朴禹錫의 딸과 혼인을 맺었다고 한다.

평량은 외거노비로서 생산물의 반을 지주에게 바쳤으리라 생각되는데, 농업생산성의 향상이 토대가 되어 부자가 되고 불법이기는 하나 신분해방까지 획득한 특이한 예이다. 그러나 사노인 그가 특별한 무공도 없이 경제적 부를 기반으로 산관이기는 하나 관직까지 취득할 수 있었다는 사실은 당시의 시대적 분위기가 신분이 절대적으로 고정불변한 것이 아니었음을 보여준다. 이와 같은 상황이 신종 때에 萬積을 탄생시키게 되었던 것이다. 만적은 그의 연설문에서 "公卿將相의 씨가 따로 있으랴"하고 부르짖었는데[19] 이는 무신정권기 피지배층의 의식구조의 단면을 명확히 드러내주고 있다.

정치·경제적 변화는 필연적으로 사회의 변혁을 촉구하고 있었다. 봉건사회에서 지배층이 피지배층을 억압하는 중요한 도구의 하나였던 신분제는 서서히 동요되고 있었다. 피지배층은 신분이란 태어나면서 받아들여야 할 숙명적인 것이 아니라 변화될 수도 있고 또 변화시킬 수도 있는 것임을 점차 깨닫게 되었다. 이제 피지배층은 그들도 힘만 있으면 정권도 장악할 수 있다는

18) 《高麗史》 권 128, 列傳 41, 叛逆 2, 曺元正 附 石麟.
19) 《高麗史節要》 권 14, 신종 원년 5월.

단계로까지 의식이 향상되었다. 그리하여 고려시대 농민·천민의 항쟁은 초기에는 단순히 지방관의 탐학에 대한 항거로 출발했으나, 그들이 항거하는 과정에서 점차 의식의 각성을 가져와 새로운 사회질서를 구축하자는 단계로까지 발전하게 되었다.

요컨대 고려사회는 토지소유관계나 군현제, 그리고 신분제 등 정치적·경제적·사회적 모순이 무신정권의 성립을 계기로 더욱 가속화됨으로써 전국적으로 농민·천민들이 봉기하게 되었던 것이다.

〈李貞信〉

2) 무신정권 성립기의 농민·천민봉기

(1) 서북지역의 농민봉기

가. 서북민의 1차 봉기

무신의 난이 일어나고 이의방이 정권을 장악한 후 최초로 일어났던 대규모의 농민봉기는 서북지역에서였다. 서북지방은 군사적 특수지대로서 서경과 더불어 독특한 위치를 차지하고 있었다. 그 역사적·지리적 특성으로 서경은 고려 초기부터 수도 개경과 같은 유사한 통치기구와 체제를 가지고 있었을 뿐 아니라 경제적으로도 독립된 기반을 확립하고 있었다. 그러나 귀족사회가 오래 지속되면서 개경을 중심으로 하는 문벌귀족이 중앙의 정치권력을 독점함에 따라 서경 등 지방세력과의 갈등이 발생하였다.[1] 이들의 대립은 개경을 중심으로 하는 관료집단이 승리를 거두었으나 인종 초에 발생한 이자겸의 난의 여파로 개경세력은 약화되고 묘청을 중심으로 하는 서경세력이 부각되었다.

그러나 묘청의 난이 실패하자 서경세력은 위축되어, 이제는 개경과 대등한 자리를 유지할 수 없도록 제도적인 제재가 가해졌다. 고려정부는 묘청의 난을 진압한 직후에 西京畿를 없애고 江東·江西·中和·順化·三和·三登의 6현을 설치하였을 뿐 아니라 서경 관제도 개편하여 監軍과 分司御史臺만을

---

1) 金潤坤, 〈高麗 貴族社會의 諸矛盾〉(《한국사》 7, 국사편찬위원회, 1973).

남기고 나머지 官班을 모두 없애 버렸다.[2] 서경의 제도적인 격하는 당연히 경제적 기반의 약화로 이어졌으리라 판단되는데, 이로 인해 西京 吏民은 개경정부에 대해 불만을 가지게 되었던 것이다. 이에 인종의 뒤를 이어 즉위한 의종은 자주 서경에 행차하여 西京 吏民을 위무하기에 노력하였다. 그러나 무신란으로 정권이 문신에서 무신으로 바뀌면서 다시 서경은 위축될 수밖에 없었다. 이에 서북민은 중앙 집권체제가 동요하고 있는 틈을 타서 서경을 중심으로 봉기하게 되었던 것이다. 여기에서 서경토호의 목적이 정치적인 주도권을 장악하는 것이었다면, 서경민은 사신의 행차 등으로 인한 지나친 요역동원과 지방관의 탐학에 대한 불만에서 봉기하였다고 보여진다.

다음 양계의 경우, 이곳은 북방 이민족과 국경이 맞닿고 있는 변방지대이었으므로 고려는 특수 행정구역으로 설정하여 남도와는 다르게 통치하였다.[3] 양계에 거주하는 모든 장정을 州鎭軍에 소속시켜 방수에 참여케 했으며,[4] 양계에서 거두어들이는 조세는 京倉에 운반하지 않고 모두 그 지역의 군수에 충당시키는 등 둔전제적 성격을 가지고 있었다.[5] 양계는 일부 지역을 제외하고는 산이 많으며 토지가 척박하고 기후가 한냉하여 논농사는 거의 지을 수가 없었고 밭농사가 대부분이었다. 따라서 남도에 비해 수확량에 많은 차이가 있는 열등한 생산조건 아래서 경작에 종사한 둔전군은 비단 그 신분이 천민과 비슷한 위치에 있었을 뿐 아니라 생활여건도 극히 비참한 상태에 있었으리라 생각된다.[6] 더욱이 고려 전기가 지나면서 점차 토지의 사유화 경향이 일어나게 되었다. 다음 내용은 후기의 사료이지만 권세가에 의해 양계지방의 토지 소유관계가 변질되었음을 보여준다.

① 공민왕 5년(1356) 6월에 교지를 내려, '서북면의 토지는 일찍이 조세를 받지않고 防戍에 쓰이게 한 것이 이미 오랜 전례로 되어 있는데 근래에 권세가가 겸병하고 있다. 지금부터는 관청에서 조사, 장악하여 1결마다 賦稅 1석씩을 받아서 軍需로 지출토록 하라'고 하였다(《高麗史》 권 78, 志 32, 食貨 1, 田制 租稅).

---

2) 《高麗史》 권 58, 志 12, 地理 3, 西京留守官 인종 13년.
3) 邊太燮, 〈高麗 兩界의 支配組織〉(《高麗政治制度史研究》, 一潮閣, 1971).
4) 李基白, 〈高麗兩界의 州鎭軍〉(《高麗兵制史研究》, 一潮閣, 1968).
5) 安秉佑, 〈高麗의 屯田에 관한 一考察〉(《韓國史論》 10, 서울大 國史學科, 1984), 20쪽.
6) 姜晋哲, 〈高麗時代의 農業經營形態〉(《韓國史研究》 12, 1976), 42쪽.

② 北界는 예전에는 私田이 없고 관청에서 租를 거두어 군량에 충당하였는데 뒤에 권세가가 다투어 점유하여 사전으로 삼았다. 그 때문에 군량의 공급이 이어지지 못하여 백성에게서 양식을 거두니 백성들이 이를 매우 고통스럽게 여겼다. 安州 이북이 특히 그 폐해를 많이 입었다(《高麗史》 권 82, 志 36, 兵 2, 屯田 신우 원년 10월).

위의 사료는 13세기 후반의 것이지만 이미 12세기 경부터 남도지방에 대한 권세가의 토지겸병과 더불어 양계지방에도 토지의 사유화가 같이 진행되고 있었음을 보여준다. 북계지방은 선대로부터 세습되는 남도의 민전과는 달리 북방으로 이주해 온 徙民들에게 생활보장을 위해 나눠주거나 投化한 여진인에게 지급하는 토지가 많았다. 그러므로 이곳은 개인의 소유권이 약한 민전이 많았으며,[7] 國屯田이 많은 비율을 차지하고 있었다. 그러므로 어떤 계기만 마련된다면 이곳의 실정에 밝은 관리에 의해 탈점이 용이하였는데 특히 북계지역의 토지가 먼저 권세가의 私田으로 바뀌게 되었다. 이 같은 양상은 동계도 마찬가지였으리라 짐작되지만, 이곳은 북계에 비해 토지가 더욱 척박하므로 권세가에 의한 사유화가 보다 완만히 진행되었으리라 생각된다.

고려 후기에 들어서면서 북계는 토지겸병뿐 아니라 지방관에 의한 수탈도 더욱 강화되고 있었다. 앞서 설명하였듯이 명종 때의 병마사 정세유는 백성의 재화를 거두어 중앙에 바쳐 아들 允當의 승진을 청탁하였으며,[8] 조원정은 동북면병마사로 부임하여 백성의 재물을 거두었는데 다른 사람의 머리카락까지 잘라 가졌다.[9] 또한 서북면병마사 李知命은 왕명에 의하여 군수물자인 龍州창고의 苧布를 팔아서 거란실을 사서 상납하였다.[10] 이러한 관리들의 백성들에 대한 수탈 양상은 중앙과 연결되는 구조적인 모순을 지니고 있었으니 양계 주민들의 국가에 의한 강제적인 사민정책과 북방사신들의 빈번한 왕래로 인한 역역 부담에 대한 고통 등은 개경정부에 대한 반감을 한층 더 쌓이게 하였다. 이 때 조위총이 난을 일으켜 서북면의 여러 성에 동참하도록 호소하자 병마사 등 중앙에서 파견된 관리들에게 불만이 쌓여있던

7) 鄭鍾瀚, 〈高麗 兩界의 民田과 그 所有關係의 變化〉(《慶北史學》 6, 1983).
8) 《高麗史節要》 권 13, 명종 14년 12월.
9) 《高麗史節要》 권 13, 명종 15년 2월.
10) 《高麗史節要》 권 13, 명종 15년 정월.

서북계의 토호인 都領과 주민들 대다수가 따르게 되었다.

서북민의 항쟁은 이미 명종 2년에 昌州·成州·鐵州에서 그 전초전이 시작되었다.[11] 이들 북계 3주민의 봉기는 지방관의 탐학에 대한 분노와 지역 세력의 약화로 인한 불만에서 파생된 단순한 민란이었으나, 병마사 송유인은 이들이 두려워서 수습을 시도하지 않고 관직을 포기할 정도로 불온한 기운이 감돌았다고 하는 것으로 보아 서북계의 모든 지역이 동요하고 있었다고 판단된다. 이후 명종 3년에는 문신 복고를 바라는 반무신란의 성격이 강한 金甫當의 난이 일어났으며[12] 이듬해에 趙位寵이 봉기하였다. 다음은 조위총의 봉기 과정을 적은 내용이다.

> (조위총은) 의종조 말기에 兵部尙書로서 西京留守가 되었다. 정중부·이의방 등이 의종을 죽이고 명종을 세웠으므로, 명종 4년에 位寵이 병사를 일으켜 중부 등을 토벌하기를 모의하여 드디어 東北兩界 諸城의 군대에 격문을 보내어 호소하기를, '듣건대 上京의 重房이 의논하기를, 북계의 여러 성에는 대개 사납고 교만한 자가 많으므로 토벌하려고 하여 이미 대병력을 출동시켰다고 한다. 어찌 가만히 앉아서 스스로 죽음에 나아가리오. 마땅히 각자의 병마를 규합하여 빨리 서경에 집결하도록 하라' 하였다. 이에 岊嶺 이북의 40여 성이 모두 호응하였으나 오직 延州만은 성문을 닫고 굳게 지켰다(《高麗史》 권 100, 列傳 13, 趙位寵).

조위총은 의종 때에 병부상서로서 서경유수를 겸임한 것으로 보아 문신이었던 것 같다. 무신들은 김보당의 난 이후 문신을 제거하여 중앙에서 무신 위주의 정치권력을 확보한 이후 지방관까지 모두 무신으로 바꿀 계획을 세웠다.[13] 따라서 조위총은 조만간 관직에서 쫓겨날 위기의식을 느끼고 중앙정부에 반기를 들었다.[14] 그는 김보당이 문신들의 지지만으로 난을 성사시키지 못하는 것을 보고 서북계의 吏民을 그의 세력권 내로 편입시키기 위해

---

11) 《高麗史節要》 권 12, 명종 2년 6월.
12) 金甫當의 난에 관해서는 다음의 글이 참조된다.
邊太燮, 〈武臣政權期의 反武臣亂의 性格〉(《韓國史硏究》 19, 1978).
黃秉晟, 〈金甫當亂의 一性格〉(《韓國史硏究》 49, 1985).
13) 《高麗史節要》 권 12, 명종 3년 10월.
14) 金錫亨은 조위총이 반란을 일으킨 원인을 무신들에 대한 문신의 복수라기보다는 혼란된 시국에 처하여 한몫 보려는 투기적인 동기에서 비롯되었다고 보았는데(《봉건지배계급에 반대한 농민들의 투쟁》, 열사람, 1989), 받아들일 만한 견해라고 생각된다.

서북계 농민과 토호들의 불만을 이용하였다. 그는 서북계 주민에게 무신들이 서북계를 공격하려고 하니 이를 방어해야 한다고 선동하여, 평소에 주민들이 가지고 있던 중앙정부에 대한 피해의식을 자극하였다. 그런데 연주를 제외한 절령 이북의 40여 성이 모두 호응하였다고 한다. 연주가 이에 동참하지 않았던 이유는 이 지역 토호인 도령 玄覃胤 · 玄德秀 부자가 자신들의 토착적 기반을 유지하기 위해서는 반란에 가담하지 않는 것이 유리하다고 느꼈기 때문일 것이다.[15]

이제 서북민과 관군은 절령을 경계선으로 대치하게 되었다. 정부는 중서시랑평장사 尹鱗瞻에게 3군을 거느리고 가서 서북민을 공격하게 하고, 內侍禮部郎中 崔均을 東北路指揮使로 삼아 동북지역 주민이 가담하지 않도록 타이르게 하였다. 윤인첨이 거느린 관군이 절령역에 이르렀을 때, 西兵은 눈보라를 무릅쓰고 내려와 이들을 대패시켰다. 윤인첨 부대가 서병과의 첫 접전에서 패배하니 정부는 동북면으로 우회하여 서병을 공격할 계획을 세워 동북계를 선무하던 최균에게 병마사와 더불어 동북면에 주둔하여 서북지역을 공격하도록 하였다. 그러나 그들이 서병을 치기 위해 和州營(永興)으로 들어갔을 때 서병과 내통하던 동북계의 주민에게 잡혀 모두 죽임을 당하였다.[16] 이제 서경을 중심으로 일어났던 반란이 양계 전역으로 확산되고 있었다.

서북민의 봉기가 절령 이북 전역에 확산되어 한창 세력을 떨치고 있을 무렵에 서북면병마부사 杜景升은 창주에 있었다. 그는 서북면 전역이 조위총에 가담하여 전세가 불리하고, 그의 휘하에 있던 分道將軍 朴存偉 · 李彦功 등이 조위총에게 잡히자, 도주하여 창주를 떠나 香山 · 撫州를 거쳐 지름길로 야행하여 겨우 개경에 도착하였다. 왕은 그에게 東路加發兵馬副使로 삼아 동북방면으로 보내어 반군이 동북부 지역까지 완전히 장악하지 못하게 하였다. 이에 경승은 孤山(安邊) · 宜州(咸南 德原) · 定州 · 長州 · 孟州 · 德州 · 撫州 등 동계를 거쳐 서경 북쪽의 여러 지역을 점령함으로써 반민들의 세력이 서경부근에 한정되도록 하였다.[17] 더욱이 무주 부근에는 정부와 보조를 같이하며

15) 李貞信, 〈西北地域의 農民抗爭〉(《高麗 武臣政權期 農民 · 賤民抗爭 研究》, 高麗大 民族文化研究所, 1991), 44~47쪽.

16) 《高麗史節要》 권 12, 명종 4년 10월.

17) 《高麗史》 권 100, 列傳 13, 杜景升.

서북민에 저항하고 있는 연주가 있었으므로 관군은 순조롭게 진격할 수 있었다.

서북계의 여러 주가 정부군에 함락당하거나 항복을 하자, 다급해진 반란민들은 한편으로는 연주를 공략하고 다른 한편으로는 개경을 공격하여 북쪽과 남쪽에서 압축해 들어오는 정부군의 봉쇄를 벗어나려고 노력하였다. 이제 연주와 개경에서의 전투상황을 살펴보도록 하겠다.

① 雲州郎將 君禹가 邊孟에게 편지를 보내어 延州를 달래며 말하기를, '西京差使員이 40여 성과 여러 사원의 승려·雜軍 만여 명을 거느리고 그대의 성을 침략하고자 하니 마땅히 신중히 생각하여 속히 소집에 응하도록 하라' 하니 林擢才가 (변)맹의 머리를 베어서 성 밖에 효시하였다. 조금 후에 西兵이 와서 성을 공격하자 탁재가 격파하였다. 저녁에 서병이 다시 성 남쪽에 주둔하여 타이르기를, '동북의 여러 성이 군사를 일으켜 三韓을 바로잡으려고 하는데 오직 너의 성이 따르지 않으므로 군사 1만여 명을 동원하여 공격하는 것이다. 다만 利厚 兄弟나 탁재·당취 등을 죽이고 성문을 열고 나와 항복하는 자가 있으면 장차 후한 상을 내릴 것이요, 그렇지 않으면 반드시 죽임을 당할 것이다' 하였다. 德秀가 군사를 이끌고 나와 공격하니 서병이 크게 무너졌다(《高麗史節要》 권 12, 명종 4년 10월).

② 서병이 다시 연주를 여러 겹으로 둘러싸니 德秀가 高勇之·李唐就 등을 보내어 급히 공격하여 패배시켜 사로잡고 죽인 자가 매우 많았다. 서병이 다시 성을 공격하므로 덕수가 또 나가서 격파하여 兵仗을 획득한 것이 헤아릴 수가 없었다(《高麗史節要》 권 12, 명종 4년 11월).

③ 서병이 서울에 와서 개경 서쪽의 權有路에 주둔하였다. 이의방이 매우 노하여 서경사람 尙書 尹仁美, 大將軍 金德臣, 將軍 金錫材 등 귀천의 구별 없이 모두 죽여 시가에 효수하고, 군대를 이끌고 나아갔다. 먼저 崔淑 등 기병 수십 명을 보내어 적진을 뚫고 돌격하여 여러 사람을 죽이니, 여러 군사들이 그 기세를 타고 공격하였다. 서병이 놀라 흩어져서 크게 패배하여 달아났다. 의방이 승전의 기세를 타고 북으로 쫓아 대동강에 이르렀다. 位寵이 흩어진 병사를 수습하여 다시 성을 지켰다. 의방이 성 밖에 군사를 주둔시켜 달포를 머물렀으나 고통스러운 추위에 싸울 수가 없어서 다시 서병에게 패배하고 돌아왔다(《高麗史節要》 권 12, 명종 4년 10월).

④ 이 때에 行營兵馬使 및 四摠官이 싸웠으나 불리하여 서울로 돌아오는데 서병이 길을 막았다. 경승이 이를 맞아 대동강에서 격파하였는데 무릇 20번 싸움에 모두 승리를 거두어 서병을 대패시켰다. 경승이 돌아와 平州에 이르렀다(《高麗史》 권 100, 列傳 13, 杜景升).

서북계의 군대는 雲州의 토호가 중심이 되어 연주를 공격하였으며, 서경의 아랫쪽인 개경은 조위총을 중심으로 한 서경병이 주축이 되어 공격하였다. 특히 서북계는 연주와 운주가 인접해 있으면서 두 지역의 토호들 사이에는 북쪽 지역에서의 주도권에 대한 경쟁관계에 있었던 것 같다. 그러나 이곳은 연주가 완강히 버팀으로써 무려 1만 이상이 되는 군대로서도 함락시킬 수가 없었다. 서북민 항쟁에서 결정적인 실책은 연주를 끌어들이거나 항복시키지 못한 점이었다. 연주가 배후에 있음으로써 서북민은 관군과 안심하고 싸울 수가 없었으니, 개경이 있는 남쪽만 신경을 쓰다가는 협공을 당할 우려가 있었다. 그러나 연주성은 견고할 뿐 아니라 유능한 지휘자로 인해 함락시킬 수가 없었다. 앞의 사료 ①에 의하면 승려들도 연주성의 공격에 가담한 것으로 보이는데, 이로 보아 양계의 사원들도 서북민의 봉기에 합세한 것으로 판단된다.[18]

한편 조위총이 이끄는 서경군은 개경을 공략하려다가 이의방의 군사에 쫓겨 서경으로 퇴각하였다. 이로써 절령을 경계로 서북민이 장악하고 있던 북쪽 지역이 점차 축소되어 반민들의 기세가 약화되고 있었다. 그러나 관군 자체에도 문제점이 있었으니, 관군과 연주 토호들이 각기 서북민과 싸우고는 있으나 적극적으로 협조하는 태세는 갖추고 있지 않았다. 즉 두경승이 이끄는 군대가 불리하여 서북민에게 쫓겨 북방에서 점령했던 지역을 버리고 남으로 내려올 때도 연주민은 도와주지 않았다. 물론 연주의 토호 또한 서북민과의 싸움에 급급하여 도울 만한 여유가 없었다고도 볼 수 있다. 그러나 연주 토호들은 자신의 세력권을 보호 · 유지하기 위해서 독자적으로 지켰을 뿐 정부군과 크게 연관을 맺은 것으로 보여지지 않는다. 여기에서도 양계 토호들의 개경정부에 대한 독자적인 자세를 파악할 수 있다. 이에 대해 정부는 그들이 반민들과 싸우는 것에 대해 다행으로 여길 뿐, 정부의 명령을 따르지 않는 것에 대해 제재를 가할 수도 없었다.

18) 사원의 승려들이 서북민의 봉기에 합세했다고 나와 있는데, 물론 서북계의 전 사원을 가리키는 것은 아닐 것이다. 이들 사원이 토호인 도령의 위협에 못이겨서인지, 혹은 문신들과 결탁하여 기득권을 유지하던 사원이 무신정권에 반대하여 함께 봉기하게 되었는지 그 실상은 명확히 파악되지 않는다. 사원은 지주적인 성격이 내재해 있어 농민들과 대립되는 요소가 있기는 하지만, 서북민의 1차 봉기에서는 토호들이 대다수 가담했던 만큼 사원이 존립하기 위해서는 그 지역 토호들의 요청을 무시할 수 없었기 때문에 봉기에 가담했던 것이 아닌가 생각된다.

서경의 세력이 약해진 틈을 타서 정부는 두경승을 後軍摠管使로 삼아 서경 주위의 군현들을 진압하게 하였다. 한편 명종은 조서를 내려 조위총 등에게 항복을 권유하였다.[19] 그런데 일시적이나마 조위총이 「請降」한 것으로 보아 고려정부를 무너뜨리기는 어렵다고 판단한 것 같다. 그러나 조위총은 항복을 요청했다가 다시 반격을 가하게 되는데, 원래 문신출신으로서 고려사회에서 주도권을 장악하고자 하는 것이 목적이었던 그는 승산이 불투명해지자 잠시 항복할 것을 고려했다고 생각된다. 하지만 조위총의 난을 계기로 호응하여 봉기했던 서북지역의 농민들은 조위총 등 지배층과는 목적한 바가 달랐으므로 이를 쉽게 받아들일 수가 없었다. 따라서 그는 주위의 압력을 견디지 못하여 항복을 번복하였다고 보여진다.

관군은 승세에 힘입어 서경을 공략하기로 결정하였다. 그에 앞서 관군은 서북계의 반민들의 근거지인 漣州(平南 价川)를 공격함으로써 서경의 배후세력을 없애고자 하였다. 연주가 관군의 공격으로 함락될 위기에 처하게 되니 조위총은 구원군을 파견하였다. 그러나 奔院·龍岡 등 서경 주위의 군현민이 관군에 항복함으로써 연주는 고립무원의 지경에 빠졌고 결국 두경승이 이끄는 관군에게 함락당하였다.[20] 이제 남은 반민은 서경성을 지키는 조위총을 위시한 주력부대뿐이었다. 관군이 연주성을 함락시킨 후 곧 이어 서경성을 포위하고 총공격을 가해오니 조위총은 그들만의 힘으로 정부군에 대항하기에는 한계에 달했음을 깨닫고 북방의 금나라에게 구원을 요청하였다. 그는 무려 3차례나 금나라에 사신을 보내어 구원을 요청하였으나 1차와 2차의 사신은 가는 도중에 죽임을 당하거나 조위총을 배반하고 정부군에 붙음으로써 실패로 돌아갔으며, 3차 때 徐彦이 금나라에 도착하였으나 금에 의해 도리어 포박을 당하여 고려정부로 보내졌다.[21] 그리하여 금나라와 합세하여 고려정부를 공격하려던 조위총의 계획은 실패로 돌아갔다. 금나라로서는 조위총이 비록 절령 이북의 40여 성을 귀속시키겠다는 약속을 하기는 했지만, 이를 얻기 위해 승산이 불확실한 고려의 내전에 말려듦으로써 오히려 고려와 송이 함께 금을 공격하게 되

19) 《高麗史節要》 권 12, 명종 5년 정월.
20) 《高麗史》 권 100, 列傳 13, 杜景升.
21) 《高麗史》 권 100, 列傳 13, 趙位寵.

는 국제전으로 비화되는 것을 바라지 않았다고 생각된다.

이로써 외세를 끌어들여서라도 자신의 기반이 무너지는 것을 막으려던 조위총의 계획은 무위로 끝났다. 그는 서경 이북 여러 성에 사람을 보내어 구원병을 보내도록 설득하였다. 한때는 조위총의 거병에 적극 가담했던 서북지방의 토호들은 전세가 불리해지자 대다수가 정부측으로 돌아서 버렸다. 이같이 변심하게 된 이유 중에는 금나라와 제휴하여 고려를 무너뜨리려는 조위총의 행위가 서북민을 불안하게 한 점도 있었으리라 보여진다. 정부측으로 돌아선 대표적인 지역으로 宣州를 들 수 있는데 다른 성도 이와 마찬가지였으리라 생각된다. 다음은 선주에 관한 내용이다.

> 房瑞鸞은 宣州의 鄕貢進士이다. 조위총이 병사를 일으키자 서북 여러 성이 모두 그에게 귀부하였다. 방서란이 그의 형 孝珍 · 得齡에게 말하기를, '… 위총이 도모하는 바가 역모에 있으니 종국에는 반드시 자멸할 것입니다. 형은 마땅히 깊이 생각하십시오' 하였다. 효진 등이 옳게 여겨 밤에 비밀리에 고을 사람들을 달래며 말하기를, '위총이 처음에 賊臣을 처단할 것을 명분으로 삼은 까닭에 여러 성이 호응하였다. 그가 군대를 이끌고 궁궐로 향하다가 개경 교외에서 관군과 싸워 번번이 패배하니 관군에 의해 추격당하다가 죽은 시체가 서로 겹칠 정도였다. 그들이 남은 병사를 수습하여 다시 항거하고자 하나 이미 사기가 떨어져 다시 떨쳐 일어날 수는 없고, 다만 믿는 바는 험준하고 견고한 성뿐이다. 만약 관군이 하루아침에 서경을 함락시키고 병력을 이곳으로 옮겨온다면 전체 성이 반드시 가루가 될 것이다' 하였다(《高麗史》 권 100, 列傳 13, 房瑞鸞).

선주가 언제 조위총을 배반했는지 정확한 시기는 알 수 없다. 그러나 관군이 서경을 함락시킨 다음에는 선주를 침공하지 않을까 두려워하는 것으로 보아 윤인첨이 서경을 포위한 명종 5년 6월 이후의 어느 시기였으리라 생각된다. 이로 보아서도 서북 여러 성의 토호들은 자신들의 지위를 보존하는 데 유리하다면 어느 쪽이건 상관없이 돌아섰음을 알 수 있다. 토호들의 성향을 잘 파악하고 있는 조위총으로서는 봉기가 성공한다면, 일정한 지위를 약속하는 僞官을 주어 달래거나, 심지어는 이기기 위해서는 이민족이라도 손을 잡아야만 한다고 생각했던 것이다.

서북민의 봉기는 서경성이 정부군에 의해 포위되고, 金나라의 원조도 바랄 수 없게 되자 서북 여러 성이 정부군에 항복하는 위기상황을 맞게 되었다. 이 때 조위총의 원조 요청에 적극 호응한 사람들은 서북지역의 토호가 아닌 일반 농민들이었다. 다음 기록에서 토호와 백성들의 태도가 명확히 나누어지고 있다.

> 麟州사람 康夫·祿升·鄭臣 등이 防守將軍 蔡允和를 죽이니 왕이 內侍祗候 崔存을 보내어 달래게 하였다. 얼마 후에 또 義州分道 尹光輔·防禦判官 李彦升을 죽이고 위총에 호응하였다. 위총이 사람을 보내어 여러 성의 우두머리를 僞官에 임명하였다. 인주도령 낭장 洪德이 강부 등을 잡아 위총에 항거하려고 하였다. 강부 등이 소매 속에 칼을 넣고 (홍)덕의 집에 이르러 그를 해치려고 하니 덕이 문에 복병을 두었다가 그를 살해하였다(《高麗史節要》 권 12, 명종 6년 3월).

위와 같이 조위총의 모병에 대해 도령 등 토호들은 냉담한 반응을 보였으나 강부·녹승·정신 등 일반 주민들은 적극 지원하였다. 이것은 후일 다시 봉기가 일어난다면 이제 토호들이 아닌 농민들의 주도로 일어날 것을 시사하는 점이기도 하였다. 토호들은 자기 지역에서의 독자적인 세력을 확보하기 위하여 조위총이 거병했을 때 호응하여 급속히 일어났으나 전세가 불리하게 돌아가자 전의를 상실하고 조위총에 호응하는 주민들을 붙잡아 정부에 바침으로써 그들의 피해를 극소화시키는 데 노력하였다. 이와는 달리 농민들은 지속적으로 항거할 자세를 견지했던 것 같다. 그 들은 정부에서 파견한 防守將軍 등을 죽임으로써 농민항쟁을 다시 유발시켰다. 그러나 조위총은 농민의 결정력에 의존하기보다는 토호들에게 위관을 주어 회유하는 등 양계 지배층의 환심을 사기에만 급급함으로써 그의 패망은 필연적이었다. 결국 명종 6년 6월에 무려 1년 동안이나 버티던 서경성은 윤인첨·두경승이 이끄는 관군에 의해 함락되었고, 조위총은 처형되었다.

서북민의 봉기는 무려 2년 이상 지속되어, 개경정부를 공포에 몰아 넣었음에도 불구하고 정부는 이들을 진압시킨 후에도 다시 일어날까 두려워하여 강경한 탄압책을 쓰지 못하였다. 즉 서북계의 40여 성과 동북계의 많은 주진들이 난에 가담하였으나, 그 책임을 물어 참수된 사람은 조위총 한 사람 뿐이며 나머지 110여 명은 감옥에 가둔 것으로[22] 보아 처벌이 최소한에 그쳤음을 알 수 있다. 그리고 서북민을 가혹하게 처벌할 수 없었던 또 하나의 이

22) 《高麗史節要》 권 12, 명종 6년 6월.

유는 서경성을 관군이 장악했다고는 하나 아직 항복하지 않은 반민들이 곳곳에 상존해 있었으므로 개경정부가 안심을 할 수 없었다는 점이다. 이는 앞서 묘청의 난이 끝난 이후에 처벌당한 사람들의 수나 그 가혹함을 보면[23] 이 때에 얼마나 가벼운 형벌을 내렸는지 잘 비교가 된다. 이같이 끝까지 투항을 거부한 서북민을 중심으로 서경성이 함락된 지 1년도 못되어 다시 봉기하게 되었다.

나. 서북민의 2차 봉기

서경성이 함락되고 조위총이 죽은 지 6개월이 지나지 않아 서북지역은 피지배층을 중심으로 다시 소요의 조짐이 보이기 시작했다. 정부는 서북민의 봉기를 진압한 후에 공이 큰 장수들을 치하하고 관직을 높여주었을 뿐 봉기의 원인을 규명하여 다시 일어나지 않게 하려는 적극적인 정책은 전혀 시행하지 않았다. 서북민의 2차 봉기는 명종 7년 4월 靜州·義州에서 일어났으며 이어서 5월에는 서경에서 발생하였다.

> ① 조위총의 남은 무리 500여 명이 난을 일으켜 留守判官 朴寧과 먼저 항복했던 자들을 죽였는데, 副留守 朴挺義·司錄 金得礪·書記 李純正 등은 몰래 도피하여 죽음을 면할 수 있었다. 처음에 관군이 서경을 포위 공격했을 때 성을 넘어와 항복한 자가 무려 천여 명이었다. 성이 함락되려 하니 성안의 장정들은 모두 도망하여 숨었다. 그 뒤에 항복해 온 자들이 도피한 자의 처라고 하여 부녀자를 약탈하고 재산을 강탈하였으므로 장정들이 난을 일으켜 이러한 변란에 이른 것이다. 大將軍 李景伯, 郎中 朴紹를 보내어 달래게 했다(《高麗史》 권 19, 世家 19, 명종 7년 5월).
>
> ② 조위총이 이미 패함에 남은 무리들이 다시 모여 3軍으로 나누었다. 思進·軾端·進國은 中軍行首로 삼고 戒訓은 指諭가 되고 金甫는 前軍行首로 삼고 光秀는 後軍行首가 되었다. 嘉州·渭州·泰州·漣州·順州의 산골짜기에 흩어져 살면서 앞뒤에서 겁탈함에 크게 백성들의 근심이 되었다. 慈州·肅州를 불태우고 妙德寺·香山寺 등 여러 사원을 도륙하였다(《高麗史》 권 100, 列傳 13, 朴齊儉).

서경의 경우, 앞서 1차 봉기에서 서경성이 함락될 때 항복하지 않고 도망갔던 무리 500여 명이 서경에서 반란을 일으켰다. 이들이 다시 봉기하게 된 원인은 먼저 관군에 투항했던 사람들이 항복하지 않고 도주했던 사람들을

23) 《高麗史節要》 권 10, 인종 14년 2월.

역적이라고 부르면서 그들의 부녀자와 재산을 약탈하므로 분개하여 난을 일으켰다고 한다. 서경뿐 아니라 서북계의 주민 역시 조위총이 죽고 서경·漣州가 함락된 후에도 다시 일어나 험난한 산골짜기에 의지하여 계속적으로 관군에 저항하고 있었음을 위의 글은 보여준다. 그들은 관군에 대항하기 위하여 무리를 모아 3군으로 나누었는데, 이들 지도자의 이름을 보면 思進·軾端·進國·戒訓·金甫·光秀 등이다. 이들 중 姓이 명확하게 나와 있는 사람은 김보 한사람 뿐이다. 여태까지 《高麗史》의 기록으로 보아 성이 누락되었으리라고는 생각되지 않는다. 그렇다면 성이 없는 것으로 보아 이들은 대다수가 농민이었으리라 생각된다. 이로써 이제 서북계의 대정부항쟁의 주도권은 도령 등 토호계층에서 농민들에게로 넘어갔다고 파악된다.

사실 도령 등 토호들은 그들이 기득권을 가진 계층이었던 만큼 전세가 불리해지자 일부는 관군에 투항하고, 일부는 북방의 금나라와 제휴하여 그들의 살 길을 모색하는 데 급급했을 뿐, 굳건하게 싸우려는 의지는 보이지 않았다. 조위총의 주도로 시작된 서북민의 1차 봉기가 무려 2년 이상 계속될 수 있었던 원인도 사실은 농민들의 끈질긴 저항에 힘입은 것이었다. 농민들은 처음에는 도령들의 명령에 의해 정부군과 맞서 싸웠지만, 차츰 난이 전개되는 과정에서 봉기해야 하는 당위성과 자신의 능력에 대해 자신감을 가지게 되었다. 그리고 막상 1차 봉기가 종식되었을 때 생활기반이 무너졌을 뿐 아니라 정부의 보복까지 두려워해야 하는 그들에게 돌아갈 곳은 없었다. 더구나 그들은 남도의 농민들과는 달리 유사시에 병사가 될 수 있는 전투 능력을 보유하고 있었다.

농민군은 서경과 서북계의 묘향산을 중심으로 두 세력으로 나뉘어 관군에 대항하였다. 정부는 抄猛班行首 李頔緯·金立成을 파견하고 뒤이어 5軍別號와 서북면병마사 두경승, 상장군 이의민 등에게 여러 방면으로 군대를 보내어 서경과 서북계를 공격하게 했다.[24] 이 때는 남쪽에서 일어났던 명학소민의 봉기가 진압되고 그 주모자였던 亡伊가 항복을 요청하던 시기였다. 정부는 이제 남쪽에 대한 근심을 떨쳐버리고 서북계에 대대적으로 군대를 파견하였다. 서경민은 물자가 풍부한 관군과 직접 부딪치기에는 전력이 미치지

24) 《高麗史節要》 권 12, 명종 7년 7월~9월.

못함을 깨닫고 그들이 주둔하던 서경 曇和寺를 버리고 香山(妙香山)으로 근거지를 옮겨 서북민과 합류하였다.

정부는 다시 서북계에 박제검을 보내어 興化·雲中道의 병사를 모집하여 반민들을 토벌하게 하였다. 그들은 우세한 무기와 물자를 지닌 정부군과 맞서 싸우지 않고 주로 산골짜기에 숨어서 유격전을 통해 관군과 대치하였다. 특히 그들은 주변 농민들과 밀접한 연관을 가지고 있었으므로 관군의 동태를 미리 파악하여 연전연승할 수 있었으니, 이는 당시 민심의 동향을 나타내주고 있다. 특히 농민들은 妙德山·향산에 있는 여러 사찰들을 불태웠을 뿐 아니라 寧州 靈化寺를 공격하여 사찰에 대한 적개심을 분명하게 드러내었으며, 또한 승려들을 몰아쳐서 병사로 만들어 漣州를 공격하게 했다. 농민군이 연주를 공격했다는 사실은 이제 산 속에서 내려와 정부와 맞서 싸우겠다는 의사를 드러낸 것이다. 그리하여 그들은 서경지역을 다시 장악하는 데 자신감을 가지고 谷州·遂安을 공격하였다. 그들은 개경과 서경 사이에 있는 여러 지역을 점령함으로써 서경을 관군으로부터 고립시켜 공격할 계획이었으나 성공하지 못하였다.

그 원인은 서경성의 관군을 몰아내기가 쉽지 않았을 뿐 아니라 정부의 淸野작전에 의한 식량부족 때문이었다. 따라서 주변 농민들에 의해 식량을 조달하기가 힘들어졌으며, 많은 농민들이 정부군과 싸우느라고 농사를 짓지 못하여 농토는 황폐해졌다. 결국 양식부족을 견디지 못한 대다수의 반민들은 정부군에 투항할 수밖에 없었다. 다음 기록은 그 내용을 잘 설명해 주고 있다.

① 西賊의 우두머리 광수를 校尉로 삼고 김보를 攝校尉로, 사진·식단·계훈을 隊正으로 삼았다. …그러나 그들이 돌아다니며 노략질하는 날이 오래되니 보루가 없는 촌은 이미 약탈되어 남은 것이 없고 大城은 굳게 지키고 있어서 금방 깨뜨릴 수 없었다. 들에서는 구할 것이 없어서 점차 굶주려 군색해졌으므로 스스로 투항하여 목숨을 연장시키려 하였다. 그 때 마침 嘉州賊이 길에서 昌州의 記事 白公軾을 만나 먼저 항복할 뜻을 말하였다. 齊儉이 그것을 듣고 사람을 보내어 달래며 부르니 여러 곳에 주둔해 있던 적들이 서로 이끌고 와서 항복하였다(《高麗史節要》 권 12, 명종 8년 10월 ;《高麗史》 권 100, 列傳 13, 朴齊儉).

② 齊儉이 매번 투항자가 오면 번번이 어루만지며 말하기를, '너희들도 모두 우리의 백성이다' 하면서 창고를 열어 진휼한 것이 전후 합하여 무려 600여 석

에 달하였다. 이에 그들의 소망을 들어줘서 龜州·漣州 등에 나누어 살게 하고 편안히 생업에 종사하게 하였으며 그 3군의 行首에게는 모두 驛傳의 편의를 제공하여 서울로 보내었다(위와 같음).

③ 오직 中軍行首 進國만 항복하지 않고 그의 무리 150여 명을 이끌고 북쪽 오랑캐에게 투항하고자 하였다. 제검이 군사를 보내어 모두 잡아 죽였다. 龜州 別將 東方甫 등 17명은 일찍이 적과 더불어 관계를 맺어 왕래하였으므로 역시 모두 죽였다(위와 같음).

위의 기록에서도 나타나는 바와 같이 농민군의 결정적인 패인은 보급품의 부족이었다. 특히 북쪽지방은 남도에 비해 토지가 척박하며 겨울이 춥고 길어서, 그들이 산 속에서 자급자족하기가 쉽지 않았을 것이다. 그러나 그들이 먹을 것이 부족하다고 하더라도 주변 농민들의 양식을 빼앗아서는 안되었다. 그런데 농민군은 주민들을 약탈하여 주변 마을들을 황폐하게 만들었다. 이는 주민들로 하여금 농민군에 대한 지지도를 약화시켜 정부군의 공격이 날로 치열해지는 가운데 그들은 점차 고립되는 처지가 되었다.

이 때를 기하여 관군은 농민군의 투항자에게는 양식과 거처를 마련해 주고 그 우두머리에게는 관직을 제수하겠다고 회유하였다. 위의 사료 ①과 ②에서 나타나는 바와 같이 대다수의 농민군이 항복을 하고, 반민의 우두머리였던 광수·김보·사진 등은 각기 교위·섭교위·대정의 벼슬을 제수 받았다. 오직 중군행수 진국만은 항복을 거부하였는데, 아마 그는 농민군이 목숨을 바쳐가며 투쟁한 보람도 없이 무조건 투항하는 것은 타당하지 않다고 여겼던 것 같다. 그러나 현실적으로 보급품이 단절된 상태에서 계속적인 항쟁은 무리였다. 그리하여 진국을 따라 끝까지 싸우겠다고 결연한 의지를 표명한 사람은 150명에 불과했다. 역부족을 느낀 그들은 북방의 이민족에게 가서 구원을 청하려고 했는데, 그들이 미처 출발하기도 전에 관군에 의해 붙잡혀 처형되었다. 이로서 서북민의 2차 봉기는 그 막을 내리게 되었다.

다. 서북민 봉기의 의의

서북지역의 농민봉기는 초기에는 서경유수 조위총이 양계의 도령을 움직여, 당시 무신정권 초기의 혼란한 정세를 틈타 무신집정자들을 배격하고 그가 정치적인 주도권을 장악하려는 의도에서 출발하였다. 그러나 이 봉기가 오랫동안 지속될 수 있었던 원인은 중앙에서 파견된 관리들의 수탈이나 토지 겸병으로 고통을 겪고 있던 농민들과 자기세력 구축에 목적을 둔 양계 토호들이 이에 적극 가담했기 때문이었다. 더구나 양계지방의 농민들은 유사시에 전투에 참가할 수 있도록 훈련을 받은 사람들이었다. 이 점이 주변 농민들의 지원과 더불어, 관군에 대해 지속적으로 저항할 수 있도록 만들었다.

한편 조정은 반민들을 달래려고 다음과 같은 내용의 조서를 내렸다.

> ㉮ 짐이 不德한 몸으로 잘못 왕위를 계승하여 지혜가 적고 어두우며, 刑政이 어긋나고 위엄은 가볍고 덕은 적어서 아랫사람들을 잘 통솔하지 못하여 서북지방의 백성들이 잇따라 반역을 도모하게 되었다. ㉯ 여러 고을에서 백성들과 근심을 나누는 지방관은 백성들을 해롭게 함으로써 그들이 유리하여 살 곳을 잃어버리게 하지 마라. ㉰ 너희들 刑官은 자비심을 가지고 형옥을 처결하라. ㉱ 요사이 奔競이 풍습으로 되고 형정이 매우 어긋나며, 公門을 열고 私路를 막지 못하여 어진 이를 받아들이는 길을 넓게 하지 못하고 있다. ㉲ 만약 忠·孝·友·恭하는 사람이 있으면 귀천을 묻지 말고 특별히 표창하여 권유하도록 하라. ㉳ 화려하고 사치스러움이 정도를 넘고 연회가 너무 지나치니 그런 것을 모두 제거하도록 하라(《高麗史節要》 권 12, 명종 5년 4월).

㉮에서 국왕은 서북민이 반란을 일으킨 원인을 지방관의 탐학과 형벌의 남용에 의한 것임을 자인하였다. 그리하여 지방관의 백성 침해, 형벌의 남용을 막아 난을 방지하기 위해 노력하도록 지시하였다. ㉱는 토호들의 불만을 무마하기 위한 시책으로 보인다. 즉 뇌물의 수수에 의해 관직에 등용되는 분경으로 인해 지방, 특히 양계의 인재들이 중앙에 등용되지 못하였는데, 이는 주로 무신 권력자에 의해 자행되었다고 하였다.[25] 국왕은 당시 정치적 모순이 무신들의 전횡에 의한 것이며, 자신은 아무런 잘못을 저지른 적이 없다고 하여 자신의 책임을 회피하고 농민봉기의 원인을 무신들의 탓으로 돌렸다. 그러나 양계 토호들을 중앙정치권에서 멀리한 것은 무신정권 이전부터의 관행으로 굳어져 있었던 것 같다. 이러한 사실은 아래 사료에서 알 수 있다.

---

25) 朴龍雲, 〈高麗時代의 科擧 製述科의 運營〉(《高麗時代 蔭敍制와 科擧制 硏究》, 一志社, 1990), 318쪽에서는 제술과의 급제자 1/3 정도만을 대상으로 지역별로 편성하였지만 광종대에서 공양왕 때까지 전체 급제자의 1.4%가 북계, 3.3%가 동계 출신이다. 과거시험을 통한 관계 진출이 이 정도에 불과하다면 음서를 통한 진출은 더욱 미미했을 것으로 보여진다.

> (玄德秀를) 후에 이부낭중을 제수하니 간관이 아뢰기를, '변방 사람에게 제수하는 것은 옳지 않습니다' 하였다. 이에 병부낭중으로 고쳐서 임명하였다(《高麗史》 권 99, 열전 12, 玄德秀).

현덕수는 延州地方의 도령으로서 조위총의 난에 가장 큰 공을 세운 인물이었다. 서북계의 40여 성이 모두 조위총이 일으킨 반란에 호응했을 때 오직 연주만이 끝끝내 반민들에 투항하지 않아 관군이 서북민의 봉기를 진압하는데 결정적인 역할을 하였다. 그런데 이렇게 공로가 큰 현덕수에게 邊城人이라고 하여 특정한 관직을 제수하지 않은 사실은 이전부터 서북인에 대한 차별이 행해지고 있었음을 말해 준다. 물론 개경의 집권자들이 변성인이라는 이유로 특정한 관직을 제수할 수 없다는 것은 명분에 불과하고 사실은 북계의 토호세력이 중앙 정치권에까지 침투하는 것에 대한 견제책이었다. 그러나 변성인임을 명분으로 내세웠다는 자체가 양계 토호에 대한 정부의 시책을 임을 보여준다. 이 같은 차별정책은 서북민의 항쟁이 끝난 이후에도 조금도 개선되지 않았음을 위의 사실은 말해 주고 있다.

그 외에 국왕은 충·효·우·공 등의 유교도덕을 선양하였다. 이는 서북민의 봉기가 고려왕조를 부정하는 반역임을 강조하여 충에 위배된다는 것을 나타내고자 했으리라 보여진다. 농민봉기에서 또 하나의 원인이 되는 것이 계급간의 갈등으로 생각되는데, 앞의 조서 가운데 ㉳의 내용은 지배층의 사치로 인해 빈자와 부자와의 갈등이 가속화되고 있음을 시사하고 있다. 즉 사치금지가 일반 농민에게 해당되는 것이 아니고 지배층의 경각심을 촉구하는 것이라면, 권세가나 대토지 소유자의 지나친 사치는 빈곤에 허덕이는 농민들에게 충분히 비판과 원망의 대상이 되었을 것이다.

그러나 명종의 조서는 지배층의 시혜 조치로서 서북인에 대한 일시적인 위무책에 불과할 뿐 농민봉기의 근본 원인을 살펴 사회체제를 개혁하고자 하는 의지는 전혀 담겨져 있지 않았다. 그러므로 서북민의 1차 봉기가 실패하여 대부분의 토호들이 이탈한 이후에도 농민들은 자신의 주장을 관철시키고자 계속하여 봉기하지 않을 수 없었던 것이다.

서북민의 2차 봉기가 끝날 즈음인 명종 8년 정월에 정부는 농민들이 다시 봉기하는 것을 방지하기 위하여 적극적인 정책을 시행하였다. 즉 탐학한 지방관을 축출하기 위하여 각 지방에 察訪使를 파견한 것이다.

① 찰방사로 공부낭중 崔詵을 興化道에, 형부원외랑 崔孝著를 雲中道에, 합문지후 林惟謙을 朔方道에, 감찰어사 崔敦禮를 沿海溟州道에, …장군 宋君秀를 全羅州道에, 형부시랑 李文中을 廣清州道에, 기거주 皇甫倬을 春州道에 나누어 보내어 백성들의 질고를 물어서 관리 및 奉使者의 상벌을 실시하였다. 그 시기를 10년 이전까지로 한정시켜 성적의 우열을 追論토록 하였는데 무릇 탄핵받은 자가 800여 명이나 되었다. (최)효저는 조사함에 정밀하지 못하다고 하여 파면되었다(《高麗史》 권 19, 世家 19, 명종 8년 정월).

② 전라도의 宋君秀는 승진과 파면을 마음대로 하였으나 권문의 자제라 하여 비판하는 사람이 없었다(《高麗史節要》 권 12, 명종 8년 정월).

③ 각 도 찰방사가 잡아온 贓吏 35명을 용서하였다(《高麗史》 권 19, 世家 19, 명종 8년 3월 신해).

④ 조서에 이르기를, '짐이 듣건대 지난 해에 10도 찰방사가 관리를 출척할 때 어긋남이 많았다고 한다. 그 중에 지나치게 포상을 받은 자는 오히려 괜찮으나, 잘못 형벌을 받고도 원통함을 호소할 곳이 없는 자들은 가히 애석하지 아니한가. 그 모두를 용서하고 옛날 관직에 따라 서용토록 하라' 하였다(《高麗史》 권 20, 世家 20, 명종 11년 9월 병자).

정부는 각 도에 찰방사를 보내어 백성들의 고통을 묻고 탐학한 수령을 내쫓게 했다. 이 같은 정책을 시행하게 된 가장 큰 이유는 서북민을 회유하기 위해서이지만 그 외에도 남쪽지방에서 명종 6년(1176)부터 1년 반 동안 지속되었던 공주 명학소민의 봉기도 적지 않은 영향을 미쳤으리라 생각된다. 그 결과 무려 800여 명이 탄핵됨으로써 지방관 비리의 쇄신을 꾀하였다. 그러나 사료 ①·②에서 나타나는 바와 같이 정부에서 파견된 찰방사가 공정하고 청렴한 인물이었는지는 의문의 여지가 있다. 즉 위의 내용에서 최효저는 출척이 정밀하지 못하다고 파면되었지만, 송군수는 관리들의 파면과 임명을 마음대로 했음에도 불구하고 당대 권세가의 한 사람인 송유인의 아들이므로 아무도 제재를 가할 수가 없었다고 한다. 이것으로 보아 찰방사도 세력의 강약 여부에 따라 폄출된다는 사실을 파악할 수가 있다.

지방관의 탐학은 중앙에 뇌물을 바치기 위해서가 한 요인이었다면, 중앙의 권세가들이 스스로 청렴하지 못하면서 지방관의 수탈을 방지하겠다는 자체가 한계일 수밖에 없는 또 다른 요인이었다. 정부는 서북민의 항쟁이 미처

나기도 전에 찰방사의 탄핵을 받아 이송된 贓吏 35명을 사면하였으며, 서북민의 항쟁이 끝난 이후에는 모두 복직시켰다. 결국 정부는 백성들을 일시적으로 무마시키기 위해 찰방사를 보냈을 뿐 피지배층을 위한 적극적인 개혁의지는 거의 없었다고 볼 수 있다.

정부는 서북지방 농민들에 대한 시책을 특별히 마련하지 않았으나 토호들이 반란에 가담하지 않도록 많은 노력을 기울였다. 다음은 서북민의 2차 봉기가 끝난 직후에 정부가 행한 토호들에 대한 회유책이다.

> 왕이 便殿에 나아가 동서 양계 여러 성의 上長과 都領을 인견하고 상장에게는 匹段을, 도령에게는 비단옷과 金帶와 말 1필씩을, 그리고 하인들에게는 각각 포 10필을 하사하였다. 西賊을 평정한 이후에도 도적이 자주 일어나므로 다시 동요할까 두려워하여 이와 같은 하사가 있었으니, 식자들은 그 고식책을 한탄하였다(《高麗史》 권 19, 世家 19, 명종 8년 11월 무자).

정부측에서 볼 때는 양계 토호들의 행위가 마음에 들지 않았더라도 농민들과 토호 두 계층을 모두 적으로 만들고서는 양계를 다스리기가 곤란하였을 것이다. 더구나 이곳은 고려의 국경지대였다. 정부는 양계지역의 기득권을 보유하기 위해서는 끝까지 고려정부에 대항할 수 없던 토호들을 포섭함으로써 서북지역민의 항쟁을 종식하려고 하였다.

그리하여 양계 토호들은 정부측의 후대를 받았다. 그리고 만일 고려정부에 대항하지만 않는다면 앞서 봉기에 가담했던 일을 불문에 붙일 뿐 아니라, 양계지역에 대해 정부측의 지나친 간섭은 배제하겠다는 모종의 약속이 이루어졌던 것 같다. 이 같은 토호들과의 만남이 있은 이후에 자신감을 얻게 되어, 2차 봉기 이후에도 곳곳에 흩어져 있던 반민들에 대한 정부측의 태도는 더욱 강경해졌다. 즉 정부는 서북지역의 도령 등과 화해하였으므로 양식을 나누어 주어 농민군을 위무한다고 하여 龜州·嘉州 등 여러 성에 모이게 하고는 곡식창고에 가두었다. 이에 농민군은 정부가 그들을 속인 데 분개하여 곡식창고에 불을 질러 함께 타 죽는 참극이 벌어지게 되었다.[26] 이는 양계 토호들의 묵인이 없었더라면 함부로 자행될 수 없는 일로서, 2차 봉기가 끝날

---

26) 《高麗史》 권 20, 世家 20, 명종 9년 4월 경술.

무렵에는 토호들이 방관자적인 자세에서 정부측으로 돌아섰음을 알 수 있다.

이후 살아남은 반민들은 牛方田을 중심으로 뭉쳐서 계속 항거하였으나 결국 역부족으로 패배하였다.[27] 이에 따라 토호들을 제외하고는 서북지방 농민들은 정부로부터 별다른 개선책을 약속 받지는 못하였다. 그러나 서북민의 항쟁은 무신정권이 들어선 후에 최초로 대규모로 일어나서 민중의 힘을 과시한 것만으로도 큰 의미가 있다. 그리하여 묘청의 난에서도 많은 인명을 학살한 정부가 서북민의 항쟁이 끝난 이후에는 그 수뇌급인 최소한의 인원만 죽이거나 가두는 데 그치고 있다. 이것은 정부가 이제는 민중의 힘을 두려워하고 있음을 보여주는 것이다. 그러나 농민들은 지방관의 탐학이나 중앙 정부의 과도한 공물 징수에 분개하여 일어났으나 이 같은 수탈체제가 고려사회의 구조적 모순으로 인한 것임은 인식하지 못하였다. 이 점은 서북민의 항쟁이 5년 이상이나 치열하게 전개되면서도 고려왕조를 무너뜨리고 새정부 수립까지는 표방하지 못했던 사실에서도 짐작할 수 있다.

비록 실패했으나 5년 이상이나 지속되었던 서북민의 봉기를 시발점으로 남쪽에서는 공주 명학소에 이어 全州·雲門·草田·慶州 등 각지에서 농민·천민의 항쟁이 계속되었다. 이 봉기의 후유증으로 서북지역은 명종 10년 이후에는 다소 조용해졌지만, 고종대에 몽고족의 침입으로 고려 조정이 어수선한 틈을 타서 다시 일어났다. 즉 서경의 군인 崔光秀가 중심이 된 고구려 부흥운동, 韓恂·多智로 대표되는 義州民의 봉기가 그것이다. 서북민의 봉기는 무신정권기 농민항쟁의 효시로서 피지배층의 힘을 결집하여 지배층에 항거하는 데 큰 영향을 미쳤다고 생각한다.

(2) 공주 명학소민의 봉기

가. 명학소민의 1차 봉기

북쪽에서 서북민의 항쟁이 치열할 즈음 이번에는 남쪽에서 농민·천민들이 봉기하였다. 명종 6년(1176) 정월에 公州 鳴鶴所에서 시작된 봉기는 천민집단인 所에서 발생하였다는 데 그 특징이 있다. 우선 소의 성격을 간단히 알아

---

27) 위와 같음.

보자. 소의 기원에 관해서는 다음의 사료가 일반적으로 널리 알려져 있다.

> 신라에서 주·군을 설치할 때 그 田丁·호구가 현이 되지 못하는 것은 鄕이나 部曲을 두어 그 곳에 있는 읍에 속하게 하였다. 고려 때는 또 所라고 칭하는 것이 있었는데 金所·銀所·銅所·鐵所·絲所·紬所·紙所·瓦所·炭所·鹽所·墨所·藿所·瓷器所·魚梁所·薑所의 구별이 있어 각각 그 생산물을 공급하였다(《新增東國輿地勝覽》 권 7, 京畿道 驪州牧 登神莊).

고려시대의 지방제도는 각지에 존재하던 동족집단을 신분적 계층적으로 편성한 것으로서 향·부곡처럼 소가 군현제의 일환으로 편성된 것은 주지하는 바이다. 그런데 향·부곡이 농경을 주업으로 했던 데 비해 소는 금·은·동·자기 등 특수공물을 생산하였다. 그러므로 농경을 주산업으로 하고 상공업이 발달하지 못했던 고려사회에서 국가가 필요로 하는 물품은 소에게 집중적으로 요구되었을 것이고 이에 따라 소는 국가의 대안 없는 수탈체제에 시달려 왔으리라 생각된다. 특히 현종대 이후는 거란과, 인종대 이후는 여진과의 관계에서 보이는 바와 같이 고려정부가 이들 국가에 많은 공물을 바쳐야 했던 대외관계 역시 소민의 수탈을 더욱 가속화시키는 하나의 원인이 되었다.

소를 기반으로 발달하는 수공업이 국가의 소에 대한 맹목적 수탈체제에 시달려 제대로 성장하지 못하고 있음에 비해 농업은 상당히 발전하고 있었다. 대체적으로 고려 전기에는 一易田·再易田이 많아 常耕田은 일반적인 현상이 아니었다고 보여진다.[28] 그러나 인구의 증가·농업기술의 발달에 따라 점차 상경전이 증가되었으리라는 것은 의심의 여지가 없다. 특히 문종대 이후의 통치기구 체제의 완비, 문물의 발달이 이루어지면서 이를 토대로 중세사회에서 생산의 가장 중요한 위치를 차지하고 있는 농경도 상당히 진척되었으리라 생각된다.

고려 토지제도사 연구에 관한 여러 학설에 따르면 結負制는 농산물의 소출을 기준으로 마련한 제도(면적의 단위)로서 그것이 실제의 면적을 표시하는 頃畝法과 일치하여 고려 중기 이후까지 계속되고 있었다고 한다. 그런데 고려 후기 언제부터인지 그 시기는 확실히 알 수 없으나 隨等異尺制라는 새로

28) 《高麗史》 권 78, 志 32, 食貨 1, 經理 문종 8년 3월.
李齊賢, 《益齋亂藁》 권 9, 史贊 景王 참조.

운 量田法이 채택되어 결부제의 내용에 큰 변동이 생겼다. 이 같은 변화는 경지 일반이 휴한농법의 단계를 지양하여 常耕化하고, 다시 그 상경화한 토지가 비척도에 따라 소출액에 차등이 있었다는 사실의 전제 위에서 가능한 것이었다.[29] 특히 무신정권 전후의 혼란기와 원 간섭기에는 봉건지배층의 수탈이 가중되고 있어서 생산계층으로서의 농민층에게는, 休耕을 통한 농지 경영의 소출을 넘어서는 토지생산력의 증대가 요청되고 있었다.[30] 이러한 농경의 발전은 단시일 내에 이루어지는 것이 아닌 만큼 상경화는 고려 중기부터 서서히 시작되었다고 생각한다.

상경전의 확대로 인해 토지를 소유한 농민들의 생활은 점차 향상되고 있었다. 그러나 토지생산력이 증가하여 일정한 수익이 보장되자 지배층은 그들의 부를 증대시키기 위해 토지겸병에 착수하였으니 그 대표적인 인물은 이자겸이었다. 이 이후에도 권세가들은 탈점 · 매매 · 기진 · 개간 등 여러 형태를 통하여 민전을 탈취하였는데, 이로 인해 고려사회는 지주와 전호 혹은 전호도 되지 못하고 토지로부터 유리되어 떠돌아다니는 유랑민 등 여러 계층으로 분리되어 가고 있었다. 이는 무신정권이 성립된 이후에도 조금도 나아지지 않았고 오히려 가속화되는 형편이었다. 이와 같은 농경사회의 분화로 인해 토지를 잃어버린 농민층의 불만과 국가의 직접 수탈체제에서 벗어나고자 했던 소민들의 신분해방운동이 합세하여 드디어 명학소민의 봉기를 낳게 되었다고 생각된다.

---

29) 金容燮, 〈高麗時期의 量田制〉(《東方學志》 16, 1975), 80쪽.

30) 후대의 사료지만 《高麗史》 권 78, 志 32, 食貨 1, 田制 祿科田 신우 14년 7월조 趙浚의 1차 상소문에 의하면 '兼併之家'가 收租하면서 1결을 3~4결로 늘려 잡았다고 한다. 이는 조준이 당시의 부패한 사회상을 설명하고 있기는 하지만, 근본적으로는 一易田 · 再易田 따위가 常耕田으로 변천함에 따라 일어날 수 있었던 사실이라고 보는 견해가 있는데 필자도 이에 동의한다(金泰永, 〈科田法體制下의 土地生産力과 量田〉, 《韓國史硏究》 35, 1981, 50쪽 참조).

또한 이에 관한 직접적인 자료라고 할 수 없지만 우왕대에 伊金이라는 사람이 彌勒佛로 자칭하면서 민심을 선동한 기사가 남아 있는데, 이 내용에는 당시 백성들의 바라는 바가 축약되어 있다고 보여진다. 즉 농경에 가장 중요한 소 · 말을 잡아먹지 말 것과 부의 공평한 분배, 그리고 한 해에 두 번 수확을 거두었으면 하는 이모작에 대한 꿈이 나타나고 있다. 이금은 그 시대 사람들의 절실한 요구를 실현시킬 능력이 있는 것처럼 행세하여, 그에게 민심이 쏠리게 한 것으로 보여지는데, 이미 고려 말기에 농민들이 이모작에 대한 기대를 가졌다는 사실 자체가 상경전이 완전히 이루어졌음을 나타내는 것이 아닐까 생각된다.

처음 명학소민이 일어난 사실에 대해서는 다음과 같은 사료가 전한다.

> 公州 鳴鶴所 사람 亡伊·亡所伊 등이 무리를 불러모아 山行兵馬使라고 스스로 칭하고 공주를 공격하여 함락시켰다. 정부는 祗候 蔡元富와 郎將 朴剛壽 등을 보내어 달래었으나 적은 따르지 않았다(《高麗史節要》 권 12, 명종 6년 정월).

위의 기사 내용으로서는 난이 어떤 연유로 발발되었는지 구체적인 실상은 알 수가 없다. 일반적으로 고려시대 민란의 직접적인 도화선은 그 지역의 토호나 지방관의 가혹한 수탈이 원인이었는데 대표적인 경우로서 명종 12년(1182)에 일어났던 管城·富城 그리고 全州民의 봉기를 들 수 있다. 물론 이 사건들이 발생하게 된 근본 원인은 국가의 대민수탈체제에 대한 반발, 피지배층 의식의 향상, 지배층의 변화로 인한 중앙집권체제의 약화 등 내부적으로 잠재된 고려사회의 여러 요소가 결합되어 봉기하게 되었지만, 그 중에서 특히 지방관의 수탈로 인한 반발이 가장 큰 요인으로 작용하였다. 이들 반란은 대체로 탐학한 지방관을 교체하고 백성들을 진무함으로써 진압되었다. 그런데 이들 농경민이 지방관의 직접 통치하에 있었으므로 지방관아에 일차적으로 대립하는 형세를 보임에 비해 所는 중앙정부의 직접 지배하에 있었으므로[31] 명학소의 봉기는 바로 중앙정부에 대립되는 형태로서 나타나지 않을 수 없었다.

공주 명학소에서 일어났던 반란의 주모자는 망이·망소이였다. 이들이 어떤 사람인지 알 수 없으나, 《世宗實錄地理志》 姓氏條에 亡氏가 보이지 않으므로 망이를 이름으로 본다면 추측컨대 천민, 즉 所民이었으리라 여겨진다. 그리고 명학소는 어떤 소였는지 확실하지가 않다.[32] 현재 대전지역인 이곳은 토지가 척박하고 지하자원이 전혀 생산되지 않으며 바다도 없는 것으로 보아 수공업집단이었을 것으로 짐작되나 정확한 사실은 알 수가 없다.

그런데 이 봉기에서 그 도화선이 되는 사건이 보이지 않는 것은, 이것이 우발적이고 즉흥적인 분노에 의해 폭발된 것이 아니고 서북민의 봉기나 경주지역 농민항쟁처럼 미리 계획된 것임을 암시한다. 따라서 그들이 원하는 것은 일시적인 감무 파견 등으로 회유될 성질의 것이 아니라 수취체제의 변

31) 北村秀人, 〈高麗時代の所制度について〉(《朝鮮學報》 50, 1969).

32) 《新增東國輿地勝覽》 권 17, 公州牧 古蹟條에 의하면 명학소는 儒城에서 동쪽으로 10리에 있었다고 한다.

화나 신분구조의 개편 등 국가적인 큰 변혁을 통해서가 아니면 해결하기 어려운 문제를 내포하고 있었다. 이 점이 명학소민의 봉기가 명학소라는 일정한 지역에 한정되지 않고 주변 백성들의 호응을 받을 요소가 내재되어 있음을 보여주며, 또한 이들의 봉기가 장기화될 것을 시사하는 점이기도 하였다.

이들이 봉기했을 때 소민뿐 아니라 주변 농민들도 적극 호응하였다. 망이·망소이가 이끄는 명학소민이 일어나서 바로 공주를 함락시켰다는 사실은 주변 농민들의 호응이 없이는 가능한 일이 아니었다. 이는 국가나 지방관의 수탈과 더불어 권세가의 대토지겸병에 대한 농민의 불만이 표면화되었음을 나타내는 것이다. 따라서 명학소민의 봉기는 천민집단이라는 지엽적인 이해관계를 지나 일반 농민에게까지 광범위한 공감대를 형성하였음을 알 수 있다.

정부는 지후 蔡元富, 낭장 朴剛壽 등을 파견하여 진무하였으나 반민들이 이를 받아들이지 않자 이번에는 3,000명의 군대를 보내었다.[33] 그러나 관군이 반민들에게 번번이 참패를 당하니, 놀란 정부는 명학소를 忠順縣으로 승격시켜 회유하였다.[34]

충순현으로의 승격은 국가의 기본정책에 위배되는 조처였다. 고려정부의 향·소·부곡과 같은 천민집단에 대한 대책을 보면, 유공자의 출신지역은 군·현으로 승격시키고 그 반대되는 경우에는 군·현을 부곡·소 등으로 강등시키는 것이 상례였다. 위기감을 느낀 고려정부는 명학소를 승격시켜서라도 봉기의 확산을 막으려고 했지만 사실은 국가적 지배질서의 원칙을 정부에서 먼저 무너뜨림으로써, 이제 백성들이 힘을 앞세워서 그들의 요구사항을 쟁취하려고 할 때에는 정부도 양보할 수밖에 없음을 보여주어 피지배층에게 희망을 가져다주었다.

이를 통해 이제 피지배층은 국가의 직접 수취대상인 소가 원래부터 있었고 또 있어야만 하는 것이 아니라 국가적 지배질서의 일환으로 존재했을 뿐임을 확신하는 계기가 되었다. 그러나 이미 명학소민의 봉기는 소민들만의 움직임이 아니었다. 주변의 농민들이 가세하여 세력이 커졌으므로, 망이를 위시한 명학소민들이 현으로의 승격에 만족하여 봉기를 그만두고 싶었다고

33) 《高麗史》 권 19, 世家 19, 명종 6년 2월 정해.
34) 《高麗史》 권 19, 世家 19, 명종 6년 6월 병술.

하더라도 마음대로 될 수는 없었다. 또한 정부의 말이 어느 정도의 진실을 내포하고 있는지도 문제였다.

다음의 사료는 반민의 계통이 여러 갈래로 나뉘고 있으며, 또한 이들의 세력이 점차 커지자 지배층 내부의 불만세력들이 이에 동조하는 등 양상이 복잡해지고 있음을 보여준다.

> ① 南賊이 禮山縣을 함락시키고 監務를 죽였다(《高麗史》 권 19, 世家 19, 명종 6년 9월 신해).
>
> ② 良醞令同正 盧若純과 主事同正 韓受圖가 (咸)有一 및 平章事 李公升·內侍郞將小監 獨孤孝 등을 사칭하고 편지를 써서 忠州賊 亡伊에게 보내니 망이가 그 使者를 붙잡아 安撫別監 盧若冲에게 보내었다(《高麗史》 권 99, 列傳 12, 咸有一).
>
> ③ 南賊首의 우두머리 孫淸이 스스로 兵馬使라 칭하였다(《高麗史》 권 19, 世家 19, 명종 6년 11월 임인).
>
> ④ 大將軍 鄭世猷와 李夫를 處置兵馬使로 삼아 좌우도로 나누어 가서 남적을 토벌하게 하였다. 정세유 등이 開國寺 문 앞에 모여 군사를 훈련한 지 달포가 지난 후에 떠나갔다(《高麗史》 권 19, 世家 19, 명종 6년 12월 경자).

망이 등이 충주까지 점령하였음에도 정부의 회유로 더 이상 진격하지 않고 소강상태를 유지하고 있을 때 양온령동정 노약순과 주사동정 한수도가 농민군에게 가담하려고 시도한 사건이 일어났다. 농민·천민 못지 않은 고려사회의 불만계층은 동정직 소유자들이었다. 고려시대의 동정직은 정직에 준하여 설치된 산직으로서, 그에 보충되는 자들은 대기하였다가 규정에 따라 실직으로 진출하였다. 그러나 시간이 경과함에 따라 관료층이 팽창하여 동정직 散官들이 희망하는 실직으로의 진출은 어려워졌으며 인종대에 이미 한계에 달하였다.[35] 결국 동정직 소유자들은 지배층인 관인층에 속하면서도 그에 합당한 대우를 받지 못했고 이러한 불만으로 피지배층과 이해가 접근될 수 있었다.[36] 그러나 망이 등은 관인층의 제휴 요청에 대해 탐탁하게 생각하지 않았을 뿐 아니라 오히려 불신감을 가지고 있었다. 이에 명학소민은 使者를 붙잡아 관군에게 넘겨줌으로써 그들과 연합할 의사가 없음을 명백하게 드러내었다. 이러한 행위는 정부가 명학소를 현으로 승격시켜 주는 것이 확실하

---

35) 徐兢,《高麗圖經》 권 16, 官府 倉廩.

36) 金光洙, 〈高麗時代의 同正職〉(《歷史敎育》, 11·12, 1969), 167~169쪽.

다면 더 이상 진격할 의사가 없음을 표명하는 것이기도 하였다.

이 때 명학소민이 아닌 또 다른 南賊이 보인다. 위의 사료에 의하면 남적이 예산현을 함락시키고 감무를 죽인 기록이 나오며, 그로부터 두 달 후에는 손청이 병마사를 칭하였다고 한다. 예산현의 남적이 누구를 지칭하는지 알 수 없지만 명종 7년(1177) 2월에 伽倻山의 적괴 손청을 죽였다는 기록에서 예산을 중심으로 한 가야산 일대는 손청이 장악하고 있었던 것 같다. 즉 손청 등은 명학소민이 봉기하여 공주지역이 소요에 휩싸인 틈을 타서 예산을 공격하여 함락시키고 가야산을 거점으로 영역을 넓혀갔던 것으로 보인다. 그 무렵 망이 등은 공주의 동북쪽으로 나아가 충주까지 영역을 확보하였다.

망이 등이 이끄는 주력부대가 소민인 데 비해 손청은 토호이며[37] 또한 농민군을 이끌고 있으므로 미묘한 갈등은 예상되지만 일단 연대관계는 유지하고 있지 않았나 판단된다. 즉 그들 공동의 타도대상인 정부군과 대항하기 위해서는 연합이 필요하다는 인식 때문에 그들의 제휴가 그렇게 어려운 문제는 아니었을 것이다. 망이 등이 표명한 정부군과의 화해의사는 손청을 격분케 한 것 같다. 그래서 그는 스스로 병마사로 칭하였으며 망이 등과의 연합항쟁을 포기하지 않았나 짐작된다. 그는 농민군을 지휘했던 만큼, 신분해방보다는 수탈체제의 극복이나 토지겸병으로 인한 고려사회의 모순의 극복에 더욱 초점을 두었으리라 생각된다. 이러한 반민들의 분열은 점차 대오를 정비하여 난을 완전히 진압하려는 정부측에서 볼 때는 아주 바람직한 현상이었다.

정부는 우선 최초로 봉기했던 소민들을 회유하여 연합전선을 깨뜨린 후, 세력이 약화된 반민들을 각각 따로 진압하려는 작전을 감행하였다. 이 같은 정부의 계획은 성공적으로 진행되어 망이와 손청은 완전히 두 파로 나누어졌고, 이 때를 기해 중앙에서는 정세유와 이부로 하여금 각기 좌우도로 나누어 충주와 예산방면으로 군사를 거느리고 출발하게 하였다.

중앙에서 대군을 보내어 반민들을 진압하려 한다는 소식을 들은 망이 등은 정부에 대해 강화를 요청하였다. 명학소민이 항복했다는 《고려사》의 저술 내용은 정부측 입장에서 쓰여진 것이며, 사실은 정부와 명학소민 사이에는

---

37) 《世宗實錄地理志》 권 149, 禮山縣의 土姓에 孫氏가 보인다.

강화가 맺어진 것으로 보인다. 강화를 맺은 구체적인 조건은 알 수 없으나 명학소민은 충순현으로의 승격과 지방관 파견에 만족하여, 정부가 반민에게 보복하지 말고 생업을 보장하라는 정도였을 것이다. 따라서 정부는 그들의 요구를 들어줌으로써, 봉기가 더 이상 확산되지 않도록 노력하였다.

나. 명학소민의 2차 봉기

1차 봉기가 끝난 지 한 달도 지나지 않아 명학소민은 다시 일어났다. 그들은 가야사를 함락시키고 黃驪縣(驪州)·鎭州(鎭川)도 쳐들어갔다. 그리고는 竹州(竹山)의 弘慶院을 불지르고 승려들을 살해하고는 주지승을 위협하여 개경에 편지를 보내었다. 그 내용은 "이미 우리의 향리를 현으로 승격시키고 또 수령을 두어 안무케 하더니, 다시 되돌려 군사를 내어 토벌하여 우리의 어머니와 아내를 잡아 가두니 그 뜻하는 바가 어디에 있느냐. 차라리 창, 칼 아래 죽을지언정 끝까지 항복하여 포로가 되지는 않을 것이며, 반드시 서울에 이르고야 말겠다"는 비장한 결의를 담고 있었다.[38]

정부는 명학소민과 강화를 맺어 현으로 승격시키고 지방관을 파견하여 주민들을 안무하겠다고 약속하고는 사실은 다시 일어나지 못하도록 소민의 가족을 인질로 잡아 가두었던 모양이다. 이에 명학소민들은 정부가 소에서 현으로 승격시켜 준 자체가 봉기의 확산을 막기 위한 일시적인 조처였음을 깨달았다. 정부가 바라는 것은 봉기의 진압이지 봉기가 발생하게 된 근본적인 원인이 무엇인지를 규명하여 피지배층의 요구를 적극 수렴하는 것이 아니었다. 그들은 이제 신분해방을 확실하게 달성하기 위해서도 결국은 정부타도가 불가피하다는 것을 인식하게 되었다.

피지배층의 입장에서 볼 때, 정부의 기만적이고 미봉적인 대책과 더불어 또 하나의 불만 대상은 지방관 토호와 더불어 대지주의 성격을 지닌 사원이었다. 반민들의 사찰에 대한 부정적인 태도는 고려시대의 불교가 왕실이나 귀족 중심의 종교로서 피지배층이 당하는 고통에 대한 관심이나 이를 구원하고자 하는 의욕이 부족했던 것도 원인이 되었을 것이다. 그러나 무엇보다도 농민을 수탈하는 정도에 있어서 지방관이나 토호 못지 않은 사원의 지주

38) 《高麗史》 권 19, 世家 19, 명종 7년 3월 정해.

적인 성격이 그들을 가장 괴롭혔다고 생각된다.

고려시대의 사원은 왕실이나 귀족들의 개인 사찰적인 성격이 강한 것이 많았으며, 또 그들의 비호를 받아 많은 토지와 인구 그리고 소도 장악하고 있었다. 고려시대 이전의 通度寺의 寺領支配 상황을 기록했던《通度寺 舍利袈裟事蹟略錄》의 寺之四方山川裨補條에 의하면 사찰이 茶所를 소유하고 있었다.[39] 이와 같은 사찰에 소속된 所는 비단 다소뿐만 아니라 사원에서 필요한 물품을 공납하는 다른 소도 있었으리라고 생각한다. 이것은 고려시대의 사원경제가 그 사회에서 생산의 중요한 위치를 차지하고 있었다는 사실에서도 추측이 가능하다.[40] 따라서 경제적으로 비대해지는 사원에 대한 피지배층의 괴리감은 국가가 그 곳에 제공하는 특혜와 더불어 더욱 커져갔다.

그러면 일반 백성들의 사원에 대한 분노가 어떤 경로를 통해 축적되어 갔는지 2차 봉기 때 가장 피해가 심했던 弘慶院의 경우를 예로 들어 살펴보기로 하자.

> ① (현종은 姜民瞻과) 金猛을 別監使로 삼아 弘慶院 신축을 함께 관리하게 하였는데 모두들 공치사나 교만한 마음을 품지 않았다. 인부를 사역할 때는 농사철을 피하였으며 물자도 국가의 창고에서 꺼내지 않았다. 기와장이는 기와를 대고 나뭇군은 목재를 공급하였다. 톱질과 자귀질은 일없는 목수들을 모아서 시키고 괭이질·삽질은 놀고 있는 사람들이 달려와서 일하였다(崔忠, 〈奉先弘慶寺碣記〉,《朝鮮金石總覽》上, 260~262쪽 ;《東文選》권 64, 記).
>
> ② 이자겸이 홍경원을 수리하게 하였다. 僧正 資富와 知水州事 奉佑로 하여금 그 일을 주관하게 하였는데 그 때 주·현의 장정을 징발하여 그 폐해가 매우 컸다(《高麗史》권 98, 列傳 11, 高兆基).
>
> ③ 呵吒波拘神道場을 홍경원에, 般若道場을 選軍廳에 모두 27일간 설치케 했는데 묘청의 말을 좇아서였다(《高麗史》권 16, 世家 16, 인종 8년 8월 임자).

사료 ①은 홍경원을 설립할 당시의 일을 적은 것으로, 국가는 사찰을 지으면서 국고금 없이 오직 백성들의 노동력에 의거하였다. 정부는 기와장이, 나

39) 〈通度寺 舍利袈裟事蹟略錄〉(《通度寺志》, 亞細亞文化社, 1979), 26쪽.
40) 고려시대 사원경제에 관한 연구로는 다음과 같은 글들이 있다.
劉敎聖, 〈高麗 寺院經濟의 性格〉(《白性郁博士還曆紀念 佛敎學論文集》, 1959).
李載昌, 〈麗代 寺院領擴大의 研究〉(《佛敎學報》2, 1964).
閔丙河, 〈高麗時代 佛敎界의 地位와 그 經濟〉(《成大史林》1, 1965).
李炳熙, 《高麗後期 寺院經濟의 研究》(서울大 博士學位論文, 1992).

뭇군, 목수들을 징발하였을 뿐 아니라 그들로 하여금 사원 건립에 필요한 물자도 담당하게 하였는데, 이렇게 하여 무려 5년간의 공사 끝에 완성하였다. 마찬가지 내용으로 사료 ②도 홍경원을 개수할 때에 주현의 장정을 징발하여 그 폐해가 매우 컸음을 나타내고 있다.

국가의 강제노역에 의한 사원 건립은 일반 백성들에게 있어서 일차적으로는 정부나 지방관에 대한 원망으로 표현되겠지만, 또한 그들이 지은 후에 정부의 비호 아래 많은 토지를 가지고 그 곳에 안주하는 승려들이나 사원이 지닌 성격 자체에도 불만이 생기지 않을 수 없었다. 이와 같은 사원의 귀족적이고 지주적인 성격은 농민봉기가 발생했을 때 타도의 대상으로 나타난 것이다. 홍경원은 현종 때 창설된 후 계속해서 왕실과 문벌귀족들의 비호를 받고 있었는데, 따라서 稷山의 토호세력으로서 막강한 경제력을 행사했으리라 생각된다. 앞서 내용에서 반민들이 홍경원을 불태우고 승려들을 죽인 것으로 보아 이곳이 백성들을 수탈하여 원성의 대상이 되었음을 짐작할 수 있게 한다. 홍경원의 경우와 같이 명학소민의 표적이 되었던 덕산의 가야사에 대해서는 살필 수 있는 자료가 없으나, 원래 가야산 기슭은 사찰이 많았으며, 가야사는 그 중에서 가장 규모가 크고 풍수지리학상으로도 명당으로 유명했다고 한다.[41] 따라서 가야사 또한 홍경원과 마찬가지로 많은 토지와 노비를 거느렸으며, 주변 주민들을 수탈하여 원성을 샀을 것은 당연하다.

이후 반민들은 牙州 등 충청도 전역을 공략하여 공주뿐 아니라 청주관내 군현이 모두 농민군의 수중에 들어가고 오직 청주만이 남게 되었다. 이에 정부는 회유를 통해 난을 진압하려는 작전을 포기하고 본격적인 토벌을 감행하였다.[42] 그 해 5월에는 宣旨使用別監을 보내어서 남적을 제압한 전공을 살펴 관군의 사기를 앙양시켰으며 또한 충순현을 삭제하였다. 정부는 손청·이광 등 망이 주위의 반민들을 진압하여 명학소민을 고립시킨

41) 가야사는 조선시대 말기에 명당을 탐낸 대원군이 이곳을 불태우고 그의 아버지 南延君의 묘지로 만들었다.

42) 당시 南賊處置兵馬使로서 청주에 주둔했던 정부군의 지휘자는 鄭世猷이고, 南路捉賊左道兵馬使로서 驪州지역에 머무르면서 李光을 사로잡은 사람은 梁翼京이다. 그리고 南賊制置右道兵馬使로서 예산방면으로 가서 孫淸을 죽인 사람은 李夫였으리라 보여진다. 반란민이 3파로 나누어 북쪽으로 진격하자, 정부군도 청주를 거점으로 3파로 나누어서 그들을 방어했던 것으로 판단된다.

後[43] 총력을 다하여 공격하였다. 관군의 대대적인 토벌작전에 밀려 더 이상 버틸 수 없게 된 망이 등은 항복을 요청하였다. 명종 7년 7월, 망이 등이 잡혀 淸州獄에 갇힘으로써 무려 1년 반이나 지속된 공주지역 농민·천민의 항쟁은 여기서 끝맺게 되었다.

다. 명학소민 봉기의 의의

공주 명학소민의 봉기는 무신정권 이후 남쪽에서 일어난 민란 중 상당히 대규모적인 것으로서 고려사회에 큰 영향을 미쳤다. 무신정권의 초기 단계인 이의방정권이 끊임없는 사원세력의 반발과 서북민의 항쟁을 제대로 수습하지 못함으로써 불안했다면, 그 뒤를 이은 정중부정권은 이 명학소민의 봉기와 서북민의 항쟁이 가져다 준 여파로 그 체제가 흔들리게 되어, 드디어 경대승에게 정권을 빼앗기게 되는 중요한 요인의 하나로서 작용했다고 볼 수 있다. 물론 무신정권 초기 단계에서 집권체제가 정비되지 않았으므로 정중부정권이 지니는 무신연합정권의 취약성을 부인할 수 없으나 고려사회에서 피지배층의 봉기가 지배계층을 무너지게 하는 데 일익을 담당했다는 점에서 중요한 의미가 있다.

명학소민의 봉기를 진압한 후, 정부는 이것이 소민에 한정되지 않고 농민층에 광범위하게 확산된 데 주목하였다. 그리하여 일반 백성들을 진무하기 위해서 미봉적인 조처나마 각지에 찰방사를 보내어 지방관의 탐학 여부를 조사하게 하였다. 그러나 정권 자체의 도덕성이나 권세가의 탐학은 그대로 두고 지방관만을 속죄양으로 삼는 자체가 무리였고, 또한 찰방사가 정말 농민들을 위해 제대로 파악했는지도 의문이었다. 게다가 왕은 찰방사가 압송해 온 贓吏 35명을 즉석에서 풀어주었으며, 나머지 사람들도 불과 수년 이내에 모두 사면하여 복직시켰다.

사실 당시 고려사회로서는 수취체제의 개혁이나 중앙 권세가들의 탐학 등 근본적인 문제들을 도외시하고 지방관의 청렴만을 요구하는 자체가 무리였다. 더구나 각 지역의 지방관들 자신이 중앙의 권세가들과 연결되어 있는 것이 상례였다면, 탐학한 지방관을 제거하는 사실 자체가 개경권세가들의 세력

43) 《高麗史》 권 19, 世家 19, 명종 7년 3월 무오.

을 위협하는 것이기도 했으므로, 장리들 전원을 무죄 방면할 수밖에 없었다.

이리하여 농민·천민 등 피지배층이 목숨을 걸고 봉기한 대가는 유명무실해졌고 지방관의 탐학은 이후에도 계속되었다. 즉 명종 12년(1182) 이후에 일어나는 관성·부성·전주 그리고 안동 등지에서의 민란은, 그 발발 동기가 지방관의 탐학한 수탈을 이기지 못하여 봉기하게 된 것들로서 정부의 시책이 조금도 개선되지 않았음을 보여주고 있다. 이에 정부는 아래로부터의 돌출을 감당하지 못하고 오히려 강압적으로 억압하는 통치체제를 강구하였으니, 이것이 후일 이의민에 이은 최충헌의 독재체제를 낳게 된 하나의 원인이 되기도 하였다.

두번째 조처는 권세가의 토지침탈 방지, 공부의 균등 배분·조세 탕감 등의 경제적인 배려였다. 고려사회는 예종대 이후 유민이 점차 늘어나게 되었는데 유민의 발생이 경제적인 면에서 일반 농민들의 소극적인 조세저항운동이라면 농민봉기는 보다 적극적인 저항형태였다. 정부에서는 백성들을 안무하기 위해 감무를 파견하였고, 한 걸음 더 나아가 그들의 생활을 안정시키기 위해 여러 정책들을 실시하였다. 그 내용은 조금 후기의 사료이기는 하지만 명종 18년 3월의 조서에서 정부가 의도하는 바를 짐작할 수 있다.

① 명종 18년 3월에 制하기를 '무릇 州縣에는 각기 서울과 지방에 양반과 군인의 家田 및 永業田이 있는데, 이에 간교한 吏民이 있어 權要家에 의탁하고자 망녕되이 閑地라 칭하여 권세가의 이름으로 등기하였다. 권세가 또한 자신의 가전이라 칭하고는 公牒을 취하고자 즉시 사환을 보내어 편지를 써서 부탁하니 … 이 사환을 잡아 칼을 씌워 서울에 신고하고 등기한 이민은 끝까지 죄를 다스리도록 하라' 고 하였다(《高麗史》 권 78, 志 32, 食貨 1, 田柴科).

② 명종 18년 3월에 制하기를, '여러 州·府·郡·縣의 백성들은 각기 貢役이 있는데, 이래로 外官 員僚들이 使令에게 슬쩍 부탁하여 役價를 받고 그 貢賦를 여러 해 동안 면제시켰다. 그러자 아전의 무리들이 모두 이 방식을 따르게 되어 역이 고르지 않게 되고 있다.…공역을 균등하게 하라' 고 하였다(《高麗史》 권 78, 志 32, 食貨 1, 貢賦).

③ 명종 18년 3월에 下制하기를, '각 지역의 부강한 양반들이 가난하고 약한 백성들이 빌린 것을 갚지 못하면 옛부터 내려오던 丁田을 함부로 빼앗으니 이로 인하여 백성들이 생업을 잃고 더욱 가난해졌다. 富戶는 겸병과 침탈을 하지 말며 빼앗은 토지는 각기 그 본주인에게 돌려주도록 하라' 고 하였다(《高麗史》 권 79, 志 33, 食貨 2, 借貸).

명종 18년은 명학소민의 봉기를 진압시킨 지 이미 10년이 지난 시기였다. 이 이후에도 소규모나마 민란이 계속 일어나 정부로서는 일반 백성들을 위한 대책을 강구하지 않을 수 없었다. 따라서 위의 내용이 오직 명학소민의 봉기의 결과라고만 단정지을 수는 없다. 그러나 명학소라는 특수 천민 집단에서 야기된 민란에 농민이 가세하여 상당히 큰 규모로서 충청도 전역을 뒤흔들 정도가 되었다는 사실은, 이것이 하나의 중요한 계기가 되었으리라는 인식을 가능하게 한다.

위의 사료 ①과 ③은 권세가의 토지겸병을 막기 위한 조처이며 ②는 貢役을 균등하게 시행하라는 것이다. 그러나 이것이 백성들의 생계를 보장하기 위한 적극적인 시책이 되지 못했음은 당연하다. 예컨대 ①의 경우를 보면 토지겸병을 방지하기 위해 국가가 가장 경계해야 할 대상은 권세가인데, 그들의 명령에 따라 움직이는 사환과 이민에게만 죄를 물었다. 대토지 소유에 대한 정부의 입장은 권세가들의 권익을 침탈하지 않는 범위 내에서만 방지하려 했음을 알 수 있다. 또한 ③에서 정부는 농민들이 짊어진 빚을 해결해 주기 위한 어떤 대안도 없이 양반들에게 무조건 땅을 돌려주라고 했다. 이는 실현성이 희박한 것으로, 부강한 양반이 약한 백성들에게 토지를 돌려주게끔 만드는 어떤 제도적 장치도 없이 실제로 행해질 수 있었다고는 보여지지 않는다. 이후에도 계속 대토지소유자에게 토지를 본 주인에게 돌려주라는 정부의 조칙들이 나오는 것으로 보아 제대로 시행되지 못했음을 알 수 있다. 이것은 고려사회 체제를 뒷받침하고 있는 권력자들을 부정하지 않고는 실시될 수 없는 것으로 근본적인 한계성를 지니고 있었다. ②는 지방관이 役價를 선납한 자에게 공역을 면제시켜 나머지 주민들이 과중한 역을 부담하게 되었으므로 잘못 부과된 공역을 시정하라는 내용이다. 그러나 근본적인 대책이 마련되지 않은 이러한 국왕의 일시적인 조서만으로는 해결될 일이 아니었다. 그리고 국왕은 조서를 내리기만 했을 뿐 적극적으로 개선시키려는 의지를 보이지도 않았다. 그러나 농민들의 봉기로 인해서 정부는 농민들을 인식하게 되었고, 피지배층은 이 과정을 통해 그들의 요구를 강력하게 나타내게 되었다는 점에서, 명학소민 봉기의 의의를 찾아볼 수 있다.

여기에서 한 가지 유감스러운 점은 소와 같은 천민들을 위한 시책이 전혀 보이지 않는다는 것이다. 그러나 이후 고려사회는 향·소·부곡 등 천민지역이 점차 해체과정을 거쳐, 고려 말기에는 이것이 거의 없어졌으며, 조선시대에 가서는 완전히 소멸되어 군·현과 같은 일반 행정구역에 편입되었다. 고대적인 잔재를 극복하게 한 이 같은 사실은 고려사회의 발전과 더불어 명학소민의 봉기가 일정한 역할을 담당했던 결과라고 생각된다. 그리고 이 봉기에서 또 하나의 의의는 망이라는 천민출신의 지도자가 나왔다는 점이다. 이는 이후에 일어났던 만적의 난의 효시가 된 듯하며, 그들의 목표가 신분해방을 거쳐 정부타도를 표방한 점에서는 경주민의 항쟁에도 영향을 주었다라고 생각된다.

(3) 관성·부성·전주 등에서의 농민봉기

서북민의 봉기를 제외하고 남쪽에서 가장 먼저 일어났던 반란은 石令史의 난이었다. 석령사에 관해서는 구체적인 활동이 나타나지 않으나 《高麗史節要》 명종 5년(1175) 8월에 算業及第 彭之緖가 승선 宋智仁과 진사 秦公緖를 南賊 석령사와 더불어 난을 모의한다고 참소하여 大府少卿 李商老 등 많은 관리들이 이에 연루되어 해도로 귀양갔다는 기록이 나온다. 뿐만 아니라 그해 11월에는 都校丞 金允升 등 7명의 문신이 유배되었다.[44] 석령사가 어디에서 왜 난을 일으켰으며, 항쟁의 성격은 어떠하였는지는 알 수 없으나 최소한 3개월 이상 지속되었으며 난의 성격이 중앙관리까지 끌어들일 정도로 영향력이 있었음을 파악할 수 있다.[45]

명학소민의 2차 봉기가 일어날 무렵인 명종 7년 2월에는 全羅州道 按察使가 彌勒山賊이 항복했다고 중앙에 알려왔다.[46] 미륵산은 전라북도 익산에 있는 산으로서 이들이 이곳에 근거지를 두고 봉기했던 원인에 대해 시사를 주는 내용은 없지만 토지에서 유리된 농민집단이 아니었을까 추측된다. 또한 같은 해 3월에는 좌도병마사가 賊의 우두머리 李光 등 10여 명을 사로잡았

---

44) 《高麗史節要》 권 12, 명종 5년 8월·11월.

45) 金塘澤은 石令史의 令史는 이름이 아니라, 지방관청에 소속된 品官 이하의 관직으로 보았다(〈高麗 武人政權初期 民亂의 性格〉, 《國史館論叢》 20, 1990).

46) 《高麗史》 권 19, 世家 19, 명종 7년 2월 정축.

다고 한다.[47] 지리적 위치와 시기로 볼 때 이들이 망이 등 명학소민과 일정한 연결이 있었을 것으로 짐작되나 그 구체적인 실상은 알 수가 없다.

이후 서북민의 항쟁이 끝난 지 3년 후인 명종 12년 2월에 富城(충북 옥천) · 管城(충남 서산)에서 다시 농민들이 일어났다.

> ① 관성현령 洪彦이 백성을 괴롭히고 음탕하고 거칠기가 한이 없었으므로 향리와 백성들이 彦이 사랑하는 기생 및 기생의 어미와 형제를 죽이고 드디어 언을 잡아 가두었다. 有司가 按問하여 주모자 5~6명을 귀양보내고 언도 또한 종신 禁錮에 처하였다(《高麗史》 권 20, 世家 20, 명종 12년 2월)
>
> ② 또 부성현령은 縣尉와 사이가 나빠서 해가 죄 없는 백성에까지 미치니, 전체 현민들이 그 괴로움을 감당하지 못하여 드디어 현위의 관리와 노비까지 죽이고 현령과 현위의 아문을 폐쇄하여 출입하지 못하게 하였다(위와 같음).

사료 ①의 내용에서 알 수 있는 바와 같이 관성민이 일어났던 원인은 현령의 탐학과 기생과의 향락만을 일삼는 파렴치한 작태에 대한 분노였으며, 부성은 현령과 현위의 주도권 쟁탈전이 경쟁적으로 수탈을 야기시켜 농민이 이중으로 괴롭힘을 당하다가 발생한 사건이었다. 주민에 의한 탐오한 관리의 구금은 가장 온건한 형태의 저항이었음에도 불구하고, 정부는 「悖逆」이라는 죄목으로 이들을 단죄하여 이후부터는 두 현 모두 지방관을 설치하지 않고 현을 폐쇄시키는 강력한 징계를 가하였다.

같은 해 3월에는 전주에서 旗頭인 竹同이 농민 · 군인 · 관노를 모아 난을 일으켰다. 봉기를 일으킨 원인을 살펴보자.

> ① 애초에 全州司錄 陳大有가 자못 청렴 고결함을 자부하고 형벌을 극히 가혹하게 쓰니 백성 중에 괴롭게 여기는 자가 많았다. 국가에서 精勇 · 保勝軍을 보내어 관선을 제작하게 하였는데 대유가 上戶長 李澤民 등과 더불어 역사를 감독하면서 몹시 까다롭게 굴었다(《高麗史》 권 20, 世家 20, 명종 12년 3월 경인).
>
> ② 旗頭인 竹同 등 6명이 난을 일으켜 관노와 불평을 품은 무리들을 불러모아 드디어 大有를 山寺로 쫓아버리고 澤民의 집 등 10여 채를 불태우니 아전들이 모두 달아나 숨었다. 이에 판관 高孝升을 협박하여 고을의 아전을 바꾸어 임명하도록 하니, 효승은 다만 직첩만 수여할 따름이었다(위와 같음).

사료 ①에서 전주민이 봉기한 원인을 살펴보면, 사록 진대유가 형벌을 지

---

47) 《高麗史》 권 19, 世家 19, 명종 7년 3월 무오.

나치게 엄격하게 적용하여 주민들의 원성이 높았는데, 관선을 제작할 때 혹독한 사역으로 이들의 불만을 더욱 자극시키게 되어 기두인 죽동을 중심으로 피지배층이 합세하여 난을 일으키게 되었다고 하였다. 진대유가 구체적으로 어떤 인물인지 위의 사료 외에는 나타나지 않아 알 수 없다. 아마 그는 백성들을 가혹하게 독려하더라도 국가에서 요구한 조선사업을 기일 내에 완수함으로써 이것을 출세의 발판으로 삼으려 했던 것 같다. 원래 사록은 과거 급제자가 최초로 임명되는 지방관이므로 진대유로서는 전주사록으로서의 능력인정 여부가 승진의 디딤돌이었다. 따라서 그는 무리를 해서라도 중앙에서 지시한 사항을 충실히 수행하려고 노력하였던 것이다. 사록의 직책은 전주와 같은 큰 고을에서는 목사·판관의 아래에서 행정의 실무를 담당하면서 서기의 업무를 겸하고 있었으므로 지방관 중 그 지역의 향리나 백성들과 직접적인 접촉이 가장 빈번한 자리였다.[48] 사록 위에 판관이나 목사가 있음에도 반민들이 일제히 진대유를 겨냥한 것은 그가 주민과 빈번하게 접촉을 하면서 혹독하게 굴었던 까닭이었다.

지리적 조건으로 볼 때, 전라도는 농토가 풍부하고 기름진 천혜의 곡창지대였다. 그러므로 이곳은 권세가들에 의한 토지겸병이 강화되었으리라 생각되는데, 토지 소유관계에 관한 구체적인 자료가 없어서 대토지소유가 어느 정도 진행되었는지 알 수가 없다. 후대의 사료이나 《世宗實錄地理志》에 의하면 墾田結數가 비슷한 경상도에 비해 인구가 적어 1인이 경작할 수 있는 토지는 상당히 넓었다.[49] 어떻든 정부나 지방관의 입장에서는 경작되는 토지가 많은 만큼 다른 지역에 비해 상대적으로 수탈할 여지가 많은 곳으로 여겨졌으리라 생각된다. 특히 전주는 전국에서 토지의 비옥도가 높아 논이 가장 많은 지역이었다.[50] 이에 따라 생산량이 풍부한 이곳은 지방관이나 토지겸병에 주력하는 권세가들의 치부의 대상이 될 수밖에 없었다. 그 외에 전주민의 또 하나의 고통은 역역이었다. 일찍이 全州牧 古阜郡의 속현인 扶寧縣의 邊山에는 나무가 울창하고 또한 그 질이 우수하여 궁궐 혹은 사원의 건축과

---

48) 金晧東, 〈高麗武臣政權時代 地方統治의 一斷面〉(《嶠南史學》 3, 1987).

49) 李鎬澈, 〈토지파악방식과 田結〉(《朝鮮前期 農業經濟史》, 한길사, 1986), 278쪽.

50) 《世宗實錄地理志》 권 151, 全羅道 全州府 참조.

관선 제작에 이용되었다. 이들 나무를 베어 개경으로 보내거나 배를 만드는 일은 주로 농한기를 틈탄 농민들의 노동력을 징발할 수밖에 없었는데, 추운 겨울에 산 속에서 지내야 하는 주민들의 고통이 얼마나 심했겠는가 하는 것은 미루어 짐작할 수 있다.

고려에서는 농사철인 3월이 되면 농민의 생업에 지장을 초래하지 않기 위하여 부역을 중단하는 것이 관행으로 되어 있었다. 그러나 신종 3년(1200) 3월에 李奎報가 保安縣에서 벌목을 독려하던 글이 남아있는 것으로 보아[51] 농사철에 농민들에게 부역을 강행한 사례도 없지 않았으리라 생각된다. 농사철의 부역 강행은 농민들로서는 도저히 받아들일 수 없는 것이었다. 따라서 이규보가 혹독한 관리로 평판이 좋지 못해 파직을 당했던 것은 농사일에 지장을 초래하면서까지 중앙정부에서 시킨 일을 무리하게 추진했던 데에서 생겨난 파문이 원인이 되지 않았을까 여겨진다.[52] 竹同 등 전주민의 봉기도 3월이 되어서까지 관선 건조를 강행시켜 농사일에 지장을 초래한 것이 가장 큰 이유였다고 판단된다. 농민들은 가혹한 지방관과 州吏의 사역을 견디지 못하여 천민·관노들과 함께 봉기하게 된 것이었다.

앞서 내용에서 旗頭인 죽동 등 6명은 관노·불평을 품은 무리를 모아 난을 일으켰다고 한다. 반란의 주모자인 죽동에 관해서 알 수 있는 내용은 그가 기두라는 것과, 전주에서 난을 일으켰다는 사실뿐이다. 그러나 이로써 그가 국가에 의해 요역에 징발 당한 주현군이었으며, 농민이었음을 추측할 수 있다. 관노는 이 같은 요역이 없을 때에도 인신적 수탈을 가장 많이 당하는 존재임은 익히 알고 있는 사실이다. 불평을 품은 무리란 保勝·精勇軍이 아닌 一品軍이나 농민·천민 그리고 승도 등을 가리킨다고 판단된다.

그리하여 그들은 힘을 합하여 난을 일으켜 사록을 산사로 내쫓고 향리들의 집을 불태웠다. 그들의 행위는 중앙정부에 대항해서 일어선 반란이라기보다는 오직 지방관과 향리의 가혹한 사역에 분노한 전주민의 시위에 불과하였으므로, 그들은 전주사록을 내쫓고 주리를 교체하면 부당한 사역과 억압이 중단될 것으로 판단하였다. 그리고 주민들은 봉기가 일어났다는 소식을 듣고

51) 李奎報, 《東國李相國集》 권 10, 古律詩 三月又到保安縣江上課木.

52) 李奎報, 《東國李相國集》 권 27, 與某書記書.

전주를 방문한 안찰사에게 그들의 억울한 처지를 호소하여 부당한 폐해를 제거해 줄 것을 요청하였다. 이에 대해 안찰사 朴惟甫는 전주지역의 소요를 무마시키지 못한 책임을 물어 전주사록 진대유를 서울로 압송하였다. 그리고는 난민들에게 그들을 가혹하게 침탈했던 진대유가 문책을 받은 만큼 흩어지도록 종용하였다.[53] 이것은 전주민으로서는 받아들일 수 없는 것이었다. 그들은 안찰사가 대유의 失政을 깊이 인식하고 그가 시행했던 가혹한 부역이나 그 밖의 농민들을 수탈하는 제반 억압 요소들을 제거해 줄 것을 기대했던 것 같다. 그러나 안찰사는 아무런 개혁을 시행하지도, 시행할 의지도 보이지 않은 채 무조건 해산하지 않으면 처벌하겠다는 위협만을 가하였다. 전주민이 이를 따르지 않자 안찰사는 반란에 가담하지 않았던 도내의 군대를 징발하여 이들을 강제로 진압하려 하였다. 이에 놀란 전주민은 성안으로 들어가 성문을 닫고 끝까지 대항할 것을 결의하였다. 이제 사건은 더욱 확대되어 전주민과 안찰사가 직접 대립하게 되었고, 중앙정부의 개입까지 초래하게 되었다.

그러나 죽동 등 전주민의 봉기는 반란을 일으킨 주도층이 전라도 전체의 농민·천민들의 호응을 얻을 만한 적합한 명분을 내걸지 못하여 봉기를 전주목에 한정시킴으로써 전라도 전체 주민들의 적극적인 호응을 이끌어 내지 못하였다. 그들은 전주 지방관과 향리의 탐학과 수탈을 거부했을 뿐, 지방관과 토호의 비리가 고려사회 전체의 모순의 결과임을 인식하지 못했던 것이다. 그러나 그들의 기세는 강경하여 끝까지 전주성을 사수함에 따라 시일이 지체되어 이 사실이 중앙에서까지 논란이 되었다. 다음은 중앙정부가 전주민의 봉기에 대해 대처한 내용이다.

① 합문지후 裵公淑, 낭장 劉永 등을 보내어서 죽동 등이 반역한 이유를 물어보게 하였다. 공숙 등이 성에 들어가서 일품군 隊正을 회유하여 역적의 괴수를 제거할 것을 모의하였다. 계획이 성사되려 할 때에 참소를 입어 파면되고, 낭장 任龍臂와 金臣穎이 대신 임명되었다(《高麗史》 권 20, 世家 20, 명종 12년 4월 무신).

② 안찰사가 보낸 병사가 성을 공격하였으나 함락시키지 못한 지 40여 일이 지났다. 일품군 隊正이 승도와 더불어 죽동 등 10여 명을 죽이니 적이 평정되

53) 《高麗史》 권 20, 世家 20, 명종 12년 3월 경인.

었다(위와 같음).

③ 龍臂, 臣穎 등이 도착해서 남은 무리 30여 명을 찾아내어 죽인 후, 城塹을 무너뜨리고 돌아갔다(《高麗史》 권 20, 世家 20, 명종 12년 4월 기사).

개경정부는 합문지후 배공숙 등을 보내어 전주민이 반란을 일으키게 된 연유를 물어보게 하였는데, 여기에 전주민이 크게 기대를 건 것으로 보인다. 그들은 국왕의 사자로서 주민들의 불만을 해소시켜 주려고 왔다고 하니 아무런 의심 없이 성안으로 맞아들여 내부분쟁이 일어날 여지를 제공하였다. 즉 정부측에서 보낸 장수 배공숙이 마음대로 성을 드나들었고, 전주성을 지키던 일품군을 회유하여 정부편으로 만들었다는 사실에서 반민들은 국왕을 믿고 고려 정부와는 끝까지 대항할 의사가 없었음을 알 수 있다.

사료 ②에서 배공숙이 1품군 대정을 설유했다는 기사는 전주민의 봉기에 보승 · 정용군 등 피지배층뿐만 아니라 향리층도 상당수가 합세했음을 짐작하게 해준다. 그런데 대정은 副戶正이나 副兵正 · 副倉正級의 지방향리로서 이들은 과거시험에도 응시할 수 있는 지방토호층이었다. 따라서 대정은 일품군을 통솔하는 계층으로서, 그의 노력 여하에 따라서 중앙으로의 진출도 가능한, 농민들과는 다른 견해를 지닐 가능성이 많은 계층이기도 하였다. 지방관에 의해 배를 만드는 요역에 동원되거나 나무를 베도록 강요받았을 때는 그들도 똑같이 고통을 받아 죽동 등 전주민의 봉기에 함께 가담하였지만, 전세가 불리해지자 끝까지 싸우려는 의사가 없이 자신의 안위를 걱정하기에 이르렀다. 또한 반민들도 대다수가 농민이었던 만큼 농사철에 성 안에서 농성하는 사실에 불안감을 가지고 있었으므로 내부적으로 균열이 일어나고 있었다.

배공숙은 이를 파악하고 내부 교란을 선동하여 반민 주동자를 처단하면 쉽게 무너질 것으로 기대하였다. 그러나 배공숙 등이 참소에 의해 파면됨으로써 이 계획은 일시 중단될 수밖에 없었다. 그가 참소를 당한 구체적인 이유는 알 수 없으나 중앙에서는 난을 진압하는 데는 문신보다 무신이 나을 것으로 판단한 것 같다. 즉 정부는 이들을 달래어 일시적이나마 그들의 요구를 수렴하여 난을 포기하게 하려는 계획을 그만두고 강경책으로 선회한 것이었다. 그리하여 문신 대신 무신을 보내어 반민들을 진압하려 하였다. 그러나 그들이 전주에 왔을 때 이미 대정·승도들에 의해 지도층이 죽임을 당함으로써 봉기는 끝난 상태였다. 대정 등은 비록 배공숙이 없다고 하더라도 죽동 등 반민 지도부를 암살하면 정부의 포상을 받으리라고 판단했을 것이다.

전주민의 봉기는 약 두 달간 계속되었지만 그 지도부가 암살 당함으로써 쉽게 와해되고 말았다. 배공숙·유영에 대신해서 새로 임명된 임용비, 김신영은 뒤늦게 전주에 도착하여 전주민 중 반란에 가담했던 사람들 30여 명을 색출하여 죽이고 城塹을 파괴하여 다시는 반란을 일으키지 못하도록 하는 조처를 강구하였다. 이제 전주민은 정부에 대하여 더 이상 저항할 힘을 잃고 국가의 폭력에 대한 두려움으로 그들의 무력함을 절감하게 되었다. 이에 그들은 난세를 맞이하여 그들의 소망을 풀어줄 구원자의 출현에 매달리게 되었다. 원래 전라도 지역은 금산사를 중심으로 彌勒信仰이 유행하던 곳이었는데, 정토신앙을 내세워 민심을 끌어들이려고 한 경우도 보이고 있다. 무신집권기에 전주지방에서 혹세무민하는 인물이 나타나게 된 것은 이곳 주민들의 현실적인 불만이 종교에 더욱 매달리게 된 까닭이라고 생각한다. 다음 기록을 보자.

> 全羅州道 안찰사 吳敦信이 아뢰기를, '승려 日嚴이란 자가 전주에 있으면서, 눈 먼 사람을 다시 눈뜨게 하고 죽은 사람을 다시 살아나게 합니다' 하므로 왕이 內侍 琴克儀를 보내어 이를 맞아오게 하였다. …또 弘法寺로 옮겨 거처하니 남녀가 다투어 머리를 풀어 펼쳐서 日嚴이 밟고 지나가게 하였으며, 일엄이 그들에게 아미타불을 부르게 하니 그 소리가 10리 밖까지 들렸다. 그가 손씻고 입씻고 목욕한 물까지도 이 물을 얻는다면 비록 한 방울일지라도 千金과 같이 귀하게 여겨 마시지 않는 사람이 없었으며, 「法水」라고 일컬어 온갖 병을 능히 치료한다고 하였다. 남녀가 밤낮으로 함께 거처하여 추한 소문이 널리 퍼졌으며, 혹은 머리를 깎고 그 무리가 된 자가 이루 헤아릴 수 없었다(《高麗史節要》 권 13, 명종 17년 9월).

전주의 승려 日嚴은 농민들의 여망에 편성하여 만병을 치유할 수 있다고 사칭한 것으로 보인다. 정토신앙은 아미타불의 본원력에 의하여 죽은 후 극락정토에 왕생하는 것으로, 현실사회의 괴로운 상황에 처하여 깨달음을 실현할 수 없는 나약하고 죄많은 중생을 구제하기 위한 종교였다. 이 정토신앙은 삼국시대부터 이어져 내려와 고려에까지 전승되어 왔는데 미륵신앙과 더불어 서민대중의 불안을 달래주는데 큰 역할을 하였다. 그런데 일엄은 자신이 죽은 사람도 살릴 수 있다고 자처하고 믿음을 가지고 아미타불을 부르면 죽은 후 극락에 왕생할 뿐 아니라 만병이 다 낫게 된다고 하여 주민들을 현혹하여, 어사대부 임민비나 평장사 문극겸 같은 정부 관리들과 국왕까지 혹하였다고 한다. 이는 후삼국시대의 궁예나 우왕대의 이금이 미륵불로 사칭하여 민심을 끌어들인 것과 비교된다.[54] 즉 현실에 불만은 많으나 힘이 없는 농민들은 절대자에 무조건 의지하거나 아니면 빨리 죽어 극락왕생을 기원한 데서 이러한 신앙이 널리 전파되었던 것이다.

요컨대 전주민의 봉기는 난을 일으킨 지 불과 두 달만에 내부의 배반자에 의해 봉기의 주도세력이 암살당함으로써 실패로 돌아갔다. 정부는 전주민이 다시는 난을 일으키지 못하도록 가혹하게 처단하였을 뿐, 이들을 위한 위무책은 전혀 시행하지 않았다. 현실에 절망감을 느낀 농민들은 정신적으로 그들을 구원해 줄 신앙에 매달리게 되었으니, 이에 따라 고려 후기 전라도 지역에는 다양한 종교가 유행하게 되었던 것이다.

이후 전라도에서는 고종 초에 거란족이 침입하여 중앙집권력이 약해지는 틈을 타서 전주 군인들이 다시 난을 일으켰으며, 이어 고종 7년(1220)에는 南原에서 농민들이 봉기하였다. 그리고 몽고가 고려의 전 국토를 유린했던 고종 24년(1237)에는 李延年 등이 原栗·潭陽郡을 중심으로 백제부흥운동을 일으키는 등 현실의 질곡을 벗어나기 위한 농민들의 저항은 계속되었다.

(4) 제주민의 항쟁

고려시대 濟州民의 항쟁은 다른 지역의 농민·천민의 봉기에 비해 특이한 성격을 지니고 있었다. 이는 제주 즉 耽羅가 숙종 때까지만 하더라도 독립된 나라로 존재하다가 고려의 군현으로 편입된 독특한 역사적 배경이 있었기 때문이었다. 원래 이곳은 삼국시대인 4~5세기에 국가가 성립하여 星主와 王子를 중심으로 하는 족장들이 다스리는 체제가 고려 때까지 계속되었다. 그러나 국토가 좁고 토지가 척박하여 농업 생산량이 충분하지 못하며, 인구 또

---

54) 《三國史記》 권 50, 列傳 10, 弓裔.
《高麗史節要》 권 31, 신우 8년 5월.

한 적어 탐라는 강력한 고대국가로 성장하지 못하였다.

고려가 후삼국을 통일한 이후에 탐라를 바로 병합하여 고려의 군현으로 만들지 않은 것은 그 내부의 사정 때문이라고 보여진다. 고려왕조는 광종대에 이르기까지 호족세력에 밀려 중앙 집권체제가 확립되지 못하였다. 그러다가 광종의 호족 숙청작업에 의한 왕권강화책에 힘입어 점차 국가체제가 정비되기 시작하여 성종대에 가서 비로소 지방관을 파견할 수 있게 되었다. 이후 고려는 탐라를 고려의 군현으로 편입시키기 위해 많은 노력을 기울였다. 성종 때부터 탐라를 통제하기 위해 민정을 살피는 勾當使를 파견하였으며[55] 현종대에는 고려의 군현으로 간주하는 표식인 朱記를 내렸다.[56] 이와 같은 과정을 통하여 탐라는 서서히 고려의 지배권으로 편입되어 숙종 10년(1105)에는 완전히 고려의 군현에 편입되었다.

탐라에 군이 설치되고 고려조정으로부터 직접 수령이 파견되었지만 성주와 왕자를 중심으로 하는 족장이 지배하는 체제를 그대로 유지하기로 묵계가 이루어졌던 것으로 판단된다. 즉 고려의 군현으로 편입시키는 대가로 고려정부는 탐라의 성주와 왕자에게 그들의 지위를 세습하는 독자적인 토착세력권을 인정할 뿐 아니라 공물을 제외한 조세도 개경으로 보내지 않고 탐라 독자적으로 사용하도록 조처하였다.

그런데 중앙에서 파견된 지방관이 정치·경제·형벌 등 모든 주도권을 장악하여 전횡하니, 이들과 탐라주민과의 갈등이 야기됨은 필연적인 사실이었다. 또한 이들 관리들은 탐라군이 육지에서 멀리 떨어진 섬으로서 쉽게 드나들 수 없으므로 중앙정부의 감시가 소홀한 점, 그리고 약소국이라 볼 수 있는 탐라가 고려의 세력에 굴복하여 편입된 만큼 육지사람들의 제주민에 대한 우월감 등을 이유로 제주민의 실정을 고려하지 않고 함부로 수탈하였다. 그리하여 崔陟卿 등 몇몇 청렴한 지방관을 제외하고는 관리 임의대로 혹은 토호들과 결탁하여 대다수가 탐학에 열중함으로써 제주민의 항쟁이 지속적으로 일어나게 하였던 것이다. 최초의 항쟁은 의종 22년경 良守 등의 주도로 발생하였다. 다음은 그 내용을 수록한 것이다.

---

55) 《高麗史》 권 77, 志 31, 百官 2, 外職 勾當.

56) 《高麗史》 권 4, 世家 4, 현종 2년 9월 을유.

判吏部事 崔允儀가 그 청렴하고 정직함을 듣고 耽羅令으로 삼고자 하니 陟卿이 두 번이나 外官으로 제수되고, 그 곳이 또한 궁벽하고 멀기 때문에 굳이 사양하였다. 윤의가 말하기를, '耽羅는 지역이 멀고 풍속이 거칠어서 수령이 다스리기가 실로 어려운 까닭에 그대로써 보임시키고자 한다. 다행히 그대가 꺼리지 않고 가서 먼 곳의 백성들을 진무하여 나라의 근심을 없애 준다면 마땅히 좋은 직책으로 보답하겠다' 고 하였다. 척경이 하는 수 없이 취임하여 利를 일으키고 폐단을 혁파하니 백성들이 모두 편안하게 여겼다. 돌아오니 윤의가 이미 죽었으므로, 척경이 매우 가난하여 살아갈 수가 없어서 장차 고향으로 돌아가려 하였다. 이 때에 마침 全羅按察使가 달려와 아뢰기를, '탐라사람들이 縣令과 縣尉의 포학에 시달려 반란을 일으켜 말하기를, 만약 척경을 현령으로 삼는다면 당장 무기를 버리겠다고 합니다' 하였다(《高麗史》 권 99, 列傳 12, 崔陟卿).

최척경이 언제 탐라현령으로 부임했는지는 나와 있지 않으나 그를 추천했던 최윤의가 의종 16년(1162) 8월에 죽었으며, 탐라민의 봉기가 의종 21년경에 일어난 것으로 보아 대략 동왕 15년이나 16년 봄으로 판단된다. 이들이 봉기하게 된 원인은 지방관의 가혹한 가렴주구 때문이었다. 위의 경우에서처럼 최척경이 의종 초에 京山府判官을 지낸 지 10년이 되도록 새로운 직책을 얻지 못했는데도 탐라에는 가기를 꺼릴 정도로 이곳은 관리들이 부임하기 싫어하는 지역이었다. 다른 지역에 비해 탐라는 교통이 나쁘고 개경과 멀리 떨어져 있으므로, 특별히 중앙권력층과 연계되어 있지 않는 한 쉽게 잊혀져서 승진에 지장이 많았던 것으로 생각된다.

결국 최척경의 재부임으로 난은 중단되었지만 이를 통해 탐라민의 항쟁은 지방관의 탐학이 가장 큰 요인이었음을 알 수 있다. 그런데 반란의 주모자는 良守였다고 한다. 양수가 어떤 인물이었는지는 모르나 제주의 토성인 良·高·夫의 하나인 것으로 보아 이 지역의 농민반란은 토호들과 합세하여 일으켰던 것 같다. 제주 토호들이 농민들과 합세하여 반란을 일으키게 된 배경에는 지방관의 토호에 대한 수탈과 더불어 확실치는 않으나 지방관과 결탁한 高氏를 위시한 토호세력과 良氏 세력간의 갈등도 문제가 되지 않았을까 생각된다.

무신정권이 들어선 이후에도 탐라는 크고 작은 소요가 그치지 않았던 것으로 보인다. 명종 16년(1186) 7월에 어떤 사람이 탐라가 반역했다고 고하니 왕이 안무사와 탐라현령을 새로 파견하였다는 기록이 나온다. 결국 이는 무고로 밝혀졌지만[57] 이를 통해 탐라민의 고려정부에 대한 반감을 중앙에서도 감지하고 있었음을 알 수 있다. 탐라민은 이미 무신정권이 수립되기 이전인 의종대에 봉기하여 탐학한 관리를 축출하고 그들이 원하는 대로 청렴한 관리인 최척경을 맞이하는 데 성공했으나 이는 일시적인 것이었음을 점차 깨닫게 되었다. 즉 최척경처럼 청렴한 관리라면 그 직위에서 벗어나는 즉시 굶주림을 걱정해야 될 정도로 빈곤한 생활을 견디어야 했으므로, 일반적으로 관리들이 후일의 생계를 보장받기 위해서는 백성들을 수탈하여 치부하거나 수탈한 재물을 중앙에 바쳐 출세의 발판으로 삼지 않으면 안되었다. 따라서 지방관의 탐학은 관료체제의 구조적 모순에서 기인한 바가 컸던 것이다. 그러므로 최척경과 같은 인물은 극히 드문 예외적인 경우이고, 대다수가 탐학한 관리였다고 보이지만 그렇다고 지방관이 교체될 때마다 제주민이 매번 정부를 상대로 싸우기는 힘든 일이었다. 또한 바뀐 수령이 청렴하여 백성들을 잘 다스릴 것이라는 보장도 없었다.

따라서 그들은 생존을 위해서는 고려정부를 타도해야 한다고 생각하였을 것이다. 그런데 현실적으로 지리적인 위치와 그들의 능력으로 볼 때 고려를 타도한다는 것은 불가능하며 오직 가능한 방책은 고려왕조에서의 이탈, 즉 탐라의 독립을 갈망했으리라 여겨진다. 이 같은 욕구를 달성시키기 위해 신종대에 제주민은 다시 봉기하였으니, 다음 사료를 보자.

① 耽羅가 반란을 일으켰으므로 少府少監 張允文과 中郎將 李唐績을 보내어 안무하게 하였다(《高麗史》 권 21, 世家 21, 신종 5년 10월).

② 탐라안무사 張允文·李唐績이 적의 우두머리 煩石·煩守 등이 모두 처형되었다고 아뢰었다(《高麗史》 권 21, 世家 21, 신종 5년 12월 을해).

탐라민이 왜 반란을 일으켰을까에 대한 설명이 없으나, 탐라반란의 주모자를 모두 죽이고, 주민들을 회유한 기록이 보이지 않는 것으로 보아 지방관의 탐학으로 인한 단순한 민란은 아니었던 것 같다. 또한 앞서 의종 때처럼 지방관을 교체함으로써 수그러질 기세도 아니었고, 정부도 회유할 의사도 없었으므로 강경책으로 밀고 나갔던 것으로 보인다. 이는 최고 집정자의 성향과도 관련이 있는 것으로, 당시 정치권력을 장악하고 있었던 사람은 최충헌이

57) 《高麗史節要》 권 13, 명종 16년 7월.

었다. 그는 농민·천민의 봉기를 힘으로 눌러 완전히 진압시키고 가혹하게 처단함으로써 그의 정치적 주도권을 공고히 했던 인물이었다. 그의 진압책은 경주민의 봉기나 만적의 난에서 잘 드러나고 있는데 제주지역도 예외는 아니었다. 위의 사료에서 정부가 10월에 안무사를 파견하여 12월에 반란의 우두머리를 처형한 것으로 보아, 신종대의 봉기는 최소한 세 달은 계속되었던 것으로 보여진다. 정부에 항거한 반란민의 동태는 자세히 알 수 없으나 세 달 동안 버틴 것으로 보아 상당히 끈질기게 저항했으리라 판단된다. 그런데 반란의 우두머리 이름이 번석과 번수였다. 《世宗實錄地理志》에 의하면 제주뿐 아니라 우리 나라의 어디에도 번씨 성을 가진 사람은 보이지 않는다. 아마 姓이 없는 일반 양민이거나 그 이하의 신분층이었을 것이다. 앞서 의종때의 봉기는 그 주도층이 양수 등 토호계층이었으므로 그들은 정부의 회유에 쉽게 굴복하여 스스로 항복하였다. 이에 피지배층의 불만은 그대로 쌓이지 않을 수 없었는데, 무신정권을 고비로 제주도는 피지배층이 주도권을 장악하여 난을 일으키게 되었던 것이다. 그들은 끝까지 저항하였으나 결국 역부족으로 패배하여 주모자가 잡혀 죽음으로써 난은 끝맺게 되었다. 이후 고려는 지방관에 의한 탐라의 통치체제를 강화시키고 토호들의 세력을 점차 약화시켰다.

탐라민의 봉기가 기대했던 바의 성과를 거두지 못하고 고려왕조의 군사력에 의해 패배하니 정부의 탄압은 가속화되었을 뿐, 주민을 위한 시책은 전혀 시행되지 못하였다. 이에 따라 지방관의 탐학 또한 예전과 조금도 변화가 없었다. 이후 고려는 30여 년 동안이나 몽고와 전쟁을 하게 되는데, 이 기간 동안 탐라는 전쟁의 참화를 입지 않아 탐라민의 행적은 전혀 사료에 나타나지 않는다. 탐라에 관한 기록은 몽고와 강화를 맺은 직후인 원종 초에 다시 나타난다. 원종 원년(1260)에 재물을 탐하다가 면직된 宋佋를 대신하여 判禮賓省事 羅得璜을 濟州副使로 삼았는데 그는 더욱 탐욕스러워 제주민의 고통이 가중되었다고 한다.[58] 이후 원종 8년에 草賊 文幸奴가 난을 일으켰으며[59] 이 난이 진압된 후 탐라는 원의 통제 하에 들어가게 되었다.

58) 《高麗史節要》 권 18, 원종 원년 정월.
59) 韓國學文獻硏究所 編, 〈耽羅志〉(《邑志》 6, 全羅道, 亞細亞文化社, 1983), 9쪽.

원종 9년(1268) 10월 원의 世祖는 14명의 사자를 고려에 보내어 南宋과 일본을 원정하는 데에 필요한 군사의 징발과 전함의 건조 상황을 점검하게 하였는데, 탐라에는 따로 배 100척을 만들도록 요구하였다. 원나라는 탐라가 일본과 가까운 만큼, 이곳을 일본을 공격하는 전초기지로 삼으려고 했던 것이다. 이제 고려가 아닌 원나라에 의한 과도한 貢役을 수탈 당하게 되어 탐라민의 불만은 더욱 커지게 되었으니, 이 때 일어난 사건이 三別抄의 난이다.

삼별초는 무신정권기에 수도 개경의 치안이 악화되었을 때 이를 바로잡기 위해 崔瑀가 용사를 모집하여 夜別抄를 만들었는데, 이 기구가 확대되어 左別抄·右別抄가 되고, 몽고군에 잡혀갔다 돌아온 장정들의 조직인 神義軍이 합쳐져서 이루어진 것임은 주지하는 바이다. 삼별초는 대몽항쟁의 전 시기를 통하여 무신정권의 가장 중요한 무력기반이었지만 몽고와의 전쟁에서도 많은 활약을 하였다. 이들은 오랜 전투경력을 통하여 몽고에 대한 증오와 적개심이 컸었는데 고려가 굴욕적인 강화를 맺고 개경으로 환도하니 원종 11년 6월에 장군 裵仲孫과 야별초 지유 盧永禧를 중심으로 난을 일으켰다. 그들이 봉기하게 된 궁극적 목적은 몽고에 의한 고려의 종속화를 방지하는 데에 있었다. 그들은 고려왕실이 몽고에 굴복했으므로 고려정부도 인정할 수 없다하여 삼별초 정부를 세우기에 이르렀다. 삼별초는 정부 및 몽고군에 대한 항전을 유리하게 전개하기 위해 근거지를 강화도로부터 珍島로 옮긴 후, 그 해 11월 제주를 함락시켰는데 다음 내용으로서 제주민의 향배를 잘 파악할 수 있다.

> (김수는) 抄軍을 거느리고 耽羅에서 高汝霖을 만났는데, 이 때 적은 珍島를 지키느라고 아직 도착하지 않았다. 이에 밤낮으로 보루를 축조하고 병기를 마련하여 삼별초군의 도착을 막으려 했으나 이곳을 지키는 주민들이 머뭇거리며 협력하지 않아 그들이 오는 길을 차단하지 못하였다. 김수는 평소 大義로서 사람들을 격려하였으므로 사람들이 감격하고 그 勇力도 백배하였다. 싸움에 임해 적의 선봉부대는 거의 섬멸하였으나 주민들이 그들을 도왔으므로 결국 감당하기 어려워 마침내 고여림과 함께 적진에서 敗沒하여 돌아오지 못하였다(崔瀣, 《拙藁千百》 권 1, 〈金文正公墓誌〉; 《高麗名賢集》 2, 成均館大 大東文化硏究所, 1980, 401쪽).

제주를 장악하기 위한 관군과 삼별초군의 치열한 전투는 결국 제주민의 향배에 따라 삼별초의 승리로 끝맺었다. 관군이 이기지 못했던 원인은 군사수의 열세라기보다는 제주민이 모두 삼별초에 호응하여 그들을 도왔기 때문이었다. 삼별초에 대한 적극적인 호응은 제주민뿐만 아니라 전라도·경상도 주민과 개경의 노비에서도 엿볼 수 있다.[60] 이에 따라 삼별초는 남쪽 주민들의 호응에 힘입어 여·몽 연합군과 계속 항쟁할 수 있게 된 것이었다. 제주도민으로서는 그들이 삼별초와 제휴함으로써 막강한 힘을 소유하게 되어 고려정부와 외세를 배격하고 명실공히 그들이 바라던 독립까지 쟁취할 수 있다는 기대감도 있었으리라 생각된다.

삼별초는 그 이듬해인 원종 12년(1271) 5월, 金方慶·忻都·洪茶丘가 이끄는 여·몽 연합군의 치열한 공격으로 진도가 함락당하게 되니 주력부대를 탐라로 이주시켰다. 비록 진도에서의 참패로 인해 지리적으로 교통의 요지인 진도를 빼앗기고 난을 주도했던 배중손이나 왕으로 추대했던 溫이 죽임을 당하였지만, 金通精을 우두머리로 한 남은 삼별초군의 세력도 만만치 않았다. 그들이 여·몽 연합군이라는 대규모의 군대를 두려워하지 않고 계속 항쟁할 수 있었던 원인은 무엇보다도 제주민의 전폭적인 지지와 호응에 연유하는 바가 컸다고 할 수 있다. 그들은 탐라로 근거지를 옮긴 후에도 맹활약을 전개하여 번번이 경상도와 전라도를 공격하였으며 심지어는 충청남도의 安行梁까지 진격함으로써 개경정부로 하여금 공포에 떨게 하였다.

그러나 원종 14년(1273) 2월, 병선 160척 수륙군 1만 명을 거느린 대규모의 여·몽 연합군이 탐라를 공격하였다. 삼별초는 항파두리성을 중심으로 끝까지 저항하며 무려 3개월이나 버티었으나 결국 무너지고 말았다. 이리하여 삼별초의 항쟁은 일어난 지 4년만에 진압되었다. 이로써 고려정부는 이 전쟁을 통하여 외세와 연합하여 반원세력을 제거한 결과가 되었고 탐라는 이제 독립국이 아닌 원의 직속령으로 들어가게 되었다.

(5) 운문·초전민의 봉기

가. 명종 14년 이후 각지의 소요

명종 14년(1184), 李義旼이 정권을 잡은 이후에도 농민봉기는 계속되었다.

---

60) 姜晋哲, 〈蒙古의 侵入에 대한 抗戰〉(《한국사》 7, 국사편찬위원회, 1973).
金潤坤, 〈三別抄의 對蒙抗戰과 地方郡縣民〉(《東洋文化》 20·21, 1981).

무신집권기에 들어서서 더욱 심각해진 중앙정치의 혼란은 이의방·정중부·경대승에 이어 이의민이 등장한 이후에도 조금도 나아지지 않았다. 명종 16년에 校尉 張彦夫 등 8명이 모반을 계획하다가 붙잡혔는데 그 동기를 다음과 같이 말하였다.

> 지금 정권을 잡은 자들은 비루하고 욕심이 많아 銀을 매우 좋아하여 벼슬자리를 팔아먹으며 불법한 행동을 많이 한다. 이러한 사람들의 목을 잘라 그 입에다 은을 물려 가지고 朝野에 널리 보임으로써 사람들에게 은을 탐내다가 죽은 것을 알게 하려고 하였다(《高麗史節要》 권 13, 명종 16년 정월).

교위는 6위에서 정9품의 최하급 군인장교로서 일반 병사에 준하는 낮은 대우를 받은 직책이었다. 하급군인들은 무신의 난에 적극적으로 참여하였던 만큼 무신정권이 들어서면서 그들의 처우가 나아질 것을 기대하였는데 권세가들이 자신의 이익에만 급급하여 기대에 미치지 못하자 모반을 시도하였던 것이다. 이로써 지방뿐 아니라 개경 내부에서도 반란의 기운이 싹트고 있음을 보여준다. 무신집정자의 탐학은 지방관의 가렴주구를 방치하게 만들어 같은 해 7월 晋州와 安東에서도 농민봉기가 모의되었다.

> 진주수령 金光允과 안동수령 李光實은 모두 욕심이 많아 가혹하게 재물을 긁어 모았으므로 백성들이 견디지 못하여 반역을 모의하였다(《高麗史》 권 20, 世家 20, 명종 16년 7월 정유).

이 계획은 정부가 두 수령을 贓罪로 유배시키고 주민들의 반란모의는 문책하지 않았던 까닭에 그대로 가라앉았다. 이와 비슷한 사건은 그 후에도 계속 일어나 이듬해 6월에는 가혹한 감찰로 吏民의 재산을 약탈하며 뇌물을 많이 받은 慶尙州道按察使 崔嚴威가 탄핵을 받았고, 동왕 20년에는 충주목사 鄭元獬가 백성에 대한 수탈이 심하여 충주민의 고소로 관직을 파하고 고향으로 돌려보낸 사건이 있었다. 또한 명종 17년 9월 초에는 서북지방의 順州 歸化所에 안치된 賊 수백 명이 흩어져 돌아다니면서 약탈을 감행하였다가 병마사에 의해 잡힌 기록이 보인다. 귀화소에 안치된 적이 고려에 침입했다가 포로로 잡힌 이민족인지 서북지방에서 봉기했던 농민들인지 그 실상은 알 수가 없으나, 국가는 이들을 일정한 지역에 예속시켜 관리했던 것으로 보인다.

그러나 그 중에서도 이의민 정권기에 일어난 가장 대규모의 농민항쟁은 명종 23년의 金沙彌와 孝心으로 대표되는 雲門 · 草田民의 봉기였다. 이미 명종 20년부터 경주를 중심으로 경상도지역에 빈발했던 소요는 정부의 회유책이 아무런 효과를 거두지 못하였으므로 중앙에서 군대를 파견하였다고 한다. 그 이후에도 항쟁이 계속되다가 23년에는 경상도전역이 반란에 휩싸이게 되었다. 이들이 봉기하게 된 원인을 경상도 지역에 한정시켜 살펴보겠다.

경상도 지역은 墾田結數에 비해 인구가 많아 농민들의 생활은 상당히 어려웠다고 보여진다. 그러면 여기에서 경상도와 다른 지역간의 경제적 조건을 파악하기 위하여 각 지방의 간전결수와 인구수를 살펴보자.[61]

〈표 1〉

지방	地理志 墾田結數	戶	口	1戶當 結數	1口當 結數	실제 각 고을 統計結數
京畿道	200,347	20,882	50,352	9.59(9.30)	3.98(3.86)	(194,270)
忠淸道	236,300	24,170	100,790	9.78(9.77)	2.34(2.34)	(236,114)
慶尙道	301,147	42,227	173,759	7.13(6.19)	1.73(1.50)	(261,438)
全羅道	277,588	24,073	94,248	11.53(11.0)	2.95(2.80)	(264,268)
黃海道	104,772	23,511	71,897	4.46(9.52)	1.46(3.11)	(233,880)
江原道	65,916	11,084	29,009	5.95(5.95)	2.27(2.27)	(75,908)
平安道	308,751	41,167	105,444	7.50(7.57)	2.93(2.96)	(311,770)
咸吉道	130,413	14,739	66,978	8.85(8.85)	1.95(1.95)	(130,406)
計	1,625,234	201,853	692,477	8.05(8.10)	2.35(2.46)	(1,688,054)

*( )는 실제 각 고을 결수에 대한 통계.

위의 〈표 1〉에 의하면 호당 평균 간전결수가 많은 지역의 차례는 전라도 · 충청도 · 경기도의 순이며, 적은 도의 순서는 강원도 · 경상도이다. 1인당 간전결수는 경기도 · 전라도 · 평안도의 순서로 많으며 적은 도는 경상도 · 함길도의 차례였다. 함길도와 강원도는 원래 산이 많으며 토지가 척박하여 많은 사람들이 거주하기에 미흡한 지역임은 주지의 사실이다. 따라서 이곳을 제외하고 비교해 보면 경상도가 평안도에 이어 두번째로 넓은 토지를 가지고 있었다. 그리고 인구는 경상도가 다른 지역보다 비교할 수 없을 정도로 조밀하였다.

따라서 경상도 지역이 결당 인구밀도가 가장 높아 소규모의 토지를 경작

61) 《世宗實錄地理志》 색인(세종대왕기념사업회, 1975), 323 · 375쪽 참조.

하는 자작농이나 전호가 많았으리라고 짐작된다. 이에 농민들은 생산기술을 발전시켜 단위면적당 생산량을 높임으로써 그들의 생활을 개선시키고자 하였는데 이는 어느 정도 성과가 있었던 것 같다. 그러나 명종 19년부터 25년까지의 잇따른 흉년,[62] 지방관의 탐학, 높은 인구밀도는 그들의 노력을 유명무실하게 만들었으며, 또한 지역적으로 중앙에서 멀리 떨어져 있으므로 조세를 운반하는 과정에서 소요되는 경비도 과중한 형편이었다.[63]

이 같은 상황에서 이의민은 명종 14년(1184)에 정치적 실권을 장악하자 그의 친족들이 중심이 되어 경주 영역내에 농장을 만들었다고 짐작된다. 그의 토지겸병은 명종 19년부터 해마다 계속되는 천재지변과 더불어 농민을 압박하여 경주민의 생활은 더욱 궁핍해졌다. 한편 지방관은 각 지역에 할당된 조세를 충당하기 위해 농장에 소속되지 않은 소농들에게 세금을 과중하게 부과시켰다. 이를 견디지 못한 농민들이 소극적인 조세저항운동으로써 유랑민이 되었다가 이들이 하나의 세력으로 뭉쳐 중앙정부에 대항할 역량이 확보되니 급기야는 농민봉기로 발전해 가게 되었다.

명종 23년의 김사미와 효심으로 대표되는 농민봉기 이전에 이미 명종 20년부터 경주에서 농민들이 봉기하였다. 이들의 봉기 원인은 일반적인 민란처럼 권세가의 토지겸병으로 인한 유민의 증가와 지방관의 가혹한 수탈에 견디지 못하여 일어나게 된 것으로, 치밀한 계획하에 봉기했다기보다는 우발적으로 발발하게 되었다고 보여진다. 그러나 그들이 일단 봉기하자 같은 처지에서 신음하던 주변 농민들의 적극적인 가담에 힘입어 경주전역으로 확산되었다.[64]

경주에서 농민반란이 일어났다는 소식을 들은 정부는 여느 민란에서도 늘 그렇게 했던 것처럼 강·온 양면책을 구사하였다. 즉 사자를 보내어 농업과 양잠을 권장하여 경주민의 마음을 달래어 정부에 대한 적개심을 누그러뜨리려고 애씀과 동시에 안찰사로 하여금 반민들을 토벌하게 하였다. 그러나 경주민의 반란은 더욱 확산될 뿐 조금도 진정되지 않아, 안찰사가 거느린 군대는 치열한 전투 끝에 참혹한 패배를 당하였다. 이러한 패배는 안찰사가 거느린 군대인 주현군의 대다수가 농민들이었으므로 적극적인 토벌의사가 없었

62) 李貞信, 〈雲門·草田民의 蜂起〉(앞의 책), 156~157쪽.
63) 《高麗史》 권 78, 志 32, 食貨 1, 租稅 공민왕 11년.
64) 《高麗史節要》 권 13, 명종 20년 정월.

음에도 기인한다고 보겠다. 경주민이 정부의 설득에 동요하지 않고 더욱 강경해진 이유는, 농민들을 회유하기 위해 중앙에서 사자를 보내면서도 봉기의 직접적인 원인이 되었던 지방관에 대한 문책이나 수탈 방지책이 없었다는 것도 한 요인이 되었을 것이다. 이에 국왕은 조서를 내려 탐욕스러운 지방관의 출척을 다짐하였으나,[65] 지방 수령의 탐학은 중앙과 연계되는 구조적 모순에서 기인하는 것이므로 제대로 시행될 수 없음은 명백하다. 정부는 이번에는 중앙군을 보내어 반민을 진압하려고 애썼으나 제대로 성공시키지 못하였다.

경주지역의 소요는 당시 집정자였던 이의민의 정치적 기반을 뒤흔들 수 있는 충격적인 사건이었다. 이의민은 경대승이 집권한 기간 동안 경주에 은둔하면서 자신의 정치적·경제적 기반을 닦았다. 그 결과 경대승이 죽은 후에 바로 중앙에서 정치적 실권을 장악할 수 있었다. 그러므로 그는 상경한 이후에도 이곳을 계속 그의 토착적 기반으로 삼고자 했다는 것은 추측이 가능하다. 그러므로 경주에서 농민들이 봉기했다는 사실은 피지배층의 그에 대한 반감도 일조를 하지 않았나 생각된다.

농민들은 경주가 본향이며 신분적으로는 그들과 비슷하거나 오히려 낮은 이의민이 정권을 장악하자 크게 충격을 받고 고무되었으리라 여겨진다. 그들도 신분에 관계없이 누구든지 정치적 실력자가 될 수 있다는 희망과 더불어 그의 피지배층을 위한 적절한 시책을 기대했을 것이다. 그러나 지배층의 백성들에 대한 수탈은 이전에 비해 조금도 나아지지 않았다. 오히려 토착기반을 강화하기 위해 토지겸병을 자행하자 그들도 힘만 있으면 이의민처럼 될 수 있겠다는 자각과 더불어, 농민봉기의 불길이 번져나가게 되었다.

이와 같은 피지배층의 봉기에 토호들은 아무 대책도 없이 자신에게 화가 미치지 않기만 바라고 있었다. 그들은 분노한 농민들의 기세가 두려워 아무런 역할도 할 수 없었겠지만, 한편으로는 이의민 정권에 뚜렷한 애착을 갖고 있지 못한 탓도 있었을 것이다. 특히 경주는 옛 신라의 수도로서 다른 어느 곳보다도 자부심이 강한 지역이었다. 그 후 신라가 멸망하고 고려가 통일을 이룩하자 6두품 계열의 경주 지식층이 중앙에 진출하여 큰 세력을 형성하였

65) 《高麗史節要》 권 13, 명종 20년 9월.

다. 그러나 무신들이 정권을 전담하면서 그들은 죽임을 당하거나 정치권에서 소외되어 귀향할 수밖에 없었다. 경주 지배층의 무신들에 대한 거부감은 자신들의 이해와도 관련되는 뿌리깊은 것이었다. 더욱이 명종 3년에 金甫當이 난을 일으켰을 때, 이전의 국왕이었던 의종을 무자비하게 살해한 점도 이의민에게 부정적으로 작용하여 토호들이 농민봉기에 소극적으로 대처하게 만들었다.

《慶州先生案》에 의하면, 정부는 명종 20년(1190) 봄에 농민봉기의 진압에 실패한 周惟氐를 대신하여 玄德秀를 안찰사로 파견하였다.[66] 현덕수는 조위총이 봉기하자 서북 지역의 대다수 성이 모두 호응하여 일어났을 때, 끝까지 그에게 굽히지 않음으로써 정부가 이 난을 진압시키는 데 결정적인 역할을 한 인물이다. 정부는 농민군과 대치한 경험이 풍부한 현덕수를 경주에 보내어 탐욕스런 지방관을 출척하고 백성들을 위무하게 하여 반란을 진압하려 했으나, 큰 성과를 거둔 것 같지는 않다. 현덕수가 延州에서 성취한 전공은 그의 능력보다는 토착적 기반에 근거한 바가 컸기 때문이었다. 이 점은 그로부터 불과 네 달 후인 같은 해 12월에 중앙에서 다시 군대를 파견해야만 했던 사실에서 알 수 있다.

이후 농민군의 행방은 사료에 나타나지 않는다. 그들은 정부군에 의해 패하여 죽거나 당하거나 뿔뿔이 흩어졌으며 일부 농민들만 계속 저항하기 위해 운문산에 숨어든 것으로 짐작된다. 그러나 이들은 자신의 근거지를 방어하는 소극적인 대응을 할 뿐, 전멸을 당할 우려가 있는 적극적인 대항을 회피함으로써 농민봉기는 소강상태에 접어들게 되었다.

농민군이 와해되자 중앙에서 파견된 정부군도 곧 돌아갔다. 당시의 집정자였던 이의민으로서는 그의 본향을 대상으로 벌이는 대대적인 토벌작전은 바라지 않았다. 이들을 체포하여 처벌하는 것은 자신에 대한 민심만 악화될 뿐 아무런 소득이 없다고 판단한 것 같다. 반민들의 움직임은 그로부터 2년이 지난 후인 명종 23년 2월부터 다시 나타나기 시작하는데, 이 때는 단순하고 우발적인 봉기에서 벗어나 보다 조직적이고 치밀하게 계획하여 주변의 반민들과 연합하는 대규모의 부대로 발전하였다.

---

66) 〈道先生案〉(《慶州先生案》, 亞細亞文化社, 1980), 20쪽.

나. 운문·초전에서의 농민봉기

경주 지역의 농민봉기는 명종 20년에 이어 23년 이전에 다시 일어났다. 이 사실은 명종 23년 2월에 東南路按察副使 金光濟가 반민들을 토벌하였으나 감당하기 어려워 京兵을 요청한 데서 알 수 있다.

흉년으로 인한 생활의 어려움이 농민들의 재봉기를 야기시켰다고 파악한 정부는 경상도뿐만 아니라 전라도·양광도에까지 사자를 보내어서 굶주린 백성들을 구휼하게 하였다. 한편으로는 굶주림에 못 이겨 도적질을 하거나 국가에 세금을 제 때 바치지 못해 감옥에 갇힌 백성들을 풀어주어 민심을 안정시키는 데 주력하였다.67) 그러나 일시적이고 미봉적인 정부의 몇 가지 조처로서 농민들의 분노를 잠재우기에는 매우 미흡하였다. 특히 탐학한 지방관이나 토호에 대한 제재 조치가 전혀 시행되지 않음으로써 농민들은 봉기를 그만두고 귀향했을 경우에 그들에게 돌아올 보복도 두려워하지 않을 수 없었다. 따라서 정부의 시책은 전혀 효과를 거둘 수 없었을 뿐 아니라, 이들의 반란은 점차 확산되어 급기야는 雲門·草田民의 봉기로 대표되는 경상도 전역의 소요로 확대되었다.

> ① 남방에 도적이 봉기하였는데 그 중에 강한 자 金沙彌는 雲門에 웅거하고, 孝心은 草田에 웅거하여 떠돌아다니는 자들을 불러모아 州縣을 공격하였다(《高麗史》 권 20, 世家 20, 명종 23년 7월 신미).
>
> ② 대장군 全存傑로 하여금 장군 李至純·李公靖·金陟侯·金慶夫·盧植 등을 거느리고 가서 토벌하게 하였다(《高麗史》 권 20, 世家 20, 명종 23년 7월 병자)

위의 글은 운문과 초전에서 농민들이 봉기하자 국가에서 토벌군을 파견한 내용이다. 그런데 사료 ①에서 그 중에 강한 자(其劇者)라는 귀절이 있는데, 이 말은 당시의 농민봉기가 운문·초전 두 지역에서만 일어난 것이 아님을 시사한다. 즉 남쪽지방 여러 곳에서 농민들이 봉기하였는데, 그 중에서 영역이 넓고 농민군의 수도 많아 세력이 강했던 인물이 운문에 웅거한 김사미와 초전을 거점으로 봉기했던 효심이었음을 말해 준다. 이제 농민봉기는 경주에서 벗어나 그 외곽 지대까지 확산되고 있었다. 이 점은 이의민 측근이나 지방관에 의한 농민수탈이 경주에 한정된 것이 아니고 경상도 전역에서 행해

67) 《高麗史節要》 권 13, 명종 23년 3월·4월.

졌음을 알 수 있게 한다. 여기에는 각 지방에서 대토지를 소유하고 농민들을 억압하던 사원세력 또한 배제할 수 없다. 따라서 명종 23년 경에 경상도 각지에서 농민들이 봉기했는데, 이들은 점차 강대한 두 세력권에 합치게 되었다고 생각된다.

그러면 우선 운문과 초전이 어디이며, 그 지역의 특수성은 어떤 점이 있고 농민들이 봉기하게 된 구체적인 원인은 무엇인지 규명해 보자.

운문은 지금의 淸道에 있는 한 고을로서 원래 雲門寺의 寺領地였다고 한다. 이곳이 운문사의 사유지인지 혹은, 莊·處와 같은 일반 민전으로서 사원에 조세만을 부담한 형태였는지는 확실하지 않다. 그러나 長生標에 의하여 경계가 확립되어 있으므로 사원의 직접적인 경영 하에 놓여 있었으리라는 점과 寺領內의 농민들이 사원의 강력한 경제적 지배를 받는 예속농민이었다는 점을 고려한다면 사원에 부속된 단순한 분급수조지인 장·처와는 다른 私莊的 색채가 농후한 성격의 토지로 보아야 할 것이다.[68]

청도군은 예로부터 土姓勢가 상당히 강했던 것으로 보인다. 예컨대 명종 때의 문인인 琴儀는 청도를 다스릴 때 鐵相公으로 불리웠으며,[69] 충숙왕대의 閔宗儒는 나이 어린 감무라고 사람들이 낮추어 보았으나 청탁을 절대 받아들이지 않고 법에 의해서만 다스리니 사람들이 감히 무시하지 못했다고 한다.[70] 요컨대 청도군은 지방관이 토호들의 위세에 눌려 제 기능을 발휘하기 어려웠으며, 소신껏 밀고 나가기 위해서는 철재상이라는 악평을 감수하지 않으면 안될 정도였다. 따라서 청도는 토호와 사원세력으로 인해 주민들이 많은 수탈을 당했음을 짐작할 수 있다. 더구나 청도군은 전체 주민수에 비해 경작할 토지도 많지 않았으니, 경상도가 다른 지역에 비해 1인당 평균 경작지가 1.73결로서 가장 소규모였는데 청도군은 이보다 더욱 적은 1.17결에 불과했다.[71] 그러므로 청도군은 만성적인 경제적 빈곤에다가 자연재해, 그리고 토호·사원 등의 대토지소유자에 의한 경제적 수탈 등이 원인이 되어 사원전에 소속되어 있던 운문의 전호를 중심으로

68) 姜晋哲, 〈私田支配의 諸類型〉(《高麗土地制度史硏究》, 高麗大出版部, 1980), 144쪽.
69) 李奎報, 《東國李相國集》 권 36, 琴儀墓誌銘.
70) 崔瀣, 《拙藁千百》 권 1, 忠順閔公墓誌.
71) 《世宗實錄地理志》에 의한 지역별 墾田結數를 표로 정리하면 다음과 같다.

봉기한 것으로 생각된다.

다음은 초전을 살펴보자. 초전은 정확하게 어디를 가리키는지 통일된 견해가 없으나, 대체적으로 星州說[72]·蔚山說[73]·密陽說[74]로 나뉘어져 있다. 성주설은 이곳에 옛부터 草田面이라는 지역이 있었으므로 성주로 보아야 한다는 것이다. 그러나 이곳은 운문의 농민들과 연계를 가지고 봉기하기에는 지리적으로 너무 떨어져 있다. 또한 초전민이 성주 부근의 가야산을 놔두고 굳이 남쪽으로 내려가 그들의 생산적 기반과는 거리가 먼 운문산을 근거지로 삼은 데에 대한 논리적인 해명이 부족하며, 《고려사》 기록 어디에도 성주가 반란과 연관된 흔적은 보이지 않는다.

다음 울산과 밀양의 경우, 이 두 지역은 경주와 가깝고 운문의 이웃에 위치하여 연합항쟁을 벌일 경우에 유리한 조건을 갖추고 있다. 울산은 《新增東國輿地勝覽》 蔚山郡 驛院條에 草田院이 보인다. 院이란 출장 중의 관리들이 숙박하는 곳인 만큼 그들이 빈번하게 오가면서 많은 물자를 요구하여 백성들에 대한 수탈이 가중되자, 평소 지배층에 대한 불만이 많던 효심 등 피지배층이 김사미와 연계하여 봉기하게 되었다고 생각할 수 있다. 그러나 1936년에 安秉禧가 저술한 《密州徵信錄》에 의하면 초전은 密州郡 武安面 華封里에 있는데 명종 23년에 효심이 이곳에 웅거하여 반란을 일으켰다고 한다. 그러나 역대 지리지에는 이에 관한 내용이 전혀 언급되어 있지 않아 그가 무엇에 근거해서 이곳을 반란의 진원지로 지목했는지 알 수 없으나 반란이 일어난

지 방	墾 田	水 田	戶	口	戶當墾田比率	口當墾田比率
경 주	19,733	3/8미만	1,552	5,894	12.71	3.35
밀 양	10,285	1/3미만	1,612	5,522	6.38	1.86
청 도	3,932	1/3	649	3,361	6.06	1.17
울 산	6,482	4/9이상	1,058	4,161	6.13	1.56
수 원	19,154	1/2미만	1,842	4,926	10.40	3.89
나 주	15,339	1/2이상	1,089	4,026	14.09	3.81

72) 金庠基, 《高麗時代史》(東國文化社, 1961).
73) 李丙燾, 《韓國史—中世篇—》(震檀學會, 1962), 482·492·496쪽.
74) 李建衡, 〈草田疑考〉(《論文集》 6, 大邱敎大, 1970).
金潤坤, 〈麗代의 寺院田과 그 耕作農民〉(《民族文化論叢》 2·3, 嶺南大, 1982), 170쪽.

이듬해에 남로병마사가 밀주에서 농민군 7,000여 명의 목을 벤 사실에서 이곳이 관군과의 격전지였음은 분명하다고 하겠다. 밀주 무안면은 일찍이 通度寺의 國長生이 설치되어 있던 곳이었다. 따라서 이곳 역시 운문과 마찬가지로 대다수 주민이 사원에 소속된 전호였으리라고 짐작된다. 그리고 밀주는 주변에 많은 천민집단이 있었다. 일반적으로 알려진 것으로 部曲은 牟山·穿山·豆也保·伊冬音·今音勿·楮代·鳥丁·平陵·古買·谷良村·破西防·近皆·陽良·仇知山의 14개이며, 鄕은 來進·雲幕·薪浦의 3개, 所는 陰谷所가 있다. 이는 경주의 부곡 11개보다 더 많은 것으로서 밀성군의 군세를 짐작할 수 있다.

주지하는 바와 같이 부곡민이 천민인지 아니면 양인으로 보아야 하는지에 대해서는 이견이 있지만 일반 군현민에 비해 차별대우를 받았으며 소속 주군·주현의 지배하에 있었다는 것은 분명하다. 그러나 12세기 이후 무신정권기 신분제의 변동과 함께 천민들의 신분해방 요구에 밀려 점차 변화되었다. 그리하여 고려 말기에 이르러서는 부곡민이 일반군현민과 생활 여건이 실질적으로 다를 바가 없으며, 국가로서도 군현의 하부구조로의 편성이 조세 수취에 이익이 되지 않는 시대적인 변화에 따라 부곡은 서서히 해체되기 시작했다.

12세기 이후 부곡민들은 그들이 군현에 예속되어 수탈을 당하는 것에 불만을 품고 있었는데, 초전에서 농민들이 봉기했을 때 이와 같은 부곡민이 합세하였으므로 더욱 광범위하게 세력이 확장되지 않았을까 추측된다. 따라서 밀주에서의 반란은 전호와 부곡민 등이 주축이 되어 일으켰다고 보여지며, 여기에서 초전은 밀주의 한 지역으로 보는 편이 좀 더 타당할 것 같다. 그러나 당시의 사회 분위기는 경상도 어느 지역이든 제2·제3의 초전이 되어 농민봉기를 일으킬 개연성을 지니고 있었다.

경대승이 죽은 후, 명종은 이의민을 중앙으로 불러들여 정치적인 실권을 맡겼다. 명종은 이의민이 경주에서 반란을 일으킬까 두려워 중앙으로 불렀다고 한다. 이의민은 명종 14년부터 26년까지 13년 동안이나 최고 집정자의 위치에 있었는데 이는 최충헌 이전의 무신들 중에서 가장 오랫동안 정권을 장악한 셈이다. 그런데 명종 23년(1193) 7월에 金沙彌·孝心 등이 봉기하니, 이의민은 이들과 내통하여 신라를 부흥시키려 하였다고 한다. 그 내막을 살펴보고 사실 여부를 규명하기로 하자.

> 이의민은 일찍이 붉은 무지개가 두 겨드랑이 사이에서 생기는 꿈을 꾸고는 자못 이를 자부하였고, 또 옛도참에 「龍孫十二」 즉 王氏가 다하고 다시 十八子가 있다는 말을 들었는데 十八子는 곧 李字이다. 이로써 마음 속에 이룰 수 없는 생각을 품고, 탐욕을 줄이고 名士를 거두어서 헛된 명예를 낚았다. 자신이 경주 출신이므로 비밀리에 신라를 부흥시킬 뜻을 가지고, 賊 沙彌 · 孝心 등과 연결하니 적도 역시 鉅萬을 보내었다(《高麗史》 권 128, 列傳 41, 叛逆 2, 李義旼).

이의민이 반민과 내통했는지에 대해서는 두 설로 나뉘어져 있다. 하나는 이의민이 자신의 정치권력을 더욱 강화시키기 위해 반민들을 이용했다는 것이다.[75] 다른 하나는 이의민이 당시 최고 권력자의 위치에 있었던 만큼 반민들과 내통했다는 사실은 상식적으로 있을 수 없는 일이라고 하여, 위의 글은 최충헌이 자신의 쿠데타를 정당화시키기 위하여 꾸민 사실에 불과하다는 것이다.[76] 위의 두 견해는 모두 나름대로 타당성이 있으나, 원칙적으로《고려사》의 내용을 그대로 받아들여, 이의민이 반란에 가담하게 된 이유가 무엇인지 살펴보기로 하겠다.

최충헌 이전까지의 무신정권은 이의방 · 정중부 · 경대승 · 이의민의 순으로 정치적 실권을 장악했다고 하나, 이미 알고 있듯이 최충헌처럼 한 사람이 독점적으로 권력을 모두 장악했던 것은 아니었다. 특히 이의민이 정권을 잡았을 때에는, 국왕이 그를 불러 중용했으므로 왕을 무시할 수 없었을 만큼 왕

---

75) 旗田巍, 〈高麗の武人と地方勢力―李義旼と慶州〉(《朝鮮歷史論集》 上, 龍溪書舍, 1979), 484~485쪽. 이의민이 김사미 · 효심과 내통했다고 하나, 필자의 생각으로는 효심은 밀접한 관련이 없었으리라 생각한다. 청도와 경주의 토성에 金氏가 나오는데, 이것으로 보아 확인할 수는 없지만 김사미는 무신정권을 계기로 중앙권력에서 소외된 인물이 아니었을까 생각된다. 따라서 그는 정치적 야욕을 지니고 있었으리라 보여지는데, 이러한 점이 이의민과 내통할 수 있는 근거로 작용했을 것 같다. 반면 효심은 姓이 없는 인물로 추측하건대 농민이나 천민출신이었을 것이다. 그들이 연합했다고는 하나 사실은 김사미가 주도권을 장악했던 것 같다. 그러므로 주도권 쟁탈이라는 내분과 더불어, 김사미의 이의민과의 제휴라는 결정적인 사건으로 인해 그들의 연합이 깨어지지 않았을까 짐작된다. 한편 金光植은 〈雲門寺와 金沙彌亂〉(《韓國學報》 54, 1989)에서 김사미의 이름으로 추론하여, 그를 운문사의 在家僧이며 청도지방의 재지세력으로 보았다.

76) 金塘澤, 〈李義旼 政權의 性格〉(《歷史學報》 83, 1979), 38쪽.
金晧東, 〈高麗 武臣政權下에서 慶州民의 動態와 新羅復興運動〉(《民族文化論叢》 2 · 3, 1982), 256~257쪽.

권도 어느 정도 회복되어 있었고 杜景升의 세력도 또한 만만치 않았다. 두경승은 무신의 난에 적극적으로 가담하지는 않았으나 김보당의 난과 서북민이 봉기했을 때 큰공을 세워 이름을 떨쳤으며, 명종 23년에는 三韓後壁上功臣이 됨으로써 이의민에 필적할 만한 세력을 지니고 있었다. 따라서 당시 두경승과 이의민은 정치권력에서의 주도권을 장악하기 위한 경쟁관계에 놓여 있었다. 다음은 두 사람의 갈등이 표면화된 내용이다.

① 두경승이 이의민과 함께 門下省에서 일을 의논하였으나 서로 견해가 같지 않았다. 이의민이 화가 나서 주먹을 휘둘러 기둥을 치면서 말하기를 '네가 무슨 功이 있기에 벼슬이 내 위에 있느냐' 하였다(《高麗史節要》 권 13, 명종 21년 12월).

② 두경승을 三韓後壁上功臣으로 삼았다. 이에 重房의 여러 장수들이 축하잔치를 베풀었는데, 술이 취하자 각기 악기를 들었다. 경승이 노래하자 守司空 鄭存實이 작은 피리를 불었다. 이의민이 화를 내어 꾸짖기를 '어찌 宰相이 마음내키는 대로 노래하고 피리를 불어 마치 광대와 같은 행동을 하느냐' 하니 이에 연회를 파하고 돌아갔다(《高麗史節要》 권 13, 명종 23년 2월).

이 글은 두경승의 지위가 점점 높아지는 데 대한 이의민의 불편한 심기가 폭발된 내용이다. 즉 이의민이 실권을 잡고 있다고는 하나 두경승의 세력 또한 만만치 않았기 때문에, 의민이 경승을 견제하고 있었음을 보여준다. 명종은 이 두 사람을 비슷한 지위에 두어서 서로 경쟁하게 함으로써 왕권을 공고히 하려고 한 것 같다. 명종 21년(1191) 12월에 왕은 두경승은 判吏部事修國史로, 이의민은 判兵部事로 삼았다. 아직까지는 관직의 높고 낮음이 실권장악 여부와 관련이 깊었던 시기인 만큼, 이의민은 자신의 관직이 두경승 보다 낮은 데에 불만을 품고 있었다. 더구나 경승은 무인임에도 불구하고 의종을 무자비하게 죽인 이의민과는 달리 김보당의 난 때 많은 문신들이 주륙당하는 것을 관대하게 처결하도록 조처하여 명망이 있었다.77)

사실 이의민은 명종 14년(1184)에 중앙에 재기용된 이후부터 자신의 관직이 두경승보다 항상 낮았으나 이에 전혀 개의치 않았다. 그런데 동왕 20년 이후에 와서 특히 두경승에 대한 적개심을 드러내고 있었으니, 이 점은 그의 권력기반이 위축되고 있는 데서 오는 불안감 때문이라고 보여진다. 즉 명종 17년부터

77) 《高麗史》 권 100, 列傳 13, 杜景升.

점차 그의 인적 기반이 무너지고 있었다. 그와 더불어 행동집단 무인세대이던 曹元正·石隣은 동왕 17년에 반란죄로 처단되었고, 동왕 21년에는 白任至·朴純弼·李英搢이, 그리고 23년에는 崔世輔가 사망하였다. 이의민과 이해관계를 같이 하며, 비슷한 출신이었던 무인들의 잇따른 죽음은, 그의 권력기반을 약화시켜 언젠가는 권력의 중심부에서 밀려날지 모른다는 절박감을 느끼게 하였다. 이에 이의민은 정치력으로는 도저히 세력을 회복할 자신이 없었으므로 그의 경쟁자인 두경승을 제어할 획기적인 조처를 강구하지 않을 수 없었다. 이 때 운문·초전에서 농민들이 봉기하니 이 민란에 편승해서 왕조 교체까지 시도해 보려고 하였다. 그는 자신의 권력기반을 넓히고 정권을 획득하기 위해서는 신라부흥을 외쳐 고려왕조를 무너뜨리는 것이 훨씬 설득력이 있다고 생각했던 것 같다. 이의민은 김사미 등을 지원하면서 한편으로는 풍수도참설,「十八子王說」등을 퍼뜨려 정권 획득의 정당성을 적극 펴나갔다.78)

그러나 그가 옛신라에 대해 특별한 애착심을 가지고 있었으리라고 보여지지는 않는다. 신라와 이의민과의 관계는 그가 경주출신임을 제외한다면 그의 신분으로 보아서도 옛신라에 연연할 아무런 근거도 가지고 있지 않았기 때문이다. 그리고 새로운 왕조를 수립할 뜻을 가지고 있었다면, 정치권내에서 그에게 동조할 세력이 필요했으리라 짐작된다. 비록 그가 명사를 모집하여 헛된 명예를 낚았다고 하나, 아들 李至純을 제외하고는 특별히 그의 의도에 동조한 인물이 보이지 않는다. 따라서 그는 오로지 권력 유지를 목적으로 옛신라 지역민을 자기편에 끌어들이기 위해 신라부흥을 부르짖었다고 보여진다.

김사미·효심 등이 이끄는 운문·초전민은 관군에 대처하기 위하여 연합세력을 형성하였다. 이 때 이지순은 농민군의 지도자인 김사미를 만나 이의민의 제휴 의사를 전달하고 신라부흥을 획책하였다. 이에 김사미는 이의민의 제의를 흔쾌히 받아들여, 지순이 가져온 의복·양식 등에 대한 답례로서 사원과 토호에게서 탈취한 금·은·보화를 선물로 보내었다. 앞서 수 차례의 농민·천민의 봉기가 결국은 중앙정부를 이기기 못한 선례에 비추어 볼 때, 김사미로서는 이의민을 이용함으로써 농민봉기를 보다 유리하게 이끌 수 있으리라고 생각했던 것 같다. 이제 김사미·효심이 이끄는 운문·초전민의 봉

78)《高麗史》권 128, 列傳 41, 叛逆 2, 李義旼.

기는 사원이나 토호의 가렴주구를 이기지 못하여 일어난 민란에서 한걸음 더 전진하여 고려정부의 전복을 도모함으로써, 중앙정부와는 전쟁의 형태로서 대결하게 되었다.

그러나 타도의 대상인 이의민과의 제휴가 농민군에게는 탐탁하게 받아들여지지 않았다고 보여진다. 농민들은 그가 최고의 집정자가 되었을 때, 자신과 같은 피지배층의 인물이 권력의 상층부에 올랐던 만큼 자신들을 위한 시책을 기대했으나 이의민 집권 10년 동안 아무 것도 나아지지 않았고 오히려 경주 지역은 그의 측근들에 의해 수탈이 더욱 강화되고 있었다. 그리고 경상도 농민들이 신라의 부흥을 열망했으리라고도 보여지지 않는다. 비록 20여 년 동안 수 차례의 봉기를 통하여 피지배층의 의식 수준이 향상되었다고는 하나 고려정부를 부정하고 타파할 정도까지 나아가지는 않았다고 생각된다. 신라부흥에 대한 열망은 단지 이의민과 반민 지도부의 견해에 불과했는데, 이의민과의 제휴 사실이 알려지자 반민들 내부에 갈등이 일어나게 된 것 같다. 이 같은 사실은 후일 김사미가 정부군에 패하여 항복하면서도 무려 7,000명 이상의 농민군을 거느리고 있는 효심에게 구원을 요청하지 않았던 사실에서 확인된다.

한편 농민들을 진압하기 위해 관군을 이끌고 남하한 대장군 全存傑은 농민군에게 번번이 패배하여 더 이상 진격할 수가 없었다. 그는 정부군이 패배한 이유는 이지순이 반민과 내통하여 군사상의 기밀을 누설한 탓으로 생각하고, 반민을 진압시키지 못한 책임으로 번민하다가 基陽縣에서 자결하였다. 기양은 지금의 예천으로서 현종 때 안동군에 예속되었다가 명종 2년에 현으로 승격된 지역이다. 관군의 총대장인 전존걸이 경주에 있지 않고 이곳에 있었다는 사실은 이미 경상도 지역을 농민군이 장악하여, 이곳을 기점으로 관군과 남북으로 경계가 설정되어 있었음을 말해 준다. 전존걸의 죽음은 관군 내부에 불안감을 가져와 사기는 극도로 저하되었다. 그 해 8월, 李公靖·金慶夫는 전열을 수습하여 반민과 싸웠으나 다시 패배하였다. 이 사실이 중앙에 알려지자 정부는 지리멸렬해진 군대의 쇄신과 이지순을 토벌군에서 제외시키기 위해 지휘부를 전격 교체하였다. 즉 그 해 11월에 대장군 崔仁을 南路捉賊兵馬使로 삼고 대장군 高湧之를 都知兵馬事로 삼아 장군 金存仁·史良柱·白富公·陳光卿을 거느리고 가서 토벌하게 하였다.

정부의 결정에 대해 이의민은 반대할 명분이 없었다. 그가 반민과 결탁했다는 소문이 전존걸의 죽음을 계기로 중앙에 알려지자, 왕을 비롯하여 문신, 심지어는 무신들까지 그를 의심하고 배격하고자 하는 태도를 가지게 되었다고 판단된다. 요컨대 신분제사회인 고려에서 비록 무신정권 이후 신분제가 흔들리고 있다고는 하나, 아버지는 소금장수였고 어머니는 사원 노비인 이의민이 왕의 지위까지 넘보는 것은 무신들도 용납할 수가 없었던 것이다. 이 점이 후일 최충헌이 이의민을 죽이고 독재체제를 수립했을 때 왕실만은 온존시킨 까닭이었다고 생각된다.

명종 23년(1193) 11월 중앙에서 파견된 관군은 세 부대로 나누어 반민들과 싸웠다. 즉 남로착적병마사 겸 좌도병마사인 최인은 강릉으로 나아갔으며 우도병마사 사량주는 운문의 반민들과 싸웠고, 남로병마사 고용지는 효심 등의 반민들과 밀양에서 대치하였다. 다음 내용은 각 지역에서 정부군과 대항하여 싸운 농민군의 활동 상황을 적은 것이다.

① 좌도병마사 崔仁이 정예병 수천 명을 이끌고 적을 치기 위해 江陵城에 도착하여 복병을 하고 기다렸다. 적이 이르러서 한 여자를 잡아 물어 보기를, '兵馬使가 어디에 있느냐' 하니 여자가 성중에 있다고 대답하였다. 적이 놀라 물러가니 복병을 내어 추격하여 150급을 베었다(《高麗史》 권 20, 世家 20, 명종 24년 2월 경신).

② 남적의 우두머리인 김사미가 스스로 行營에 투항하여 항복을 청하니 목을 베었다(《高麗史》 권 20, 世家 20, 명종 24년 2월 계사).

③ 장군 사량주가 남적과 싸웠으나 패하여 죽임을 당하였다(《高麗史》 권 20, 世家 20, 명종 24년 2월 갑인).

④ 남로병마사가 密城 楮田村의 적을 공격하여 7,000여 급을 베었고 器械·牛馬도 이와 같았다(《高麗史》 권 20, 世家 20, 명종 24년 4월 무술).

⑤ 우도병마사가 적을 공격하여 40급을 잡아 목베었고, 또 3일 동안 계속 싸워서 패배시켰다(위와 같음).

⑥ 남적의 우두머리가 그 무리 李純 등 4명을 궁궐에 보내어 항복을 청하니, 이순 등에게 隊正을 내리고 베를 주어 돌려보내었다(《高麗史》 권 20, 世家 20, 명종 24년 8월 정유).

⑦ 남로병마사가 적의 처자 350여 명을 붙잡아 얼굴에 入墨하여 서해도에 유배시켰다가 여러 성의 노비로 삼게 하였다(《高麗史》 권 20, 世家 20, 명종 24년 10월 정유).

⑧ 남로병마사가 적의 우두머리 효심을 사로잡았다(《高麗史》 권 20, 世家 20, 명종 24년 12월 계해).

위의 사료에서 나타난 사실 가운데 중요한 점은 김사미·효심 등이 경주의 외곽지대에서 봉기했을 때, 위치상으로는 도저히 연합 봉기가 어려운 溟州民도 호응했다는 점이다. 이로써 운문·초전민이 한 때는 경상도 전 지역을 차지하였을 정도로 세력을 확장하여, 북으로는 동해안으로 이어지는 강원도 전역이 농민봉기의 와중에 휩싸인 것으로 판단된다.

중앙에서는 남적을 진압하기 위해 보낸 군대 중 전군을 통솔하는 임무를 맡은 상장군 최인을 강릉에 파견하였다. 이것으로 보아 명주 농민군의 세력이 상당했음을 알 수 있다. 사료에 나타난 바로는 관군이 우세한 것 같지만, 사실은 반민들의 세력에 눌려 소강상태를 유지하다가 겨우 150여 명 정도만 사살하고 퇴각한 것으로 보인다. 이는 명주 주민들이 정부군의 동태를 반민들에게 알려줌으로써 효율적인 공격을 할 수 없었던 데에서 짐작할 수 있다. 또한 최인이 스스로 퇴각하여 한번도 싸우지 않고 시간만 지체했다고 하여 파면된 사실에서도 농민군의 강대함을 알 수 있다.[79] 명주는 강원도 내에서는 원주와 더불어 비교적 기름진 농토가 많았으며 또한 사원령이 있었음을 다음의 기록에서 알 수 있다.

> 옛날 신라시대에 世達寺의 莊舍가 溟州 捺李郡에 있었는데 本寺에서 승려 調信을 보내어 知莊으로 삼았다(《三國遺事》 권 3, 塔像 4, 洛山二大聖 調信).

명주는 신라시대 이래 동해안의 웅부로서 정치·군사적인 요충지인 동시에 五臺山을 중심으로 한 신라불교의 성지이기도 하였다. 신라 하대에 와서 중앙에서 진골 귀족간의 왕권쟁탈전이 심해지니 중앙의 귀족들 중에는 지방으로 이주하는 자가 늘어났다. 이곳은 金周元이 元聖王과의 왕위 경쟁에서 밀려나 정착하면서부터 경주 다음 가는 정치·문화의 중심지가 되었다.

더욱이 신라 말 禪宗이 번성하면서 寧越 興寧寺를 중심으로 한 獅子山派와 명주 오대산 굴산사를 중심으로 하는 闍堀山派가 성립되었는데, 이들 사원은 많은 토지를 소유하여 주위의 토호와 농민들에게 큰 영향력을 행사하였다.[80] 그리고 고려 후기에 曹溪宗을 발전시킨 普照國師 知訥도 사굴산파에

79) 《高麗史節要》 권 13, 명종 24년 윤10월.

80) 崔柄憲, 〈新羅下代 禪宗九山派의 成立〉(《韓國史硏究》 7, 1972), 105쪽.
鄭永鎬, 〈新羅獅子山興寧寺址硏究〉(《白山學報》 7, 1969), 52~56쪽.

서 나온 인물이었다. 이로 보아 선종이 敎宗에 밀려 위축되기는 했지만 고려 후기에 다시 대두하게 될 기반이 유지되고 있었음을 알 수 있다. 이들 사원은 대토지를 관리하기 위해서 知莊을 파견하였으니, 앞서의 세달사도 강릉에 있는 토지를 관리하기 위해 調信을 보내었다. 따라서 명주지역의 봉기 역시 사원의 전호나 소작농이 주축이 되어 일으켰다고 보여진다. 그들은 명주에서 난을 일으켜 점차 남쪽으로 세력을 확장하여 운문 · 초전민과 제휴하려는 계획을 세웠으리라 생각된다. 정부에서 군대를 파견할 때 운문 · 초전민과 명주의 반민들을 동일선상에서 파악하여 진압시키도록 명한 것으로 보아, 그들이 일정한 연계성을 지니고 있었을 것으로 판단된다.

한편 관군의 공격에 밀린 김사미의 항복으로 경상도 전역에 걸쳐 광범위한 세력을 자랑하던 반민들의 영역은 축소되었다. 효심은 원래 자신의 근거지였던 밀양으로 후퇴하였고 운문의 농민군은 운문산을 배경으로 정부군과 싸웠다. 비록 세력이 약화되기는 했지만 운문의 농민군이 장군 사량주가 이끄는 군대를 타파함으로써 아직은 건재함을 보여준다. 김사미가 죽은 다음 반민들의 주력부대는 효심이 이끄는 농민군이었다. 그들은 밀양을 거점으로 삼아 정부군에 대항하였는데, 이곳 저전촌에서 무려 7,000명이나 죽임을 당하고 무기 · 우마도 그만큼 잃어버리는 엄청난 참패를 당하였다. 이 같은 패배 의 원인은 운문의 반란세력이 김사미의 죽음으로 약화되어 초전민은 고립무원의 상태에서 정부의 주력부대와 대치했다는 점과 때는 4월로 농사철이었기 때문에 농민들의 내부적인 동요가 원인이었다고 생각된다. 초전민은 엄청난 참패를 당하여 거의 전멸상태에 이르게 되자, 더 이상 관군에 대항할 의욕을 잃게 되었다. 그러나 그들이 항복했을 때 정부측의 보복을 두려워한 효심은 이순 등 네 명을 선정하여 바로 중앙에 보내어 국왕의 선처를 간청하게 했다. 정부는 이들에게 대정이라는 관직을 내리고 布를 하사하여 회유하였다. 그리고는 이들의 전력이 약화된 틈을 이용하여 초전민의 소탕작전에 나서서 봉기에 가담한 적이 없는 여자나 어린아이까지 잡아서 入墨하고 노비로 삼았다. 정부의 기만책에 분개한 초전민은 다시 봉기하였다. 그러나 이미 대세는 기울어져서 패배하고 효심은 사로잡히게 되었다. 이제 살아남은 반민들은 다시 운문산으로 숨어들었고, 명주민은 태백산으로 들어가서 후일을 기약하게 되었다. 이로써 1년 반이나 계속되었던 김사미 · 효심으로 대표되는 운문·초전민의 봉기는 일단락 짓게 되었다.

봉기가 진압된 후 명종은 경주지방 농민들에 대한 회유책과 한편으로는 다른 지방의 소요를 사전에 방지한다는 의미에서 여러 시책을 강구하였다. 즉 여러 도에 안찰사를 보내어서 吏屬의 가렴주구를 살피게 하였고,[81] 미납된 조세를 면제시켜 부채를 탕감해 주었다.[82] 그러나 이 같은 조처들은 미봉책에 불과할 뿐 농민봉기를 막기 위한 근본적인 대책이라고 볼 수는 없었다. 그리하여 운문·초전민의 봉기가 진압된 지 5년도 못되어 경주를 중심으로 다시 대규모 봉기가 일어났다.

한편 약해져 가는 자신의 세력을 만회시키기 위해 농민봉기를 이용하려 했던 이의민은, 이들이 실패하자 점차 중앙 권력층에서 배척당하기 시작했다. 그의 양면적인 태도는 반이의민세력의 대두를 가속화시켜 그로부터 채 2년이 되지 못하여 최충헌에게 정치권력을 빼앗기게 되었으니, 농민봉기가 지배층의 교체까지도 초래하였던 것이다.

운문·초전민의 봉기는 비록 실패했지만 초기 단계의 단순한 지엽적인 봉기에서 한걸음 더 나아가 계획적이고 주변 농민들과 연합투쟁을 벌이는 단계로 승격되어, 이제는 정부와 맞설 수 있는 저력까지 지니게 되었다는 점에서 고려 농민봉기의 역사적 의미를 지닌다. 그러나 농민지도부의 역량 부족으로 앞으로 나아가야 할 방향을 적절하게 제시하지 못했고, 또한 집권층과의 제휴 여부의 갈등으로 농민군 내부에 분열이 생겨 끈질기게 저항하지 못하고 정부군에 의해 궤멸되고 말았다.

〈李貞信〉

3) 무신정권 확립기의 농민·천민봉기

(1) 만적의 난

이의민 세력을 제거하고 새롭게 등장한 인물은 崔忠獻·崔忠粹 형제였다.

---

81) 《高麗史節要》 권 13, 명종 25년 3월.
82) 《高麗史節要》 권 13, 명종 25년 9월.

최충헌은 쿠데타에 성공한 후 그의 정치세력을 공고히 하기 위해 동생 최충수마저 제거하였으며, 명종을 폐위시키고 신종을 옹립하였다. 그는 국왕에게 封事 10條를 올려 고려사회의 문제점을 명확하게 지적함으로써 앞서의 집정자와의 차별성을 나타내었으니, 그 내용을 간략하게 정리하면 다음과 같다.1)

제1조 국왕은 화재로 인하여 다시 지은 옛 궁궐로 옮길 것.
제2조 우리 나라 관제는 祿의 수량으로 계산된 것이다. 정원 이상의 관리를 줄일 것.
제3조 관직에 있는 자가 탐욕스럽고 비루하여 公田 · 私田을 모두 차지하였다. 그리하여 한 집의 비옥한 토지가 州 · 郡에 차고 넘치게 되어 국가의 수입은 줄어들고 軍費는 부족해졌다. 해당 기관을 단속하여 공문서를 검토하고 무릇 빼앗은 것들은 모두 본 주인에게 돌릴 것.
제4조 아전들이 불량하여 개인의 이익만을 추구하여 걸핏하면 백성들을 침해하며, 또 권세있는 집안의 하인들은 田租를 다투어 징수한다. 능력있는 사람을 지방관으로 보충하여 백성들의 산업이 파괴되지 않도록 할 것.
제5조 여러 도에 나가 있는 사신들의 供進을 금할 것.
제6조 승려들의 궁궐 출입과 사원의 利息을 금지할 것.
제7조 군현 아전들의 탐욕을 按察使가 막지 못하고 있다. 안찰사로 하여금 아전의 잘잘못을 가리도록 할 것.
제8조 사치를 금지할 것.
제9조 비보사찰 이외의 사원은 모두 없애버릴 것.
제10조 臺省 책임자를 가려서 임명할 것.

최충헌이 쿠데타로 정권을 장악한 직후에, 국왕에게 올린 건의서는 앞으로 그가 통치하고자 하는 방향을 제시한 내용이라는 점에서 주목된다. 구체적으로 살펴보면, 1조는 그가 건의서를 올린 지 불과 석 달 이내에 국왕이 궁궐을 延慶宮으로 옮김으로써 그의 말을 그대로 따랐다. 2조와 10조는 관리의 수를 줄이며 적임자를 가려서 임용하라는 내용이다. 이것은 중앙의 관리들에게 두려움을 가져다주어, 그들로 하여금 자신의 지위를 보존하기 위하여 최충헌의 환심을 사기에 급급하도록 만들었으리라 생각된다. 적임자란 어차피 주관적인 성격이 가미될 수밖에 없었으므로, 그의 마음에 들지 않는 인물이 관직을 그대로 지닐 수 없었음은 당연한 노릇이었다.

1) 《高麗史》 권 129, 列傳 42, 叛逆 3, 崔忠獻.

최충헌의 봉사10조에서 중점적으로 다루어지고 있는 부분이 지방관의 탐학과 대토지소유의 금지이다. 3·4·5·7조는 아전이나 권세가의 백성 침탈을 안찰사로 하여금 방지하도록 하라는 내용인데, 이미 그가 정권을 장악할 무렵에는 권세가는 州·郡을 경계로 삼을 정도로 대토지겸병이 유행하여 빈부의 차이가 심각하였음을 짐작하게 해 준다. 위의 내용만으로는 그가 대토지소유를 반대한 인물로 이해하기 쉬우나, 그 자신이 후일 대토지겸병을 강행하여 진주와 전라도의 일부를 농장화한 것으로 보아 그가 농민편에 서서 개혁을 요구했다고는 생각되지 않는다. 그의 봉사 10조보다 10년 전인 명종 18년(1188) 3월에 내린 국왕의 조서 또한 최충헌의 봉사와 마찬가지로 수령의 탐학을 금지하거나 대토지겸병을 방지하라는 내용을 담고 있다. 따라서 최충헌은 그 이전부터 원성의 대상이 되어온 대토지겸병을 방지하기 위한 시책을 제시하지 않고서는, 농민들의 호응을 받지 못해 나라를 이끌어 갈 수 없음을 알고 이러한 건의를 한 것이라고 보여진다. 결국 고려왕조는 대토지소유자인 권세가의 기반 위에 서 있는 나라임에도 이것을 방지해야 하는 모순에 처하게 되었던 것이다. 이와 같은 상황의 최충헌 정권기에 최초로 항쟁을 일으킨 사람은 私奴 萬積이었다.[2] 그 과정을 살펴보자.

> 사동 萬積·味助伊·延福·小三·孝三 등 6명이 北山에서 나무를 하다가 공사노예를 불러모아 모의하기를, '나라에서는 庚寅·癸巳年 이후로 높은 벼슬이 천한 노예에게서 많이 나왔다. 公卿將相의 씨가 어찌 따로 있으랴. 시기가 오면 누구나 할 수 있는 것이다. 우리들만 어찌 육체를 괴롭히면서 채찍 밑에서 곤욕을 당할 수 있겠는가'하니, 여러 노예들이 그렇게 여기었다. 이에 누른 빛깔의 종이 수 천장을 오려서 丁字를 만들어 표식으로 삼고 약속하기를, '갑인일에 興國寺에 모여 일제히 북을 치고 소리지르며 毬庭으로 몰려가 난을 일으켜, 안과 밖에서 서로 호응하여 최충헌 등을 먼저 죽이고, 나아가 각기 그 주인을 쳐서 죽여 賤人의 文籍을 불살라 삼한에 천인을 없애 버리면, 공경 장상을 모두 우리가 할 수 있을 것이다'하였다(《高麗史節要》 권 14, 신종 원년 5월).

천민 중에서도 제일 미천한 신분인 노예만으로 반란을 일으킨 것은 우리

2) 만적의 난에 관해서는 다음의 글들이 참조된다.
邊太燮, 〈萬積亂 發生의 社會的 素地〉(《史學硏究》 4, 1959 ; 《高麗政治制度史硏究》, 一潮閣, 1971).
洪承基, 〈武人執權時代의 奴婢叛亂〉(《高麗貴族社會와 奴婢》, 一潮閣, 1983).

나라 역사에서 처음 발생했던 사건으로서, 그들은 중세사회의 존립 기반인 신분제를 전면적으로 부인하고 나섰다. 그들이 궐기한 목적은 최충헌 등 노비의 소유주를 죽이고 노비문서를 소각하여 삼한에 천인을 없앰으로써 노예해방을 이룩하는 것이었다. 뿐만 아니라 각기 주인을 죽여서 예속적인 신분관계를 벗어난 이후에는 자신들이 공경 장상을 독점하겠다는 정권 장악의 의도까지 드러내고 있다. 만적의 연설 내용으로 보건대, 이 난은 즉흥적으로 이루어진 것이 아니고 오랜 기간 모의하여 계획된 것으로 판단되며, 이에 호응하여 모인 노예 수가 황지 수천 장을 발행하였다는 것으로 보아 대규모였음을 짐작할 수 있다. 비록 한 노복의 배반으로 미수에 그치고 주모자 100여 명이 강물에 수장당하는 것으로 난은 종결되었지만, 전형적인 노예들의 신분해방운동이 정권 장악의 목표로까지 연결된 점에서 그 의의가 적지 않음을 알 수 있다.

만적의 난은 실패했으나, 노비들의 신분해방운동은 그 후에도 계속 이어져 다시 개경에서 家僮들의 習戰事件이 일어났다. 즉 신종 6년(1203) 4월에 여러 가동들이 나무와 풀을 베다가 개경 동쪽 교외에서 隊를 나누어 전투연습 하는 것을 최충헌이 사람을 시켜 체포하게 하였는데, 모두 도망가고 다만 50여 명만을 잡아 강에 던졌다고 한다. 이는 만적의 난 이후에 불문에 붙여졌던 남은 무리가 주동이 되어 일으킨 신분해방운동이라고 생각한다. 만적의 난이 실패한 이후에도 천민들의 반란은 더욱 활발해졌다. 특히 지방에서 노예와 부곡민이 같이 수탈을 당하는 계층으로서 처지가 비슷한 농민과 연합하여 봉기하는 경우도 생겨났으니, 그 대표적인 사건이 晋州民의 항쟁이었다.

(2) 진주민의 항쟁

만적의 난 이후에 경주와 진주에서 대규모의 봉기가 발생하였다. 우선 진주에서의 소요를 살펴보자. 진주지역에서의 항쟁은 만적의 난에 이어 공사노예들이 주축이 되어 州吏들의 강압적인 수탈에 저항하여 봉기한 점에 그 특색이 있다. 진주는 농업생산량이 풍부한 지역으로서 재지토호의 세력이 강하였다. 최충헌은 정권을 장악한 후 그의 外鄕인 柳氏가 살고 있던 이곳을[3] 자신의 직속령으로 만들어 경제적 기반으로 삼고자 하였다.

최충헌이 진주 지역의 토지를 장악하여 이를 국왕에 의해 합법적인 식읍으로 인정받아 자손대대로 세습했음은 《고려사》 최충헌전의 내용에서 잘 알 수 있다. 최충헌은 집권 후 晋州 柳氏 즉 그의 외가와 지방관을 통해 토지겸병을 강행했으리라 생각되는데, 그가 어떤 형태로 토지를 넓혀 갔는지 알려져 있지 않으나, 이 때 피해를 당한 사람들은 중앙권력층과 연계가 없는 진주토호와 농민들이었을 것이다.

이와 같이 토지 소유관계를 둘러싸고 진주가 내분에 휩싸이고 있을 때 먼저 반기를 든 계층이 공사노예였다. 진주 내부의 갈등은 농민에게는 이중의 수탈을 당하는 결과를 초래했고, 그 중에서 가장 핍박받는 계층인 노예들은 신분해방의 각성과 더불어 주리의 횡포에 더 이상 견딜 수 없게 되어 드디어 봉기하게 된 것이다. 그들의 봉기는 중앙권력층과 지방토호를 함께 대상으로 한 것이었지만, 일차적인 공격대상은 중앙권력층의 비호를 받는 향리들이었다.

진주지방의 소요는 신종대에 처음 발생한 것은 아니었다. 고려의 최성기로 불리어지는 문종대에 이미 1만 3천호라는 대규모의 유민이 발생했으며[4] 인종대에는 南界에 해적이 횡행하였다는 기록이 보인다.[5] 이들의 대다수는 농민이었으리라 생각되는데 전쟁이나 내란이 발생하지 않았고 또 뚜렷한 재해가 없으면서 이렇게 많은 인구가 토지에서 유리되었다는 사실은 이미 고려 전기부터 지배층의 토지겸병과 지방관의 수탈에 백성들이 소극적이나마 저항하기 시작했음을 나타낸다. 지배층의 토지겸병은 고려 중기 이후 농업생산량의 증가와 더불어 점차 성행하였고, 이에 따라 지방관의 수탈도 가속화되어 갔는데, 이는 무신정권이 들어선 이후에도 달라지지 않았을 뿐 아니라 오히려 심해지는 형편이었다. 다음 내용은 지방관의 탐학을 서술한 구체적인 예이다.

---

3) 〈崔忠獻墓誌〉에 의하면 그의 어머니는 晋康國大夫人 柳氏로서 金紫光祿大夫·中書令上將軍인 柳挺先의 딸이다(《朝鮮金石總覽》 上, 亞細亞文化社, 1976, 441쪽).

4) 《高麗史》 권 7, 世家 7, 문종 원년 10월 경신.

5) 《高麗史》 권 15, 世家 15, 인종 6년 4월 정사.

① 晋州守 金光允과 安東守 李光實이 욕심이 많아 가혹하게 재물을 긁어모았다. 이를 견디지 못한 백성들이 반역을 도모하니, 有司가 뇌물받은 죄로 논하여 함께 그들을 귀양보내었다(《高麗史》 권 20, 世家 20, 명종 16년 7월 정유).

② 中書省에서 탄핵하여 아뢰기를, '慶尙州道 按察使 崔嚴威가 吏民을 가혹하게 조사하여 함부로 빼앗고, 뇌물을 받는 것이 염치가 없습니다' 고 하였으므로 명하여 郎將 朴冲으로 대신하게 하였다(《高麗史》 권 20, 世家 20, 명종 17년 6월 병신).

사료 ①은 진주와 안동 백성들이 지방관의 탐학을 견디지 못하여 반란을 모의한 내용이다. 이미 진주는 공사노예가 일어나기 10여 년 전에도 농민봉기의 조짐이 있었음을 짐작할 수 있다. 이에 국가에서는 반란을 일으킨 백성들에게는 죄를 묻지 않고 지방관만 귀양을 보내었으니, 농민을 수탈한 정도가 얼마나 심했는지 짐작할 수 있다. 사료 ②에서는 지방관이 일반 백성뿐만 아니라 吏, 즉 향리나 토호들에게도 뇌물을 거두어들였음을 보여준다. 이는 지배층 중심의 수탈체제를 개혁하지 않는 한 지방관을 바꾸더라도 별 차이가 없었을 것이며, 이에 따라 지배층인 중앙권력층과, 그들과 제휴한 지방관에 대한 불만은 더욱 고조되었으리라고 여겨진다. 여기에 최충헌이 자신의 경제기반을 조성하기 위해 지방관을 앞세워 토지겸병과 인신수탈을 자행하니, 이제 진주지역의 봉기는 누가 언제 무엇을 계기로 폭발시키느냐 하는 것이 문제였지, 일어나리라는 것은 기정 사실이 될 정도로 분위기가 악화되어 있었다.

진주지역의 항쟁은 진주의 공사노예가 떼를 지어 모여서 주리를 죽이고 그들의 집 50여 호를 불태우면서 시작되었다.[6] 특히 최충헌 집권 때에 吉仁 · 萬積 · 密城官奴 · 開京家僮 등 노예들의 항쟁이 빈번했는데 이는 앞서 무신집정자와는 달리 신분제를 고착화시키려는 그의 정치성향에 연유한 바가 큰 것으로 보인다. 이미 만적에게서 나타났듯이 그들이 노예가 되어 시달림을 받는 이유가 지배층이 임의로 정한 사회체제의 모순 때문이며, 따라서 부당한 그 체제는 타파해야 할 대상으로 깨닫고 있는 것이었다. 그러나 진주의 노예들은 주리를 죽이고 그들의 집은 불태울 수 있었으나 군대가 상존하는 관아를 습격하기에는 역부족이었다. 이 같은 결정적인 약점으로 인해 노

6) 《高麗史節要》 권 14, 명종 3년 4월.

예들은 관아의 추적을 받으면서 뿔뿔이 흩어져 버렸고 난은 더 이상 확산되지 못하였다.

그런데 공사노예의 봉기를 계기로 지방관, 州吏와 토호의 갈등이 표면화되면서 봉기는 엉뚱한 방향으로 변질되었다. 처음 진주는 노예들이 그들을 억압하는 주리에 대한 반감으로 봉기하였으나, 나중에는 도리어 노예를 토벌한 주리의 반동적인 반란으로 바뀌었다. 즉 노예들이 주리들의 집에 불을 질렀을 때 倉正 鄭方義의 집도 같이 타버렸음에도 불구하고 진주태수가 난에 연루시켜 정방의를 가두자, 오히려 동생 昌大가 정방의를 구출하여 함께 반란을 일으켜 태수와 사록을 내쫓고 진주를 장악하였던 것이다.[7] 그는 이 과정에서 그에 반대하는 사람 6,400명을 살해하였다고 한다. 당시 진주의 토성은 姜氏·河氏·鄭氏이며, 來姓으로 柳氏가 있었다. 이 때에 희생당한 사람들은 정씨와 대치되는 세력인 강·하씨 등의 토호와 그 휘하의 노복, 그리고 그들의 토지를 경작하는 전호 등 많은 무고한 농민들이 살해되었을 것이다. 《慶尙道地理志》와 《世宗實錄地理志》를 참조해서 추정하면 당시 진주의 인구수는 대략 12,000명 정도이고 진주목 소속의 군현까지 합해야 3만 명 정도였기 때문이다.[8] 그러나 중앙의 세력이 두려워 유씨는 온존시켰을 것이라고 판단된다. 이 점은 그가 주도권을 장악한 후 최충헌과의 연계를 도모하는 사실에서도 짐작할 수 있다.

이후 진주목 관내는 공포분위기가 엄습하여 아무도 감히 정방의에 대항할 엄두를 내지 못하였으며, 진주는 완전히 정방의의 세력권 내에 들어가게 되었다. 진주를 장악한 정방의는 중앙에서 군대를 파견하여 그를 토벌할까 두려워하며 중앙의 권력자에게 바칠 뇌물을 모았다. 여기에서 정방의는 중앙의 권력자에게 진주의 점령이 중앙정부에 대한 반란이 아님을 강조하고 만일 자신에게 진주의 주도권을 인정해 준다면 앞서 봉기를 감행했던 공사노예들을 소탕하고 진주지역에 대한 최충헌의 토지사유화를 더욱 촉진시키겠다는 약속을 한 것 같다. 최충헌은 이 제의를 받아들였다. 그의 입장으로는 정권

7) 《高麗史》 권 128, 列傳 41, 叛逆 2, 鄭方義.

8) 李貞信, 〈晋州民의 抗爭〉(《高麗武臣政權期 農民·賤民 抗爭研究》, 高麗大 民族文化研究所, 1991), 255쪽 〈表 3〉 참조.

을 장악한 지 3년이 지났는데도 중앙의 통제력이 지방에까지 미치지 않아 야기된 사건이므로 우선은 그 제의를 받아들일 수밖에 없었을 것이다. 즉 이 사건은 중앙 통치체제가 문란해짐에 따라 지방세력이 중앙에서 파견한 관리를 억누르는 전형적인 예로서 파악할 수 있다. 이는 그가 반란을 일으키기 전에 중앙 권력층의 대토지소유에 불만을 품고 대치하던 지방 토호의 성격과 완전히 위배되는 것이었다. 진주민을 살육하고 중앙의 권세가에게 환심을 사려는 정방의의 태도에 분노와 배반감을 느낀 농민들은 정방의에게 대항하기 위해 이웃 陜州의 奴兀部曲民에게 구원을 요청하게 되었다.

합주에는 이미 정방의가 진주에서 실권을 잡기 이전부터 반민이 존재했던 것으로 보여지는데 언제 어떤 연유로 일어났는지는 정확히 알 수가 없다. 이제 합주민과 진주민이 힘을 합쳐 정방의를 공격하는 과정을 살펴보자.

> 이 때 陜州에 光明計勃이라는 적이 있었는데 역시 세력을 부리어 그 지방의 큰 해가 되었다. 方義와 원수가 된 진주사람 20여 명이 협주의 적에게 가서 투항하고 군사를 청하여 그를 치고자 하니 적이 그 요청을 들어주었다. 방의가 출격하여 그들을 쫓아버린 후 이긴 기세를 타서 奴兀部曲에 이르러 그 무리들을 다 죽였다(《高麗史》 권 128, 列傳 41, 叛逆 2, 鄭方義).

합주의 노올부곡을 중심으로 반란이 일어난 점으로 보아 아마 그들은 군현으로의 승격, 즉 신분해방이 중요한 목표였을 것이다. 합주에서는 부곡민 외에도 이 봉기에 가담했던 사람 중 유민들도 상당히 많았으리라고 생각되는데 다음 사료에서 어느 정도 그 실상을 알 수 있다.

> 東南海安撫使 鄭應文이 보고하기를, '溟珍·松邊·鵝洲(모두 거제도에 있음 : 인용자 주) 3현의 해적 佐成 등 820명이 투속하였으므로 이미 陜州 三岐縣(三嘉)에 歸厚·就安의 場을 두고 晋州 宜寧縣에 和順場을 두어 거처하게 하였습니다'하니 群臣들이 하례하였다(《高麗史》 권 15, 世家 15, 인종 6년 10월 임자).

위의 내용으로 이미 인종대에 거제도를 거점으로 해적이 출현했음을 알 수 있다. 거제도에 소속되어 있는 명진·송변·아주는 고려 말기에 왜구의 잦은 침입으로 주민들이 모두 없어졌다가 조선시대에 와서 복구되었다고 한다. 《경상도지리지》에서 巨濟縣의 인구수를 보면 호구는 123호이고, 남자는 423명, 여자는 522명이었다. 위의 사료에서 거제현의 해적 820명이 투속하였다고 하는데 이들은 대체로 거제현에 살고 있던 주민이었으리라 생각된다. 인종대에 왜구의 침입에 관한 사료가 나오지 않는 것으로 보아, 이들은 농경이나 어업에 종사하거나 아니면 뱃길을 이용한 해상무역에 종사했으리라 생각되는데 지방관의 탐학, 흉년, 풍랑 등으로 생계를 잇기가 곤란해지자 어쩔 수 없이 해적이 되었을 것이다. 이처럼 불가항력으로 도적이 된 그들로서는 국가에서 토지를 분배하고 경작권을 보호해 준다고 선무하자 즉시 항복하지 않을 수 없었다. 그리하여 국가에서 그들을 정착시킨 지역이 합주의 삼기현과 진주의 의령현이었다. 그러나 이주한 지역에도 자신이 소유한 토지가 없는 그들로서는 거제현에서 살던 때와 마찬가지로 생계가 어려웠으리라는 것은 추정이 가능하다. 특히 12세기 이후 농업생산량의 증가에 따라, 권력가의 대토지소유와 지방관의 가혹한 수탈은 무신정권 이후 중앙의 통제력이 약화됨에 따라 더욱 극심하게 전개되었다. 이때 합주 노올부곡에서 光明計勃이 봉기하자 이주민들은 여기에 적극 호응하여 합류하지 않았나 보여진다.

따라서 합주 광명계발의 난은 전호와 부곡민들이 주축이 되어 일어난 것이라고 생각되는데, 부곡민이나 전호가 신분은 다를지 모르나 수탈로 인한 생활 조건은 비슷했으므로 함께 봉기하게 된 것이다. 특히 부곡민은 공주 명학소민의 봉기로 인해 한때나마 신분이 양인으로 승격되거나 여러 부곡이 군현으로 승격되는 것에 고무되어 그들도 양인이 되기 위해 봉기한 것으로 보여지는데, 이 점은 그 주모자의 이름이 새로운 밝음을 갈구하는 「光明」이라는 사실에서 추정된다. 또는 미륵신앙처럼 새 세상을 기대하는 종교성이 내재된 것이 아닌가 생각되지만 정확한 사실은 잘 알 수가 없다.[9]

앞의 사료에 의하면 진주민이 합주로 가서 함께 정방의를 공격할 것을 요청하자 합주의 반민들은 즉시 승낙하였다고 한다. 중앙의 후원을 받는 강력한 정방의의 세력에 맞서서 싸워야 하는 것이 그들로 볼 때는 부담스럽고 패배할 위험성을 내포하고 있기는 하지만 진주민이 그들처럼 수탈당하는 피

---

9) 旗田巍는 陜州 반란의 주모자인 光明計勃은 그 명칭으로 보아 종교적 지도자가 아니었을까 하고 추측했으며(〈高麗の武人と地方勢力—李義旼と慶州〉, 《朝鮮歷史論集》上, 龍溪書舍, 1979), 李丙燾는 그 이름의 특이함에 비추어 외국인 포로로 추측하였다(《韓國史—中世篇—》, 乙酉文化社, 1961, 496쪽).

지배층이라는 공감대 외에도, 진주지역민 속에는 합주·진주로 분산하여 거주시켰던 거제현의 옛주민들이 있어서 무신정권 이전부터 교류가 있었기 때문에 쉽게 응할 수 있었던 것이 아닐까. 그리고 이미 백성들의 원성의 대상인 정방의를 타도한다면, 반란영역이 확대되어 중앙정부에 대해 그들의 요망사항을 관철시키기가 훨씬 용이할 수도 있다는 점에서, 진주민의 제의는 그들에게 불리하기만 한 것은 아니라고 생각했던 것 같다.

그러나 그들이 합세하여 정방의를 친 결과는 참혹했다. 그들은 참패했을 뿐 아니라 오히려 정방의에 의해 그들의 근거지인 노올부곡까지 공격당함으로써 전멸을 면치 못하였다. 주민들의 호응도 받지 못하는 정방의가 승리를 거둔 이면에는 이미 진주를 장악하여 진주목내의 보승·정용군까지 그의 지휘하에 두게 된 군사력과 더불어 정부의 지원이 있었으리라 보여진다. 정부측에서 볼 때는 정방의가 지방에서 반란을 일으켜 마음대로 주도권을 장악했다는 점에서는 그렇게 탐탁한 인물로 보이지 않았을지는 모르나, 그보다는 농민·천민의 봉기가 훨씬 심각한 양상을 보이고 있었으므로 이를 진압하기 위해서는 누구라도 함께 힘을 합쳐야 할 처지에 있었기 때문이다.

그 이후에도 진주 주민들은 정방의를 치기 위해 주변의 농민, 부곡민들과 힘을 합쳐 끊임없이 공격하였다. 그들이 합주 부곡민과 함께 공격하다가 패배한 지 무려 6개월이 지난 후에야 비로소 진주민은 정방의의 세력을 완전히 제압할 수 있었다.

> 진주사람들이 정방의를 죽였다. 그 동생 昌大가 200여 명을 이끌고 성에 오르니 고을사람들이 그를 공격하였다. 이에 창대가 도망가고 그 무리들도 또한 흩어지니 진주가 평정되었다(《高麗史》 권 128, 列傳 41, 叛逆 2, 鄭方義).

진주사람들은 정방의의 세력을 축출하기 위해 많은 노력을 기울였다. 정방의의 뒤늦은 민심수습은 그가 진주 주민들을 6,400명이나 무고하게 살상했다는 점에서 근본적으로 불가능하였다고 보여진다. 이에 정부도 더 이상 정방의를 지지하지 않았다. 초기의 공사노예의 봉기가 비록 주리를 죽이는 형태로 나타나긴 했지만, 이것은 국가에 대한 저항으로 볼 수 있는 것에 비해, 이제 진주민 봉기의 목적은 정방의 타도라는 모습으로 축소되었다. 따라서 정부로서는 진주민의 봉기가 단순히 토호와 지역민과의 갈등으로 파생된 것이라면, 계속 정방의를 도와서 주민들의 원성을 살 필요가 없었다. 더구나 청도의 운문산에는 반민들의 근거지가 온존하고 있었으므로, 이들이 정부가 주민들을 학살한 정방의를 돕는다는 것을 구실로 진주민과 합세한다면 봉기의 양상은 더욱 확대될 우려가 있었다. 오히려 진주민을 부추겨서 정방의를 제거한다면 최충헌으로서는 그의 기반을 확립하는 데 더욱 유리할 수도 있었다. 이제 정부는 완전히 방관적인 자세로 돌아섰다. 이에 정방의는 고립무원의 상태에서 오로지 자신의 군사력으로 억압적인 통치를 계속하였으나 정부의 후원이 없는 상태에서 원한으로 더욱 가열된 진주민의 항거를 당해낼 수 없었다. 드디어 정방의가 진주사람들에게 잡혀 죽임을 당하자 그의 아우 정창대와 나머지 측근들도 모두 숨거나 도망하였다. 이로써 정방의의 반란은 진주민에 의해 종식되게 되었다.

중앙의 권세가를 배경으로 한 지방관과 토호와의 사이에서 더욱 많은 수탈에 시달리던 공사노예의 봉기는 이를 진압하는 과정에서 토호인 정방의의 등장을 가져왔으므로, 진주민의 항쟁은 일반적인 민란과 성격이 다름은 더 말할 나위가 없다. 이 같은 정방의의 반민중적 성격은 전체 진주민의 분노를 사게 되어 결국 주민들에 의해 타도되고 말았다. 그러나 진주목에서는 정방의가 타도된 이후에도 그들이 바라는 요구 조건은 거의 수렴되지 않았다. 안찰사에 의한 일시적이고 미봉적인 무마책은 있었을지도 모르지만, 노예나 천민들의 신분 상승이나 대토지소유의 반대 등 본질적인 문제는 더욱 악화되고 있었다. 특히 앞서 본 바와 같이 정방의는 주민들을 6,400여 명이나 죽였고, 그로 인해 주민과 주리와의 갈등은 더욱 심화되어 무려 1년간이나 소요상태에 있었으므로 진주는 황폐해졌다. 결국 진주주민들이 승리를 거두었다고는 하지만 정씨를 중심으로 한 토호를 몰아내는 데 그쳤을 뿐 농민들은 농사를 제대로 짓지 못하여 그들 또한 피해가 막심하였다. 이 때를 틈타 최충헌은 진주를 완전히 자신의 영유지로 만들었으니 결과적으로는 진주민이 최충헌의 반대세력인 토호들을 제거시켜 준 셈이 되어버렸다.

따라서 농민·천민·노예들이 힘써 정방의를 타도함으로써 얻은 성과는 별로 없었다. 이후 진주의 대다수 토지들이 최충헌의 농장으로 흡수되어 버렸으므로 농민들은 전호나 유민이 되는 수밖에 없었다. 다시 난을 일으키기에는 관군의 세력이 만만치 않았다. 피지배층은 그들을 함부로 죽이고 수탈하던 토호와 대결하여 끝내는 승리를 거두었으나, 오히려 최충헌의 세력을 공고히 하는 결과가 되고 말았다.

비록 진주민의 항쟁은 허망하게 끝나고 말았으나 부당한 억압을 배제하기 위해 피지배층이 연합하여 끈질기게 싸워 그들의 힘으로 주리를 몰아낸 것은 중요한 의미를 지닌다고 보여진다.

(3) 경주민의 항쟁

가. 명주·경주·금주에서의 농민봉기 양상

경주지역의 농민항쟁은 이의민정권 때부터 끊임없이 계속되었다. 즉 명종 20년(1190)의 경주, 동왕 23년의 운문·초전민의 봉기에 이어 신종 2년에는 경주·명주를 중심으로 다시 농민들이 봉기하였다. 여기에서는 최충헌집권 이후 경주지역 농민항쟁의[10] 성격을 살펴보자.

최충헌집권 이후 신종 2년에 처음 농민들이 봉기한 곳은 溟州에서였다. 그들은 三陟·蔚珍 두 현을 함락시켰고,[11] 이어서 東京에서 일어난 농민군과 힘을 합쳐 義城 등 주변의 주현을 침략하였다.[12] 그들이 반란을 일으킨 원인은 여느 민란에서 볼 수 있는 바와 같이 토지소유관계의 모순으로 인한 농민의 궁핍함과 지배층의 탐학이었을 것이다. 명종 18년 3월의 조서에서 파악할 수 있듯이 당시 고려사회의 당면한 과제가 대토지겸병으로 인한 유이민의 증가였다. 최충헌 역시 정권을 유지하고 농민들의 동요를 막기 위해서는 대토지소유의 억제가 불가피하다고 판단하고 봉사10조에서 이를 거론하였다. 그러나 봉사의 후속 조치로서, 신종대에 그가 이 같은 정책을 원활히 수행하기 위해 제도적 장치를 마련한 기록은 보이지 않는다. 오히려 최충헌은 자신의 정치적 기반을 백성이 아닌 자신의 힘에 의존하기 위해 스스로 대토지소

---

10) 경주민의 항쟁에 관해서는 다음의 글들이 참조된다.
金晧東, 〈高麗 武臣政權下에서 慶州民의 動態와 新羅復興運動〉(《民族文化論叢》 2·3, 1982).
李貞信, 앞의 책.

11) 《高麗史節要》 권 14, 신종 2년 2월.

12) 《高麗史》 권 57, 志 11, 地理 2, 安東府 義城縣.

유자가 되었으며 사병을 양성하였다. 결국 최충헌의 의도는 봉사10조를 통해 지배층의 재편성을 기도했다고 보여진다. 필요 없는 관리를 축출해야 한다는 명분하에 정치적인 세력을 강화하였고, 대토지소유자를 근절해야 한다고 하여 이의민 族人이 소유했던 토지를 빼앗아 그나 그에게 동조하는 慶州吏에게 분배하여 경제적인 재편성을 이룩하려 했으리라 생각된다. 따라서 이의민의 사후에 자신의 토지를 되찾기를 희망했던 농민들은 정부의 기만책에 분노가 더욱 커지게 되었다 요컨대 농민봉기는 토지소유로 인한 모순이 해결되지 않는 한 불가피한 것이었다.

그런데 난이 일어난 지 불과 두 달이 되지 못하여 반민들은 항복하였다. 이유는 宋公綽의 설득이 주효하여 항복했다고 한다.[13] 그런데 사전에 치밀한 계획을 세워서 일으켰으며, 난의 규모가 점차 확산되고 있었던 것을 감안한다면 이들이 너무 쉽게 굴복한 느낌이 든다. 더구나 송공작은 왕의 명을 받아 명주의 반민들을 회유하였는데, 울진·동경 반민들의 우두머리까지 와서 항복했다고 한다. 이들이 반란을 포기했던 이유는 농민들의 절박한 토지소유관계 모순의 해결보다는 金順 등 반민 지도부에 대해 일정한 권익을 보장한 정부의 설득이 주효했을 것이다.[14] 반민 지도부의 항복 결정은 그들을 믿고 봉기했던 농민군에게 큰 배신감을 느끼게 하여 항복을 권유하는 정부나 반민 지도층의 의사를 따르지 않고 운문산과 태백산으로 들어가서 항쟁을 계속하였다. 태백산에 관해서는 신종 6년(1203) 8월에 정부군의 토벌로 太白山賊魁 阿之를 붙잡은 기록이 보인다.[15] 아마 늦어도 신종 2년부터 이곳이 반민들의 근거지가 되었으리라 추측된다.

운문산에 들어간 농민들은 주변의 농민들을 포섭할 뿐만 아니라 노예들까지도 호응하도록 부추겼다. 당시 운문산은 명종 23년(1193)의 운문·초전민의 봉기 이래로, 피지배층의 입장에서는 정부의 가렴주구 등이 미치지 못하는

13) 《高麗史節要》 권 14, 신종 2년 3월.

14) 慶州 金氏는 옛 신라의 왕족으로서 고려시대에는 경주 토호였다. 따라서 金順 등은 농민들의 목적과는 달리 무신정권 성립 이전 문신들의 경주에서의 기득권 회복과 함께, 운문·초전민의 봉기 이후 경상도지역의 재편성으로 약화된 경주 지역세의 회복이 더 큰 목적이었으리라 생각된다(李貞信, 앞의 책, 200쪽).

15) 《高麗史節要》 권 14, 신종 6년 8월.

안락한 근거지로 인식되어진 것 같다. 그리하여 운문산의 농민군은 명종 24년 이후에는 그리 활발하게 싸우지는 못하였지만, 사회적으로 수탈당하는 계층에서 흘러 들어오는 사람들에 의해 점차 인구가 늘어나고 전력도 강화되고 있었다. 이 속에는 노예들도 포함되어 있었으니, 신종 3년 5월에는 밀성 관노 50여 명이 관가의 은기를 훔쳐 운문산의 반민에게 합류했다는 기록도 보인다.[16)]

또한 신종 3년 8월에는 경상도 金州(金海)에서 호족과 대립하고 있는 주민들이 보인다. 즉 금주의 雜族人들이 모의하여 무리를 지어 난을 일으켜 호족들을 죽이니 호족이 성밖으로 피신하였다고 한다. 副使 李迪儒가 활을 쏘아 저지시키려 하자, 그들이 항의하기를, "우리들은 포악하고 탐오한 자를 제거하여 고을을 깨끗이 하고자 하는데 무슨 이유로 우리를 쏘는가" 하였다. 이에 적유가 외적으로 잘못 알았다고 거짓으로 사과하고, 성밖의 호족과 비밀리에 모의하여 이들을 협격하여 죽였다고 한다.[17)] 이 봉기는 금주의 잡족인이 토호인 호족의 수탈에 저항하여 일으킨 것으로, 이들의 항의에 의하면 호족과의 갈등만을 강조하고 중앙에서 파견된 관리들과는 별다른 적대감을 나타내고 있지 않다. 이 또한 앞서 진주의 정방의처럼 주현에 대한 중앙통제력의 약화에 편승해서 토호들이 발호하여 농민 수탈을 강화함에 따라 발생했던 소요였음을 알 수 있다.

김순이 항복함에 따라 경주의 소요는 일단 소강상태에 접어들었다. 이 때 경주에서는 각 토호들 사이에서 주도권 다툼이 일어났으니, 대표적인 것이 이의민 세력과 최충헌을 배경으로 하여 새롭게 등장한 관료세력이었다.

慶州副留守 房應喬를 파면하고 郎中 魏敦謙으로 대신하게 하였다. 처음 최충헌이 이의민의 친족을 처단할 때 慶州別將 崔茂가 경주 관리의 명을 받들어 이의민의 친족인 思敬 등 여러 사람을 잡아서 형벌을 내렸다. 이에 사경의 친족인 伯瑜 · 直才 등이 원망하며 응교에게 호소하기를, '茂가 난을 일으키려고 합니다' 하였다. 방응교가 이 말을 믿고 그를 가두었더니 백유 · 직재가 밤에 옥에 들어가서 최무를 죽였다. 그런데 응교가 함부로 살해한 죄는 묻지 않고 도리어 무의 族人인 用雄 · 大義 등을 잡아죽이려고 하니 州人이 분노하고 원망하였다.

16) 《高麗史節要》 권 14, 신종 3년 5월.
17) 《高麗史節要》 권 14, 신종 3년 8월.

얼마 후에 용웅·대의가 백유·직재를 죽이니 용웅 또한 다른 사람에 의해 살해당하였다. 이에 대의 등이 주의 무뢰배를 모아 횡포한 짓을 함부로 하였는데 응교 또한 제어하지 못하였다(《高麗史》 권 21, 世家 21, 신종 3년 12월).

신종 초의 경주는 완전히 무법천지였다. 최충헌은 그가 쿠데타를 일으킨 명종 26년(1196)에 이미 이의민의 삼족을 처단했다. 이의민의 족인을 죽일 때 앞장섰던 인물은 경주 최씨인 별장 최무였다. 이처럼 이의민이 제거됨으로써 경주 이씨의 세력이 약화된 데 비해 고려 전기부터 명문귀족이었던 최씨의 지위가 강화되었다. 최무가 이의민의 족인을 죽인 것은 최충헌의 명령에 의해서라고 판단되는데 이로써 경주 최씨는 최충헌과 일정한 연계를 가지게 되었다. 이제 이의민의 세력은 약화되어서 나머지 친족들을 방면하더라도 경주는 별다른 동요가 없을 것이라고 생각한 최충헌은 회유책의 일환으로써 그가 집권한 지 5년만인 신종 3년(1200)에 이의민의 남은 족인들을 풀어주었다. 그러나 경주에서 정치적 주도권 외에 경제적 기반을 보유하고 있던 이의민의 족인들은 자신의 세력권에 최충헌을 배경으로 한 새로운 관료세력의 정치적·경제적인 침투가 강화되자, 서로 견제하여 드디어는 유혈사태까지 초래하게 되었다.

이와 같은 의민파와 충헌파의 대립은 현재 권력을 장악하고 있는 자가 최충헌이었으므로 당연히 충헌파의 우세로 속단할 수 있지만 이의민 족인들의 세력 또한 만만치 않았다. 더구나 최충헌은 경주 토호들의 주도권 쟁탈전에만 매달릴 겨를이 없었으니 그것은 진주에서의 분란 때문이었다.

최충헌정권의 취약성을 간파한 이의민 족인들은 앞서 경대승정권기에 경주를 그들의 영역권 내에 두었듯이 이번에도 주도권을 빼앗기지 않으려고 노력하였다. 그러나 그들의 배후세력이었던 이의민이 존재하지 않는 지금, 장기적으로는 불리할 수밖에 없었다. 결국 이의민파인 伯瑜·直才가 죽임을 당하고, 최충헌과 연결되고 있던 최무의 족인인 대의가 주도권을 장악했다. 이 틈을 타서 정부는 이의민파이거나 그들에게 호의적이었던 경주부 유수 방응교를 파면하고 위돈겸으로 대신하게 하였다. 그리하여 경주지역의 주도권 쟁탈전은 이의민파의 패배로 끝나게 되었다.

김순 등과 같이 무신정권의 성립 이전에 강력한 세력을 자랑하던 토호들은 이의민이 살해되고, 의민파의 세력이 제거됨에 따라서 그들이 다시 경주를 장악할 수 있으리라는 기대를 품었다. 그런데 사태는 엉뚱하게 변질되었다. 이의민세력이 제거됨에 따라 최충헌과 연결된 관리들이 경주의 주도권을 장악하게 된 것이다. 따라서 일찍이 최충헌이 김순에게 경주의 지배권을 이전의 문신토호들에게 돌려주기로 했던 약속은 무위로 돌아가 버리게 되었다. 이에 경주 김씨를 중심으로 한 옛문신 귀족들은 무신정권하에서 그들의 영화를 되찾기가 어려움을 간파하고 옛신라의 부흥을 꿈꾸게 되었으리라 생각된다. 따라서 신종대의 신라부흥운동은 경주의 토호들이 주도하여 일으킨 것으로 판단된다.

나. 신종 5년의 신라부흥운동

경주지역의 소요는 비록 金順과 今草가 항복했으나, 그 이후에도 운문산·태백산을 중심으로 간헐적으로 계속되고 있었으니, 신종 5년(1202) 8월에 최충헌이 문무관리들과 경주의 일을 의논했다고 한 것으로 보아 경주지역은 계속 소요상태에 있었음을 알 수 있다. 경주민의 항쟁은 주로 운문산을 근거지로 삼아 이루어졌다고 보여지는데 여기에는 최충헌정권이 약속을 지키지 않아 세력을 만회하지 못한 경주토호들도 함께 가담했으리라 생각된다. 토호들은 이제 농민의 지도자가 되어 주도권을 장악한 후, 경주 주위의 군현까지 점차 영역을 확대하여 신라부흥의 기반으로 삼으려 했던 것 같다. 그들의 첫 시도는 평소에 사이가 좋지 못했던 永州를 침공하는 일이었다. 慶州別抄軍은 雲門賊 및 符仁寺, 桐華寺 등의 승도들을 끌어 모아 영주를 공격하였다.[18]

영주는 고려 초 臨皐縣에 道洞·臨州 두 현을 합하여 설치된 지역이었다. 성종 14년(995)에는 永州刺史로 삼았고 현종 9년(1018)에는 경주에 내속시켰다가 명종 2년(1172)에 감무를 두었다. 따라서 영주는 현종 9년부터 경주에 속해 있다가 명종 2년에 감무가 설치됨으로써 비로소 경주에서 독립하였는데, 그 속현으로서 梨旨銀所가 있었다. 이 지역은 현종 때 영주가 경주의 속현이 되자 함께 이곳에 속해 있었다. 그러다가 후에 영주에 감무가 파견됨으

---

18) 《高麗史》 권 20, 世家 20, 신종 5년 10월.

로써 이지은소는 다시 영주의 관할로 바뀌게 되었다.

《경상도지리지》에 의하면 "慶州吏民 起兵謀叛 來侵郡境"이라 하여 경주민과 주리가 함께 영주를 공격한 것으로 되어 있다. 경주민이 영주민과 감정이 좋지 않았던 이유는 알 수 없으나 두 지역 주민들의 대결이라면, 이는 단순한 개인적인 감정상의 문제라기보다는 두 지역의 이해관계가 얽힌 것으로 짐작된다. 만일 그렇다면 이지은소의 소유권을 둘러싼 암투로 볼 수 있지 않을까 생각된다.

고려시대 貢賦는 농민의 개별적 부담이 아니라 집단적 부담으로서, 매년 미리 주·부·군·현 등지에 貢額을 일괄적으로 책정·할당하였다가 이것이 지방관리의 책임하에 왕실·정부의 각 기관 등에 헌납되었다. 그런데 종래 속현을 영유한 주읍은 그 속현을 착취대상으로 간주하여, 위로부터 배정 받은 각종 부담을 이들 속현에 과중하게 부과시켰을 뿐만 아니라 주읍의 몫까지 떠맡기는 것이 예사였다.[19] 그런데 경주의 경우, 명종대에 와서 이곳의 속군현이었던 長鬐縣·永州郡·興海郡·慶山縣 등에 각기 감무가 파견됨으로써 속군현이 줄어들게 되었다.[20] 여기에 경주에 소속되어 있던 이지은소까지 영주에 귀속하게 되니 경주민이 국가에 부담해야 하는 공액이 증가하게 되는 것은 자명한 이치였다. 특히 이지은소는 은을 생산하는 특수지역이므로 공물에서 차지하는 비중이 상당히 높을 수밖에 없었다. 따라서 경주민으로서는 그들에게 막대한 이익을 가져다주는 중요한 수탈대상의 하나를 잃어버린 셈이었다. 국가에서는 경주민의 공부가 가중됨에 따라 어느 정도 감면해 주었을 것이지만 속군현을 많이 거느리고 있었던 이전보다는 부담이 훨씬 무거웠으리라고 생각된다. 이에 경주민은 이지은소만이라도 그들의 지역에 다시 내속시킬 것을 요구했을 것이다. 그러나 영주민의 입장에서는 이지은소가 경주에 내속되면 그들 지역 또한 공부의 부담이 많아질 것이므로 들어줄 의사가 없었을 뿐 아니라 이는 국가의 소관사항이었다. 이 같은 지역간의 갈등이 경주 吏民으로 하여금 영주를 공격하게 한 원인이 되었다고 보여진다. 이

19) 李樹健, 〈朝鮮初期 郡縣制整備와 地方統治體制〉(《韓國中世社會史硏究》, 一潮閣, 1984), 413쪽.

20) 《世宗實錄地理志》 권 150, 慶尙道 慶州府.

와 비슷한 예는 명종 2년에 成州人이 인종대까지 그들의 부곡이었던 三登縣을 공격하는 것에서도 유추할 수 있다.[21] 다른 한편으로는 경주 이민 또한 정부의 승인없이 영주의 이지은소를 강제로 빼앗아 올 수 있다고 확신하지는 않았을 것이다. 영주의 공격은 그 지리적 위치로 보건대 반란의 전초전이라는 의미도 있었다.

경주 이민들의 영주 공격은 영주 이민의 완강한 저항으로 실패하였다. 그러나 별초군 · 승도 · 운문산 반민 등에 의한 연합세력 형성과 가능성에서 힘을 얻은 경주토호들은 신라부흥을 구체적으로 실현시키기 위하여 우선 그들의 구심점이 될 왕을 선정하였다.

> 경주인이 반란을 도모하여 비밀리에 郎將同正 裵元祐를 前將軍 石成柱가 귀양가 있는 古阜郡에 보내어 설득하기를, '고려의 왕업은 거의 다 쇠진되었으니 신라가 반드시 부흥할 것입니다. 공을 왕으로 삼아 沙平渡를 경계로 삼고자 하는데 어떻습니까' 하니 성주가 거짓으로 기뻐하며 원우를 집에 머물게 하고는 은밀히 군수 惟貞에게 가서 그것을 고하였다. 유정이 원우를 잡아 안찰사에게 보내니, 안찰사는 중앙에 알린 후에 죽였다(《高麗史節要》 권 14, 명종 5년 11월).

경주토호들은 신라를 부흥시키기 위하여 우선 국왕을 선정, 반란의 구심점으로 삼은 이후에 사평도를 경계로 한강 이남지역을 회복하려고 하였다. 그들은 고려를 완전히 무너뜨릴 계획을 세운 것은 아니었고 한강 이남인 옛 삼국시대 때의 신라영토를 회복시키는 데 주안점을 두었던 것 같다. 경주토호들이 석성주를 왕으로 옹립하려 했던 이유는 최충헌에 의해 유배되었던 인물인 만큼 반최충헌세력의 규합에 용이할 뿐만 아니라, 경주의 토호가 아니므로 실권은 그들이 장악할 수 있으리라는 기대가 중요한 요인으로 작용했을 것이다. 그러나 석성주는 최충헌에 반대했으나 고려왕조에 대해 부정적인 입장은 아니었으며, 옛신라에 대한 애착심도 없었다. 그리하여 석성주를 왕으로 추대하고 사평도를 경계로 신라를 부흥시키겠다는 경주토호들의 시도는 그가 관아에 밀고함으로써 실패하였다. 신라부흥을 기도했던 토호들은 석성주의 밀고로 이 사실이 중앙에 알려지게 되자, 정부로부터 보복당할 것을 두려워하지 않을 수 없었다. 이 시도는 명백히 국가에 대한 반역을 의미

---

21) 《高麗史節要》 권 12, 명종 2년 6월.

하는 것이므로 그들이 체포되면 죽임을 당하는 것은 당연한 순서였다. 그래서 그들은 먼저 안찰사에게 용서를 구하였다. 안찰사로서도 경주지역의 소요가 계속된다면 그 또한 문책을 당할 것이므로, 토호들의 항복을 받아들여 지역안정에 주력하고자 했다.

경주토호들의 주도하에 일으켰던 신라부흥운동은 여기서 일단 그친 듯하며 더 이상 확산될 조짐을 보이지 않았다. 그러나 최충헌은 비록 그들이 항복했으나 신라부흥을 시도했던 일은 그대로 묵과할 수 없다고 판단하고, 토호들의 기세가 약해진 틈을 타서 군대를 파견하여 경주지역을 횡행하던 난민들을 소탕하기로 결정하였다. 따라서 이후에 발생한 농민봉기는 정부의 토벌작전에 대응하여 맞서는 과정에서 점차 확산되어 간 것으로 보인다. 이제 경주민의 봉기는 토호들이 주도했던 신라부흥의 성격보다는 농민들이 주체적으로 일어선 농민항쟁적 성격을 강하게 띠고 있었다. 물론 경주토호들 중에서는 신라부흥을 고집하며 끝까지 고려정부에 항쟁했던 利備 같은 강경파도 있어 농민들과 함께 대항했음을 부정할 수 없다.

경주토호들의 항복의사에도 불구하고 최충헌은 대대적으로 군대를 파견하였다. 그는 이 때를 틈타 경주민의 반정부 항쟁을 말살시키려고 하였다. 이것은 그가 정권을 유지해가는 데 경주민의 반정부적인 성향이 계속 걸림돌로 작용할 것을 감지한 데서 연유하였다고 보여진다. 더구나 그가 군대를 파견했던 신종 5년은 진주지역의 소요도 끝나 경주에 전력을 기울일 수 있는 여건이 조성되어 있기도 하였다. 최충헌은 대장군·직문하성 金陟侯를 招討處置兵馬中道使로 삼고 형부시랑 田元均을 그 부장으로, 대장군 崔匡義를 좌도사, 병부시랑 李頣를 그의 부장으로, 섭대장군 康純義를 우도사, 지합문사 李維成을 그 부장으로 삼아 경주를 토벌하게 하였다.

경주민은 이곳을 가혹하게 진압함으로써 다른 지역에서 함부로 난을 일으키지 못하게 하려는 최충헌의 의도가 드러나게 되니, 이제는 그들의 목숨을 지키기 위해서라도 맞서지 않을 수 없었다. 그들은 운문산·울진·초전의 농민군과 연합하고, 상주·청주·원주에 격문을 보내어 함께 대항할 것을 요청하였다.[22] 운문산과 초전은 명종 23년에, 울진은 신종 2년에 농민들이 봉기

---

22) 《高麗史節要》 권 14, 신종 5년 12월.

하였던 곳이다. 이로 보아 이들 지역은 정부의 강압책에 눌려 일시 수그러졌지만 여전히 농민봉기의 진원지로 남아 있었음을 알 수 있다. 이 때에 농민군을 이끌고 정부군에 대항했던 대표적인 인물이 利備와 孛佐였다.

그런데 이들에 대하여 《고려사》와 《고려사절요》에는 이비·패좌로 되어 있지만, 田元均 묘지명에는 "東京義庇之黨 與草賊巨魁勃尤起兵"이라고 적고 있다. 이는 이름이 조금 다르기는 하나 그 연대와 전후 문맥으로 보아서 같은 인물임은 의심할 여지가 없다. 그리고 이비의 경우에는 "東京賊徒 都領利備"로 기술되어 있기도 한데, 그가 도령이라고 한 점으로 보아 경주토호였으리라 짐작되며, 패좌와는 달리 신라부흥에 대해 어느 정도는 미련을 버리지 못한 인물이라고 생각된다. 이에 비해 패좌는 초적이라는 용어나, 운문산을 근거지로 삼았던 점으로 보아 일반 농민이나 천민으로서, 어느 시기라고 단정지어 말할 수는 없으나 운문산에 들어와서 농민군의 지도자가 된 인물이었을 것이다. 이 두 사람이 경상도 지역의 농민항쟁에서 가장 대표적인 세력권이었다. 따라서 신종 5년(1202)의 경주지역민의 국가에 대한 항쟁은 신라부흥에 애착을 가지고 이를 실현시키는 데 목적을 두었던 이비부대와 순수한 민란적인 성향으로 국가의 수탈체제에 대한 저항의 성격이 강한 패좌의 두 부대가 연합하여 일으키게 되었다. 만약 경주지역의 봉기가 성공리에 끝맺을 수 있었다면 두 계층의 성격 차이로 내부에서 갈등이 파생되었을지 모르지만, 그들은 우선 강력한 정부군에 저항하기 위해서는 연합항쟁이 불가피하다는 공감대가 형성되었던 것으로 보인다.

정부군은 3군으로 나누어서 반민들을 공격하였다. 즉 김척후·전원균부대인 중도사는 경주를 거쳐 운문산으로, 강순의·이유성의 우도사는 杞溪縣 등 경주 외곽지대로, 그리고 최광의·이신의 좌도사는 基陽縣 등 경주 북부 지역을 담당하여 농민군과 대치하였던 것이다. 그러므로 신종 6년 정월에는 관군과 이비부대가 기양현에서, 2월에서 3월 경에는 패좌가 이끄는 반민들이 하산하여 기계현에서 이유성의 우도사와 싸울 무렵에, 중도사의 군대는 바로 운문산을 공략했던 것으로 보인다. 운문산 기슭에서의 전투에서 반민 주력부대의 하산으로 관군은 결국 승리했으나, 그들의 저항이 치열하여 정부측도

사상자가 많이 생겼다고 한다.[23)]

농민군은 그들의 근거지를 관군에게 빼앗기게 되니 당황하지 않을 수 없었다. 그들은 이를 탈환하기 위해 운문산에 있는 관군의 주둔지를 계속 공격하였으나 관군은 굳게 지키기만 할 뿐 나가 싸우려 하지 않았다. 당시 운문산을 지키던 중도사 대장군 전원균은 오이를 심음으로써 물러날 의사가 없음을 명백히 하여, 농민군 스스로가 포기하기만을 기대했다고 한다.[24)] 운문산 속에서의 주둔은 관군에게는 불리할 수밖에 없었다. 일반 농민들 중에서 반민측에 가담하여 싸우지 않은 사람들도 모두 반민편이 되었으니 이는 관군이 농민에게 끼친 폐해가 적지 않았던 탓이기도 하였다. 따라서 관군이 운문산에 들어간 것은 농민군과의 정면대결을 의미하기도 하지만 퇴로가 끊겨 정부군이 고립되어 전멸을 당할 우려도 있었다. 이에 정부는 관군이 수비에만 급급하여 반민들을 효율적으로 제압하지 못한다는 책임을 물어 김척후를 파면하고 丁彦眞을 기용하였다.

총대장인 중도사가 교체된 후, 관군은 전열을 재정비하여 농민군을 습격함으로써 그들의 활동 영역을 축소시켜 나갔다. 또 다른 한편으로는 민심을 회유하기 위하여 곳곳에서 제사를 지냈다. 기원의 대상은 매우 다양한데, 그 대략을 살펴보면 太祖眞前·龍王·天皇·부처·山神·天神·太一 등으로서 불교·도교·민간신앙의 대상이 모두 섞여 있다.[25)] 이는 항쟁에 지친 농민들을 동요하게 하여 사기를 저하시키는 데 큰 역할을 담당했으리라 보여진다. 농민군의 동요는 계속되는 항전에서의 패배를 의미하므로, 반민지도부는 그들을 안정시키기에 주력하였다. 그 일환으로 이비 또한 일찍이 신라에서 제사를 지냈던 5악 중의 하나인 東岳에[26)] 가서 기도를 올렸다. 그는 항쟁의 정당성을 선포하고 농민군이야말로 동경산신의 비호를 받고 있음을 강조하여, 농민군의 사기를 진작시키려고 하였다. 그러나 이비부자가 관군의 눈을 피하기 위해 밤에 몰래 기도하러 갔을 때 병마사 정언진의 사주를 받은 무당의

---

23) 李奎報,《東國李相國集》권 27, 征東軍幕上都統尙書副使侍郎書.

24) 〈田元均墓誌〉(《朝鮮金石總覽》上, 朝鮮總督府, 1919), 571쪽.

25) 李奎報,《東國李相國集》권 38.
李貞信, 앞의 책, 221쪽 〈表 1〉 참조.

26) 李基白,〈新羅 五岳의 成立과 그 意義〉(《新羅政治社會史硏究》, 一潮閣, 1974).

꿈에 넘어가서 사로잡히고 말았다.27)

이비의 체포는 농민군에게 충격적인 사건이었다. 봉기의 구심체인 지도부가 이비의 죽음으로 와해되니 반민들의 사기는 더욱 저하되어 관군에 대항할 의욕조차 잃어버리고 말았다. 이에 패좌는 남은 반민들을 수습하여 운문산에 숨어 방어에만 주력할 뿐 나와 싸우려고 하지 않았다. 반민들의 대전기피로 항쟁은 장기화되었고, 농민군을 빨리 진압하고 상경하려는 관군측은 초조할 수밖에 없었다. 이 때 정언진은 반민집단 내부에서 틈이 생겼음을 간파하고, 휘하의 장수 몇몇을 보내어 패좌에게 항복을 권유하였다. 다음은 패좌의 몰락을 기술한 기록이다.

> 정언진이 또 隊正 咸延壽·康淑淸을 보내어 운문산에 가서 패좌에게 편안하게 생업을 하도록 권유하였으나 듣지 않았다. 적의 副將이 함연수에게 자주 눈짓하므로 함연수가 그 뜻을 깨닫고 밖으로 나가 칼을 가지고 들어와서 패좌를 쳤다. 패좌가 떨쳐 일어나니 강숙청이 쳐서 그 머리를 베어 서울로 보냈다. 그의 부하들이 함연수 등을 찌르려고 하니 적의 부장이 이를 꾸짖어 제지하였으므로 죽음을 면하였다(《高麗史》 권 100, 列傳 13, 丁彦眞).

앞서 패좌가 운문산의 요새지를 빼앗기고 이어 이비가 살해됨으로써, 농민군의 전의가 상실되었으리라는 것은 짐작할 수 있다. 그래서 농민군 내부에서는 관군에 항복하여 목숨을 부지하고자 하는 사람들이 생겨나게 되었다. 정언진은 이 때를 틈타 회유사절단을 보냈던 것이다. 위의 내용에서 보는 바와 같이 패좌는 측근의 배신으로 죽임을 당하였는데, 이는 정부측의 고도의 이간책이 맞아떨어진 결과로 파악된다. 패좌가 죽자 농민들은 곧 반격을 시도하였다. 그리나 그들은 패좌의 부장을 비롯한, 정부와의 강화를 원하는 세력에 눌려 더 이상 저항하지 못하였다. 이후 정언진은 남은 농민군을 완전히 소탕하기 위해 다시 운문산에 주둔하면서 山角·得光의 항복을 받고 반민들의 근거지를 불태워 버렸다. 그러나 운문산이나 태백산 일대에는 여전히 잔존세력이 남아서 끝까지 항거하고 있었으므로, 최충헌은 대부분의 군대를 철수시키면서 안찰사 朴仁碩에게는 京兵 200명을 주어 남은 무리들을 소탕하게 하였다. 박인석이 신종 7년(1204) 5월에 金順 등 20여 명을 사로잡는 것을

27) 《高麗史節要》 권 14, 신종 6년 4월.

끝으로 경주민의 항쟁은 그 막을 내리게 되었다.

명종 20년부터 시작된 경주지역의 농민항쟁은 운문·초전민의 봉기에 이어 신종대에 들어와서는 신라부흥운동으로까지 확대되었다. 이 항쟁은 주변의 농민·유이민·사원세력과 연합하여 중앙정부와 직접 맞서서 저항했으며, 경상도의 전역을 장악할 정도로 규모가 컸다. 이는 명종 4년에 발생했던 서북민의 항쟁 이래로 공주 명학소민의 봉기 등 30여 년 동안 농민군이 여러 항쟁을 겪는 과정에서 오는 피지배층의 역량이 그만큼 쌓였음을 나타내는 것이었다. 그러나 최충헌의 강경한 탄압책에 밀려 농민봉기는 일단 진정되었다. 경주지역에서의 농민봉기는 東京留守가 知慶州事로 강등된 사실 외에 기록에 나타나는 것이 없으므로 지방관의 수탈, 토지겸병을 방지하여 농민적 토지소유로의 재편성 등 농민의 요구사항이 제대로 수렴된 것 같지는 않다. 역설적으로 최충헌은 이 봉기를 무사히 수습함으로써 그의 독재체제의 기반을 확고하게 다지는 계기가 되었을 뿐이었다.

그러나 그들의 생존을 더욱 어렵게 만드는 대토지겸병이 성행하여 체제내의 모순이 가중될 때 그들은 다시 일어나지 않을 수 없었다. 최충헌이 기존 중앙 정치기구인 3省 6部體制를 그대로 두고 다시 敎定都監·都房 등을 설치한 이유는 그의 독재체제를 강화하기 위함이었겠지만, 그보다는 기존 정치기구로는 분출하는 피지배층의 불만을 수습할 수 없어서, 보다 강압적으로 억누르기 위한 제도적인 장치였다고 생각된다. 이는 농민들의 의식이 봉기 이전보다 훨씬 향상되었음을 뜻하는 것이기도 하였다.

경주민의 항쟁이 끝난 지 불과 10여 년 후에, 고려는 거란·몽고의 침입을 받게 되었다. 이제 농민들은 외세의 침입에 저항하면서 국내의 지배권력에 대한 싸움을 벌이는 이중의 항전을 전개하였다. 그 중에서 전주·나주 군인들의 반란, 振威縣人의 반란, 楊水尺의 배반 등 피지배층이 고려정부에 대해 항전을 벌이는 경우도 일어나고 있었다. 이에 최충헌이 죽은 후, 새로운 집정자로 등장한 崔怡(초명은 瑀)는 이민족과의 전쟁으로 나라가 어지러울 때, 남쪽 지역에서 농민봉기가 일어날 것을 두려워하여 다시 동경유수로 승격시켰다.[28] 결국 농민들의 요구사항이 관철되지는 못하였으나 강등시킨 지 불과

28) 《高麗史》 권 57, 志 11, 地理 2 東京留守官 慶州.

15년만에 경주를 원상 회복시킨 것은 그가 새롭게 정권을 잡으면서 농민들을 회유할 필요성도 느꼈겠지만, 그보다는 농민들의 힘을 두려워하게 되었기 때문이라고 생각된다. 이러한 농민들의 힘은 이후 몽고와의 전쟁에서 외적을 방어하는 데 주도적 역할을 담당하게 되었던 것이다.

〈李貞信〉

4) 외세 침입기의 농민·천민봉기

강종·고종대에 들어오면서 무신정권이 확립되어 최씨독재정치가 시작되었다. 그러나 대토지 소유의 확대, 지방관의 수탈, 교정도감 등 새로운 권력기구의 설치 등으로 농민의 부담이 늘어갔는데, 특히 외적이 침범하여 농민의 궁핍은 전국적으로 확산되었다. 이 때 신종대의 경주지역의 농민봉기 이래로 소강상태에 빠져있던 농민들은 거란의 침입으로 고려사회가 동요함에 따라 다시 일어나기 시작하였다. 이에 본절에서는 고종 연간의 외세침입기에 발생했던 농민·천민의 항쟁을 고종 3년(1216)~17년(1230) 간의 거란 침입기, 고종 18~24년(1231~1237)의 몽고 1~3차 침입기, 고종 40~46년(1253~1259)의 몽고의 5·6차 침입기 등의 세 시기로 나누어 살펴보고자 한다.[1)]

(1) 거란침입기의 농민·천민봉기

고려 무신정권기에 최초로 가장 치열하게 일어났던 서북지역의 농민항쟁은 무려 5년 이상이나 지속된 끝에 종식되었다. 이후 무신정권 기간을 통하여 고려정부는 서경에 대한 경계를 늦추지 않고 그 세력을 약화시키려고 노력했을 뿐 아니라, 서북계에 대해서는 도령을 위무하고 중앙에서 파견한 병

---

1) 고종 18년부터 46년까지 지속된 몽고의 침입은 7차로 나누어 파악되고 있는데(1차는 18년 8월~19년 봄, 2차는 19년 8월~12월, 3차는 22년 윤7월~26년 4월, 4차는 34년 7월~35년 3월, 5차는 40년 7월~41년 정월, 6차는 41년 7월~43년 10월, 7차는 44년 5월~46년 3월), 고종 25년부터 39년까지의 15년간은 농민봉기가 보이지 않아 생략한다. 자세한 내용은 尹龍爀, 《高麗 對蒙抗爭史 研究》(一志社, 1991) 참조.

마사의 권한을 강화시키는 등 강온 양면책을 강구하였다. 정부의 서북지방에 대한 견제는 고종대에 들어와 거란·여진 그리고 몽고의 내침으로 국가체제가 해이해지면서 약화되었으니 이 시기를 틈타 발생한 사건이 楊水尺의 난이다.

무신정권기 고려에 대한 외세의 침입은 몽고에 쫓겨 남하해 온 거란으로부터 시작되었다. 고종 3년 8월 거란군 수만 명이 압록강을 건너 침입하자 고려는 3軍을 출동시켜 방어케 하였는데 이 때 양수척이 반기를 들고 거란적에 투항한 사건이 일어났다. 그들이 고려를 배반할 수밖에 없었던 까닭을 다음과 같이 설명하고 있다.

> 양수척 등이 익명으로 帖에 써서 이르기를, '우리가 고의로 반역하는 것이 아니고 妓家의 침탈을 견딜 수 없어서 거란적에게 항복하여 鄕導가 된 것이니, 만약 조정에서 이 기생들과 順天寺 주지를 죽이면, 창을 거꾸로 돌려들고 나라를 돕겠다' 하였다(《高麗史節要》 권 15, 고종 4년 3월).

원래 양수척은 천민계급으로 水草를 따라 옮겨 살며 수렵과 柳器匠·肉商 등을 일삼아 貫籍과 賦役이 없었다. 그런데 이의민 집권기에 와서 그의 아들 이지영이 朔州分道將軍으로 있을 때에 이들을 그의 愛妓 紫雲仙에 소속시키고 공물을 징수하기 시작하여, 최충헌이 집권한 이후에도 계속되었다.[2] 이에 양수척은 그 침탈을 견디지 못하여 거란이 침입하자 바로 투항하여 거란의 향도가 되었던 것이다. 최충헌은 그들의 요구사항을 듣고 자운선·上林紅 등 기생을 고향으로 돌려보냈는데, 순천사 주지 역시 이 소식을 듣고 도망가 버렸다. 양수척의 반란은 결과적으로는 고려정부에 반역하는 모습으로 나타나긴 했으나, 위정자들의 수탈에 대한 피지배층의 저항의 변형된 형태로 민란의 범주에서 파악할 수 있다.

고려를 침입한 거란족은 북방의 각 진에서 고려군과 접전을 벌이면서 남으로 이동하였다. 그리하여 8~9월에 서북·동북계를 횡행하던 거란군은 드디어 11월에는 대동강을 건너게 되어 고려는 이제 개경까지 위협을 받게 되었다. 이 때 興王寺·弘圓寺·景福寺·王輪寺·安養寺·修理寺 등의 승도로서 종군했던 자들이 최충헌을 죽일 것을 모의하여 개경 宣義門을 부수고 들어가

---

2) 《高麗史節要》 권 15, 고종 3년 9월.

관군과 대적하였다. 그들은 먼저 낭장 金德明의 집부터 찾아가 부수었는데, 그는 일찍이 음양설로 최충헌에게 아부하여 자주 요역을 일으켜서 여러 사원을 침해하였기 때문이었다.[3] 이들의 반란은 관군에 패배하여 무려 800여 명의 승도가 참살당함으로써 끝맺었다. 이 또한 사원에 거주하던 피지배층인 승도들의 대정부 항쟁으로서 그 원인이 가혹한 공역에 시달린 데에 있다는 점에서 정치적인 성격보다는 농민봉기와 같은 맥락에서 볼 수 있다.

같은 시기 이번에는 전주지방에서 반란이 일어났다. 거란이 남침하여 개경까지 위협을 받음에 따라 정부는 남부지방의 주현군까지 징발하게 하였는데 전주 군인들이 명령을 거부하고 집단으로 봉기하였다. 즉 全羅抄軍別監 洪溥는 중앙의 명령으로 전주군을 고종 3년 12월 26일에 출동시켰는데, 이들이 5일만에 다시 전주로 돌아와 주의 長吏를 죽이고 난을 일으켰던 것이다. 이로 인하여 나주지방의 군대도 출발할 수 없었다고 하니,[4] 반란의 조짐이 전라도 전역에 확산되고 있음을 알 수 있다. 이 전주 군인들의 반란도 평소 장리의 억압에 시달리던 주현군이 거란 방어에 우선하여 장리를 살해할 정도로 불만이 쌓여 있음을 드러낸 것으로서, 정부는 장군 奇允偉로 하여금 本領軍과 神騎의 두 반을 거느리고 충청도안찰사와 함께 출동하게 하여 겨우 이들을 진압시킬 수 있었다.

계속해서 이번에는 振威縣에서 난이 발생하였다.

> 진위현 사람 令同正 李將大와 直長同正 李唐必이 국가에 사단이 있는 틈을 타서 같은 현 사람인 별장동정 金禮 등과 더불어 반란을 꾀하여, 무리를 모아 縣令의 兵符와 印을 겁탈하고 창고를 열어 진휼하니 굶주린 백성들이 많이 따랐다. 그리하여 이웃 고을에 통지하되 자칭 靖國兵馬使라 하고 그 군사를 義兵이라 이름하였다. 행군하여 宗德(경기 화성)·河陽(충남 아산) 두 창고에 이르러 곡식을 풀어서 군사를 먹이고 제멋대로 꾸려서 장차 廣州를 침범하려 하였다(《高麗史節要》 권 15, 고종 4년 정월).

당시 거란은 서북방면의 여러 성들을 공략했을 뿐 아니라 3년 10월에는 楊州 沙峴浦(지금의 서울)까지 내려왔으니 서울의 바로 아래에 있는 진위현(지금의 평택)민으로서는 불안에 떨지 않을 수 없었다. 난의 주모자인 이장대와

3) 《高麗史節要》 권 15, 고종 4년 정월.

4) 위와 같음.

이당필은 스스로 나라를 편안하게 다스린다는 뜻인「靖國兵馬使」라 하였으며, 휘하의 반민들은 외세를 방어하는 데 보다 적합한 용어라고 여겨지는「義兵」이라 칭하였다. 따라서 진위현민의 봉기는 외세에 대한 저항감도 있었으리라 판단되나, 이들이 난을 일으켜 창고를 열어 진대하니 굶주린 백성이 많이 따랐다는 것으로 보아 농촌생활의 피폐가 봉기가 확산될 수 있었던 원인으로 보인다.

진위현은 작은 고을이나 삼도의 요충에 위치하여 사신과 빈객의 왕래가 잦아 가난하고 보잘 것 없는 백성과 궁핍한 아전으로서는 영접 전송이 부담스러워서, 피지배층의 지배층에 대한 불만이 특히 강한 곳이었다. 뿐만 아니라 거란이 경기도 양주를 침범했다면 머지 않아 지리적 요충지인 진위현이 공격받을 것은 당연한 순서였으므로, 진위현의 토호인 이장대·이당필 등이 농민과 힘을 모아 봉기하였던 것이다. 그들은 우선 宗德倉·河陽倉을 습격하여 군량미를 확보한 후에 광주를 중심으로 대정부 항쟁과 외세의 방어에 주력하려 했던 것으로 보인다. 고려정부는 외세의 침입보다 농민봉기의 진압에 더욱 주력하여, 중앙의 군대와 광주·水州의 군사로 토벌하게 하였으나 실패하고 이에 충주·청주·양주도의 병사를 징발하여 겨우 진압하였다.[5] 고종 4년(1217) 2월에 관군이 거란을 양주 陶公驛에서 맞아 싸워 패배한 것으로 보아, 정부가 진위현민과 합세하여 대처했다면 이길 수도 있지 않았을까 하는 아쉬움이 남는다. 실정이 많았던 정부인 만큼 농민이 의병으로 일어서는 것조차 정부에 대한 공격으로 바뀌게 될 것을 걱정하여 저지했다고 보여진다.

같은 해 5월, 이번에는 서경에서 난이 발생하였다. 당시 서경성이 견고하여 거란은 황해도·경기도까지 진격해 왔으나, 서경은 거란의 직접적인 피해를 입지 않았다. 거란은 서경을 피하여 대동강을 건너 남으로 향하였는데, 이로 인해 서경은 거란군에 둘러싸여 있는 형편이었다. 정부는 5군을 재편성하여 적군을 막게 하는 한편, 종묘 9실의 신주를 工部廳과 考工廳에 이주시켜 개경의 함락에 대비하였다. 거란이 東州(철원)·安陽都護府(춘천)·원주를 함락시키자, 정부는 서경병마사 상장군 崔愈恭과 판관 예부랑중 金成 등에게 조서를 내려 서경군사를 조발하여 위기에 빠져 있던 5군을 구원하게 했다.

5)《高麗史節要》권 15, 고종 4년 정월.

이 때 휘하에 있던 崔光秀가 반란을 일으켰다.

> 崔光秀라는 군졸이 있었는데 행군하기를 싫어해서 纛旗를 세우고 군사를 모아 서경으로 되돌아왔다. 崔愈恭이 창황하여 어찌할 줄을 모르고, 金成은 술이 취해 드러누워 일어나지도 못하였다. 이즈음 유공이 사졸을 등쳐먹기를 좋아하여 결국 그들로 하여금 원망하고 반하게 하였다(《高麗史節要》 권 15, 고종 4년 5월).

최광수는 成州출신으로서 주진군의 旗頭였다.[6] 그는 거란군을 방어하기 위하여 정부에서 서경의 군대를 징발하자 이에 반발하여 난을 일으켰다. 위의 내용에서 나타나는 바와 같이 최광수 등 서경군이 거란군과 대적하기 위해 출전했을 때, 서경병마사 최유공과 판관 김성은 하급장교들에게 지휘권을 맡긴 채 서경에서 향락에 빠져 있었다. 특히 최유공은 탐학하여 서경민의 원성이 높았다. 피지배층을 수탈하여 자신의 향락과 안위만을 보존하려는 관리의 행위에 군인들은 분노를 느껴 드디어 거란과의 전투를 포기하고 봉기하게 되었던 것이다. 최광수가 반란을 일으키자 서경민은 크게 호응하였고 그 여세를 몰아 최광수는 서경성을 점령하였다.

주민들의 적극적인 호응으로 힘을 얻은 최광수는 한걸음 더 나아가 옛고구려 회복을 내세우고 스스로는 「句高麗興復兵馬使金吾衛攝上將軍」이라 일컫고 관원과 군대를 모집하여 국가체제를 구축하였을 뿐 아니라 서북계의 여러 성에 격문을 보내 동조하도록 요청하였다. 이 난은 흡사 명종 때 조위총의 주도로 일어났던 서북민의 봉기를 연상시킨다. 그를 죽일 계획을 가지고 찾아갔던 分臺錄事 鄭俊儒 등 10여 명을 동향인이라고[7] 흔쾌히 맞이했던 까닭은, 최광수로서는 인재를 끌어모아 큰 세력을 만들어 새로운 국가를 세우고자 하는 포부의 일환으로 보여진다. 그러나 반란의 주체세력인 최광수 등 8명이 정준유에게 갑자기 암살당하여 그의 목표는 그만 무너지고 말았다. 그의 봉기가 직접적으로는 서경 지배층의 탐학과 자기 보신에 대한 분노에서 시작하였으나, 당시 대외적으로는 거란을 제대로 막지 못하여 위축되고

---

6) 李穡, 〈鄭氏家傳〉(《東文選》 100, 傳)

7) 《高麗史》 권 121, 列傳 34, 鄭顗(初名 俊儒)에 의하면 정의는 淸州人이라고 하며, 《東文選》에는 최광수가 成州人이라고 한다. 그런데 최광수가 정의를 同鄕人이라고 한 것으로 보아 이들은 어릴 때부터 서경으로 이주해서 살았다고 생각된다.

있었던 고려정부에 대한 신뢰 상실이 서경민들로 하여금 고구려 부흥까지 꿈꾸게 만들었다고 생각된다.

고종 3년 8월부터 2년 반동안 고려는 거란의 침입으로 소요에 휩싸였다가 고종 6년 정월에 여·몽 연합군에 의해 江東城이 함락당함으로써 거란이 항복하여 안정을 되찾았다. 이 때 의주에서 반란이 일어났다.

> 韓恂과 多智는 모두 義州의 戍卒로서 순은 별장이 되었고 지는 낭장이 되었다. 고종 6년에 두 사람이 반란을 일으켜 그 곳의 방수장군 趙宣과 수령 李棣를 죽이고 스스로 元帥라 일컬으며 감창사와 대간 등의 관서를 두고 함부로 나라 창고의 곡식을 풀어내니 여러 성이 향응하였다. (조정에서) 장군 趙廉卿과 낭중 李公老를 보내 초무코자 하니 순·지의 무리 50여 명이 嘉州의 객사에 들어와 말하기를, '兵馬使 趙沖·金君綏·丁公壽 등은 청렴하며 백성을 사랑하나 나머지 사람들은 탐욕스럽고 잔학하여 백성에게서 재물을 많이 거두는 것이 살을 벗기고 뼈를 긁는 것과 같으니, 그 괴로움을 견딜 수 없어 이 지경에 이르게 되었습니다' 고 하였다(《高麗史》 권 130, 列傳 43, 韓恂 ; 《高麗史節要》 권 15, 고종 6년 10월).

의주는 고려의 최전방으로서 외세의 끊임없는 공격에 가장 많은 시달림을 받았던 지역이었다. 이곳은 고구려 멸망 후 예종 12년(1117)에 고려가 회복할 때까지 당·발해 그리고 거란에 소속되어 있었다. 따라서 양계지방의 토지는 국가의 사민책에 의해 남쪽으로부터 이주해 온 농민들에게 국가가 量給하였으므로 농민에게 완전한 소유권이 인정되지 않았다. 그러므로 무신정권 이후 많은 토지가 보다 용이하게 권세가들에게 점탈되어 농민들의 불만이 컸으리라 짐작된다.[8] 뿐만 아니라 의주는 북방민족과의 교역의 중심지였으므로,[9] 전쟁으로 교역이 끊겨 주민들의 생계가 더욱 어려워진 데 대한 불만도 작용했을 것이다. 이곳은 지휘계통이 다른 두 개의 군사조직이 존재하였다. 즉 중낭장 이하 州鎭將相將校들의 지휘를 받는 주진군과 防戍將軍 휘하의 경군과 남도 주현군으로 구성된 방수군이었다.[10] 한순·다지 등이 먼저 방수장군 조선과 수령 이체를 죽인 것으로 보아 중앙의 방수군과 지방 주진군의 갈등도 봉기의 한 원인이 되었을 것이다.

---

8) 鄭鍾瀚, 〈高麗 兩界의 民田과 그 所有關係의 變化〉(《慶北史學》 6, 1983).
9) 《高麗史》 권 20, 世家 20, 명종 15년 정월 신축.
10) 趙仁成, 〈高麗 兩界 州鎭의 防戍軍과 州鎭軍〉(《高麗光宗硏究》, 一潮閣, 1980).

그들이 봉기하였던 직접적인 계기는 지방관의 탐학으로 인한 일상생활의 궁핍이었으므로 농민군은 반란을 일으킨 직후 창고를 열어 이들을 구휼하여 서북계 주민들의 지지를 확산시킬 수 있었다. 서북계의 주민들이 한순·다지의 난에 호응하게 된 것은 이러한 지방관의 탐학이 일차적인 원인이었으나, 한순·다지[11]가 지향하는 단계는 단순한 민란의 범주를 넘어서고 있었다.

그들은 반란을 일으킨 즉시 원수라 일컬으며 감창사와 대간 등의 관서를 두었다고 한다. 이는 새로운 정부의 설립을 의미하는 것으로, 서북계의 많은 성이 이에 호응하자 최충헌이 죽고 실권을 장악한 지 미처 한달도 되지 않았던 집정자 최우로서는 당황하지 않을 수 없었다. 최우는 우선 安永麟·柳庇·俊弼 등 13명의 서북계 관리들이 일찍이 최충헌에게 아첨하여 백성을 착취하였다고 하여 섬으로 유배시키고, 의주반민에 호응하지 않았던 安北都護府·龜州·延州·成州의 주리에게 參職을 차등있게 주어 그 공로를 치하하였다. 그리고는 추밀원부사 李克偦에게는 중군을, 李迪儒는 후군을, 金就礪에게는 우군을 거느리고 가서 의주를 공격하게 했다. 이에 힘입어 안북도호부에 의주의 반민들이 침입했을 때 주민들이 힘껏 싸워 朴蘇 등 80여 급의 목을 베는 승리를 거두었다.

한순·다지 등은 서북계 전역이 호응하지 않는 데다가 시일이 흐름에 따라 관군이 전열을 정비하여 의주를 공격하니 이듬해 2월 東眞에 투항하였다. 즉 의주반민은 청천강 이북을 들어 동진에 소속시켜 금의 원수 于哥下를 끌어들이려 하였는데, 우가하의 배반으로 사로잡혀 죽임을 당하였다.[12] 그러나 의주의 유민을 진무하기 위하여 파견된 宗周賚·宗周秩 등의 관리가 또 탐학하여 뇌물의 많고 적음에 따라 죄의 다과를 정하는 등 백성을 괴롭히자, 의주민은 다시 봉기하여 이들을 죽였으나 중앙에서 파견된 5천의 관군을 이기지 못하여 평정되었다. 정부는 의주방어사를 咸新으로 낮추어 징계하였다가, 변방지대에서 다시 반란이 일어날 것을 두려워하여 곧 회복

11) 多氏는 고려의 姓氏에는 보이지 않고 발해의 姓氏條에 보인다. 혹은 多智가 이름일 경우, 여진이나 거란인에게서 비슷한 이름이 많이 나오므로 고려에 귀화한 발해인이거나 혹은 거란·여진과 같은 북방 이민족이 아닐까 생각된다.

12) 《高麗史節要》 권 15, 고종 7년 2월.

시켰다.[13] 그러나 고종 9년에도 유배에서 사면되어 돌아온 의주적이 동진병을 끌어들여 靜州·義州 등지를 다시 침입하다가 진압된 적이 있었다.[14]

이 의주민의 봉기도 앞서 최광수의 고구려 부흥운동처럼 반란의 주도층은 새로운 정부를 구상했던 정치성이 강한 사건이었지만, 지방관의 침탈에 항거하는 민중들이 대거 가담한 점에서 민란의 범주에서 파악해야 되리라고 생각된다.

(2) 몽고 1~3차 침입기의 농민·천민봉기

외세의 침입에 의한 통제력의 이완을 틈타 일어났던 농민봉기는 몽고가 침략한 고종 18년(1231)부터 본격화되었다. 몽고의 사신 著古與의 살해를 빙자하여 고려와의 교류를 단절한 몽고는 고려에 군대를 대대적으로 파견하였다. 몽고가 침입했다는 소식을 들은 각지의 반민들은 정부와 연합하여 외적을 물리치고자 하였다. 즉 馬山의[15] 초적 괴수 2명은 최우를 찾아와 그들 휘하에 있는 5천여 명의 반민을 대몽고 항전에 투입시키기를 요청하였으며, 광주 冠嶽山 초적 50여 명도 최우의 청으로 정규군인 3군의 하나인 우군에 충원되어 黃州에서 몽고병을 격퇴시키는 데 결정적인 역할을 담당하였다. 초적은 유이농민집단으로서 12세기부터 대정부 항쟁을 주도했던 민란의 주체세력이었다. 그런데 국가가 위기에 처하자 이들은 고려를 구출하기 위하여 일어섰던 것이다. 뿐만 아니라 고려사회에서 가장 천시되던 노비들도 몽고를 축출하는 데 일익을 담당하였다.

그런데 충주에서는 관노들의 대몽항전이 민란으로 바뀌어지게 되었다. 즉 충주지방에 몽고군이 침입하자 충주판관 庾洪翼·충주부사 于宗柱와 兩班別抄들은 모두 다 성을 버리고 달아나는데 오직 奴軍·雜類만이 남아서 몽고군을 물리쳤던 것이다. 몽고가 물러간 후, 부사 우종주 등이 돌아와서 관가와 사가의 은그릇을 점검하였는데 노군은 몽고군이 약탈해 갔다고 하였다. 그러나 호장 光立 등 5~6명이 이 말을 믿지 않고 노군의 우두머리를 죽이

13) 《新增東國輿地勝覽》 권 53, 義州牧.

14) 《高麗史節要》 권 15, 고종 9년 7월.

15) 馬山은 지금의 京畿道 坡平에 있다(《新增東國輿地勝覽》 권 11, 坡州牧 驛院條).

려 하였으므로 충주관노들이 봉기하였다. 그들은 "몽고군사가 오면 다 달아나 숨어버리고 성은 지키지 않다가 이제는 몽고군이 약탈한 것까지 우리에게 죄를 덮어씌우려 하니 우리가 어찌 먼저 도모하지 않을 수 있는가" 하면서 토호 등 평소에 가혹하게 수탈하던 지배층을 살해하였다.16)

충주노비의 난은 최우가 注書 朴文秀 · 前封御 金公鼎을 安撫別監으로 파견하여 회유하게 하고, 노군도령인 令史 池光守를 교위에, 승려 牛本을 충주 大院寺 주지로 각각 임명하여 이들을 진정시켰다. 이들의 난이 이렇게 쉽게 진정될 수 있었던 까닭은 봉기했던 농민들 자신이 관리들의 부당한 책임전가와 생명 위협에 반발하여 충동적으로 일으킨 사건이었기 때문이다. 그런데 반란 지휘자에 대한 직책 수여 등으로 일단 안정되었으나, 최씨정권의 강화천도 직후인 같은 해 8월에 재봉기하게 되었다. 이들이 반란을 일으키게 된 과정은 나타나지 않는다. 추측컨대 1차 봉기 이후 충주 지배층의 보복에 직면했을 것이며, 또한 정부가 강화천도를 감행하여 적극적인 대몽항쟁을 수행할 의지를 보이지 않은 데 분개하여 일어났던 것 같다. 2차 봉기의 주모자 대원사 주지인 우본은 대원사의 승도와 관노를 규합하여 난을 일으켰으나 휘하 노군의 배반으로 우본이 살해됨으로써 난이 진압되었다.17)

몽고의 1차 침입 후 최우는 강화천도를 감행하였다. 최우에 의하여 독단적으로 결정된 강화천도는 최씨정권이 적극적인 대몽항쟁을 전개하여 그들을 격퇴하기 위해서라기보다는 몽고의 침입과 농민항쟁을 피하여 자신의 권익과 정권의 안위만을 집착한 결과에서 나타난 자구책으로 판단된다. 그러나 개경민으로서는 생활기반을 잃게 되어 경제생활에 큰 위협이 초래되는 문제이므로, 백성들의 동요는 심각했다. 고종 19년 7월 6일 왕이 개경을 출발하면서 개경민의 이주도 함께 진행되었는데, 이즈음 어사대의 皂隷인 李通이 난을 일으켰다.

> 어사대의 조예 李通이 경기지방의 草賊과 城中의 노예를 불러모아 반란을 일으켜 留守 兵馬使를 쫓아내었다. 그리고 三軍을 조직, 여러 절로 글을 보내 승도를 불러 모았으며 공사의 錢穀을 약탈하였다(《高麗史節要》 권 16, 고종 19년 7월).

16) 《高麗史節要》 권 16, 고종 19년 정월.
17) 《高麗史節要》 권 16, 고종 19년 9월.

외세 침입에 따른 백성들의 고난은 전혀 고려하지 않고 무책임하게 자신들의 안위만을 위하여 강화도로 떠나는 국왕과 문무관료들에게 배반감을 느낀 개경민은 어사대의 조예 이통을 중심으로 봉기하였다. 이들은 양반이 버리고 간 개경을 수호하기 위하여 경기도지방의 초적 및 승도와 연합하여 삼군을 조직하였다. 개경민의 봉기는 앞서 대몽전 초기 마산초적 등 유이민들의 우호적인 대정부 관계와 대조를 이루는 것으로, 강화도 천도를 계기로 반몽에 반정부의 감정이 더해지는 계기가 된 것으로 보여진다.

외래의 침략자보다 이들 반민을 더 무서워한 정부는 이들을 진압하기 위하여 천도 직후의 혼란 속에서도 급히 3군을 편성, 파견하였다. 강도에서 3군이 편성되자 개경의 留守를 축출시켰던 농민군은 정부군이 상륙하는 즉시 昇天府(지금의 豊德)의 동쪽 교외에서 전투를 벌였으나 패배하였다. 이통이 이끄는 반민이 퇴각하여 미처 개경성으로 들어가기 전에, 정부의 견룡행수 別將 李甫와 鄭福綏가 이끄는 선봉 야별초 부대가 기습전을 벌여 개경성을 먼저 점령함에 따라 이통의 군대는 무너지고 말았다.

강화천도 직후 몽고는 다시 침입했다가 처인성에서 몽고의 대장 撒禮塔이 전사하자 그 해 12월에 철수하였다. 몽고가 물러간 후 이번에는 龍門倉에서 반란이 일어났다.[18] 용문창은 예성강에 가까운 개경의 서쪽 근교에 위치하고 있으며 병량의 비축과 공급을 맡은 창고였다. 강화도로 천도한 이후에도 용문창이 그 기능을 유지하여 많은 미곡을 비축하고 있었는지는 알 수 없으나 천도한 지 아직 1년이 지나지 않았으므로 양식을 어느 정도는 보유하고 있었을 것이다. 이 난의 주모자는 居卜과 往心인데, 구체적으로 봉기한 이유는 알 수 없으나 이들이 용문창을 노린 것으로 보아, 고종 19년 8월부터 12월까지의 계속된 전란으로 인해 수확을 거두지 못하여 기근에 시달린 주민들이 양식을 확보하기 위해 봉기한 것으로 판단된다.

용문창의 반민이 봉기한 지 한 달도 되지 못하여 이번에는 慶州에서 반란이 일어났다. 경주는 일찍이 명종·신종대에도 농민항쟁이 조직적으로 전개되어 고려정부가 두려워하던 곳이었다. 이들이 반란을 일으키자 강도정부는 즉시 李子晟을 보내어 이들을 진압시키기에 노력하였다.

---

18) 《高麗史》 권 103, 列傳 16, 李子晟.

> 이자성이 군사를 거느리고 밤낮으로 빨리 달려서 永州城에 웅거하여 적이 오기를 기다리고 있었다. 적은 각 고을에 격문을 보내어 정해진 날에 모이기를 요구하였는데, 여러 고을이 망설이고 있던 중 자성이 영주에 들어왔다는 소식을 듣고 이에 안정되었다. 적은 자성군이 먼 곳으로부터 급히 왔으므로 그 피로함을 타서 이를 치고자 하여 영주의 남쪽 교외에 집결하였다(《高麗史》 권 103, 列傳 16, 李子晟).

경주민 崔山·李儒 등을 중심으로 일으킨 농민봉기는 신종년간 농민항쟁의 연장으로 보인다. 이자성은 경상도 농민들이 연합세력을 형성할 시간을 주지 않기 위해 밤낮으로 말을 달려 영주성에 도착하였는데, 당시 반민의 수가 수만 명에 이르렀다고 한다.[19] 이 기록이 다소 과장이 있다고 하더라도, 이들이 관군이 주둔하고 있는 영주까지 진출하여 선공을 도모하는 것으로 보아 그 세력이 자못 강성했음을 알 수 있다. 그러나 대규모의 반민이 운집하여 관군과 대전하였음에도 불구하고 조직력이 취약한 이들의 약점을 간파한 이자성의 기습전에 의해 역습을 당하여 패배하였다. 경주에서의 봉기는 대몽전과, 앞서 일어났던 이통, 충주 관노, 용문창의 반민 등 여러 차례 민란을 수습한 바 있는 노련한 이자성의 전술에 의해 경상도 전역에 확산되지 못하고 진압되었다.

이 때는 몽고의 2차 침입이 끝났던 시기로서, 이들의 봉기는 외세를 막기 위해서가 아니라 순수한 대정부 항쟁이었다. 강화천도를 계기로 정부가 효율적으로 반란을 진압하지 못하는 것을 기화로 최산·이유 등 경주지역 토호세력과 농민군이 힘을 합하여 일으킨 반란으로 보인다. 최충헌정권 이래로 경주가 중앙에 의해 철저하게 견제당하여 주변의 안동이나 상주에 비해 지역세가 약화되고, 또한 몽고 침입 이후 강도정부가 국가재정을 남도의 농민에 의존하고 있었던 데서 그 원인을 찾을 수 있다.

같은 시기 이번에는 서경에서 畢賢甫와 洪福源 등이 宣諭使 대장군 鄭毅와 朴祿全을 죽이고 반란을 일으켰다.[20] 이들의 반란은 앞서 고종 19년 8월에 고려에 주재하는 몽고의 다루가치 [達魯花赤] 를 모살코자 한 고려정부의 대몽 강경조처에 대해 서경민이 몽고에 보복당할까 두려워 반발하던 사건의 연장선상

19)《東文選》 권 26, 麻制, 除宰臣朴文成李子晟宋恂任景肅 敎書.
20)《高麗史節要》 권 16, 고종 20년 6월.

에서 일어난 것이다. 고려정부는 강화도로 천도한 후 다루가치를 통한 몽고의 간접적인 간섭으로부터의 통치권 회복을 기도하여 이같이 시도한 것이었다. 그들은 "만일 그렇게 한다면 우리 서경이 平州(지금의 평산)처럼 몽고 군사에게 전멸을 당할 것이다" 라고 하며 서경순무사 대장군 閔曦를 잡아 가둔 적이 있었다.[21] 평주는 고종 18년 11월 몽고의 1차 침입 때 몽고의 첩자를 가두었다가 몽고의 공략을 당해 주민은 물론 개나 닭 한 마리조차도 남기지 않고 모두 도륙당했던 곳이었다. 최우는 서경에 가병 3,000명을 보내어 이들을 진압시킨 후, 몽고로 도망간 홍복원을 제외한 반란의 주모자를 모두 잡아 죽이고 나머지 백성들은 다 귀양보내어 서경을 폐허로 만들었다.[22] 이 반란은 필현보·홍복원 등 반역자들이 몽고에 항복하여 서경에서의 정치권력을 장악하기 위해 일어난 것이지만, 다수의 서경민이 호응한 까닭은 강화도로 천도하여 자신의 안위만을 구하려는 개경 지배층에 대한 반감이 작용했기 때문이었다. 후일 서경민이 몽고에 투항하여 서경 이북에 동녕부가 설치된 사실은 이 같은 최우의 가혹한 진압이 초래한 바도 있다고 볼 수 있다.

몽고의 3차 침입은 고종 22년~26년(1235~1239)까지 지속되었다. 이번 침략에서 몽고는 전술을 바꾸어 전번처럼 강도의 정부와 교섭을 시도하지 않고 그저 고려의 전국토를 유린하였다. 이 때 일어난 민란이 고종 24년 봄에 발생했던 李延年의 난이다.

> 그 때 草賊 李延年 형제가 原栗(전남 담양 동15리)·潭陽 등 여러 고을의 무뢰배들을 규합하여 海陽(光州) 등 여러 고을을 함락시켰다. 적은 金慶孫이 나주에 왔다는 소식을 듣고 나주성을 포위하였는데, 적의 기세가 대단히 왕성하였다. …이연년이 그의 도당에게 말하기를, '지휘자는 龜州 싸움에서 성공한 장수이다. 인망이 대단히 높아 내가 이 사람을 꼭 생포하여 都統으로 삼을 예정이니 활을 쏘지 말라'고 하였다. 혹시 그가 流矢에 부상당할까 염려하여 활을 일체 쓰지 말고 짧은 칼로 공격하라고 지시하였다(《高麗史》 권 103, 列傳 16, 金慶孫).

이연년을 비롯한 전라도의 초적은 원율·담양 등을 근거지로 하여 오랜 기간 동안 활약하면서 점차 그 수가 증가하여 고종 24년에는 광주·나주를 침공

---

21) 《高麗史節要》 권 16, 고종 19년 8월.
22) 《高麗史》 권 23, 世家 23, 고종 20년 12월.

할 정도로 큰 세력을 이루었던 것 같다. 반민들은 주로 유이민들인데, 이들이 나타나면 관리들이 숨거나 음식을 대접할 정도까지 되었다고 하니[23] 이는 여러 차례 중앙정부의 토벌책이 실패한 까닭이었다. 정부의 진압작전이 실패로 돌아가면서 이들의 세력은 더욱 강성해져 이연년은 스스로 「百濟都元帥」로 칭하였다.[24] 이 때는 몽고군의 발길이 처음으로 전라도까지 미치고 있어서 민심이 크게 동요되던 시기였다. 이연년은 수 차례의 승리와 우세한 병력을 믿고 김경손과의 싸움에 지나치게 안일하게 대처하였다. 전라도지휘사에 새로 임명된 김경손은 일찍이 몽고의 1차 침입 때 靜州分道將軍으로 龜州城에서 적을 물리친 경험이 있는 용장이었다. 이연년은 외적방어에 큰 공을 세운 김경손을 사로잡아 그의 휘하에 두기 위하여 지나치게 김경손의 안위를 염려하다가 오히려 그가 잡혀 죽임을 당함으로써 전세가 역전되었다. 이 틈을 타서 관군이 반격을 가해 오니 농민군은 지휘자의 죽음에 사기가 저하되어 우왕좌왕하다가 제대로 싸우지도 못하고 무너져 난은 끝나 버리고 말았다.

그러나 그가 김경손을 생포하여 도통으로 삼으려 했던 것으로 보아 단순한 대정부 항쟁이라기보다는 당시 전라도를 침입하기 시작한 몽고군을 방비하려 했던 의도도 보인다. 이연년이 자칭 「백제도원수」로 일컬은 것은 백제를 부흥시키고자 하는 욕망을 가지고 있었던 것 같은데, 그보다는 전라도 주민들에게 호응 받기 위한 계책이었을 가능성도 있다. 당시 고려정부는 천도를 계기로 백성의 신뢰를 상실했으므로 백제를 내세운 민심수습이 더욱 필요하지 않았을까 생각된다. 이연년은 농민들의 대몽항쟁의 열기를 보고 일정한 영역을 확보하여 굳게 방어한다면 전라도 지역만큼은 몽고의 발길에 짓밟히지 않을 수 있으리라 판단했던 것 같다. 이연년을 중심으로 한 전라도민의 항쟁은 가장 중요한 목표가 외세 방어였으나, 반란의 파급을 두려워한 정부의 토벌군에 의해 패배함으로써 끝나 버리고 말았다.

이연년 등 전라도민의 봉기를 끝으로 농민항쟁은 소강상태에 들어갔다. 그러나 몽고의 침입으로 끊임없이 고통을 당하는 농민들은 외세침입은 제대로

23) 李齊賢, 《櫟翁稗說》 前集 권 2.

24) 《高麗史》 권 99, 列傳 12, 崔惟淸 附 璘條에는 "時原栗人李延年 自稱百賊都元帥"라 하여 百濟를 百賊으로 기록하고 있는데, 정부가 이들을 낮추어 일부러 百賊이라고 불렀을 것이다.

방어하지 못하면서 농민수탈에는 유능한 지배층을 경원시하면서 점차 고려정부에 대해 반감이 쌓여갔다. 이러한 여건이 고종 40년(1253) 이후에 이르게 되자 백성들은 고려정부에 대한 불만을 오히려 외세 즉 몽고에 항복하는 형태로 저항하게끔 하는 결과를 낳게 되었다.

(3) 몽고 5·6차 침입기의 농민봉기

세 차례의 치열한 전쟁을 끝내고 몽고가 내분에 휩싸임에 따라 당분간 고려는 평화가 계속되었다. 그러나 그 사이 농민들은 다시 지배층의 수탈에 시달려야 했다. 그 중에서 가장 심각한 경우는 최우의 아들들인 萬宗·萬全의 횡포였으니, 그들은 경상도 진주의 斷俗寺와 전라도 綾城縣의 雙峰寺에 거주하면서 무뢰배를 문도로 삼아 백성들을 상대로 고리대를 실시하였다. 그들이 모은 곡식이 경상도에서만 무려 50만 석이 넘어 백성들의 원성이 높았다고 한다.[25] 만전·만종 형제의 탐학은 10년 이상이나 계속되었으니, 이를 보다 못한 형부상서 朴暄이 최이(우)에게 고하기를, "북쪽군사가 해마다 쳐들어와 민심이 불안하여 비록 은덕으로 어루만진다고 하더라도 오히려 변이 생길까 두렵습니다. 그런데 지금 만종·만전의 무리가 백성의 재산을 긁어모아 원망이 대단하여 남방이 소요스러우니, 만약 적의 군대가 이르면 모두 반역하여 투항할 우려가 있습니다"라고 하여 제재를 가하기를 요청하였다.[26] 이제 고려정부의 농민수탈은 극에 달하여 민심이 완전히 돌아섰음을 알 수 있다. 그럼에도 오히려 최우는 박훤을 흑산도로 귀양보내고 만전을 자신의 후계자로 삼았으니, 이로 보아 그 아들들의 행패는 최고 집정자의 묵계하에 이루어지고 있었음을 알 수 있다.

고종 36년 11월, 최이가 죽고 崔沆이 집권하였다. 최항 역시 전쟁으로 피폐해진 민심을 수습하기보다는 백성의 수탈에 뜻을 두었으므로 이제 백성들은 몽고군이 오는 것을 도리어 기뻐할 지경이었다.[27]

> 최항이 羅得璜·河公敍·李瓊·崔甫侯를 각 도에 보내어 宣旨使用別監으로 삼았다. 처음에 최이가 나득황의 무리를 여러 도에 보냈을 때 백성들이 심히

---

25) 《高麗史節要》 권 16, 고종 27년 12월.
26) 《高麗史節要》 권 16, 고종 34년 6월.
27) 《高麗史節要》 권 17, 고종 43년 2월.

> 괴롭게 여기므로 최항이 처음 정권을 장악했을 때는 인심을 얻으려고 모두 파하였다가, 이때 다시 기용하니 사람들이 모두 분하게 여겼다(《高麗史節要》 권 17, 고종 39년 8월).

백성을 생각하지 않고 오로지 정권을 유지하기 위해, 최항은 그에게 아부하는 탐학한 관리로서 지방관을 삼아 백성들의 동요는 더욱 심각하여졌다. 더욱이 고종 40년 7월 몽고장수 也窟의 5차 침입부터 재개된 전쟁은 車羅大로 이어지면서 7년 동안 계속되어 농가의 피폐가 극에 달하였다. 민생의 파탄은 한편으로는 지배층의 생활을 압박하였고, 이로 인한 집권자들의 탐학이 실정을 더욱 악화시켰다.[28] 이 같은 상황은 드디어는 지배층에 대한 반감으로 피지배층이 싸움을 포기하거나 자진해서 몽고에 투항하는 형태로 나타났다. 그 대표적인 예가 고종 40년 8월에 발생했던 東州山城의 경우이다.

> 동주 방호별감 白敦明은 몽고가 침입하자 백성을 산성에 들어오게 하고 출입을 금하였다. 몽고가 아직 동주에 이르기 전이므로 고을 아전이 곡식을 수확하기를 청하자 백돈명은 아전을 죽이고 백성들의 건의를 받아들이지 않았다. 이에 분격한 백성들이 몽고가 침입해도 나가 싸우지를 않아 동주가 함락되었다(《高麗史》 권 24, 世家 24, 고종 40년 8월 계유).

동주처럼 지방관이 백성의 지지를 받지 못해 몽고에 함락된 경우는 椋山城, 笠巖山城 등에서도 나타나고 있다. 그러나 충주에서는 몽고군을 대파시킬 수 있었는데, 이는 방호별감 낭장 金允侯가 "만일 죽음을 다하여 힘껏 싸운다면 귀천없이 관작을 제수하겠다"하고 관노들의 노비문서를 불태우자 이에 힘입어 주민들이 힘껏 싸워 이겼다고 한다.[29] 당시 정부가 백성을 잘 안무하고, 청렴한 지방관이 효율적으로 백성을 이끌 수 있었다면 몽고군을 충분히 막을 수 있었으리라 짐작된다. 그러나 정부에 대한 백성의 신뢰는 땅에 떨어져 더 이상 회복할 수 없는 지경에 이르렀다.

몽고 침입기 최후의 민란은 원주에서 발생하였다. 즉 원주의 安悅 · 松庇 · 敦正 · 唐老 등이 興元倉을 점령하기 위하여 난을 일으켰던 것이다.[30] 정부는

---

28) 尹龍爀, 〈高麗 對蒙抗爭期의 民亂에 대하여〉(《史叢》 30, 1986), 53쪽.
29) 《高麗史節要》 권 17, 고종 40년 12월.

장군 尹君正과 낭장 權贊을 파견하여 토벌케 하여 그 주모자를 목 베이고 추종자들은 섬에 옮겨 살게 하였다. 이 또한 고종 40년 이래 지속되어 온 전란으로 초근목피로 목숨을 부지하던 기민들이 중심이 되어, 홍원창의 곡식을 노려 봉기했던 것으로 생각된다.

정부에서 파견한 관리를 살해하고 몽고에 투항하는 고려인의 행렬은 계속 이어져 고종 45년(1258)에는 博州와 廣福山城에 피신했던 吏民이, 또한 그 해 12월에는 龍津縣 사람 趙暉와 定州人 卓靑이 和州 이북을 들어 몽고에 항복하였다. 동왕 46년에는 登州와 和州의 반민들이 동진국 군사와 함께 고려를 공략하였으며, 계속해서 艾島와 葛島에서는 驛人들이 몽고군에 투항하는 사건이 발생하였다. 이 같은 현상은 계속 이어져 원종 원년(1260) 정월 席島, 椵島에서도 일어났다.

전쟁 말기인 고종 45년과 46년에 집중적으로 나타난 투몽사례는 강도정부가 대몽전략으로 추진하던 산성 및 해도에의 入保策에 대한 백성의 강경한 거부를 나타낸 것으로 특히 변경지대에서 빈발하였다. 이것은 기본적으로 입보책의 무리한 강행으로 인하여 야기된 민생과 관련하여 일어나고 있으나, 근본적으로는 고려정부의 전쟁수행 능력이 농민들로부터 불신 받고 있음을 나타낸다. 또한 이것은 민란의 변형된 형태로서, 궁지에 몰린 백성들로서는 몽고에의 항복 외에는 아무런 방도가 없었음을 보여주는 것이다.

고려정부는 외세의 침입과 농민들의 저항의 양쪽 틈바구니에서 도저히 벗어날 수 없음을 깨닫고, 몽고에 투항하는 길을 택하여 왕실의 온존만은 구하려 하였다. 이러한 고려의 태도는 전 고려민의 저항에 부딪쳐 삼별초의 난이 발생하게 되었다.

이상을 요약해 보면, 12세기 후반기부터 13세기 초는 농민·천인 등 피지배층이 지배층의 억압에 정면으로 반발하여 구질서의 타파를 요구하던 시기였다. 초기에 그들은 단순히 탐학한 지방관의 교체 요구에서 출발하였으나 나중에는 신분제도 타파·토지겸병 근절 등 체제개혁 요구를 거쳐 새로운 국가건설까지 표방하였다. 이들이 반란을 일으키게 된 근본 원인은 생산력의

30) 《高麗史》 권 20, 世家 20, 고종 44년 4월 을해.

발전에 따른 계층 간의 갈등이 심화되었기 때문이었다. 농업기술의 발전에 따른 상경전의 증가는 농민의 경제적 수준을 향상시켜 농민해방을 앞당기게도 할 수 있지만, 고려사회의 경우는 생산력의 향상에 따른 소득의 증가가 지방관의 탐학을 가중시키고 권세가의 토지겸병에의 욕망만을 가속화시키게 된 것이다. 따라서 농민들은 기존 소유하고 있던 토지마저 빼앗기고 전호로 전락하거나 유랑민이 되었으며, 소규모 토지를 경작하던 농민들은 더욱 정부의 수탈에 시달리게 되었다. 이 같은 토지소유관계의 근본적인 모순이 고려 무신집권기 전국을 휩쓸었던 농민항쟁의 가장 중요한 원인이었다. 또한 고려사회의 구조적 모순으로 인한 지방관의 탐학과 더불어 권력자들의 정권 다툼으로 지배층이 농민항쟁을 효율적으로 제어할 수 없었던 점도 농민봉기가 전국적으로 확산될 수밖에 없는 한 요인이 되었다. 대표적인 농민항쟁으로는 서북민의 봉기, 전주민의 봉기, 제주에서의 봉기, 운문·초전민의 봉기 그리고 경주민의 항쟁을 들 수 있다.

그 중에서 전주와 제주민의 항쟁은 지방관의 탐학으로 인한 요역의 가중을 견디지 못하여 봉기한 것으로 민란의 가장 일반적인 형태를 나타내고 있다. 특히 전주지역의 봉기에는 관노들이 합세하였다. 이들 관노들은 신분제의 탈피라는 목적을 가지고 항거했으리라 생각되지만 그들의 요구가 표면에 드러나지는 못하였다.

이에 비해 서북계와 운문·초전 그리고 경주에서는 토지소유관계와 지방관의 탐학에 대한 불만에서 한 걸음 더 나아가 고려정부에 저항하였다. 이들은 토지겸병의 심화에 따른 토지소유관계에 대한 모순이 고려사회체제의 모순임을 자각하고 대정부 항쟁을 벌이게 된 것이다. 이들 내부에는 무신들을 축출하고 자신이 정권을 장악하려 했던 조위총, 토호들의 세력확보를 목적으로 조위총과 함께 봉기했던 양계 도령, 농민들의 힘을 빌어 권력을 공고히 하려 했던 이의민, 신라부흥을 목적으로 삼은 경주 토호 등 각기 야심을 지닌 지도층이 농민봉기에 가담함으로써 지역에 따라 독특한 양상으로 봉기가 발전하였다.

토지소유관계의 모순이 농민항쟁의 가장 큰 원인이라면 천민·노예의 반란이 일어나게 된 계기는 신분사회의 변동에 있었다. 이미 무신정권 이전부터 노예들에게 개별적인 관직 수여가 있었던 적이 있었으며 특히, 무신집권기에는 천민출신이 국가의 최고 책임자로 승격되기도 하였다. 뿐만 아니라 외거노비로서 토지경영을 통한 부의 축적으로 신분을 상승시킨 사람도 있었다. 이러한 고려사회의 변화는 피지배층의 의식을 향상시켜 천민·노비 등의 신분이 절대적인 것이 아님을 깨닫게 되었던 것이다.

대표적인 賤民抗爭으로서는 公州 鳴鶴所民의 蜂起, 晋州 公私奴隸의 叛亂, 陝州 奴兀部曲民의 蜂起 등을 들 수 있는데, 그 중에서도 萬積의 亂이 가장 주목된다. 만적은 '公卿將相의 씨가 어찌 따로 있으랴' 라고 하여 노예제도를 폭력으로 없애려 하였을 뿐 아니라 정권탈취의 야망까지 드러내었다. 이 亂은 명학소민이 忠順縣으로의 승격에 만족하는 데서 한 걸음 더 나아가 신분제의 존립 자체를 否定한 것으로 당시 피지배층의 의식의 일면을 보여주고 있다.

요컨대 高麗 武臣執權期 농민 항쟁은 土豪나 지방관에 대한 저항, 중앙 정부에 대한 항거, 토호와 제휴하여 지방관이나 정부에 저항하기도 하고 옛 국가에 대한 향수가 표면화되는 등 다양한 형태로 나타나고 있다. 이들의 궁극적인 목적은 구질서의 타파였고 나아가서는 새로운 체제에 자신들의 위치를 확립하는 것이었다. 이것은 거란·몽고가 침입했던 고종대에도 마찬가지였다. 고종대 농민반란은 초기에는 외세 방어와 반정부가 혼재되어 나타나고 있었으나 몽고의 5차침략 이후에는 投蒙이 표면화되었다. 이제 고려민의 지배층에 대한 반감이 외세를 끌어들일 정도의 위급한 상황임을 나타내며 최씨정권의 반민중적인 정책이 국가가 해체 당할 단계에까지 이르렀음을 보여준다.

고려 정부는 계속되는 몽고의 침략에 고려민의 투몽현상이 빈번해지자 고려 왕조를 지키기에는 어려움을 깨닫고 몽고에 투항하여 왕실만을 보존하고자 하였다. 이와 같은 고려 지배층의 굴욕적 태도는 전 고려민의 저항에 부딪쳐 삼별초의 난이 발생하게 되었다. 무신정권기에 발생한 농민·천민 항쟁은 비록 실패하였으나 신분제의 변동에 따라 賤民集團이 점차 소멸되는 등 구체제를 탈피하여 새로운 사회체제로 넘어가는 원동력이 되어 중세 사회의 발전에 새로운 방향을 제시해 주었다.

〈李貞信〉

Ⅱ. 대외관계의 전개

1. 몽고 침입에 대한 항쟁
2. 여·원관계의 전개
3. 고려 말의 정국과 원·명관계
4. 홍건적과 왜구

Ⅱ. 대외관계의 전개

1. 몽고 침입에 대한 항쟁

1) 몽고족의 흥기와 여·몽관계의 성립

(1) 13세기 몽고족의 흥기

고려시대에 있어서 동아시아 국제정세의 커다란 특징은 중국 한족의 주변에 복속되어 있던 북방민족들이 연이어 흥기하였다는 점이다. 10세기 초 당의 멸망 이후 거란족에 의해 세워진 遼가 중원의 宋을 압박하고, 12세기 초에는 다시 여진족이 흥기하여 요·송을 아우르는 金을 건국하여, 동아의 정세를 바꾸었다. 중국 대륙의 정세 변동은 때로 직접적인 군사적 침입을 수반하여 고려의 내정에 변화 요인으로 작용하였다. 13세기 몽고족의 흥기는 이 같은 북방민족들의 흥기와 그 맥락을 같이하는 바이지만 몽고의 경우 이전의 거란·여진에 비교할 수 없을 만큼 세계사의 흐름에 커다란 파장을 몰고 왔다.[1)]

11·12세기의 몽고고원에는 몽고족들이 여러 부족으로 나누어져 있었다. 나이만(Nayimann)·케레이트(Kereyid)·메르키드(Merkid)·타타르(Tatar)·옹구트(Ongghud) 등이 그것인데, 몽고족(Mongghol)도 이러한 여러 부족 중의 한 집단이었다. 이들 각 부족들은 상호 약육강식의 치열한 전쟁을 치르면서 그

---

1) 몽고의 발흥과정에 대하여는 아래의 글들이 참고된다.
D' Ohsson, *Histoire des Mongols, Tome Ⅰ*, 1834 ; 田中萃一郎 譯, 《ドーソン蒙古史》, 東京, 1933.
Luc Kwanten, *Imperial Nomand—A History of Central Asia, 500—1500*, 1979 ; 宋基中 譯, 《遊牧民族帝國史》, 民音社, 1984.
金浩東, 〈蒙古帝國의 形成과 展開〉(《講座中國史》 Ⅱ, 지식산업사, 1989).

생존을 영위하였다. 13세기 몽고족의 흥기는 鐵木眞[테무진]이라는 한 인물의 등장과 깊게 연관되어 있다. 몽고부족 보르지기드(Borjigid)씨족 출신의 테무진이 분열된 몽고고원의 통일을 이룩하고 오난강 상류에서 개최된 쿠릴타이에서 成吉思汗[징기스칸]으로 추대된 1206년(고려 희종 2) 봄은 몽고족 흥기의 중요한 시발점이 되었다. 징기스칸은 「大洋의 군주」 혹은 「황제 중의 황제」 등으로 해석되어지곤 한다.

몽고고원을 통일한 징기스칸의 활동력은 곧이어 주변지역으로 확산되었는데 그 첫 공격대상은 黨項[당구트]인이 세운 西夏였다. 전쟁은 1209년 본격화되었으며 그것은 금나라가 지배하던 중원정복의 전초전이었다. 그리하여 서하 복속 이후 징기스칸은 1211년부터 금에 대한 공격을 개시하였다. 그 결과 1214년 5월 마침내 금의 수도 中都가 함락되었다. 이에 금나라는 도읍을 황하이남의 汴京(開封)으로 옮겨 1234년까지 명맥을 유지하게 된다.

1219년 징기스칸은 중앙아시아 코레즘(Khorezm)제국에 대한 정벌전을 시작하였으며 몽고군은 오타르·부카라와 상업도시로 번창하던 사마르칸드를 불태우는 등 페르시아지역에 이르기까지 철저히 유린하였다. 이것은 징기스칸이 파견한 몽고 사신단 몰살사건에 대한 보복으로 행해진 것이었는데, 1223년까지 전개된 이 서방원정은 광범위한 전쟁지역을 효과적으로 장악한 유목 전술의 극치로 평가받고 있다. 몽고군의 급속한 대외전쟁은 그 속도와 범위, 전쟁방식 등이 상상을 초월한 것이었는 바 고종 5년(1218) 고려에 최초로 들어온 몽고군은 바로 금 정벌군의 한 부대라 할 수 있다.

몽고의 대외원정은 1227년 징기스칸의 사망 이후에도 오고데이(太宗 ; 1229~1241), 구육(定宗 ; 1246~1248), 몽케(憲宗 ; 1251~1258), 쿠빌라이(世祖 ; 1260~1294) 등에 계승되어 계속적인 정복전쟁이 추진됨으로써 몽고 제국의 판도는 유라시아 대륙의 대부분에 미치게 되었다.

원 태종 오고데이[窩闊台]는 고종 17년(1231) 금에 대한 원정을 재개하고 2년 후 마침내 금의 피란 수도 변경을 함락함으로써 중원에 대한 지배를 확고히 하였다. 몽고의 고려에 대한 침략전쟁도 바로 이 금나라정벌의 작전과 연결되어 개시되었던 것이다. 중원에 대한 지배권 확립과 함께 오고데이는 중앙아시아와 중동지역에 대한 지배권 강화에 치중하였으며 특히 1236년부터는 러시아에 대한 원정을 개시, 1240년 키예프 점령을 고비로 사실상 러시아를 석권하였다. 이어 1241년에는 동유럽의 폴란드, 헝가리를 점령하고 서유럽의 기사단을 일거에 전멸시킴으로써 유럽을 공포에 몰아넣었다.2)

헌종대 정복전의 주요 목표는 남송과 페르시아지역에 대한 것이었다. 그리하여 1258년 바그다드를 함락하였으며 남송에 대한 공격도 가열되어 거의 송을 고립무원에 빠뜨렸다. 그러나 남송의 멸망은 1279년 세조에 의해 성취되었다. 1271년 세조 쿠빌라이는 국호를 중국식 이름인 元으로 정하고 중원의 중심인 燕都(北京)를 새로운 수도로 하였다.

몽고의 지속적인 정복전의 전개는 전쟁 자체가 노획물의 분배에 의한 재산증식의 공동사업이라는 경제적 욕구가 큰 활력이 되었던 것으로 여겨진다. 동시에 몽고의 대외전쟁도 처음 징기스칸 시대의 약탈적 전쟁으로부터 점령지역의 지속적 지배를 의도한 정복전쟁으로 변천하였는데, 13세기 몽고의 고려 침입은 이러한 몽고의 세계 정복전의 일환이었으며 그 중 특히 금·송에 대한 전략과 함께 이루어졌다. 몽고의 고려에 대한 1~3차 침략(1218~1239)이 오고데이시대 금 정복전과 함께, 그리고 5~6차 침략(1253~1259)이 대남송 작전에 주력하던 몽케시대에 이루어진 것은 몽고의 고려침략이 기본적으로 동아시아에 대한 지배권 확립의 일환이었음을 말해주고 있는 것이다.

(2) 몽고군의 고려 입경

고려·몽고 양국관계의 성립은 고종 5년(1218) 이후의 일이지만 그러나 양국이 처음으로 접촉하였던 것은 이로부터 여러 해를 거슬러 올라간다. 희종 7년(1211) 몽고는 금에 대한 공격을 개시하였는데, 이 때 금나라에 파견하였던 10명의 고려 사신이 몽고군의 습격으로 몰살당한 사건이 일어났다. 금나라에 파견된 사신 일행이 몽고군에 의하여 몰살되어 유골만 돌아온 이 최초의 대몽접촉 경험은 이후 몽고군의 극렬한 정복전쟁 확대와 함께 고려측에 경각심을 불어넣어 주었을 것이 분명하다.

몽고의 발흥으로 인하여 국제관계가 급격히 변화하는 것과 때를 같이하여

2) 池內宏, 〈金末の滿洲〉(《滿鮮地理歷史研究報告》 10, 1922 ; 《滿鮮史研究》 中世篇 1, 吉川弘文館, 1937).

동북의 만주지역에서는 지배세력 내부의 해체 현상이 나타났다. 그리고 그것은 당시 금나라의 통치에 불만을 가지고 있던 거란족에 의해 주도되었다.

거란인 耶律留哥는 몽고가 금에 대한 공격을 개시하던 1211년 隆安(吉林省農安縣)에서 군사를 일으켜 遼王을 자칭하고 咸平(開原)에 도읍을 정하였다. 그러나 곧 부장 耶律斯布와 충돌을 일으켜 야율유가가 몽고에 투항해 버리고 야율사포가 그를 대신하여 거란 部衆을 이끌게 된다. 그는 澄州(만주 海城)로 거점을 옮겨 大遼收國을 세웠으나(1216) 불과 70여 일만에 피살되고 乞奴 등이 이를 지휘하게 되었다. 이들은 동년 야율유가에 의해 인도된 몽고군의 공격을 받고 패주, 다시 開州(鳳凰城)에서 금나라 군대와 충돌하였다가 고려 영내로 들어오게 된다.

거란족의 갑작스러운 入境 사태에 직면한 고려정부는 급히 3군을 편성, 13領軍과 神騎軍을 파견하여 이를 방어케 하였으니 이 때가 고종 3년(1216) 8월의 일이었다. 盧元純·吳應富·金就礪 등이 지휘하는 고려의 3군은 9월 초 청천강변 朝陽鎭에 당도하여 내려오는 적을 격파하고 이어 連州·昌州·龜州·延州·泰州 등 청천강 이북의 여러 지역에서 일단 적을 제압하였다. 그러나 적의 후속부대가 뒤이어 남진하여 12월에는 서해도 黃州가 도륙되고 개경 근교까지 출몰하였다. 이듬해 고종 4년, 지휘관이 교체되고 증원 재편된 고려의 5군은 경기의 여러 지역에서 거란족을 격파하였고 이어 원주·춘천 등지를 함락한 적을 추격하여 堤川의 朴達峴에서 격파시켜 거란족들을 동북면 이북의 여진지역으로 몰아내는 데 성공하였다. 그러나 동년 연말 세력을 다시 결집한 거란족은 동북지방의 장성을 넘어 침략을 재개하여 이듬해 서북면으로 넘어와 횡행하였다. 거란족의 고려 침구로 인하여 당시 고려사회는 적지 않은 고통을 받았다.

이에 고종 5년 9월, 고려정부는 수사공 趙冲으로 서북면원수를 삼고, 3군을 파견하였던 바 패퇴한 거란족들은 평양 동쪽의 강동성으로 몰려 들어가 버티기에 이르렀다. 거란족은 고려 영내를 횡행하는 동안 내부 분쟁 또는 전사 등으로 그 영솔자가 여러 번 바뀌었는데 당시 강동성의 지휘자는 喊舍였다. 몽고군이 돌연 고려의 영내에 출현하는 것은 바로 이러한 시점에서의 일이었다.

1214년 중도를 함락함으로써 중원정복의 1단계 작전을 성공적으로 마무리 했던 몽고는 1216년 제2단계 작전을 전개, 중국 동북부의 여러 지역을 점령하게 된다. 이 때 요동지방은 금의 叛將 蒲鮮萬奴가 차지하고 있었다. 그는 수년 전 거란인 야율유가가 반란을 일으킬 때 이의 진압을 위해 정부로부터 파견되었으나 거란족에게 패퇴한 다음 東京(遼陽)으로 도주, 도리어 쇠퇴한 금에 반기를 들고 국호를 「大眞」이라 하고 나라를 세웠던 자이다. 1216년 무칼리〔木華黎〕의 몽고군이 요서지방을 경략하고 이어 요동으로 진입하자 포선만노는 아들을 인질로 하여 일단 항복하였다. 몽고군이 요동반도의 여러 성을 공략한 다음 철수하자, 이듬해 여름 그는 자신의 휘하를 이끌고 그 거점을 멀리 동쪽으로 이동하게 된다. 그리하여 두만강 유역을 근거지로 다시 자립하였는 바 이것이 고려측 기록의 「東眞」이다. 고종 5년(1218) 말, 고려에 들어온 몽고군은 동쪽으로 멀리 도망간 포선만노를 복속시키고 이어서 고려에 진입하였던 것이다. 哈眞과 札剌의 몽고군 1만은 거란 토벌을 구실삼아 동진의 군대 2만과 함께 고려의 동북면에 입경한 다음, 서북면 지역 猛州·順州·德州 등의 여러 성을 공격하면서 거란족이 웅거한 강동성에 이르렀다.

(3) 강동성 전투와 여·몽관계의 성립

고종 5년 몽고군의 고려 진입은 몽고로부터 이반한 동진을 복속시킨 이후의 즉흥적인 작전이 아니었다. 이 때 고려에 진입한 몽고의 명분은 고려를 도와 영내에 들어와 있는 거란족을 함께 토벌하겠다는 것이었지만 당시 몽고군은 사전에 짜여진 일정한 계획에 의거해 고려에 입경한 것이며 고려의 내부 사정에 대해서도 어느 정도 정보를 가지고 있었던 것이다. 생각컨대 몽고는 금나라로부터 이탈한 동진국을 복속시키고 아울러 금의 배후에 있는 고려와 일정한 관계를 형성함으로써 차후에 있을 대금 공세를 착실히 준비하였던 것이다. 이 점에 있어서 몽고의 고려 진입은 동진에 대한 군사작전과 연계를 갖는 것이었으며 금에 대한 정벌을 전제로 그 배후를 차단시키는 전략의 일환이었다고 하겠다. 당시 거란족의 침입에 처한 고려의 상황은 몽고군의 고려 진입에 하나의 좋은 구실을 제공한 셈이다.

몽고의 돌연한 입경사태에 직면한 고려정부는 경악과 함께 그 진의의 소재를 몰라 크게 당황하였다. 고려정부는 몽고군 진입에 대하여 명확한 지침을 가지지 못하였다. 따라서 몽고군에 대한 대처는 상황을 비교적 정확히 파악하고 있었던 고려군의 원수부, 즉 조충과 김취려 등에 의해 임기응변적으로 이루어졌다.

거란족이 서경 동북의 강동성에 입거하였다가 포위된 것은 고종 5년 12월경이었다. 동진군을 대동한 몽고군은 처음 동북면으로부터 진입, 거란족을 따라 이들이 입거해 있던 강동성으로 직진하였던 것으로 보인다. 그러나 거란의 수성에 시간이 지연되고 추위와 폭설 등의 기상적 조건까지 겹쳐 고려의 개입을 촉구하게 되었고 이에 고려는 1천 석의 군량 조달에 이어 몽고군의 요청으로 강동성전투에 합세, 연합으로 攻城戰을 전개하게 되었던 것이다. 이 때문에 강동성전투의 주도권은 자연 몽고군이 가지고 전투를 운영하는 식이었고 고려는 몽고의 요구에 응하여 수동적으로 참여하는 형식이었다.

강동성전투에서 몽고는 주위에 너비와 깊이가 각 3m가량 되는 큰 도랑, 즉 塹隍을 개착하였고, 이로써 적의 탈출 혹은 引兵出擊을 봉쇄하는 방법으로 적을 압박하였다. 이러한 전법은 직접적인 공성전보다는 우회적이면서도 식량 등이 제한된 城守戰에 대한 대응으로는 매우 효과적인 전술의 하나였다. 이 때문에 차후 몽고군의 대고려전에서도 이러한 전투방식이 종종 등장하였다.

당시 연합군은 몽고의 주도하에 전투 담당지역을 분할하였는데 몽고가 대략 성의 남동지역, 동진이 서북지역, 그리고 고려가 동북지역을 분담하였다고 보여진다. 지도에 의하면 강동성은 특히 동남쪽이 열린 지형으로, 공수전을 전개할 때 일차적인 전투 가능지역이다. 몽고가 동남면을 담당한 이 같은 사실은 그들이 작전의 주도권을 가지고 있었던 사실과 연관된다. 이 강동성 포위작전에는 고려측에서 상장군 김취려가 지병마사 韓光衍 등과 함께 출정군의 일부를 거느리고 참전하였는데, 이러한 포위 공세에 몰린 적은 그 우두머리 함사가 목숨을 끊어 항복함으로써, 전란은 종식되었다. 이 때 항복한 적의 관인·군졸·부녀는 모두 5만 명에 달하였다고 한다. 고종 6년(1219) 2월 강동성이 함락됨으로써 3년여에 걸친 거란족의 횡행은 종식되었다. 그러나 이후 고려는 대외관계에 있어 보다 심각한 부담을 갖지 않을 수 없게 되었다.

몽고의 합진·찰라는 강동성 함락 후 고려 원수부의 조충·김취려와 더불어 여·몽간의 형제맹약을 체결하고, 이러한 관계에 입각해 추후 몽고는 동진을 경유하여 매년 세공을 고려로부터 거두는 것을 약정하였다.[3] 아울러 蒲里佮完은 몽고황제의 조서를 가지고 고려조정에 파견되어, 정식으로 화친맺기를 요청하였다. 그리고 고려 영내에서 철수하였는데, 이 때 몽고군은 동진인 40여 명을 잔류시켜 고려어를 학습케 하면서, 그들이 다시 올 때를 대비케 하였다. 동진인 등 40명이 의주에 머물도록 하는 조처는 몽고의 대고려 장기전략으로서 불안감을 고조시키기에 충분한 것이었다. 더욱이 그 해 가을에 몽고군이 고려에 다시 올 것이라는 정보도 있었다. 그리하여 정부는 7월 崔正芬 등 8명을 국경지대인 북계 興化道의 여러 성에 파견, 병기 및 군수상황을 점검하고 작은 성은 그 병력과 주민을 큰 성으로 합치는 등 몽고의 재침에 대비하였다.

고종 6년 여·몽관계 성립 이후 양국의 관계는 공물의 징구를 그 기본 내용으로 하고 있다. 몽고는 이를 위하여 사전 약정에 의거해 10명 전후의 사신단을 동진을 경유시켜 고려에 보내었다. 그리고 이러한 관계는 몽고 사신 著古與의 피살사건 이전인 고종 11년까지 유지되는데 몽고의 歲貢使는 고종 6년부터 11년까지 대개 동진의 사절을 동반하여 매년 고려에 내도하였다. 특히 고종 8년의 경우는 1년에 6회라는 과중한 빈도를 보이고 있는데, 이들에 의한 세공 부담은 고려로서는 적지 않은 압박이 되었던 것 같다. 가령 고종 8년 8월 저고여 일행이 皇太弟의 명령이라 하며 요구한 물품 및 수량은 수달피 1만장·細紬 3천 필·細紵 2천 필·綿子 1만 근·龍團墨 1,000丁·筆 200관·紙 10만 장·紫草 5斛·葒花 50斛·藍筍·朱紅 각 50斛, 雌黃·光漆·桐油 각 10斛씩이었다.[4]

그리고 이와 별도로 몽고 원수 찰라와 포리대완 등에 보낼 물품을 요구하

---

3) 高柄翊, 〈蒙古·高麗의 兄弟盟約의 性格〉(《白山學報》 6, 1969 ; 《東亞交涉史의 硏究》, 一潮閣, 1970).

4) 《高麗史》 권 22, 世家 22, 고종 8년 8월 갑자.

였으며, 마음에 들지 않는 물건은 왕 앞일지라도 거리낌없이 내던지는 무례함을 자행하였다. 이 무렵 고려가 몽고 황태제에게 보내는 편지내용은 사정을 가리지 않는 몽고의 혹심한 공물 징구로 인하여 어려움에 처한 고려의 입장을 전하고 있다 즉 고려는 황태제의 요구에 응하지 못하는 품목에 대하여 "매번 명령을 내려 끝없이 요구하니 저희가 이를 어떻게 감당하겠습니까. 한정된 산물로 무한한 요구에 응하는 것이 결코 가능하지 못함을 아실 것입니다"라고 불만을 표시하고 있다. 이처럼 당시 몽고는 위에 든 품목 이외에도 靑絲·綾走絲 등 고려에서 생산되지 않는 물건뿐만 아니라 처녀, 각종 기술자와 중국어에 능한 사람들까지 요구하였다.

〈尹龍爀〉

2) 몽고의 고려 침입

(1) 몽고의 침략

고종 6년(1219) 여·몽간에 일정한 관계가 성립된 이후 양국 사이에는 불안한 그림자가 계속 드리워져 있었다. 이는 몽고가 강력한 군사력을 동원하여 주변지역을 차례로 침공, 그 지배권을 장악하고 있는 과정이었기 때문이었다. 그러므로 여·몽관계의 성립 이후 십 수년은 전쟁이 있기 전 폭풍의 전야에 해당하는 기간이 되는 셈이다.

여·몽관계 성립 이후 몽고의 고려 침입을 보다 구체화한 것은 고종 12년 고려에 온 몽고 사신 著古與의 피살 사건이었다. 저고여는 고종 8년부터 몽고 사신의 자격으로 고려에 드나들었으며 그 때마다 과도한 공물을 거두어 돌아가곤 하였다. 그런데 그가 고려로부터 공물을 수탈하여 돌아가던 중 압록강 너머에서 피살된 것이다. 사건 발생 이후 몽고는 진상의 확인을 위하여 사자를 현지에 파견하였는데 이 역시 기습에 의하여 축출되었다.

고종 12년에 발생한 이 사건으로 양국간의 불균형하게 지속되던 관계는 깨져버렸다. 이후 수년간 몽고군이 고려에 침입해 오기까지는 불안한 침묵의 시간이었다. 저고여의 피살사건은 이후 몽고군이 고려를 침입할 때 그 명분으로 되풀이 이용되고 있지만, 실제 사건의 발생은 인근에 출몰하던 다른 세력에 의하여 저질러진 것으로 보인다. 몽고의 무력 개입을 초래하는 모험적 행동을 고려정부 스스로 자초하여 위기를 불러들일 만큼의 상황은 아니었기 때문이다.

그러나 사실 이 사건은 몽고군이 침략의 명분을 삼고자 하는 것이었을 뿐, 그 가해자가 실제 누구였는가는 중요한 문제가 아니었다. 몽고의 고려 침략은 동아대륙에 대한 정복전쟁의 일환으로 치러지는 예정된 절차에 의거한 것이었기 때문이다.

몽고의 고려 침입이 개시된 것은 고종 18년 8월의 일이다. 그 사이 몽고는 징기스칸이 사망하였고(1227) 2년 뒤에는 태종 오고데이가 황위를 계승함으로써 몽고의 정복전쟁은 새로운 단계로 접어들게 되었다. 당시 몽고 태종의 주요 목표는 중원지방의 금나라를 정복하는 것이었고 고려 침공은 그러한 동방전략의 일환이었다.

몽고군의 主帥 撒禮塔이 강동성싸움 때 부원수로서 哈眞과 함께 고려에 왔었던 「札刺」라고 하는 사실은[1] 이러한 몽고의 침략정책적 성격을 잘 말해주는 것이기도 하다.

살례탑은 몽고의 금국 정벌계획에 의거, 파견되어 먼저 요동지방의 花涼城·開州 등지를 공략하고 이듬해인 고종 18년 8월에 드디어 고려 영내에 진입하였다. 이 때 몽고군에는 王榮祖·吾也而·移刺買奴·壁門 등《高麗史》의 기록에 나오지 않는 여러 장수들이 함께 참전하고 있었다.

이들은 고려의 서북면 지역, 압록강 하구의 관문인 咸新鎭(義州)을 경유하여 침입하였는데, 이후 몽고군은 거의 같은 경로로 고려에 입구하였다. 몽고군의 최초 침입기사는《고려사》권 23, 고종 18년 8월 임오조에 "몽고 원수 살례탑이 함신진을 포위하고 鐵州를 도륙하였다"는 것인데 실제 이들의 내침 시기는 대략 8월 중순이었던 것 같다.

몽고침략군은 防戍將軍 趙叔昌의 항복에 의하여 침입의 관문이 되었던 함신진을 최초 교두보로 확보하고 이후 군사를 나누어 북계의 여러 성을 차례

---

1) 周采赫, 〈札刺와 撒禮塔〉(《史叢》 21·22, 高麗大, 1977).

로 공략하였다. 8월 말에 靜州·鐵州를 도륙하였으며 9월 초에는 龜州가 이들 침략군에 의하여 포위되었다. 당시 살례탑이 거느린 부대에 의해 정주가, 이후 麟州·龍州가 차례로 함락되고, 9월 말에는 宣州·郭州 등의 지역이 점거되었다. 또 다른 부대에 의해 寧德鎭·瑞昌縣을 함락당하고 8월 말인 임오일에 철주를 도륙당하였으며 9월 병술일에 귀주를 포위한 부대는 아마 제3의 부대였던 것 같다. 이 무렵 귀주는 서북면병마사 朴犀와 인근 서북면 여러 성의 지휘관들인 정주의 分道將軍 金慶孫, 삭주의 분도장군 金仲溫, 그리고 靜·朔·渭·泰州의 수령이 함께 모여 있었다. 그리하여 몽고의 1차 침입 중 최대의 공방전이 다음해 정월에 이르기까지 전후 4차에 걸쳐 전개되었는데, 이 치열한 전투과정은 여·몽군의 전투방식을 보여주는 좋은 자료가 된다.

몽고의 선봉부대는 9월 중순에 黃州·鳳州 지경에 도착하였다. 당시 몽고군의 주요 군사력이 북계 여러 성, 즉 고려의 국경부근 군사구역을 공략하는 데 투입되었지만, 한편으로 다른 병력을 빠른 속도로 남진시켜 서울을 곧바로 공격케 하는 작전을 전개하였던 것이다.

몽고군의 전면적 침략에 대하여 고려정부가 3군의 출정을 결정한 것은 9월 초, 그리고 이들이 개경을 출발한 것은 일주일 후의 일이었다. 개경에서 파견된 고려의 중앙군이 몽고군과 처음으로 부딪친 것은 9월 하순 황주의 洞仙驛에서였는데, 이 첫 싸움에서 고려의 3군은 몽고병 8천의 기습을 받아 고전하였다.

> 아군이 동선역에 주둔하고 있었다. 마침 해가 저물었고 척후병의 보고에도 적이 보이지 않는다고 하였으므로 3군이 안장을 풀고 쉬고 있었다. 이 때 어떤 사람이 산에 올라 '몽고병이 온다'하며 소리치니 군사들이 크게 놀라 다 도망하였다. 몽고병 8천여 명이 돌연 닥치매 李子晟과 장군 李承子, 盧坦 등 5, 6인이 죽기로 막아 싸우다가 이자성은 流矢에 맞고 노탄은 창에 맞아 말에서 떨어졌으나 군사가 이를 구하여 겨우 죽음을 면하였다(《高麗史》권 103, 列傳 16, 李子晟).

몽고는 기병을 주축으로 한 기동력으로 불시에 고려군을 기습, 허를 찔렀던 것인데, 이 전투에서 인상적인 것은 당시 3군에 편성되어 출전하였던 草賊 농민군의 분전이었다.

> 3군이 비로소 집결하여 함께 싸우니 몽고병이 잠시 물러났다가 다시 와 우

> 리 右軍을 치거늘 散員 李之茂·李仁式 등 4, 5인이 이를 맞아 싸우는데 馬山 草賊으로 종군한 자 2인이 몽고병을 쏘니 활시위를 따라 엎드러졌고 관군이 이긴 기세를 타 쳐서 패주시켰다(위와 같음).

마산(경기 파주군) 초적군의 역전에 힘입어 몽고군 선봉대의 기습을 일단 격퇴시킨 고려의 3군은 다시 북상하여 10월 계유일에 고려 北界의 군사적 거점도시 安北府(安州)에 도착하게 된다. 고려의 중앙군이 안북성에 입성하자 곧이어 여·몽 양군의 일대 접전이 개시되었다.

> 3군이 이에 적과 싸웠는데 몽병은 모두 말을 내려 隊를 나눠 열을 지었다. 그리고 기병으로 우리 우군을 향하여 돌격, 화살을 비오듯 쏘니 우군이 어지러워지는지라 중군이 이를 구원하다가 또한 어지러워지니 다투어 성으로 돌아왔다. 몽병은 승승장구하여 살상이 반이 넘었으며 장군 李彦文·鄭雄과 右軍判官 蔡識 등이 전사하였다(《高麗史》 권 23, 世家 23, 고종 18년 10월 계유).

고려정부는 안북성의 패배 이후 즉각 5군 병마를 추가로 징발하는 조처를 취하였지만 이것은 실효성이 없었다. 6일 후 몽고군은 平州城을 처참하게 도륙하였고 뒤이어 개경 교외에까지 당도하였다. 이들 몽고군은 잔학한 약탈을 서슴지 않았으며 이 때문에 그 피해의 실상은 매우 비참하였다.

개경에 내도한 몽고군의 일부는 남하를 계속, 충주에까지 내려갔는데 "지나는 곳마다 잔멸하지 않음이 없었다"고 한 것처럼 혹심한 약탈을 일삼았다. 충주에 침입하였던 몽고군은 현지의 임시 방어조직으로 편성된 奴軍·雜類別抄에 의하여 격퇴되었고 여·몽간의 화의 진전에 따라 1차 침략의 몽고군은 충주에서 일단 군사적 움직임이 저지되었다.

몽고 1차 침략군은 충주 이남까지 내려오지는 못했지만 외침으로 인한 위기감은 이미 남부지방에서도 팽배하여 있었던 것 같다. 몽고군이 침입하자 경주에서는 이 지방 민간신앙의 대상이었던 木郎(豆豆里)의 지시라 하여 집정자 崔瑀에게 "무기와 말을 보내주면 승첩을 보고하겠다"고 전갈하고 있는데[2] 이는 몽고 침입에 따른 위기감이 이미 남부지역에도 널리 퍼져 있었음

---

2) 《新增東國輿地勝覽》 권 21, 慶州府 古蹟.

을 말해준다.

蒲桃·迪巨·唐古 등의 몽고군 장수들이 개경 근교에 주둔하자 이미 전세를 돌이킬 수 없는 것으로 판단한 고려정부는 근교의 몽병을 먹이거나 안북부의 살례탑에게 사자를 파견하는 등 빠르게 화친을 모색하였다. 즉 12월 초 왕족 淮安公 珽을 살례탑에 파견하였고 고려에 온 몽고 사신을 통해 표문을 올리는 등 和議 체결에 부심하였다.

고종 18년(1231) 몽고의 1차 침략으로 몽고군은 고려의 국경 군사구역인 북계 여러 성을 공략하는데 성공하였다. 북계지역이 점거된 상황 아래서 고려정부가 이후 몽고의 압력을 거부하기는 매우 어렵게 되어 있었다. 몽고는 북계지역의 지배를 보다 항구화하기 위하여 이들 지역에 72명의 다루가치〔達魯花赤〕를 설치하였다. 그리고 여·몽간의 화의 진전에 따라 이듬해 정월 일단 군대를 철수시켰다. 북계지역의 장악으로 고려의 대항능력을 마비시키고 아울러 지배를 항구화하는 장치의 설정으로 몽고는 일단 그 군사적 성과를 달성한 셈이었다.

(2) 최씨정권의 강화천도

고려의 무인집정자 최우가 몽고에 대한 항전을 결의하고 개경에서 가까운 섬 江華로 도읍을 옮긴 것은 고종 19년 7월의 일이다. 이 사건은 이후 여·몽전쟁의 전개에 매우 중요한 전기가 되었거니와 이 문제가 정부에서 공식적으로 논의되기 시작한 것은 고종 19년 2월의 일이었다. 그 후 천도방침이 확정된 것이 6월 중순이며 국왕이 강화에 들어간 것이 7월 초의 일이었으므로 천도문제는 공식적 논의로부터 확정·시행에 이르기까지 불과 반년의 기간도 걸리지 않았던 셈이다.

한편, 천도론의 공식적 논의가 몽고군의 철수 직후인 고종 19년 2월부터 공식 거론되기 시작했다는 것은 최씨정권이 이미 몽고군의 1차 침입기간 중에 천도에 대한 생각을 가지고 있었다는 것을 의미한다. 고종 18년 12월의 기록에 의하면, 최우는 당시 昇天府의 副使 尹繗과 錄事 朴文檥의 보고에 의거, 피란지로서 강화도의 적합성 여부를 살펴보게 했다고 한다. 몽고군의 침략으로 북계지역이 차례로 공파되고 개경이 포위되던 이 무렵 최우는 몽고군과의 화의를 도모하는 한편으로 몽고와의 대결을 전제로 한 천도에 대한 문제를 구체적으로 고려하고 있었던 것이다. 생각컨대 고종 19년 2월 신미일 대신들이 典牧司에 모여 천도를 공식적으로 거론하였을 때는 이미 집정자 최우의 생각이 굳어져 있었던 것이라고 여겨진다. 이제 천도론의 논의과정을 정리하면 다음과 같다.

① 2월 신미(20일), 宰樞가 典牧司에 모여 도읍을 옮길 것을 의논하였다(《高麗史》 권 23, 世家 23, 고종 19년 2월 신미).
② 5월 재추가 전목사에 모여 대몽 방어책을 의논하였다(《高麗史》 권 23, 世家 23, 고종 19년 5월).
③ 5월 계묘(23일), 4품 이상이 또 회의를 하였다. 모두 城守拒敵을 말하였으나 재추 鄭畝와 大集成 등만은 마땅히 도읍을 옮겨 난을 피하자고 하였다(《高麗史》 권 23, 世家 23, 고종 19년 5월 신유).
④ 6월 신유(16일), 최우가 私第에 재추를 모아 천도를 의논하였다(《高麗史節要》 권 16, 고종 19년 6월 신유).

위의 기록을 통해 알 수 있듯이 재추회의에서 공식적으로 논의된 천도문제는 계속된 논의에도 불구하고 결론을 보지 못하고 회의만 거듭되었다. 이처럼 천도논의가 난관에 처하게 된 것은 반대론이 절대적으로 우세했기 때문이었다. 이러한 상황에서 최우는 자신의 저택에서 직접 회의를 주관하는 방법을 택하게 되었는데, 이는 집정자 최우가 천도론을 확정하고자 한 명백한 의도에서였다고 할 수 있다. 그러나 이러한 분위기에서도 여전히 반대론은 제기되고 있다.

최우 사저에서의 천도 반대론은 몽고와의 소극적 화친론 또는 적극적 대결론의 양론으로 각각 제기되었거니와 이것은 이제까지의 반대론이 집약된 것으로 생각된다. 다음은 兪升旦의 대몽화의론이다.

유승단이 홀로 말하기를 '小로써 大를 섬김이 옳은 것인데, 섬김을 禮로써 하고 사귐을 信으로써 하면 저희가 또한 무슨 명목으로 우리를 곤욕케 하리요. 성곽과 宗社를 버리고 섬에 숨어 엎드려 구차히 세월을 보내면서 백성으로 하여금 壯丁은 다 살상당하고 老弱을 포로로 끌려가게 함은 국가를 위하여 좋은 계책이 아닙니다'라고 하였다(《高麗史》 권 102, 列傳 15, 兪升旦).

유승단이 말하는 「以小事大」란 필시 의례적 성격이 강한 고려의 對金事大

관계를 염두에 둔 것이라 생각된다. 그는 천도론의 문제점으로 그것이 소수 권력층과 관료들의 피란행위로 전락하여 오히려 백성들을 더할 수 없는 질곡으로 빠뜨리는 결과가 될 것을 우려하고 있다. 의례적인 사대관계의 수립으로 전쟁을 방지하는 것이 국가와 백성을 위하는 길이라는 현실주의적 주장인 것이다.

한편 夜別抄指諭 金世冲은 몽고와의 대결을 전제로 한 개경고수론을 주장하였다.

> 야별초 지유 김세충이 문을 밀치고 들어가 최우에게 힐문하기를, '松京은 태조 때부터 역대로 지켜 내려와 무려 2백여 년이 되었습니다. 성이 견고하고 군사와 양식이 족하니, 마땅히 힘을 합하여 지켜 사직을 보위할 것인데 이곳을 버리고 장차 어디에 도읍하겠다는 것입니까' 하였다. 최우가 수성책을 물으니 김세충이 능히 대답하지 못하였다(《高麗史節要》 권 16, 고종 19년 6월).

당시 상하의 일반적 여론이 전쟁을 전제로 한 천도보다는 개경에서의 계속적인 안착을 바라는 것이었음은 의심의 여지가 없다. 유승단·김세충은 이러한 중론을 나름대로의 논리에 의하여 대변하였다고 할 수 있다. 그러나 김세충이 반대론을 개진하면서도 구체적인 개경 방어책에 대해서는 대답이 막혔던 것을 보더라도 개경고수론은 명분의 선명함에도 불구하고 현실감이 부족하다는 한계가 있었다. 몽고의 재침이 있을 경우 현실적으로 개경 방어가 어렵다는 것은 이미 몽고의 1차 침략으로 실증되었기 때문이다. 아마 천도가 단행되지 않았다고 한다면 고려의 항몽전쟁이 그처럼 장기화되었을 가능성은 희박하였을 것이다. 여론의 절대적 반대를 무릅쓰고 최씨정권이 천도론을 강행할 수 있었던 데에는 실로 이와 같은 현실적 명분이 전제되었기 때문이다.

고종 19년의 천도책은 최우와 그 추종자들에 의해 일방적으로 추진되고 결의되었지만 최씨정권으로 하여금 천도책의 명분을 세우고 실천에 옮길 수 있게 해준 것은 기본적으로 몽고에 대한 의구심과 위기감이 널리 유포되어 있었기 때문이었다. 그것은 우선 고종 6년 여·몽관계의 성립 이후, 몽고의 고압적 태도와 사신들의 무례한 행동이 고려의 정책담당자들에게 거부감과 의구심을 극대화시켰다는 점이다. 이로 인하여 고려에서는 몽고에 대하여

'몽고는 오랑캐 중에서도 가장 흉악한 존재'라는 생각을 굳게 하였다. 여·몽관계 성립 이후 몽고의 경제적 징구가 매우 과중한 것이었다는 점도 향후 고려의 대몽관계가 현실적으로 상당한 어려움이 있다는 전망을 갖게 하는 것이었다. 고종 6년 이후 저고여의 피살이 있게 되는 12년까지 공물 징구를 목적으로 하는 사신은 매년 수 차례씩 파견되어 고려정부를 압박하였고 1차 침략 이후에도 이러한 일방적 경제적 징구는 계속되었다. 고종 18년 12월 1차 전쟁 기간 중의 첩장에서 몽고는 말 1~2만 필 분량의 금·은·보석 등의 물품, 백만 명의 몽고군 의복·자색 비단(紫羅) 1만 필·수달피 2만 개·大·小馬 각 1만 필 등 막대한 물량을 요구하고 있는데, 이는 고려의 부담능력을 크게 넘는 것이었다.

몽고의 고려에 대한 요구는 단순히 경제적 징구로 끝나는 것이 아니었다. 몽고는 동진국 정벌을 위한 고려의 파병을 강요하였으며 각종의 기술자와 노동인력 등 제반 요구가 더하여졌다. 거기에 1차 침략 이후 다루가치를 개경과 국경지역인 북계의 72성에 설치함으로써 정치적 영향력을 강화시켜 나갔다. 이러한 상황은 곧 최씨정권의 정치적 위상에도 타격을 주는 것이었다는 점에서 심각한 국면으로 인식되었을 것임에 틀림없다.

따라서 천도 반대론이 강하게 대두되었지만 이 같은 상황에서 집정자 주변의 천도론자들은 극적인 방법으로 반대론을 위압해 버렸다.

> 어사대부 大集成이 최우에게 '세충이 아녀자의 말을 본떠 감히 큰 의논을 막고 나서다니 이를 참하시어 中外에 보이십시오'하고, 응양군 상호군 金鉉寶도 집성의 뜻을 따라 또한 그렇게 말하므로 드디어 김세충을 끌어 참하였다(《高麗史節要》 권 16, 고종 19년 6월).

고종 19년 상반기의 천도 논쟁은 천도의 가부만이 논의되었을 뿐 천도지의 택정 등 여타의 구체사항에 대해서는 언급이 없었다. 이는 천도론 자체가 많은 반대에 부딪쳐 여타의 문제를 논의할 여지가 없었던 탓도 있었지만 천도지는 이미 예정되어 있었던 것 같다.

최우의 강화도에 관한 관심은 몽고의 1차 침략 종식 이전인 고종 18년 12월에 이미 나타나고 있다. 당시 최우는 昇天府의 부사 윤린과 녹사 박문의로 하여금 피난지로서의 강화도의 조건을 살피게 하였다. 윤린 등은 도중에 몽고군의 포로가 되었지만 이 무렵 이미 최우는 천도문제를 염두에 두고 있었던 것으로 생각된다. 몽고의 1차 침략 당시 북계의 여러 지역에서는 몽고군에 대한 대응으로 이른바 「海島入保」가 활발히 이루어졌는데 몽고군에 대하여 연안의 섬을 전략적으로 활용하는 것은 이미 일반화되어 있었던 것이다.

해도입보 차원에서의 천도지라면 제반 조건에 있어서 강화도만한 것을 달리 찾을 수 없을 것 같다. 강화도의 지정학적 조건에 대해서는 일찍부터 지적되어 왔지만 이를 종합하면, 첫째 물에 약한 몽고군의 약점을 이용할 수 있는 섬이라는 점, 둘째 육지에 가까우면서도 조석 간만의 차가 커 방어효과가 크다는 점, 셋째 개경과의 근접성, 넷째 조세의 운송과 관련된 漕運의 편의성 등으로 요약된다.[3] 그리하여 천도론이 전개될 때 천도 예정지에 대한 보다 상세한 여건 조사도 병행되었을 것으로 추측된다.

최우는 자신의 집에서 천도책이 전격적으로 결의되자 곧 고종에게 이 사실을 통보하고 그 시행을 촉구하였다. 그러나 이에 대한 왕의 태도 역시 소극적인 것이었다. 《고려사절요》는 이에 대해 "왕이 머뭇거리고 결정하지 못했다"고 하였는데, 이 때문에 위협적 방법도 불사하게 되었다. 그 날 최우는 자신의 家財를 100여 량의 수레를 동원해 강화도로 옮기도록 하고, 각 기관으로 하여금 그 시행을 독려하는 한편, 백성들에게도 이주시한과 처벌사항까지 정하여 공시하였다. 이처럼 천도책의 결의와 동시에 최씨정권의 선발대가 바로 강화도로 출발할 수 있었다는 것은 미리 천도의 준비가 일정하게 진전되어 있었음을 말해준다.

이들 선발대는 개경 출발 직후 곧 교외의 敬天寺에서 1박을 하였는데 이들에게는 특별한 포상조치도 시행되었다. 6월 병인일 최우는 2천의 병력을 동원해 강화에 궁궐을 조영토록 조치하고, 7월 초하루에는 천도이후 개경 관할을 위한 후속조치를 취한 다음 같은 달 을유일에 국왕 역시 개경을 출발, 다음날 강화에 도착하였다. 그러나 강화로의 천도는 그것이 급하게 이루어진

---

3) 李丙燾, 《韓國史—中世篇—》(震檀學會, 1961).
朴廣成, 〈丙子亂 後의 江華島 防備構築〉(《畿甸文化硏究》 3, 仁川敎大, 1973).
李龍範, 〈江華島 방어의 歷史的 考察〉(《江華島學術調査報告書》, 1977).

데다 우기까지 겹쳐 혼란이 가중되었다.

> 을유일에 왕이 개경을 출발하여 승천부에 머물고 다음날 강화의 객관에 들었다. 이 때 장마비가 열흘이나 계속되어 진흙길에 발목이 빠져 人馬가 쓰러져 죽어갔다. 고관이나 양가의 부녀들로서 맨발로 업고 이고하는 자까지 있었다. 鰥·寡·孤·獨으로서 갈 바를 잃고 울부짖는 자가 이루 헤아릴 수 없었다 (《高麗史節要》 16, 고종 19년 7월).

당시 傳國의 佛寶로서 궁중에 보관되어 있던 석가의 치아(佛牙)를 '총망중에 잊어버리고 거두어 챙기지 못하여' 분실한 사실도[4] 천도로 인한 혼란을 말해주는 것이다. 이러한 북새통에 개경에서는 어사대의 皂隷 李通의 반란이 일어나 경기지방의 유민과 개경 성중의 노예를 불러모아 앞서 개경 진수군으로 잔류한 王京留守兵馬使의 군대를 축출하고 여러 사찰의 승려까지 불러모으는 등 반란이 확대됨으로써 혼란은 이루 말할 수가 없었다.

최씨정권이 이처럼 천도를 서둘렀던 것은 몽고가 곧 내침할 것이라는 일련의 정보 때문이었다. 즉 몽고에 파견되었던 宋立章이 구류상태에서 탈출, 몽고군의 내침이 곧 있게 되리라는 제보를 하였고 이에 자극 받은 최우는 전격적으로 천도를 단행하였던 것이다.[5] 이로써 고려의 서울은 개경에서 강화로 옮겨져, 이후 강화는 39년간 고려의 전시수도로서 그 기능을 담당하게 되었다.[6]

(3) 몽고의 2·3차 침입

가. 몽고의 2차 침입

고려정부는 천도를 전후하여 몽고에 대한 적대조치를 한층 노골화하였다. 천도작업이 진행 중이던 고종 19년 7월 초 내시 尹復昌을 북계에 파견, 다루가치의 무장을 해제시키려 하였던 조처는 고려의 항전의지를 명백히 한 것

---

4) 《三國遺事》 권 3, 塔像 4, 前後所將舍利.

5) 金庠基, 〈三別抄와 그의 亂에 대하여〉(《東方文化交流史論攷》, 乙酉文化社, 1948).

6) 강화천도 문제와 관련해서는 다음 글들이 참고된다.
金潤坤, 〈江華遷都의 背景에 關해서〉(《大丘史學》 15·16, 1978).
尹龍爀, 〈高麗의 對蒙抗爭과 江都〉(《高麗史의 諸問題》, 三英社, 1986).

이었다. 윤복창은 북계의 의주에 이르러 다루가치에 의해 사살되었지만, 당시 이들 북계에 잔류한 몽고세력들과 이에 대항하는 반몽세력 간에 북계지역을 중심으로 심각한 갈등이 전개되었던 것도 사실이다.

다루가치에 대해 노골적으로 적대행위를 보여준 것은 천도를 전후한 시기 고려 정부의 북계지역에 대한 정책에 의거한 것이며, 이에 의하여 고려에 잔류한 몽고세력은 상당한 타격을 받았던 것으로 보인다. 《元史》에서 고려가 다루가치 72인을 모두 죽였다고 한 것은 어느 정도 이 무렵 잔류 몽고 세력의 곤경을 나타낸 것으로 보여진다.[7] 고려의 강화천도와 잔류 몽고세력에 대한 압력이 가중되는 상황에서 살례탑에 의한 몽고의 두 번째 침입이 개시되었다.

살례탑의 몽고군은 대략 고종 19년(1232) 8월부터 12월까지 4개월간 고려에 대한 정복전쟁에 종사하게 되는데 이 기간 동안 몽고군의 구체적 동태와 군사행동에 대해서는 상세한 기록이 남아 있지 않다. 《고려사》 세가의 경우 역시 이 시기의 기록은 거의 공백으로 되어 있고, 대신 주로 몽고측에 보낸 고려의 외교문서 8통을 李奎報의 《東國李相國集》으로부터 전재하여 그 결락을 보완하고 있는 실정이다.

몽고는 1차 침입 이후 다루가치의 설치, 附蒙分子의 영합에 힘입어 북계지역에 대한 지배력을 가지고 있었기 때문에 이에 힘입어 몽고군은 고려의 서북부 지역을 점거할 수 있었다. 그러나 살례탑은 본격적인 군사행동을 유보하면서 江都에 사람을 보내어 강도정부의 환도와 그 선행조치로서 국왕과 최우의 몽고 입조 혹은 출륙문제를 요구하였다.

살례탑의 몽고군이 아직 북계에 주둔하고 있는 동안, 이미 몽고군의 일부는 고려의 내륙 깊숙히 내려와 노략질을 서슴지 않았다. 이 사실은 현종조 거란 침입기에 제작된 소위 符仁寺 소장 대장경판이 고종 19년에 소실되었다고 한 기록에 의해 확인된다. 고종 19년 제2차 침입에 있어 살례탑이 거느린 몽고군 본대는 12월 處仁城에서 살례탑이 죽음으로 경기 이남 지역을 내려가지 못하고 회군하고 말았다. 그러므로 이 때 부인사 대장경의 소실 사건은 몽고의 선발부대에 의해 저질러진 것이며 이것은 살례탑의 남진 이전 이

7) 周采赫, 〈高麗內地의 達魯花赤 置廢에 관한 小考〉(《淸大史林》 1, 淸州大, 1974).

미 일부 부대가 본토에서 가혹한 군사행동을 자행하고 있었던 사실을 말해주는 것이다.

별동대의 남진 경로와 그 구략 범위에 대해서는 전혀 알려진 바가 없지만 몽고군의 침략상에 대해서는 수년 후인 고종 24년(1237) 팔만대장경의 각판을 알리는 이규보의 〈大藏刻板君臣祈告文〉에 다음과 같이 묘사되어 있다.

> 심하도다. 達旦이 환란을 일으킴이여! 그 잔인하고 흉포한 성품은 이미 말로 다할 수 없고, 어리석고 어두움이 짐승보다 더 심하나이다. …이 때문에 저들이 경유하는 곳에는 불상·梵書가 모두 불태워졌고, 符仁寺 소장의 대장경 판목도 또한 불태워져 남아나지 못했던 것입니다(李奎報, 《東國李相國集》 권 25).

현재 대구 팔공산의 부인사 터에는 통일신라 때 제작된 동서 쌍탑의 석탑을 비롯하여 석등·당간지주 등 각종 석제 조형물들과 礎石·長臺石 등의 석재가 남아 있는데, 이들은 모두 심하게 파손되어 있어 침략군에 의해 얼마나 철저히 유린되었는지를 분명히 보여주고 있다.[8]

경상도 일대에서 횡행하던 선발대에 뒤이어 적장 살례탑이 주력부대를 이끌고 남하한 시기는 고종 19년(1232) 10월경의 일이었던 것 같다. 그것은 남진 도상의 살례탑의 군대가 11월 廣州에서 고려군과 접전하고 있기 때문이다. 이들은 개경을 거쳐 漢陽山城을 함락시킨 후 광주성을 포위 공격했다가 부사 李世華에 의해 지휘된 광주민의 저항에 부딪혀 실패한다. 그리고 이어 처인성(龍仁市 南四面)에 이르러 金允侯와 처인부곡민들에 의해 적장 살례탑이 사살당하고 만다. 이것이 동년 12월 중순의 일이다. 이들 전투에 대한 상세한 내용은 후술하거니와 처인성에서의 참담한 패배로 결정적 타격을 받은 몽고군은 副將 鐵哥의 지휘하에 동년 말 곧 철군하게 되는 것이다.

나. 몽고의 3차 침입

살례탑이 전사함으로써 고려에 대한 2차 침략이 실패로 돌아간 이듬해 고종 20년(1233) 5월, 몽고는 드디어 금의 수도 변경을 함락하였다. 그리고 9월 皇子 貴由(뒤의 定宗), 諸王 按赤帶 등이 지휘하는 몽고군은 동진의 수도 남

---

8) 慶北大博物館, 《符仁寺地表調査報告書》(1986).

경성을 함락하고 포선만노를 사로잡음으로써 이를 멸망시켰다. 이어 이듬해 2월, 수도로부터 도피하였던 금의 哀宗이 자살함으로써 금나라 역시 멸망하였다. 이렇게 하여 몽고는 동방정략을 성공적으로 진척시켜 나가게 된다.

고종 21년 금을 멸망시킨 몽고는 가을, 향후의 정벌계획을 새로 수립하였고 사전계획에 따라 이듬해 정복작전을 재개하였다. 그리하여 拔都·貴由 등이 유럽 여러 나라에, 皇子 闊端·曲出 등이 남송 정벌에 파견되었다. 고려에 대한 침략도 이 때 다시 추진되었는데 고종 22년 唐古에 의한 제3차 침입이 그것이다. 3차 침략의 몽고 사령관인 당고는 1차 침략 당시 살례탑의 휘하로 고려 침략전쟁에 참여, 개경을 포위하였던 3원수 중의 한 사람이다. 또한《원사》에 의하면 移剌買奴·王榮祖·吾也而 등 역시 1차 침략 때 종군했던 장군들이 당고를 수행하였고 고려의 부몽분자인 洪福源이 그들의 향도가 되었다.

고종 22년 윤7월 몽고의 침략이 개시되자 강도정부는 즉각 5군을 편성, 강화의 연안방어에 주력하게 하고 아울러 가까운 廣州·南京民을 강화에 합하게 함으로써 강도의 방어에 주력하였다. 그러나 몽고와는 정면 대결을 회피, 2차 전쟁 때와 마찬가지로 중앙군을 대몽전선에 투입시키지는 않았다. 이 3차 전쟁에 대한 기록은 2차의 경우처럼 역시 소략하지만 고종 22년부터 26년에 이르기까지 5년이란 장기간에 걸쳐 계속되었다.

몽고의 3차 침략은 처음 安北府를 비롯한 북계의 여러 성에 대한 공격으로부터 시작되었고 다음 8월에는 龍岡·咸從·三登 등의 성이 함락되었다. 이와 동시에 몽고는 9월 다른 한 부대를 동진국의 옛땅으로부터 출발시켰다. 그리하여 이들은 복속한 동진지역의 군사를 앞세워 함남 덕원 부근의 龍津鎭·鎭溟城 등을 각각 공략하면서 동계 일대의 방어진지를 아울러 공격했던 것이다. 몽고의 동서 양면 공격은 이전에 없었던 일로서 동진정벌 이후 몽고군이 그 군사력을 징발, 투입한 부대였음에 틀림없다.

윤7월 북계지역에 내침한 몽고군은 대동강 이북지역 점거 이후, 서해도 지역을 차례로 공략하였다. 서해도에서 몽병의 작전이 진행되는 동안 몽고군의 제1대는 경상도의 안동·해평 등지에 출현하였고 경주방면으로도 진출하고 있었다.

몽고군의 경상도 침입에 대응하여 정부에서는 9월 상장군 金利生을 東南道指揮使로, 그리고 충청주도 안찰사 庾碩을 부사로 삼아 현지에 내려보냈다. 경상도지역의 방비와 도민에 대한 제반 지휘책임을 맡게된 김이생과 유석은 그 해 경주 남쪽의 通度寺(경남 양산군)에 들러 석가의 眞身舍利에 예배하고자 하였는데[9] 이로써 볼 때 당시 몽고군의 침략이 경주 인근, 경상도 내륙 깊숙한 곳에까지 이르렀음을 알 수 있다.

몽고군이 경상도지역까지 압박했던 고종 22년 9월 강화도 정부는 병란으로 인한 민심의 동요를 진정시키는 방편으로 流刑 이하의 죄를 사면시키고 귀양간 자를 옮기고, 아울러 고종 20년 이래 체납된 貢賦의 면제를 내용으로 하는 민생책을 제시하기도 했다.[10] 병란이 더욱 확대된 동 12월 집정자 최우는 강도에 대한 방어설비를 더욱 강화시킨다. 그리하여 주현으로부터 1품군을 징발, 강화 연안의 堤岸을 더 축조시키는 조치를 취하였던 것이다. 10월 서해도 각처에서의 군사작전의 진행을 고려할 때 강도정부는 몽고군의 강도에로의 직접 공격을 크게 우려하였음이 분명하다.

이규보가 고종 22년 말, 최씨의 강화 천도를 칭송하면서 “천만의 胡騎가 새처럼 난다 해도, 지척의 푸른 물을 건너지는 못하리라”고 하여[11] 강도의 견고함을 애써 강조한 것도 몽고군의 위협이 피부에 와 닿았던 이러한 상황에서의 일이었다. 이들 몽고군은 동년 말 압록강 이북으로 일단 철수하였던 것 같다.

이 무렵 몽고군의 위협하에 있던 고려에서는 국가의 안녕을 희구하는 불교적 기원이 각처에서 성행하였다. 몽고의 3차 침략이 개시될 무렵 고종 22년과 동 23년에 제작된 것으로 추정되는 몇몇 불화(五百羅漢圖)에는 「國土太平」 운운의 기원문이 적혀 있고, 특히 몽고군이 남부지역까지 횡행하던 22년 10월에 제작된 羅漢圖(上偶尊者)에는 「隣兵速滅」을 기원하고 있다.[12] 외적의

9) 《三國遺事》 권 3, 塔像, 前後所將舍利.
10) 《高麗史》 권 23, 世家 23, 고종 22년 9월 및 권 80, 志 34, 食貨 3, 災免之制.
11) 李奎報, 《東國李相國集》 권 18, 望海因追慶遷都.
12) 李基白, 《韓國上代古文書資料集成》(一志社, 1987), 67~71쪽.

침략에 대해 불력을 의지하고자 했던 이러한 정신은 팔만대장경 조판이라는 대규모 사업으로 확장되었던 것이다.

몽고의 3차 침략 2년째인 고종 23년(1236) 6월에 이르러 몽고병은 다시 압록강을 건너 대거 고려에 내침하였는데 이들은 보다 증원된 부대였다. 당시 몽고군은 6월 한달 사이에 북계의 여러 지역을 점거하면서 서해도까지 내침해 왔다.

7, 8월 몽고군은 저항하는 북계의 慈州 등의 여러 성을 공략하는 한편 강원 지역에 동진군을 동원, 공격하였으며 8월 말에는 경기·충청지방까지 진출하였다. 이어 9월에는 竹州(안성)·溫水(온양) 등지에서, 다음 10월에는 전라도 전주 등지까지 내려와 扶寧(부안)·公州·大興(예산) 등 여러 지역에서 전투를 하였다. 지금까지 몽고군의 침략경로는 모두 서북지역으로부터 남하하여 경상도 방면을 향하는 것이었다. 그러나 고종 23년, 3차 침략의 제2년째 몽고는 그 진로를 달리하여 충청지역을 거쳐 전라도 방면으로 처음 진입했던 것이다.

이후 몽고군의 구략이 어떻게 진행되었는지는 알 수 없으나 그 추이에 대해서 약간의 상정을 해 본다면, 이들은 대체로 오늘의 전북지방에까지 진출한 이후 더 이상 내려가지 않고 다음해 초에 일단 철수했던 것이 아닌가 싶다. 몽고군이 더 이상 남진하기 어려웠던 것은 당시의 전선이 너무 길게 그리고 광범위하게 형성되어 있었기 때문이다. 즉 경기·충청·전북지역의 각처에서 고려의 끈질긴 유격전에 시달렸을 뿐 아니라 상당히 늦게까지 북계지역에서 전투가 이어졌던 상황을 고려하면 당시 몽고의 전선은 매우 광범위하게 형성되어 있었던 것이다.

이 무렵 강도의 고려정부는 집권자 최씨의 후원 아래 유명한 팔만대장경 각판사업을 시작하였다. 전시인 고종 23년부터 38년에 이르는 16년간 추진한 이 작업은 무엇보다도 전쟁의 종식을 희구하는 당시의 열망을 반영하고 있거니와, 몽고군의 3차 침략으로 인한 참담한 본토의 상황과 향후의 사태에 대한 깊은 우려가 작업 추진의 직접적인 배경이 되었을 것이다.

몽고군은 고종 25년 다시 대거 침입해 왔는데, 당시 사정에 대하여 《고려사》에서는 "몽고병이 東京에 이르러 황룡사탑을 불태웠다"라고 함으로써 이 때 몽고군이 경상도의 내륙 깊숙이 경주 지방에까지 이르렀던 사실을 전해주고 있다. 황룡사탑의 소실은 거찰 황룡사 전체의 소실을 의미하는 것이며 동시에 경주지역에 대한 혹심한 유린을 암시하는 것이기도 하다.

《동국이상국집》에 실린 이규보의 시를 참조하면 고종 25년도의 몽고군은 대략 8월 하순에 개경에 진입하였으며 9월 초에는 강화의 맞은편에 출현하여 강도를 위협하는 무력시위를 전개하였다. 그리고 이어 군사를 남부 지역으로 진출시키면서 가혹한 구략으로 강도정부를 굴복시키려는 종래의 일반적 전략을 되풀이했던 것을 알 수 있다. 일시 강도를 위협한 몽고군은 주력을 경상도 방면으로 투입시켜 대략 그 해 11월경 경주에까지 들어가 철저한 파괴적 구략을 일삼았으며, 황룡사 또한 그 와중에 적에게 파괴 소실되었던 것이었다.13)

수년간 계속된 몽고의 침략전쟁으로 고려의 전토는 황폐되고, 민생은 극심한 곤란에 처하여 속수무책이던 강도정부는 마침내 고종 25년 12월, 사신을 몽고에 파견하여 침략군의 철수를 요청하였다. 당시 몽고에 보낸 表狀 가운데 몽고의 장기침략으로 인한 고려의 사정을 "백성은 땅에 정착함이 없고 농사는 때에 거두지 못하니 이처럼 풀만 무성한 토지에서 무엇이 생산되겠습니까"14)라고 묘사하고 있다. 당시 趙玄習·李元祐·李君式 등을 비롯한 대규모 투항민이 발생한 것도 이러한 경제적 피폐와 관련이 있는 것이다.

몽고의 제3차 침략은, 수년 전 고려로부터 당한 패배를 보복하며 아울러 고려를 완전히 제압할 목적으로 대대적인 군사적 공세를 가한 것이었다. 그러나 뜻을 이루지 못한 채 고려의 上表를 계기로 철수하였다. 이후 당분간 양국은 외교적 통로를 이용하여 문제를 해결하는 데 일시적 합의를 보았지만 결과적으로 전쟁은 매우 장기적인 양상으로 전환되어 갔다.

---

13) 몽고군에 의한 황룡사탑의 소실 시기에 대하여 《高麗史》에는 고종 25년 윤4월의 일로 기록되어 있다. 그러나 李奎報의 《東國李相國集》과 一然의 《三國遺事》 등의 기록을 종합해 볼 때 윤4월이 아닌 「冬月」(10~12월)의 일로 보는 것이 타당할 듯하다.

14) 《高麗史》 권 23, 世家 23, 고종 25년 12월.

(4) 여·몽전쟁의 장기화

가. 몽고의 4차 침입

고종 25년부터 32년까지 여·몽 양국은 사신의 교환을 통한 부단한 신경전을 전개하였다. 몽고가 사신의 파견을 통하여 고려에 요구해 온 사항은 이전의 경우처럼 국왕의 친조, 강도로부터의 출륙, 그리고 민가의 호수를 파악, 보고하는 것이었다. 그 중에서도 특히 몽고가 가장 우선적으로 강력히 요구해 온 것이 국왕의 친조였는데, 이에 대하여 고려는 현종의 8대손인 왕족 新安公 佺을 파견하거나, 신안공의 종형 永寧公 綧을 왕자라 하여 보내는 것으로 그 요구를 대신하였을 뿐이었다. 고종 25년 12월 첫 사신이 파견된 이래 26년, 27년의 두 해는 비교적 활발하게 사신 교환이 진행되었다. 즉 고려는 2년 동안 5회, 몽고는 4회라는 평균 2회 이상의 사신 교환이 있었으며, 그 규모도 고종 26년의 경우 몽고 137명, 고려 148명이라는 대규모 사신단을 교환하였다. 고려에서 그나마 몽고의 요구에 부응, 신안공·영녕공 등 왕족을 파견한 것도 바로 이 때의 일이다. 그러나 고종 28년 이후 양국의 외교관계는 오히려 침체되며 차츰 의례적 경향을 보여줌으로써 외교적 교섭이 일정한 한계에 와 있음을 나타내고 있다.

몽고의 고려에 대한 4차 침략이 본격적으로 전개된 것은 몽고 정종 즉위 이듬해인 고종 34년(1247)의 일이다. 그러나 이들 4차 침략군의 선발대는 이미 그 전년 고종 33년 말에 활동을 개시하였다. 몽고의 심상치 않은 움직임에 대하여 이듬해 봄 강도정부는 삼남지방에 진무사를 파견, 침략에 대비하였다.

몽고 원수 阿母侃이 군대를 이끌고 고려에 본격적으로 침입한 것은 고종 34년 7월의 일이었다. 아모간의 몽고군은 종래와 같이 부몽분자 홍복원을 대동, 먼저 청천강 상류의 熙州(熙川)·平虜城 등지를 공략하고 남진하여 7월에는 개경 및 강화 연안인 鹽州(延安)에까지 육박, 주둔함으로써 강도정부를 위협하였다.

《輿地圖書》에서는 황해도 瑞興縣의 大峴山城이 「宋 淳祐 7年」 즉 고종 34년 적군에게 함락되었던 사실을 전하고 있는데, 이로써 생각하면 당시 아모간은 遂安에서 염주에 이르는 도중 인근 고려의 군현민이 입보한 대현산성을 공격해 함락시키고 남진하였던 것으로 보인다.

아모간의 몽고군이 철수하는 것은 이듬해 초의 일이었던 것 같다. 이들은 7월 이후 당분간 염주에 주둔하여 부근 일대를 구략하면서 강도정부를 위협하였다고 생각되지만, 이후 몽고군의 진로와 행방이 어떠하였는지 당시의 기록에는 나타나 있지 않다. 그러나 대신 무신정권기 天台僧 靜明國師 天因의 행적 등에서 약간의 암시를 발견할 수 있다.

곧 천인은 고종 34년 "겨울에 胡賊을 피하여 象王山 法華社에 들어갔다"[15]는 것이다. 아모간의 몽고군이 침입하자, 천인은 康津으로부터 일시 남해안의 莞島로 거처를 옮겼던 것인데, 전라도 남해안에서의 이러한 해도입보는 당시 몽고군이 전라도 방면으로 남진하였기 때문일 것이다.

요컨대 경기 일대를 구략하던 고종 34년 아모간이 이끄는 몽고군은 대략 8월 이후 충청도를 거쳐 전라도 방면으로 남하, 그 곳의 여러 성을 공격하면서 남부지역에까지 이르렀다고 보여진다.[16] 이들은 해를 넘긴 이듬해 초에 고려의 사신 파견 및 원 황제 정종의 죽음을 계기로 비로소 고려에서 철수하게 된다.

나. 몽고의 5차 침입

고종 36년(1249) 강화천도의 장본인이었던 최우가 사망하고 이어 고려측이 출륙의 기미를 보이자, 몽고는 이러한 고려의 변화에 기대를 걸고 그 사실성 여부를 확인하는 한편 자신들의 요구를 관철하기 위해 다시 사신을 파견하기 시작했다. 그러나 집정자 崔沆은 지금까지의 고려의 대몽책을 그대로 계승하였다. 그리하여 집권 이듬해에 강도의 中城을 새로 구축, 방어체제를 오히려 강화하였을 뿐 아니라, 고종 38년에는 집정자 최씨의 후원에 의해 고종 23년부터 시작되었던 팔만대장경의 판각작업이 드디어 완성을 보는 등 몽고에 대한 대항체제를 정비하여 나갔던 것이다.

---

15) 《東文選》 권 83, 序 萬德山白蓮社靜明國師詩集序.

16) 《高麗大藏經》 권 45의 〈南明泉和尙頌證道歌事實〉에는 고종 34년에 몽고군이 경상도에까지 이른 듯한 자료가 보이지만, 자료의 文面만을 가지고는 확정하기 어렵다.

한편 이 무렵 고종 38년 7월에 개최된 쿠릴타이에서는 蒙哥[몽케]가 황제에 선임되었는데 몽케 즉 헌종은 즉위 즉시 고려에 사신을 파견, 고종의 친조와 개경에의 환도를 촉구하였다. 이듬해 7월 고려에 온 多可·阿土 등의 사신을 통해 고려측의 반응 여하에 따라 즉시 고려를 정벌하겠다는 뜻을 전하였다.

也窟에 의한 몽고의 5차 고려 침입이 개시된 것은 고종 40년(1253) 7월의 일이다. 몽고군의 압록강 도강, 내침에 대하여 본토 주민을 산성 혹은 연안의 섬으로 들어가도록 하는 즉각적인 조치가 취해졌다. 야굴은 4차 침략을 지휘했던 아모간과 홍복원을 5차 침략에 대동하였다. 따라서 5차 침략군의 주력부대는 4차 침략을 담당했던 아모간·홍복원 휘하의 병력이었으리라고 생각된다. 5차 침략의 몽고군은 고종 40년 7월부터 침공을 개시, 이듬해 정월 일단 철수하였다. 당시 몽고군의 내침 경로는 압록강을 건너 서해도로 남하한 종래의 경우와 동해안을 따라 진입하는 양면 작전이었다.

야굴의 몽고군은 서경 및 土山(平南 祥原)을 거쳐 남하하던 중 8월 防護別監 權世侯가 입보민을 지휘하던 서해도 椋山城(安岳?)을 함락, 철저하게 성을 유린하였다. 이들은 개경 방면으로 남하하는 길을 취하지 않고 서해도에서 내륙의 길로 들어서, 중부 내륙의 요충인 東州(철원) 지역에 이르렀다.

이 때 동주산성에는 인근의 금화·금성 등의 이민까지 다수가 입보하여 방호별감 白敦明의 지휘하에 대항하였으나 산성은 곧 함락되고 말았다. 몽고군은 이어 春州(춘천)에서 고려의 강력한 저항을 제압하고 9월 하순 성을 함락시켰다. 춘주성은 안찰사 朴天器의 지휘로 1차 침략 때의 鐵州城전투를 방불케 하는 비장한 싸움을 전개하였다. 춘주성을 점거, 처참한 도륙을 자행했던 몽고군은 이어 楊根城(양평군)을 점령하고 원주를 공격했으나 방호별감 鄭至麟에 의해 좌절되었다.

한편 松柱가 지휘하는 몽고부대가 동북 변경에 출현, 高州·和州 등지에 이른 것은 8월 중순의 일이다. 이들은 다음달 동계의 거점인 登州(안변)를 포위 공격하였으나 고려군의 완강한 저항에 부딪혀 진로를 바꿔 10월 襄州(양양)를 함락하였는데 당시 고려인들은 인근의 설악산과 같은 험준한 산속으로 피난하거나, 산성을 중심으로 몽고군에 저항하였다.

몽고군은 전쟁의 과정에서 홍복원과 李峴 등 고려의 부몽분자 즉, 항복한 고려 吏民들을 최대한 이용하였다. 그들로 하여금 향도적 역할뿐 아니라 고려의 여러 성들에 대한 항복을 유도하거나 고려군사의 사기를 꺾었으며 동시에 이들을 식량확보에 이용하는 등 매우 교묘한 수법으로 전쟁을 이끌었다. 天龍山城도 이러한 몽고군의 수법이 주효하여, 방호별감 趙邦彦, 黃驪縣令 鄭臣旦 등 지휘자들이 出降하였다. 따라서 야굴의 몽고군이 충주에 이르렀을 때는 적지 않은 부몽분자와 고려인이 동원되었던 셈이다.

동주·춘주·양근성·천룡성을 함락시키고 남하한 야굴의 몽고군이 충주에 당도한 것은 대략 10월 10일경의 일이었다. 몽고군은 이후 영남지역으로 남하하기 위한 전초 단계로서 충주산성을 포위, 집중공격을 감행하였다. 그러나 야굴이 지휘하는 몽고군의 집중공격에도 불구하고 다시 방호별감 김윤후에 의해 지휘된 충주민은 70여 일간 성을 사수함으로써 몽고군의 남진을 저지하였다. 이리하여 먼저 야굴의 몽고군이 기병 1천 명만을 데리고 철수하고 이어 12월 중순에는 몽고군이 충주성의 공격을 포기하고 물러났다. 충주산성 攻城 도중 야굴이 먼저 철수하게 된 이유는 몽고 지휘부 내에서 발생한 갈등으로 야굴이 소환령을 받게 된 때문인데 이러한 갈등은 몽고군의 고려 정략이 일정한 한계에 이르면서 야기된 것이 아닌가 생각된다. 이로 인하여 5차 침략군은 이듬해 고종 41년 정월 고려에서 철수하였다. 그러나 車羅大로 지휘관을 바꾼 몽고군은 재침을 단행하여 전쟁은 고종 41년부터 6년간 다시 계속되었다.

다. 몽고의 6차 침입

몽고의 차라대는 휘하의 余速禿·甫波大 등과 함께 영녕공 준 및 홍복원 등을 대동, 고종 41년 7월 고려에 내침하였다. 이들 몽고군 주력이 충주에 이른 것은 9월 중순이었는데 개경에서 충주까지의 경로는 양평군·여주군·이천군·안성군의 경기지역을 돌아 음성군을 거쳐 충주에 이른 것으로 짐작된다. 이것은 대체로 한강을 우회, 내륙을 종단하는 노선이다.

경기 동부지역을 종단하여 충청도에 침입하였던 몽고군은 같은 해 8월 하순 무렵 鎭州(鎭川)에서 吏族 林衍에 의해 지휘된 주민들에 의하여 격퇴 당하였다. 그리고 충주 서쪽의 多仁鐵所에 침입한 몽고군도 소민들의 항전에 의해 역시 퇴각하고 말았다.

車羅大는 9월 중순 본군을 이끌고 충주산성을 공격하였으나, 고려군의 완강한 저항으로 공략을 포기한 채 경상도 지경으로 넘어갔다. 10월 尙州山城에서 다시 黃嶺寺 승려 洪之의 공격에 대패하였으나 몽고군은 대구지방을 거쳐 남진을 계속, 대략 12월 초에는 丹溪縣(山淸郡)을 거쳐 진주 부근에까지 내려갔다. 몽고군이 경상도 내륙의 길을 따라 남진, 경상도 남단 지역까지 이른 것은 아마 이것이 최초의 일이었을 것이다.

몽고의 침략에 대항하여 고려는 충주·상주 등 각처에서 용감히 싸웠지만 전쟁의 피해는 대단히 심각하였다. 몽고군이 경상도에 진입한 고종 41년 10월, 정부에서 태묘에 祈告한 글에 의하면 "백성은 힘이 궁하여 죽은 자는 해골을 묻지 못하며 살아남은 자는 노예가 되어 부자가 서로 의지하지 못하고 처자가 서로 보존하지 못한다"고 하였고, 당시 《고려사》 기록은 고종 41년 한 해 동안 몽고군에게 포로된 자가 206,800여 명, 살육된 자는 셀 수가 없을 정도였다 한다. 이렇듯 몽고군이 지나는 곳마다 잿더미가 되는 최대의 전화였다. 이듬해 2월 하순에 이르러 개경 인근 지역으로부터 몽고군은 철수하였지만 상당수의 몽고군은 여전히 압록강 부근에 주둔하여 재공격을 대기하고 있는 실정이었다.

차라대 몽고군의 재침략이 개시되는 시기는 고종 42년 8월이었다. 몽고의 척후병이 강화 북쪽 맞은 편인 승천부에까지 이르자 강도에는 계엄이 선포되었다.

이후 몽고군은 10월 초 영·호남의 경계지점인 대원령에서 충주군의 유격에 의해 큰 타격을 받으면서 경상도로 나아갔는데 차라대의 본군은 이듬해 고종 43년 초 전라도 방면으로 남하하였으며 이 시기는 전라도에서의 전투가 중심을 이룬다. 천안을 거쳐 남하, 3월에 영광 등지에 집결해 있던 몽고군이 정읍(혹은 長城) 笠巖山城에 입보한 고려군을 포위 공격했다가 참패한 것도 그 한 예이다. 이들이 북으로 철수하는 것은 9월 하순 이후였으므로 8월부터 개시된 군사 행동이 다음해 10월까지 연이어짐으로써 무려 1년 이상을 지속한 셈이다.

차라대의 재침략은 전쟁의 기간이 길었다는 점에서 특징이 있었지만 한편으로는 몽고군의 전략 변화를 보여주고 있다는 점에서 또한 주목할 만한 것이었다. 종래 본토 내륙에 대한 攻城戰만을 주로 하던 몽고군이 적극적으로 해안의 섬에 대하여 침공을 시도하였기 때문이다. 이것은 고려의 해도 입보책에 대한 몽고군의 대응이라 할 수 있는데 특히, 차라대가 전라도지역에서 군사행동을 전개하는 동안 그 서해안지역에서 적극적으로 시도되었다.

고종 44년(1257) 윤4월, 권신 최항이 사망하고 아들 崔竩가 집권하였으나 대몽정책의 태도는 변하지 않아 종래의 강경한 반몽정책이 계속 견지되었다. 그러나 최의정권이 갖는 권력의 취약성은 대몽 항전에서 하나의 변수로 남게 된다.

북계지역에서 몽고군이 다시 침입하는 것은 고종 44년 5월의 일인데 이는 차라대에 의한 3차 침구가 된다. 이 때 몽고군은 몇 대로 나누어 남진하였는바 선발부대는 甫波大에 의해 지휘되어 6월 초 개경을 거쳐 빠른 속도로 남진하였다. 뒤이어 그의 군사는 대략 7월 하순 이후, 강도에서 가까운 경기 일대를 구략함으로써 강도정부에 대한 압력을 강화하였다. 이 과정에서 몽고 군사는 강도에서 멀지 않은 경기 서해도 연안의 도서에 대한 침공을 감행, 강도정부의 위기감을 고조시켰다. 이러한 해도 침공전략은 고종 43년에 있었던 호서 연안 및 전라도 해안지역에서의 빈번한 해도 침공작전의 연속적 성격을 가지는 것이다. 이리하여 고종 44년에 이르러 이들은 보다 강화도에 가까운 경기·서해도 연안에서 이를 시도함으로써 전략적 효과를 증대시켰다.

몽고가 다시 침입하자 강도정부는 매우 적극적인 행동을 취하게 되는데, 곧 적진에 사신을 파견, 몽고군의 철수를 종용하였으며, 8월 초 몽고군이 철수하는 대로 태자를 입조시키겠다는 약속을 전달하였다. 이러한 화의의 진전에 따라 8월을 전후하여 차라대는 경기·서해도의 강도 주변지역에서의 군사활동을 억제시키는 조치를 취하고 사태를 관망하던 중 철군을 지시하는 황제의 명에 따라 10월에 고려로부터 철수하였다.

이 시기의 몽고침략은 비교적 제한된 병력만이 남부지역에 투입되었고, 몽고군의 군사행동도 강도를 중심으로 한 경기·서해도지역에 집중되었다. 이는 강도정부의 굴복을 촉구하는 새로운 무력적 위협이었다고 할 수 있다.

이 기간 중 주목되는 변화의 하나는 몽고와의 화의론을 주장하는 세력이 대두하고 있다는 사실이다. 고종 44년 7월 당시 왕자를 파견하여 몽고의 요구에 응하자는 화의론이 고위 관리들의 공식적 의견으로 나타나고 있으며, 이것이 고종에 의하여 거부되자 다시 崔滋와 金寶鼎이 「力請」함으로써 마침내 방침을 확정하였다는 것이다. 이러한 주장이 대몽화의론의 전개과정이었다는 것은 그 대표 인물인 최자와 김보정이 그 후 개경환도와 몽고에 대한 「出降」을 공식적으로 발의하고 있는 것에 의해서도 입증된다.

강도정부는 태자의 입조를 조건으로 일단 몽고군을 철수시키는 데 성공하였지만 이에 대한 이행은 지연되고 있었다. 같은 해 12월 고려는 좌복야 崔永과 함께 고종 40년에 이미 입조의 경험이 있던 왕자 安慶公 淐을 몽고에 파견한다. 이는 태자의 입조에 대신하는 절충책이라 하겠는데 이것은 몽고를 만족시키지 못하였다. 그리하여 이듬해 고종 45년(1258) 6월 몽고 차라대의 침략이 다시 되풀이된다.

그는 개경에 주둔하면서 군사를 강화도 연안의 여러 지역인 昇天府·交河(파주군)·峯城(파주)·守安(통진)·童城(김포)에 보내 약탈함으로써 강도를 위협하는 한편, 태자의 출륙을 철군조건으로 다시 제시하였다.

고종 45년 몽고군의 군사작전은 이전과 마찬가지로 적당한 선에서의 화의 타결로 고려를 복속시키려는 의도에서, 강화도 연안을 중심으로 경기 및 서해도지역에 집중되었던 것 같다. 여기에 11월부터는 散吉大王 등이 거느리는 몽고군이 동진군을 동원, 溟州(강릉) 지경까지 남침하여 마침내는 동북면의 방어체계가 와해되는 처지에 직면하게 되었다. 고종 45년 12월 龍津人 趙暉, 定州人 卓靑 등의 叛附事件을 계기로 동계의 화주 이북 15주가 이탈, 소위 雙城總管府의 성립을 본 것이 그것이다. 이러한 배경하에 고종 46년 초부터 태자 입조를 조건으로 하는 몽고군의 철군은 다시 논의되기 시작한다.

고려정부는 고종 45년 12월 장군 朴希實 등을 몽고에 파견하였는데 이들은 도중 차라대의 둔소에도 들러 고려 태자의 입조를 약속했던 것 같다. 이러한 화의의 진전에 따라 몽고의 군사행동은 진정되어 3월 중에는 주현의 수령들로 하여금 피난민을 데리고 출륙, 농사를 짓도록 하였다. 고려의 태자 倎은 드디어 고종 46년 4월 하순에, 몽고를 향해 출발했으며 참지 정사 李世材, 추밀원부사 김보정 등 40명이 태자를 수행하였다. 이로써 여·몽 관계는 새로운 국면을 맞이하게 되었는데, 6월말 고려의 대몽전쟁을 줄곧 경험하였던 고종이 사망하고 곧이어 7월 몽고의 헌종 역시 남송정벌전에서 얻은 병으로 인해 사망하였다. 그리하여 고종 45년 3월 최씨정권의 붕괴 이후 4월 고려 태자의 몽고입조, 6월 강도의 내외성 파괴, 그리고 6~7월에 걸쳐 고려 고종과 몽고 헌종의 사망이라는 일련의 연속적 사태의 발생으로 일단 고려의 대몽관계는 중요한 전환점이 마련되었다.

〈尹龍爀〉

3) 몽고의 침략에 대한 항전

(1) 살례탑군에 대한 항전

고종 18년(1231) 몽고의 1차 침입에서 가장 치열했던 전투지역은 고려의 대북방어선이 구축되어 있는 북계지역이었다. 이들 북계의 지역들은 이미 군사적 체계를 갖는 행정조직을 가지면서 유사시 즉각 전시체제의 돌입이 가능하였고, 각 지역에 구축되어 있는 城堡를 중심으로 그 임무를 담당토록 되어 있었기 때문이다. 몽고의 침략군 역시 전략의 중심을 북계지역의 공략에 두고 攻城戰을 감행하였던 만큼 이곳은 가장 치열한 전투지역이 되었다.

가. 철주민의 항전

몽고의 내침으로 최초의 치열한 전투가 벌어진 곳은 鐵州였다. 철주(평북 철산)는 압록강을 넘어 남하하는 적이 반드시 통과해야 하는 요지에 위치하고 있는데 이 철주성의 전투에 대해서는 《고려사》 세가, 고종 18년 8월 임오일에 "몽고 원수 살례탑이 咸新鎭(義州)을 포위하고 철주를 도륙하였다"고 간략히 기재되어 있다. 위의 기록은 몽고군의 고려 내침을 알리는 최초의 기사이다. 몽고가 다시 철주에 이른 것은 대략 8월 중순의 일이었던 것 같다.[1] 철주에 당도한 몽고군은 포로가 된 고려의 지휘관들을 내세워 철주성의 항복을 설득하려 하였으나 철주민은 이에 응하지 않았다. 이에 몽고병은 전력을 다해 철주성에 맹공을 퍼부었고 양군의 공방전은 보름 동안 지속되었다. 그러나 결국 철주성은 몽고군에 의해 처참히 함락되었다.《고려사》의 기록에서는 당시의 상황에 대하여 "몽고병이 성의 공격을 매우 급하게 하고 성중에는 양식이 다하여 능히 지키지 못하여 곧 함락될 지경이었다. 판관 李希績이 성안의 부녀와 어린아이를 모아 창고에 넣어 불을 지르고 장정들과 함께 자결하였다"고 그 상황을 전하고 있다.

철주전투가 매우 인상적이었음은 金坵의 시 〈過鐵州〉에서 생생히 묘사되고 있다.[2] 몽고군이 갑자기 철주를 공격하자 백성들은 방어사 李元禎, 판관 이희적의 지휘하에 철주성에 들어가 보름 동안 저항하였으나 식량이 다하고 또한 구원의 길이 보이지 않자 스스로 처자들을 죽이고 자결하였다.

나. 귀주성·자주성의 승전

고종 18년(1231) 9월 몽고군이 귀주를 공격할 때, 귀주에는 서북면병마사 朴犀를 비롯하여 인근의 북계 여러 지역 지휘관들이 집결해 있었다. 귀주는 북계 내륙의 주요 요충지이며 전략적 가치로 인하여 일찍부터 중요시되었기 때문이다. 특히 몽고군이 용주·철주 등 압록강 하안 및 해안에 가까운 간선로의 여러 성을 공격 함락시키며 남진하는 상황에 내륙의 배후에 있는 귀주는 전략적으로 중요한 곳이었다. 그리하여 박서는 귀주에 지휘부를 구축하였고, 인근의 삭주·태주·위주의 주진병력도 이에 합류, 방어력을 보강하였으며 아울러 정주로부터 탈출해 온 金慶孫 등도 가세하였다.

몽고의 침략군이 처음으로 귀주에 도착, 성을 포위한 것은 침략 개시 다음 달인 고종 18년 9월의 일이었다. 이후 몽고군은 12월까지 대략 4회에 걸쳐

---

1) 山口修, 〈蒙古と高麗(1231) —蒙古の第一次高麗侵攻—〉(《聖心女子大學論叢》 40, 1972).

2) 金坵, 《止浦集》 권 1.

귀주에 대한 대대적인 공격을 감행하였고, 이에 따라 쌍방의 교전이 치열하였다.

9월 초, 몽고군의 공격에 직면한 병마사 박서는 성중의 4면에 부대를 각각 나누어 지키게 하였다. 성의 동서면은 삭주분도장군 金仲溫, 남면에는 정주분도장군 김경손, 그리고 안북부와 위주·태주의 별초군 250여 명이 3면으로 나누어 수비하였다. 몽고군은 먼저 귀주성을 여러 겹으로 포위한 다음 서문·남문·북문을 각각 공격하였다. 쌍방의 공방전은 1개월 동안 지속되었는데 몽고군은 귀주를 일시에 제압할 목적으로 서문·남문·북문 등을 동시에 공격하였으며 고려군도 때때로 성 밖으로 출격, 적을 패주시키기도 하였다. 이 전투에서 김경손은 뛰어난 용맹성을 발휘, 고려군의 사기를 진작시켰다.

이후 공방전은 더욱 치열하게 전개되었는 바 그 과정에서 몽고는 여러 가지 방법을 동원하고 있었다.

> 몽고병이 渭州副使 朴文昌을 사로잡아 성에 들어가 항복을 권유케 하므로 박서가 이를 목베었다. 몽고가 精騎 300명을 뽑아 북문을 공격하므로 박서가 이를 쳐 물리쳤다. 몽고가 樓車와 臺床을 만들어 소가죽으로 덮어씌우고 그 안에 군사를 감추어 성 밑으로 육박, 터널을 뚫자 박서가 성에 구멍을 내어 鐵液을 부어 樓車를 불태웠다. 여기에 땅까지 꺼져 몽고군 압사자가 30여 명이나 되었으며 썩은 이엉을 불질러 木床을 불지르니 적이 놀라 흩어졌다. 몽고가 또 대포차 15대로 성 남쪽을 급히 공격하므로 박서가 성 위에 대를 쌓고 포차로 돌을 날려 물리쳤다. 몽고가 기름으로 섶을 적셔 두텁게 쌓아놓고 불을 질러 성을 공격하므로 박서가 물을 뿌리니 불이 더 치열해졌다. 이에 진흙을 가져 오라 하여 물을 섞어 던져 불을 껐다. 몽고가 또 차에 풀을 싣고 이를 태우면서 譙樓를 공격하므로 박서는 미리 樓上에 저수하였다가 물을 쏟으니 불이 꺼졌다. 몽고가 성을 포위하기를 30일, 百計로 이를 쳤으나 박서가 임기응변하여 굳게 지켰으므로 몽고가 이기지 못하고 물러났다(《高麗史》 권 103, 列傳 16, 朴犀).

위에 기록된 바와 같이 귀주전투는 누차·대상·대포차 등 각종 攻城機器가 동원되었고 트로이식 지략을 짜낸 몽고의 공격을 고려군은 정신력과 기지로써 대응하였다. 양군의 제1차 귀주공방전은 거의 한 달을 계속하였는데 몽고는 마침내 "하늘이 돕는 바요 사람 힘이 아니다"라는 탄사를 발하고 물러났다.

일단 퇴각하였던 몽고군은 10월 중순 귀주성에 대한 재공격을 감행하였다.

곧 인근 북계의 여러 성에서 모집한 고려의 降附民을 앞세워 공격하였을 뿐만 아니라 전보다 많은 기기를 동원하였다. 이 같은 작전은 고려의 방어를 더욱 어렵게 만들어 적의 맹공에 성이 함락될 뻔한 위기에 직면하기도 하였다. 또한 몽고군은 新西門의 요충 28개소에 포차를 나란히 설치, 귀주성 서쪽을 포격하였다. 그리하여 10월 말에는 성곽 200여 칸이 파괴되었으며 다음날 다시 50칸이 파괴되었다. 그 때마다 박서는 성안의 군사를 지휘해 적의 공격을 방어하는 한편, 주민들로 하여금 무너진 성곽을 곧바로 수축케 함으로써 몽고의 재공격에 대비하였다.

몽고의 귀주에 대한 3차 공격은 11월 중순에 재연된다. 몽고군은 포차 30대를 줄지어 대놓고 성곽 50칸을 파괴하였으나 귀주의 고려군은 이를 즉각 보수하고 무너지면 다시 수축하여 쇠고리줄로 얽어 놓아 몽고군이 더 이상 공격하지 못하도록 하였다. 게다가 틈이 나면 나가 싸워 크게 이기기도 하였다.

몽고군은 이미 전세의 주도권을 장악하여 개경정부와의 화의를 진행시키고 있는 실정이었다. 이러한 상황에서 몽고군은 항복을 설유하기도 했지만 귀주는 끝내 거절하였다. 이에 몽고는 북계에 투입되었던 부대를 재집결시켜 귀주에 대한 무력공격을 시도하였으나 고려군은 「大于浦」라는 큰 날이 달린 병기를 사용하여 적의 공격을 막아 내었다. 몽고의 한 노장은 귀주성 아래 그들이 동원하였던 무기와 성 주위를 둘러보며 "내가 어려서부터 종군하여 천하 城池의 공방전을 여러 번 보았으나, 일찍이 이러한 맹렬한 공격에도 끝내 항복하지 않는 것은 처음 보았다"고 고려군의 항전정신을 칭찬할 정도였다.

병마사 박서[3] 휘하 귀주의 전투병력은 바로 귀주의 주진군이 주력을 이루면서 인근지역 병력이 합세한 것이라 볼 수 있고, 여기에 귀주의 농민·백정 등이 전투를 도왔을 것이므로 귀주전투에서는 특히 주민의 역할이 지대하였다고 할 수 있다. 전투 후 귀주가 定遠大都護府로 승격된 사실은[4] 이 지역

3) 朴犀는 1차 여·몽전쟁이 종식되면서 고려정부가 대몽관계를 의식한 정치적 차원에서 향리인 竹州로 귀향조치되었다. 최씨정권의 항몽전 결의에 의하여 후일 다시 등용된 그는 벼슬이 門下平章事에 이르렀으며 이름을 朴文成으로 고쳤다.

4) 《高麗史》 권 58, 志 12, 地理 3, 龜州.

농민들의 적극적 공헌에 대한 집단 포상의 의미를 갖는다고 보아야 할 것이다.

귀주와 더불어 몽고의 1차 침략 당시 끝까지 적과 대항한 유명한 또 하나의 전투가 慈州城싸움이다. 자주는 철주나 귀주보다 후방인 평남 順川郡, 西京의 북방이며 따라서 자주성 전투의 시기는 귀주공방전 이후의 일이다.

이 전투에 대해서는 자주부사 崔椿命이 吏民과 함께 끝내 성을 고수하였다는 사실만 전할 뿐 구체적인 전황에 대해서는 언급이 없다. 자주성은 부사 최춘명의 지휘하에 성민이 일체가 되어 적의 공격을 막아 내었으며 귀주전투의 양상을 방불케 하였던 것 같다. 12월이 되자 몽고는 고려정부와의 화의를 계기로 귀주에서와 같이 고려측 관리를 앞세워 항복을 설득하였다. 처음 고려정부에 의해 파견된 宋國贍의 설유가 거부되자 안북부 살례탑 진영에 파견되었던 淮安公 侹이, 항복한 고려 3군의 後軍陣主 大集成과 몽고 관인을 대동해 직접 성민을 설득하였다. 그러나 자주는 이러한 강력한 출항 권유에도 불구하고 조정의 명령을 받지 못했다 하여 끝내 항복을 거부하였다.

다. 충주의 노비와 잡류의 항전

고종 19년(1232) 8월, 침략을 개시하였던 몽고군은 같은 해 12월 초하루에 개경 부근에 도달, 고려정부를 압박하였다. 이로써 여·몽간의 화의가 진행되는 동 12월 6일자 《고려사》의 기록에는 적군이 충청도 방면으로 내려간 사실을 기록하고 있다. 이들 몽고군의 별동대는 먼저 한강을 건너 광주를 포위하였으나 광주민의 완강한 저항에 부딪혀 뜻을 이루지 못하였다.

12월 초, 침략군이 개경을 포위하여 그 일부가 남하를 계속, 충주에 이르렀을 때 충주성에서는 이를 막기 위해 별초군이 조직되었다. 그 조직과 항전의 경과에 대한 기록을 그대로 인용하면 다음과 같다.

> 이보다 앞서 충추부사 于宗柱가 매양 문서의 처리에 있어 (判官) 庾洪翼과 틈이 있더니 몽고군이 곧 이를 것이라는 소문을 듣고 성을 지킬 것을 의논하는데 의견이 같지 않았다. 우종주는 양반별초를, 유홍익은 奴軍·雜類別抄를 거느리고 서로 시기하더니 몽고군이 들이닥치자 종주·홍익과 양반들은 다 성을 버

리고 달아나 오직 노군과 잡류만이 협력하여 쳐서 물리쳤다(《高麗史節要》 권 16, 고종 19년 정월).

충주성싸움은 고종 18년 2월의 일로 성의 방어를 위하여 주의 관리가 중심이 되어 별초군이란 방어군을 편성하였던 사실을 말해준다. 별초군은 양반별초, 노군·잡류별초라는 신분별 편성을 특징으로 하고 있다.

노군은 아마 관청에서 사역하는 공노비를 주축으로 이들을 임시 무장시킨 것으로 생각되며 잡류란 관청에서 기술잡역에 종사하거나 관인을 시종하는 일종의 잡역인이다. 그런데 여기서 주목되는 것은 막상 몽고군이 박두해 왔을 때 이들의 지휘관인 관리들과 양반별초들은 모두 성을 버리고 도망가 실제 전투에 참여하여 성을 방어한 것은 노군·잡류별초였다는 사실이다. 뿐만 아니라 도망했던 지휘관과 양반들이 몽고군 철수 후 돌아와 적이 약탈해간 물건에 대한 책임을 씌워 노비를 죽이려 하였으므로 이 때문에 대대적인 반란이 그 후 일어나기까지 하였다.[5)]

충주는 고려의 항몽전쟁사상 치열한 전투를 가장 지속적으로 전개하였던 지역이다. 충주의 항몽전쟁은 몽고의 6차 침략에 이르기까지 계속되는데, 이는 충주민의 치열한 항쟁에 기인하는 것이지만 다른 한편으로 충주가 가지는 전략적 위치가 몽고군을 계속적으로 끌어들이는 요인이 되었던 것 같다.

라. 광주 및 처인부곡민의 승전

고종 18년(1232) 12월, 충주성 전투를 끝으로 몽고는 이듬해 정월, 고려와의 화의진행에 따라 일단 철군하였다. 그러나 이듬해 최씨정권의 강화천도로 여·몽간의 전쟁은 재개되었다.

재침한 몽고의 살례탑군은 고종 19년 8월부터 12월에 이르는 5개월 간 고려에 체재하며 정복전쟁에 종사하였는데 당시 선발부대는 대구지방까지 남하하여 현종조에 제작된 符仁寺 소장의 대장경을 불태우는 등 구략을 일삼았다. 살례탑 자신은 내침 초기 안북부에 장기간 주둔하며 북계지역 일대를

5) 忠州官奴들의 봉기에 관해서는 다음의 글이 참고된다.
孫弘烈, 〈忠州奴軍의 亂과 對蒙抗戰〉(《湖西文化硏究》 1, 忠北大, 1981).
尹龍爀, 〈高麗 對蒙抗爭期의 民亂에 대하여〉(《史叢》 30, 1986).

장악하고 강도정부와의 교섭을 벌이다가 대략 10월 이후부터 본격적으로 남하한 것으로 보인다.

살례탑이 거느린 몽고군의 주력은 개경을 거쳐 한양산성을 공취하고 이어 광주를 거쳐 처인성에 이른다. 그들은 아마도 경기·충청도를 경유하여 경상도 방면으로의 진로를 계획하고 있었던 것 같다. 처인성에 이르는 중도, 광주에서 살례탑군은 저항하는 광주민과 일대 접전을 벌였다. 이에 대해서는 《고려사》에 기록이 누락되어 있지만 당시 전투를 지휘하였던 李世華의 묘지명에 다음과 같이 묘사되어 있다.

> (고종 19년) 이 해 여름 정부가 오랑캐의 침략 때문에 도읍을 옮기게 되었는데 廣州는 중부지방의 거점이었기 때문에 조정에서 적임자를 논하고 李世華를 파견하여 지키게 하였다. 겨울 11월에 몽고의 대병력이 수십 겹으로 포위하고 온갖 계략으로 여러 달 동안 공격이 계속되었다. 이세화는 밤낮으로 성을 수리하고 방비하며 상황에 따라 대처하되 기이한 계책을 내어 혹은 사로잡고 죽인 것이 심히 많으니 오랑캐들이 불가능함을 알고 드디어 포위를 풀고 물러갔다 (李奎報, 《東國李相國集》 권 12, 李世華墓誌銘).

아마 11월부터 12월에 걸치는 기간 중 몽고군은 온갖 계략으로써 광주산성의 함락을 도모하였다. 그러나 광주부사 이세화는 주민들과 일체가 되어 상황에 따른 임기응변으로 그 공격을 막아내었을 뿐만 아니라 오히려 몽고군을 사로잡거나 죽인 것이 대단히 많았기 때문에 몽고군의 대병력도 아무런 소득없이 물러설 수밖에 없었다.

광주전투의 승전에서 한 가지 주목되는 사실은 입보한 주민들의 역전에 크게 힘입었다는 점이다. 원래 城守戰에서는 입보민들의 협력이 전투의 성패를 크게 좌우하는 것인데 이 점에 있어서 몽고의 1, 2차 침공 때에 광주가 몽고군의 공격을 능히 극복한 공으로 주민의 조세를 면제케 했다는 기록은 좋은 증거가 된다. 강도정부가 광주민의 조세를 면제케 한 것은 확실히 파격적인 조치가 아닐 수 없는데, 특히 우리의 흥미를 끄는 것은 그것이 바로 광주민의 전공에 대한 집단적 포상 조치의 성격을 띠고 있었다는 점이다. 이것은 그만큼 당시 몽고군 격퇴에 광주민의 역할이 절대적이었음을 의미하는 것이며 동시에 당시 싸움이 전체 전국에도 중대한 영향을 미쳤음을 암시하는 것이다.

살례탑의 몽고군을 좌절시켰던 광주산성은 방어에 유리한 요충이었을 뿐만 아니라 광주관아에 가까운 지점이었을 것으로 보아 日長山城 즉 오늘의 南漢山城이었음에 틀림없다. 당시 광주민들은 남한산성에 입보하여 지리적 여건을 이용하면서 적의 포위공격을 분쇄하는 데 성공했던 것이다.

광주성전투 직후 2차 침략의 몽고군이 남진과정에서 경유하게 된 處仁部曲(오늘날의 龍仁 南四面)을 중심으로 한 지역이며, 처인성은 南四面 衙谷里의 구릉에 위치한 소규모의 토성으로서 당시 처인부곡의 중심이었던 것으로 보인다. 몽고군이 육박해 오자 처인부곡민들은 난을 피하여 이 작은 성에 입보하였고 살례탑이 지휘하는 몽고군과 공방전을 벌였다. 그 해 12월 중순, 이곳에 함께 입보하여 있던 白峴院의 승려 김윤후의 활약으로 적장 살례탑이 사살됨으로써 몽고군은 고려로부터 철퇴하게 된다. 이 싸움은 막강한 몽고침략군의 사령관을 사살하였으므로, 여·몽전쟁 중 고려가 거둔 가장 큰 승리로 알려져 있지만 기록의 소략으로 구체적인 전황은 확인되지 않는다. 다만 김윤후의 처인성승첩이 우연한 사건이 아니었다는 사실은 그 후 몽고의 5차 침략기인 고종 40년(1253) 충주산성 전투에 의해 입증된다. 당시 충주산성의 방호별감으로 파견되어 수성의 책임을 맡게 된 김윤후는 충주민을 노비에 이르기까지 전력화시키는데 성공, 적장 也窟이 지휘하는 몽고군의 포위공격을 70여 일간이나 막아냄으로써 적의 남진을 좌절시켰다. 이는 처인성 승첩이 김윤후의 지휘력에 크게 힘입었음을 암시한다. 다만 종래에 처인성전투에서 김윤후가 마치 직접 화살을 쏘아 적장 살례탑을 사살한 장본인인 것처럼 알려진 것은 사실과 다르다.

처인성전투에서의 김윤후의 역할은 대동한 약간의 휘하 승도들과 함께 성으로 피란한 주민들을 지휘한 일이었다. 처인성전투는 다른 전투와는 그 성격이 크게 달랐는데, 곧 관에 의해 주도되지 않은 순수한 지역민들의 자력적인 항전이었다는 사실이다.

처인성전투의 김윤후 자신은 난을 피하기 위해 들어온 경우였거니와 당시 입보민들은 거의 처인부곡민이었을 것이 분명하다. 처인성은 낮은 구릉 위에 위치한 흙으로 쌓은 작은 성에 불과하여 먼 곳으로부터의 입보란 생각하기 어렵고, 이곳에 군사나 관리가 있을 이유도 없다. 몽고군이 내침하자 성에 피란하였던 입보민들은 생존을 위하여 적과 싸우게 되었던 것이니, 처인성전투의 전력은 거의 처인부곡민들이었던 셈이다. 이와 같이 처인성승첩이 순수한 지역민들의 자발적 항전이었다는 것은 후대에 이 사건을 의병 궐기의 선구적 사례로 인식하였다는 사실로도 알 수 있다.

처인성전투에 있어서 처인부곡민들의 역할과 관련해 주목을 끄는 것은 처인부곡이 處仁縣으로 승격된 사실이다. 충렬왕 31년(1305)에 작성된 崔瑞의 묘지명에 "中統 元年 出爲處仁縣令"이라 하여 그가 원종 원년(1260) 처인현령으로 임명되었다는 기록에서 확인된다. 이는 처인부곡이 고종 19년의 승첩 이후 원종 원년에 이르는 사이에 主縣으로 승격된 사실을 말해준다. 이 기간 동안 처인부곡이 주현으로 승격한 이유는 역시 고종 19년의 승첩일 수밖에 없는데, 이것은 처인성전투에서의 부곡민들의 항전에 대한 포상 조치이며 동시에 처인부곡민들의 역할을 실제적으로 입증하는 자료가 되는 셈이다.[6]

(2) 당고군에 대한 항전

唐古에 의한 몽고의 3차 침략은 고종 22년(1235) 윤7월부터 시작하여 동왕 26년에 이르는 5년간의 장기전쟁이었다. 이 기간 동안 몽고는 적어도 3차례 이상에 걸쳐 침략을 해왔으며 이로 인한 전화는 중부 이북은 물론이고 경상도, 전라도에까지 미치고 있어 이전 침략 때와는 비교할 수 없을 만큼 심한 피해를 받았다. 그 개략을 정리하면 3차 침략 1차년도인 고종 22년은 경상도까지, 제2차년도인 고종 23년은 충남지방을 거쳐 몽고군이 처음 전라도 지경까지 진입하였고, 다음 고종 25년에 경주를 비롯한 경상도지역이 다시 적에게 유린당하였다. 당시의 전황에 대하여는 사료의 소략함으로 항전상이 잘 정리되어 있지 않으나 고종 23년 경기도 안성에서의 죽주성전투, 그리고 비슷한 시기 溫水(온양), 大興(예산군) 등 충청 서부지역 전투가 사료를 통하여 확인되는 대표적인 예이다.

---

6) 尹龍爀, 〈蒙古의 2차侵寇와 處仁城 勝捷〉(《韓國史硏究》 29, 1981).

가. 서북지역에서의 항전

몽고의 3차 침략 초기인 고종 22~23년경 경기의 砥平縣(양평군), 북계의 价州(평남 개천)와 定州 등지에서는 야별초 등의 소규모 부대에 의한 고려의 대몽유격전이 나타나 있고 이와 아울러 洞州(황해도 瑞興), 慈州 등 북부지역 여러 곳에서도 여·몽간의 교전이 있었다.

침략 첫해인 고종 22년(1235) 고려의 대표적인 대몽유격전은 "야별초가 지평현사람들과 함께 밤에 몽고병을 쳐서 죽이고 잡은 것이 심히 많았고 말과 노새를 취하여 와서 바쳤다"고 한 지평전투의 기록이다.[7] 한밤중을 이용 현지 지역민의 협조하에 몽고군을 소수병력으로 기습하는 전투는 고려의 몽고에 대한 전형적인 유격전의 한 양상이라 할 수 있다. 지평현은 중부의 내륙요로에 위치, 한강 하류를 우회 남진하는 몽고의 주요한 남진 경로에 해당한다. 중앙으로부터 야별초군이 파견된 것도 이 때문이라 하겠거니와 대몽전투에서 현지의 지평현인들이 이에 참여하여 전공을 세운 사실 또한 특기할 만하다.

10월 지평현에서 고려의 유격전 대상이 된 이들 몽고군은 아마도 서해도의 동주성을 공파한 부대의 일부가 아닌가 생각된다. 동주성이 함락된 것은 이보다 열흘 전의 일인데, 이 무렵 몽고군 군사의 다수가 서해도지역에 집중되어 있었다. 동주전투에 대해서는 고종 22년 10월 신축일에 "몽병이 동주성을 공파하였다"라는 간략한 자료만이 전한다. 공파라는 단어에 의해 쌍방간에 치열한 싸움이 전개되었음을 짐작할 수 있다. 자비령 남쪽에 위치한 동주는 서경으로부터 개경에 이르는 중도의 요충이며 이 때문에 大峴山城과 같은 대규모 성곽이 시설되어 있는데 몽병과 교전한 동주성이란 관내 대현산성을 가리키는 것으로 보인다.

당고에 의한 2차 침략이 시작된 고종 23년 6월 몽고군은 압록강을 건너 북계의 여러 성을 압도하며 이 지역에 주둔하였다. 적은 의주로부터 종래 이용하였던 두 노선으로 나누어 남하, 1대는 宣州·嘉州·博州를 경유하여 안북부에 이르고, 다른 일부 부대는 朔州·龜州를 거쳐 내려왔는데 이 때 개주·정주·자주 등지에서 여·몽군의 접전이 이루어졌다. 개주에서는 京別抄

---

7) 《高麗史》 권 23, 世家 23, 고종 22년 10월 신해.

교위 希景과 개주 중랑장 明俊 등이 복병으로 몽병을 협격, 다수를 살상하고 안마·궁시·의복 등의 전리품을 획득하였다.

같은 시기, 가까운 정주에서도 고려군의 유격전이 전개된다. 곧 "長州郎將光大 등이 정주에 이르러 몽병 2인을 사로잡았다"라고 한 기록이 보인다. 또한 고종 23년 8월에는 "席島의 防護別監이 몽병 3인을 사로잡아 서울로 보냈다"고 적고 있는데 이 역시 당시 북계의 여러 지역에서 벌어진 유격전의 사례를 전해주는 것이다. 석도는 황해도 殷栗郡, 대동강의 하구에 위치한 섬으로 전쟁 중 북계의 병마사영이 옮겨지기도 했던 사실로 미루어 보면 대몽항쟁기 고려의 주요 입보처였음을 알 수 있다.

이 무렵 자주성에서는 여·몽군간에 치열한 공방전이 벌어졌다. 몽병이 이곳에 이른 시기는 그 전달의 일이었다. 즉 몽병 20여 기가 자주 동쪽에 침입, 논에서 추수하던 농민 20여 명을 살해한 사건이 일어났던 것이다. 전투 당시 자주성에서는 자주부사 崔景侯와 판관 金之佇 이외에 은주부사 金景禧 등이 함께 입보하여 있었다. 이는 인근 은주민이 부사의 지휘 아래 있기보다 방어의 여건이 좋은 자주에 함께 입보하여 있었음을 의미하는 것이다. 따라서 몽고의 공성전에 대한 방어전은 자주부사, 은주부사 등이 지휘를 담당하고, 성내의 자주민과 은주로부터의 입보민이 전투에 투입되었던 것이다.

자주성전투는 대략 한 달 가까이 전개되었던 것으로 보이는데 은주·자주 입보민들의 치열한 항전에도 불구하고 1차 전쟁 때 최춘명에 의하여 끝내 고수되었던 자주성은 고종 23년 몽고 3차 침략군에 의해 함락되었다.

나. 죽주민의 승전

자주성을 함락하였던 몽고의 부대는 동 고종 23년 9월 충남지역까지 진출 남하하였다. 이들이 충청지역까지 내려가는 중도에 竹州城(안성)에서 성을 둘러싼 치열한 방어전이 벌어졌다.

> 몽고가 죽주성에 이르러 항복을 권유하거늘 성안의 군사가 출격하여 이를 쫓았다. 몽고가 포로써 성의 4면을 공격하니 성문이 곧 무너지는지라 성안에서도 포로써 반격, 몽고가 감히 가까이 하지 못하였다. 몽고가 또 사람의 기름을 준비하여 짚에 뿌리고 불을 놓아 공격하거늘 성중의 사졸이 일시에 성문을 열

> 고 돌격, 몽고의 전사자가 이루 헤아릴 수 없었다. 몽고가 여러 방법으로 공격하기를 무릇 15일이나 하였으나 마침내 함락시키지 못하자 이에 攻城 장비들을 불태우고 물러났다(《高麗史》 권 103, 列傳 16, 朴犀 附 宋文冑).

죽주전투는 대략 보름간 진행되었는데, 이 전투는 위에서 보는 것처럼 귀주전투의 축소판이었다. 먼저 고려의 항복을 권유한 다음 사방을 포위해서 포로써 부수고, 혹은 짚에 기름을 뿌려 성을 火攻하기도 하는 적군의 공격이나 그때그때 임기대응하는 고려의 수성전 양상에서 그러하다. 죽주성민들은 적의 허점을 따라 수시로 출격하여,「헤아릴 수 없이 많은」몽고군을 사살하였다.

죽주전투는 귀주싸움에서 풍부한 대몽전의 경험을 쌓은 송문주의 지휘력에 크게 힘입은 것이 사실이지만 죽주민의 몽고에 대한 항전의식 또한 전승의 주요 원인이었음을 주목할 필요가 있다. 성내의 입보민들이 차지하는 전투력의 비중은 당연하지만 특히 죽주에서 더욱 주목되는 것은 죽주가 귀주성 대첩의 영웅 박서의 고향이라는 사실이다. 그는 귀주성 전투를 끝낸 직후인 고종 19년 2월, 몽고의 압력으로 관직에서 물러나 고향인 죽주로 귀향하였던 것이다. 죽주 내침 당시 여전히 그가 고향에 우거하고 있었는지는 불확실하지만 귀주승첩의 장본인이 죽주에 거처하게 된 사실은 죽주인들로 하여금 긍지와 함께 대몽 적대의식을 크게 고취시켰을 것으로 믿어진다. 죽주승첩은 이처럼 고취된 죽주민의 항몽정신에 크게 힘입었을 것이다.

다. 충청 서부지역민의 항전

고종 23년(1236) 8~9월 죽주성전투가 벌어지고 있을 때 몽고군의 일부 부대는 전라도 지경을 향하여 남하하는 과정에서 충청지역에 진출하였다.

충청 서북(충남 북부)지역에 몽고군이 처음 들어온 것은 8월 하순의 일이다. 고종 23년 8월 몽고군 100여 명이 온수군(온양)으로부터 車縣峴으로 남하한 사실과 함께 이어 다음날 몽고군이 南京·平澤·牙州·河陽倉에 주둔하였음을 기록하고 있다. 차현현으로 향한 몽고군 100여 명은 척후기병이고 본군은 부대를 나누어 그 일부가 다음날 충청 서북지역에 진입하게 되었던 것이다.

몽고군이 대거 충남지역에 진주해 온 직후 각 지역에서 전투가 벌어졌는데 그 중에서도 특히 온수군과 대흥군(예산)에서는 향리 또는 수령의 지휘를 받은 주민들이 침략군을 크게 물리쳤다. 곧 9월, 온양이 몽고군에게 포위 당하자 군리 玄呂의 지휘로 군민들은 성문을 열고 나가 싸워 적 200여 명을 사살하고 많은 무기를 노획하였으며, 이어 12월에는 대흥에서도 적과 싸워 대패시키고 병기를 노획하였다. 고종 23년 하반기에 벌어진 이러한 전투는 이 무렵 충청 서북지역에서 침략군에 대한 저항이 강력하였다는 사실을 전해준다. 게다가 이들의 승리가 수령 혹은 향리에 의해 지휘된 주민들의 공헌이었던 점이 주목된다.[8)]

고종 23년 하반기 충청 서부지역에 침입하였던 몽고군은 전라도 북부지역까지 남진하였다. 이들 몽고군은 곡창지대를 횡행하였는 바, 특히 식량을 확보하기 위해 이 지역에 대한 구략을 일삼았으리라 생각된다. 따라서 몽고군은 현지 주민들의 습격을 받곤 하였다. 같은 해 10월에는 醫業擧人 全公烈이 지휘하는 扶寧(전북 부안)의 별초군이 高蘭寺의 산길에 복병하여 몽고군 20여 기를 기습하여 2인을 죽이고 병기와 말 20여 필을 빼앗았다. 부안지방에서와 같은 현지민들에 의한 유격전은 다른 곳에서도 빈번하게 일어났을 것이지만 전투의 성격상 기록에 남겨지기가 어려웠을 것이다.

(3) 야굴군에 대한 항전

也窟이 지휘하는 몽고의 5차 침략군이 고려에 내침한 것은 고종 40년(1253) 7월의 일이다. 야굴은 4차 침략을 주도했던 아모간과 홍복원 등을 대동, 내침하여 8월에 토산(평남 상원), 10월에 충주에 이르렀으며 松柱가 거느린 몽고군부대는 고려의 동북면으로 침입하였다. 그리하여 같은 해 말 혹은 다음해 초까지 전투가 전개되었다.

가. 대몽유격전의 전개

---

8) 尹龍爀, 〈13세기 몽고의 침략에 대한 호서지방민의 항전—고려 대몽항전의 지역별 검토(1)—〉(《湖西文化硏究》 4, 1984).

고종 40년 몽고 침략군에 대응하여 각 지방에서 소규모 유격전이 나타나는데 牛峰의 별초군이 金川지역에서 싸운 전투, 喬桐別抄에 의한 평주전투, 전주 별초군의 班石驛전투, 충주 金堂峽전투 등이 그것이다.

황해도 금천군에서의 전투는 고종 4년 8월 金郊·興義 사이에서 인근 우봉의 별초군 30여 명이 교위 金大就의 지휘하에 적을 요격한 것이었다. 이 싸움에서 우봉 별초군은 적 여러 명을 베고 아울러 무기류 등을 노획하였는데 당시의 몽고군은 적의 선발 척후부대였던 것 같다. 같은 달 전라도 지경까지 남하한 몽고의 척후기병 300명은 전주 남쪽의 반석역에서 지유 李柱가 지휘하는 별초군의 요격을 받는다. 전주의 별초군은 이 전투에서 적의 과반수를 격살하고 말 20필을 노획하는 전과를 거두었다.

9월 충주 금당협에서는 충주의 倉正 崔守가 복병을 두어 몽고병을 기습해 15급을 베고 각종 무기와 포로가 된 남녀 200여 명을 되찾아 왔다. 최수는 지역에서의 자신의 영향력을 바탕으로 주민들을 움직여 임시적으로 부대를 편성, 대몽전에 나섰던 것으로 여겨진다. 특히 이들 충주민에 의해 탈취된 200여 명의 포로는 이들이 몽고군의 구략으로 붙잡혀 간 농민들이었다는 것을 암시한다.

교동별초의 평주전투는 11월 중순의 일이다. 당시 교위 張子邦이 지휘하는 교동의 별초군은 평주성 밖의 몽고군 진영을 야간에 기습, 다수의 적을 격살하였다. 특히 장자방은 뛰어난 용맹으로 적의 屯長 20여 명을 백병전으로 사살하였는데, 그는 아마도 이 전공으로 인해 散員에 승진하였던 것 같다. 그리고 이듬해에도 중부 내륙에서 몽고군을 요격하는 유격전을 계속 전개하고 있다.

이상의 유격전은 다른 시기의 경우와 마찬가지로 한밤중 혹은 지리적 조건을 이용하여 적의 소부대들을 기습하는 것이다. 이러한 게릴라식 전투가 침략 몽고군을 끊임없이 괴롭혔으리라는 것은 자명한 일이다. 이들 유격전은 정부에서 파견된 군장교들에 의해 지방의 별초군 등이 투입되어 행하여지기도 하였고, 다른 한편으로는 향리 등 영향력있는 인물이 농민들을 동원하여 적으로부터 인명과 재산을 보호하고자 했던 자위적 차원에서 이루어지기도 하였다.

나. 양산성과 동주산성의 전투

고종 40년 7월, 고려에 내침한 야굴의 몽고군은 서경과 土山(평남 상원)을 경유하여 남하하던 도중, 8월에 서해도의 椋山城을 함락하고, 이어 내륙의 東州山城을 공함하였다. 양산성은 성 4면이 가파라서 오직 한 길로 겨우 사람이 출입할 수 있는, 지리적으로 매우 험한 천연의 요충이었다. 양산성의 성안에는 방호별감 權世侯의 지휘하에 인근의 군현민이 다수 입보하여 있었다. 내침한 몽고군은 양산성을 조직적으로 공격하였다. 성문을 포격하여 부수고 화살을 비오듯 쏘아댔고 또 석벽에 사다리를 걸치고 올라와 불화살을 쏘아 성안의 집들을 연소시켰다. 몽고군의 집중공격으로 기선을 제압 당한 양산성은 방호별감 권세후의 자결 이후 마침내 적에게 함몰되었으며 몽고는 철저하게 살육을 자행, "성안의 죽은 자가 무려 4,700여 명, 남자 10세 이상은 도륙되고 그 부녀와 어린아이는 사로잡아 나누었다"는 참담한 상황을 연출하였다. 양산성전투의 경우 다수의 입보민과 천연지세를 고려할 때 몽고군을 충분히 격퇴할 수 있는 여건이었지만, 정부 파견 지휘관의 태만으로 인하여 방어력 결집에 실패함으로써 대량 살육이란 비극적 결과를 가져온 예이다.

양산성전투에서의 실패는 다음 동주산성에서도 되풀이된다. 당시 동주산성에는 강화도로부터 백돈명이 방호별감으로 파견되어 방어를 책임지고 있었다. 성내에는 동주의 부사 및 판관 휘하 州人들 이외에도 인근 금성·금화 등지에서 역시 현령, 감무 등의 관원과 지역민이 함께 입보하고 있었다. 백돈명은 이들을 전체적으로 통할하면서 대몽방어전을 수행하였다. 당시 수확기였음에도 불구하고 백돈명은 추수하려는 입보민들의 출입을 금지시켰고, 이로 인하여 상하간의 심한 갈등이 야기되었다 이같이 상하가 어긋나 있을 때 몽고병이 성에 당도하였다. 이에 백돈명이 정예군 600명을 내어 싸웠으나 사졸들이 도주해 버렸고, 이러한 상황에서 몽고군에 의해 성은 함락되고 말았던 것이다.

몽고군의 5차 침입에 당하여 강도정부는 지방의 주요 요충지에 다수의 방호별감을 파견, 산성을 중심으로 한 방어전에 임하였다. 이들은 수령들의 입보조치를 통괄하면서 전투지휘의 책임을 맡았다. 그러나, 방호별감들은 현지의 실정을 모를 뿐만 아니라 농민들의 사정도 고려하지 않고 일방적인 조치를 강행함으로써 방어전의 실효를 거두지 못하였다.

다. 춘주성민의 항전

고종40년(1253) 야굴의 몽고군은 서해도 양산성전투 이후 내륙을 따라 철원, 춘천 등지를 연이어 공격 함락하였다. 그 중 춘천에서의 싸움은 성내의 관민이 결사항전으로 모두 죽음을 선택한 비극적 사태를 보여주고 있다.

春州城(춘천)을 포위한 몽고군은 먼저 出降을 요구하였으나 이것이 거부되자 성을 여러 겹으로 포위하고 거기다 이중의 목책과 참호로써 성을 철저히 고립시켰다. 몽고군이 춘주성을 적극 공격하면서 여러 겹으로 성을 포위하는 것 이외에 이중, 삼중의 장치를 마련한 것은 이들이 처음부터 춘주성을 도륙하고자 계획하였던 때문이다. 이는 춘천민과 안찰사 朴天器의 대몽 항전 결의에 자극된 일종의 보복전이었고, 이후의 공략에 그 위력을 선전하려는 의도였던 듯하다.

당시 춘주 성중에는 박천기 휘하 약간의 사졸과 입보한 춘주민이 있었다. 싸움이 장기전으로 접어들자 성안의 물이 고갈되면서 소, 말을 잡아 그 피를 마실 정도로 비참한 형편이었다. 방어에 한계를 느낀 박천기는 마침내 결사대를 조직, 적의 포위망을 돌파하는 최후의 시도를 감행하지만 이러한 시도는 몽고군이 사전에 파놓은 저지선에 걸려 좌절되었다. 성이 함락당하자 춘주민의 대부분은 적에게 도륙당하였는데 다음의 기록은 이 사실을 잘 보여주고 있다.

> 몽병이 춘주를 함락할 때 朴恒이 서울에 있었기 때문에 부모의 죽은 곳을 알 수 없었다. 그리하여 성 아래 쌓인 시체가 산과 같았는데 모양이 비슷한 자는 모두 거두어 묻기를 3백여 인에 이르렀다(《高麗史》 권 106, 列傳 19, 朴恒).

춘주인 박항이 죽은 시체 가운데 부모로 의심되는 것만 300여 명을 장사지냈다는 것이나 "성 아래 쌓인 시체가 산과 같았다"는 기록은 당시 성이 함락된 후 춘주민들이 철저히 유린당했던 비극적 상황을 여실히 보여 준다. 위의 기록에 뒤이어 "뒤에 母가 포로되어 燕京에 있음을 듣고 두 번이나 가서 이를 구하였으나 끝내 이르지 못하였다"고 하여 그의 모친이 원의 수도 연경에 포로로 끌려갔던 사실을 전하고 있다. 이로써 보면 당시 일부 살육을 면한 춘주민은 적의 포로로 잡혀갔던 것이다.[9]

춘천에서의 참화는 몽고군이 인근지역에서 고려민의 저항을 약화시키기 위한 의도적인 전술이었던 것으로 보인다. 이 때문에 춘천전투 다음달 10월, 몽고군의 포위공격을 받은 楊根城(양평군)의 방호별감 尹椿은 성내의 이민을 이끌고 적에게 투항하였다. 그리고 투항한 고려인은 곧이어 몽고군에 의하여 전투에 재투입되었으며 일부는 성에 잔류시켜 군량 준비에 활용하였다.

라. 충주민의 항전

고종 40년 야굴의 침략으로 야기된 고려의 대몽전에 있어서 아마도 최대의 전투는 忠州山城에서의 싸움일 것이다.

당시 충주성 방어의 책임을 맡은 인물은 고종 19년(1232) 처인성 승첩으로 널리 알려진 김윤후였다. 그는 승첩 이후 승려생활을 청산하고 섭랑장을 제수받아 무반으로서 관도에 올랐는데, 이 무렵 그는 낭장으로서 충주산성의 방호별감에 임명되어 있었다.

10월 충주에 당도한 몽고군은 야굴의 지휘하에 부장 아모간, 그리고 반역자 홍복원과 이현 등의 인도를 받은 주력군이었으며 남진과정에서 항복한 고려인들을 공격에 이용하고 있었다. 특히 양근성에서는 방호별감 尹椿이, 그리고 충주 인근의 천룡산성에서는 방호별감 趙邦彦, 黃驪縣令 鄭臣旦 등이 吏民을 거느리고 적에게 투항하였기 때문에 몽고군이 충주에 당도하였을 때는 많은 고려 降附民들이 딸려 있었다.

야굴의 몽고군은 승승장구 남하를 거듭했지만 충주산성에 입보한 충주 관민들의 항전에 부딪혀 남진에 비로소 제동이 걸리게 된다. 충주성 포위 다음달인 11월이 되자 야굴은 몽고군 지휘부의 내부 갈등 때문에 소환됨으로써 전선에서 먼저 물러나게 되었다. 몽고군은 이후 부장 아모간과 홍복원 등이

9) 춘주성 싸움의 현장은 오늘날 춘천시내 소재의 鳳儀山城으로서 일시적인 피란이 가능하였지만, 장기적인 守城處로서의 조건은 충분하지 않았다.

충주성 공격을 계속하게 되지만 이러한 지속적이면서도 강력한 공격에도 불구하고 충주성은 끝까지 사수되었다. 그리하여 10월부터 12월 중순까지 무려 70여 일에 걸친 끈질긴 공격을 방어해 냄으로써 충주민은 5차 침략의 몽고군을 좌절시켰던 것이다. 당시 김윤후는 몽고군의 포위로 성내의 식량이 거의 다하게 되자 "만일 능히 힘을 다한다면 귀천을 가리지 않고 모두 관작을 내리겠다"고 사졸들을 독려하는 한편, 관노비의 명부를 불태워버리고 노획한 우마를 나누어주었다. 이에 충주민 모두 죽음을 무릅쓰고 대적하였다. 이러한 사정을 참고하면 충주성의 승전은 김윤후의 뛰어난 지휘력과 충주민들의 강인한 항전의지의 결합으로 이룩된 것이었다고 하겠다. 처인부곡의 경우에서도 그러하였지만 김윤후의 뛰어난 점은 무엇보다도 피지배 민중들에게 잠재한 항전력을 불러일으켜 이를 실제적인 활동력으로 점화, 분출시켰다는 점에 있다.

충주민의 승전은 몽고군의 남진을 좌절시킴으로써 경상도 지역에 대한 전쟁피해의 확대를 막았을 뿐 아니라 몽고로 하여금 화의를 명분 삼아 서둘러 철군케 하는 계기를 만든 것이었다. 그리고 적군이 철수한 뒤인 이듬해 고종 41년 2월, 충주인들은 몽고군 격퇴의 전공으로 사졸로부터 관노·백정에 이르기까지 군공에 따라 관작이 제수되었으며 뒤이어 충주는 國原京으로 승격되었다.

(4) 차라대군에 대한 항전

고종 41년(1254) 정월 5차 몽고의 침략군이 고려로부터 철수한 후, 車羅大로 그 지휘부를 개편한 몽고군은 동년 7월 다시 서북면으로 내침하여 침략전쟁에 박차를 가하여 고종 46년 초까지 6년간 고려 본토의 여러 지역을 유린하였다.

6년 동안 차라대의 몽고군은 대략 네 차례에 걸쳐 침략전쟁을 감행하였는데, 그 시기를 구분하면 고종 41년 7월부터 42년 3월경(제1회), 같은 해 8월부터 43년 10월(제2회), 고종 44년 5월부터 10월까지(제3회), 이듬해 45년 6월부터 46년의 대략 3월경까지(제4회)였다.

6년에 걸친 차라대군의 침략은 야굴군에 의한 5차 침략과 합하면 7년을 계속한 것이었고, 전쟁의 범위도 매우 광범하여 이 기간 동안 고려가 입은 피해는 상상하기 어려운 것이었다. 뿐만 아니라 전쟁이 장기화됨에 따라 고려 내부에서의 정치권력이 변동되거나 정부의 전쟁 지도방식에 대한 농민들의 태도에 있어서 현저한 변화가 나타나기도 하였다. 이와 아울러 몽고군은 종래 별로 시도하지 않던 연안 해도에 대한 공략을 적극화함에 따라 전투의 양상이 보다 다원화되는 양상을 보였다.

가. 진주민의 항전

고종 41년 7월 차라대가 이끄는 몽고군은 압록강을 건너 고려에 내침하였다. 이후 몽고군의 주력은 경기지역과 충청도를 거쳐 경상도 방면으로 남진, 남해안 晋州 인근까지 도달하였는데, 말기의 무인집정자 林衍이 鎭州(충북 진천)에서 농민들과 함께 몽고군을 격퇴하였던 사건은 바로 같은 해 8월 하순경의 일이었던 것으로 보여진다.

임연은 일찍부터 무재가 특출하였고 이 때문에 역시 동향의 거물인 대장군 宋彦庠의[10] 廝養卒이라는 군인이 되었다. 그러나 어떤 연유였는지 그는 송언상의 휘하에서 벗어나 다시 고향으로 돌아오고 말았다. 임연이 귀향해 있던 시기에 몽고군이 진주지방으로 침략해 들어왔는데, 임연은 진주민들과 함께 이에 맞서 싸웠고, 마침내 침략군을 격퇴하는 전공을 세우게 되었다. 그가 뛰어난 무재의 소유자였던 점, 그리고 이족 출신의 신분이었던 점에서 임연은 지방민들을 지휘하는 지휘자의 위치에 있었음이 분명하며[11] 이 때문에 전승에 대한 포상으로서 隊正이라는 무반직을 얻기에 이르렀다. 그 후 임연은 권신 金俊의 눈에 들어 그의 추천에 의하여 일약 낭장(정6품)으로 뛰어올랐고, 김준의 특별한 비호를 받음으로써 마침내 정권 장악에까지 이르는 기반을 닦았던 것이다.[12]

임연이 고향인 진주에서 몽고군을 격퇴한 시기는 아마 고종 41년 차라대

---

10) 《鎭川宋氏大同譜》에 의하면 송언상은 고종 23년 竹州城 싸움에서 승전한 방호별감 宋文冑와 동일인이다.

11) 林衍은 鎭州人으로서 父系가 확실하지 않으나 어머니가 州吏의 딸이었다는 점에서 그 역시 鄕吏의 자손이었을 가능성이 많다.

12) 成鳳鉉, 〈林衍政權에 관한 硏究〉(《湖西史學》 16, 忠南大, 1988).

6차 침략 때인 8월 하순경으로 추측되며 당시 이 전투는 鎭州民의 순수한 자위적 차원의 방위전이었다.

오늘날 진천지역에서는 임연의 항몽전쟁을 檪尾山城에 연결시켜, 「걸미산의병」으로 칭하고 있다. 걸미산에 소재한 龍華寺에는 7m 높이의 거대한 미륵불이 남아 있는데, 용화사 앞 德文坪에 주둔한 적군을 장군으로 現身한 미륵불의 위력으로 물리쳤다는 전설이 전하고 있다. 이는 임연의 항몽전을 설명하고 있는 것으로 보인다. 적군이 주둔하였다는 덕문평은 나중에 임연의 농장이 되었던 지역이기도 하며, 임연의 향리로 전하는 文白面 龜山洞도 이곳에서 멀지 않다. 따라서 위의 용화사 미륵불의 전설을 임연과 관련시킨다면, 당시 진주민들은 임연의 지휘하에 치소에 근접한 걸미산성에 머물러 있던 중 몽고 침략군이 덕문평에 이르자 이를 기습, 적을 격퇴하였을 것이라는 설명이 가능해진다.

진천(진주)싸움은 관이나 군의 도움 없이 농민들의 순수한 자위적 항전 사례라는 점에서도 큰 의의가 있으며 이러한 항전 사례는 대몽항쟁기 본토에서 이루어진 대몽전쟁의 중요한 한 양상을 보여준다. 동시에 진주항전의 성공은 전투를 지휘한 임연이 중앙군에 발탁되는 계기가 되었으며 이 점에 있어서 이후 고려정치사의 주요한 향배를 가름짓는 한 단서를 제공한 것이었다고 할 수 있다.

나. 충주민의 항전

진주에서 지역 주민들의 역전에 부딪혀 몽고군은 소기의 성과를 거두지 못한 채 남하하였다. 이들은 고종 41년 9월 초순쯤에 충주 지경에 들어왔는데, 多仁鐵所를 비롯 충주의 여러 지역에서 활발한 항몽전이 전개되었다.

충주의 서쪽 근교 中原郡 利柳面 일대로 전하는 다인철소민의 항전에 대해서는 유감스럽게도 그 기록이 극히 단편적이다. 분명한 것은 이 전투의 주체가 철소민이었다는 것, 그리고 당시 이들의 전공이 전략적으로 매우 중요한 것이었다는 점이다. 그것은 이 전공에 대한 포상으로 강도정부가 소를 현으로 승격시킨 사실에서 확실해진다.

추측컨대, 다인철소 항전의 전략적 중요성은 다름아닌 이 지역이 철소, 즉 철제도구의 생산지였다는 지역적 특성과 깊은 관련이 있다고 믿어진다. 전시에 있어서는 무기류를 비롯한 각종 군수의 공급이 끊임없이 요구되는데, 이 때에 철광은 특별히 중요한 자원이었다. 일단 채굴된 철광은 인근 지역에서 제련의 과정을 거쳐 각종의 철제품 제작으로 이어지며 이러한 작업은 철소에서 소민의 집단노동에 의하여 이루어지게 된다.

충주가 당시 고려의 중요한 철산지였음은 다인철소의 존재에 의하여 짐작할 수 있는 것이지만 다인 이외에도 관내에는 여러 곳에 철산지가 있었던 것으로 추측된다. 그리하여 충주에서 산출되는 토산품 중에서 철은 그 으뜸으로 꼽히곤 하였다. 충주의 철이 항몽전쟁 당시 호미·괭이·솥 등 일반 생활도구 이외에 칼·창·화살촉 등 각종 무기류의 제작에 사용되고 있었음은 崔滋의 〈三都賦〉에서 분명하게 언급되고 있다.[13]

고려에 내침한 몽고군은 식량 등을 거의 현지 조달한 것으로 보이는데, 무기류의 공급을 위해서 철산지와 관련 기술자를 확보하는 것이 몽고군에게 있어서 중요한 관건이었을 것이다. 이러한 전쟁 수행의 군수적 면에서 볼 때, 충주지역의 확보는 고려에 있어서나 몽고군에게 있어서나 전략적으로 중대한 의미를 갖게 된다. 충주지역에서 피아간의 치열한 공방전이 전개된 배경에는 이 지역이 갖는 특수성과 일정한 연관을 갖는 것으로 보여진다. 따라서 다인철소민에 의해 몽고군이 격퇴되자 강도정부는 이곳을 현으로 승격시키는 파격적인 포상 조치를 취하였는데 이는 무기류의 제작 및 공급처라는 전략적 중요성 때문이라고 보여진다.

다인철소 항전의 시기에 대해서는 지금까지 그것이 고종 42년(1255)의 일이었던 것으로 알려져 있다. 고종 42년은 차라대에 의한 침략이 진행되던 때인데, 그것은 《고려사》 지리지의 충주목조에 "고종 42년에 다인철소민들이 몽고군의 방어에 공이 있다고 하여 翼安縣으로 승격시켰다"고 한 기록에 근거한 것이다. 이로 보아 고종 42년이라는 연대는 거의 의심의 여지가 없어 보인다. 그러나 인용한 위의 기록은 두 가지의 내용, 즉 다인철소민의 항전

13) 《東文選》 권 2, 賦 三都賦.
《新增東國輿地勝覽》 권 12, 江華都護府 形勝.

사실과 철소의 현으로의 승격 사실이 함께 묶여져 있음이 주목된다. 따라서 고종 42년이 이 두 가지 사실 중 어느 쪽에 해당하는 것인지는 좀더 구체적인 분석이 필요하다. 전후 사정을 종합해 볼 때 다인철소민의 항전은 익안현 승격 조치보다 한 해 앞선 고종 41년의 일이었다고 판단된다.[14]

고종 41년 8월 하순 진천에 침입한 몽고군은 임연이 지휘한 주민들의 항전으로 패퇴하였고 다시 충주 다인철소에서 소민의 항전에 부딪혀 역시 타격을 받았다. 그 후 차라대의 몽고군은 직접 충주를 공격하였지만 비바람이 몰아치고 성 안의 충주인이 맹렬히 반격하자 상황이 여의치 않음을 알고 물러나고 말았다. 충주와 인근지역의 사람들은 몽고군이 침입하자 산성에 입보, 적의 포위공격에 대응하였던 것인데 여기에서의 충주산성은 아마 인근 月嶽山의 산성을 말하는 것 같다.

이듬해 충주 지역에서의 전투 기록은 또 다시 보인다. 《고려사》 세가 고종 42년 10월조에 "몽고병이 大院嶺을 넘으므로 충주에서 정예한 군사를 보내, 1천여 인을 격살하였다"는 것이 그것이다. 이는 충주인들이 지리적 여건을 이용, 인근의 대원령에서 남하 중인 몽고군을 요격, 적을 크게 격파한 사실을 전하는 것으로 격살한 자가 1천여 명이라는 것은 전투의 치열성과 더불어 고려의 대승첩이었음을 암시한다.

충주인의 대몽전승지 대원령은 충주와 문경, 영남과 호서의 경계선에 자리잡은 요충으로서 고려에 내침, 영남으로 나아간 몽고군은 거의 이 지점을 통과하였던 것으로 보인다. 이 때문에 대원령 일대는 충주 및 월악산과 연결되어 고려의 대몽전 전개과정에서 최대의 전투지가 되었던 것이다. 대원령은 신라시대의 鷄立嶺인데 고려 초에 彌勒大院寺가 인근에 창간되어 번창하면서 지명까지 바뀌게 되었다.[15] 이 지역은 대원사 이외에도 많은 사찰이 조성되었지만, 몽고군의 내침으로 대몽전쟁기에 모두 불탄 것으로 보여진다.

---

14) 尹龍爀, 〈몽고의 침략에 대한 고려 지방민의 항전〉(《國史館論叢》 24, 1991).
15) 崔壹聖, 〈歷史地理的으로 본 鷄立嶺〉(《湖西史學》 14, 1986).

다. 상주산성·입암산성 입보민의 항전

고종 41년(1254) 고려에 대한 침공을 감행하였던 차라대는 9월 충주에 당도하여 산성을 공격하였으나 충주인의 맹렬한 반격으로 이를 포기하고 남하를 계속하였다. 이후 여·몽간의 대대적 공방전은 尙州에서 벌어지는데, 동 10월의 기록에 "차라대가 상주산성을 공격하자 黃嶺寺의 승려 洪之가 제4관인을 사살하였다. 사졸로 죽은 자도 과반수나 되니 적이 드디어 포위를 풀고 퇴거하였다"16)라고 한 것이 그것이다. 홍지가 속해 있었던 황령사는 경상도의 초입에 해당하는 상주군의 북쪽, 銀尺面 黃嶺里에 위치하는데 몽고군이 충주로부터 대원령을 넘어 남하하자 이들 인근 지역민들은 보다 남쪽의 험한 곳에 위치한 상주산성에 들어가 적을 맞아 싸웠던 것이다.

당시 홍지는 휘하의 승도들을 중심으로 입보한 상주민을 규합, 자체적인 방어체계를 갖추어 차라대의 공격에 대항하였던 것이라 생각된다. 이 전투에서 적은 차라대의 지휘에도 불구하고「제4관인」이라는 고급 지휘관이 사살당하였다. 그리고 몽고군은 사졸의 죽은 자가 과반이라 하였듯이 전투는 고려의 승첩으로 종결되었다.

홍지의 지휘로 차라대의 몽고군에게 타격을 주었던 전투지 상주산성은 상주 서쪽 50여 리 지점의 白華山城이었다. 백화산성은 비교적 물이 풍부하고 지리적 측면에서 방어요건이 좋기 때문에 입보한 주민들이 홍지의 지휘하에 적에게 막대한 타격을 입혔던 것이다. 이는 고종 19년 2차 여·몽전쟁 당시 처인성에서 白峴院의 승려 김윤후가 입보민들을 지휘하여 몽고 원수 살례탑을 사살하였던 사건과 상통한다. 백화산성이 대몽항전 당시 상주민들의 입보처로서 사용되었던 대표적 성곽이었던 사실은 항몽전쟁기, 아마도 고종 41년경 상주의 州吏 金祚의 가족이 바로 이 백화산성으로 피난하였던 사실에서도 입증되고 있다. 백화산지역은 S자형의 깊은 골짜기가 특히 발달하여 당시 성안에 입보하여 있던 상주민들이 이러한 지형적 특성을 이용, 일종의 유격전에 의하여 적을 패퇴시켰을 것이다.

상주산성의 승첩은 몽고군의 고급지휘관을 포함한 다수의 적군을 궤멸시

16)《高麗史》권 24, 世家 24, 고종 41년 10월 무자.

킨 큰 전투였다. 그럼에도 불구하고 관계기록은 겨우 승전의 사실 정도만을 간략히 전하고 있을 뿐이다. 이것은 상주산성에서의 항전이 중앙정부와 아무런 관련을 갖지 않은 채 순수한 지역민들의 자위적 항전이었기 때문이었다. 따라서 그 사실적 내용이 간과되고 묻혀버리는 결과를 가져왔다.[17)]

고종 41년 10월 상주 백화산성에서 홍지와 상주민에 의해 패퇴한 차라대의 몽고군은 이후 대구지방을 경유, 남하하여 12월 경남의 산청지방까지 내려갔다가 이듬해 초 북쪽으로 퇴거하였다. 그러나 이듬해 초 국경지대로 물러났던 몽고군은 동년 8월 다시 침략을 자행하였다. 이들의 군사행동은 고종 43년(1256) 9~10월까지 계속되어 전라도 남부지역에 이르기까지 고려는 막대한 피해를 입었다. 당시 차라대의 몽고군은 전라도 일대의 공략에 전력을 집중하였고, 그 과정에서 고종 43년 3월 長城의 笠巖山城에서 전투가 벌어지게 되었다.

당시 몽고군은 고종 43년 3월부터 대략 7월까지의 수개월 동안 전라도 남부지역에 그 전력을 집중시켰다. 몽고군의 선발대는 43년 초부터 전라도 일대에 출현하였던 것 같다. 그리하여 입암산성에 입보, 몽고군과 대전한 宋君斐 등의 부대는 동년 정월 강도로부터 파견된 고려의 중앙군이었다. 장군 이광, 송군비 등이 남하할 당시 몽고군은 전라도 서해안의 영광 일대에 주둔하고 있었던 것 같다. 그리하여 이광은 수군으로, 그리고 송군비는 내륙으로 협공하는 작전이었던 듯한데, 이러한 고려군의 전략은 몽고군에게 사전 노출되어 미수에 그치고 말았다.

이광·송군비가 수군을 거느리고 남하하였다가 영광에 주둔한 몽고군을 수륙 양면에서 공격하는 작전을 세운 것으로 보면 송군비의 군은 아마 전북 줄포만(부안·고창군)에서 일단 상륙, 전력을 보강하여 영광에의 진입을 시도하였을 것으로 생각된다. 그리고 이러한 작전이 어긋나자 가까운 입암산성에 입보, 몽고군과 대전하게 된 것이다. 입암산성은 전라지역의 가장 대표적인 입보처로서 당시 주변의 군현에서 다수의 吏民이 이미 병란을 피하여 들어와 있었던 것 같다. 송군비의 중앙군은 이들을 함께 지휘하면서 몽고군의 공

17) 尹龍爀, 〈몽고의 慶尙道 침입과 1254년 尙州山城의 승첩〉(《震檀學報》 68, 1989).

격에 대응하였다. 입암산성 전투의 구체적 양상에 대해서는 다음의 기록이 참조된다.

> 성중의 장정들은 모두 적에게 투항하고 어린애나 노인들만 남아 있었다. 하루는 宋君斐가 짐짓 약한 자 몇 사람을 성밖으로 내어 보내니 몽병이 성안의 식량이 다된 줄로 알고 군사를 거느리고 성 밑에 이르는 것이었다. 이에 송군비가 정예병을 거느리고 들이쳐 격파하니 살상이 심히 많았고 4명의 관인을 사로잡기까지 하였다(《高麗史》 권 24, 世家 24, 고종 43년 3월 기미).

당시 입암산성에 입보한 송군비의 군은 성중에 고립되어 매우 불리한 상황에 있었던 것 같다. 그럼에도 불구하고 꾀를 내어 적을 이완시킨 다음 갑작스러운 공격으로 몽고군을 대파하였다. 고려군의 책략에 몽고군은 성중의 식량이 다한 것으로 알았다 하거니와, 이는 당시의 전투가 상당히 장기전이었음을 말해 준다. 이 싸움에서 살상자가 심히 많았다는 것, 그리고 「官人」으로 기록된 적의 고급장교 4명을 포로로 하였다는 것은 고려군의 대승을 단적으로 입증하는 것이다.[18)]

라. 몽고의 해도 침공과 압해도민의 항전

유목민족의 체질상 몽고군이 수전에 능하지 못하였다는 것은 일반적으로 인식되고 있는 사실이다. 그럼에도 불구하고 여·몽전쟁의 장기화는 몽고군으로 하여금 고려의 섬에 대한 침공을 시도하도록 압박하는 요인이 되었다. 특히 개전 초부터 적극적으로 전개되었던 고려의 해도입보책은 몽고로 하여금 이에 상응하는 전략을 시도하게 만들었던 것이다. 몽고군에 의해 시도된 가장 대표적인 해도 침공의 사례는 고종 43년 차라대에 의해 직접 지휘되었던 押海島전투이다.

압해도(전남 신안군)는 목포시와 무안군의 서해안에 남북으로 길게 뻗은 연안 도서인데 고려시대에는 영광 혹은 나주의 속군이기는 하였으나 押海郡이

---

18) 笠巖山城은 전북 井邑郡과 전남 長城郡의 양도에 걸쳐 위치한다. 둘레 15km의 보기드문 大城址로서 조선시대에도 여러 차례 개수되었으며 전라도 제일의 「保障之地」로 꼽혀왔다. 성곽의 구조 및 성안의 시설 등에 관해서는 全羅道 邑誌 가운데 〈長城府邑誌〉·〈笠巖山城鎭誌〉 그리고 柳永博, 〈藏書閣 所藏 笠巖山城圖 考證〉(《國學資料》 30, 文化財管理局, 1978) 참조.

라 하여 독립적인 행정단위를 이루고 있었다. 섬의 규모 및 육지와의 근접성 때문에 몽고군의 침입을 당한 주변지역에서 많은 입보민들이 들어와 있었던 것 같다. 당시 몽고군은 고종 43년 초 전라도 일대까지 진출하였고 차라대의 행방도 4월에는 담양, 7월에는 海陽(광주) 등에 출현하는 것으로 미루어 보아 그 당시에는 전라도 남부지역에 군사활동이 집중되어 있었다. 몽고군의 압해도 침공은 이러한 과정에서 시도된 것이다.

> 차라대가 일찍이 수군 70척에 깃발을 늘어 세우고 압해도를 치려 하여 尹椿과 한 관인을 시켜 배를 타고 督戰케 했다. 압해 사람들이 대포 2개를 큰배에 장치하고 기다리니, 양편 군사가 서로 버티고 싸우지 않았다. 차라대가 언덕에 임하여 바라보고 윤춘 등을 불러 말하기를 우리 배가 대포를 맞으면 반드시 가루가 될 것이니 당할 수 없다 하고, 다시 배를 옮기어 치게 하였으나 압해인들이 곳곳에 대포를 배치하였기 때문에 몽고인들이 드디어 수공의 장비를 모두 파하고 말았다(《高麗史》 권 130, 列傳 43, 叛逆 4, 韓洪甫).

고종 43년 차라대의 전라도 남부지역 침공시 시도되었던 이 압해도 침공은 두 가지 점에서 주목을 끈다. 하나는 적장 차라대의 직접적 지휘에 의해 이루어졌다는 점이고, 다른 하나는 당시 몽고군들이 동원한 수군 70척이라는 선단의 규모이다. 적어도 몽고군은 압해도 공략을 통해 당시 고려의 대몽전략의 중심이었던 해도에의 입보책을 분쇄할 수 있다는 하나의 선례를 만들고자 하였음이 분명하다. 그럼에도 불구하고 압해도 입보민의 조직적 저항은 몽고의 수공작전을 완전히 좌절시켰던 것이다.

몽고군이 고려의 입보문제에 대응, 이를 적극적으로 분쇄하고자 하는 전략을 가지게 된 것은 야굴의 침략 이후였다. 야굴군은 고종 41년 2월 철수 과정에서 북계의 葛島를 7척의 병선으로 침공, 사람들을 잡아간 사실이 있을 뿐 섬에 대한 직접적 공세는 취하지 않았다. 그리하여 몽고의 해도 침공은 차라대군에 의해 본격적으로 기도되었던 것이다.

차라대에 의한 해도 침공의 첫 시도는 압해도전투 바로 전년인 고종 42년 12월 "몽병이 배를 만들어 槽島를 쳤으나 이기지 못했다"[19]는 기록이다. 이 전투의 규모나 정확한 위치 등은 알 수 없지만「배를 만들어」해도를 공격

19) 《高麗史》 권 24, 世家 24, 고종 42년 12월 임진.

한 것은 몽고의 적극적 전략을 말해주는 것이며 이러한 작전이 이듬해 전라도 서해안의 압해도 침공작전으로 연결되었던 것이다. 이러한 의미에서 몽고군의 조도 침공은 압해도 침공의 예행작전이었다고 할 수 있다.

차라대의 수공작전이 압해도 입보민의 용전에 부딪혀 실패로 돌아간 이후 그처럼 많은 병력이 동원된 조직적 작전은 시도되지 않았지만 소규모 병력에 의한 연안 해도 침공은 계속되었다. 고종 43년 10월 북계 艾島를 침구한 몽병 60인을 별초군이 모두 사로잡은 일, 고종 44년 8월 몽병에 의해 神威島가 함락당한 일, 몽고 병선 6척이 서해도의 昌麟島에 침입하였다가 甕津縣令 李壽松이 거느린 별초군에 의해 격파당했던 것 등이 그러한 예이다. 특히 신위도와 창린도에는 당시 내륙 군현의 수령들이 관내 주현민을 이끌고 집단으로 입보하여 있었다. 결국 여·몽전쟁의 말기인 고종 말년, 차라대군 침입기에 전투는 이제 연안 도서지역까지 확산되고 있었던 것이다.[20]

마. 아산만 연안지역에서의 항전

차라대의 몽고군이 전라도 남부지역에 집결, 압해도 등 연안 해도를 침공하던 거의 같은 시기에 충청도 牙州(아산)의 연안에서도 여·몽간의 수전이 벌어졌다. 곧 "忠州道巡問使 韓就가 아주의 섬에 있으면서 선박 9척으로 몽병을 치려 하였는데 몽병이 역습하자, 모두 죽였다"라고[21] 한 것이 그것이다. 아마 당시의 몽고군은 전라도 서쪽과 충청도 북쪽의 연안지역을 거의 동시에 장악, 강도에 이르는 해로(조운로)에 위협을 가하고자 하였던 것 같다. 몽고군의 공세로 충청도에서는 순문사가 아주 연안의 섬에 입보하여 있었고 상호간에 반격과 역습이 교차하는 치열한 전투가 벌어졌던 것이다. 아주연안은 평야가 발달한 稅收의 중심지인 데다 강도와 멀지 않은 곳이기 때문에 정부는 이 지역에 대하여 각별한 관심을 가지고 있었다. 같은 기록에 고종 43년 6월 초하루 강도정부가 장군 李阡을 파견, 수군 2백여 병력으로 몽고군을 남도에서 막게 하였다는 것인데, 6월 말에는 "장군 이천이 몽병과 溫水縣

20) 尹龍爀, 〈高麗의 海島入保策과 蒙古의 戰略變化〉(《歷史敎育》 32, 1982).
21) 《高麗史》 권 24, 世家 24, 고종 43년 4월 경인.

에서 싸워 수십 급을 베고 포로된 남녀 백여 인을 빼앗았다"라고[22] 하여 당시 강도정부가 직접 아주 연안지역 방어를 위하여 진력하고 있음을 확인시켜 준다.

전라도 일대에서 몽고군이 해도 침공을 시도할 때 강도정부는 장군 李廣과 宋君斐를 급파하여 이를 견제한 바 있거니와 아산만 지역에서도 연안을 위협하는 몽고군에 대해 수군을 파견하여 반격전을 전개함으로써 매우 적극적인 태도를 보여 주고 있다. 몽고군의 해도 침공에 대한 강도정부의 적극적 대응은 두 가지 이유 때문이라고 생각된다. 하나는 도서지방이야말로 고려의 최후방어선이며 특히, 고려 섬들에 대한 몽고의 침략은 강도 침공으로 연결될 소지가 있다는 점, 그리고 둘째는 몽고의 연안 위협이 고려의 해상운수 기능에 타격을 주어 이에 경제적으로 의존하고 있는 강도정부에게 위협적이었다는 점이다. 이 때문에 강도정부는 몽고의 연안 위협에 적극적으로 대처해 나갔던 것이다.

몽고군은 고종 43년 9~10월에 걸쳐 일단 철수하였지만 이듬해 5월 다시 침략해 왔고 이들 몽고군은 동년 6월 아산 일대에 다시 침입하였다. 鄭仁卿이 직산(천안군) 등지에 주둔한 몽고군을 야간 기습·격파한 것은 이 때의 일이었다.

마지막으로 북계지역은 1차 침략 당시 가장 격렬한 싸움이 벌어진 지역이지만 이후 몽고의 연이은 침략으로 방어선이 붕괴, 전투는 오히려 중부 이남지역으로 이동하게 되었다. 이로써 북계 등 변경지역에서는 이후 치열한 싸움이 많지 않았다. 그러한 가운데 고종 44년 태주(평북 태천군)전투, 동 45년 8월 祥原전투, 동 46년 정월 成州 岐岩城전투, 그리고 같은 달 강원 지역의 金剛城 및 寒溪城전투 등이 항몽전쟁의 말기에 북변 지역에서 벌어진 싸움들이다. 태주에서는 몽고군에 의하여 부사 崔濟와 주민들이 다수 피해를 보았으며 서해도의 嘉殊窟·陽波穴 등 자연동굴에 입보하고 있던 주민들은 몽고군의 치밀한 공격으로 말미암아 방호별감, 수령 등과 함께 함락되고 말았다.

동북의 변경지역에서는 趙暉·卓靑 등의 반란이 일어나 몽고에 투항하는

22) 《高麗史》 권 24, 世家 24, 고종 43년 6월 임오.

〈지도 1〉 몽고 침략군에 대한 고려의 항전(1231~1259)

1231. 8. 철주성 전투
9. 동선역(봉산)
9. 서경
9~11. 귀주성
10. 안북성
11. 자주성
12. 광주
12. 충주
1232. 11. 광주산성
12. 처인성
1235. 10. 동주성(서흥)
10. 지평(양평)
1236. 7. 价州
7. 定州
8. 자주성
8. 죽주성(안성)
9. 온수(온양)
10. 고란사(부안)
12. 대흥(예산)
12. 효가동(공주)
1253. 8. 금천
8. 반석역(전주)
8. 椋山城(안악?)
8. 동주산성(철원)
9. 금당협(중원)
9. 춘주성(춘천)
9. 등주(안변)
10. 원주
10~12. 충주산성
10. 설악산성
1254. 8. 괴주(괴산)
8. 진천
9. 다인철소(중원)
9. 충주산성
10. 상주산성
1255. 1. 교하(파주)
2. 철령(안변)
1255. 10. 대원령(중원) 전투
12. 조도
1256. 3. 입암산성(장성)
4. 의주
4. 인주(인천)
4. 월악산성(제천)
4. 압해도(신안)
4. 아주연안(아산)
6. 온수(온양)
10. 애도
1257. 5. 태주
6. 직산, 신창
8. 신위도
8. 창린도(옹진)
1258. 8. 상원
10. 박달현(제원)
12. 기암성(성천)
1259. 1. 금강성(회양)
1. 한계성(인제)

등의 혼란 속에서 몽고군에 의해 동원된 동진의 군사가 금강산 산중의 성에 입보한 사람들을 공격했으나 3천의 별초군이 이들을 물리쳤다. 이 때 설악산의 한계성에서도 방호별감 安洪敏의 지휘하에 야별초군의 도움을 받아 반역민에 의하여 인도된 몽고군을 물리쳤다.

여・몽전쟁의 과정에서 고려는 특히 섬 혹은 산성에의 입보를 주요 방어전략으로 채택, 수세적 입장을 지속하였으나 말기로 갈수록 이러한 전략은 더욱 위협에 직면하고 있다. 차라대군 침입 때 해도에서의 전투, 혹은 보다 깊은 산골에서의 전투가 이루어지는 것은 전체적으로 불리하게 전개되어 가는 전세를 입증해 준다. 말기로 갈수록 방호별감의 파견, 야별초의 투입 등 구체적인 대항책이 강화되지만 이것은 다른 한편으로 본토 농민들의 항전에의 참여도 약화 및 민심 이반의 현상을 견제하기 위한 불가피한 조치의 의미가 있는 것이었다.

(5) 고려의 입보책과 지방민의 항전

가. 고려의 입보책

고종 18년(1231) 살례탑의 침공 이후 30년 간 지속되는 여・몽전쟁은 기동성을 장점으로 하는 몽고의 군사력에 대하여 고려가 해도 혹은 산성에의 입보라는 일종의 淸野戰術로 대처한 싸움이었다는 것은 잘 알려져 있는 사실이다. 말하자면 해도 및 산성에의 입보책은 고려의 가장 주요한 대몽전략을 이루었던 것이다.

해도입보책은 강화에의 천도 자체가 그에 해당하거니와 그것은 전쟁 초기의 고종 18년 1차전쟁 당시 이미 국경지방에서 광범위하게 시행되기 시작한 것이었다. 가령 몽고침입 개시 한 달도 되지 않은 고종 18년 9월 기록 중에 몽병이 黃州와 鳳州에 이르니 2주의 수령이 백성을 이끌고 鐵島에 입보하였다"는[23] 것이 나타난다. 또 《고려사》 지리지에 의하면 宣・昌・雲・博・郭・孟・撫・泰・殷州 등 북계의 10주가 고종 18년 몽고병을 피하여 해도에 들어갔다고[24] 하여 북계지역에서의 이러한 해도입보의 보편화 현상을 말해주

23) 《高麗史》 권 23, 世家 23, 고종 18년 9월 정유.
24) 《高麗史》 권 58, 志 12, 地理 3.

고 있다.

이들 북계 주진의 입보는 수령의 지휘하에 이루어지고 있어 그것이 정부의 공식적인 대몽전략의 하나였음을 알 수 있다. 그리고 이것은 고종 19년 6월 중순 천도책이 결정되어 이 사실이 공시되면서 지방에 대해서는 "사자를 여러 도에 보내어 백성을 산성과 해도로 옮기게 하였다"고[25] 하였고, 유사한 조치는 이후 대몽전쟁기간 중에 되풀이하여 나타나고 있다.

해도입보책의 시행은 앞서와 같이 사자가 지방에 파견되는 경우도 있었지만 흔히 공식적인 기왕의 행정조직을 통해 하달되었다. 후자의 경우 그 명령은 강도정부로부터 양계의 병마사 혹은 안찰사 등에게 하달되고, 이것은 다시 각 주현의 수령들에 전달되어 수령은 일선에서 입보의 지휘 감독을 담당하게 되었던 것이다. 그 결과 입보민에 대한 지휘 감독은 대체로 지방수령에게 맡겨져 있었다.

가령 고종 18년 황주·봉주의 철도 입보, 함신진 부사 全僩의 薪島 입보, 고종 44년 맹주 수령 胡壽의 신위도 입보, 옹진현령 李壽松의 창린도 입보 등의 사례, 그리고 여·몽간의 화의가 진행 중이던 고종 46년 3월에 "州縣의 수령들로 하여금 피란민을 이끌고 출륙하여 농사를 짓도록 하였다" 는[26] 것은 해도입보의 기본단위가 군현의 행정단위였음을 말해 주고 있다. 곧 북계 주진의 경우 여·몽전쟁 기간 중 주의 소재가 자주 옮겨졌던 것도 그것이 기본적으로 행정구획 단위의 이동이었기 때문에 가능한 것이었다.

이상과 같은 해도에의 입보책은 무인집정자의 일관된 방책이었다. 가령 고종 43년에 최항이 "여러 도에 사자를 보내어 사람을 모두 몰아 섬으로 들어가게 하고 따르지 않는 자는 집과 전곡을 불태우도록 하였다"라고[27] 한 것은 이러한 입보책의 추진이 기본적으로 집정자 최씨의 지시에 의한 것임을 잘 말해주고 있다. 그리고 이것은 물에 약한 몽고군에게는 확실히 효과적인 전술이 되었던 것임에 틀림없다.

3차 여·몽전쟁기간 중인 고종 25년(1238) 몽고군이 강화도 맞은편에 출현,

---

25) 《高麗史節要》 권 16, 고종 19년 6월.
26) 《高麗史》 권 24, 世家 24, 고종 46년 3월 병자.
27) 《高麗史節要》 권 17, 고종 43년 8월.

위협적 시위를 벌이자 이에 대해 이규보는 다음과 같이 언급하였다.

> 오랑캐들이 아무리 완악하다지만 어떻게 이 물을 뛰어 건너랴.
> 저들도 건널 수 없음을 알기에 와서 진치고 시위만 한다오.
> 누가 물에 들어가라 말하겠는가 물에 들어가면 곧 다 죽을텐데.
> 어리석은 백성들아 놀라지 말고 안심하고 단잠이나 자게나.
> 저들 응당 저절로 물러가리니 國業이 어찌 갑자기 끝나겠는가(李奎報, 《東國李相國集》 권 5, 九月六日聞虜兵來屯江外國人不能無驚以詩解之).

당시 몽고군의 출현에 대해 강도는 많은 동요를 일으킨 듯하나 이에 대해 이규보는 물에 약한 몽고가 절대 바다를 건너오지 못하리라는 것을 확신하고 있다. 이 점은 당시 강도의 관료들이 해도입보책의 효과에 대해 상당한 자신감을 가지고 있었다는 것을 말해주는 것이다.[28]

산성에의 입보책 역시 전략의 성격에 있어서는 해도입보책과 유사하다. 산성입보 역시 대개 지방의 수령들에 의해 이루어졌고 이것은 특히 방호별감의 파견으로 촉진되었다. 5차 전쟁 이후 방호별감이 자주 파견되어 고종 40년(1253)의 경우만 하여도 양산성 방호별감 權世侯, 동주산성 방호별감 白敦明, 충주산성 방호별감 金允侯, 천룡산성 방호별감 趙邦彦, 원주성 방호별감 鄭至麟, 양근성 방호별감 尹椿 등이 나타난다. 그리고 이들 방호별감은 고종 말년에 가서 서해도의 가수혈 혹은 양파혈과 같은 피란 가능한 자연동굴에까지 파견되어 입보책을 강행하고 있다. 이것은 전체적으로 보아 방호별감이 도서보다는 주로 내륙의 주요 거점을 중심으로 파견되었던 것을 알려 준다.

방호별감은 해당 지역 군현민들의 입보를 총괄하는데 수령의 경우도 그 지휘에 들어갔고 여러 군현이 묶어져서 통제받는 경우도 많았다고 생각된다. 가령 고종 40년 東州山城에는 동주부사와 판관 이외에도 인근의 金城縣令과 金華監務가 함께 입보하여 방호별감 백돈명의 지휘를 받고 있는데 이 점은 방호별감의 기능을 이해하는 데 큰 도움을 준다.

지방의 수령이 문반으로 보임되었던 것과는 달리 방호별감의 경우 무반을

---

28) 해도 및 산성의 입보에 대한 구체적 사례에 대해서는 尹龍爀, 〈고려 대몽항쟁기 지방인의 피란입보 사례〉(《百濟文化》 22, 忠南大, 1992) 참조.

임명하였다는 것이 특징이다. 송문주·김윤후·윤춘 등의 경우를 볼 때 낭장급이 보임되고 휘하에는 얼마간의 군사력을 가지고 있었던 것이 분명하다. 방호별감의 군사력은 고종 46년(1259) 초 한계산성전투의 경우 야별초군이었고 강도로부터 중앙의 병력이 파견되었을 가능성도 없지 않다. 방호별감 휘하의 병력 규모는 그것이 낭장급의 보직임을 고려할 때 대략 200명 미만이었을 것으로 추측해 볼 수 있다. 고종 40년대 광범한 방호별감의 파견은 입보책의 보다 강력한 추진을 의도한 강도 무신정권의 의도를 나타낸 것이라고 파악된다. 그러나 이것은 동시에 입보책이 민생의 문제로 일정한 한계에 부닥친 데 따른 불가피한 보강책이기도 하였다고 생각된다.

고려의 해도 및 산성에의 입보책은 평원지역에서의 기병전술에 익숙한 몽고군에게 적지 않은 장애가 되었고, 그것은 항몽전쟁이 우리 역사상 일찍이 없었던 장기전의 상황으로 전개되는 중요한 이유가 된다.

나. 지방민의 항전

몽고군에 대한 고려의 전략이 각 지역단위의 산성 및 해도에의 입보를 중심으로 진행된 것은 각 지방의 농민, 노비, 소·부곡민 등 지방민들이 항전의 대열에 직접 서게 되는 결과를 가져왔다. 지방민들의 광범한 항쟁참여는 고려 대몽항전의 중요한 특성이거니와[29] 이 같은 지방민의 동태는 몽고침입의 초기에서부터 주목되고 있다.

몽고의 1차 침략에 대한 고려의 방어전에서 보여진 인상적인 사실의 하나는 소위 「草賊」으로 지칭된 유이농민 집단이 적극적으로 항몽전선에 참여한 사실이다.[30] 「초적」이라 불리는 이들 유이농민은 12세기 이래 고려 기층사회의 피폐를 배경으로 널리 출현하게 된 집단으로서 특히 무신정권 초기 일반 농민·노비와 함께 민란의 주체가 되었던 세력이다.

---

29) 閔賢九는 고려 대몽항쟁의 특징을 정리하면서 그 이유 가운데 첫째로 「하층의 농민과 노비, 즉 일반백성들」이 항몽전선의 주력을 이루었던 사실을 강조하였다. 이 점은 姜晋哲 등에 의해서도 주목되어 왔다.
閔賢九, 〈高麗의 對蒙抗爭과 大藏經〉(《韓國學論叢》 1, 國民大, 1978).
姜晋哲, 〈몽고의 침입에 대한 항쟁〉(《한국사》 7, 국사편찬위원회, 1974).

30) 초적세력의 항몽전 참여에 관한 연구로는 다음 글들이 참고된다.
金潤坤, 〈抗蒙戰에 참여한 草賊에 대하여〉(《東洋文化》 19, 嶺南大, 1979).
尹龍爀, 〈高麗 對蒙抗爭期의 民亂에 대하여〉(《史叢》 30, 1986).

전쟁 초기 사료상에 구체적으로 등장하는 초적은 馬山(파주)·廣州·冠岳山·安南의 白岳, 그리고 경기의 초적 등 유이농민들이다. 이들 유이농민들은 그 본질상 반정부적 성격을 가지지 않을 수 없는데 뜻밖에도 이들이 외적 침입으로 인한 혼란 속에서 오히려 정부군에 자진 협조하여 대몽전선의 일선에까지 참여하였다.

이러한 일은 몽고의 고려 침략 직후에 이미 나타나고 있는 바 고종 18년(1231) 9월에 마산의 초적 괴수 2명이 최우에게 나아가 정예 5천으로 몽고군의 격퇴를 돕겠다는 제의를 하고 있다.[31] 집정자 최우는 이 사건을 계기로 당시 개경부근에 출몰하던 유이농민 집단을 직접 불러서 달래는 적극적인 방책을 시도하였다. 곧 광주 관악산 초적의 둔소에 사람을 파견, 지휘자급 5인과 정예 50인을 유치, 우군에 편입시킨 것이다. 그리하여 고려 무신정권 성립 이후 정부에 대해 끊임없이 저항하고 싸워왔던 유이농민들이었지만 외세의 침략이라는 대외적 상황에 있어서는 오히려 정부와 손을 맞잡고 대몽전에 임한 것이다.

초적에 관한 사료에서 한 가지 주목할 것은 그 규모인데 위에서 언급한 마산 초적의 경우는 최우에게 「정병 5천」을 제의하고 있다. 이 숫자가 얼마간 과장된 것이라 할 지라도 당시 초적의 규모와 세력이 결코 작은 것이 아니었음은 집정자 최우가 이를 계기로 경기지역의 유이농민세력에 대해 적극적인 관심과 시책으로 나서고 있는 것으로도 짐작된다.

몽고침략 직후 정부에 내투한 이들은 실제로 고려의 방어군에 편성되고 또 대몽전에도 투입되었다. 이 사실은 이미 앞에서도 언급한 것처럼 광주 관악산의 초적들이 3군의 하나인 우군에 보충되었으며 고려의 방어군이 몽고군과 처음으로 접전한 洞仙驛의 전투에서 더욱 구체적으로 확인되고 있다. 9월 하순 고려의 3군이 황주의 동선역에 이르렀을 때, 8천 몽고군의 돌연한 기습을 받아 상장군 이자성이 화살에 맞는 등 아군이 위기에 처하게 된다. 그런데 이 때 "마산 초적 2인이 몽병을 쏘아 넘어뜨림으로써 관군이 그 기세를 타고 적을 격퇴시켰다"는[32] 것이다.

31) 馬山의 현재 위치에 대해서는 尹龍爀, 위의 글 참조.
32) 《高麗史節要》 권 16, 고종 18년 9월.

최씨정권의 경기지방 유이농민에 대한 적극적인 招撫政策은 대몽전 초기의 일시적인 시도에 그치지 않고 지속적으로 추진되었다. 고종이 강화로 떠나기 직전인 고종 19년 7월의 기록에 "安南判官 郭得星이 白岳 등지를 초무하자 적괴 20여 인이 내투하였다"는[33] 기록은 이러한 사실을 암시한다.

몽고군의 침입에 대한 지방민의 전투 참여는 대몽항전에 있어서 매우 일상적인 내용의 하나였다. 그것은 고종 18년 1차 전쟁 당시 북계지역의 여러 성보를 중심으로 분명히 드러난다. 철주성·귀주성·자주성 등에서의 항전은 병마사와 수령 등의 지휘로 지역주민이 치열한 방어전을 전개하여 성을 지키거나 적에게 큰 타격을 주었던 것이다.

농민들의 항몽전 참여는 북계지역에서와 같이 주로 해당지역의 수령 혹은 강도에서 파견된 방호별감 등의 지휘에 의하여 이루어졌다. 고종 19년 한강 남안의 광주에서는 이세화의 지휘에 따라 입보한 농민들이 몽고군의 예봉을 꺾었으며, 고종 23년 경기도 안성의 죽주성에서는 방호별감 송문주의 지휘하에 죽주민들이 적극 대응, 적을 물리쳤다. 고종 43년 전라도 정읍의 입암산성에서는 강도에서 파견된 송군비의 군사가 성안에 피란해 있던 주변지역 주민들의 도움으로 몽고군을 무수히 살상하는 대승을 거두었다.

이 무렵 압해도에서는 적장 차라대가 직접 지휘하는 몽고군을 연안지역에서 입보한 농민들이 물리쳤다. 이러한 농민들의 항몽전 참여, 그리고 승전은 일일이 열거할 수 없을 정도인데 당시 농민들의 항몽전 참여가 이처럼 일반화된 것은 산성 및 해도입보를 중심으로 전개된 당시 항몽전의 전투 양상과 관련이 깊다. 고려정부가 중앙군을 방어군으로 편성하여 정면으로 침략군에 대응하였던 것은 몽고 1차 침략 때인 고종 18년에 1회적인 일로 끝나버리고 오로지 지역주민들의 산성 및 해도에의 입보를 주요 대응전략으로 삼았던 만큼 몽고군의 침입을 당하여 피해간 성이 포위될 때 농민들이 자위적 차원에서 항몽전에 직접 투입되는 것은 당연한 것이었다. 말하자면 대몽항쟁기 농민들의 광범한 항몽전 참여는 정부의 공식적인 방위력이 그 역할을 거의

33) 《高麗史節要》 권 16, 고종 19년 7월.

담당하지 못하였기 때문인 것이다.

지방의 농민들은 수령이나 방호별감과 같은 정부관리의 지휘하에 산성이나 섬으로 입보하고 전투에 투입되는 경우가 기록에 많이 남겨져 있다. 그러나 실제로는 관리들의 지휘권 밖에서 전쟁을 피하기 위한 농민들의 입보 사례는 더욱 많았을 것으로 생각된다. 그리고 이러한 와중에서 몽고군의 포위공격을 받을 경우 농민들은 자위적 차원에서 스스로 목숨을 지키지 않으면 안되었다.

고종 19년 용인의 처인부곡에서 김윤후에 의해 지휘된 부곡민들은 적장 살례탑을 사살하고 몽고군을 격파하여 이들의 남진을 막아냈다. 고종 41년(1254) 충청도 진천에서는 향리출신 임연의 지휘하에 농민들이 침략군을 격파하였으며, 이 때 인근 충주의 다인철소에서는 역시 소민들이 몽고군을 물리쳤다. 같은 해 10월 상주산성에서는 홍지라는 승려에 의해 지휘된 난을 피해 입보한 주민들이 현지의 지리적 조건을 이용, 차라대군을 대파하였다. 이러한 사례는 모두 정부의 행정·군사조직과 관계없이 지역주민들이 자위적 차원에서 전개한 전투에서 거둔 커다란 승전 사례들이다. 이로써 볼 때 지역 주민들의 피란 입보, 그리고 침략군에 대한 대항은 기록으로 전하지 않는다 하더라도 항몽전쟁기간 중 매우 광범하게 나타난 양상이었을 것으로 생각된다.

대몽항쟁기 피란과 생존에 매달릴 수밖에 없는 농민들이 대몽전에 그대로 노출되고 비조직적으로 투입될 수밖에 없었다는 것은 한편으로 그만큼 전시하 농민들의 생존 여건이 열악한 상황에 있었음을 의미하는 것이기도 하다.

〈尹龍爀〉

4) 삼별초의 대몽항전

(1) 몽고와의 강화

고종 46년은 고종 18년 이후 거의 30년에 걸쳐 진행되어 온 몽고군의 침입이 종식되면서 여·몽간의 관계가 새로운 국면으로 접어드는 해이다. 전년

12월 고려정부는 몽고의 지속적인 압력을 일단 수용하기로 하고 朴希實 등을 파견, 개경으로의 출륙 환도와 태자의 입조 의사를 전달하였다. 이들은 이듬해 3월 귀환하면서 차라대의 처소에 들렀는데, 그는 강화도로 사자를 보내 태자의 입조문제를 협의하였고, 이에 따라 태자 倎이 4월에 몽고로 출발하였다. 출륙 환도의 문제는 아직 남아 있었지만 몽고군의 고려 각처에 대한 군사적 유린은 이것으로 일단 종식되었다.

강화도 고려정부에 대한 몽고군의 본래 요구는 출륙 환도에 있었다. 이것이 이루어져야만 고려를 실제적으로 지배·통제하는 것이 가능하였기 때문인데, 이것은 이미 살례탑의 2차 침략 때부터 몽고군의 집요한 요구였다. 이에 고려정부가 이에 불응하자 몽고군은 각처를 초토화하여 강도정부에 대한 압력을 가중시키고자 하였다.

이러한 몽고군의 의도는 두 가지 문제에 부딪쳤다. 첫째는 고려의 각 지방에서 성보를 중심으로 한 지방민들의 저항에 봉착함으로써 전략적 효과를 충분히 거두지 못하였으며, 무신정권의 강화도에 대한 집착 또한 단호하였다는 것이다. 더욱이 몽고조정의 황위계승을 둘러싼 문제가 종종 발생함으로써 고려에 대한 군사전략은 반드시 일관적이지 못하였다. 이로 인하여 고려에서의 전황은 점차 장기적 전망을 가지게 되었다.

몽고 3차 침략의 말기인 고종 25년 고려정부는 몽고군의 철수를 유도하기 위하여 金寶鼎·宋彦琦 등을 몽고에 파견하였는데, 이듬해 몽고는 고려에 사신을 보내 몽고 태종의 조서를 전하고 고려 국왕의 친조를 요구하였다. 무신정권하의 고려정부가 즉각적인 출륙 환도를 기대하는 것은 사실상 어렵다고 몽고는 판단하게 되었다. 그리하여 출륙에 앞서 우선적으로 관철시키려한 것이 국왕의 친조였던 것이다. 이러한 사실은 이후 단속적으로 교환된 여·몽간의 사신들을 통하여 되풀이 확인되고 있다.

여·몽간의 관계에 있어서 고종 26년 이후 출륙 환도보다 국왕의 친조가 우선적인 현안으로 몽고측에 의해 요구되었지만 무신정권의 고려정부로서 이 또한 실현이 용이하지 않았다.

그 이유는 국왕의 친조가 몽고와의 정치적 관계로 연결될 가능성이 높고 이것은 상대적으로 무신정권의 정치적 안정을 동요시킬 위험성이 높은 것이었다. 국왕의 입장에서는 생사를 예측할 수 없는 불안한 이역만리의 길을 떠난다는 것을 쉽게 결단하고 싶지 않았고 몽고에 대한 고려인들의 의구심 내지는 자존심으로 인하여 사실상 고려국왕의 몽고 친조라는 것은 간단하지 않았다.

그럼에도 불구하고 고려 정부는 몽고의 요구를 희석하기 위하여 국왕 대신 왕족을 파견하였다. 고종 26년 12월 왕족 新安公 佺(현종의 8대손)을 동생이라 하여 입조케 하였고, 다시 고종 28년 4월에 왕족 永寧公 綧을 왕자라고 칭하여 몽고에 보내니 이러한 사정으로 고려의 반응을 몽고 역시 신뢰하지 못하는 실정이었으므로 그들의 침략은 되풀이되었다.

고종 36년(1249) 집정자 최우가 사망하자 몽고는 정국의 변화에 약간의 기대를 갖게 되었다. 고종 37년 고려정부는 강화도의 맞은편 昇天府의 臨海院 옛터에 궁궐을 짓는 것처럼 하여 출륙작업의 기미를 보였다. 그러나 물론 이 또한 몽고의 예봉을 완화하려는 의도였을 뿐 최항은 지금까지의 대몽책을 그대로 견지, 항전체제를 강화시켰다.

고종 40년 이후 몽고군이 연이어 고려침입을 되풀이하면서 몽고군은 모종의 결과를 보고자하는 강박에 시달렸고 고려 또한 계속된 몽고군의 작전으로 인한 고통이 극도에 달하게 되었다. 고종 44년 6월 몽고의 차라대는 여전히 실현되지 못하는 국왕의 입조보다 더 낮은 단계의 요구를 퇴군의 조건으로 강도정부에 제시하였다. 그것은 국왕 대신 태자의 입조였는데 고려 정부에서도 이에 대해서는 어느 정도 긍정적 반응을 보였는데 특히 崔滋·金寶鼎 등은 이를 공개적으로 강력히 건의하였다. 그러나 이것 역시 자식을 걱정하는 고종의 인간적인 우려로 인하여 쉽게 실현되지 못하였다.

12월 고려정부는 태자 대신 동생인 安慶公 淐을 몽고에 보냈으나 이듬해 고종 45년 몽고의 침략은 다시 재개되었다. 그리하여 그 해 12월 몽고에 파견한 고려사신이 이듬해 귀환하면서 태자 입조문제는 급진전하여 태자 倎이 4월 말 몽고로 출발하니 이로써 몽고의 고려 침략도 일단 종식되었다.

고려 태자의 몽고입조가 이루어진 고종 46년은 몽고의 고려에 대한 무력침공이 일단 종식됨으로써 여·몽관계가 새로운 국면에 접어들게 되지만 동시에 고려·몽고 양국에 모두 일정한 정치적 변화가 있었다. 태자가 몽고로 떠난 지 얼마 되지 않은 고종 46년 6월, 30년 동안 전쟁을 경험한 고종이 세상을 떴으며 다음달 7월에는 몽고의 헌종 역시 사망했기 때문이다.

몽고의 헌종은 남송정벌전 중 四川省의 合州城 진중에서 사망하였으므로 헌종을 만나기 위하여 중국으로 들어왔던 태자는 개봉 근처에서 유력한 황위계승 예정자였던 忽必烈[쿠빌라이]을 만났다. 당시 쿠빌라이는 황위 계승을 위하여 수도로 돌아가던 중이었으며 황위를 둘러싸고 동생 阿里不可[아리부카]와 경쟁 중이었다. 쿠빌라이를 만나고 돌아온 태자는 곧 왕위(원종)에 즉위하였으며, 쿠빌라이 역시 황위를 계승하였다. 고려 원종과 원 세조와의 개인적 인연은 여·몽 왕실간의 관계를 급격히 밀착시키는 계기를 가져왔다. 뿐만 아니라 무신집정자에 의해 장악되었던 고려의 권력구도에 있어서도 새로운 국면을 야기시켰다.

원종 원년 4월 고려는 永安公 僖를 몽고에 파견하여 세조(쿠빌라이)의 즉위를 축하하였으며 이 때부터 원의 연호(中統)를 사용하기 시작하였다. 또 이듬해 원종 2년 아리부카란의 평정을 축하하기 위해 태자 諶이 원나라에 파견되었으며, 원종 5년(1264)에는 일찍이 전례가 없었던 국왕의 입조가 실현되었다. 이 국왕의 친조는 원에 대한 고려의 예속성을 더욱 가시화하는 것이었으나 고려의 권력구조에 있어서 국왕의 권위는 몽고 세력의 비호에 의하여 점차 회복되는 경향을 가져왔다.

원 세조 이후 몽고의 대고려정책은 이전에 비하여 비교적 유화적인 것이었다. 그것은 江淮宣撫使 趙良弼, 혹은 陝西宣撫使 廉希憲의 말처럼 군사력을 동원한 지배대신 유화적인 회유책에 의하여 고려를 복속시킨다는 것인데 동시에 그 유화책은 고려의 왕권을 그 배후에서 뒷받침함으로써 고려왕을 통한 지배권 행사라는 보다 교묘한 차원의 것이었다. 태자 전이 처음 귀국할 때의 조서 중에서는 고려의 신하로서 "다시 감히 난동을 계속하여 위로 범한 자가 있다면 이는 곧 나의 법을 어지럽히는 것"이라[31] 하여 고려의 새왕 원종에 대한 도전이 곧 몽고 황제에 대한 도전임을 규정하고 있다.

원종 5년의 국왕입조는 고려 왕실의 권위가 원 황실과의 연결을 통하여

31) 《高麗史節要》 권 18, 원종 원년 4월.

보다 강화될 것이 분명하였으며, 이러한 전망은 당시 고려의 집정자 金俊의 입장에서는 내키지 않는 것이었다.

그러나 김준의 반대에도 불구하고 국왕의 친조가 실현되었으며, 더욱이 세조는 소환령을 내려 김준 부자로 하여금 元都로 오게 하였다. 이처럼 시간이 지날수록 무신정권의 불안정은 증대되었으며 이러한 곤경을 타개할 목적으로 김준은 원의 사신을 살해하고 육지에서 멀리 떨어진 섬으로 수도를 다시 옮기려 하였다.

그러나 원종 9년 12월 김준은 휘하의 무신 林衍에게 주살당하였다. 이러한 사태는 국왕 원종과 집정자 김준 사이의 갈등관계 속에서 야기되었으며 정변의 중심에 왕이 관여되었다는 점에서 무신정권의 약화와 함께 몽고세력을 등에 업은 국왕의 권위가 점차 확보되는 과정을 보여주는 것이다.

임연의 거사에는 야별초의 군사력이 동원되었으니, 당시 야별초는 실질적으로 임연에 의하여 지배되고 있었던 것 같다. 그러나 거사의 성공에도 불구하고 국왕 원종의 존재는 그 정치적 권한 행사에 일정한 제약이 되었다. 그리하여 원종 10년 위협적 분위기에서 재추의 고관들은 원종의 폐위와 동생 안경공 창을 신왕에 옹립하는 결의를 하였다.

그러나 이러한 사태에 대하여 몽고는 단호한 입장으로 이를 거부하였다. 당황한 임연은 다시 원종을 복위시키지 않을 수 없었으나 이 같은 정치적 상황은 원의 고려에 대한 정치적 간섭을 공식화한 것이었다. 이와 동시에 무신정권의 권위가 명백히 추락함으로써 이후 원은 국왕을 통한 고려의 지배를 급격히 촉진시키는 결정적인 결과를 가져왔다.

(2) 삼별초의 봉기

원종 11년 정월 복위 이후 몽고에 입조한 원종은 고려 세자의 몽고황실과의 혼인을 청하는 한편, 임연을 제거한 후 개경으로 환도하기 위한 군사를 요청하였다. 이러한 사정으로 강도의 임연정권은 막다른 상황에 봉착하게 되었다. 임연은 근심과 번민으로 돌연 사망하고 아들 林惟茂가 권력을 계승하였다.

5월 몽고군의 지원을 받아 귀국 도상에 있던 왕은 상장군 鄭子璵, 대장군

李汾禧를 먼저 강도에 보내 개경으로의 출륙 환도를 명령하였다. 고려 조정에서 이를 논의하자 「황제의 명」을 구실로 모두 출륙 환도가 불가피하다는 것이었다. 그러나 임유무는 이를 거부하기로 작정하고, 여러 도에 수로방호사와 산성별감을 파견하여 각 지방의 해도 및 산성에의 입보를 촉진케 하고 강도의 외곽인 교동에 장군 金文庇를 주둔시켜 왕의 군사를 막도록 조치하였다. 그러나 이미 정치적 기반을 상실한 임유무정권은 항전을 더 이상 지속할 수가 없었다. 원종과 비밀히 연결된 어사중승 洪文系, 직문하 宋松禮 등은 삼별초를 회유하여 임유무 등을 체포·처단하였다. 이에 따라 개경환도 날짜가 공포되고 출륙의 준비가 서둘러졌다.2)

삼별초는 임유무의 정권을 무너뜨리는 데 동조하였다. 그러나 막상 出陸과 개경에의 환도가 확정되자 삼별초는 동요되었다. 삼별초는 무신정권의 정치적 기반이 되었던 것이 사실이지만 동시에 40년을 끌어온 항몽전쟁시대 주요한 군사력이었다. 더욱이 삼별초 가운데 神義軍의 경우는 전쟁 중 적에게 포로가 되었다가 돌아온 사람들로 구성되어 있었기 때문에 반몽적 성격이 다른 어느 군보다 강하였다.

개경으로의 환도날짜가 공시되자 삼별초가 "다른 마음이 있어 좇지 않고 제나름대로 창고를 열었다"는 것도 몽고에 복속한 원종의 고려정부에 대하여 그 마음이 돌아서 있었음을 말해준다. 삼별초가 출륙 환도의 방침에 불응하는 반응을 보이자 개경에 도착한 원종은 5월 장군 金之氏를 강화에 파견, 삼별초를 혁파해 버리고 명부를 거두어갔다. 지금까지 삼별초는 정치권력의 중심과 연결하여 항몽전에 참여해 왔다. 그러나 이제 그 정치권력이 몽고와 완전히 결탁한 시점에서 그에 대항하여 싸워야 하는 입장으로 바뀌어지게 된 것이다.

6월 초하루 장군 裵仲孫, 야별초 지유 盧永禧 등의 지휘로 삼별초군은 봉기하였다. 출륙 환도의 준비로 들떠있던 강화는 완전히 혼란에 빠져 있었으

2) 삼별초의 봉기 및 항쟁에 관하여는 다음의 글들이 참고된다.
金庠基, 〈三別抄와 그의 亂에 대하여〉(《東方文化交流史論攷》, 乙酉文化社, 1948).
金潤坤, 〈三別抄의 對蒙抗戰과 地方郡縣民〉(《東洋文化》 20·21, 1981).
羅鍾宇, 〈高麗武人政權의 沒落과 三別抄의 遷都抗蒙〉(《圓光史學》 4, 1986).

며 이에 호응하여 많은 사람들이 모였다. 그러나 또한 다투어 강을 건너 육지로 빠져나가기도 하였다. 삼별초는 사람들의 출입을 금지시키고 강도에 대한 지배권을 확보하였으며 왕족 承化侯 溫을 왕으로 추대하고 관부를 설치하여 대장군 劉存奕, 상서좌중 李信孫을 각각 좌·우승선에 임명하였다. 이제 대몽 항쟁은 또 다른 국면으로 접어든 것이다.

그러나 문무반 관리의 상당수가 육지로 탈출하고 군사들 또한 육지로 빠져나감에 따라 삼별초는 남으로 거점을 이동할 수밖에 없었다.[3] 이 모습은 "배를 모아 公私의 재물과 자녀를 모두 싣고 남쪽으로 내려가는데 仇浦로부터 缸破江까지 뱃머리와 꼬리가 서로 접하여 무려 1천여 척이나 되었다"고 기록되어 있다. 몽고의 頭輦哥 휘하 군사 2천이 곧이어 강화도에 상륙, 노략질을 일삼으니 성내의 민가가 불타고 미곡과 재물이 허다히 소실되었다.[4]

(3) 삼별초의 진도 항전

삼별초군이 개경환도를 단행한 고려정부에 대항하여 왕족 승화후 온을 옹립하고 좌·우승선 등의 관직자를 임명한 것은 이들이 별도의 독립적 정부를 수립하였음을 의미한다. 이들이 종래 무신정권의 권력 기반의 일부였다는 점에서 삼별초 정부는 무신정권과 그 맥락을 같이하고 있다. 대외관계의 노선에 있어서도 무신정권의 반몽적 입장을 고수·견지하였지만, 정치적 입장은 정부의 권력 중심에서 반정부의 입장으로 전환되었다는 점에서 과거와는 일정한 차이를 갖는다.

삼별초군이 봉기한 것이 원종 11년 6월 초하루, 그리고 이들이 강도의 물자와 사람들을 휩쓸어 남으로 향한 것이 이틀 후의 일이었음을 볼 때 삼별초의 봉기 자체가 반드시 창황 중에 이루어진 것만은 아니었음을 알 수 있다. 무신정부가 강화도로부터 더욱 멀리 떨어진 섬으로 다시 옮길 것이라는 이른바 「海島再遷論」은 이미 10년 전부터 끈질기게 나돌았던 것이 사실이다.

3) 尹龍爀, 〈三別抄의 蜂起와 南遷에 관하여〉(《李基白先生古稀紀念 韓國史學論叢》 一潮閣, 1994).

4) 《高麗史節要》 권 18, 원종 11년 6월.

가령 원종 원년 몽고에 투항한 金守磾, 于琔(綻) 등은 "고려가 급하게 되면 반드시 제주도로 옮길 것이다"라는 정보를 제공했는데 이러한 소문은 임연 집권 대에 더욱 확산되어 몽고로서는 매우 우려했던 문제였다.

삼별초의 봉기는 이 같은 논의를 현실화한 것이었으며, 특히 몽고와의 관계에 있어서 고려왕실과의 관계가 밀착되면서 무신정권의 핵심부에서는 새로운 사태변화에 대응한 방책이 예견되었던 것 같다. 삼별초가 서남해안의 珍島에 입거하게 된 것은 원종 11년 8월의 일이었다. 강도에서 출발한 지 70여 일만의 일인데, 그 동안 이들의 행적은 별로 기록에 남아있지 않다. 아마 서남해 연안의 여러 섬들을 점거하고 아울러 내부조직 체계를 정비해 가면서 이동하였던 것으로 생각된다. 삼별초가 진도를 새로운 거점으로 정하게 된 데에는 다음과 같은 몇 가지 이유가 있는 것 같다.

첫째, 진도는 개경에서 멀리 떨어진 섬으로 강도에 비하여 안정성이 훨씬 높다는 점이다. 원종의 고려정부가 이미 몽고와 결탁된 상황에서 강도의 수비는 커다란 취약성을 가질 수밖에 없었다.

둘째, 진도는 이전부터 무신정권의 일정한 세력기반이 확보되어 있는 지역이었다. 최씨정권시대의 경우에서 보면 경제적 기반이 된 최씨의 농장이 경상도와 전라도 남해안에 광범위하게 형성되어 있었는데 특히 전라도 남해안의 昇州·寶城·康津 등 지역과 그리고 진도에 최씨농장이 있었다. 이와 같은 과거의 경제적 기반은 삼별초의 활동에 주요한 도움을 줄 것으로 기대될 수 있었다.

셋째, 진도는 경상·전라지역의 세곡이 조운을 통하여 서울로 운송되는 데 있어서 중요한 길목이다. 이 때문에 진도지역의 장악은 영·호남지역의 조세를 개경정부로부터 차단시키고 자체 자원화 할 수 있다는 점에서 전략적으로 중요한 의미를 가지고 있다. 실제 삼별초의 진도 장악 이후 개경 정부가 받게 된 경제적 타격은 적지 않았던 것 같다.

삼별초정부는 진도 龍藏城을 거점으로 삼고 제반 수비시설과 관아 등을 경영하여 전시수도로서의 면모를 갖추고자 하였다. 현재 용장성유적지에서는 당시 삼별초의 궁궐 및 관아 건물의 터를 확인할 수 있는데, 이들 건물을 원래 성안에 있던 용장사라는 절을 활용하면서 점차적으로 시설을 갖추어 나갔던 것으로 생각된다.

진도를 거점으로 한 삼별초정부의 초기 활동은 매우 왕성한 기운이 넘쳤던 것이 사실이다. 그 중 중요한 사실은 이들이 고려의 정통정부임을 스스로 자처하였고 帝를 칭하였다는 점이다. 이러한 사실은 삼별초정부가 독자적으로 일본에 사신을 파견, 일본과의 연결을 통한 몽고세력의 차단을 의도했던 것에서 잘 나타나고 있다. 곧 진도에 입거한 이듬해인 원종 12년 진도의 삼별초정부는 일본에 사신을 보냈는데 당시 관련자료가 발견되어 부족한 삼별초 이해에 얼마간의 도움을 주고 있다.

이에 의하면 삼별초정부는 몽고를 「韋毳」라고 하고 「被髮左衽聖賢所惡」 즉 오랑캐의 풍속은 성현이 싫어하는 것이라고 표현하여 몽고에 대한 적개심을 피력하였다. 한편 「我本朝統合三韓」이라던가 "강화도에 천도하여 약 40년을 지냈고 또 진도로 천도하였다"고 하여 고려 정통정부로서의 진도정부의 성격을 규정하고 있다.[5] 한편 삼별초의 진도정부는 여·몽연합군에 대응하기 위한 일본과의 일정한 연결을 의도하고 있었다. 이들 삼별초정부는 추대한 温을 몽고와 대등한 위치의 황제로 칭하였던 같다. 이미 중원의 패자가 된 몽고에 대항하는 삼별초정부로서 「帝」를 칭하지 못할 이유도 없는 것이다. 그리고 동시에 칭제를 통하여 개경의 원종정부를 몽고에 부용하는 일종의 꼭두각시 정부로 평가해 버림으로써 삼별초정부의 정통성을 선전하려는 의도도 있을 수 있다.

삼별초정부가 진도에 거점을 정하고 활동하면서 그 세력은 제주도를 포함한 남해안 일대에 뻗치고 있었다. 몽고측의 보고에 의하면, 이 무렵 30여 개의 섬이 삼별초의 수중에 있었다는 것이다. 남해도에는 대장군 출신 劉存奕이 주재하여 경상도 남부지역에 대한 제해권을 확보하고 있었고, 진도에서 가까운 전략 요충지인 완도에는 宋徵이 역시 삼별초의 거점을 확보하고 있었다. 대장군 유존혁은 강화도에서의 삼별초봉기 당시 그 중심이 되었던 인물이며 완도의 송징은 지금까지도 완도지역에서는 신적인 인물로 추앙되고 있는 바 진도의 삼별초정부와 합류하여 완도를 중심으로 한 자신의 원래 지

5) 石井正敏, 〈文永八年來日の高麗使について—三別抄の日本通交史料の紹介—〉(《東京大史料編纂所報》 12, 1978).

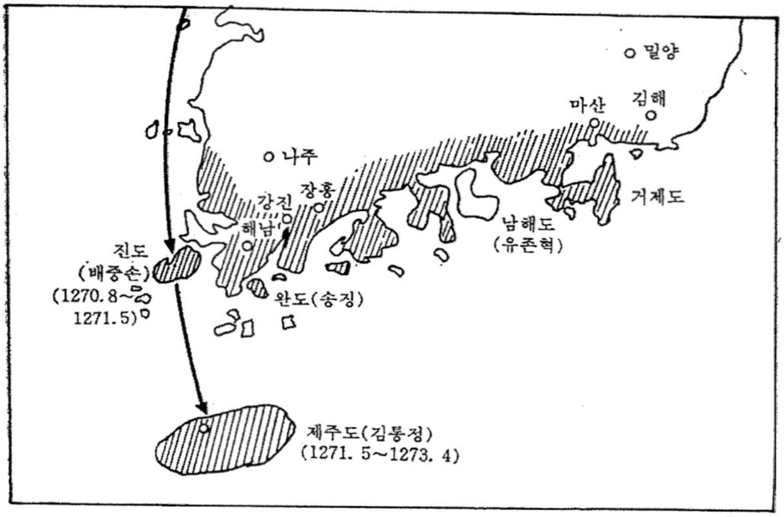

〈지도 2〉 삼별초의 세력 범위(1270~1273)

배권을 유지한 경우가 아닌가 생각된다.

진도의 삼별초정부는 인근의 완도 및 남해도 등 규모가 큰 섬을 전략적 거점으로 연결시켜 남해안 일대를 장악하는 일종의 해상왕국을 경영했던 것이라 하겠다. 그리하여 삼별초군은 합포(마산)·금주(김해)·동래·거제·장흥·나주 등 전라·경상 연안의 내륙지역을 점거하는 등 영향력을 강화시켰다.

진도에 입거한 지 3개월 후인 원종 11년 11월 삼별초군은 제주도를 함락, 확보함으로써 배후의 안전성 높은 후방지역까지 갖게 되었다. 당시 제주에는 개경정부의 적극적인 후원하에 靈巖副使 金須, 장군 高汝霖 등이 파견되어 해안지역에 방어성을 구축하는 등 鎭戍에 전력하고 있었다. 이에 삼별초군은 제주 서쪽 明月浦로부터 상륙하여 관군을 공격하였으며 치열한 전투 후 김수·고여림 등의 관군을 모두 사살하고 제주의 지배권을 확보하였던 것이다.

이처럼 남부지역에서 삼별초가 정통 고려정부를 자처하면서 독자적 세력을 확보하고 있을 때 내륙지역에서도 이에 호응하는 농민·천민들의 집단적 움직임이 있었다. 원종 12년 정월 경상도 密城(밀양)에서는 朴慶純·方甫·桂年 등이 군민들을 불러모아 攻國兵馬使를 칭하고 밀성과 금주의 수령을 죽이고 淸道監務를 목베는 등 경상지역 일대를 점거하면서 세력을 확대하였다. 이들은 민란봉기 이후 장차 진도의 삼별초정부에 호응하려 했다.

경남지역 일대를 장악한 밀성인들의 봉기에 바로 뒤이어 개경에서는 관노 崇謙·功德 등이 무리를 모아 몽고에서 파견된 다루가치와 개경정부의 고위 관직자들을 살해하고 진도에 투항하고자 하였다. 이들은 밀성인들의 봉기에 자극을 받았던 것 같다. 개경에서의 봉기소식이 전해지자 大部島(경기도)에서는 주민들이 몽고인 6인을 살해하고 봉기하였다. 이처럼 내륙의 여러 지역에서는 반정부세력 혹은 반몽고 항전세력들이 봉기하여 진도정부와 연결하고자 하였다.[6] 이렇듯 삼별초정권의 위세가 떨쳐지자 원근의 여러 지방에서는 관원들이 진도에 들어가 삼별초정부의 요인과 승화후 온을 알현하는 형편이었다.

삼별초군이 봉기하여 진도로 향한 원종 11년 6월 개경정부는 김방경을 追討使로 삼아 宋萬戶의 몽고군 1천과 함께 해상으로 추격케 하고 뒤이어 참지정사 申思佺을 전라도토적사에 임명, 삼별초 진압의 책임을 담당하도록 하였다. 그러나 여·몽의 수륙양군은 모두 위축되어 아예 삼별초와 접전하려하지도 않았다. 몽고군은 남행하는 삼별초군을 바라보면서도 의도적으로 전투를 회피하였으며, 나주에까지 이른 신사전은 삼별초군이 출륙한다는 소식에 놀라 서울로 도망치고 말았다.

개경정부는 9월 장군 楊東茂, 고여림 등으로 진도를 공격하게 하고 김방경을 전라도추토사로 새로 임명, 몽고원수 阿海와 함께 나아가도록 하였다. 이러한 조치는 삼별초군의 막강한 군사력에 대응케 하는 새로운 전략으로 몽고는 삼별초의 봉기에 처음부터 적극적으로 대응코자 하였다.

여·몽연합군은 진도의 맞은 편에서 진을 치고 삼별초군과 접전하였다. 怪獸를 그린 삼별초의 함선은 나는 것처럼 움직였다. 전투는 오히려 삼별초의 선공으로 벌어져 연합군이 번번이 수세에 몰리는 지경이었다. 11월의 전투에

6) 申安湜, 〈고려 元宗代 민의 동향에 대한 一考察〉(《建大史學》 8, 1993).

서는 연합군 전함 100여 척과 삼별초군 30척이 접전하였는데 삼별초군이 북을 치며 요란한 기세로 진격하니 몽고 원수 아해는 겁에 질려 후퇴하고 김방경은 고군분투하다 포로가 되기 직전에 겨우 목숨만을 건질 정도로 삼별초군의 일방적인 승리였다. 이 때문에 몽고는 아해를 파직시키고 忻都로 그 직을 대체하였다.

삼별초군은 바다에 익숙한 지리적 이점을 충분히 활용하면서 고조된 사기로써 여・몽연합군을 정신적으로 압도하고 있었다. 함선에 괴수를 그려 그것이 바다에 비추면서 위협적인 분위기를 연출하고, 전투할 때에는 북・징 등을 최대한 사용하여 위축된 연합군을 심리적으로 제압했던 것이다.

삼별초에 대한 무력제압이 벽에 부딪칠 상황에서 몽고는 진도정부를 회유하고자 한다. 그리하여 12월 蒙使 杜員外가 고려 원외랑 朴天澍와 함께 진도에 들어와 몽고황제의 書와 원종의 諭旨를 전하였으며, 이것이 여의치 않자 이듬해 원종 12년 2월 다시 사신을 파견하여 직접적인 교섭을 꾀하기도 하였다.

이러한 몽고의 회유책에 대하여 진도정부는 사신단에게 잔치를 베풀어 위로하거나 억류하면서 진도공격에 나선 여・몽연합군의 철수 혹은 전라도 일대의 점유 인정 등의 수락하기 어려운 조건을 제시하면서 시간을 지연하였다. 이러한 상황에서 삼별초군의 활동영역이 점차 확대되고 경상도 남부 등 내륙지역에서 이에 호응하는 일련의 움직임이 야기되자 몽고로서는 회유책을 단념하고 진도에 대한 결정적 타격을 도모하게 되었다.

원종 12년 4월 몽고는 진도 공격을 위한 일정을 확정하고 고려에 대하여 군선과 병력・군량 등 제반 내용을 요구한다. 그리하여 병력 6천과 진도 가까이 있던 병선 260척 이외에 140척을 추가 증원케 하고 각종 군수물자로서 작전을 지원케 하였다. 김방경・흔도・홍다구 등에 의한 진도에 대한 총공격은 5월 중순에 개시되었다.

여・몽연합군은 좌・우・중 3군으로 나누어 동・중・서쪽의 세 방면으로 공격하였다. 이들은 그 동안의 실패를 거울삼아 진도에 대한 상세한 정보를 바탕으로 치밀하게 작전을 계획했던 듯하다. 김방경과 흔도는 중군을 이끌고 진도의 관문인 碧波亭으로 들어가 삼별초의 주력을 모두 끌어들였다. 삼별초는 몽고군에 대한 연이은 승리, 몽고군의 회유, 내륙 각 지방에서의 호응 등으로 적지 않게 기세가 고무된 나머지 여·몽군에 대하여 지나친 자신감을 가지고 있었다. 김방경과 흔도가 지휘하는 중군쪽으로 군사력을 집중시킨 것은 여·몽군의 치밀한 계산에 말려든 셈이었다. 이 틈을 타 홍다구의 좌군은 獐項으로, 그리고 우군은 동편인 軍直仇味로 상륙하여 용장성의 배후와 측면에서 각각 공격해 들어왔다. 미처 예상하지 못한 기습공격에 성안의 지휘부는 크게 혼란에 빠져 제대로 싸워보지도 못한 채 무너지고 말았다. 이로 인해 삼별초정권의 중심인물이던 배중손 그리고 승화후 온 등도 희생되었으며 대부분의 사람들이 포로로 잡힌 채 일부만이 金通精의 지휘하에 진도를 빠져 나와 최후의 후방기지 제주로 입거하게 된 것이다.

몽고는 이 진도에서의 결정적 승리를 위하여 사전 상세한 정보를 확보하고 면밀한 작전으로 삼별초군의 허를 찌르는 데 성공하였다. 그러나 동시에 이 싸움의 승리를 위하여 각종의 신무기를 본국에서 급히 들여왔으며, 그 중에는 새로 개발된 화약무기도 포함되어 있었던 것 같다. 「鐵砲」라는 화약탄이 수년 후 일본정벌 때에 사용된 사실은 확인되어 있지만, 이미 이러한 무기는 진도 공격에서 먼저 사용되어 용장성내의 삼별초군을 더욱 혼란케 하였던 것 같다.7)

(4) 삼별초군의 제주도항전

삼별초의 최후 거점이 된 제주도는 삼별초군이 진도에 들어온 원종 11년 11월 개경에서 파견된 관군과의 치열한 싸움 끝에 확보해 놓은 지역이다. 김통정의 지휘하에 들어간 삼별초군은 먼저 방어시설의 구축에 힘쓰는 한편 제해권 유지에 힘을 기울였다. 아래의 기록은 당시의 사정을 잘 말해주고 있다.

> 적(삼별초)이 이미 제주에 들어가서 內城과 外城을 쌓고 그 성이 험준하고 견고한 것을 믿고 날로 더욱 창궐하여 수시로 나와 노략질하니 해안지방이 숙연해졌다(《高麗史》 권 27, 世家 27, 원종 13년 6월 을묘).

제주도에서의 삼별초의 방어시설은 내성에 해당하는 缸波頭城과 외성으로

7) 尹龍爀, 〈三別抄 珍島政權의 성립과 그 전개〉(《韓國史硏究》 84, 1994).
———, 〈三別抄 抗蒙政權의 珍島抗戰〉(《朴秉國敎授停年紀念史學論叢》, 1994).

추정되는 둘레 15리 규모의 토성이 중심이 되고 있다. 내성에는 관아와 중요 군사 시설이 들어가 있었던 것으로 추정되는데, 이러한 내외성의 구조는 아마 강도의 방어시설에서 착안된 것이 아닌가 싶다. 그 밖에 涯月木城과 해안 300여 리에 걸친 長城도 삼별초군에 의하여 축성된 것으로 보는 견해도 있지만, 이들 유적의 연혁에 대하여는 앞으로 더욱 면밀히 연구해 볼 필요가 있다.

제주도의 삼별초군은 배중손을 대신한 김통정에 의하여 지휘되었으며, 진도가 여·몽군에 의하여 무너지자 남해도에 거점을 형성하고 있던 유존혁도 80척의 선단으로 제주에 합류하였다. 그러나 삼별초에 의하여 옹립된 승화후 온이 진도에서 살해되었기 때문에 정통 고려정부를 자임하던 권위는 위축되었다. 제주도의 삼별초는 현지 토착민들과의 관계를 고려, 제주에서 전통적인 권위를 유지해 오던 星主·王子의 인물들을 조정하여 대·내외관계에 이용한 것 같다. 그러나 정통성을 내세울 인물을 갖지 못하므로 군사적 측면 못지 않게 정치적인 타격을 진도에서 입었다고 볼 수 있다.

삼별초의 항몽세력은 내륙에서 멀리 떨어진 제주의 지리적 이점에 힘입어 방어시설을 새롭게 구축하고 지휘부를 재편하면서 점차 세력을 회복하였다. 그리하여 제주도에 입거한 원종 12년의 하반기에는 연안의 여러 섬에 출진하여 개경정부의 신경을 곤두세우게 하였다. 이들 제주도의 삼별초세력이 회복된 군사력으로 남해안 등 연안의 여러 지역에 대하여 공세를 취하게 되는 것은 이듬해 3월 이후의 일이다.

이들은 주로 전라도와 경상도 연안지역에 진출하여 개경으로 세곡을 운반하는 조운선을 나포하기도 하고 전함을 불지르거나 개경에서 파견된 수령을 체포 혹은 사살하였다. 원종 13년 5월에는 전라도 古阜 해안에서 조운선 13척을, 6월에는 장흥·함평·해남·강진 등 서남해안지역에서 20척의 조운선과 미곡 3,200여 석을, 그리고 8월에도 전라도 연해에서 조운되는 미곡 800석을 빼앗아 갔다. 이처럼 조운선을 주요 공격목표로 삼은 이유는 자체 소요의 식량을 조달하는 동시에 개경정부에 대한 경제적 타격을 노린 것이라 할 수 있다.

제주도의 삼별초세력은 전라도 연안해역에 출몰하여 일정한 성과를 거두면서 원종 13년(1272) 하반기 이후 그 활동영역이 크게 확대되고 있다. 그리하여 6월에는 태안반도의 安行梁을 지나 경기지역에 접근하기도 하고, 11월에는 몽고군이 주둔한 합포(마산)·거제 등지를 공격, 수십 척의 전함을 불태우고 몽고병을 포로로 잡는 등 전과를 세웠다. 9월에는 孤瀾島에서 전함 6척을 불사르고 충청도 홍주부사 李行儉과 結城·藍浦의 감무를 포로로 하였는가 하면, 11월에는 거제도에 들어가 현령을 잡았고, 安南(전주)都護府使 孔愉를 체포하기도 하였다.

삼별초의 戰船들은 이 무렵 경기지역인 남양의 영흥도 부근까지 출몰하여 연해의 수령과 개경정부를 공포에 몰아넣었다. 이 때 경기지역까지 삼별초가 이르자 도로가 마비되었고, 원종은 몽고 원수 忻都에게 병력을 요청, 궁궐을 수비하기까지 하였다. 이로써 본다면 삼별초는 제주도에 입거한 후에도 초기의 수습기간을 제외하고는 연해지역에 대한 제해권을 가지고 있었던 것이며 고려의 관리, 병선, 몽고군 등에 대한 공격 목표를 선명히 계속함으로써 반정부·반몽고의 성격을 계속 유지하였던 것을 알 수 있다.

제주도의 삼별초에 대하여 몽고는 먼저 회유공작을 폈다. 그리하여 고려의 琴熏이 원종 13년 3월 초유사로 제주에 파견되었다. 그러나 일행은 楸子島에서 억류되어 제주에는 들어가지도 못하였다. 삼별초가 진도에서와 달리 이들을 박대하고 아예 제주도에 들이지도 않은 것은 내부상황에 대한 정보의 유실을 우려한 점이 큰 것 같은데 이 점은 진도에서의 실패를 거울삼은 것이었다.

초유사의 파견이 실패하자 몽고는 개경에 있는 김통정의 친족을 회유에 이용하였다. 이에 따라 조카인 낭장 金贊 등 5명이 제주로 파견되었으나 삼별초는 김찬을 억류시키고 나머지는 모두 처단해 버렸다. 곧 삼별초는 진도에서의 패전이 당시 몽고의 속임수에 넘어간 결과로 생각하였고, 따라서 몽고와는 일체의 관계도 허용하지 않았던 것이다.

회유공작에 이은 무력동원은 그 다음의 순서였다. 이제 몽고는 제주도의 삼별초를 격멸하여 반몽세력을 일소하려 하였다. 일본에 대한 작전을 예정하고 있는 몽고로서는 삼별초의 진압이 우선적인 당면의 과제였다. 원종 13년 12월 몽고는 원종에 삼별초 공격을 위하여 군사 6천, 水手 3천을 조달케 하

〈표 1〉 제주도 삼별초의 활동

시 기	지 역	활 동 내 용	비 고
원종 12년 11월 중	서남해 여러 섬		개경정부에서 출륙을 우려
13년 3월	會寧郡(전남 장흥)	조운선 4척 탈취	
13년 5월	大逋(목포)	조운선 13척 나포	
〃	耽津縣(강진)	焚掠	
〃	경상도	정보 수집 활동	2인이 경상도에서 체포됨.
13년 3~5월	會寧·海際(함평)·海南 등 군현의 여러 섬	조운선 20척, 미곡 3,200석, 살해 12인, 포로 24인	3~5월까지 전라도 서남부 연안지역에서의 활동결과
13년 6월	경기 해안	6척이 安行梁을 지나 북상	개경에서 놀람
13년 8월	전라도 沿海	조운선 貢米 800석 탈취	
13년 9월	孤瀾島	전함 6척 소각, 船匠 살해, 洪州副使 李行儉, 結城·藍浦監務 잡아감	
13년 11월	安南都護府(전주)	府使 孔愉와 그 가족을 잡아감	
〃	合逋(馬山)	전함 20척 소각, 몽고 烽卒 4명을 잡아감	
〃	巨濟縣	전함 3척을 태우고 縣令을 잡아감	
〃	靈輿島(경기 남양만)	경기 연해지역 횡행	왕이 몽병 50기로 궁궐 숙위 요청
14년 정월	樂安郡	전함 10척이 침입	
〃	合浦(馬山)	전함 32척을 태우고 몽명 10여 명 체포, 살해	
14년 3월	耽津縣	防守散員 鄭國甫 등 15명 살해, 郎將 吳旦 등 11명을 잡아감	

였고, 몽고도 증원군을 결정하였다. 작전의 시기는 진도의 경우와 같이 여름을 피하여 원종 14년 2·3월로 일단 예정되었다. 개경정부는 金伯鈞을 경상도 水路防護使에, 李信孫을 충청도 방호사에 임명함으로써 후방수비를 담당케 하고 김방경을 몽고 원수 흔도와 함께 출정케 하였다..

진도작전에서 삼별초를 무너뜨렸던 김방경과 흔도가 이번에도 역시 연합군을 지휘하였다. 이들은 나주 潘南縣의 영산강에 집결하여 3군을 정비하고 출정하였다. 연합군의 병력은 전함 160척에 대략 1만여 명이었는데 (몽고군 2천·漢軍 2천·고려군 6천) 이들은 아마 4월 초에 여기에서 출발한 듯하며 바람과 파도로 인해 고전하다가 추자도에서 대오를 정비하고 바람을 무릅쓰고 다시 제주로 쳐들어갔다.

김방경 등이 이끄는 중군은 제주 동쪽 해안의 咸德浦(朝天邑)로 상륙하여 공격하였고, 함선 30척 규모의 좌군은 제주의 서부해안 飛揚島(翰林邑)에 상륙하여 바로 삼별초의 항파두성으로 쳐들어왔다. 다른 한 부대인 우군은 기록이 없으나 삼별초의 거성에서 가장 가까운 涯月방면으로 들어가 삼별초군을 끌어냄으로써, 비양도로 상륙한 좌군이 틈을 이용하여 항파두성으로 곧 진입할 수 있었던 것이 아닌가 생각된다. 연합군은 화공으로 삼별초군을 제압하였는데 이 때에도 진도에서와 같이 몽고의 화기가 투입되어 크게 효과를 보았던 것 같다.

삼별초의 수령 김통정은 70여 명의 휘하부장과 함께 산 속으로 피하였는데 잔류한 여·몽군의 수색에 의해 이들은 거의 체포되어 홍다구에 의해 처단되었으며 김통정은 자결한 시체로 발견되었다. 이로써 40년에 걸치는 고려의 대몽항전은 한반도의 최남단 제주도에까지 파급되면서 종막을 고했던 것이다. 따라서 고려에 있어서의 항몽세력은 거의 일소된 셈이었고 이후 고려의 몽고에 대한 附庸化를 막을 수 있는 세력은 사실상 찾을 수 없게 되었다.

〈尹龍爀〉

2. 여 · 원관계의 전개

1) 원의 간섭과 자주성의 시련

고려는 13세기 중엽 이후 몽고제국의 지배질서 아래 포함되어 1세기에 걸쳐 그들의 강한 정치적 압박을 받음으로써 이전까지 독립국가로서 유지하여 오던 자주성에 큰 손상을 입게 되었다. 몽고의 고려왕조에 대한 통제는 시대의 진전에 따라 압제의 강도와 성격을 달리하였을 뿐만 아니라, 中原에서의 지배질서 구축에 비례하여 더욱 심화되어 갔다. 곧 고려가 그들에게 굴복한 초기인 원종대(1259~1274) 및 충렬왕대(1274~1308) 초기의 20여 년간은 고려의 독자성이 인정되는 가운데, 군대의 주둔을 기반으로 한 達魯花赤[다루가치]의 파견을 통해 부분적인 내정간섭을 행하였다.

그러나 고려 영역 일부의 강탈 및 일본정벌 과정의 국력 소모를 통해 고려왕조의 기반을 더욱 축소시킨 충렬왕 13년(1287) 이후에는 征東行省이라는 지배기구를 설립하여 정치적 압력을 강화시켜 갔다. 이러한 상황은 14세기 중반 몽고가 중원에서 세력을 잃기 시작한 틈을 타 공민왕에 의해 반원정책이 추진될 때까지 거의 80여 년간 지속되었다. 이 시기에 원은 정동행성을 통하거나 사신을 직접 파견하여 고려의 국정 전반에 걸쳐 간섭하였는데, 정치적으로는 고려를 그들의 屬國으로 정착시켰고, 군사적으로는 諸軍萬戶府를 설치하여 고려의 군권을 장악하였으며, 경제적으로는 수많은 공물을 강요하였고, 사회적으로는 원의 법제를 실시하여 고려의 사회체제를 변화시키려 하였다.

이러한 원의 압제에 대해서는 일반적으로 원의 각종 압력만을 부각시켜 일방적으로 고려가 압제당했던 것으로 이해하여, 이에 대한 고려측의 대응은 별반 다루어지지 않았다. 물론 원의 간섭이 고려의 자주성을 크게 약화시켰던 것은 부인할 수 없지만, 그들의 간섭 중에는 고려사회가 지니고 있었던 여러 가지 폐단을 해소하고 민생을 안정시키려 했던 긍정적인 일면을 지닌 경우도 있었다. 이러한 점을 감안하여 고려왕조가 몽고제국의 지배체제 내로 편입되어 가는 과정, 몽고제국 지배체제 내에서의 고려왕조의 상황 그리고 麗·元 양국간의 인적·물적 교류 등에 대해 차례로 살펴보기로 하자.

(1) 몽고제국 지배체제로의 편입과정

가. 몽고족의 고려지배방식

몽고족은 고려가 그들의 세력권 안에 들어간 이래 20여 년간에 걸쳐 강압적인 방법으로 그들과 접경한 고려의 북부지역 및 남부의 일부를 빼앗아 그 1/3의 영역을 차지하여 고려의 국력을 크게 약화시켰다. 또 다루가치를 파견하는 동시에 군사를 주둔시켜 정치·군사적으로 고려가 더 이상 그들에게 항거할 수 없도록 하였다. 몽고족은 세계적인 제국의 건설을 추진하면서 제국 내에 편입된 여러 지역과 민족을 크게 세 유형으로 나누어 통치하였는 바,[1] 고려에 대하여 몽고제국은 복속국으로서 감독관을 파견하여 내정간섭을 하였으나, 독립국으로 온존시켜 지배층과 그 지배체제를 그대로 인정하였으므로 고려 왕조의 자주성은 어느 정도 유지될 수 있었다.

이처럼 고려가 자주성을 유지할 수 있었던 것은 장기간에 걸친 항쟁 후에 스스로 귀부한 데다가,[2] 남송과 대치하고 있었던 몽고로서도 고려의 남송과의 연계를 차단하기 위한 불가피한 조치였을 것이다. 또 고려를 이끌어 가고 있었던 무인세력을 위시한 지배층 및 기층민의 일부가 끝까지 몽고에의 완전한 귀부를 반대했던 사실도 간과할 수 없다. 이러한 태도 때문에 몽고는 이들을 회유하기 위하여 고려를 그들의 직접적인 통제하에 편입시키지 않고 군사적인 압박을 가하되 어느 정도의 자율성을 부여하지 않을 수 없었다. 게다가 고려가 몽고와의 전쟁 초기부터 文人 등을 내세워 몽고정부의 토대구축에 크게 기여한 耶律楚材·劉秉忠·史天澤·王鶚 등과 같은 중요한 인물들과 개인적 유대관계를 유지하면서, 국가의 독립을 유지하기 위한 적극적인

1) 高柄翊, 〈元과의 關係의 變遷〉(《한국사》 7, 국사편찬위원회, 1974), 390~393쪽.

2) 《高麗史》 권 36, 世家 36, 충혜왕 복위년 윤6월 경인 및 권 108, 列傳 21, 金之淑.

외교정책을 구사했던 점도 무시할 수 없다.[3]

그렇지만 고려 역시 여타 국가들과 마찬가지로 복속에 따른 일정한 부담을 강요받았다. 곧 복속국들이 준수해야 할 의무로서 군장의 親朝, 자제의 入質, 호구의 編籍, 驛站설치, 助兵, 군량보조, 租賦의 수송 그리고 다루가치의 설치 등과 같은 「六事」[4]로 표현되는 부담이 강요되었다.[5] 그러나 고려는 이를 대부분 수용하지 않아 몽고의 질책을 받기도 하였다.[6] 이러한 강요 가운데 고려의 자주적 발전에 가장 저해 요소로 작용한 것은 다루가치의 설치였다. 곧 몽고는 고려를 보다 효과적으로 예속하기 위해 다루가치를 파견하여 내정간섭을 추진하였다.

몽고의 다루가치는 여·몽전쟁 기간과 원종 초에 일시 고려에 파견되었으나, 뚜렷한 자취는 없었다.[7] 그러다가 원종 10년(1269) 무신집권자 林衍이 왕을 폐립시킨 일이 일어나자, 원종은 몽고의 세력을 빌어 이를 해결하려 하였다. 몽고는 이를 계기로 고려에 대한 내정간섭을 강화시키고자 군사적인 압력을 가하는 동시에 사신을 파견하여 고려의 지배층을 회유·이간시켜 임연의 세력을 제거하였다.[8] 이 때부터 이후 충렬왕 4년까지 다루가치가 계속 파견되어 왔다.[9] 그 구성은 다루가치·부다루가치 그리고 經歷과 같은 하급관리 등으로 이루어졌고, 임기는 3년이었다. 이 때에 파견된 다루가치로 脫朶兒·李益·黑赤, 부다루가치는 焦天翼·周世昌·石抹天衢 등이 찾아지고, 그 외에 시기가 불명한 帖帖兀이 보이며, 경력으로는 張國綱 등이 있었다.

이들 다루가치는 우선 고려의 몽고에 대한 제후국으로의 정착을 위해 종래 고려왕실이 사용하고 있었던 관제·관명·작호 등에 대한 용어를 제후국

---

3) 張東翼, 〈麗·元 文人의 交遊〉(《國史館論叢》 31, 1992), 226~227쪽.
4) 《元史》 권 209, 列傳 96, 外夷 2, 安南.
5) 《高麗史》 권 24, 世家 24, 고종 40년 8월 무오.
6) 《元高麗紀事》 世祖 中統 3년.
7) 《高麗史》 권 25, 世家 25, 원종 원년 8월 임자.
8) 張之翰, 《西巖集》 권 19, 趙璧墓誌.
姚燧, 《牧庵集》 권 22, 浙西廉訪副使潘公神道碑 및 권 24, 轉運鹽使曹公神道碑.
9) 池內宏, 〈高麗に駐屯した元の達魯花赤について〉(《滿鮮史研究》 中世篇 3, 吉川弘文館, 1963).

의 그것으로 강등 조치하였다. 그리고 그들은 고려인의 반몽고적인 행위를 규찰하고, 고려에 주둔한 몽고군의 침탈에 저항한 고려인의 治罪, 그리고 몽고군이 포로로 삼은 고려인의 쇄환 등과 같은 사무를 관장하였다.

이러한 대몽고관계의 사무 외에도 다루가치는 고려인이 소지한 병기를 몰수하는 동시에 중국에서와 같이 몽고인과 군인 외에는 弓箭을 소지하지 못하게 하였으며, 고려군의 군사적 실패를 다스리는 등 국방에 관한 문제를 장악하였다. 또 고려의 관리에 대한 녹봉의 분급이나 국왕의 관료임명 등과 같은 고려의 민정과 관련된 내정까지 간섭하였다. 뿐만 아니라 고려의 사회신분 문제에도 관심을 가져 고려 노비제도를 개혁하기 위해 몽고에서 실시되고 있던 법제를 실시하려고 하였는데, 이 문제는 고려의 國基와 관련된 것이어서 고려측의 강한 반대에 부딪혀 실시되지 못하였다.10)

나. 여·원연합군의 일본정벌

몽고는 세계적인 제국을 건설해 나가는 과정에서 일본정벌을 단행하였다. 그 동기는 기본적으로 세조 쿠빌라이의 천하통일이라는 정복 욕구에서 나온 것이지만, 송대이래 형성되어 온 동아시아 교역권 및 정치적 질서유지를 재건하고자 하는 욕구와 고려·일본·남송의 연결을 막으려는 의도에서 나온 것이라고 추측되기도 한다. 이러한 몽고의 일본원정에는 몽고의 강요에 의해 고려가 깊숙이 관여하였다. 그에 따라 고려에 부과된 인적·물적 부담이 엄청나 고려가 지금까지 몽고에 장기간 대항할 수 있었던 국력을 크게 상실하게 되었다.11)

고려가 일본원정에 참여하게 된 시초는 몽고사신을 안내하여 일본을 招諭케 하는 역할을 담당하게 되면서부터이다. 원종 7년(1266) 몽고가 黑的과 弘恩을 사신으로 일본에 파견하면서 고려로 하여금 그들을 안내하게 하자 宋君斐·金贊 등이 호송을 맡았으나, 거제도에 이르러 풍파가 험하다는 이유로

10) 《高麗史》 권 108, 列傳 21, 金之淑.

11) 여·원연합군의 일본원정 과정에 대한 연구로는 다음의 글이 있다.
朴亨杓, 〈麗蒙聯合軍의 東征과 그 顚末〉(《史學硏究》 21, 1969).
金澈珉, 〈元의 日本遠征과 麗元關係〉(《建大史學》 3, 1973).
張東翼, 〈前期征東行省의 置廢에 대한 檢討〉(《大丘史學》 32, 1987).
金渭顯, 〈麗元 日本征伐軍의 出征과 麗元關係〉(《國史館論叢》 9, 1989).

귀환하였다. 그 다음해에 몽고는 일본 초유를 고려에 위임하였고 고려는 潘阜를 파견하여 몽고 및 고려의 국서를 가지고 일본에 가게 하였으나, 일본에서 받아들이지 않아 성과를 거두지 못했다. 이후 10여 차례에 걸쳐 몽고인과 고려인이 일본에 파견되었으나 구류되거나 피살되어 몽고의 일본 초유책은 실패로 돌아가고 말았다.

이처럼 몽고의 일본 초유가 제대로 이루어지지 않자, 초유과정에서 몽고는 자기 나라와 고려에서 전함을 만들기도 하였고, 흑산도를 위시한 고려의 남단에 사신을 파견하여 지형을 정찰하기도 하였다. 또 군량의 확보를 위한다는 명목으로 고려에 둔전을 설치하고 원종 11년에는 그 경영을 위해 屯田經略司를 설치하여 몽고군을 鳳州·金州·鹽州·黃州·白州·海州 등 10여 곳에 파견하였다. 이어서 몽고는 둔전의 경영을 위해 막대한 양의 농우·농기구·종자·군량 그리고 우마의 사료 등을 요구하여 고려의 경제적 기반을 크게 손상시켰다. 고려는 전쟁으로 인한 황폐화 속에서 몽고의 요구에 부응하기 위해 크게 노력하지 않을 수 없었고, 민중은 농우·농기구·종자 등을 수탈 당해 생업을 잃고 굶어 죽을 지경에 이르게 되었다. 거기에다가 몽고는 둔전경략사를 통한 군량확보책이 제대로 이루어지지 않자 해마다 군량의 보조를 강요하여 고려정부를 곤경에 몰아 넣었을 뿐만 아니라 이를 핑계로 고려의 내정을 여러 가지로 간섭하였다.

둔전경략사를 통한 군량확보, 고려정부의 군량보조 및 전함건조, 이를 독려·감독하기 위한 몽고사신의 파견 등에 소요되는 경비의 대부분을 고려측이 부담하였음은 말할 나위가 없다. 이러한 준비과정을 거쳐 충렬왕 즉위년(1274)에 東征都元帥府의 蒙漢軍 25,000명을 중심으로 하여 제1차 일본 원정이 단행되었다. 동정도원수부는 고려에 주둔해 있었던 몽고군과 요동 및 한반도 북부출신으로 몽고에 귀부한 고려인 출신의 군인을 주축으로 하고 있어 이들의 뒷바라지는 대부분 고려가 짊어졌다. 게다가 고려도 군사 8,000명, 뱃사공 6,700명 그리고 전함 900척을 준비하여 이에 참전하게 되어 인적·물적으로 크게 수탈당하였다.

제1차 일본원정이 태풍으로 전쟁을 해보지도 못한 채 실패로 끝나자, 원세조는 그 계획을 포기하지 않고 다시 일본에 宣諭使를 파견하는 한편 전쟁 준비를 계속 지시하였다. 그러다가 충렬왕 5년에 남송을 완전히 정복하여 어느 정도 여력을 갖추게 되자 일본원정에 더욱 박차를 가하였다. 이 때 고려는 남쪽 연변을 침략하기 시작한 왜구의 퇴치 및 몽고제국 내에서의 위치를 강화하기 위하여 적극적으로 참여하였다. 이로 인해 충렬왕은 일본원정의 추진기관인 征東行中書省의 丞相에 임명되어, 고려에 주둔한 忻都·洪茶丘 등과 같은 몽고 장수들의 횡포를 어느 정도 억제할 수 있었다. 그러나 고려는 또다시 큰 부담을 지게 되었다. 이 때 고려는 군사 10,000명, 사공 15,000명, 전함 900척, 군량 11만 석을 위시하여 많은 무기를 준비하게 되었는데, 이를 위해 국가의 모든 생산력을 동원하지 않을 수 없었다. 제2차 일본원정은 고려에 위치한 정동행성 휘하의 고려군·몽한군 및 중국의 강남지방에 위치한 征日本行省 휘하의 江南軍까지 합세하여 일본을 공격하였으나, 태풍을 만나 10여 만 명의 인명 손실을 낸 채 실패로 끝나고 말았다.

이렇게 두 차례의 원정이 실패로 돌아간 뒤에도 원 세조의 집념은 여전하여 이후 여러 번 원정계획과 준비가 반복되어 제2차·제3차 정동행성이 중국의 강남에 설치되기도 하였다. 그러한 과정에서 고려는 계속해서 시련과 희생을 당하지 않으면 안되었다. 이처럼 원의 일본원정에 따른 고려측의 부담은 모든 생산력을 기울여야 할 만큼 컸지만, 그에 대한 반대 급부는 아무것도 없었다. 곧 제1차 원정 때에 동원된 고려의 막대한 군사력에 비해 고려의 장수들은 원의 장군직조차 제수 받지 못하고 정동도원수부의 지휘하에 전쟁에 임했다. 또 제2차 원정을 위해 설치된 정동행성의 구성에서도 왕이 승상직에 임명되었을 뿐 여타 行省官에 고려인은 전혀 기용되지 못했다. 단지 고려의 장군 43명이 萬戶·千戶·摠把 등의 원의 군관직에 임명되었으나 이후 이들의 일부만이 관직을 유지하면서 원의 대고려견제책에 이용되어 고려의 중요 군사활동에 참여했고, 자손들에게 그 관직을 세습시키면서 附元的 성향을 물려주었을 뿐이다.

(2) 몽고제국 지배체제하의 고려왕조

가. 정동행성의 존재형태와 운영실태

고려는 충렬왕대에 원 제국질서 내에 정착하게 되었지만, 독립국으로서 동아시아의 여러 나라에 비해 독자성을 강하게 지니고 있었다. 그런데 이는 당시에도 인정되고 있듯이 고려왕실이 몽고왕실과 혼인관계를 맺은 결과이다. 당대의 지성이었던 姚燧는 고려는 원과 혼인으로 맺어진 국가로서 원의 여타 속국과는 달리 독자적인 국가운영이 가능하여 국가체제의 정비, 관인의 선발 및 충원·刑賞·號令 그리고 征賦 등의 운영에 있어 독자성을 지니고 있어 '萬國 가운데 오직 하나의' 독립국이었음을 강조하였다. 또 虞集은 고려가 원과 '甥舅之好'를 가지고 있어 왕국이 관부를 설치함에 있어 원과 비슷하여, 여타 속국이 감히 이와 더불어 할 수 없었다고 보았다. 이러한 형편에 의해 고려는 중국의 옛 봉건국가에 비정되기도 하였다.[12]

그렇지만 고려는 원 제국의 세력권 안에 안주했던 충렬왕 즉위년에서 공민왕 5년(1356)까지 80여 년간이나 원의 직·간접적인 압력을 받게 되었고, 그 압력의 주된 통로는 정동행성이었다. 정동행성은 처음에는 원의 일본원정을 위해 설치되었지만, 일본원정이 단념된 이후에 다시 설치되어 고려의 자주적 발전을 억제하는 기관으로서 고려 말까지 큰 영향력을 행사하였다. 그 시초는 충렬왕 6년 제2차 일본원정을 수행하기 위해 전방사령부로서 설치된 前期征東行省이었다. 이 전기 정동행성은 원의 東征事務 치폐와 관련하여 3차에 걸쳐 고려와 중국의 강남에 설치되었으며, 동정이 중단된 충렬왕 12년 정월 경에 폐지되었다.[13] 그 후 원에 의하여 중국에 설치된 행성들이 군사적 성격을 벗어나서 지방 행정기구로 그 성격을 전환해 간 추세에 부응하여 고려에도 내정간섭 기구로서 충렬왕 13년(1287) 다시 설치되었다.[14]

---

12) 姚燧,《牧庵集》권 3, 高麗瀋王詩序.
虞集,《道園類稿》권 20, 送憲部張樂明還海東詩序.

13) 北村秀人,〈高麗における征東行省について〉(《朝鮮學報》32, 1964).
張東翼, 앞의 글(1987).
제1차 정동행성이 설치될 때에 중국 강남의 慶元에 征日本行省이 따로 설치되었는데, 양자의 구분이 분명치 않아 정동행성이 정일본행성으로 불리기도 한다는 견해도 있다(高柄翊,〈征東行省의 硏究〉,(《東亞交涉史의 硏究》, 서울大出版部, 1970).

14) 정동행성에 대한 연구로는 다음의 글이 있다.
高柄翊, 위의 글.
北村秀人, 위의 글.
丁崑健,〈元代征東行省之硏究〉(《史學彙刊》10, 1980).
張東翼,〈征東行省의 硏究〉(《東方學志》67, 1990 ;《高麗後期外交史硏究》, 一潮閣, 1994).

정동행성의 설치 목적은 분명하지 않지만 당시 만주방면에서 일어났던 乃顔의 난을 진압하는 과정에서 원이 고려의 협조를 효과적으로 받아내기 위한 조처의 하나로 이해된다. 즉 이는 종주국인 원에 대한 고려의 예속적 지위를 명시하는 동시에 고려의 귀복을 요구하는 뜻을 가지는 것이었다. 그 후 정동행성은 원의 尙書省의 치폐에 부응하여 行中書省, 行尙書省, 다시 행중서성으로 명칭이 변경되었지만 기본적인 체제에는 큰 변화가 없이 몇 차례 운영상의 변화를 보이면서 고려 말까지 존속되었다.

원의 행성은 중앙의 중서성(都省)의 지휘를 받아 府·路(州)·縣의 3단계 지방 행정체제 위에 존재하는 중간단계의 행정기구로서 10여 개가 있었다. 이 체제는 중서성과 유사하나 한 단계 낮은 위치에 놓여 있었다. 기본 편제는 丞相(정1품, 1명)·平章政事(종1품, 1명)·右丞(정2품, 1명)·左丞(정2품, 1명)·參知政事(종2품, 2명) 등의 재상직, 郎中(종5품, 2명)·員外郎(정6품, 2명)·都事(종7품, 2명) 등의 左右司官, 그리고 掾史·蒙古必闍赤·回回令史·通事·知印·宣使 등의 실무관이 있었는데 이들은 각 省마다 차이가 있었다. 또 행성의 중요 하부기구로 檢校所·照磨所·架閣庫·理問所·都鎭撫司·儒學提擧司 등이 있었으나, 좌우사를 근간으로 하여 운영되었다.[15]

이와 같은 원의 행성체제하에서 정동행성도 그 외형적 체제는 여타 행성과 유사하였다. 이는 역대 행성관 임명의 사례를 통해 짐작할 수 있다. 곧 충렬왕 13년에서 고려 말까지 승상 이하 대부분의 행중서성관 및 하부기구의 관원명이 보이고 있다. 그런데 법제적 규정대로 관원이 임명되지는 않았다. 행성관 중 승상을 제외한 평장정사 이하 재상은 충렬왕 25년(1299) 이래 행성관을 증설할 때에만 보이고 있고 그것조차 인원수대로 임명되지 않았다. 행성의 근간이었던 좌우사관의 경우는 계속 임명되었고 이문소·도진무사·유학제거사 등에도 관원 임용이 이루어지고 있음을 확인할 수 있으나 검교소·조마소·가각고 등에는 임용사례가 거의 발견되고 있지 않다. 이 임용사례를 통해 정동행성은 외형적으로는 여타의 행성과 구조가 같지만 평상시에는 평장정사 이하 대부분의 재상들이 임명되지 않은 채, 행성의 실무 주축관서인 좌우사만으로 운영되고 있음을 알 수 있다.

15)《元史》권 91, 志 41 上, 百官 7.

좌우사의 경우 원의 그것과 같이 宰屬署 또는 佐幕으로 불렸고, 관원 임용이 법제대로 이루어지고 있었다. 그렇지만 연사 이하의 실무관은 인원수대로 임명되지 않았다. 이처럼 좌우사가 기간체제만으로 운영되고 연사 이하 하급 관원이 제대로 충원되지 않았던 것은 정동행성이 원의 행성과 같은 역할과 기능을 수행하지 못한 결과로 볼 수 있다.

그리고 이문소는 행성의 법부로서 訊鞫事를 담당하는 관서로, 刑名과 決獄을 담당했는데, 정동행성의 경우 理問・副理問에 임명된 사례는 보이고 있으나 知事・提控按牘의 경우는 보이지 않아 법제대로 운용되지는 않았던 것 같다. 도진무사는 軍政司律을 맡아 군인 통솔에 관련된 관서로서 원수의 전략을 제장에게 연락하는 동시에 훈련・파병・순라 등을 장악한 기관이다. 정동행성 초기에는 合浦鎭邊萬戶府가 제대로 운영되었기에 이 관서가 어느 정도 기능했던 것 같지만 점차 유명무실한 관서가 되고 말았다. 유학제거사는 학교・제사・교양 등의 학교사무를 담당하였는데, 정동행성에서는 그 관원의 임명사례가 많이 보이고 있으므로 그 운영이 제대로 이루어졌음을 알 수 있다. 또 문서 관리를 맡은 검교소, 문서의 수발 및 대조, 교감을 맡은 조마소, 圖籍을 담당한 가각고 등의 경우, 조마 1명의 존재가 확인될 뿐 관서의 존재 및 관원의 임명사례가 보이지 않는 점을 볼 때, 이들 관서는 이렇다할 위치나 활동을 가지지 못했던 것 같다. 그 외에 勸農使・醫學提擧司・諸軍萬戶府 등이 있었다고 하나 앞의 둘은 그 존재가 구체적으로 보이지 않고, 제군만호부는 정동행성과는 별개로 고려정부의 예하에 소속되어 있었다.

이처럼 정동행성의 산하기관은 대다수가 유명무실하였고, 장관인 승상 예하에 좌우사를 주축으로 하여 이문소 및 유학제거사의 세 기관만이 실질적인 기능을 지니면서 운영되고 있었다. 그래서 당시인들은 정동행성을 통틀어 「行省三所」라 불렀다.[16] 정동행성이 기간체제만으로 운영되고 있었던 것은 고려의 특수한 위치, 곧 독립된 藩國으로 독자적인 정부조직을 유지하고 있는 위에 정동행성이라는 원의 지방조직이 중첩적으로 설치되어 있었기 때문이다. 그러므로 정동행성은 고려의 국정을 총괄하지 못했고, 고려의 최고 정무기관인 僉議府가 치민・형정・수세 등을 독자적으로 꾸려 나갈 수 있었다. 이로 인해

16) 《高麗史》 권 81, 志 35, 兵 1, 兵制 및 권 85, 志 39, 刑法 2, 禁令.

정동행성은 원의 여타 행성과는 달리 국왕이 승상직을 항상 겸직했고, 여타 행성에서 불가능한 좌우사의 막료 및 제속사의 관료선발을 승상이 스스로 할 수도 있었다.[17] 그 결과 정동행성 예하에는 원과 같은 수많은 하부기구가 없었을 뿐만 아니라, 원과 같은 부·로(주)·현의 편성이 없었고, 지방행정을 꾸려나간 다루가치·提刑按察使 등의 외직이 없었다. 그래서 정동행성의 관직은 국왕을 제외하고는 증직으로 수여되지 않았고, 조세의 납부 및 둔전의 설치에 있어서도 예외적으로 존재하였다.

이러한 존재형태로 인해 정동행성이 增置期를 제외하고는 명목상으로 존재했을 뿐이라는 견해도 제시되었다.[18] 그러나 이는 원 행성과 비교한 정동행성의 형편을 개관한 것이고, 원의 압제의 경중과 고려의 내부적 상황이 중첩되면서 정동행성의 위치나 기능에는 몇 차례의 변모가 있었다. 연대기에 의하면 정동행성은 몇 차례에 걸쳐 치폐를 거듭하였다고 하는데, 이는 기구의 단순한 증감이나 치폐가 아니라 대내외적인 정세와 관련되어 있다. 내정간섭 기구로서의 新行省이 설치된 직후에는 행성의 역할이 이렇다하게 부각되지 않아 어떠한 형태로 존재했는지는 알 수 없다. 그러다가 충렬왕 25년 이래의 행성관 증치로 행성에는 큰 변화가 있었다. 행성관 증치는 원이 충렬왕과 충선왕의 대립을 기화로 고려내정에 대해 강력한 통제와 간섭을 추진하려 한 데서 나온 것이다.[19] 곧 행성의 재상직에 원나라 사람을 임명하여 그들로 하여금 고려의 내정을 직접 간섭하게 하여 그 때까지 어느 정도 자주성을 띠고 있던 고려정부를 그들의 직접적인 지배하에 두려고 한 것이다.

그러나 행성관의 증치를 통한 원의 내정간섭은 고려인의 강한 반대를 받아 큰 효과를 거두지 못하였다. 원은 충숙왕대 이후 고려내의 정치적 갈등을 계기로 당시 좌우사를 중심으로 고려의 내정을 간섭하기 시작하였고 이에 따라 행성은 또 한 차례 변모되었다. 이 시기에는 수많은 원나라 사람들이 행성의 산하기관에 파견되어 고려의 내정을 실질적으로 간섭하여 고려의 자주성을 크게 위축시켰다. 그러다가 원의 세력이 중원에서 점차 영향력을 잃

17) 《元史》 권 91, 志 41 上, 百官 7.
18) 丁崑健, 앞의 글.
19) 高柄翊, 앞의 글(1970), 200~204쪽 참조.

기 시작한 공민왕 5년(1356) 이후에는 고려에서 반원 자주정책의 일환으로 정동행성의 산하기관 중 이문소를 위시한 많은 산하기관을 폐지하였다. 이 시기 이후의 정동행성은 고려정부의 영향 아래 좌우사·유학제거사의 두 기관을 중심으로 하여 對元·對倭의 외교관계 사무를 맡는 정도로 축소되어 고려 정부의 일개 관서로 변하였다.

이상과 같은 사실을 바탕으로 하여 정동행성의 시기적 성격 변모를 대체적으로 조감하면 다음 〈표 1〉과 같이 크게 4단계로 정리할 수 있다.

〈표 1〉 정동행성의 변천

단계	初期段階	增置期	左右司體制期	縮小體制期
시기	충렬왕 13년(1287) ~ 충렬왕 24년(1298)	충렬왕 24년(1298) ~ 충선왕 4년(1312)	충숙왕 8년(1321) ~ 공민왕 5년(1356)	공민왕 5년(1356) ~ 고려 말
성격	승상예하 고려인 행성관으로 구성된 독자적 운영기	원인 재상파견에 의한 내정간섭이 심화된 시기	원의 강력한 통제하에 좌우사를 주축으로 한 행성 3所 중심기	고려정부의 영향 아래 좌우사 중심의 형식적 존재기

이러한 4단계의 변천 속에서 정동행성은 처음부터 고려내에서 최고의 관부로 존재하여 원과 관계된 특정사무를 맡고, 국왕 부재시에는 權行省事가 임명되어 국정을 총괄하기도 했지만, 국정전반을 모두 장악한 것은 아니었다. 곧 정동행성은 평소에는 賀正·聖節 등에 원에 사신을 파견하는 등 대원사대를 포함한 양국간에 일어난 제문제 해결을 주로 담당하면서 고려정부와 별개로 존재하고 있었다. 그러다가 양국간에 중대한 일이 일어났을 때는 정치의 표면에 나타나 이를 주체적으로 담당하기도 하였다.

원에 의한 행성관 증치는 표면적으로는 충렬·충선왕의 대립, 고려내에서의 권신의 발호 등을 해소한다는 것을 내세웠지만, 내면적으로는 그들의 지배를 더욱 공고히 하려는 데 목적이 있었다. 원이 고려를 복속시킨 이래 개혁한 내용은 고려를 제후국으로 강등하면서 취한 여러 조치 가운데 미진했던 분야를 포함하여 행정·조세·신분제 등 사회전반을 그들의 지배에 적합하게 변경시키려는 것이었다. 이러한 개혁을 추진한 주체가 정동행성이었다는 것은 그 설치목적이 고려를 통제·감시하는 데 있었다는 사실을 잘 나타내준다. 그렇다고 해서 정동행성이 원의 입장만 관철시키려는 것은 아니었으니, 평장정사 闊里吉思에 의한 극심한 통제 속에서도 행성은 고려의 이익을 위해 노력했다. 耽羅萬戶府의 설치, 고려 권신들의 불법 규찰 등이 그러한 예이다.

그러므로 정동행성의 주된 기능은 고려의 통제·감시에 있었지만 그러한 속에서도 고려측의 이익을 어느 정도 대변·보호해 주려는 면도 있었으므로 행성의 존재가치는 양국의 이익을 절충하는 데 있었다고 할 수 있겠다. 이 점은 충렬왕 말년 이래 원나라 서울에서 충렬왕과 충선왕의 대립이 다시 일어나자, 원이 정동행성을 중심으로 이를 해결하고자 일단 충렬왕을 귀국시켜 행성을 진무케 한 데 비해, 충선왕은 자신의 유리한 고지를 확보하기 위해 행성관의 증치를 요구했고, 그 기도가 성공한 후에는 오히려 증치의 철폐를 요구했던 점에서도 잘 나타나고 있다.

이러한 상황도 충숙왕 8년(1321) 이후에는 크게 변화되었다. 원에서의 제위교체로 인해 충선왕에 대한 대우가 지금까지와는 상반된 쪽으로 진행되어 왕이 吐蕃으로 귀양가게 되는 등 원의 간섭이 강하게 대두되었다. 게다가 국내에서는 충선왕의 조카로서 입양된 瀋王 暠[20]의 고려왕위 찬탈 기도 및 立省論의 대두를 계기로 지배층의 분열이 일어나 왕권이 크게 추락하였다. 그 와중에서 충숙왕은 장기간 원에 구류되었고, 그 자신이나 그의 후계자가 군주로서의 자질을 갖추지 못해 왕권의 안정을 기할 수 없었다.

이러한 대내외적인 사정으로 인해 정동행성의 위치와 기능은 점차 변모되어 명실공히 고려를 대표하는 권력기관으로 되어 갔다. 곧 지금까지 고려국왕에게 위임되었던 행성관의 선발방식이 원나라 吏部에서 직접 선발·파견하는 방식으로 바뀌었고 이에 따라, 원나라 사람이 좌우사 이하 이문소·유학제거사 등의 행성 3소를 주도적으로 이끌어 나갔을 뿐만 아니라 그들의 위치도 매우 높아졌다. 이 시기에 강화된 행성관의 위치는 이전과는 달리 국

---

20) 姚燧, 《牧庵集》 권 3, 高麗瀋王詩序.
瀋王의 기원에 대해서는 연대기에 분명히 나타나지 않아, 충렬왕이 세자로 北京에 있을 때 瀋陽王으로 책봉되었다는 견해도 있다(金九鎭, 〈元代 遼東地方의 高麗軍民〉, 《李元淳華甲紀念論叢》, 敎學社, 1986, 480~483쪽).

왕 부재시에 행성관이 권행성사에 임명되는 경우가 많았음에서도 알 수 있다. 이와 함께 원의 강력한 압제에 대해서는 행성이 전면에 나서서 이를 해결하였으니, 고려인의 군기·궁전 지참 및 기마금지 등에 대한 반대 및 이의 관철, 충혜왕의 복위 및 석방 추진 등을 주도적으로 꾸려 나간 것이 그 대표적인 예이다. 그 과정에서 행성은 고려의 모든 관부 위에 군림하게 되어, 고려의 백관이 행성관에게 저자세를 취하여 중요사를 처리해 줄 것을 요청하는 것이 다반사였다.

다음으로 이러한 정동행성을 움직여 갔던 행성관에 대해 살펴보기로 하자. 먼저 고려왕이 당연직으로 겸직했던 승상직은 충렬왕 13년(1287) 신행성의 설치에 따라 충렬왕이 평장정사에 임명되었다가, 다음해에 좌승상으로 승진되어 정동행성의 장관이 된 이래 그의 후계자들도 이 직을 계속 맡게 되었다. 원은 고려왕이 嗣位할 때 고려국왕의 책봉과 동시에 행성 승상직을 함께 임명하였으므로 고려국왕을 보통「國王丞相」이라고 불렀다.[21] 이는 藩國으로서의 고려 및 원 지배질서 내의 행성을 동시에 대표하는 것으로서 원의 세력이 중원에서 쇠퇴할 때까지 고려왕의 원 및 고려 내에서의 위치 구축에 큰 바탕이 되었다.

이러한 승상체제하의 역대 정동행성 관원들을 행성의 변천과 연결지워 시기적으로 나누어서 살펴보면, 초기단계에서는 충렬왕이 승상직만 띠고 있으면서 평장정사 이하 재상직은 임명되지 않은 채 하급관청에만 관원이 임명되었다. 그 대표적인 존재로는 좌우사에 安珦·朴全之, 유학제거사에 안향·崔伯倫, 이문소에 金富允·鄭仁卿, 도진무사에 張舜龍·李之氐·元卿 등을 들 수 있다. 이들 중 행성의 일반행정 및 유학진흥을 맡은 좌우사 및 유학제거사의 관원은 재상가의 자제로 禿魯花를 거친 인물들이 많았음에 비해, 형정과 병권을 맡은 이문소와 도진무사의 관원은 고려왕의 시종인 동시에 몽고어에 능하고 특히 원 세조에게 알려진 인물로서 한미한 가문 출신이 많이 임명되었다. 이러한 구성은 감시·감독기관인 정동행성 내에서조차, 행성관 서로를 상호 견제시키기 위한 원의 조치에서 비롯된 것이라고 보여진다.

---

21) 李穀,《稼亭集》권 9, 送白雲賓還都序.

증치기에는 원과 고려의 이해관계와 중첩되는 속에서 몇 차례에 걸쳐 행성관이 증치되었다. 먼저 재상직에 임명된 인물로는 濶濶出・闊里吉思・別速台徹里帖木兒(이상 평장정사)・哈散・耶律希逸・林元・郭貫(이상 좌우승)・王思廉・忽璘(이상 참지정사) 등이 있고, 하부기관의 관원으로는 金台鉉・權溥・鄭瑎(좌우사관・유학제거사관)・元善之(도진무사관) 등이 있다. 이들 재상 중, 「總督軍馬」의 직책을 띤 채 행성을 총괄했던 평장정사는 모두 몽고인으로 짐작되는데, 대부분 어떤 성격의 인물인지 알 수 없지만 활리길사[22]로 대표되는 것과 같이 몽고 핵심 지배층의 후예로 무장적 성격을 지닌 채 내외의 요직을 거친 능력있는 인물이었던 것 같다. 그에 비해 「裁成庶務」를 담당한 부재상 좌우승 및 참지정사는 주로 한인출신인 것 같고, 文翰과 吏治를 겸비한 학자적 성격을 지닌 당대의 지성들이었다. 이처럼 무장적인 평장정사, 학자적인 좌우승 및 참지정사의 두 부류가 정동행성에 파견되었다는 것은, 원의 고려 통치방식이 무단적 압박과 유술을 내세운 회유의 두 가지 형태를 동시에 내포하고 있었던 것을 단적으로 나타내는 것이라고 하겠다. 그리고 이들 행성관은 활리길사처럼 고려의 사정을 잘 아는 인물 및 야율희일・왕사렴과 같이 재임된 경우가 주목된다. 이는 원이 고려의 사정을 잘 인지하고 있는 인물을 파견하여 고려를 효율적으로 지배하기 위한 목적이 내재되어 있었음을 말해주는 것이다.

이러한 원인 재상의 행성 지배하에서 행성의 실제 사무를 담당했던 하부기관의 행성관들은 모두 과거 급제로 입사한 문한으로서 국왕의 측근세력이 되어 충렬・충선왕대의 개혁 및 수구의 정치적 변동 속에서 양편을 오가면서 銓注權을 장악하여 자신과 일족을 현달시킨 인물들이었다.[23] 또 이들은 당대의 대표적인 문필가였는데, 이로 인해 국왕의 入元隨從臣 또는 入元使臣으로 선발되어 국왕 및 원 세조의 총애를 받게 되었고, 그것이 계기가 되어 정동행성관으로 발탁되었다.

좌우사체제기는 고려왕의 王位重祚로 왕권이 추락한 데다가 附元輩의 立省策動으로 대원관계가 극히 복잡했고, 원도 내정간섭을 강화하여 좌우사 및

22) 《元史》 권 134, 列傳 21, 闊里吉思.

23) 張東翼, 〈高麗後期 銓注權의 行方〉(《大丘史學》 15・16, 1978).

이문소를 위시한 하부기구에 많은 元人 및 원 관료를 파견하였던 시기이다. 그래서 행성관의 임명도 승상인 고려왕의 의사와 관계없이 이루어지는 경우가 많았으며, 다른 어떤 시기보다 행성관에 임명된 인물이 많이 보인다.

이들의 출신 성분은 크게 고려인, 고려인 출신의 원의 관료, 그리고 원인의 세 부류로 나눌 수 있는데, 이들 세 부류는 시기별·관직별로 전시기에 걸쳐 분포되어 있다. 먼저 고려인 출신 중 대표적인 인물의 출신 성분을 살펴보면 金永煦·洪鐸·奇轍·辛裔·李公遂 등과 같이 원 황실 및 원 관료와 긴밀한 관계를 가졌던 인물, 朴遠·崔安道·尹桓·康允忠·裵佺·金鏞 등과 같이 고려국왕 및 원 공주와 관련을 가진 인물, 盧濆·趙萬通 등과 같은 부원배 및 이와 관련된 인물, 許伯·李仁復·鄭頫 등과 같은 국내외에 문명을 떨친 인물, 그리고 元忠·元松壽와 같은 관직을 세습한 인물 등이었다. 또 고려인 출신의 원 관료로서 행성관에 파견되어 온 인물은 廉悌臣·洪彬·韓帖木兒不花(孝先)·李穀·李壽山 등이 있다. 이들은 황제의 숙위 및 제과 출신의 원 관료로서, 관직을 역임하는 한 과정으로서 정동행성관에 임명·파견되었다. 이는 당시의 정동행성관이 원의 관료체계 속의 하나로 인식되고 있었음을 잘 나타내 준다. 그리고 원인 출신 행성관의 경우, 좌우사와 이문소의 행성관으로는 烏赤·兀赤·阿都剌·岳友章·奉議·石抹完澤·石抹時用·蔣伯祥·揭以忠·胡鉦 등이 있다. 이들의 출신 성분 및 정동행성관을 역임한 이후의 경력은 구체적으로 찾아지지 않는데, 이는 그들이 당시 사회에서 차지하고 있었던 사회적 위치나 비중이 그리 높지 않았고, 문필 능력이 거의 없었던 인물이었음을 반영해주는 것이라 할 수 있다. 이에 비해 유학제거사의 관원인 周長孺·敖止善·安成周·張淵·朱德潤·黃可任·王三錫·白雲賓·盧欽 등은 대체로 출신 성분이 확인되는데, 백운빈과 노흠을 제외하고는 모두 중국의 강남 출신이다.

이 시기에는 원의 간섭이 노골화하고 있었으므로 행성관 임명에 나타난 특징은 고려왕의 뜻과 관계없이 원의 이부에서 행성관을 직접 임명하는 추세였고 이로 인해 원인 및 고려인 출신의 원 관료가 많이 임명되어 왔고, 유학제거사에는 고려인이 배제되고 거의 원인이며 이들 중 강남 출신의 유학자가 차지하는 비율이 높았다. 또 이 시기 행성관 중 고려인의 경우는 그 이

전의 시기와는 달리 문한·이치의 능력과 관계없이 임명되었고, 그 임명조차 원과의 직·간접적인 연줄에 의해 이루어졌으며, 원인의 경우는 유학제거사를 제외하고는 대다수가 출신 성분 및 역할이 미미하였다. 그리고 이 시기 정동행성관은 정동행성과 원의 관직을 번갈아 역임하고 있는데, 이는 정동행성 자체가 원의 여타 행성과 거의 비슷한 위치로 변모해 갔음을 대변해 주는 것이다.

축소체제기에는 李仁復·李穡·申仁適·唐誠 등의 행성관이 있었는데, 이들은 재임명 및 원 제과에 급제하여 원에 지명도가 있었던 인물이었다. 그러나 이들의 기능은 事大吏文을 담당하는 정도여서 활약이나 위치도 그 이전의 그것과는 비교될 정도가 아니었다.

다음으로 각 단계별로 행성관의 활동상을 정리하여 보기로 하자. 초기단계에서는 행성관의 활약이 뚜렷하게 나타나지 않는데, 이는 원의 내정간섭이 심화되지 않았고, 고려에서 행성제가 아직 정착되지 못했던 결과로 보여진다. 중치기의 원인 재상들은 짧은 재직기간으로 인해 지속적인 활동을 전개하지 못했지만 원의 고려지배라는 파견목적에 부응한 강경·온건의 양면적 시책을 펴려 했던 것 같다. 그 중 활리길사에 의한 개혁은 제도적인 여러 가지 조치를 통해 고려왕조를 원의 속국으로 정착시켰으나 노비제도 개혁과 같은 본질적인 문제는 해결하지 못해 고려의 전통적 지배질서를 완전히 부인하지 못했다. 그리고 좌우사 이하 행성관은 원인 재상에 눌려 활약상이 거의 나타나지 않지만 이에 고려인 고위관직자가 임명되어 고려내에서의 비중은 높아졌다.

그러다가 좌우사체제기에 이르면 행성 각사의 사무분장 및 운영이 원 본국의 행성과 어느 정도 유사하게 이루어졌다. 곧 이 시기의 좌우사는 대원외교 및 원 관료들에 관한 사무에만 국한된 것이 아니라, 전민·사법·조세 등 대내적인 문제에까지 깊숙히 참여하여 실질적인 내정간섭기관으로 변해 갔다. 그러한 형편에서 행성의 중심 하부기구인 좌우사에 속한 원인 행성관의 활동은 고려사회에 부정적으로 기능한 것이 많았으나, 고려 출신의 원 관료는 고려측의 이익을 옹호하려는 입장을 보이고 있었다. 그리고 사법기관인 이문소 관원의 활동은 좌우사에 비해 두드러지지 않지만, 그 활동상은 대체로 원의 입장을 대변하는 방향으로 전개되었다.[24] 이러한 좌우사체제기의 행성관의 활동을 통해 볼 때, 이 시기 행성의 기능은 다음과 같이 정리할 수 있다. 행성은 번국으로 떨어진 고려에 부과된 여러 가지 압제와 각종 요구를 일차적으로 담당하였고, 대원 사대외교의 창구인 동시에 원의 일방적인 요구를 완충시키고 양국간의 중대사 발생시에는 고려측의 입장을 대변하였다. 또 고려왕실로 하여금 지배층 위에 군림할 수 있는 권능을 부여해 주는 한편으로 본연의 사무를 넘어서서 고려의 내정을 실질적으로 장악하는 역기능적 면을 내포하고 있었다.

한편 학교기관인 유학제거사의 관원들은 대부분 원나라 사람들이었다. 이들은 출신지·師承 등을 미루어 볼 때「修己」를 중심으로 한 북방 성리학자와「窮理」를 중심으로 한 남방 성리학자로 나누어 볼 수 있다. 이들 양 계통의 유학자들이 함께 파견되어 왔으므로, 이들에 의해 남과 북, 두 계통의 성리학이 동시에 고려에 전수되었을 가능성이 있다. 그리고 축소체제기에는 하부구조가 거의 폐지되고 좌우사·유학제거사만이 명목상으로 존속하여 고려정부에 예속되어 있었다. 따라서 이 시기에는 행성관의 실질적인 활동이 거의 없었고, 행성 자체가 형식적인 존재에 불과하였다.

끝으로 정동행성 및 행성관에 대한 고려정부측의 자세를 정리해 보기로 하자. 초기단계의 행성에 대한 고려측의 자세는 긍정적이었던 것 같다. 이는 원의 여타 행성에 비해 독립 인정, 행성관의 독자적 임명, 조세 납부 예외 등과 같은 우대조치가 있었기 때문이다. 그렇지만 원이 행성관의 증치를 통해 내정간섭을 강화하려 한 충렬왕 24년(1298)을 기점으로 하여 행성은 고려측의 강한 반발을 받게 되었고 그 후 고려측의 자세는 긍정·부정의 두 가지로 나타나게 되었다. 긍정적인 인식은 국왕의 경우 승상직 임명을 통해 원의 위세를 빌어 자신의 지배적 위치를 유지하려 했던 점에서, 지배층의 경우는 군왕의 전제나 권신의 천단을 행성의 힘을 빌어 견제하려 했던 점에서, 그리고 강남출신의 유학자를 통해 성리학적 문풍을 진작시키려 기도한 점 등에서 읽을 수 있다. 이러한 긍정적인 인식은 극히 한정적이었으며, 행성이 끼친 부정적인 측면 및 인식에 비할 바가 아니었다.

---

24) 理問所의 위치와 성격에 대해서는 高柄翊, 앞의 글(1970) 참조.

고려인의 행성에 대한 자구적인 대처로는 그 주체인 원제국을 상대로 한 대외적 대응과 행성·행성관의 시책에 대한 대내적 대응의 두 측면으로 나눌 수 있다. 전자는 주로 행성관 증치와 立省 논의인데 이 문제에 대해서는 다음에서 언급하기로 하고 여기서는 후자에 대해 살펴보기로 하자. 이에는 크게 세 유형의 대응이 있었다. 첫째는 행성 및 행성관이 원의 효과적인 지배를 위해 의식·형법·노비제 등을 위시한 여러 사회제도에 대해 원과 같은 지배질서를 적응시키려 하는 데 대항하여 고려의 전통적 지배질서를 온존시키려는 노력이었다. 이는 현실적 형편에 의해 그들의 요구에 직접적으로 거부할 수 없었으므로 소극적으로 그 조치를 받아들이다가 시세의 형편을 보아 가면서 환원 조치시키는 방법을 취하였다. 둘째는 행성 및 행성관의 불법·월권적인 행위에 대한 반발로서, 이는 불법을 막아 민생을 안정시키고 지배층의 권익을 옹호 보장받기 위한 것이었다. 이것 역시 직접적으로 대처하지 못한 채 원의 권위를 받은 우회적인 방법에 머물고 있었다. 그렇지만 행성관의 불법이 점차 고려정부의 지탱에 큰 영향을 미칠 정도에 이르자, 고려측의 반발도 직접적인 형태로 나타나게 되었다. 그 대표적인 예가 충목왕대의 整治都監에 의한 行省 3所의 폐단시정으로서, 비록 소기의 목적을 관철시키지는 못했으나 이를 통해 축적된 고려측의 반발력이 공민왕대의 행성개혁으로 이어졌다. 셋째는 행성 및 행성관의 강력한 위치를 완화시키기 위해 고려왕에게 허락된 행성관의 추천권을 통해 고려측의 유리한 인물의 임명이 이루어질 수 있도록 한 노력을 들 수 있다. 이는 행성관의 임명에 원 및 元婦寺들의 영향력이 크게 대두된 좌우사체제기에 주로 나타났다. 곧 원에서 일정한 영향력을 행사할 수 있는 고려인 출신의 원 관료는 물론이고 부원배조차 행성관으로 추천하여, 이들을 통해 원의 과도한 압제와 수탈을 감소시켜 고려왕조의 이익을 보장받으려 했다.

이처럼 행성에 대한 고려측의 대내적 대응방법은 전반적으로 소극적이었다. 이는 원의 무력적 압제에 의해 속국으로 전락한 당시의 형편이 일차적인 요인이었겠지만, 그러한 현실을 극복하려는 대다수 지배층의 의지 결여 및 현실안주적인 태도에도 기인한다고 할 수 있겠다.

나. 원의 정치적 간섭과 시련

원이 고려에 가한 정치적 간섭의 대표적인 사례로는 제후국으로의 강등 조치, 혼인정책과 지배층 분열정책, 입성론과 노비개혁론 등을 들 수 있는데, 이를 순서에 따라 간략히 검토하기로 하자.

가) 제후국으로의 강등 조치

몽고가 파견한 다루가치의 정치적 간섭과 함께 고려에 주둔한 몽고군 지휘관들의 내정 간섭을 강하게 받게 된 고려는 몽고의 제후국으로 지위가 격하되어 갔다. 이 시기에 이루어진 제후국으로서의 강등 조치는 다음과 같다. 고려 국왕은 祖나 宗과 같은 묘호를 사용할 수 없고 원의 諸王이나 재상들이 사후에 부여받는 忠字를 포함한 묘호를 원으로부터 받아야 했다.[25] 또 자주국의 국왕으로서의 위상이 상실되어 의식·의복·용어 등이 모두 제후국의 그것으로 격하되고 말았다. 또 의식에서 왕의 행차시 山號·萬歲 등을 부를 수 없게 되고, 黃袍의 착용이 저지되었으며,[26] 종래 사용했던 여러 가지의 용어도 격하되었다.[27]

이러한 형편에 의해 정치제도도 지위가 격하되어 고려 전기 이래 당나라·송나라 제도를 바탕으로 한 3省 6部 및 樞密院을 중심으로 했던 정치체제가 붕괴되어 6典조직의 기능이 약화되었으며, 僉議府 및 密直司의 양부하의 4司체제로[28] 축소되었다. 이러한 여러 관부의 개폐를 통합 또는 명칭의 변경은 그 기능이나 역할의 근본적인 변화를 가져온 것은 아니었고, 단지 원의 그것과 대비하여 하위로 격하시킨[29] 동시에 그들의 고려에 대한 내정 간섭을 효과적으로 수행하기 위해 기구의 간소화를 꾀한 것이었다.

---

25) 《高麗史》 권 33, 世家 33, 충선왕 복위년 10월 병신.

26) 《高麗史》 권 32, 世家 32, 충렬왕 27년 5월 병오.

27) 《高麗史》 권 28, 世家 28, 충렬왕 2년 3월 갑신.

28) 이 4司체제로의 변경은 이보다 10년 전인 1264년(至元 1) 이래 원에서 6部를 4부로 일시 축소시켰다가 다시 6부로 환원하는 등 6차에 걸친 변동이 있었는데, 이와 어떤 관련성이 있는 것 같다(《元史》 권 85, 志 35, 百官 1).

29) 최고 관부인 첨의부는 원의 官署 등급에 의해 정4품 아문이 되었는데, 그 위치는 원의 6부 예하의 諸寺·諸監(정3품~종3품)보다 하위였고, 후일 종3품, 종2품으로 승격되었으나, 이 위치조차 위상이 크게 약화된 6부와 비슷한 위치였다(《元史》 권 91, 志 41 上, 百官 7).

이러한 현상들은 결국 고려가 원의 한 제후국으로 전락하게 되었음을 의미하며, 이로써 국내에서의 국왕의 지위까지 약화되었다. 그 후 후기 정동행성이 설치되면서 고려왕조는 비록 외형상이지만 원의 하나의 지방 행정구역으로 변모되었다.

나) 혼인정책과 지배층 분열정책

고려왕실이 격하되게 된 또 하나의 단서는 여·원왕실의 혼인에 의한 것이었다. 무신 집권자들에 의해 추락된 왕권을 회복시키기 위해 원종은 몽고의 후원을 받고 여·원왕실간의 혼인을 요청하였다. 이는 원 세조의 대고려 회유정책에 의해 수락되어 고려와 원의 왕실은 한 집안과 같은 관계에 놓이게 되었고, 고려왕은 원 왕실의 왕자나 부마격으로서 제왕의 하나가 되었다.[30] 이로써 고려 국왕은 독립된 왕국의 통치자로서가 아니라 원 제실의 부마로서 원제국 안에서 확고한 지위가 보장되었고, 이 지위를 이용하여 국내에서의 왕권을 어느 정도 신장시킬 수 있었다. 이는 고려가 세계적인 제국인 원의 지배하에서 끝까지 독립을 유지할 수 있었던 중요한 한 요인으로서 독립을 유지하기 위한 고려측의 외교적 노력에 큰 성과라고 말할 수 있다.

그렇지만 이러한 위상은 고려왕실의 격하라는 절대적인 희생 위에서 얻어진 것에 지나지 않았다. 곧 원은 공주의 下嫁를 통해 고려왕실을 그들에게 부속·접목시키고, 이를 통해 고려왕실의 감시, 국왕의 자주적 성향 견제 그리고 내정 간섭 등을 효과적으로 도모할 수 있었다. 그 결과 고려 왕위의 여탈이 그들의 마음대로 이루어지게 되었다. 이는 고려왕위가 원제국 지배체제 내에서의 부마·제왕의 위상으로 존재했으므로, 원 왕실내의 제왕의 分封·폐지 또는 원 행성의 승상직 교체와 동일한 수준에서 고려의 왕위도 교체될 수 있었기 때문이다. 그 대표적인 예로 원 성종의 사후 황위계승전의 향방에 따라 충렬왕·충선왕의 고려왕으로서의 위상이 달라졌던 점이나, 文宗·寧宗·順帝의 제위교체에 따른 심각한 황위쟁탈전 속에서 재상인 燕帖木兒와

30) 여·원간의 왕실혼인에 대해서는 蕭啓慶, 〈元麗關係中的王室婚姻與强權政治〉(《元代史新探》, 新文豐出版公司, 1983) 참조.

伯顔의 집권에 따라 충혜왕의 즉위・폐위・체포 등이 이루어진 것을 들 수 있다. 이러한 고려왕위의 빈번한 교체는 고려가 원제국 내에서 외형상으로는 독립된 번국(外藩)으로 존재했지만 실제로는 內藩과 비슷한 위치에 놓여 있었기 때문이다.

이처럼 원에 의한 국왕의 퇴위 및 소환 조치는 왕위쟁탈전을 야기시켰다. 대표적인 예로 충선왕의 퇴위에 뒤이은 충렬왕과 충선왕의 대립, 충숙왕의 소환・구류를 즈음한 심왕 暠의 도전 및 그 연장 속에서 이루어진 충숙왕・충혜왕・심왕 고의 3자 대립 등을 들 수 있다.[31] 이러한 부자・형제・숙질간의 왕위를 둘러싼 대립이 일어난 것은 원의 왕실 및 재상들의 영향력이 고려 왕위 계승에 강하게 미치고 있었기 때문이다. 이 갈등은 원에 의한 遼瀋지방의 심왕(처음의 瀋陽王)과의 대립・조장으로 더욱 심각해져, 고려 왕실의 후예가 고려왕과 심왕으로 갈라지면서 고려 및 원에서의 주도권 쟁탈을 위한 양자의 심각한 대립이 계속되었다.[32] 이러한 대립 양상은 고려 말인 공민왕대에 심왕 고의 손자인 篤朶不花가 고려왕이 되려는 의도에까지 연결된다.[33] 이러한 대립은 기본적으로 원의 분열정책에서 기인한 것으로 원에 진출해 있던 고려인 세력이 양측에 가담하여 심각한 후유증을 남기게 되었고, 그 연장선상에서 입성문제까지 제기되게 되었던 것이다.

원의 고려 분열책동은 고려의 관료층에게도 추진되었다. 고려왕조가 원제국 지배체제 내에 정착하게 되면서 정치・사회적으로 큰 변화가 초래되었는데, 그 중 주목되는 것의 하나가 원과의 관련하에서 이루어진 새로운 정치지배세력의 등장이다. 이는 국제관계에서 한 국가가 특정국가의 주권에 영향을 미치게 될 때 나타나는 일반적인 현상의 하나로서, 당시 원의 영향력이 고려에 강하게 침투하는 속에서 양국의 외교관계에 관련된 인물들이 정치적으로

31) 충숙왕 6년, 충선왕에 의해 만들어진 金字大藏經의 發願文에 의하면, 충선왕의 아들로 王燾・王暠・王煦의 3인이 나타난다. 이들은 각기 親所生인 충숙왕, 조카로서 입양된 심왕 고, 權溥의 아들로 입양된 왕후 등으로 親子와 養子가 구분없이 동등한 위치에 있었음을 보여준다(千惠鳳, 〈瀋王 王璋發願의 金字大藏 三種〉(《書誌學報》 1, 1990).

32) 이에 대한 새로운 자료로는 遼陽等處行中書省左丞額淋沁公神道碑(黃溍, 《文獻集》 10, 上)가 참고된다.

33) 《高麗史》 권 91, 列傳 4, 宗室 2, 江陽公 滋 附 瀋王 暠.

부상될 수밖에 없었다. 그 대표적인 경우가 외교에 따른 통역관층·助兵에 따른 군관층·공물 요구에 따른 鷹坊 관료층 그리고 왕실의 혼인에 따른 怯怜口層 등의 부류이다.[34] 이들은 고려 전기 이래의 전통적인 지배층의 충원 방식이 소멸되지 않은 가운데 새로운 방식으로 등용되어 지배세력이 되었다. 이들 새로운 관료층의 양산으로 인해 관료층은 포화상태에 이르게 되었고, 한정된 관직으로서는 그들의 정치적 참여 욕구를 충족시켜 줄 수가 없었다. 따라서 지배층간에 높은 관직을 차지하여 정치적 지위를 확보하려는 노력이 맹렬히 전개되었는데, 그 지름길은 국왕의 신임이나 원의 후광을 받는 것이었다.

그런데 고려 왕권이 원에 의해 크게 견제되고 있었던 당시 상황에서는 국왕의 신임보다는 원의 영향력을 이용하는 것이 더 효과적이었다. 그래서 관료 중에는 고려내에 존재했던 정동행성, 제군만호부 그리고 고려도원수부 등을 매개로 원의 관직을 수여 받아 친원적인 경향을 띠는 경우가 많았다.[35] 또 원에 진출한 공녀·환관·고려인 출신 고관 등을 통한 원과의 연줄을 이용하기도 하였다. 이처럼 비정상적인 방식에 의해 관료 및 관료 예비군이 팽창하는 속에서 관료들간의 관직을 둘러싼 대립이 크게 일어났고, 그것은 국가정책의 결정이나 집행을 둘러싼 갈등과는 일정한 거리가 있었다. 원의 강한 내정간섭하에서 자주적인 국가운영이 불가능했던 당시로서는 당연한 귀결이었다. 그래서 원에 의해 이루어진 잦은 왕위 교체에 편승하여 지배층은 각기 파당을 형성하여 왕실의 부자·형제·숙질을 각기 편들면서, 국가운영을 둘러싼 대립과는 거리가 먼 왕위 쟁탈전에 휩쓸리게 되었다.

이러한 왕위 쟁탈전에 휩쓸린 고려 지배층의 대표적인 분열의 예를 들면, 충렬·충선왕의 대립 속에서 일어난 韓希愈·李英柱와 金忻·印侯의 대립, 충숙왕과 심왕 고의 대립에서 빚어진 曹頔·蔡河中과 柳淸臣·吳潛의 대립, 충숙왕과 충혜왕 측근세력들의 대립, 조적의 반란으로 인한 충혜왕당과 조적당의 대립 그리고 충정·공민왕의 즉위 과정에서 나타난 지배층의 분열 등

---

34) 이들의 정치적 진출에 대해서는 閔賢九, 〈高麗後期의 權門世族〉(《한국사》 8, 국사편찬위원회, 1974) 참조.

35) 宋寅州, 〈元壓制下 高麗王朝의 軍事組織과 그 性格〉(《歷史教育論集》 16, 1992), 93~97쪽.

을 들 수 있다.

원은 이러한 지배층의 분열 · 대립을 기화로 충렬 · 충선왕대에는 정동행성관을 증치하여 고려의 국정을 직접 장악하기도 하였고, 충숙왕대 이후에는 정동성관의 驅使 또는 사신을 직접 파견하여 이를 해소하려 하였지만, 원인들의 독단과 불법으로 혼란만을 가중시켰다. 그러한 과정에서 원은 대립하는 각 파당의 어느 한 편을 들지 않고 늘 양측을 원에 불러들여 對辯시키되,[36] 양자의 주장을 함께 받아들이면서 어떠한 결말도 내리지 않아 새로운 불씨를 남겨 놓곤 했다. 또 특정 사건 발생시에 誣告를 했거나 치죄 대상이 된 인물에 대해서도 가벼운 처벌을 내려 곧 방면함으로써 고려의 왕권을 제약하려 하였으며, 고려왕이 법을 위반한 관료를 스스로 치죄하지 못하게 하기 위해 황제에게 품의하여 결단하도록 하였다.[37] 이는 원이 고려의 지배층을 분열 · 대립시켜 고려측의 자주적인 국가운영을 저해하려고 하였기 때문으로 보여진다. 이와 함께 후술하는 바와 같이 고려 지배층의 분열과정에서 몇 차례에 걸쳐 제기된 입성문제에 대해서도 이를 교묘히 조종하여 고려의 국론을 크게 흔들어 놓기도 하였다.

한편 원은 고려와 접촉한 이래 고려내에 그들의 향도세력 양성에 힘써 많은 부원배를 양성하였다. 이들 부원배들은 고려의 허실을 몽고에 보고했고, 고려가 자주적 성향을 조금만 보여도 원에 고해 이를 극력 저지하였다. 또 이들은 원의 세력을 배경으로 위세를 부리면서 고려에서의 우월한 정치적 지위를 차지하기 위해 왕위 계승전에 적극 참여했고, 국왕과의 충돌에 있어서도 공공연히 왕명에 불복하는 경우가 많았다. 이들의 횡포로 왕권은 더욱 추락하게 되어 이들의 제거 없이는 정상적인 국가 운영을 기대할 수 없는 형편에 이르게 되었고, 이들로 인해 지배층 사이의 대립 · 투쟁은 더욱 심각해져 갔다.

---

36) 그 대표적인 예로 고려 軍額問題로 李藏用과 王淳의 대변, 韋得儒의 무고로 인한 金方慶과 위득유의 대변, 洪重喜의 무고에 의한 충선왕과 홍중희의 대변, 조적의 난으로 인한 조적당과 충혜왕당의 대변 등을 들 수 있다.

37) 《高麗史》 권 29, 世家 29, 충렬왕 5년 정월 무진 및 권 31, 世家 31, 충렬왕 25년 4월 신해.

다) 입성론과 노비개혁론

원이 고려에 가한 정치적 간섭 중 비록 관철되지 않았지만 가장 큰 소용돌이를 일으킨 것은 立省論과 노비개혁론이었다. 입성론은 원의 여타 행성과 달리 운영되어 어느 정도 독자성을 띠고 있었던 정동행성의 체제를 원의 그것과 같은 체제로 바꾸려는 논의였다. 이것은 고려의 자주성을 완전히 부인하고 고려를 본토의 영토와 같이 만들려는 정책으로서 정동행성관의 증치를 통한 정치적 압제가 소기의 효과를 거두지 못하게 되자, 새로운 방법의 모색으로 나타난 것이다.[38)]

이는 정동행성 행성관의 증치 말기였던 충선왕 복위(1308~1313) 이후부터 충혜왕 복위 4년(1343)까지 약 30여 년에 걸쳐 5차례 제기되었다. 이 입성론은 「立行省 削國號」·「立省 比內地」등과 같은 구호하에 고려왕국을 소멸시켜 중국 내의 여러 행성들과 같은 위치로 떨어뜨리고 고려의 백성들을 원의 軍民으로 삼으려고 하는 것이었다. 이는 기본적으로 고려의 독립된 국가로서의 존재를 부정하는 것으로서, 어떤 때는 원조정에서도 그 논의가 상당히 진행되어 '廢其國爲郡縣' 하여 '立三韓省 制式如他省' 하려는 단계까지 이르기도 하였다.[39)]

이에 대해 고려의 지배층은 자신들이 누려왔던 현실적 지위를 상실당하는 것이었기에 강력한 반대를 전개하였으며, 원에서도 찬반 양론이 있었다. 원의 반대론자는 丞相 拜住·集賢殿大學士 王約·僉議中書省事 回回·通事舍人 王觀 등을 들 수 있다. 그 중 왕관은 고려는 원의 동족 울타리로서 원과 혼인으로 맺어진 국가이므로 긴밀한 관계를 지니며, 풍토와 습속이 중국과 달라 원의 법제를 실시하면 차질이 생기고, 토질이 빈약하므로 변경을 지키는 군인의 경비를 원이 부담하게 되어 이득이 없으며, 고려의 불충한 한두 사람의 청원으로 이를 실시한다는 것은 옳지 않다고 주장하기도 하였다.[40)]

이러한 입성론은 遼陽의 홍씨세력, 심왕과 그 일당, 왕위 계승을 둘러 싼

---

38) 高柄翊, 앞의 글(1970), 238~250쪽.
北村秀人, 〈高麗末における立省問題について〉(《北海道大學文學部紀要》, 14-1, 1965).

39) 《元史》 권 178, 列傳 65, 王約.
《新元史》 권 198, 列傳 95, 回回.
宋濂, 《宋景濂未刻集》 下, 喀喇公神道碑銘.

40) 《高麗史》 권 125, 列傳 38, 姦臣 1, 柳淸臣.

고려 지배층의 분열, 정동행성을 매개로 고려와 관련을 가진 한인 그리고 부원배의 책동 등과 같이 고려와 관련된 인물에 의해 제기되었다. 이에 대해 원측은 武宗 이래 빈번한 제위 교체와 권신들의 세력 쟁탈로 인해 정국이 혼란하여 중앙의 대지방 통제력이 점차 약화되어 가고 있었기 때문에, 고려를 원 국내와 같이 만들 여력이 없었다. 그래서 입성론이 제기될 때마다 원은 많은 논의를 거쳐 신중히 대처하여, 고려를 독립된 번국으로 존속시킨다는 기본 방침을 그대로 준수하였다. 그렇지만 원은 입성론을 계기로 고려에 대한 내정간섭을 강화하여 그들에게 더욱 속박시키는 정책을 밀고 나가기 위해 이를 방관 또는 조장하였다.

입성론과 함께 원이 고려를 곤경에 몰아 넣은 것은 고려의 노비제 개혁문제이다.[41] 이는 고려가 원에 복속된 이후부터 원의 압제가 계속되는 동안 고려에 파견된 원나라 사람들에 의해 몇 차례 제기된 바 있었다. 곧 원종 12년(1271)에 파견된 다루가치의 시도 및 세조 때 監國으로 파견된 帖帖兀의 시도가 있었다. 그 후 충렬왕 26년(1300) 闊里吉思의 개혁시에 구체적으로 추진되었고, 이것이 실패로 끝난 30년 후인 충혜왕 즉위년(1330)에도 입성론과 함께 또 다시 제기되었다. 이 중 활리길사에 의한 노비제 개혁 이외에는 구체적인 자료가 남아 있지 않아 어떠한 성격의 것인지 정확히 알 수는 없으나, 활리길사의 그것을 통해 그 대체적인 성격을 유추해 보기로 하자.

활리길사에 의한 개혁 중 노비제 문제는 '驅良公事'라 하여 良賤交嫁에 의한 노비판별에 대한 것이었다. 그는 노비의 부모 중 한 쪽이 良人이면 양인으로 하는 '一良則良法'을 시행하려 하였다. 그런데 당시 원에서는 법제적으로 양천교가가 금지되어 있었으나, 사실상 양・천인간의 통혼이 이루어지고 있었다. 단지 良家女가 奴에게 시집을 가려 할 때는 관의 허락을 받되 노비가 되어야 한다는 전제가 있었다. 이러한 양천교가에 의한 소생의 신분 귀속 여부는 모친의 혼인형태에 따라 양・천이 구분되었다. 그렇지만 활리길사가 고려에서 시행하고자 했던 노비개혁은 이러한 원나라 제도보다는 내용이 확대되어 천인의 광범위한 양인화가 가능할 수 있도록 한 것이었다.

이 개혁 내용은 '一賤則賤'을 祖宗의 成憲으로 받아들이고 있던 고려정부

---

41) 노비제 개혁에 대한 서술은 張東翼, 앞의 글(1990) 참조.

및 지배층의 이익에 심한 타격을 주는 것이었다. 노비는 토지와 함께 중요한 경제기반으로 국가나 개인의 성쇠와 직결되는 것이었고, 지배층은 노비제도가 계급적 질서를 유지하고 예의와 풍속의 교화를 진작시키는 근본이라 믿었다. 이러한 노비관 때문에 노비제의 개혁에 대한 고려측의 반발은 강력하였다.

활리길사가 원의 노비 법제를 초월하여 고려에서 '一良則良法'을 실시하고자 했던 의도는 분명히 알 수 없으나 그가 고려에 오기 1년 전 福建行省에서 權豪의 경제적 기반 확장을 봉쇄하려고 한 사실과[42] 관련시켜 볼 수 있다. 즉 그것은 고려에서 행한 노비제 개혁이 지배층의 경제적 붕괴를 초래한다는 점에서 일맥상통한다. 그런데 당시 고려에서의 노비신분 세습은 隨母法에서 '일천즉천'으로 확대되어 노비신분의 세습제와 노비증식책이 더욱 강화되었다. 이는 노비가 국가의 중요한 생산수단으로 국가의 공적 생활에 있어서 公賤의 노동이 차지하는 비중이 컸고, 또 지배층의 사적 생활에서도 그들이 소유한 私賤의 힘에 의존하는 바가 매우 컸기 때문이다. 그러므로 활리길사에 의한 노비제 개혁이 '일양즉양'으로 전개되어 지배층의 경제적 기반을 크게 흔들어 놓는 결과를 가져오게 됨은 분명하다. 또 노비에게는 광범위한 贖良의 기회를 주게 되어 고려사회 계급체계의 일부를 붕괴시켜 고려왕조의 근본을 뒤흔들 위험성을 가지고 있는 조치였다.

이런 점으로 미루어 볼 때 활리길사의 노비제 개혁은 고려의 지배층을 약화시키고 더 나아가서 고려의 신분질서를 재편성하여 궁극적으로 원의 지배를 더욱 공고히 하여 고려를 원의 본토와 동일하게 하기 위한 조치에서 나온 것이다. 이러한 의도에서 이루어진 노비개혁은 상당한 수준으로 진전되었지만, 고려정부 존립의 기반을 흔드는 것이었기 때문에 고려 정부와 노비 소유주의 반발을 받아 실패하고 말았다. 그렇지만 그의 개혁이 실패로 끝난 30년 후에도 입성론과 함께 연계되어 다시 제기되었던 점을 감안하면 이는 단순한 내정간섭의 범주에 속한 것은 아니었다. 원이 계속 고려의 노비제 개혁에 집념을 보인 구체적 의도는 나타나 있지 않지만, 활리길사의 개혁에 나타

42) 《元典章》 권 25, 戶部 11, 影避, 休遮護當差事.
《元史》 권 20, 本紀 20, 成宗 大德 3년 6월 무오.

난 원의 의도에서 알 수 있듯이 고려 지배층의 경제적 기반을 붕괴시킴과 동시에 고려의 사회신분 구조를 원과 비슷하게 변모시켜 고려를 그들의 內地와 동등한 입장으로 지배하려는 의도가 내재되어 있었던 것으로 추측된다.

다. 정치적 간섭의 성격과 고려의 대응

가) 정치적 간섭의 유형과 성격

앞에서 살펴본 원의 고려에 대한 통제책 아래에서 이루어진 각종 내정간섭의 구체적인 사례를 부문별로 나누어 개략적으로 정리하면 다음 〈표 2〉와 같다.[43]

〈표 2〉 원의 고려에 대한 내정간섭의 여러 유형

부문	간 섭 내 용	간 섭 시 기				실시 여부
		원종	충렬왕	충선왕	충숙왕	
정치	官制·官號의 개정	v	v	v		1
	재상 인원 축소 및 재상의 擅權禁止		v	v		3
	자주적 관제의 환원조치		v	v		1
	京外 冗官·冗職의 축소		v			3
	수령·안찰사의 빈번한 교체로 인한 민폐 제거		v			2
	관료치죄에 대한 원의 사전허가 준수		v	v		1
	응방의 폐단, 금지		v			2
군사	고려인의 궁전 소지 및 기마 금지		v	v	v	2
	諸領府 폐지를 통한 軍戶制 실시		v	v		3
	역참 정비 및 문란 행위 금지		v			1
	역참에 脫脫禾孫 파견		v			2
	군기 검열	v	v	v	v	1

43) 이들은 충렬왕 원년 10월 경술·3년 정월 갑인·4년 7월 을유·동년 6월 정축·25년 4월 신해·27년 4월 기축 및 충숙왕 2년 정월 무오 등의 연대기에 주로 반영되어 있다.

경제	良馬·珍寶 등 각종 공물 요구	v	v	v	v	1
	재상의 民戶點匿 및 부역면피 금지		v	v		3
	백성 安集을 위한 處干 폐지		v			2
	勸農使 파견		v			2
	運糧 요구	v	v	v		2
사회	동성혼 금지 및 통혼 요구		v			1
	貢女 요구	v	v	v	v	1
	노비제 개혁	v	v		v	2→3
	원의 법제 적용·실시				v	3
	형벌 적용절차 개정 및 刑獄濫用 금지		v	v		2
문화	儒學提擧司 설치를 통한 성리학 보급		v	v	v	1
기타	국왕의식의 僭越 금지		v			1
	貴賤의 服色 제정				v	1

* 실시 여부 : 1=관철, 2=일시적 또는 부분적 관철, 3=미관철

위의 〈표 2〉와 같은 고려 내정에 관한 원의 요구 사항은 고려를 그들의 속국으로 확정시킴과 동시에 당시 고려사회가 안고 있었던 모순을 열거한 것으로 보여진다.[44] 이들의 대부분은 고려가 원 제국 지배질서 내에 포섭된 원종대부터 충렬왕 초기에 이르는 10여 년 사이에 강요된 것이지만, 일부는 고려측이 수긍하지 않아 원이 되풀이하여 실시를 강요하였다. 원은 이들 사항의 관철을 통해 정치·군사적으로는 고려의 자주성을 억압하여 그들의 지배를 공고히 하려 했으며, 경제적으로는 자신들의 이익을 확보하려 하였다. 또 사회·문화적으로는 고려사회를 원의 그것과 유사하게 변모시키려고 하였다. 이들의 상당 부분은 고려정부에 의해 받아들여져 소기의 목적이 달성되었으나, 그 중 응방의 폐단금지 요구 및 고려인의 궁전 소지·기마 금지와

44) 이러한 조치 이외에도 고려에서 특정 사건이 발생하면 정동행성관이나 사신으로 하여금 이를 간섭케 하는 동시에 범법자 치죄·옥에 갇힌 죄수의 심판 등을 행하기도 하였고, 각종 사신의 왕래 도중 인근 지방관들의 시정을 간섭하기도 하였다.

같은 조치는 그들 자신의 이익 및 고려 지배의 수행을 위해 철회되기도 하였다. 또 노비제 개혁・원의 법제 적용 등과 같이 고려사회의 체질을 바꾸려는 조치는 고려정부의 강한 반발을 받아 관철시키지 못하였다.

이러한 원의 간섭은 고려가 그 이전의 어느 시기보다도 외세에 강하게 예속되어 자주성을 크게 제약받고 있었음을 나타내 준다. 그렇지만 원의 정치적 간섭이 고려를 일방적으로 압제하려는 방향으로 진행된 것만은 아니었다. 곧 원이 간섭한 여러 사례 중 형옥의 남용, 용관・용직 및 빈번한 수령・안찰사의 교체로 인한 민폐, 권신의 불법으로 인한 백성의 피폐 그리고 농장에 소속된 처간의 철폐를 통한 백성의 안집 등의 문제는 당시에 본질적인 개혁이 요청되는 것이었지만, 고려의 지배층은 개혁방안을 제시하지 못하고 있었다. 이런 점은 원의 정치적 압제가 고려에 대한 일방적인 羈縻정책에서만 나온 것이 아니라 고려측이 스스로의 문제를 해결하지 못하여 외세의 간섭을 초래한 결과로 설명되어야 할 것이다.

원은 이상과 같은 여러 유형의 간섭을 관철시키기 위해 고려에 대한 압력의 통로였던 다루가치나 그의 역할을 승계했던 정동행성관을 앞장 세워 일차적으로 수행하였고, 그것이 여의치 못했을 때는 다시 황제의 명으로 사신을 파견하기도 하였다. 이와 함께 세부적인 시행문제는 중서성 및 추밀원의 정동행성과 첨의부에의 이첩을 통해서 처리하였으며, 이의 실시 여부 점검 및 감시・감독을 위해 수많은 사신이 파견되어 오기도 하였다. 그러한 과정에서 원은 그들의 정책을 효과적으로 수행하기 위해 두 개의 선택적 전략을 구사하였다.

먼저 회유와 설득과 같은 도덕적 설법의 방법을 사용했는데, 그 대표적인 예는 林衍 제거시의 사신 파견, 충렬・충선왕의 대립시 耶律希逸・王約의 활동 등을 들 수 있다. 다른 하나는 보다 적극적인 것으로써 고려를 그들의 예하에 긴박시키기 위해 정치・군사적 위협을 통해 힘을 사용하는 전략으로써, 임연 제거시 동경행성의 군사력 동원, 활리길사의 무단적 개혁 실시, 충혜왕 체포 때의 군사력 동원 그리고 공민왕의 반원정책을 중지시키기 위한 군사력 동원 등을 그 대표적 예로 들 수 있다.

원은 이러한 내정간섭을 통해 고려를 단지 제한된 주권만을 행사하는 속국으로서 존재케 하였고, 고려가 조금이라도 자주적 태도를 보이면 정치적 불안정이나 지배층의 부패를 바로잡는다는 명목으로 적극적인 내정간섭을 행하였다. 이러한 점을 감안할 때 원의 간섭은 고려 국왕 및 지배층들의 비행을 견제하고 정치적 질서를 회복하는 데는 어느 정도 효과적인 면이 있었으나, 고려사회에 내재한 전반적인 여러 모순을 해결하는 데는 아무런 보탬이 되지 못하였다.

곧 극도로 취약한 경제구조 속에서 막대한 공물로 시달리는 고려정부에 계속 「六事」의 준수를 강요하던 원이 고려의 민생을 안정시킨다는 명목으로 관원 축소를 통한 국가 비용의 절약, 재상들의 불법적 축재 금지 등의 개혁안을 제시했다는 것은 자신들의 보다 많은 수탈을 확보하기 위한 조치로밖에 설명할 수 없다. 또 그들의 요구에 부응하여 관제를 축소하여 관원을 감소시켰을 때는 遼瀋의 홍씨세력·정동행성관·부원배 등과 같은 존재들의 무고에 따라 다시 환원 조치시키기도 했다.[45] 그들의 내정간섭에 일관성이 없어 고려정부에 혼란만 가중케 하였던 것이다.

이상과 같은 원의 내정간섭은 충렬왕대부터 본격화되어 극히 몇 가지 예를 제외하고는 거의 당대에 실시·변모되었으므로, 이 시기 이후 공민왕 초까지 약 70~80년간에 걸쳐 고려사회의 기본적인 규범 내지 골격으로 유지되었다. 이로써 고려는 정치적으로 명실상부한 원의 속국이 되어 그들의 정치·사회적 변동에 따라 국정의 운영이 강하게 영향을 받게 되었다. 그렇지만 고려는 그들의 여러 간섭에 대해 수많은 방법을 모색하여 끝까지 국가행정 및 군대의 통수권을 고려왕의 통제하에 두어 자주성을 지키려 하였다.

나) 고려정부의 대응

고려는 원의 무력에 눌리어 원제국 지배질서하에 정착하게 됨으로써 제후국으로의 위치 강등과 이에 수반된 6사의 준수·부마국화·왕실지위 강등·관제 개혁 등의 문제를 일단 감수할 수밖에 없었다. 그러나 고려는 독자성을 지키기 위해 원의 요구를 쉽사리 수긍하지 않으려는 면이 강하였는데, 그 대표적 한 예로 관제 변경을 들 수 있다. 원의 강요에 의한 관제 변경은 충렬

45) 《高麗史》 권 31, 世家 31, 충렬왕 25년 4월 신해 및 권 33, 世家 33, 충선왕 후 원년 3월 정미.

왕 원년(1275)에 1차로 이루어졌지만, 원의 관제 및 관호와 일치한 것만 개정하고 원에 존재하지 않는 고려의 독자적 관제 및 관호는 그대로 유지하였다.[46] 23년 후 충선왕은 원에의 종속적인 위치를 좀더 자주성이 강한 관제로 변경시키기도 했으나,[47] 원의 간섭으로 실패하였다. 그렇지만 독자적인 면이 계속 남아 있는 고려는 충렬왕 25년과 27년의 2차에 걸쳐 정동행성관 및 사신의 견제를 받아 동왕 29년에 다시 관제를 정비해야 했고 그래도 미진한 점은 충선왕 복위년(1308)과 이듬해의 2차에 걸쳐 다시 개정해야 했다.

이처럼 하나의 문제에 대해서도 고려는 원의 간섭을 그대로 수긍하지 않으려 하여 원의 지속적인 간섭을 불러 일으켰다. 이는 독자성을 계속 유지하려는 고려측의 노력으로 평가되는데, 이의 한 예는 관제의 변경에 따른 관복의 변경에서도 잘 나타나고 있다. 충렬왕대 이래 剃頭辮髮 및 관복의 몽고식화가 이루어지는 추세에서도 관료예비군인 국자감원과 각 관청의 하급 잡리들은 옛날 복장을 고수하여 고려의 전통을 지키려 했던 것은 좋은 예이다.[48]

관제·관복 개정의 예에서처럼 원의 압제에 대해 고려정부는 지연 내지 최소한의 독자성을 유지하려 하였는데, 이는 원이 그들 자신의 체제에 적합한 지배질서를 고려에 이식하려고 하였기 때문이다. 고려는 원의 개혁 압력이 고려 자체의 독자적 국가 운영에 치명타를 주지 않는 경우에는 일단 받아들였다가 시간이 경과되면 원의 간섭을 피해가면서 환원하고는 하였다. 그 예로 원의 압력이 일시 이완되자 충렬왕대에 활리길사가 추진했던 여러 개혁에 대해 田民辨正司를 설치하여 노비개혁을 환원시켰고, 병합된 州·郡을 다시 분리시켰으며, 국왕의 黃袍와 黃傘의 사용을 환원시켰다.[49]

또 원의 압제가 고려의 독자성을 크게 부인하는 경우는 끝까지 원측의 요구를 들어 주지 않았다. 그 대표적 예는 民戶版籍·州縣의 疆界 보고, 刑制의 개혁 그리고 노비제 개혁 등으로, 이들 문제에 대해 원은 계속 요구하였지만, 그 때마다 고려는 반대하였다. 그 한 예로 刑制의 경우 원에서 파견한

46) 그 대표적 예로 都兵馬使·式目都監 등 같은 관제나 政堂文學·國師 등과 같은 관직명의 유지를 들 수 있다.
47) 李起男, 〈忠宣王의 改革과 詞林院의 設置〉(《歷史學報》 52, 1971).
48) 《高麗史》 권 28, 世家 28, 충렬왕 즉위년 10월 신유·12월 정사·경신.
49) 張東翼, 앞의 글(1990), 74~75쪽.

행성관이 '천하는 왕토가 아닌 곳이 없다'고 하면서 大元通制·至正條格 등을 시행하려 하였을 때, 고려인은 '世祖가 國俗을 고치지 말라'고 하였다고 하여 고려의 구법을 지키려 하였다.[50] 양측의 대립은 대개의 경우 고려측의 일방적인 패배가 보통이었지만, 고려측의 반발은 지속적으로 계속되어 고려의 구법을 지키려 하였다. 그 대표적인 예로는 충숙왕대에 理問 揭以忠이 고려의 법제와 풍속을 일원적인 원의 법제로 통일하려 하자 고려측은 員外郎 李穀을 통해 이를 저지시킨 것을 들 수 있다.[51]

이처럼 원의 내정간섭은 그들의 입장에서는 고려통치를 효과적으로 추진하기 위한 것이었지만, 고려측으로서는 고려의 전통적 지배질서를 붕괴시키는 것들이었다. 따라서 고려측의 반발은 집요할 수밖에 없었다. 그러나 고려는 원의 속국이었기에 정면으로 그들의 요구를 물리칠 수 없었다. 그래서 원의 요구에 부응하여 소극적으로 개혁에 참여하다가 시세의 형편을 보아가면서 환원조치를 취하였는데, 이는 자신들의 구지배질서 및 옛풍습의 유지를 통한 전통적인 지배체제를 온존시키려는 방책에서 나온 것이었다.

한편 원의 내정간섭으로 고려사회가 당면하고 있었던 수많은 積弊가 해결되기도 하였다. 그 대표적인 예로 앞에서 제시한 원의 간섭 중, 재상수의 축소 및 재상의 천단 금지, 경외 용관·용직의 축소, 수령·안찰사의 빈번한 교체로 인한 민폐 제거, 재상의 민호 점닉·부역면피 금지, 백성 안집을 위한 처간 폐지 등을 들 수 있다. 이들의 경우는 대부분 경제와 관련된 것으로서 당시 지배층의 이해와 직결되었기 때문에 고려 스스로 해결할 수 없는 문제이어서, 결과적으로 외세의 간섭을 초래하게 되었다. 이들의 대부분은 원의 강요에 의해 일시적이지만 미봉책으로서 개혁이 이루어져 민폐가 어느 정도 해소되기도 했다. 또 이들 문제는 충선왕·충숙왕·충목왕대에 극도로 취약한 경제구조상 원으로 보내는 막대한 공물에 시달리는 국가를 재건하기 위해 여러 가지 시책을 마련하는 가운데 개혁안이 마련되기도 했으나, 대부분 큰 성과를 거두지 못하고 실패로 끝나고 말았다. 개혁은 고려 지배층에게도 문제가 있었으나, 원의 각종 요구와 관련되어 쉽사리 해결할 수 없었다.

---

50) 李穀, 《稼亭集》 권 1, 策問.
51) 李穀, 《稼亭集》 권 9, 送揭理問序.

당시 고려의 경제적 형편에 대해 연대기에서는 "당시 權貴는 民田을 침탈하고 奸民은 권세에 붙어 대부분 부역을 면하니 무릇 모든 徵斂에 평민이 괴롭게 여겼다"라고 표현하고 있다.[52] 실제로 당시의 경제적 형편은 ① 고려 정부의 경상비 지출, ② 원에의 막대한 공물 및 그와 관련된 응방의 폐단, ③ 원의 압제기관인 정동행성 예하 하부기구의 경상비 지출, ④ 권귀의 수탈 등으로 인해 민생은 크게 곤궁해 있었다. 이러한 민생의 불안정에 대해 원은 ④에 초점을 두어 고려정부를 간섭하고 자신들에 의해 초래된 ②·③은 묵과하였다. 그 한 예로 충렬왕 6년 甕津지방을 위시한 여러 현의 주민들이 응방의 폐단을 열거하며 그 시정을 원의 사신에게 호소하자, 원의 사신은 응방에 대해서는 아무런 언급이 없이 고려의 재상에게 ④의 문제점을 해결하도록 하였다.[53]

이 점은 충목왕대의 整治都監의 개혁에서도 나타난다. 원은 "누구를 막론하고 가릴 것이 없이 세력에 의탁해서 백성을 欺壓하는 자 및 민간의 사리에 맞지 않는 일을 잘 정리할 것"[54]이라는 명목으로 정치도감을 설치하였다. 그런데 정치도감에서 추진한 개혁의 주 대상은 원 및 원과 관련된 기관과 인물들로서,[55] 이들의 불법을 치죄하자 원은 이에 적극 개입하여 개혁을 중단하고 개혁을 추진한 인물들에 대한 탄압을 가하였다. 이러한 점을 통해 볼 때 원의 민폐제거를 위한 개혁안 제시는 어디까지나 그들의 이익을 보장받는 선에서 이루어졌음을 알 수 있다.

이와 같이 원의 간섭에 대한 고려의 대응은 여러 측면으로 나타났는데, 고려정부의 부정이나 체질개선과 같은 국가의 존립문제에 대해서는 적극적인 반발을 보였으나, 대개 순종·회피 그리고 환원 등과 같은 소극적인 대응이 주류를 이루었다. 또 고려의 지배층은 정치·군사·경제·사회·문화의 여러 방면에 있어서 자신들의 직접적인 이해관계와 관련이 없는 것에 대해서는 국가의 이익과 상반된다 하더라도 수용하는 자세를 취하였다. 그러나 자신들

52) 《高麗史》 권 30, 世家 30, 충렬왕 11년 정월 을유.
53) 《高麗史》 권 29, 世家 29, 충렬왕 6년 3월 임인.
54) 《高麗史》 권 37, 世家 37, 충목왕 4년 2월 을미.
55) 閔賢九, 〈整治都監의 性格〉(《東方學志》 23·24, 1980).
張東翼, 앞의 글(1990), 76~77쪽.

의 이해와 직결되는 부분에 있어서는 일단 수용하였다가 끝까지 반발하여 자기들의 이익을 추구하는 방안을 모색하였다. 따라서 원의 간섭에 대한 고려의 대응은 국가이익보다는 지배층의 이익을 우선하는 경향을 보여주고 있음을 알 수 있다. 이것은 고려 지배층이 원제국의 지배에서 벗어나려는 자주책을 강구하지 못하고, 부용국으로 떨어진 고려의 형편을 인정하는 전제 아래에서 겨우 명맥만 유지하려고 했던 현실안주적인 자세를 벗어나지 못했기 때문이다.

(3) 여·원 양국간의 인적·물적 교류

가. 인적 교류

고려가 대몽항쟁 및 뒤이은 번국으로의 전락 과정에서 여·원간에 수많은 인적·교류가 있었다. 먼저 원종 10년(1269) 고려의 세자(충렬왕)가 원 세조의 딸과 혼인하기로 결정한 이래, 고려의 역대 왕들은 세자로서 혹은 왕으로서 원에 머물러 있는 동안에 원 왕실의 공주와 결혼하게 되었는데 구체적인 각 왕들의 혼인관계는 다음과 같다.[56]

충렬왕 = 忽都魯揭里迷失(세조의 딸, 齊國大長公主)
충선왕 = 寶塔實憐(세조의 長孫인 晋王의 딸, 薊國大長公主)
충숙왕 = 亦憐眞八剌(세조의 아들인 營王의 딸, 濮國長公主)
　　　　金童(세조의 종손인 魏王의 딸, 曹國長公主)
　　　　伯顔忽都(家系不明, 慶華公主)
충혜왕 = 亦憐眞班(鎭西武靖王 焦八의 딸, 德寧公主)
공민왕 = 寶塔失里(魏王 孛羅帖木兒의 딸, 魯國大長公主)

이러한 양국 왕실의 혼인관계는 약 1세기 동안 계속되어 양국의 정치 경제 문화 및 사회면에 적지 않은 영향을 끼쳤다. 몽고 공주와 고려왕의 여러 次妃사이에 왕에 대한 애정 문제로 여러 가지 문제가 발생하였고, 이를 계기로 원의 황실이 親庭으로서 간섭하는 경우가 많아 정치적 소용돌이가 자주 일어났다.

한편 원의 공주들이 고려로 시집옴으로 인해서 양국 사이의 인적·물적

---

56) 高柄翊, 앞의 글(1977), 426~427쪽.

교류도 많아지게 되었다. 곧 원 공주들이 올 적에는 많은 일행을 데리고 왔는데, 공주의 시중을 드는 私屬人인 怯怜口들이 공주의 시중을 드는 가운데 고려에 정착하는 경우가 많았고, 그들 중 일부는 여·원 양국 왕실의 총애를 받아 재상으로 승진하는 경우도 있었다. 또 원 공주들은 고려에 와서도 그들의 고유한 생활방식을 지켜 몽고식의 시설과 기물들이 고려의 궁중에서 널리 쓰이게 되어 몽고식 생활방식도 퍼지게 되었다. 게다가 고려의 왕들이 원에서 생활하면서 몽고식의 변발 및 의복 등을 행하게 됨에 따라 일반 관리들도 뒤따라 행함으로써 생활양식에 많은 영향을 끼쳤다.

이러한 왕실과의 교류 이외에도 양국의 정치적인 밀접성으로 인해 수많은 원나라 사람들이 고려에 왔는데, 그 중 사신·군인 등은 수시로 파견되어 많은 민폐를 끼쳤으나, 이들은 체류기간이 길지 않아 문화적으로 큰 영향은 없었다. 이에 비해 고려의 내정간섭을 위해 파견된 다루가치, 정동행성의 관원 그리고 그들의 가족은 고려에 일정한 영향을 주었다. 이들은 많을 때는 수백명에 달하기도 하였는데, 장기간에 걸쳐 고려에 체류하면서 고려인과의 교유 및 혼인을 통한 인적 관계를 맺으면서 여러 가지로 고려에 영향을 미쳤다. 그 외 원의 역대 왕들은 사신을 보내어 고려의 명산 대찰에서 기도하고 복을 빌게 하는 경우도 많았고, 金字經·銀字經 등의 寫經을 만들어 가기도 하였다. 또 원의 정치적 문제로 왕족들이 유배되어 일족을 거느리고 탐라나 大靑島에 오는 경우도 많았다. 그 밖에 승려들의 내왕도 많아 중국 및 티베트의 승려도 많이 왔는데, 특히 원 공주들은 티베트 승려들을 초청해 와서 각종 불교의식을 행하기도 하였다. 이러한 속에서 몽고인·중국인·아랍인·인도인 등을 위시한 수많은 이민족들이 고려에 진출하여 개성을 위시한 주요 지방에 널리 거주하고 있었다. 당시에 유행하였다는 雙花店이라는 가사는 개성에 回回人이 가게를 열고 있었던 것을 단적으로 보여 주는 예이다.

이러한 원나라 사람들의 고려 진출에 비해 고려인의 원 진출은 더욱 광범위하게 이루어지고 있었다. 그것은 고려의 대몽항쟁 및 뒤이은 번국으로의 전락 속에서 수많은 고려인이 원에 진출하였기 때문인데 이들은 포로·투항민·유민·숙위·공녀·환관·원 제과 출신 등의 부류로 크게 나눌 수 있다.[57]

---

57) 이에 대한 연구로는 다음 글이 있다.

먼저 포로는 규모면에서 원 진출인의 절대 다수를 차지하며, 그 실제 숫자도 수십만 명 이상에 달했을 것으로 추측되지만, 몽고에 끌려간 이후의 실상에 대한 자료가 없어 그 구체적인 삶은 알 수 없다. 단지 몽고인들의 정복전쟁 과정에서의 여타 정복지의 포로들과 마찬가지로 대다수가 영구히 공사노비(驅口)로 전락되어 궁중·京外 各司 및 군대에 예속되어 관노가 되거나, 전쟁에 참여한 諸王·諸將·군인 등에 분속되어 사노가 되었을 것으로 보인다. 이러한 예속하에서 그들의 일부는 노예시장에서 매매되기도 하였고,[58] 일부는 工部 예하의 諸局에 소속되어 수공업에 종사하였을 것이지만, 그 대부분은 농업노동에 종사하며 극히 열악한 상태에 놓여 있었을 것으로 짐작된다.[59] 이들에 대한 쇄환은 정부차원에서 극히 형식적이고 소극적으로 진행되어 이렇다할 성과를 거두지 못했고, 그 가족에 의한 개인적인 차원에서의 쇄환도 여러 가지 제약이 수반되어 역시 큰 성과를 거두지 못했다.

투항민은 대몽항쟁 중 주로 서북계 지역에서 많이 일어났는데, 이는 최씨무신정권에 의해 소외된 토착 지배층이 중앙정부로부터 심하게 수탈당하고 있던 기층민을 선동하여 적에게 투항한 것이다. 또한 투항민은 몽고족의 대고려 침략정책 및 요동지방의 농경민 확보를 위한 유인책에 의해서도 발생하고 있었다. 이들은 주로 遼陽과 瀋陽을 중심으로 한 요동지방에 산재하면서 독자적인 생활권을 형성하여 농경생활에 종사하고 있었다. 이들 투항민 세력을 바탕으로 하여 홍복원 및 王綧의 후예가 安撫高麗總管府·高麗女眞漢軍總管府를 중심으로 遼陽行省의 핵심적인 지배세력이 되어 고려정부에 많은 영향을 주었다.[60] 그 외 투항민으로 두각을 나타낸 존재로는 원의 侍衛親軍指揮使가 되어 眞定府에서 확고한 터전을 마련한 李伯祐가 있다.

柳洪烈, 〈高麗의 元에 대한 貢女〉(《震檀學報》 18, 1957).
勞延煊, 〈論元代高麗奴隷與媵妾〉(《慶祝李濟先生七十歲論文集》, 1986).
金九鎭, 〈元代遼東地方의 高麗軍民〉(《國史館論叢》 7, 1989).
張東翼, 〈元에 진출한 高麗人〉(《民族文化論叢》 11, 嶺南大, 1990 ; 앞의 책).

58) 郝經, 《陵川集》 권 10, 高麗歎.

59) 이에 대한 예로는 溟州吏 金遷의 어머니를 들 수 있는데, 그녀는 '낮에는 밭을 매고 밤에는 방아를 찧는' 열악한 생활조건 아래에 놓여 있었다(《高麗史》 권 121, 列傳 34, 金遷).

60) 《元史》 권 59, 志 11, 地理 2, 遼陽行省 瀋陽路 및 권 154, 列傳 41, 洪福源.

유민은 여·원 양국이 강화를 체결한 이후에 발생한 것으로 그 주된 요인은 고려 국내정치의 불안정과 이에 따른 기층민의 생활 불안정이었다. 이들은 지역적으로 雙城總管府 지역을 위시하여 요양·심양·개원로·북경 등지로 분포되어 있었다. 고려정부는 이들의 진출 방지 및 그 쇄환을 위해 다방면으로 노력하였으나 큰 성과를 거두지는 못하였다. 이들의 생활상은 구체적으로 알 수 없으나 고려인 지배층을 따라 여러 곳을 전전하면서 농경과 목축에 종사하였던 것으로 보인다. 이들 지역의 유민들은 고려 말 영토수복의 인적 터전을 마련하였다는 데 의의가 있다.

숙위의 경우는 韓永·崔安道·廉悌臣·鄭仁·趙忽都不花·金伯顔察 등이 대표적인 사례이다. 이들은 숙위출신 및 그들의 후예들로서 모두 몽고황실의 숙위로 출발하여 황실의 제반 관리직을 거쳐 내외의 여러 관직을 역임하였다. 그 중 한영과 김백안찰의 경우 燕京 관할내의 宛平縣 池水村에 위치한 高麗莊에 근거를 두고 고려인으로서의 자부심을 가지고서 고려인의 결집에 노력하고 있었던 것 같다.[61]

공녀의 경우는 속국으로 전락한 고려가 몽고로부터 받은 가장 치욕적인 압제의 하나로서, 종실을 위시한 지배층으로부터 일반 양인에 이르기까지 수많은 여인들이 원에 끌려가 곤욕을 치렀다. 지배층 출신의 공녀들은 후비 및 고급관인의 배우자가 되어 그들의 소생이 公卿大臣이 되는 경우가 많았다고 하지만,[62] 양인 출신의 경우는 대부분이 궁중의 시녀로서 일생을 보냈을 것이며, 그 중 일부는 주점에서 술시중을 들어야 하는 형편으로 전락하였던 것 같다.

환관의 경우는 원에 진출한 고려인 중에서 가장 현달하여 권세를 누린 층이었다. 이들은 원 황실의 총애를 통해 원의 재상의 지위에 오른 경우도 많았으며, 여·원 양국의 국정운영에 커다란 영향력을 행사하여 고려의 수많은 어려움을 해결해 준 인물도 많았다.[63] 제과 급제자의 경우는 원 제과의 13회

---

61) 李穀, 《稼亭集》 권 2, 京師金孫彌陀寺記 및 권 12, 韓永行狀.
蘇天爵, 《滋溪文稿》 권 17, 元故亞中大夫…韓公神道碑銘.

62) 그 대표적인 예로 仁宗妃 達麻實利皇后, 明宗妃로 추측되는 伯顔忽篤皇后, 順帝妃 完者忽都皇后 그리고 晋國夫人 金長姬 등을 들 수 있다.

63) 이의 대표적인 인물로는 方臣祐·李淑·高龍普·朴不花 등을 들 수 있다.

응시에 각각 1~2명이 합격하여 총 약 18명이 급제하였다. 대부분 급제 성적이 좋지 않아 요양행성 및 그 예하의 지방관에 임용되었고, 성적이 좋아 文翰官에 임명된 인물은 李穀·李穡·賓于光 3인뿐이었다. 그러나 이곡을 제외하고는 모두 정동행성의 郎中職에 머물고 말았는데, 이는 고려인에 국한된 것이 아니라 몽고 지상주의하에서 漢人과 南人도 겪었던 일이었다. 그 외 고려인의 이름을 중원에 떨친 인물로는 병부낭중에 오른 崔耐卿과 浙西道廉訪僉事가 된 李仲善이 있다.

이처럼 원에 진출한 지배층은 세력과 분포가 원 중앙정부 내에서는 크지 않았지만, 요양에서의 홍씨·왕씨세력 및 진정부의 이씨세력처럼 특정지역에서 세력을 떨친 경우도 있었다. 원 조정 내에서의 고려인 세력은 특정시기(순제 때), 특정분야(궁중내)에서는 매우 강했으며, 특히 대고려정책에 커다란 영향력을 행사하여 고려왕조의 존립문제까지 좌우할 수 있었다. 또 이들 중 일부는 원 황실과 밀착해 권력을 천단하여 원 말기의 국정 문란을 유발시켜 후세인에 의해 많은 비판을 받기도 하였다.

한편 이들 고려인들은 자신의 고려정부에 대한 적대 또는 우호적인 자세에 관계없이 당시 정신적인 구심점이었던 불교에 대하여는 불교의 사원건립, 주지 초빙, 신도의 결집 등에 있어서 뜻을 같이하는 경우가 많았다. 그렇지만 고려정부에 대해서는 적대적인 태도를 취한 인물도 많아, 이들에 의해 고려왕위의 계승, 행성관의 증치, 입성론 등이 제기되어 고려정부를 시련에 빠뜨리기도 하였다. 또 많은 인물들이 원에서 현달하였으나, 대부분은 뜻을 이루지 못하고 고려에서 어떠한 정치적 변동이 일어나기를 기대하였는데, 그것은 주로 왕위 계승전에 투영되어 많은 혼란을 야기하기도 하였다.

원에 진출한 고려인에 대해 몽고인들은 고려의 문물과 함께 유학자·기술자 등을 칭찬하는 경우도 있었으나 몽고지상주의에 입각하여 멸시하는 경우가 많았다. 그러한 가운데 고려인의 사회적인 위치는 당대의 법제적 규정집에 나타나는 것처럼 독립된 민족의 범주로서 다루어져 한인보다 우대되는 경우도 있었다.[64] 그리고 이러한 고려인은 원이 중원에서 실세함에 따라 고

64) 張東翼, 앞의 책(1994), 191쪽.

국으로 돌아온 경우가 많았으나 일부는 도적이 되거나 유민이 되어 떠돌아 다녔으며 또 중국에 잔류한 고려인들은 중국인으로 완전히 동화되었다.

나. 경제적 교류

근대이전 한·중 사이의 경제적 교류는 일반적으로 朝貢과 回賜의 공식적인 무역형태로 이루어졌다. 그렇지만 여·원간의 경제적 교류는 군사적인 침공과 뒤이은 지배·복속의 정치적인 예속을 주축으로 형성되었기 때문에 양국의 호혜적인 무역거래보다는 압제를 받은 고려의 희생을 바탕으로 전개되었다.

고종 6년(1219) 이래 몽고는 江東城에서 고려군과 연합하여 거란족을 격파한 후 고려와 형제관계의 외교관계를 맺으면서 군사적인 우위를 기화로 사신을 자주 파견하여 이른바 歲貢을 강요하였다. 그 주된 품목은 비단·모시·붓·종이·수달피 등으로, 많은 양을 강요하는 가운데 몽고 사신들의 횡포가 매우 심하였다. 그 후 양국이 전쟁에 돌입하면서 몽고족의 강력한 무력을 제압할 수 없었던 고려정부는 한편으로 전쟁을 하며 다른 한편으로는 강화를 꾀하면서 몽고정부 및 침략군의 지휘관들에게 많은 물품을 주어 회유하려 하였다. 그렇지만 몽고는 고려가 부담하기에 어려울 정도의 공물을 요구하여 고려정부를 곤경에 몰아 넣었다.

이러한 형편은 고려가 몽고의 영향권 안에 들어간 이후에도 계속되어 몽고는 복속국들이 준수해야 할 六事를 고려에게도 예외없이 요구하였다. 이에 의한 공물의 납부 내용 및 규모가 구체적으로 어떻게 이루어졌는지는 분명히 알 수 없으나, 원측의 자료에 의하면 고려는 해마다 연초나 연말에 入貢使臣을 파견하여 歲貢·歲幣·方物 등으로 표현되는 공물을 바쳤다. 충렬왕 21년(1295) 제주도에서는 苧布 100匹·木衣 40葉·脯 6籠·獾皮 76領, 野猫皮 83領·黃猫皮 200領·麂皮 400領·鞍轎 5副 등의 방물을 바쳤다.[65] 제주도가 이처럼 다양하고 많은 양의 방물을 바친 사실을 감안하면 고려정부의 공물은 엄청난 양에 달하였을 것이다.

이러한 공물 이외에도 원은 그들의 수요에 따라 각종 명목의 공물을 요구해 왔다. 그 주된 품목은 금·은·동·철 등의 각종 광산물, 도자기·金畵甕

65) 《高麗史》 권 31, 世家 31, 충렬왕 21년 윤 4월 경오.

器·화문석·龍席·竹簟·金鐥·銀鐥·酒鍾·眞紫羅·黃漆·紙·藏經紙 등의 각종 수공업 제품, 비단·苧布·文苧布·細苧布·織紋苧布·布帛·皮貨 등의 의복 재료, 곡물·인삼·海菜·乾魚·乾脯·牛肉·鵠肉·鵝肉 등의 농수산물, 海東靑(鷹)·鵝·鵝子·鶻·馬·白馬·野稚 등의 동물 그리고 畵佛·대장경 등의 문화재 등이었다. 이에 비해 원이 고려에 하사한 것은 금·은·幣·西錦·약·서적 등으로 그 품목과 규모는 미미하였다.

이러한 원의 고려에 대한 경제적인 요구는 오랜 동안의 전란으로 황폐된 고려를 괴롭혔다. 특히 해동청 등과 같은 매의 요구에 응하여 응방이 널리 설치되었는데, 이 응방은 원의 세력을 등지고 여러 가지 특권을 행사하여 폐해가 많았다. 이러한 원으로부터의 요구는 결국 농민들의 부담이 되었고, 농민들은 고려와 원에 대한 이중적인 부담을 짊어지게 되었다. 그 결과 많은 농민이 유민이 되어 각지로 떠돌아 다녔다.

이상과 같은 공물을 통한 여·원의 공적인 경제적 관계 외에도 양국의 접촉 초기에는 국경에 互市를 열어 서로가 필요한 물품을 거래하기도 하였으나, 고려가 몽고제국의 영향권 아래에 들어간 시기를 즈음하여 철폐되었다.[66] 이후 양국간의 정치적인 긴밀한 관계에 동반하여 양국의 상인들이 자유로이 서로의 국경을 넘나들면서 활발한 교역을 전개하였다.[67] 당시 양국간의 교통로는 육로와 해로의 두 통로가 있고, 그 중 해로는 북로와 남로의 두 갈래가 있었다. 육로의 경우 양국의 수도인 북경과 개경의 편도가 도보로 보통 1개월 정도 소요되었고,[68] 고려의 남단과 중국의 강남까지는 약 3개월 정도가 소요되었다. 해로는 당·송대 이래의 그것을 답습한 산동반도의 登州—옹진반도의 북로와 강남의 明州(寧波)—蓬萊—淮河入口—흑산도—개경의 남로가 있었는데, 이들 모두 편도 2~3일 정도 소요되었다. 육로에 비해 해로는 짧은 시간에 상대국에 도달할 수 있었으나 험난하였고, 원의 수도가 북방에 위치하였으므로 사람의 왕래를 위시하여 간단한 화물의 운반은 주로 육로가

66) 《元史》 권 5, 本紀 5, 世祖 中統 3년 정월 경오.
67) 양국의 교역에 대해서는 다음의 글이 참조된다.
陳高華, 〈元朝與高麗的海上交通〉(《震檀學報》 71·72, 1991).
張東翼, 〈高麗と元の間の經濟交流〉(《學人》 4, 中國 江蘇文藝出版社, 1993).
68) 高柄翊, 앞의 글(1970), 136쪽.

이용되었다. 해로의 경우는 육로가 너무나 멀어 시간의 단축을 위해서 이용되거나, 화물의 양이 많고 중량이 무거운 물건을 신속히 운반하기 위해서 많이 이용되었다.

이러한 교통로를 이용하여 양국의 상인들이 빈번히 왕래하며 활발한 무역을 전개하였다. 원의 상인이 고려에 진출한 예로는 廣寧출신의 상인이 고려에서 상행위를 하다가 법을 위반하여 제주도에 유배되었다던가, 강남의 상인들이 각종 물품과 노비를 배에 실어 고려에 진출하였다던가, 南蠻 상인이 안동지역에까지 진출하여 고려 여인과 혼인하여 정착하였던 사실 등을 들 수 있다.[69] 그 외 新安 앞바다에서 침몰된 원 선박의 존재 및 가요 쌍화점에 보이는 위구르 상인의 존재 등을 통해 원나라 상인이 고려에 많이 진출하였음을 알 수 있다.

고려인이 원에 진출하여 무역한 예로는 충렬왕이 관료를 파견하여 益都府에서 麻布 14,000필을 판매한 것, 충렬왕비인 齊國大長公主가 인삼·松子 등을 강남에 보내 큰 이득을 보았다는 것, 충숙왕이 색목인 출신의 富商 崔老星(黨黑厮)을 측근으로 삼았던 점 그리고 충혜왕이 사적으로 원과 무역한 사례가 자주 보이는 점 등을 들 수 있다. 또 원의 수도인 연경의 조운 집결지인 通州 관내의 宛平縣에 고려인의 집단 거주지인 고려장이 존재하고 있었다. 이는 당대의 新羅坊과 유사한 존재였다. 이 고려장을 통해 고려인이 원 내에서 활발하게 국제무역에 종사하였을 것으로 짐작된다. 고려의 산물이 무역을 통해 원에서 유통된 것으로는 화문석·茶·墨·紙·器皿·石溜璃·馬·熊掌·笠 등이 있었다.

이러한 양국간의 무역에 부과되는 세금에 대해서는 구체적인 자료가 없다. 단지 원측의 한 자료에 의하면 고려 국왕이 사람을 보내 泉州·廣州에서 무역할 때, 그 곳의 市舶司에서 3/10세를 거두려고 하자(당시 원의 市舶稅는 1/10~1/15였음) 浙江行省의 한 관료가 고려와 원의 긴밀성을 강조하며 시박세인 3/10은 면제하고 1/30의 商稅만을 징수하자고 주장한 사례가 하나

69) 程鉅夫, 《楚國文憲公雪樓程先生文集》 권 8, 太原宋氏善德之碑.
《元典章》 刑部 19, 禁誘略 過房人口.
《高麗史》 권 123, 列傳 36, 廉承益.

보인다.70) 이것이 채택되었는지는 알 수 없으나, 당시 양국간의 무역에 있어 시박세와 상세 등의 일정한 세금이 부과되고 있었음을 알 수 있다.

다. 문물 교류

고려가 원제국 지배질서하에 들어간 후 정치제도적인 면에서는 많은 변모가 있었으나 사회풍속면에서는 원 세조의 '土風不改'의 명에 의해 衣冠制度와 같은 토속의 공식적인 변화는 없었다. 그렇지만 원과의 관계가 장기간 지속되고 인적 교류가 빈번함에 따라 문물 교류도 활발히 이루어졌다. 먼저 양국 왕실의 혼인관계로 인해 왕실을 중심으로 몽고인들의 생활방식인 몽고풍이 고려의 궁중을 위시하여 지배층사이에 널리 행해지게 되었다.71) 고려의 왕족이 원에 숙위로 장기간 체류함에 따라 앞머리를 깎고 뒷머리를 땋는 剃頭辮髮이라는 몽고식의 용모와 몽고식의 복장이 유행하였다. 또 몽고어가 널리 사용되어 정치제도에 있어 국왕측근 세력들에게는 必闍赤·速古赤·忽赤·愛馬 등과 같은 용어가 붙여졌으며, 공문서에 몽고식 어투가 많이 구사되기도 하였다. 이와 함께 몽고식의 인명이 널리 사용되었고, 수라(水剌)·사돈(査頓)·단령(團領)·화자(靴子) 등과 같이 일상생활에서도 몽고어가 사용되었으며, 물고기의 이름에서도 '赤[치]'와 같은 용어가 많이 구사되었다. 그리고 몽고 지배층사이에 유행했던 畏吾兒 문자까지도 사용되었다. 또 원 공주들로 인해 몽고식의 천막 거주인 穹廬·氈幕·氈帳 등이 만들어지고, 몽고식의 부인 모자인 姑姑가 유행하였고, 몽고식의 각종 연회인 孛兒札宴·設比兒 등이 널리 보급되기도 하였다. 그리고 의복과 음식에 있어서 홀태바지·귀거리·달비·소주(아라끼酒) 등과 같은 풍속이 전래되었고, 才人의 각종 기술과 投錢 등에도 영향을 받았다고 한다.

학술 종교적인 면에서는 더 큰 영향을 받았다. 일찍이 원 세조가 "고려는 작은 나라이지만 匠工·奕技가 모두 한인보다 나으며, 儒人에 이르러서는 경서에 통하여 孔孟을 배운다. 그런데 한인은 오직 課賦 吟詩를 힘쓰니 장차

---

70) 姚燧,《牧庵集》권 16, 福建行省平章政事史公神道碑.

71) 內藤雋輔,〈高麗風俗に及ぼせる蒙古の影響に就いて〉(《朝鮮史硏究》, 1961).
金庠基,〈麗元間의 文物交流〉(《高麗時代史》, 東國文化社, 1961), 678~691쪽.

어디에 쓰겠는가"라고 하여 고려의 문물을 찬양한 적이 있었으나,72) 원의 문물이 발전함에 따라 고려가 학술적으로 영향받은 것은 심대하였다. 그 대표적인 예의 하나가 성리학이라는 새로운 유학사상인데, 이는 이후 우리나라 정신세계에 새로운 기풍을 조성하였다. 성리학은 安珦 · 白頤正 이래 고려인의 원 진출을 통해 자주적으로 수용되는 한편으로 정동행성 예하의 유학제거사를 통해 원인들에 의해 보급되기도 하였다. 그 학문적인 성격은 許衡을 중심으로 한 朱子의 道問學에 바탕을 두어 居敬을 위주로 실천윤리를 중시한 원의 북방유학이었다. 그 후 고려인의 원 制科 응시 · 국자감 입학 그리고 고려인의 광범위한 원 진출을 통한 강남 유학자와의 교유를 통해 窮理를 바탕으로 한 理氣論 · 心理論 그리고 주자의 학문에 陸九淵의 尊德性을 가미시킨 吳澄의 학풍이 수입되기도 하였다.73) 이러한 여러 갈래의 성리학은 고려에 도입되면서 불교 위주의 고려사회에 커다란 충격을 주어 큰 변화를 초래하였다.

한편 종교면에서도 원에서 유행하던 라마교 · 도교 그리고 강남의 불교 등이 수입되어 일정한 영향을 끼쳤다. 라마교의 경우 고려의 불교를 사대적이고 세속적인 것으로 전락시켰다는 부정적인 면도 있으나, 그것의 전래와 함께 불교미술에 새로운 영향을 준 점에서는 긍정적인 면도 있다. 강남의 불교 중 百丈海의 禪門淸規는 '一日不作 一日不食'을 슬로건으로 승려들에게 경작의 의무를 도입한 것인데, 이는 비대한 사원경제로 인해 사회에서 크게 지탄을 받고 있던 고려 불교계에 신선한 기풍을 조성하였다.

이 밖에 원에서 만들어진 授時曆 · 화약 등이 도입되어 고려의 과학 발전에 기여하였고, 《農桑輯要》와 같은 농서가 전래되어 농업 발전의 한 토대가 되었으며 강남에서 유행하던 이앙법 및 목면이 전래되어 삼남지방 일부에서 시행 재배되기도 하였다.

한편 원에서도 고려인의 대대적인 진출로 인해 고려의 풍속이 유행되었다. 많은 고려 여인이 공녀로서 들어간 원의 궁중에서는 원 세조의 총애를 받은 宮人 李氏를 위시한 여러 궁인들의 비파솜씨로 인해 高麗樂이 유행하기도

72) 《元史》 권 159, 列傳 46, 趙良弼.
73) 張東翼, 앞의 글(1992).

하였다. 또 궁중에 소속된 고려인 급사·시녀들로 인해 고려방식의 의복·음식·기물 등이 유행하였는데, 이를「高麗樣」이라 불렀다. 당시 몽고인 사이에 유행했던 고려 의식주 생활의 대표적인 예로는 高麗饅頭·高麗餅·高麗雅靑 등을 들 수 있다. 그리고 고려의 투항민과 유민들이 대대적으로 遼陽行省지역에 진출하여 농경생활을 지속하며 농지개혁을 꾀하였으므로 고려의 농법이 만주지역에 전수되었을 가능성도 높다.

〈張東翼〉

2) 북방문제

(1) 심양로의 심왕

瀋陽路는 元代에 만주 지방에 설치된「7路·1府」의 하나로서 몽고에 투항한 고려 軍民을 통솔하던 관부였다. 처음에는 洪福源이 그 중심 세력을 형성하였으나, 나중에 고려의 왕족이 瀋陽王에 봉해져서 고려 군민을 지배하였다. 요동의 중심지였던 심양과 遼陽에는 고려인들이 많이 거주하였기 때문에 원은 이 지역에 심양로를 설치하고, 또 심양왕을 따로 두어 고려의 투항민을 다스리게 하였다.「瀋王」은 심양왕을 줄여 일컫는 말이며, 또 요양과 심양을 줄여서 遼·瀋 지역이라고 통칭하기도 하였다.

충렬왕 22년(1296) 원은 遼陽故城과 瀋州(심양)에 瀋陽路安撫軍民總管府를 설치하고 요양고성을 치소로 삼았다. 이 심양로의 관할 하에는 總管 5인, 千戶 24인, 百戶 25인을 두었고, 管下 民戶는 5,183호였다.[1)]

원에서는 심양로의 고려인들에게 요동지방의 토지를 주어 이를 경작하게 하였다. 왜냐하면 몽고인은 유목민족으로서 농경을 할 줄 몰랐기 때문이다. 또 원은 정책적으로 심양왕과 고려왕을 대립시켜 고려의 세력을 견제하였으므로 심양왕은 기회가 있을 때마다 고려왕을 모함하거나 고려의 왕위를 차지하려고 음모를 꾸몄다. 따라서 고려 말엽에 이르러 심양로의 심왕은 고려의 북방문제에 있어서 가장 심각한 두통거리였다.

1)《元史》권 58, 志 11, 地理 2, 瀋陽路.

몽고가 고려를 침략할 때 고려의 북계는 피해를 가장 많이 입었다. 왜냐하면 서북면 지역이 지리적으로 요동 지역과 접해 있었기 때문이었다. 고려가 몽고에 대항하여 40여 년 동안 항쟁할 즈음 서북면 일대에 살던 고려와 군민들이 거의 대부분 몽고군에게 피랍되어, 요동의 요양과 심주 등지에 억류되었던 것이다.

고종 18년(1231) 몽고의 撒禮塔이 압록강을 건너 고려에 침입하여, 북계의 40여 성을 공략하였는데, 이것이 바로 몽고의 1차 침입이다. 이 때에 이 지역에 거주하던 고려 군민들의 대다수는 몽고군에게 포로가 되거나 투항하였다. 이처럼 고려의 북계 40여 성을 점령한 살례탑은 자칭 「權皇帝」라 칭하고 관부를 설치하여 다스렸는데, 이에 대하여 《高麗史》의 기록을 보면, 당시 살례탑은 安北都護府에 주둔하고 이를 '元帥府라 하였다'고 한다. 이것이 몽고에서 고려 땅에 설치한 최초의 관부가 되는데 살례탑이 돌아간 뒤에도 몽고에서는 이 지역을 고려에 돌려주지 아니하고, 達魯花赤〔다루가치〕를 두어 통치하였다. 원래 다루가치란 원나라의 諸路總管府와 府 · 州 · 縣의 민정을 맡아보던 掌印辦事의 장관을 말한다.2)

한편 몽고의 1차 침입 때 서북면 麟州都領 洪福源이 솔선하여 그 주와 현의 민호를 거느리고 몽고군에 투항한 후 살례탑의 앞잡이가 되어 당시 고려에 투항하지 않았던 고려인들을 공격하였다.3) 몽고군이 개경까지 진격하자 홍복원은 阿兒禿과 함께 고려 고종을 설득하였고, 그 결과 같은 해 12월에 고려에서 淮安公 侹과 軍器監 宋國瞻을 원수부의 행영에 보내어 강화를 요청하였다.4)

몽고의 침략은 어디까지나 물화와 人物의 약탈에 있었으므로, 고려측에 대하여 막대한 양의 金銀 · 衣服 · 馬匹 · 水獺皮 등과 3천 명의 남녀 볼모를 요구하였다.5) 그러나 고려에서는 이러한 원의 무리한 요구를 들어 줄 수가 없어서, 그 수량을 줄이고 또 시일을 끌었다.

---

2) 《黑韃史略》, "管民曰 達魯花赤".
《二十二史劄記》 권 29, "達魯花赤掌印辦事之長官".
3) 《元史》 권 154, 列傳 41, 洪福源.
4) 《元史》 권 208, 列傳 95, 外夷 1, 高麗.
5) 《高麗史》 권 23, 世家 23, 고종 18년 12월 갑술.

고종 19년(1232) 정월 몽고군은 일단 철수하였으나, 점령 지역을 고려에 돌려주지 않고 개경과 북계의 여러 점령 지역에 각각 72인의 다루가치를 두고 이 지역을 관할하였다. 그러나 그 해 8월 고려는 몽고의 세력을 몰아내기 위하여 원에서 파견한 다루가치를 모두 살해하여 버렸다.[6)]

이러한 고려측의 반발에 직면하여 서북면의 토호 홍복원은 서경의 토호들과 손을 잡고 서북면 40여 성의 유민들을 招撫하여 몽고에 귀부시켰다. 또 몽고에서도 다시 살례탑을 보내어 고려를 제2차 침입하였다. 이 때 홍복원은 管下의 民戶를 징발하여 살례탑의 몽고 군사와 힘을 합쳐 고려를 공격하는데 앞장섰다.[7)]

이처럼 홍복원이 몽고에 귀부하고 고려를 배반한 원인은 그 관하 민호(下戶)를 계속 유지하기 위해서였다고 생각된다. 왜냐하면 고려는 성종 이후 지방 호족의 세력을 억제하고 그 관하 민호를 해체하여 고려의 호적에 편입하고 編氓으로 만들었기 때문이었다. 반면에 몽고에서는 토호들이 관하 민호를 데리고 투항한 지역에 대해서는 다루가치를 보내어 간접 통치하였고, 그 투항한 토호에게 그 관하 민호를 그대로 점유하고 그 지역을 다스리는 권리를 보장하여 주었던 것이다. 그러나 몽고에 대항하는 토호에 대해서는 철저하게 토벌하여 그 일족을 멸망시켜 버렸던 것이다.

고종 19년 12월 살례탑이 處仁城에서 金允侯의 화살에 맞아 전사하자, 몽고군은 고려에서 철수하였다. 원은 이미 몽고에 항복한 서북면 지역을 홍복원으로 하여금 다스리게 하였다.[8)] 일단 몽고군이 철수하자, 이듬해 고려에서는 宣諭使를 보내어 홍복원을 초유하였으나, 그는 고려의 선유사를 살해하고 고려에 불복하였다. 당시 고려의 실권을 잡았던 崔瑀가 家兵 3천 명을 서경으로 보내어 홍복원을 토벌하니, 그는 그 관하 민호를 거느리고 압록강을 건너 東京(遼陽)과 瀋州(瀋陽) 일대로 도망가서 정착하였다.[9)]

이 때 몽고에서는 홍복원의 공적을 인정하여 그에게 金符를 내려주고, 요·

---

6) 《高麗史》 권 23, 世家 23, 고종 19년 8월 기유.
池內宏, 〈蒙古の高麗征伐〉(《滿鮮史硏究》 中世篇 3, 吉川弘文館, 1963), 7쪽.
7) 《元史》 권 154, 列傳 41, 洪福源.
8) 위와 같음.
9) 《高麗史》 권 130, 列傳 43, 叛逆 4, 洪福源.

심지역에 거주하던 고려의 투항민을 통할하게 하였다. 당시 원에서는 고려의 투항민이 거주하던 요양과 심주 등지에 심양로를 설치하고 홍복원을 「高麗軍民萬戶」의 관직에 임명하여, 고려에서 투항한 모든 군민을 다스리게 하였다. 처음에 홍복원이 거느리고 몽고에 귀부한 민호가 1천 5백 호였는데 또 고종 25년(1238) 5월에 趙玄習과 李元祐가 고려에서 투항할 때 거느리고 온 고려인 2천여 명도 東京에 거주시켜 홍복원의 지배를 받도록 하였다.10) 그 뒤에도 원은 고려에서 투항해 오는 고려 군민들을 모두 심양로의 홍복원의 관하에 편입하였으므로, 그가 통치하던 고려군민은 4, 5천여 호가 넘었으리라 추측된다.

원은 정책적으로 고려의 투항민을 요양과 심양 등지의 東京路에 분산 · 거주시키고, 성곽을 쌓고 그 지배체제를 고려인으로 구성하였다. 이 때 고려인을 다스리는 관부를 설치하여 임시로 요양고성을 다스리게 하였는데, 요양고성은 요 · 금대에 동경로의 首府였던 요양의 옛성을 말하는 듯하다. 이처럼 원의 동경로의 요양과 심양 일대를 지배하던 동경총관은 고려의 홍복원이었다. 고려 원종 2년(1261) 원의 세조는 요양의 관부를 安撫高麗軍民總管府로 고치고 홍복원을 총관에 임명하였다.

그러나 고려가 원에 완전히 항복하자 홍복원 등의 서북면 토호들의 이용가치가 없어졌으므로 원에서는 도리어 그 세력을 억제하는 정책을 취하였다. 그리하여 원은 요 · 심 일대의 고려의 투항민을 홍복원에게 관찰하도록 하는 것보다는 고려왕조를 대표하는 인물에게 그 통치권을 맡기려 하였다.

원종 4년(1263) 고려에서 質子로 王綧을 원나라에 보내자, 원에서는 질자 왕준을 「高麗軍民總管」에 임명한 뒤, 홍복원의 관하에 있던 고려 군민 2천여 호를 빼내어 통솔하게 하고 심주를 다스리게 하였다.11) 이로써 고려의 투항민의 세력은 둘로 나뉘어, 요양고성에 거주하는 자들은 홍복원의 지배를 받고 심주(심양)에 살던 자들은 왕준의 지배를 받게 되었다. 이리하여 홍복원과 질자 왕준 사이에는 세력다툼이 벌어지게 되었다. 홍복원이 고려에서 귀순하는 인민을 몰래 병합하려고 획책하다가 도리어 원의 미움을 사 죽임을 당했는데, 그 때 그의 나이는 53세였다.12)

10) 《元史》 권 208, 列傳 95, 外夷 1, 高麗.
11) 《元史》 권 58, 志 11, 地理 2, 瀋陽路.

홍복원이 권력투쟁에서 패배하여 죽은 뒤 그의 둘째 아들 洪茶丘가 그 직위를 세습하였다. 홍다구는 아버지 홍복원처럼 원에 종군하여 용맹을 떨쳤기 때문에 원의 세조로부터 사랑을 받았지만 그 역시 심양에 거주하던 영녕공 왕준과 권력투쟁을 전개하였다.

원종 4년(1263) 홍다구가 왕준이 자기 자신의 品秩이 元의 皇太子와 같다는 말을 한다며 원의 세조에게 참소하니 세조는 크게 노하여 왕준이 거느리던 병마를 빼앗고, 대신 홍다구로 하여금 그가 통솔하던 고려 군민을 관령하게 하였다.[13] 이로써 홍다구는 아버지의 원수를 갚고 세조로부터 그 아버지 홍복원의 직함을 세습하여 귀부한 고려군민을 관령하는 총관이 되었다.[14] 홍다구는 원종 12년(1271) 裵仲孫의 삼별초를 진압하는 데 공을 세웠고, 원종 15년 원이 일본을 정벌할 때도 造船軍民을 감독하는 총관이 되어 활약하였으므로, 원으로부터 龍虎衛上將軍·征東行省右丞의 관직을 제수 받았다. 뿐만 아니라 충렬왕 13년(1287) 원의 乃顔의 반란을 진압하는 데 공을 세워 다시 遼陽等處行尙書省右丞의 관직을 받았다. 그 후 홍다구의 관직은 그 아들 洪重喜, 손자 洪滋에게로 계승되었다. 이들 홍씨세력은 심양로에 귀부한 고려군민을 관령하는 총관이었을 뿐만 아니라 요·심 일대의 고려인·여진인·중국인을 총관하는 만호 겸 안무사였다.

원에서는 다시 홍다구 세력을 억제하기 위하여 심왕제도를 두었는 바, 심왕은 고려왕의 친자 가운데 원나라에 머물러 있던 인물로 지명되었다. 영녕공 왕준이 왕의 친자가 아니었기 때문에 심양왕으로 처음 봉해진 사람은 원종의 아들 충렬왕이었다. 심왕이 언제부터 생겼는지는 알 수 없으나《고려사》를 보면, 충렬왕 즉위년(1274)에 처음으로 심왕으로 있던 충렬왕이 고려의 왕으로 부임한 기사가 나온다. 아마 충렬왕이 세자로서 원에 머물면서 세조의 딸인 齊國大長公主와 결혼하고 부마로서 宿衛하자 원에서 심왕으로 봉한 것 같다. 심왕은 원의 관제에서 보면, 제 1등급의 金印·獸紐에 속하는데, 금인·수축의 43王府 가운데 심왕은 39위이고 고려국왕은 41위였다. 그러므로

12)《元史》권 154, 列傳 41, 洪福源.
13)《高麗史節要》권 18, 원종 4년 3월.
14)《元史》권 154, 列傳 41, 洪福源.

심왕이 고려국왕보다 오히려 작위가 높았다.

충렬왕은 처음에 심왕으로 불리다가 다시 심양왕으로 통칭되는 것을 보면, 심왕은 심양왕의 줄인 말이 분명하다. 심왕과 고려왕은 모두 충렬왕 계통에서 갈려져 나간 후손이었다. 江陽公 王滋는 충렬왕의 장자였으나 원의 세조의 친딸인 제국공주에게서 태어난 동생 충선왕에게 고려국왕을 양보하지 않을 수 없었다. 왕세자로서 원나라에 머물던 충선왕도 심양왕으로 봉해졌다가 고려국왕에 즉위하였다. 심왕과 고려왕의 두 직함을 가졌던 충선왕은 심왕의 지위를 그의 조카 王暠(完澤禿)에게 넘겼는데 그는 강양공 왕자의 아들이었다. 이 때부터 심왕은 延安君 왕고를 거쳐 그 손자 篤朶不花(脫脫不花)로 이어졌으며, 고려국왕은 충숙왕의 계통으로 이어져 공민왕에까지 이르렀다.

심왕과 요양고성의 총관 홍씨세력은 고려 군민의 관할권을 둘러싸고 서로 대립하였다. 충선왕이 심왕과 고려왕을 겸임하자, 홍복원의 손자 홍중희가 원 조정에게, "한 몸이 양국의 印章을 겸하여 차지하는 것은 마땅하지 않다"고 반대하니[15] 충선왕은 동왕 4년(1312)에 고려국왕의 자리를 장자 충숙왕에게 넘기고, 4년 후에는 심왕을 큰조카 연안군 왕고에게 넘겨주었다.

충렬왕 22년(1296) 원에서는 요양고성과 심주에 있던 두 관부를 하나로 병합하여「瀋陽等路安撫軍民總管府」로 만들어 요양고성을 치소로 삼았는데,[16] 이것이 바로 원대의 심양로이다. 관할 호수는 5,183호였는데, 심양로의 호수는 모두 고려의 투항민이었다. 이리하여 초기에 서북면 지역에 살던 사람들이 몽고의 1·2차 침입으로 말미암아 사로잡혀 요양과 심양 등지의 심양로로 강제로 이주되었던 것을 알 수 있다. 고려 후기에 이러한 심양로의 고려 군민의 관할권을 심양왕에게 맡기게 되자, 심양왕과 고려 국왕이 대립하는 양상을 보였다. 특히 고려 왕위 계승에 대하여 심양왕이 왕권을 주장하자 더욱 복잡한 관계로 발전하게 되었다.

심왕과 고려국왕은 대등한 지위를 가졌지만, 원의 종실 서열상으로 심왕이 고려국왕보다 오히려 높았던 것도 문제였다. 심왕 왕고는 충선왕을 끊임없이

---

15) 《高麗史》 권 35, 世家 35, 충숙왕 15년 7월 기사.
16) 《元史》 권 154, 列傳 41, 洪福源.

〈표 1〉 역대 심(양)왕과 고려왕의 관계

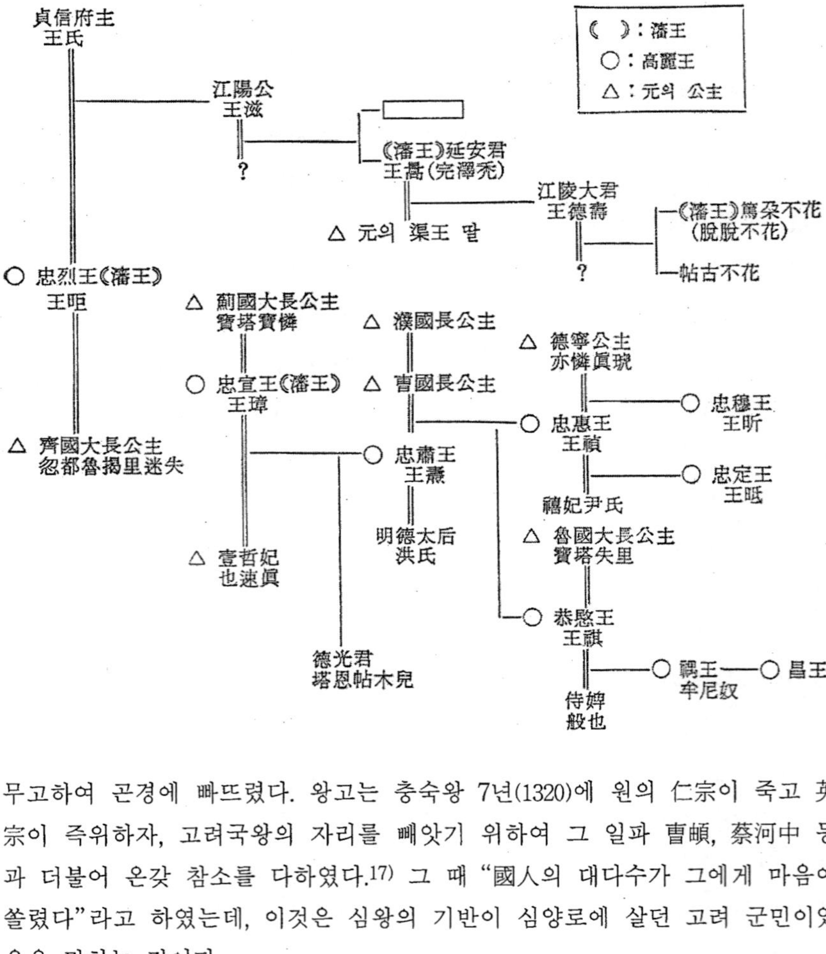

무고하여 곤경에 빠뜨렸다. 왕고는 충숙왕 7년(1320)에 원의 仁宗이 죽고 英宗이 즉위하자, 고려국왕의 자리를 빼앗기 위하여 그 일파 曺頔, 蔡河中 등과 더불어 온갖 참소를 다하였다.[17] 그 때 "國人의 대다수가 그에게 마음이 쏠렸다"라고 하였는데, 이것은 심왕의 기반이 심양로에 살던 고려 군민이었음을 말하는 것이다.

충렬왕 28년(1302) 12월에 심왕파는 요양행성의 관원을 시켜 원의 성종에게 청하기를, "요양행성과 본국 정동행성을 혁파하고, 이를 遼陽府의 옛성에 합병하여 1行省을 새로 세워 그 관부를 東京에 옮기도록 하자"고 하였는데, 이것은 요양의 고려 군민이 거주하던 성을 중심으로 고려 본국과 요

17) 《高麗史》 권 91, 列傳 4, 宗室 2.

동지방을 합친 새로운 行中書省을 세워서 그 실권을 심왕파가 잡으려던 계책이었다.[18]

충렬왕이 죽고 충선왕이 즉위할 때 심왕파는 원의 太師 伯顏의 도움을 받아 고려 왕위를 빼앗으려 하였으나, 백안의 실각과 어사대부 脫脫의 도움으로 충선왕이 무사히 즉위할 수가 있었다.

공민왕 때 고려 출신 奇皇后 일파는 공민왕을 폐하고 심왕 篤朶不花를 고려왕으로 세우려 하였으나, 독타불화가 "내가 어찌 숙부의 왕위를 빼앗을 수 있겠는가"라고 사양하니, 기철은 德興君 塔思帖木兒를 왕으로 추대하였다.[19] 그러나 이러한 음모는 공민왕의 배원정책으로 실패하고 말았다. 또 공민왕이 죽고 우왕이 즉위할 때에도 심왕 독타불화를 고려국왕으로 추대하려는 운동이 있었다. 이처럼 심왕(심양왕)과 홍씨세력, 그리고 본국 고려국왕과의 삼각관계에서 볼 때 고려의 왕위 쟁탈전을 전개하는 데 있어서 심왕의 세력은 요·심의 고려 군민세력과 결탁하여 그 在地的 기반을 가지고 고려 왕권에 도전한 것만은 사실이었다.

그러나 심양로에 고려 군민을 지배하는 통치권을 둘러싸고 다시 심왕과 홍씨세력은 대립하는 양상을 보였다. 그 결과 고려 말에 배원정책을 추진하던 공민왕은 印璫과 李成桂 등을 보내어 요·심 지역을 토벌하였던 것이다.

(2) 동녕부

원종 11년(1270) 2월에 龜州都領 출신의 서북면 병마사 崔坦 등이 중앙의 권신 林衍에게 반기를 들고 北界의 54성과 西海道 6성을 포함하는 60여 성을 몽고에 귀속시키자, 원의 세조는 이것을 심양행성에 소속시켜 동녕부를 설치하였다. 《元史》 지리지를 보면, 원의 至元 6년(1269)에 최탄, 李延齡, 玄孝哲 등이 부·주·현의 60여 성을 가지고 귀부하였으므로 지원 8년(1271) 8월에 서경을 고쳐서 동녕부라고 하였다고 한다.[20] 이로 보아 처음에 동녕부를 서경에 설치하여 북계와 서해도의 60여 성을 관할하게 하였음을 알 수가

18) 《高麗史》 권 32, 世家 32, 충렬왕 28년 12월 임오.
19) 《高麗史》 권 91, 列傳 4, 宗室 2.
20) 《元史》 권 59, 志 11, 地理 2, 東寧路.

있는데, 자비령으로 선을 그어 그 경계로 삼았다고 한다.

서북면 토호 출신 최탄과 이연령 등이 중앙 정부에 반기를 든 것은 고려 조정이 강화도에서 출륙할 때 崔竩를 제거하고 실권을 잡은 임연 일파가 원종을 폐위하였기 때문에, 이에 반발한 것이었다고 한다. 그러나 사실은 서북면 토호들은 중앙의 통제에서 벗어나 그들 토호의 관하 민호를 지배하는 권력을 강화하려는 데 목적이 있었다. 몽고의 1차 침입 때 몽고측에 투항한 홍복원이나 후기의 최탄·이연령·현효철·韓愼 등이 모두 서북면 토호로서 하나같이 고려의 중앙 정부에 반항하여 몽고에 투항하였던 것은 서북면 지역이 중앙정부에 반항적이었음을 시사해 준다.

즉 최탄은 귀주도령이었으며, 이연령은 三和縣 출신이었고, 현효철은 延州 출신이었는데 모두 서경 일대의 도령으로서 관하 민호를 거느리고 있었다. 국내의 토호나 변경상의 여진추장에게 주던 土官職인 고려의 도령은 중앙의 무반과는 달리 허직에 지나지 않았지만 주진군에 편입된 민호들을 실질적으로 장악하고 있었기 때문에 이들 도령은 중앙의 권력과는 항상 대립하거나 충돌하였다. 고려에서는 이러한 토호의 기반을 약화시키고 중앙의 통제력을 강화하려는 정책을 취하였고, 이 때문에 토호세력은 필연적으로 중앙에 대하여 반감을 갖게 되었던 것이다.

그러나 몽고측에서는 일단 몽고의 영역으로 편입된 지역에 대하여 이러한 토호들의 자치를 인정하여 그 예속민의 지배를 오히려 정당화시켜 주었고, 한편으로 諸路總管府와 부·주·현의 총관·만호·천호·백호 등의 관직에 이러한 토호들을 임명하였다. 다만 몽고에서 다루가치를 파견하여 그 민호의 숫자를 파악하고 대장을 만들어 조세와 공물을 부과하는 데 그쳤다.

고려 권신 임연 일당이 원종을 폐위시키고 그 동생 安慶公 淐을 옹립하자 서북면 토호 최탄·이연령·현효철 등이 이에 반기를 들고 서경 일대를 근거지로 하여 중앙에 대항하였다. 한편 임연 일당은 몽고에서 돌아오던 세자를 중도에서 납치하려 하였으나, 세자는 靜州(오늘의 義州)의 官奴로부터 이 사실을 듣고 婆娑府(九連城)에서 다시 燕京으로 돌아갔다. 이리하여 원의 세조는 임연 일당이 원종을 폐위한 사실을 알고 사신 斡脫兒不花를 보내어 폐위한 죄를 힐책하는 한편 군대를 파견하여 고려를 응징하려고 하였고 이에 임연 일당은 하는 수 없이 원종을 복위시켰다.

이처럼 고려의 정국이 어수선한 틈을 타서 원종 10년(1269) 10월에 서북면 병마사 영기관 최탄·한신, 삼화현인 전교위 이연령, 定遠(定州) 都護郞將 柱文庇, 연주(寧邊)사람 현효철 등이 임연 일당을 토벌한다는 명분을 내걸고 龍岡·咸從·三和 등의 인민을 불러모아 함종현령 崔元을 죽이고 椒島에 들어가 分司御史 沈元濬·監倉 朴守奕 등을 살해하고 반란을 일으켰다.[21] 최탄은 군사를 이끌고 서경으로 들어가 서경유수 崔年, 판관 柳粲, 사록 曺英紱 등을 죽이고 龍州(龍川)·靈州(義州)·鐵州(鐵山)·宣州(宣川)·慈州(慈山)의 5고을 수령을 살해하였다. 이리하여 서북면의 여러 성이 모두 최탄의 세력 아래 들어가게 되었다.[22]

최탄은 몽고에 투항하려고 하여 몽고사신 脫朶兒를 만나 서경을 비롯하여 북계 54성과 자비령 이북의 서해도 6성을 모두 몽고에 바치고 귀부할 뜻을 표명하는 한편, 이연령을 몽고에 보내어 고려를 공격하겠다고 공언하고 몽고군 3천 명을 보내 달라고 요청하였다.

이에 원의 세조는 서경 54성과 서해도 6성의 군민을 보호하겠다는 내용의 조서를 내리고 동경(遼陽)에 주둔하던 몽고병 2천 명을 보내어 고려를 정벌하게 하였다. 이리하여 원종 11년(1270) 정월에 최탄은 서북면 토호세력과 몽고군 2천 명을 거느리고 임연 일당을 정벌할 계획을 세웠다. 그러나 다시 복위한 원종은 최탄 등의 행위를 蒙古 都堂에 항의하였다.[23] 그 결과 원의 세조는 최탄 등이 임연 일당을 공격할 계획을 중지하도록 명령하였다.

원의 세조는 최탄과 이연령에게 금패를 내려주고 현효철과 한신에게는 은패를 내려주어 그 공로를 포상하고, 자비령을 경계로 하여 이 지역을 동녕부라 개칭하였다. 그리고 최탄 등을 동녕부 총관으로 삼아 이 지역의 민호를 관할하게 하였다. 《고려사》 세가에 보면, 동녕부의 개설시기는 원종 11년(1270) 2월로 밝혀져 있다.

충렬왕 원년(1275) 원에서는 동녕부를 승격시켜「東寧路總管府」로 개칭하

---

21) 《高麗史》 권 26, 世家 26, 원종 10년 10월 경해.
22) 《高麗史》 권 26, 世家 26, 원종 10년 10월 경자.
23) 《高麗史》 권 26, 世家 26, 원종 11년 정월 정축.

고 이를 원의 요양행성에 소속시켰으며, 錄司事를 설치하고 그 가운데 최탄 일당에게 투속하지 않은 북방의 靜州·義州·麟州·威遠鎭을 떼어내어 요동의 婆娑府에 소속시켰다.[24] 그 밖에 자비령 이북을 떼어내어 원에 붙일 때에 최탄 등에게 투속하지 않은 지역의 인물을 강제로 이에 포함시켰다. 지역은 銀波莊·三進江과 殷栗·谷州(谷山)·遂安(遂山) 등이 그 대표적인 사례였다.

원종 12년(1271) 7월 고려는 이들의 환부 교섭을 시작하여 충렬왕 4년(1278) 8월에 곡주·수안·은률의 인물들을 돌려줄 것을 요청하였고 그 해 10월에 이 지역의 인물들을 환부 받았다. 원종의 뒤를 이은 충렬왕은 동녕부를 고려에 환부시켜 줄 것을 원에 간청하였는데, 충렬왕 16년(1290) 3월에 원나라는 동녕부를 폐지하고 고려에 서북면 여러 성을 환부하였다.[25] 이 때를 기준으로 하여 동녕부가 고려에 완전히 환부되었다고 본다면, 결국 동녕부는 약 20년 동안 존치되었던 셈이다.

고려에 환부된 여러 지역의 토호들을 회유하기 위하여 고려에서는 대장군, 장군 등의 토관직을 수여하였으나 한신·현효철 등 일부 세력만이 고려에 복속하였을 뿐이었고, 최탄 등의 대다수 서북면 토호들은 원에 그대로 귀속하였다. 이 때에 고려에 반기를 든 최탄 등의 토호들은 그 관하 민호를 거느리고 요양행성의 요·심 양지역으로 옮겨갔다.[26] 그런데《고려사》나《원사》를 보면, 동녕부라는 칭호가 그 이후에도 잇따라 등장하고 있다. 이것은 동녕부가 고려에 환부될 때에 최탄 등의 서북면 토호들이 그 관하 민호들을 이끌고 원의 요양행성에 투항하여 동녕로를 개설하여 독립된 세력으로 존속하였기 때문이다.

이처럼 충렬왕 16년 동녕부가 고려에 환부된 다음에도 동녕로는 그대로 요양행성의 7路의 하나로서 존치되어 동녕부 유민을 관할하였다.《원사》지리지를 보면 동녕로 관하에 3府·21州·12縣·13鎭을 두었는데, 모두 고려의 북계와 서해도의 지명이다. 이것은 이 지역 출신 인물들을 가리키는 것이라

24)《元史》권 59, 志 11, 地理 2, 東寧路.
25)《高麗史》권 30, 世家 30, 충렬왕 16년 3월 정묘.
26)《高麗史》권 130, 列傳 43, 叛逆 4, 崔坦.

고 해석된다.[27] 《고려사》를 보면 우왕 2년(1376)에 "동녕 등지에서 환부한 백성들이 요양에서 저자를 이룰 정도로 많았다"라고 하여, 동녕부의 유민들이 요양지역에 많이 살았던 것을 보여준다. 《요동지》를 보면 명나라 초기에 동녕부를 설치할 때 동녕부 지역에다 東寧·女直·南京·淮陽·草河의 5千戶所를 두고 각각 그 인민을 다스리게 하였다.[28] 이 때 동녕은 고려의 서북면 출신의 유민을 가리키고, 여직은 원대에 요양로에 살던 여진을 말하며, 남경은 두만강 북쪽 局子街 부근을, 회양은 고려의 동북면 吉州를, 초하는 鳳凰城의 북방 초하 상류의 草河城을 가리키는 것이라 추측된다.[29] 이로 보아 원대의 동녕부의 유민들이 매우 광범위한 지역에 흩어져 살았던 것을 알 수 있다.

원대의 남만주지역을 遼陽·東寧이라고 일컬었던 것도 동녕부 지역이 이처럼 넓었던 것을 의미한다. 원대 동녕부의 治所가 있었던 지역은 확실치 않으나,[30] 동녕부의 유민이 집단적으로 많이 거주하던 지역에 그 치소를 설치하였다고 생각되므로 요·심 일대가 동녕부가 아니었던가 추측된다.

공민왕은 배원정책을 추진하여 기씨 일족의 세력 근거지를 토벌하기 위하여 동녕부를 공격하였다. 기철은 동녕부를 대표하는 세력으로서 요양에 거주하였다. 東寧府同知 李吾魯帖木兒(李原景) 등이 그 막하로서 압록강 중류의 亐羅山城(兀刺山城)에 웅거하여 고려의 원정군에 대항하였다.[31] 공민왕 19년(1370) 정월에 동북면병마사 이성계가 기병 5천과 보병 1만 명을 거느리고 동북면에서 黃草嶺을 넘어 압록강 중류에 우라산성을 공격하였다. 이 때 이성계는 우라산성을 평정하고 원의 소속 민호 3백여 호를 항복받았다. 이리하여 동으로 黃城에서 서로는 바다에 이르고, 남으로는 압록강에서 북으로 동녕부에 이르는 지역에 살던 고려 유민들이 모두 본국으로 귀속하여 왔다.

또 같은 해 8월에 이성계와 서북면 상원수 池龍壽, 부원수 楊伯淵 등이

---

27) 《元史》 권 59, 志 11, 地理 2, 東寧路.
28) 《遼東志》 권 1, 遼陽.
29) 和田淸, 〈明初の滿洲經略〉(《東亞史硏究》 滿洲篇, 東京, 1955).
30) 池內宏, 앞의 글, 215쪽.
31) 《高麗史節要》 권 29, 공민왕 19년 정월 갑오.

의주에서 압록강을 건너 동녕부 지역을 공격하여 기씨 일파 등 舊元의 잔당을 무찔렀다.[32] 이 때 고려의 군대는 동녕부의 근거지 遼城(요양성)을 공격하여 기철의 아들 奇賽因帖木兒 등은 놓쳤으나 나머지 일당을 모두 사로잡았다. 요양을 정복한 고려 군사들은 요·심 일대에 사는 동녕부의 고려 군민들에게 "요양은 본래 우리 나라 國界이다"라고 회유하고, 요·심 지역에 사는 고려의 군민들을 수습하여 고려 유민 2천 3백 호를 본국으로 귀환시켰다.[33]

(3) 쌍성총관부

雙城總管府는 원대 고려 동북면 지방에 설치된 몽고의 관부였다. 이는 동녕부와 달리 약 1세기 동안 존속하여 고려의 동북면 주민들을 실질적으로 지배하였다. 말하자면, 동녕부가 그 관할 영역을 고려에 환부한 후에도 그 지역 출신 유민들을 통할하는 관부를 요양·심주 지역에 계속 존치시켰던 데 비하여, 쌍성총관부는 그 관할 영역과 지역 주민을 아울러 지배하였던 것이다. 원래 쌍성은 고려의 동북면 和州(永興)를 말하는데, 화주 이북의 15주를 그 관할 아래 두었다.[34]

고려의 동북면은 원래 여진의 세력과 첨예하게 대립하던 지역이었다. 고려에서는 북방 기마민족의 침입을 막기 위하여 千里長城을 쌓았는데, 천리장성은 서쪽으로 압록강 어귀에서, 동쪽으로 定州의 都連浦에까지 이르렀다. 당시 정주는 변경에 위치하여 고려 동북면의 관문 역할을 해왔다. 예종 2년(1107) 12월에 尹瓘이 여진을 정벌할 때에도 고려의 군사들이 관문을 나가서 여진의 葛懶甸 지역을 정벌하고 9성을 구축하였다.[35]

희종 7년(1211) 금의 지배하에 있던 거란족 추장 耶律留哥가 반란을 일으켜 몽고의 징기스칸에게 투항하자, 고종 원년(1214) 금의 요동 선무사 蒲鮮

32) 《高麗史節要》 권 29, 공민왕 19년 12월 병진.
33) 《高麗史》 권 42, 世家 42, 공민왕 19년 12월 병진.
34) 《高麗史》 권 58, 志 12, 地理 3, 東界.
《世宗實錄地理志》 권 156, 咸吉道.
35) 金九鎭, 〈公嶮鎭과 先春嶺碑〉(《白山學報》 21, 1976).

萬奴가 이를 토벌하려다가 대패하였고 그 이듬해 금의 동경(요양)이 함락되었는데, 포선만노는 여진족을 이끌고 갈라전 지역으로 들어와 東眞國을 세웠다.[36]

그런데 거란족의 일부 세력이 그 추장 야율유가에게 반기를 들어 내분이 일어났고 몽고의 징기스칸이 군사를 보내어 그들을 토벌하였다. 그들은 압록강을 건너 고려의 義州·西京 등지를 침입하였다. 고려의 장수 金就礪가 거란군을 原州에서 대패시키니, 거란족은 대관령을 넘어 동북면의 登州(安邊)·咸州(咸興) 지역으로 들어갔다.[37] 한편 징기스칸은 고종 5년(1218) 哈眞과 札刺를 보내어 갈라전의 동진국을 정벌하여 포선만노의 항복을 받았다. 그 해 가을에 몽고 군사 1만 명과 항복한 동진국 군사 2만 명이 연합하여 거란족을 토벌한다고 성언하고 고려의 동북면 국경으로 남하하여, 和州(永興)·猛州(猛山)·順州(順川)·德州(德川)의 4성을 공격하여 거란적을 격파하였다.[38] 이 때 고려의 동북면 지역에 들어와 있던 몽고군은 동진국을 앞세워 고려의 동북 지역의 여러 성을 공격하고, 또 고려 조정에 사자를 보내어 공물을 요구하였다.

몽고군은 동북 만주지역에서 거란적을 소탕하고 두만강 내외 지역에 살던 여진족들을 동진국으로 하여금 다스리게 하였다.[39] 이러한 몽고의 동진국과의 관계는 후일 쌍성총관부가 설치되는 계기가 되었다. 고려를 침입할 때 몽고에서는 동진국의 여진족을 동원하여 그 침략의 앞잡이로 이용하였다. 이에 대응해 고려에서는 화주·定州·고주(高原)·등주 등지의 여러 성을 동계의 방어선으로 삼아 몽고와 여진의 연합군과 대결하였다. 이 때 동진국의 본거지는 갈라전 지역이었는데 두만강 내외 지역에 살던 여진의 오랑캐와 우디캐를 그 세력하에 두었던 듯하다.

고종 12년(1225) 정월에 몽고사신 著古與가 압록강을 건너다 피살되는 사건이 일어났을 때, 몽고에서는 먼저 동진국으로 하여금 고려의 동계 방면을

36) 池內宏은 輝發河 상류에 있는 房州부근의 山城子를 동녕부로 비정하였다(〈金末の滿洲〉, 《滿鮮史硏究》 中世篇 1, 吉川弘文館, 1937).
37) 箭內亙, 〈蒙古の高麗經略〉(《滿鮮地理歷史硏究報告》 4, 東京, 1923).
38) 《高麗史》 권 22, 世家 22, 고종 5년 12월 기해.
39) 箭內亙, 〈蒲鮮萬奴事跡考〉(《史學雜誌》 21, 1910).

공격하게 하였다. 고종 14년 9월에 동진국의 군사들이 정주와 長州를 침입하였을 때,[40] 고려에서는 3군을 보내어 이를 격퇴하게 하였으나 도리어 참패하였다. 고립무원이 된 동계의 和州·長平鎭 등의 여러 성들은 동진국 여진의 침입을 받았고 변방 장수들이 토호와 민호들을 격려하여 이에 대항하여 싸웠다.

같은 해 11월에 동진국의 군사들이 화주를 침입하자, 金利生이 북계의 고려 군사를 거느리고 와서 화주의 사람들과 힘을 합하여 여진군을 공격하여 수천 명을 죽였다.[41] 그 다음해 고종 15년 7월에 동진국의 군사 1천여 명이 장평진에 와서 주둔하자, 고려에서는 3군을 보내어 이를 방어하였다. 이러한 싸움은 몽고군이 본격적으로 침입하기 이전에 고려가 침입한 동진국의 여진군에 대항한 싸움이었는데, 몽고의 고려 침략을 위한 전초전의 성격을 띠었다고 볼 수가 있다.

고종 18년(1231) 9월에 몽고 원수 살례탑이 대규모의 몽고군을 이끌고 압록강을 건너 고려 북계의 여러 성을 공격하여 서북면의 귀주와 서경으로 진격하고 安北城(안주)에다 원수부를 설치하였다. 이 때 동진국의 여진군은 동북면을 침입하여 화주의 토호인 宣德都令 등을 포로로 사로잡아 갔다.[42]

이처럼 몽고군이 서경·개경으로 남하하자, 동북면 지역에서는 동진국의 여진군이 德源의 龍津鎭과 鎭溟城을 함락시키고, 고종 23년(1236) 8월에 영흥의 輝德鎭과 靜邊鎭을 점령하였으며, 고종 36년(1249) 9월에는 東州(철원)까지 진출하였다.[43] 그러나 동북면의 화주·고주·정주·등주 등의 큰 성들은 동진국의 군사들에게 함락 당하지 않고 버티었다.

고종 19년 6월에 최우가 강화도로 천도한 다음해 동북면의 여러 성들도 몽고와 여진이 해전에 약한 것을 이용하여 그 근거지를 섬으로 옮겨서 대항하였다. 이 때 동북면의 여러 성들은 함흥으로부터 동쪽으로 3리 떨어진 무

40) 《高麗史》 권 22, 世家 22, 고종 14년 9월 임오.
41) 《高麗史》 권 22, 世家 22, 고종 14년 11월 기축.
42) 《高麗史》 권 23, 世家 23, 고종 18년 10월 신축.
43) 《高麗史》 권 23, 世家 23, 고종 22년 9월 병자·고종 23년 8월·고종 36년 9월 기사.

인도 松島[44]를 비롯한 동해안의 猪島 · 竹島로 근거지를 옮겨서 대항하였는데, 고종 45년(1258) 12월에 동진국의 수군이 송도의 고려 전함을 불태워서 고려 사람들이 가까스로 목숨을 건진 일도 있었다.

이처럼 전쟁이 장기화되자, 식량이 부족하고 민심이 이반하여 고려의 군민들이 동진국의 병사와 몽고군에 대항하여 버티기가 어려웠다. 이리하여 토호들 가운데 고려를 배반하고 몽고에 투항하는 자들이 나타나게 되었다. 몽고의 散吉大王과 普只의 官人 등이 군사를 거느리고 고종 45년 12월에 옛 화주의 땅에 와서 주둔하고 토호들을 초무하니, 용진현 사람 趙暉와 정주 사람 卓靑이 화주 이북의 땅을 가지고 몽고에 바치고 투항하였다. 그 경위를 살펴보기로 하자.[45]

《高麗史節要》를 보면, 몽고의 산길대왕이 몽고군을 이끌고 동북면 일대에 침입하였을 때 동북면병마사 愼執平은 고주 · 화주 · 정주 · 장주 · 의주 · 문주 등의 15주에 거주하는 고려 군민들을 저도로 옮겼으나, 저도의 성이 크고 사람은 적어서 수비하는 데 어려움이 많았기 때문에, 다시 15주의 사람들을 죽도로 옮기려 하였다. 그러나 죽도는 너무 좁고 또 우물이 없었기 때문에 사람들이 모두 이곳으로 옮겨가고자 하지 않았다. 그런데도 신집평이 강제로 사람을 몰아 옮겼기 때문에 대부분의 사람들이 도망을 가 죽도로 옮겨간 사람은 열에 두세 명에 불과하였다.[46] 죽도로 이주한 고려군은 식량이 부족하여 고려 조정에 식량을 요청하고, 한편으로 다른 도에서 식량을 운반해 오도록 독촉하였으나, 식량이 모자라 굶주렸다. 그리하여 고려 군민들의 불평이 심해지고 군사들의 수비도 해이해지자 이 틈을 타서 조휘와 탁청 등이 삭방도의 등주 · 문주 등의 여러 성에서 온 토호들과 모의하여 몽고병을 몰래 끌어들여, 동북면병마사 신집평과 등주부사 朴仁起 · 화주부사 金宣甫 및 京別抄 등을 죽이고, 드디어 高城을 공격하여 집들을 불태우고 인민들을 살육하고 약탈하니 사람들이 몽고에 투항하였다.

이처럼 화주 이북의 여러 고을이 몽고에 내부하니, 몽고에서 화주에 쌍성

44) 《高麗史》 권 24, 世家 24, 고종 45년 12월 병자.
《世宗實錄地理志》 권 155, 咸興府.
45) 《高麗史》 권 24, 世家 24, 고종 45년 12월 기축.
46) 《高麗史節要》 권 17, 고종 45년 10월.

총관부를 설치하고 조휘를 총관으로 삼고 탁청을 천호로 삼았다고 한다.47) 이것이 곧 쌍성총관부가 설치되는 기원이다.

화주에 설치된 쌍성총관부는 그 관할영역이 얼마나 되었는지는 잘 알 수 없다. 다만 후일 공민왕 5년(1356) 7월에 고려에서 쌍성총관부를 수복하였을 때, 화주·등주·정주·장주·예주·고주·문주·의주의 8주와 宣德鎭·元興鎭·寧仁鎭·耀德鎭·靜邊鎭 등의 여러 성이 포함되는 것으로 보아48) 쌍성총관부의 관할지역은 화주 이북, 정주 이남의 여러 지역으로서 동북면병마사 신집평이 처음에 15주의 고려 군민들을 거느리고 저도·죽도로 들어갔던 사람들이 모두 이에 포함되었던 것 같다.

쌍성총관부에 거주하던 민호는 고려인과 여진인이 뒤섞여 있었다고 생각된다. 왜냐하면 고려의 동북면 일대에 살던 동여진인은 이미 금이 건국하기 전부터 다수가 고려에 귀화하였으며, 또 금·원대를 통해서 여진인의 상당수가 고려 영내로 유입되었기 때문이다. 쌍성총관부가 설치되었던 지역은 오늘날의 함흥평야 일대로서 비옥한 농경지였으므로 여진이 남하한 목적은 평야지대에 정착하여 농경을 하기 위해서였다.

동진국은 포선만노가 죽은 뒤에 와해되어 원의 개원로와 哈蘭府 水達達路 등으로 개편되었는데, 쌍성총관부는 개원로에 속하였다. 몽고와 고려의 관계가 정상화되자, 고려에서는 쌍성총관부에 억류된 고려 인물을 추쇄하였다. 고려인의 추쇄는 고려 측에서 원의 中書省·遼陽行省·開元路 등을 통하여 4, 5차례 행하여졌는데, 토호가 소유한 민호와 강점한 민호를 일일이 호적대장을 점고하여 밝혀내기도 하였다.49)

쌍성총관부는 토호 세력인 조씨·탁씨 그리고 이씨 세력들이 각각 총관과 천호의 직위를 세습하면서 그 관하 민호를 지배하였다. 원에서 조휘에게 준 총관의 직위는 그 후손들에게 세습되었으며, 천호의 직위도 마찬가지였다. 토호와 관하 민호의 관계는 혈연적인 관계가 많았으나, 같은 혈족이 아닌 민호를 강점하여 관하 민호로 편입하는 경우도 많았다. 대개 혈연을 기반으로

47) 《高麗史節要》 권 17, 고종 45년 12월.
48) 《高麗史節要》 권 26, 공민왕 5년 7월.
49) 《高麗史》 권 29, 世家 29, 충렬왕 6년 7월 정묘.

구성되었지만 單弱한 민호를 토호들이 강점하여 그 세력을 확대하였다. 토호와 관하 민호는 사적으로 주종관계를 형성하여 군사적인 구실과 경제적인 부담을 동시에 책임졌다. 대개 각 호에서 正軍 1인을 차출하여 토호들의 사병 노릇을 하였는데, 이와 같은 사병을 家別抄(Gabeci)라고 하였다. 또 그 나머지 민호들은 전지를 경작하거나 또는 우마를 방목하여 그 일부를 조세의 형태로써 호족에게 공납하였다.[50]

쌍성총관부도 동녕부와 마찬가지로 원의 다루가치가 파견되어 간접적으로 통치하였다. 그러므로 쌍성총관부의 총관과 천호들은 각기 원에 일정한 세곡을 부담하는 것 외에는 정치·경제적으로 자유를 누릴 수 있었다.

고려에서 범죄를 저지른 자들이 쌍성총관부로 도망하는 경우도 많았다. 고려에서는 화주로 도망한 범법자를 송환하도록 다루가치에게 요청하였으나, 쌍성총관은 이를 거절하고 범법자를 돌려주지 아니하였다.[51] 고려의 범법자들이 다수 도망함에 따라 쌍성총관부의 민호는 점차 늘어났다.

쌍성총관부가 설치된 뒤 40년만인 충렬왕 13년(1287) 고려는 원의 乃顔 반란을 정벌하는데 援軍을 파견하였으며, 충렬왕 14년 2월 내안의 잔당인 哈丹敵이 쌍성총관부를 침입하고 충청도 지역까지 남하하자 원과 힘을 합하여 합단적을 물리쳤다. 이러한 과정을 통하여 여·원의 관계가 우호적으로 발전하자, 충렬왕은 쌍성총관부를 고려에 환부하도록 요청하였다.

원에서는 쌍성의 일부를 고려에 환부하도록 허락하였는데, 이 때 환부된 지역은 화주 이남 지역이었으며, 화주 이북 지역은 여전히 조씨·탁씨 등의 쌍성총관부 지배하에 있었다.[52]

배원정책을 추진하던 공민왕은 동왕 5년(1356) 5월에 기철 일당을 주멸하고 그 세력의 본거지인 요·심 지역과 쌍성총관부를 공격할 작정으로, 서북면병마사 印璫에게 요양과 심양의 동녕부를 정벌하게 하였다. 인당은 군사를 이끌고 압록강 하류의 의주에서 강을 건너 요양행성에 이르는 東八站을 쳐서 점령하였다. 그와 동시에 柳仁雨 등을 보내어 동북면의 등주에서 쌍성으

---

50) 金九鎭, 〈麗末鮮初의 豆滿江流域의 女眞分布〉(《白山學報》 15, 1973).
51) 《高麗史》 권 130, 烈傳 43, 叛逆 4, 趙暉.
52) 方東仁, 〈雙城總管府考(上)〉(《關東史學》 1, 關東大, 1982).

로 진격하게 하였다. 그러나 당시 쌍성총관 趙小生과 천호 卓都卿 등이 이끄는 쌍성총관부의 세력이 강하여 쉽게 함몰시킬 수 없었다. 고려군은 그 해 7월에 조씨세력의 반대파인 이씨의 李子春과 조씨일파의 趙暾, 趙仁壁 등의 내응을 얻어 비로소 쌍성총관부를 함락시킬 수 있었다. 이때 쌍성총관 조소생과 천호 탁도경은 처자를 버리고 伊板嶺(摩天嶺) 북쪽 여진 땅으로 도망하였다.[53] 유인우는 쌍성총관부를 수복한 다음 조소생과 탁도경의 무리를 추격하여, 哈蘭(咸興)·洪肯(洪原)·三撒(北青) 등을 거쳐 마천령을 넘어 두만강 하류 여진의 지역까지 진격하였다. 이에 조소생과 탁도경은 북원의 納哈出[나하추] 세력을 끌어들여 고려군을 격퇴하고 쌍성총관부를 회복하려 하였다. 그러나 나하추는 이성계에 의하여 격퇴되었으며, 탁도경과 조소생은 여진 세력에 의하여 죽임을 당하였다. 이 때 쌍성총관부를 점령한 고려의 군사들은 정주 이남 지역에 머물지 않고 마천령을 넘어 두만강 하류까지 개척하여 고려의 영토로 만들었던 것이다.

쌍성총관부에 있어서 대토호 세력은 조씨와 이씨의 두 집안이었다. 조씨는 조휘의 집안으로서 趙暉—趙良期—趙暾—趙小生으로 습직이 되고, 이씨 집안은 李安社—李行里—李椿—李子春—이성계의 계열로 습직이 되었다. 조씨는 본래부터 고주·화주의 토호였으나, 이씨는 충렬왕 16년(1290)에 두만강 중류 斡東에서 등주로 이주하였다가 함주로 근거지를 옮긴 새로운 세력이었다. 이씨는 천호의 지위였으나 다루가치를 겸하였기 때문에 총관을 감독하는 입장에 있었다. 이 두 집안은 서로 혼인을 맺어 하나의 정치 세력을 형성하였다. 그러나 원 말에 이르러 원의 세력이 약화되자, 고려에 귀화한 이성계의 이씨 세력과 그대로 원의 세력에 의존하던 조씨세력이 대립한 것 같다. 양가의 관계를 家系圖로 보면 〈표 2〉와 같다.

다음의 〈표 2〉에서 쌍성총관부의 토호 세력인 조씨와 이씨는 혼인관계에 의하여 이중으로 얽혀 있으며, 金方掛는 토착 여진의 추장으로서 이씨, 조씨와 다시 혈연관계를 맺고 있다. 고려 말 공민왕이 유인우를 보내어 동북면의 쌍성총관부를 수복할 때, 이씨세력은 고려에 협조하여 조씨와 박씨세력 등 친원세력을 몰아내고 쌍성총관부를 회복하는 데 큰 공을 세웠다. 조씨세력

53) 《高麗史節要》 권 26, 공민왕 5년 7월.

〈표 2〉 趙氏·李氏 가계도

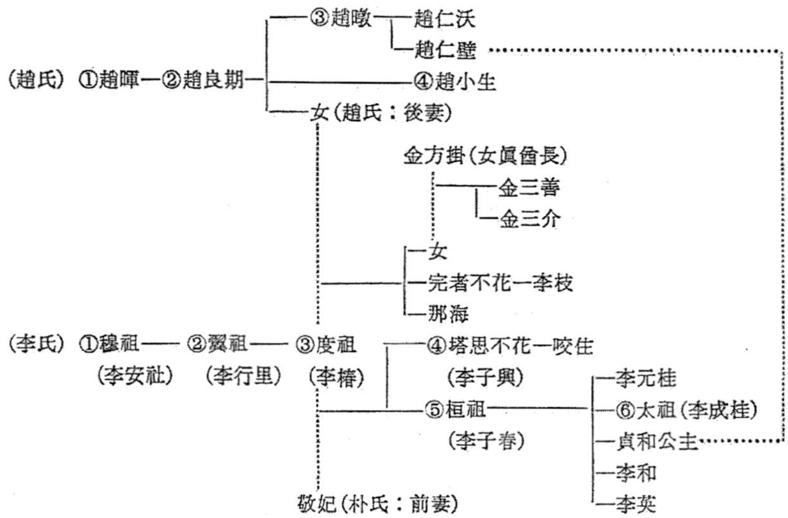

* ①, ②, ③ 은 土豪의 襲位關係를 말한다.

가운데 조돈의 아들인 조인옥과 조인벽은 고려에 귀화하여 이성계를 도와 큰 공로를 세우기도 하였다. 그러나 이씨의 천호 겸 다루가치의 지위가 전처 敬妃 朴氏 소생인 이자춘—이성계로 습직되고, 후처 조씨 계열은 밀려났기 때문에 이춘(도조)과 조씨 사이에 태어난 那海가 습직을 주장하면서 이자춘과 실력으로 대결하다가 피살되는 사건이 발생하였다. 즉 나해는 외가인 조씨세력에 힘입어 천호와 다루가치의 지위를 강제로 차지하려 하였으나, 이자춘이 개원로에 호소하고 실력으로 저지하여, 마침내 천호 겸 다루가치의 지위를 습직하였던 것이다.[54] 이 나해사건으로 말미암아 이씨와 조씨는 불화하여 서로 대립하다가, 쌍성총관부가 몰락한 뒤에 조씨가 몰락하고 이성계의 이씨세력이 득세하였다. 쌍성총관부가 몰락한 뒤에 여진 김방괘와 이춘의 딸 사이에 태어난 여진의 대추장 三善·三介가 북원의 나하추 세력을 끌어 들여 동북면 일대를 침범한 것도 이러한 원한관계 때문이었다.

54) 《太祖實錄》 권 1, 總書.

그러나 이성계가 군사를 거느리고 나하추와 삼선·삼개의 침입을 격퇴하고 동북면을 수복하였다.

〈金九鎭〉

3. 고려 말의 정국과 원·명관계

1) 원의 쇠퇴와 공민왕의 반원정책

공민왕은 충숙왕과 明德太后 洪氏 사이에 태어난 충혜왕의 동생으로 일찍이 江陵大君에 봉해졌다. 이어 충혜왕 후2년(1341) 원나라에 들어가서 숙위했으며, 충목왕 즉위년(1344)에는 江陵府院大君으로 책봉되었다. 충목왕이 어린 나이로 죽자 그를 왕으로 세우고자 하였으나 원나라는 일단 충혜왕의 아들인 충정왕으로 襲位케 하였다. 20세 때인 충정왕 원년(1349)에 원에서 魏王의 딸 魯國公主와 결혼하고, 2년 후 원나라가 간신과 외척의 전횡으로 국정을 문란케 한 충정왕을 폐위시키고 그 뒤를 잇게 하자 노국공주와 함께 귀국하여 왕위에 올랐다.

공민왕이 즉위한 14세기 후반은 국내·외적으로 복잡한 시기였다. 총명하고 기예 발랄한 공민왕은 즉위하자마자 中興政治를 표방하고 나섰다. 즉 원년 정월에 剃頭辮髮의 몽고풍을 고치고[1] 다음달 상순에는 권문세가의 권부로 변해버린 政房을 혁파하였으며,[2] 2년 11월에는 田民辨整都監의 田民別監을 여러 도에 파견하여 잘못 처리된 공·사의 토지를 조사하여 본 주인에게 돌려주었다.[3]

그러나 공민왕의 개혁정치는 처음 趙日新·奇轍 등과 같은 권신의 발호로 성과를 거두지 못하였다. 그런데 조일신이 이 해 10월 난을 일으켰다가 곧 처형되고, 5년 5월 기철일당 역시 숙청됨으로써 반원적 개혁정치는 다시 본

1) 《高麗史節要》 권 26, 공민왕 원년 정월.
2) 《高麗史》 권 38, 世家 38, 공민왕 원년 2월 을해.
3) 《高麗史》 권 78, 志 32, 食貨 1, 田制 經理 공민왕 2년 11월.

격적으로 추진되었다. 따라서 공민왕 5년은 고려로서는 대내·외적으로 중요한 시기였다고 할 수 있는 것이다. 즉 대내적으로는 원의 奇皇后에 의지하여 권력을 마음대로 부리던 부원세력인 기철·權謙·盧頙 일당을 숙청함으로써 정방을 재혁파하여 관제복고의 터전을 마련하였으며, 대외적으로는 배원정책을 써서 征東行中書省理問所 혁파, 元年號 사용의 정지, 압록강 서쪽의 땅과 雙城摠管府를 공략하여 잃었던 땅을 회복하는 등으로 자주정신을 고취시켰다.

기철 일당을 숙청하는 데 주도적 역할을 담당한 세력은 「誅奇鐵功臣」[4]으로 알려져 있는 외척과 「燕邸隨從功臣」이다. 외척세력은 외4촌형 洪彦博(명덕태후의 조카)을 비롯한 慶千興(慶復興의 초명, 왕의 외사촌 매부의 아들)·金元命(명덕태후의 모친은 그의 대고모) 등으로서 명덕태후를 매개로 왕과 혈연관계가 맺어져 있었다. 연저수종공신은 공민왕이 왕자로 원에 숙위할 때 시종한 공신으로서 조일신의 난 때 여러 사람이 제거되었지만 그 밖에는 별다른 변동없이 왕의 측근세력으로 성장하였는데 그 중 핵심인물은 과거에 급제한 李淑과 金得培였다. 이들은 李齊賢을 주축으로 한 尹澤·白文寶 등의 儒者계열과 같이 親王勢力을 형성하여 공민왕의 즉위 초부터 개혁정치에 참여하여 왔다. 그러나 이에 반해 유자계열은 거사에는 참여하지 않고 그 다음 단계에 이르러 국정을 총괄하고 개혁안을 成案하는 일을 전담하였다.[5]

그러면 공민왕의 배원적 개혁정치는 어떤 역사적 배경 위에서 추진될 수 있었을까. 원은 14세기에 접어들면서 제위계승과 귀족간의 내부갈등이 심화됨에 따라 동요와 쇠퇴의 징조가 두드러지게 나타나게 되었다. 더욱이 마지막 황제인 順帝는 淫樂遊宴에 빠져 재정을 낭비하고 민생을 도탄에 빠트리니, 이틈을 타서 漢族의 반란세력이 사방에서 벌떼처럼 일어나 그 수는 무려 百餘에 달하게 되었다. 그 중 규모가 가장 큰 세력으로는 충목왕 4년(1348) 臺州(浙江省)에서 方國珍이 군대를 일으키고, 공민왕 즉위년(1351) 永平(河北省 正定府)에서는 韓山童·韓咬兒·劉福通 등의 홍건적이 일어나 세력을 키워갔으며, 동왕 2년 濠州(安徽省 鳳陽府 臨淮縣)에서는 郭子興이 일어났다. 한편

4) 《高麗史》 권 39, 世家 39, 공민왕 8년 6월 정해.
5) 閔賢九, 〈辛旽의 執權과 그 政治的 性格(上)〉(《歷史學報》 38, 1968), 51~53쪽.

이듬해에는 張士誠이 高郵(江蘇省 楊州府 高郵州)를 함락시키고 세력을 떨치니, 원 말 중국대륙은 갑자기 군웅할거의 무대가 되었다.

이들 한족의 반란세력에 대하여 원은 처음부터 토벌군을 파견하여 그 진압에 힘썼는데, 그 중 공민왕 3년 9월에 丞相 脫脫이 고우의 장사성을 토벌하기 위하여 조직된 南征軍은 그 규모가 가장 큰 것이었으며 이 때 고려는 원의 강요에 이기지 못하여 결국 助征軍을 파견하지 않을 수 없었다. 즉 동왕 원년 2월에 원은 재원고려인 崔濡를 고려에 보내어 처음으로 조정군 모집의 뜻을 전달했으나 당시에는 재원고려인의 반대에 부딪혀 성사하지 못하였다. 그 후 동왕 3년 6월에 탈탈은 사신으로 왔다가 귀국하는 蔡河中을 통해 고려에 재차 조정군 파견을 강력하게 요구하였다.[6)]

이어 元使 哈剌那海 등이 뒤따라 와서 柳濯·廉悌臣·權謙·元顥·羅英傑·印瑭·金鏞·李權·康允忠·鄭世雲·黃裳·崔瑩·崔雲起·李芳實·安祐 및 西京水軍 300명을 징집하여 모으고, 또 용맹한 군사도 모집하여 이 해 8월 10일까지 연경에 집합하여 장사성을 토벌케 하였다. 그런데 열전에도 보이는 것처럼, 채하중이 조정군 파견에 관여하게 된 것은 대표적인 간신의 한 사람으로서 공을 세워 다시 정승이 되려면 먼저 원의 환심을 사서 본국의 정적인 유탁·염제신 등을 助征將帥로 천거하여 국외에 내보내야 되었기 때문에 탈탈을 설득하여 음모를 꾸민 것이다.

즉위한 지 얼마 안되어 아직 왕권을 굳히지 못한 공민왕은 승상 탈탈의 권세를 두려워하여 부득이 그의 요청을 받아 들였다. 그리하여 조정군 2천 명을 모집하여 유탁·염제신 등 40여 명의 장수로 하여금 인솔케 하여 급히 연경으로 떠나게 하였다. 장상 40인 중에는 물론 앞서 이름이 나온 유탁·염제신을 비롯하여 인당·정세운·최영·이방실·안우 등이 있었는데, 그들은 모두 당대의 명망있는 장상으로서 왕의 신임을 받고 있던 자들이다. 高麗從征軍은 연경에 이르러 재원고려인 중에서 2만 1천 명을 더 모집하여 총인원 2만 3천 인으로서 脫脫南征軍 8백만 군의 선봉이 되어 고우의 공략에 참가하였다.[7)]

---

6)《高麗史》권 38, 世家 38, 공민왕 3년 6월 신묘.

7)《高麗史》권 38, 世家 38, 공민왕 3년 11월 정해.

남정군은 처음에 연전연승하여 적의 세력을 크게 꺾었고, 매번 싸움에 고려군의 활약은 눈부신 바 있었으며 이권·崔源 등 6인의 장수는 전사까지 했다. 그러나 얼마 안되어 탈탈은 참소를 입어 관직에서 물러나 淮安에 안치되고 泰不花가 대신 오게 되었다. 이로 인해 남정군의 사기가 크게 꺾이고, 적세는 다시 왕성해져 고우를 공략하려던 계획은 실패에 돌아갔으며 그 후 고려군도 결국 헛되이 철수하고 말았다.

고려종정군은 비록 규모는 크지 못했으나 장상은 모두 공민왕이 신임하고 있던 유력한 신하들이었기 때문에 그들이 실지로 체험한 것은 귀국하자 곧 왕에게 보고되었을 것이다. 고우공략의 실패는 원이 쇠퇴하여 가고 있는 징후로서 고려 장상들의 눈에 비쳤을 것이고, 당시 원나라 각지에 번지고 있던 내란의 실정을 목격한 그들은 왕에게 원이 쇠퇴해가고 있는 모습을 여러모로 생생하게 보고했을 것이다. 따라서 이러한 그들의 보고는 공민왕의 대원정책에 큰 영향을 미쳤을 것이 틀림없다. 비록 원의 후원을 얻어 충정왕을 폐하고 왕위에 오른 공민왕이었으나 일찍부터 원의 굴레에서 벗어나 본격적인 중흥정치를 펴려고 때를 기다리고 있던 그에게 있어서 장상들의 귀국보고는 큰 용기를 주었다. 이에 공민왕은 그들이 귀국하고 1년이 지난 동왕 5년 드디어 부원배 기철일당을 숙청함으로써 반원정책의 첫 깃발을 들었다.

공민왕의 반원정책과 관련하여 지나쳐 버릴 수 없는 것은 강남지방에 할거하고 있던 군웅과의 빈번한 교빙이다. 남방군웅과의 해상교통은 평화적 통상무역이었으나, 이들이 모두 한인이라는 점에서 정치적으로 중요한 의미를 내포하고 있다. 고려는 그들의 내빙을 기꺼이 받아들였고, 이를 통하여 원의 실정을 정탐할 수 있는 디딤돌을 마련할 수 있었다. 또 그들과의 다원적 외교관계를 통하여 외압을 해소하려는 고차원적 의미를 갖고 있어서 더욱 주목된다.

남방의 군웅 가운데 가장 먼저 고려와 교빙한 세력은 장사성이다. 그는 공민왕 6년 7월 처음 來獻을 시작으로[8] 동왕 14년 4월까지 전후 8년간 13회

8) 《高麗史》 권 39, 世家 39, 공민왕 6년 7월 2일 을해. 그런데 이 기록에는 江浙省丞相이라고만 하여 성명은 빠져 있다. 그러나 전후 여러 기록과 맞추어 보면 張士誠이 확실하다.

에[9] 걸쳐 사절을 보내왔다. 江浙行省丞相의 직함을 갖고 장사성이 동왕 7년 7월에 두 번째 내빙할 때 보낸 書狀에 "요사이 中夏에 여러 가지 일이 구구하여 生民이 도탄에 빠짐을 참지 못하여 드디어 淮水 동쪽에서 분기하여 다행히 全吳의 땅을 보존하였으나, 西寇가 흉악함을 함부로 하여 백성을 殘虐하니 비록 뜻을 소탕에 두지마는 이를 바로 알진 못하도다"[10]고 한 것은 내란으로 혼란에 빠져 허덕이고 있던 원의 실상을 잘 표현하고 있는 것이다. 한편, 그 동안 고려가 장사성에게 보낸 사절로 확실한 것은 공민왕 9년 3월과 13년 5월 등 전후 두 차례에 걸쳐 있었다. 그가 동왕 14년 4월 마지막으로 내왕할 때에는 吳王이라 칭할 만큼 강성해지기도 했으나, 동왕 16년 9월에 吳國公 朱元璋(후에 명 태조)에게 격퇴되어 멸망하고 말았다.

장사성 다음으로 사절을 많이 보낸 사람은 明州司徒 방국진이었다. 그는 공민왕 7년 5월부터[11] 14년 10월까지 전후 7년간 5차례 사절을 파견하였다. 그러나 방국진도 공민왕 16년 12월에 주원장의 吳國에게 항복하고 말았다. 이 밖에 江浙海島防禦萬戶 丁文彬이 3회(7년 7월·8년 4월·8년 7월), 江浙省李右丞이 1회(9년 7월), 淮南省右丞 王晟이 1회(10년 3월), 淮南 朱平章이 1회(13년 4월)에 걸쳐 교빙하였으며, 이우승에게는 동왕 9년 7월에 1차 보빙사를 보낸 기록이 《高麗史》에 보인다.

이와 같이 공민왕은 반원정책의 일환으로 강남에서 일어난 군웅과 자주 교빙하였으나, 중국대륙에 아직 원을 누를 만한 강대한 세력이 나타나지 못한 데다가 비록 원이 강남의 한인반란세력을 토멸할 수 없으리만치 쇠잔한 것은 사실이지만, 아직 무시할 수 없는 老大國으로 남아 있었기 때문에 반원정책을 일관하여 강력하게 밀고 나가지는 못했다. 원 역시 공민왕의 반원정책을 보고 사신을 보내어 압력을 가하고 한편으로는 회유책을 쓰기도 했다.

즉 원은 공민왕 5년 6월에 高麗節日使 金龜年을 遼陽省에 가두고 80만 병

---

9) 《高麗史》 世家를 보면 12회인 것 같기도 하지만, 10년 7월 임자일에 遣使할 때 千戶 傅德이 내빙하고, 6일 후인 무오일에 또 趙伯淵不花가 내빙한 것으로 되어 있다. 연달아 온 것이기는 하나 이를 별개의 遣使로 보아 1회를 더 가산하여 13회로 하였다.

10) 《高麗史》 권 39, 世家 39, 공민왕 7년 7월 갑신.

11) 《高麗史》 권 39, 世家 39, 공민왕 7년 5월 경자.

사를 발하여 토벌할 것이라고 성언하니, 서북면병마사 인당이 군대를 보강하여 대비하기를 청하였다.[12] 이에 조정에서는 만일을 염려하여 判書雲觀事 陳永緖를 남경에 보내어 천도할 곳을 살펴보게 하는 한편 忠勇 4衛를 두어 대비하기도 하였다.

한편, 원에서는 이 해 7월에 中書省斷事官 撒迪罕 등을 파견하여 고려의 군사행동을 힐난하며 靖國民安의 길을 열어 이전처럼 화호를 돈독히 하자는 반협박, 반회유의 내용의 국서를 전해 왔다.[13]

이러한 원의 협박과 회유에 불안을 느낀 공민왕은 11일 뒤인 7월 말에 앞서 압록강을 넘어 婆娑府 등 3站을 공파한 일이 있는 인당을 처형하였다. 더욱이 기철일당을 주살한 것은 겨를이 없어 미처 아뢰지 못한 것과 인당이 강을 넘어 劫掠한 것은 본의에서 나온 것이 아니므로 그 죄인을 考覈하여 국법을 바르게 하였다는 변호의 답서를 몽고사신 살적한을 통해 전하였다. 인당과 같은 군공이 큰 명장에게 渡江罪를 물어 참한 것은 정말 참기 어려운 고통이 따랐겠지만, 비록 당시 원의 국력이 쇠퇴해 가던 때이기는 했으나 대군을 동원하여 침공하겠다는 원의 위협을 일단 무마하기 위해서는 어쩔 수 없는 단안이었는지도 모른다.

이에 원은 같은 해 10월 다시 살적한 등을 보내어 고려가 이미 지나간 일인데도 죄를 뉘우쳐 진정함으로 이에 관용을 내려 허물을 용서한다는 내용의 회신을 보내왔다.

따라서 고려는 원이 일단 노여움을 푼 것으로 간주하고 곧바로 정당문학 李仁復을 원에 보내어 기철 등의 모역을 창황한 나머지 사전에 보고하지 못한 것을 다시 사죄하고 征東行中書省理問所와 萬戶府·鎭撫司 등은 폐단이 너무 많으니 혁파해 줄 것을 간청하였다. 또, 雙城·三撤은 본래 우리의 경역인데 역신 기철 등이 그 추장과 교결하고 있던 바 그들이 주살된 후 남은 무리들이 많이 그 곳으로 달아났기 때문에 수색하였으나 쌍성이 도리어 군사를 일으켜 역족을 돕기 때문에 할 수 없이 출병한 것이라고 설명하였다. 그러므로 우리의 옛 영토를 돌려주어 쌍성·삼철 이북 땅에 關防을 세우게

12) 《高麗史》 권 39, 世家 39, 공민왕 5년 6월 을해.
13) 《高麗史》 권 39, 世家 39, 공민왕 5년 7월 정유.

하여 줄 것과 여진족들이 泥城 등지의 산곡에 있으므로 禁約을 세워 함부로 들어와 침해하지 못하게 해줄 것을 청하였다. 이와 아울러 고려정부는 연경에서 본국의 불량분자와 어울려 訛言을 퍼뜨리며 인심을 현혹케 하고 있는 塔思帖木兒(충선왕의 아들 덕흥군)를 본국으로 송환해 줄 것도 요구하였다.

이와 같이 사절과 국서를 교환하여 고려가 일단 저자세외교를 펴게 되자 두 나라의 관계는 다시 정상을 회복하는 기미를 보이게 됨으로써 반원정책은 일단 후퇴하고 말았다. 그러나 결과적으로는 압록강 서쪽과 영흥 이북의 땅을 확실히 회수하게 됨으로써 고려는 실리를 얻은 선에서 결말이 난 셈이다.

그러나 반원정책의 천명과 더불어 힘차게 출발한 중흥정책은 동왕 8년 12월과 10년 10월 紅頭賊의 두 차례에 걸친 침공으로 인해 송두리채 무너지고 말았다. 제1차의 침구는 平章 毛居敬이 4만을 거느리고 압록강을 건너옴으로써 시작되었다. 그들은 서경을 함락시키는 등 한때 세력을 크게 떨쳤으나 안우·이방실 등이 咸從에서 싸워 결정적인 승리를 거두어 적병 2만 급을 참하고 僞元帥 沈刺·黃志善을 포로로 잡게 되자 그들은 압록강을 건너 도주하고 말았다.14)

이렇듯 1차 침공 때에는 적이 서북면을 넘지 못하고 우리 장수들의 전공으로 다행히 물리칠 수 있었으나, 2차 침공 때에는 僞平章 潘城·沙劉·關先生·朱元帥 등이 10여 만의 군사를 거느리고 쳐들어 왔다. 그리하여 이 해 11월 하순 결국 개경이 함락되고 말았다. 공민왕은 할 수 없이 福州(安東)로 피난하였으나 홍건족이 개경에 머물고 있던 50여 일간의 잔학행위는 이루 말할 수 없이 참혹하였다.15)

개경에서 뿐 아니라 그들이 지나온 개경 이북의 성읍과 전야의 피해도 대단히 심각하였는데, 이에 고려에서는 군대를 다시 정비하여 정세운을 총병관으로 삼고 안우·이방실·최영 등의 여러 장수로 하여금 20만 군을 인솔하게 하여 다음해 정월 4면으로 개경에 진격하여 적을 대파하고 관선생·사유 등을 잡아 죽였다. 그러자 적세는 크게 꺾여 破頭潘은 나머지 무리를 거느리

14) 《高麗史》 권 39, 世家 39, 공민왕 9년 2월 계유.
15) 《高麗史》 권 39, 世家 39, 공민왕 10년 11월 신미.

고 허겁지겁 압록강을 넘어 달아나 버렸다.[16]

홍건적이 침공했을 때 고려가 원에 원군을 요청하였는지는 직접적인 자료가 보이지 않아 알 수 없다. 다만 제1차 홍건적의 침공을 격퇴하고 1개월이 지난 9년 3월에 호부상서 朱思忠을 원에 보내어 적의 평정을 보고하려고 遼陽까지 갔다가 길이 막혀 그냥 돌아온 일이 있고, 또 이보다 4개월 뒤인 같은 해 7월의 기록에는 "益山君 李公遂·戶部尙書 朱思忠·宦者 方都赤을 원에 보내어 적의 형세를 살피게 하였더니 湯站에 이르러 길이 막혀 돌아와 압록강을 건넜다. 왕이 대노하여 비록 죽더라도 돌아와서는 안된다 하고 다시 보냈으나 瀋陽에 도착한 지 수개월이 지났지만 역시 더 가지 못하고 돌아왔다"[17]고 한 사실이 보인다.

이공수 등이 무슨 사명을 띠고 원에 가게 되었는지는 역시 구체적인 자료가 없어서 알 수 없다. 처음 탕참까지 이르렀으나 길이 막혀 돌아왔다가 왕의 엄명으로 이번에는 심양에까지 이르러 수개월 머무르며 더 가려고 노력하였으나 실패하고 돌아왔다는 것이다. 원의 수도에까지 가서 홍건적의 침공과 이를 격퇴시킨 사실을 보고하려고 했던 것은 이보다 앞선 9년 3월의 사행을 통하여 짐작이 가지만 그 이상의 것은 알 수 없는 것이 유감이다.

그러나 다음해 9월에 다시 길이 열려 호부상서 주사충을 다시 원에 파견하였는데 이 때의 表文을 통하여 앞서의 이공수 등의 사행목적도 유추할 수 있을 것 같다. 즉 그 내용 중에 "다만 聖朝의 보호만을 믿고 있었는데 뜻밖에 강포한 도적의 침노를 받게 되었다. 그러나 諸侯國의 책임을 오로지 하여 다행히 王(帝)이 미워한 적을 막아 물리쳤다"[18] 하고, 이제 길이 열려 사신을 먼 곳에 보내어 양국의 관계를 새롭게 하게 되니 한량없이 기쁘게 생각한다고 끝을 맺고 있는 것이다.

우리는 위 자료를 통하여 고려가 홍건적의 침입을 원에 보고하기 위하여 다시 주사충을 파견한 것은 확인할 수 있으며, 원에 제후국으로서의 충성을

16) 《高麗史》 권 40, 世家 40, 공민왕 11년 정월 갑자.
17) 《高麗史》 권 39, 世家 39, 공민왕 9년 7월 신미.
18) 《高麗史》 권 39, 世家 39, 공민왕 10년 9월 경신.

표시함으로써 홍건적의 재침에 대비하여 원조를 요청하였을 가능성도 엿볼 수 있다. 이를 간접적으로 입증하는 자료는 같은 달 정동성을 복치한 것으로서[19] 그 일단을 짐작할 수 있다. 또 같은 일자로 원은 고려에 사신을 보내어 한교아 등이 반란을 꾸미어 사방에서 군사가 일어난 것에 대하여 사령을 반포하기도 하였다.

당시 정동행성을 복치하게 된 것은 비록 원에 다시 굴복하는 쓰라림이 따랐을 지는 모르지만, 홍건적의 재침에 대비하기 위해서는 이를 통하여 원과의 관계를 완전히 복구할 필요를 느끼고 취한 정치적 포석이었을 것이다. 여기서 또 하나 간과할 수 없는 사실은 《고려사》에는 보이지 않지만 정동행성의 복설과 동시에 원의 연호를 다시 사용하게 되지 않았나 하는 생각도 든다.[20]

공민왕이 제2차 홍건적의 침입으로 복주로 피란갔다가 난이 평정된 후 개경에 돌아온 것은 동왕 12년 2월 중순으로 남천한 지 1년 3개월만의 일이다. 이 달 興王寺에 도착하여 다음날 백관으로부터 환도의 賀禮를 받고 이곳을 임시 御宮으로 정하여 머물러 있던 중 윤3월 초하루 寵臣 金鏞이 반란을 일으켜 큰 시련을 당하게 되니 이른바 '興王寺의 變'이 일어난 것이다. 김용은 《고려사》 열전에 "성품이 음흉하고 능청스러웠으며 간사함과 시기함이 있었다"[21]고 설명되어 있는 것처럼, 음흉하고 간사하여 일찍이 공민왕이 왕자로서 원에 숙위하고 있을 때 시종한 공로가 있으나 왕의 총애를 믿고 많은 비행을 저질렀던 자이다. 평소에 정세운과 더불어 은총을 다투었는데, 정세운이 안우·김득배·이방실과 같이 紅賊을 평정하여 큰공을 세우게 되자, 이

---

19) 《高麗史》 권 39, 世家 39, 공민왕 10년 9월 계유.

20) 고려가 처음 원의 연호사용을 정지한 것은 공민왕이 반원정책을 표명한 5년 5월이지만, 그 후 제1차 紅頭賊의 침공을 계기로 征東行省을 복치함으로써 원과의 관계를 완전히 복구하였으나 그 연호를 다시 사용한 기록은 보이지 않다가, 명이 흥기하여 燕京을 공략한 후 18년 4월 임진일에 사신 偰斯를 파견해 오자 동년 5월에 원의 연호를 또 정지하고 있다. 그러므로, 고려는 5년 5월 이후 언젠가 원의 연호를 다시 사용하게 된 것은 분명하나 그 시기는 정확하지 않다. 전술한 바와 같이 10년 9월에 주사충이 表文을 바칠 때 제후국의 임무를 다할 것을 천명하고 정동행성을 복치한 것을 보면, 이 때부터 원의 연호를 다시 사용하였을 가능성이 가장 큰 것으로 보여진다.

21) 《高麗史》 권 131, 列傳 44, 叛逆 5, 金鏞.

를 시기한 김용은 왕지를 고쳐 비밀히 안우 등을 시켜 정세운을 죽이게 하고, 다시 그 擅殺의 죄를 물어 안우·김득배·이방실 등을 차례로 죽임으로써 여러 명장을 잃는 비극을 낳게 하였다.[22]

그리하여 김용은 드디어 공민왕 12년(1363) 윤3월에 일당 50여 인을 풀어 몰래 행궁을 침범케 하여 宦者 安都赤·僉議評理 王梓·判典校寺 金漢龍을 죽이고 우정승 홍언박을 집에서 살해하는 한편, 공민왕을 시해하려 하였으나 실패하였다. 위급을 접한 밀직사 최영, 부사 우제, 지도첨의 안우경, 上護軍 金長壽 등이 경성으로부터 군대를 거느리고 달려와 난을 평정하였는데,[23] 김용은 반란의 소용돌이 속에서도 혐의를 벗으려고 온갖 잔꾀를 부렸으나 결국은 密城郡에 유배되었다가 이 해 4월 복주되었다.

김용은 일찍이 왕이 왕자로서 원에 숙위할 때 시종한 공로가 있어 즉위 후 벼슬을 높여주고 行省員外郎까지 된 공민왕의 총신이다. 그러나 공민왕 폐위사건의 음모가 진행되고 있을 때 덕흥군에 의해 판삼사사의 직함에 假署되고 있음을 보아,[24] 附元輩로서 공민왕의 반원정책에 불만을 가졌던 자로 보인다. 그런데 마침 홍적의 침공을 계기로 원의 간섭이 다시 강화되고, 또 정세운 등 4원수를 제거한 여세를 몰아 崔濡의 廢王謀議에 대응하려고 공민왕을 시해하려 했던 것 같다.

공민왕 폐위의 음모가 고려에 처음 알려지게 된 것은 공민왕이 복주에서 환도 도중 淸州에 머물러 있을 때이다. 왕은 소식을 듣고 조신 중에 딴 마음을 품은 자가 있을까 의심하여 이부상서 洪師範을 西北面體覆使로 삼아 그 진위를 살피게 하였다.[25] 이어 20일 뒤에는 찬성사 柳仁雨를 聖節使의 명목으로 원에 파견하기도 하였다. 그 이유는 홍건적의 난 이후 고려의 정치적

---

22) 金鏞의 4元帥殺害事件은 후술하는 바와 같이 興王寺의 變과 연결되고 있음을 주목해야 한다. 제2차 紅巾賊의 난이 평정된 후 환도까지에는 1년 3개월이라는 많은 시일을 소비한 것도 이 사건 이후 불안하였던 고려의 정치정세 때문에 야기된 것으로 보여진다(閔賢九, 앞의 글, 60쪽). 이 점은 安祐 등이 김용에게 살해된 직후에 내린 敎書에서도 그 일단을 찾아 볼 수 있다(《高麗史》 권 40, 世家 40, 공민왕 11년 3월 정미).

23) 《高麗史》 권 40, 世家 40, 공민왕 12년 윤3월 신미.

24) 《高麗史》 권 131, 列傳 44, 叛逆 5, 崔濡.

25) 《高麗史》 권 40, 世家 40, 공민왕 11년 12월 계유.

혼란을 틈타서 일찍이 원에 들어와 있던 충선왕의 아들 덕흥군 탑사첩목아를 왕으로 세워 공민왕을 폐하려고 한 때문이다.

반원운동의 주역인 공민왕을 원이 혐오한 것은 당연히 있을만한 일이며, 특히 기철의 주살로 인한 기황후의 복수심에서 나온 것임은 쉽게 이해된다. 덕흥군이 이 사건과 관련된 이유로는 전술한 바와 같이 공민왕 5년 10월에 이인복이 반원정책을 변명하기 위하여 원에 갔을 때 덕흥군이 본국의 불량배와 어울려 와언을 퍼뜨리고 있다고 하며 그의 송환을 요구한 사실 때문이다. 덕흥군이 이 때 어떤 유언비어를 퍼뜨리고 있었는지는 확실히 알 수 없지만, 생각컨대 기철 일당의 숙청이나 반원정책과 관련된 일이었을 것이다. 물론 원은 이를 묵살하고 말았지만, 그 후 덕흥군은 홍건적의 난으로 인한 고려의 국력 쇠약과 저자세외교로 원의 간섭이 다시 강화되자, 본국의 불평분자 최유와 한짝이 되어 不逞한 무리를 동원하여 기왕후를 설득, 순제의 詔命으로 공민왕을 폐하고 스스로 왕이 되려고 했던 것이다.[26]

공민왕 폐위사건이 공식적으로 표면화된 것은 동왕 12년 5월의 일이었다. 이 때 공민왕은 元使 李家奴가 遞位詔書를 가지고 온다는 말을 듣고 우제를 접반사로 삼아 사신의 동정을 살피는 한편 그들의 입국을 저지시키려고 하였다.[27] 우제가 어떤 노력을 했는지는 알 수 없지만, 원사는 이 해 7월 드디어 開京에 들어오게 되었다. 그러나 왕은 나가지 않고 백관으로 하여금 兵衛를 성대히 하여 맞이하도록 했다고 기록한 것을 보면, 왕은 심기가 몹시 불편하여 사신을 직접 만나지 않고 군대의 위력을 과시하는 한편, 百官·耆老가 폐립의 부당함을 中書省에 호소하는 글을 4일 뒤에 귀국하는 이가노에게 기탁하였다.

그러나 고려가 공민왕 폐위사건의 구상을 구체적으로 알고 대책을 강구하게 된 것은 앞서 언급한 것처럼 환도 도중 청주에서 원이 덕흥군을 왕으로 세우려고 한다는 소문을 듣고 3개월이 지난 12년 3월이다. 이 사실을 확실히 밝혀주고 있는 자료는《高麗史節要》에 보인다. 즉 동왕 12년 3월에 찬성사 이공수 등을 원에 파견하여 陳情表를 올리게 하였는데, 표문은《고려사절

---

26)《高麗史》권 91, 列傳 4, 宗室 2, 德興君塔思帖木兒.

27)《高麗史》권 40, 世家 40, 공민왕 12년 5월 정해.

요》에 기록되어 있지 않으나 그의 入元 및 그와 기황후의 관계, 기철 숙청에 대한 기황후와의 대화, 김용과 최유·덕흥군의 동정 및 옹립에 관한 것 등이 자세하게 적혀 있다. 그가 서경에 이르러 太祖原廟를 배알하며 "우리 임금을 복위시키지 못하면 신은 죽어도 돌아오지 않겠다"[28]고 서약한 것을 보면, 이공수의 사행목적은 고려가 원에서 폐립사건이 진행되고 있는 것을 이미 잘 알고 이를 무마하기 위하여 그를 사신으로 파견하였음이 확실하다.

이공수는 기황후의 外從兄이었기 때문에 기철일당의 숙청은 그들의 횡포가 막심하여 할 수 없이 취한 처사로서 즉 왕의 죄가 아니라는 것과 공이 큰 임금을 폐하려고 하는 것은 다른 날 반드시 천하의 웃음거리가 될 것이라는 것을 강조함으로써 기황후의 뜻을 바꾸려고 한 것이었다. 그러나, 기황후의 노여움이 워낙 강하여 이공수의 노력은 실패로 돌아가고 덕흥군을 받들고 귀국하라는 순제의 명령에 질병을 칭탁하여 들지 않고 대응해 10월 사건이 수습될 때까지 그대로 머물러 있게 된다.

한편 《고려사》 세가에도 12년 3월에 찬성사 이공수를 원에 파견해 진정표를 진정하였다는 기록이 보인다. 표문의 내용을 보면 최유와 덕흥군에 관한 말은 없고 홍건적의 평정을 치하하는 기사가 주로 수록되어 있을 뿐이다. 그런데 또 《고려사》 세가에는 그 후 1개월이 지난 같은 해 4월 密直商議 洪淳 등을 원에 보내어 백관·기로의 글을 御史臺·中書省·詹事院에 보내어 비로소 讒言의 허구와 폐립의 부당성에 대해 신랄한 비판을 가하고 있는 것이다.[29] 이와 같이 《고려사절요》와 《고려사》 두 자료는 시기와 내용에 있어 약간의 차이가 있다. 그러나 崔濡傳에 보이는 것처럼, 공민왕폐위사건은 홍건적의 침공으로 고려가 막심한 타격을 받아 국력이 크게 약화된 기회를 이용하여 부원배 최유가 김용이 안우 등 여러 장수들을 죽이고 내응할 것을 믿고 불령한 무리와 더불어 덕흥군을 업고 기황후의 원한을 부추김으로써

---

28) 《高麗史節要》 권 27, 공민왕 12년 3월.
《高麗史》 권 112, 列傳 25, 李公遂.

29) 《高麗史節要》 권 27, 공민왕 12년 4월조에도 洪淳 등을 원에 보내어 백관·기로의 書를 御史臺·中書省·詹事院에 바쳤다고 하였으나 다만 御史臺의 것만 간단히 싣고 있는데, 도로가 개통된 후에 보낸 여러 사신을 留置하고 돌려보내지 않는다는 것과 朝廷內의 讒言 때문에 小邦이 소외되고 있다는 것만 지적하고 있다.

사건이 구체화되었고, 원은 일거에 공민왕을 폐하고 덕흥군을 세우려고 획책한 것이 틀림없다. 그러나 고려는 원 사신 이가노가 정식으로 체위조서를 갖고 오기 전에 이미 이 사실을 알고 이공수·홍순 등을 차례로 원에 파견하여 사건을 무마하려 한 것이다.

공민왕폐위사건의 경위는 《고려사》 열전 덕흥군전에 "기철을 誅함에 미쳐서 황후가 공민왕을 원망하니 마침 본국인 최유가 원에 있으면서 불령한 무리들과 더불어 황후를 설득하여 공민왕을 무고하여 이를 폐하고 탑사첩목아를 세워 왕을 삼고 奇三寶奴로 元子 삼기를 모의하여 무릇 고려인으로 원에 있는 자에게 다 거짓관작을 내리고, 또 청하여 遼陽省兵 만 명을 징발하여 압록강을 건너 隨州의 撻川에 이르렀다가 아군에게 패한 바 되었으니 이 말은 濡의 傳에 있다"는 기사에 잘 설명되어 있다. 덕흥군을 둘러싼 원나라 조정의 음모가 구체화되어 도로가 개통된 후에 보낸 사신을 원이 억류하여 돌려 보내지 않고 있는 데다가 동왕 12년 5월에 원사 이가노가 체위조서를 갖고 온다는 소식이 들려오자 密直司事 丁贊을 西北面都安撫使로 삼아 군대를 사열하여 南幸에 대비하였으며, 이어서 귀국한 통역관 李得春이 덕흥군과 遼陽兵의 움직임을 보고하니 군신의 의견을 들어 慶千興을 西北面都元帥로 삼아 安州에, 安遇慶을 都指揮使로 삼아 義州에, 李龜壽를 都巡察使로 삼아 麟州에, 李珣을 都體察使로 삼아 泥城에, 洪瑄을 都兵馬使로 삼아 靜州에, 禹磾·朴椿을 都兵馬使로 삼아 江界·禿魯江 등에, 池龍壽를 순무사로 삼아 龍州에 주둔해 서북을 방비하되 모두 도원수의 지휘를 받게 하였다. 이와 아울러 韓方臣으로 하여금 동북면도지휘사로, 金貴를 도병마사로 삼아 和州에 주둔해 동북을 방비케 하였다.[30] 그리고 全普門 등을 남부지방 각도의 都巡問使 또는 兵馬使로 삼아 병사를 조발케 하였다.[31] 또한 동년 11월에는 이인복을 西北面都察軍容使로 삼아 만전을 기하였는데, 다음달 덕흥군이 요동에 둔치고 척후의 기병이 자주 압록강에 보냄으로써 전운이 감돌기 시작하였다.

다음해 13년 정월에 드디어 최유가 덕흥군과 함께 원의 군사 만 명을 거느리고 압록강을 건너 의주를 포위하였다. 이에 도지휘사 안우경이 맞아 잘

30) 《高麗史》 권 40, 世家 40, 공민왕 12년 5월 임진.
31) 《高麗史》 권 40, 世家 40, 공민왕 12년 5월 갑오.

싸웠으나 도병마사 홍선이 적군에 사로잡혀 패하여 안주로 퇴각하자 최유는 宣州에 입거하였다. 이에 공민왕은 찬성사 최영을 都巡慰使로 삼아 정병을 거느리고 급히 안주에 나아가 여러 군을 지휘케 하였다. 이 때 李成桂도 동북면으로부터 精騎 1천을 거느리고 와서 참전하고 도체찰사 이순, 도병마사 우제·박춘이 군사를 이끌고 와 회합하니 아군의 사기가 다시 일어났다. 이어 고려는 군용을 정비하여 定州까지 행군하였는데 당시 수주의 달천에 주둔하고 있던 원군을 크게 격파하자, 적군은 드디어 둔영을 불사르고 압록강을 건너 달아남으로써[32] 이 전쟁은 완전히 고려의 승리로 돌아갔던 것이다.

이 사건은 단순한 외세의 침입이 아니었으므로 공민왕은 고려의 독자성뿐만 아니라 왕위를 지키기 위하여 전력을 다해서 싸워야 했다. 특히, 이 사건을 통하여 우리가 주목해야 할 것은 원의 지배와 간섭이 사실상 끝이 나게 되고, 최영·경천흥 등 무장세력이 급격히 정계에 등장함으로써 辛旽의 집권을 재촉하는 결과를 초래하여 향후 고려정국에 지대한 영향을 미친 점이다.

〈金成俊〉

2) 공민왕의 개혁정치 실패와 명의 흥기

고종 18년(1231) 8월부터 44년 8월까지 거의 30년간에 걸친 고려와 몽고간의 전쟁을 통한 무인정권의 끈질긴 항몽정신은 민족사적으로 볼 때 높이 평가해야 할 역사적 유산이다. 그 후 몽고의 압력으로 원종 11년(1276) 5월에 단행된 개경환도와 이에 반대하여 궐기한 삼별초란의 진압 내지 翁壻關係의 성립은 결정적으로 몽고에의 예속을 재촉하였다. 그러나, 고려인의 항몽의식은 쉽사리 사라지지 않고 계속 존속해 내려가다가 공민왕대의 반원정책으로 연결되는 것이 특히 주목된다.

공민왕이 원의 후원으로 충정왕을 물리치고 즉위하던 14세기 중엽은 원에서는 마지막 황제인 순제가 통치하던 시기로서 말기적 증세가 극에 달아 쇠

32) 《高麗史》 권 40, 世家 40, 공민왕 13년 정월 계미.

퇴의 기운이 노정되어 있던 때이다. 숙위시절에 직접 이를 목격한 공민왕은 왕권강화를 위한 개혁정치를 표방하고 나섰으니, 그는 즉위교서에서 18조목에 걸친 시정을 밝혀 국가중흥을 들고 나온 것이다.[1] 공민왕의 이러한 중흥정책은 비단 개혁정치로만 그친 것이 아니라 동왕 5년 5월에 부원배 기철 일당의 숙청과 더불어 단행한 반원정책으로 이어지는 것은 정치외교상의 중요한 문제로서 특히 주목할 필요가 있다.

그러나 공민왕의 개혁정치는 처음부터 어렵고 복잡한 양상을 띠지 않을 수 없었다. 그것의 가장 두드러진 사례는 政房의 폐지에서 찾아볼 수 있다. 정방의 혁파는 즉위 후 4개월 만인 1년 2월에 단행한 것이지만 그것이 제대로 실효를 보지 못한 것은 조일신·기철과 같은 권신의 반발이 있어 중흥의 열매를 거두지 못한 데 있었다. 이는 동년 9월 중순에 大護軍 成士達이 정방에서 사사로이 벼슬 40餘窠를 수여함으로써 하옥되었다는 기록이 있는 것으로 보아 그 일단을 짐작할 수 있다. 열전을 보면, 조일신이 정방의 복치를 청한데 대하여 왕은 옛 제도를 회복한 지 얼마 되지 않은데 또 고치면 사람의 웃음거리가 될 것이라고 하며 일단 거절하였지만,[2] 그 후 곧 복치했을 것은 성사달의 실례로서 짐작이 간다. 한편, 조일신의 난 직후에 洪彦博이 찬성사로서 洪彬 등과 더불어 政房提調가 된 것을 보면,[3] 정방은 조일신이 난을 일으키기 전에 이미 복치된 것이 분명하다.

조일신은 일찍이 공민왕을 좇아 원에 들어가 숙위하였고, 왕이 즉위하자 參理를 제수 받았다가 귀국하여서는 찬성사에 오르고 수종공신 1등으로 녹공되기도 하였다. 그는 수종한 공을 믿고 횡포하고 교만하여 불법을 자행하더니 공민왕 원년 9월 하순에는 왕을 협박하여 스스로 우정승이 되는 등 반란을 일으켰다. 그러나 왕은 李仁復의 密議를 채용하여 행성에 나아가 그를 잡아 斬刑하게 된다.[4]

---

1) 《高麗史》 권 38, 世家 38, 공민왕 원년 2월 병자.
閔賢九, 〈高麗恭愍王의 反元的 改革政治에 대한 一考察〉 (《震檀學報》 68, 1989), 52~57쪽.

2) 《高麗史》 권 131, 列傳 44, 叛逆 5, 趙日新.

3) 《高麗史》 권 108, 列傳 21, 洪彬.

4) 《高麗史》 권 38, 世家 38, 공민왕 원년 10월 을사 및 권 131, 列傳 44, 叛逆 5, 趙日新.

조일신은 자기의 주도하에 기철 등의 부원파를 일소함으로써 정치적 위치를 확고히 하고 가문의 성세를 되찾으려는 정치적 욕망에서 반란을 일으킨 것으로 보여진다. 그러나 오히려 조일신의 난은 반전하여 기철일당의 부원세력을 강화시켜 개혁정치를 일단 중단할 수밖에 없는 결과를 초래하고 말았다. 당시 공민왕의 개혁정치를 저지 또는 제약하려 한 세력은 다름 아닌 첫째는 원이고 둘째는 권문세족이었다.[5]

더욱이 조일신의 난을 行省에 의지하여 진압할 수 있었던 것은 원과 더욱 밀착하게 되는 계기가 되었다. 따라서 고려의 정치에 원의 영향력이 가중됨으로써 부원적 정치세력도 그 활동범위가 넓어지고 강화되어 갔다. 여기서 특히 주목해야 할 것은 부원세력의 대표적 존재였던 기철·권겸·노책이 모두 元室과 혼인관계를 맺고 있었는데 특히 기철은 기황후와 남매간으로 그녀의 소생 愛猷는 황태자로 책봉되기까지 하였다.[6]

조일신의 난 후 원의 영향력으로 고려에서 더욱 강력한 지위를 구축한 이들 부원세력은 공민왕의 독자적인 권력질서를 부정하는 전형적 존재로 부각하게 되었다. 심지어 공민왕이 원으로부터 十二字功臣號를 받은 데 대하여 기철이 축시를 지으면서 稱臣하지 않음으로써[7] 많은 파문을 일으켰던 것은 자주적 성격이 남달리 강했던 공민왕으로서는 더욱 참을 수 없는 일이 아닐 수 없었다.

공민왕은 드디어 동왕 5년 5월 중순에 부원과 기철 일당을 전격적으로 숙청하고 고려에 대한 원의 영향력 배제, 왕권의 집중, 정치개혁의 과감한 실행 등 몇 가지 목표를 내세웠다. 이를 좀더 구체적으로 말하면, 대내외적으

---

5) 閔賢九, 앞의 글, 57~58쪽. 원이 개혁정치를 방해한 직접적인 자료는 보이지 않는다. 그러나 원 승상 脫脫이 사신을 보내 憸人 즉, 간사한 사람은 쓰지 말라고 하였는데, 승지 柳淑과 金得培가 居中用事하는 섬인으로 지목되어 사신의 요청으로 파직된 일이 있다(《高麗史》 권 131, 列傳 44, 叛逆 5, 金鏞). 그들은 燕邸隨從功臣에다가 과거급제자로서 왕측근에서 시종하여 공민왕으로 하여금 배원적 성향을 띠는 새로운 조치들을 취하도록 유도하고 권유하였을 가능성이 크다. 이 때문에 원은 두 사람을 섬인으로 몰아 압력을 가한 것으로 보여진다. 그리고 권문세족의 반발 사례로는 田制를 바로 잡으려고 한 田民辨正都監의 혁파를 건의한 印侯의 아들, 印承旦과 안동 김씨 金永煦를 꼽을 수 있다(《高麗史節要》 권 26, 공민왕 원년 8월).

6) 《高麗史》 권 38, 世家 38, 공민왕 2년 7월 을해.

7) 《高麗史》 권 131, 列傳 44, 叛逆 5, 奇轍.

로는 반원정책의 깃발을 높이 들어 征東行中書省理問所의 혁파, 동·서북면의 고토회복, 諸軍의 萬戶·千戶·百戶牌의 몰수, 원 연호(至正)의 사용정지, 관제개혁 등을 단행하였던 것이다. 이것은 한마디로 원에 대한 예속관계를 부인하고, 또 원에 의해 강등 변모된 정치제도를 초기의 것으로 환원시킨 것이라는 점에서 주권의 회복운동이었던 것이다.[8)]

이러한 대외적인 주권회복을 바탕으로 하여 나타나는 대내적인 권력집중에의 지향은 권문세족의 권부였던 정방을 다시 혁파하는 한편, 5년 6월의 敎에[9)] 나타나는 바와 같이 방대한 개혁의 시도에서 찾아볼 수 있다. 이 개혁교서는 기철일파의 죄상과 釋器亂에[10)] 대하여 언급하고는, "이제부터 정신을 가다듬어 다스림을 도모하고 법령을 修明하여 기강을 정돈하고 우리 조종의 법을 회복하여 기필코 온 나라로 더불어 更始(革新)하여 實德을 백성에 펴고 大命을 하늘에 이어받고자 한다"라 하여 혁신정치를 내세워 국가 중흥의 결의를 표명하였다. 그 요체는 '復我祖宗之法'에 최대의 목표를 둔 것으로서 고려 초기의 체제로 돌아가고자 하는 복고적 성격을 다분히 띠고 있었던 것이다.

당시의 개혁내용에 대하여는《고려사》의 각 志에 산재해 기록되어 있는데 禮志에 1조, 選擧志에 4조, 食貨志에 7조, 兵志에 11조, 刑志에 1조로 모두 24조에 달하고 있다. 그 가운데에서도 민생에 관한 것이 가장 많은데 특히 권세가의 불법척결과 원에 대비하기 위한 군사문제가 주목된다. 군사문제에 있어서 行省三所와 諸軍萬戶府에 예속된 호구를 추쇄하여 戍兵에 대비하고 역적의 토지를 作丁하여 募卒에게 지급하며, 역적의 노비가 達魯花赤〔다루가치〕라 칭하여 불법으로 빼앗은 土田을 적몰하여 수졸을 모집하고, 賊臣 및 行省이 점유한 인물을 추쇄하되 내력이 명백치 않은 자는 모두 驛戶에 충당케 한 것 등이다. 이는 역적과 행성이 침탈한 인구와 토전을 몰수하여 군비를 충실케 하려고 것으로서 반원정책의 의지를 다시 한 번 다짐한 점에서

8) 閔賢九, 〈辛旽의 執權과 그 政治的 性格(上)〉(《歷史學報》 38, 1968), 50쪽.
9)《高麗史》권 39, 世家 39, 공민왕 5년 6월 을해.
10) 공민왕 5년 6월 을축에 前護軍 林仲甫가 충혜왕 소생인 釋器를 받들어 不軌를 도모한 것이 탄로나 前政丞 孫守卿 등이 斬刑되고 釋器를 서울 밖으로 내쫓았다.

중요한 의미를 갖는 것이라 하겠다.

공민왕의 개혁정치를 주도한 세력은 이제현을 주축으로 한 유자계열로서 이에는 尹澤·金敬直·白文寶·安軸·李穡 등이 포함되어 있었다. 이들은 '誅奇轍功臣'(外戚·燕邸隨從功臣)처럼 기철일당의 숙청에는 직접 참가하지 못했지만, 같은 친왕세력으로서 그 다음 단계의 개혁정치에 적극 참여하여 이제현은 수상으로서 이를 주도하였던 것이다.

그런데 여기서 특히 주목해야 할 것은 위의 3계열 중에는 과거합격자가 포함되어 있어서 유학자라는 공통점을 갖고 쉽게 접근하여 연결될 수 있었던 점이다. 당시 고려의 대표적 유학자였던 이제현은 동왕 2년에 지공거로 과거시험을 주관할 때 외척 洪彦博은 동지공거가 되었고, 《益齋集》에는 수종공신 柳淑을 언급한 詩가 있으며, 李穡은 부친 李穀과 유숙의 특별한 관계를 회고하고 있는 글 등을 남겨 그들의 관계를 알 수 있다. 이렇듯 공민왕의 정치적 기반을 이룬 3계열이 처음부터 추구한 것은 개혁정치였다. 곧 《益齋亂藁》 권 9의 策問를 보면, 이제현과 홍언박이 함께 시관이 되어 출제한 책문은 역대의 租稅制度와 田制를 거론하여 당시 권문세족의 겸병과 국가재정의 악화에 대한 해결방안을 묻고, 충목왕 때 整治都監이 결국에는 원의 간섭으로 실패에 들어간 것을 개탄하고, 立省策動이 경계해야 할 망발임을 강조하는 내용이 들어 있다. 여기서 특히 정치도감의 개혁활동을 긍정적으로 평가하고 있는 것은 고려의 국가적 독립성에 대한 관심을 환기시킨 것으로서 배원의 필요성을 강조하는 의미도 포함되어 있는 것이라 하겠다.[11)]

공민왕의 개혁정치에 있어서 좀더 깊이 음미해야 할 문제는 정방혁파와 관제의 개혁이다. 정방은 앞서 언급한 것처럼 공민왕이 즉위 직후에 혁파한 일이 있으나 권신의 집요한 반대로 곧 복구한 바 되었지만, 동왕 5년 5월에 반원적 개혁정치의 천명과 더불어 다음달 6월에 다시 혁파되었다. 이 때의 정방 혁파는 이색의 상소로 이루어진 것이다.

이색은 공민왕 원년에도 장문의 상소문을 올려 중흥정책의 단서를 열어준 바 있지만, 이번에도「時政八事」의 개혁의견을 개진하는 가운데 정방폐지를

11) 閔賢九, 앞의 글(1989), 66~68쪽.

첫째로 들었으며,[12] 왕이 가납한 바 되어 "정방은 권신으로부터 설치되었으니, 어찌 사람을 조정에 벼슬시키는 본 뜻이 되겠는가. 이제 마땅히 영구히 혁파하여 그 3품 이하는 재상과 더불어 그 진퇴를 의논하고, 7품 이하는 이부와 병부에서 의논하여 보고하라"[13]고 한 교서를 내리게 된 것이다.

그러나 이 때 정방을 영원히 없앤다고는 하였으나 교서의 내용으로 보아 2품 이상은 왕이 전권을 행사하고 3품 이하는 재상과 더불어 진퇴를 의논하였으며, 7품 이하만 이·병부에서 擬望한 것으로 되어 있는 만큼, 비록 銓選權을 이부나 병부에 돌렸다고는 하지만, 하급관료의 전주만 맡은 것이 되므로 아직 전선권이 정방의 권한에서 벗어나지 못한 것을 알 수 있다. 이와 같이 이·병부의 제한된 전선권은 1년 6개월이 지난 공민왕 6년 12월에 "다시 전선을 이·병부에 돌렸다"[14]고 하는 바와 같이 비로소 전적으로 이·병부에 귀속되었다. 《고려사》 세가와 꼭 같은 내용이 선거지 선법조에도 실려 있는 것은 전선이 이·병부에 완전히 돌아간 것을 확실하게 입증하고 있는 것이라 하겠다.

공민왕이 5년 5월부터 본격적으로 추진해 나아간 반원정책과 개혁정치는 곧이어 전개된 원의 협박과 회유라는 양면정책에 밀려 동요를 면치 못하다가 8년 12월과 10년 10월 두 차례에 걸친 홍건적의 침입으로 아주 무너지고 만다. 제1차 홍두적의 침공을 격퇴한 후 1년 7개월이 지난 10년 9월 중순에 동란으로 막혔던 길이 겨우 열려 호부상서 주사충을 원에 파견하여 제후국으로서의 충성을 다할 것을 다짐하는 한편 정동행성을 복치하였는데,[15] 이는 홍적의 재침에 대비하여 반원정책을 포기함으로써 원의 원조를 요청하기 위한 것으로 보여진다.

이 때 고려가 반원정책을 포기한 것은 또한 개혁정치를 단념한 것을 의미하는 것이기도 하다. 이를 단적으로 입증해 주는 것은 제2차 홍적의 난을 평정한 후 두 달이 지난 동왕 11년 3월 중순에 단행한 관제개혁이다. 당시의 개혁은 충렬왕 원년의 관제로 돌아간 것으로서 원 지배하의 체제로 복귀한

12) 《高麗史》 권 115, 列傳 28, 李穡.
13) 《高麗史》 권 75, 志 29, 選擧 3, 銓注 選法 공민왕 5년 6월.
14) 《高麗史》 권 39, 世家 39, 공민왕 6년 12월 병자.
15) 《高麗史》 권 39, 世家 39, 공민왕 10년 9월 계유.

것을 의미한다. 그런데 여기서 또 하나 주목되는 것은 이 때 또 정방을 복치한 것 같다는 점이다.

앞서 정방은 동왕 5년 6월에 영원히 없앤 것으로 되어 있지만, 언젠가 복치되었다는 사실은 신돈의 집권기에 箚子房知印으로 있던 成石璘이 그에게 아부하지 않는다고 하여 미움을 사서 林樸으로 교체한 기록이[16] 있는 것으로 보아 알 수 있다. 차자방은 정방의 별칭이며 知印房이라고도 하였으므로 지인은 정방에서 선법을 맡은 직책이었음을 알 수 있다.[17] 그러나 《고려사》 열전 임박의 내용만 가지고는 정방이 언제 복설되었는지 확실히 알 수 없다. 신돈이 권신이었음은 틀림없는 사실이지만 그가 정방을 복설한 확증이 없는 이상 임박전의 내용만 가지고 정방을 신돈이 복치한 것이라고 단정할 수는 없다.

그러면 정방은 언제 복설된 것일까. 제1차 홍두적의 침공을 격퇴하고 1년이 지난 공민왕 10년 2월에 왕이 이부낭중 李岡을 불러 관리임용을 엄정하게 집행할 것을 당부하고 있는 것을 보면,[18] 이 때까지는 아직 이·병부에서 전선을 정상적으로 행한 것을 알 수 있다. 그런데 그 후 정방이 복설된 것을 알 수 있는 기록은 《고려사》 권 111, 柳濯傳에 보인다. 즉 유탁이 시중이 되어 評理 崔瑩, 密直副使 吳仁澤과 더불어 정방의 제조를 맡았다는 것이다. 최영이 평리로 재직한 것은 동왕 12년 3월부터 동년 12월 사이이므로 정방은 공민왕 12년에는 확실히 존재해 있었던 것이다. 그러므로, 정방은 동왕 10년 2월에서 12년 사이에 복치된 것이 확실하다.

전술한 바와 같이 고려는 홍적란을 계기로 하여 다시 원의 지배체제가 강화되어 가는 현실 속에서 동왕 10년 9월에 정동행성의 복치, 원 연호의 재사용 등이 결정되고, 6개월이 지난 11년 3월에는 또 관제를 원 지배하의 체제로 복귀시킨 것은 한마디로 공민왕이 지난 5년 5월이래 추구해 온 반원정책과 개혁정치를 완전히 포기한 것을 의미한다. 그러므로 이강의 고사와 유탁전의 정방에 대한 기사를 감안해 볼 때 고려는 이러한 급격한 정치적 변혁

16) 《高麗史》 권 111, 列傳 24, 林樸. 그 시기에 대하여 《高麗史節要》에는 공민왕 16년 12월로 기록되어 있다.
17) 《高麗史》 권 77, 志 31, 百官 2, 諸司都監各色 尙瑞司.
18) 《高麗史》 권 75, 志 29, 選擧 3, 銓注 選法 공민왕 10년 2월.

의 소용돌이를 겪으면서 관제개혁과 때를 같이하여 정방을 복치하게 되었다고 보아도 큰 무리가 없을 것 같다.[19]

그런데 공민왕 11년 3월의 관제개혁은 공민왕이 환도하려고 복주를 떠나 尙州에 주류하고 있을 때 단행한 것이다. 고려는 이 해 정월에 이미 홍건적을 평정하고 경성을 수복하였으나, 김용의 간계로 홍적을 격퇴하는데 공로가 가장 큰 정세운 등 4원수가 차례로 살해되는 비운을 만난 때였으므로 민심이 흉흉해져 行在所의 경호가 역시 불안한 때였다. 또 2월 상순에 쌍성총관부의 叛將 趙小生이 納哈出〔나하추〕를 유인하여 三撤·忽面 땅에 들어와 있어 긴장이 고조되어 있었고, 홍적은 압록강을 넘어 달아나기는 했지만 언제 또 침공할지 예측할 수 없는 극히 어려운 시기였다. 따라서 고려로서는 이에 대비하기 위해서는 원에 계속 저자세외교를 취하여 비위를 맞추지 않을 수 없었던 것이다. 그리하여 반원정책의 잔재를 완전히 불식하기 위해서는 원 지배하의 체제로 돌아가는 관제개혁을 하지 않을 수 없으며, 또한 원이 싫어하는 개혁정치를 중지하는 표적을 보이기 위해서도 관제개혁과 함께 정방을 복치하는 것이 현명한 조처였는지 모른다.

이와 같은 고려의 노력은 원이 구원군을 투입하여 遼陽行省同知 高家奴가 요동지방에 잔존하고 있던 홍두적의 잔당을 소탕하고 그 괴수 破頭潘을 사로잡는 전과를 거두는 계기를 마련하였다.[20] 이리하여 두 나라의 관계가 다시 회복되어 이 해 5월에 원은 太子詹事院僉同 奇田龍을 고려에 파견하였다. 이어 고려는 다음달에 判三司事 金逸逢을 원에 보내 방물을 헌납하게 하였고, 典法判書 李子松에게는 홍적의 평정을 알림과 동시에 전쟁 중에 노획한 玉璽 2개와 金寶 1개 및 金銀銅印 20여 개, 그리고 금은패를 바쳤다. 이러한 일련의 사실은 고려와 원의 관계가 다시 옛날의 우의를 완전히 회복한 것임을 시사해 준다.

그러나 두 나라의 친선관계는 공민왕폐위사건으로 오래 지속되지 못하고

---

19) 필자는 일찍이 〈高麗政房考〉(《史學硏究》 13, 1961)에서 林樸傳을 근거로 하여 이 때의 政房復置는 권신 신돈의 作爲로 간주된다고 말한 바 있으나, 이 기회에 정방은 공민왕 11년 3월의 관제개혁과 때를 같이하여 복치되는 것으로 정정하고자 한다.

20) 《高麗史》 권 40, 世家 40, 공민왕 11년 4월 병신.

결국 다시 대결 국면으로 접어들었다.

홍왕사의 변이 일어난 공민왕 12년(1363)에는 여러 종류의 많은 공신이 책봉되는 바[21] 興王討賊功臣(28명) 및 扶侍避難功臣(10명), 建議集兵定難功臣(紅賊亂때 戰略上申, 1명), 辛丑扈從功臣(제2차 紅賊亂 때 호종, 126명), 簽兵輔佐功臣(제2차 홍적란 때 簽兵에 유공, 9명), 收復京城功臣(제2차 홍적란 때 경성수복의 공로, 100명) 己亥擊走紅賊功臣[22] (제1차 홍적란 때 참전, 66명) 등이다. 이와 같이 당시 7종의 공신이 집중적으로 녹공된 것은 공민왕이 복주에서 환도하여 홍왕사를 잠시 御宮으로 정한 후 일어난 홍왕사의 변이 최영 등의 민첩한 군사행동으로 진압되자, 14일만에 전격적으로 먼저 홍왕토적공신을 책봉하고, 이어서 홍적관계공신도 소급하여 차례로 封功하였던 것이다. 이리하여 홍적의 난 이후 홍왕사의 변에 이르기까지 난국 타개에 공로가 많은 관인을 공신으로 봉하고 그에 따르는 정치적·물질적 급부가 이루어지게 된 것이다.

위의 7종 공신은 연인원이 346명이지만 중복하여 봉공되는 것을 고려한다면, 실질적인 인원은 약 280명이었고, 그들에게 총 26,300결의 토지와 2,635구의 노비가 지급되었다. 이들 가운데 200결 이상의 收田者를 추려보면 慶千興(신축호종·기해격주공신) 등 29명에 달하고 있다. 이 때 많은 토지를 받은 공신은 그들이 본래 갖고 있던 사회·경제적 기반을 더욱 굳건하게 하고, 이를 바탕으로 그 정치권력을 더욱 확대해 나갔을 것으로 생각된다.[23]

여기서 특히 주목해야 할 것은 무장세력이 대거 등장했다는 사실이다. 홍적란의 평정이나 홍왕사의 변을 진압함에 있어서 무장들의 공로가 가장 컸던 것은 두말할 나위도 없거니와 홍왕사란의 경우, 이 반란을 평정함에 당시 군권을 장악하고 있던 최영 등 몇 사람의 힘이 가장 컸다. 그들은 홍왕토적공신으로 봉해진 뒤 곧 다시 별도의 공신호와 고위관직을 받게 되었는데, 최영은 盡忠奮義佐命功臣 判密直司事, 우제는 宣力協保功臣 密直副使, 韓暉는 推誠翊戴功臣 密直副使, 吳仁澤은 端誠亮節功臣 典理判書, 楊伯淵은 推誠翊

---

21) 《高麗史》 권 40, 世家 40, 공민왕 12년 윤3월 을유.
22) 《高麗史》 권 40, 世家 40, 공민왕 12년 11월 임신.
23) 閔賢九, 앞의 글(1968), 62~65쪽.

衛功臣 開城尹, 金漢眞은 純城保節功臣 版圖判書에 제수되었다.[24] 그러나 이들 중 대표적인 최영이 판밀직사의 고위관직을 받았을 뿐, 侍中이나 贊成事와 같은 최고위의 관직을 이들에게 주지는 않았다. 그러나 그들의 정치적 실권은 대단히 컸다. 곧 흥왕사의 난을 계기로 급성장한 최영과 오인택이 시중 유탁과 더불어 정방제조가 되었을 때, "崔와 吳는 바야흐로 총애가 있었다"는 기록에서 알 수 있듯이 두 사람에 대한 왕의 총애는 대단하였다. 게다가 관원을 제수함에 있어 專恣하여 옆에 사람이 없는 것 같이 행동하므로 유탁이 병을 칭탁하여 참여하지 않았다는[25] 기록이 있는 것으로 보아 그들의 권한은 막강하였다.

그런데, 이들 무장세력은 공통된 속성으로 武才를 가졌고 과거급제가 아닌 門蔭이나 成衆愛馬의 選補를 거쳐 입사하였다. 그들은 대체로 세족출신이기는 했지만 왕과 특수한 관계에 있었던 것은 아니었고, 다만 여러 차례에 걸친 전쟁을 통하여 장수로서 군사적 공로가 있었던 것이 계기가 되어 권력의 중심에 부상하게 된 것이다.[26] 그 후 2개월 후에 일어난 공민왕 폐위사건과 덕흥군 내침사건은 무장세력을 더욱 강화시키는 결과를 가져왔다. 이러한 사실은 덕흥군과 최유가 거느린 원의 遼陽省兵을 수주의 달천에서 격파하여 승리를 거둔 최영과 경천흥이 개선할 때에 왕을 맞이하는 의식에 좇아 맞아들이도록 명령한 것을[27] 보아도 알 수 있다. 정치적 혼란 속에서 왕의 시해가 계획되고, 원에 의해 폐왕사건이 벌어져 군사적 충돌로 이어지는 국면에 직면하여 공민왕이 취해야 할 현명한 방법은 가능하면 전쟁에서 공을 세운 자를 우대하여 정치적 안정을 유지하는 것이었고 이러한 분위기 속에서 무장세력은 더욱 강화되어 갔다.

당시 공민왕이 시도한 정치적 안정책의 추구는 먼저 군공 중심과 무인 위

---

24) 《高麗史》 권 40, 世家 40, 공민왕 12년 윤3월 계사. 이들 6인 중 최영은 수복경성공신, 우제는 수복경성공신과 기해격주홍적공신, 한휘는 수복경성공신과 기해격주홍적공신, 오인택은 수복경성공신, 김한진은 신축호종공신과 수복경성공신·기해격주홍적공신을 겸하고 있어 무장으로서의 경력을 잘 나타내 주고 있다.

25) 《高麗史》 권 111, 列傳 24, 柳濯.

26) 閔賢九, 앞의 글(1968), 61쪽.

27) 《高麗史》 권 40, 世家 40, 공민왕 13년 2월 무술.

주의 관직편성을 들 수 있다. "전쟁에 참전한 장수로서 모두 超遷되지 않는 자가 없으므로 사람들이 從軍하기를 달가워 했다"[28]고 한 기록은 이를 단적으로 잘 말해주고 있다. 좀 뒤의 기록이기는 하지만 공민왕 14년 3월에 행한 인사를 통해 재상에 오른 자의 가문을 분석해 보면,[29] 과거에 의한 경우보다 문음으로 전공을 세워 재상에 오른 자가 훨씬 많은 것이 주목된다. 즉 35인 가운데 가문이 확실한 사람은 문음이 유탁 등 13인, 등제가 李仁復(찬성사) 등 3인, 宦者가 李龜壽(찬성사) 등 2인, 나머지 17인은 가문을 알 수 없지만 문음이었을 가능성이 크다. 그리고, 전체 인원 가운데 25인이 공신출신이었던 것은 이 때의 인사가 공신을 우대하기 위한 것이었음을 확실히 보여주고 있다. 더욱이 이러한 가운데에도 홍왕토적공신으로 최영 등 7명이 포함되어 있는 것은 특히 주목할 만하다.

이상에서 홍건적란, 흥왕사의 변, 공민왕폐위과 덕흥군 내침 등을 통하여 무장세력의 등장한 것을 살펴보았지만, 한 가지 이해하기 어려운 점은 덕흥군의 내침을 격퇴한 최영·경천흥 등 무장이 개선한 후 이들을 별도로 녹공한 기록은 보이지 않는 것이다. 공민왕은 흥왕사란을 진압하고 2개월이 지난 12년 5월에 다시 19항목에 걸칠 교서를[30] 내려 다시 중흥정치를 시도했다. 그러나 이와 때를 같이하여 벌어진 원의 공민왕 폐위와 덕흥군의 내침은 왕조의 존망이 걸린 큰 사건이었기 때문에 개혁의 성과를 거두기는 어렵게 되었다. 뿐만 아니라 이로 인해 상대적으로 공민왕의 권위가 크게 실추되고, 개혁과는 거리가 먼 보수적인 무장세력이 권력의 핵심을 이루고 있는 상황 아래서는 개혁의 추진은 거의 불가능하였을 것이다.

이와 같이 무장세력의 정치적 권력이 강화되어 가자 공민왕은 다시 이에 위기의식을 품게 되었고, 덕흥군의 침공군을 격퇴시킨 무장들의 논공은 그들이 세력을 더욱 확대시킬 소지가 컸음으로 보류될 정도였는데, 동왕 13년 10월에 원의 恭愍王復位詔書가 도달함에 따라 공민왕 폐립사건은 일단락되었

28) 《高麗史節要》 권 27, 공민왕 12년 5월.
29) 《高麗史》 권 41, 世家 41, 공민왕 14년 3월 경진.
閔賢九, 앞의 글(1968), 68~69쪽 표-5 참조.
30) 《高麗史》 권 41, 世家 41, 공민왕 12년 5월 경오 下敎. 공민왕은 여기서 "用底中興之理"를 내세우고 있는데, 그 구체적인 조목은 《高麗史》 各志에 산재되어 있다.

다. 그 후 원의 정치적 간섭이 사실상 배제됨으로써 공민왕의 정치적 입지는 안정될 수 있었고 따라서 군왕으로서의 권위도 회복될 수 있었다.

그리고 倭寇의 침입도 동왕 13년 말부터 조금씩 줄어들었는데,31) 이러한 군사적 정치적 변화 속에서 공민왕은 새로운 정치적 변혁을 재시도하였다. 이에 따라 이듬해 5월에 辛旽(遍照)이 등장하여 국정을 맡게 됨으로써 제1차로 최영 등의 무장세력이 제거되었던 것이다.

공민왕 12년 5월에 무명의 승 신돈이 갑자기 정계에 등장하여 공민왕으로부터 이례적인 봉작과 높은 관직을 수여 받아 국정을 총섭하게 된다. 공민왕은 앞서 반포된 5월의 교서에 바탕을 두고 다시 왕권강화를 위한 중흥정치를 강력히 추진해 나아감에 있어서 새로운 인물의 등용이 무엇보다도 중요하다고 생각한 것이다. 신돈은 공민왕 8년(1359)을 전후하여 외척 金元命의 소개로 왕을 처음 알게 되어 궁중에 드나들게 되었다. 신분은 미천하였으나 총명하고 왕 또한 불교를 독실하게 신봉하고 있었기 때문에 왕의 중망을 받았다. 그러나 鄭世雲·李承慶이 그를 몹시 미워하여 죽이려고까지 하였으므로 한동안 표면에 나서서 활동할 수 없었다. 그러나 그들이 죽은 뒤 동왕 13년에 頭陀僧이 되어 다시 왕을 來謁함으로 비로소 궁중에 들어와서 用事하게 되었는데, 이 때 왕으로부터 淸閑居士의 호를 받고 師傅가 되어 국정을 자문하게 됨으로써 실권자로 등장하게 된 것이다.32) 공민왕의 개혁정치에 영향력이 컸던 普愚와도 이 무렵부터 자연히 접촉할 기회가 생겼으리라고 보여지지만, 신돈이 사부로서 집권하게 되면서 공민왕과 왕사 보우와의 관계는 점차 소원해졌다. 이리하여 보우는 신돈을 邪僧으로 급히 탄원하는 상소문을 올리고 드디어 동왕 15년 10월에 국사를 사임하고 왕의 곁을 떠나고 말았다.33)

신돈이 막강한 권력자로 등장하자 먼저 최영 등의 무장세력과 이인복·이공수 등 일부 유신세력이 제거되었다. 공민왕 14년 5월부터 9월에 이르기까

31) 李鉉淙, 〈朝鮮初期 倭人接待考(上)〉(《史學硏究》 3, 韓國史學會, 1959), 28쪽.

32) 《高麗史》 권 132, 列傳 45, 叛逆 6, 辛旽.
《高麗史節要》 권 28, 공민왕 14년 5월.

33) 兪瑩淑, 〈國澄國師 普愚와 恭愍王의 改革政治〉(《韓國史論》 20, 국사편찬위원회, 1990), 176쪽.

지 유배 혹은 파직되거나 封君되어 거세된 사람은 모두 25명에 달하고 있는데 이를 앞서 거론한 바 있는 공민왕 14년 3월의 인사이동에 결부시켜 보면, 35명의 고위관인 중에서 15명이 정계에서 밀려났으며, 재신의 경우는 14명 가운데 9명이 제거되었다.[34]

공민왕이 신돈을 등용한 배경은 평소 世臣大族·草野新進 및 儒生들의 파당적인 행동에 불만을 가져왔던 터이므로「離世獨立之人」을 크게 등용하여 정치개혁에 박차를 가하려 하였는데 마침 '욕심이 없고 賤微하여 親黨이 없어 큰 일을 맡길만하다' 하여 그를 발탁하였던 것이다. 그러나 신돈만을 등용한다면 최영·경천흥 등 주요 무장세력을 제거한 뒤의 권력관계 재편성기에 나타나는 정치공백을 갑자기 메울 수는 없으므로 고심 끝에 權適과[35] 같은 세신대족도 끌어들이게 되었다.

따라서 새로이 구축된 권력의 구조는 무장집권 하에서 비주류를 이루고 있던 세력과 새로이 재등장하는 구세력의 연합으로 이루어지게 되었다. 대체로 공민왕 14년 9월 중순에 일단락되는 권력구성을 보면,[36] 권적과 같은 세신대족, 안우경·池龍壽 등과 같은 비주류무신, 김원명과 같은 외척, 이색과 같은 유신, 李仁任 등과 같이 방관적 태도를 취하며 관직에 계속 머물러 있으려 한 자 등으로 잡다하게 구성되어 있었다. 이와 같은 권력재편은 큰 변동 없이 동왕 16년 10월에 오인택 등의 신돈제거 모의사건이 일어날 때까지 계속된다.

그 후 신돈은「權王」·「假國柄」[37]의 위치에서 정방을 통한 인사권 장악을 비롯하여 내외의 권력을 총괄해 나아갔다. 이와 더불어 그의 미움을 받거나 반대세력으로 지목된 자들은 숙청을 당하여 고려 정계는 상당한 세력교체가 이루어진다. 그리하여 신돈에 밀착 아부하는 무리가 늘어갔으나 끝내는 공민왕 20년(1371) 7월에 신돈은 역모를 꾀한다는 혐의를 받아 몰락하고 만다.

---

34) 閔賢九, 앞의 글(1968), 74쪽.

35) 《高麗史》 권 107, 列傳 20, 權呾 附 適. 權適은 權呾의 손자로서 당시 고려 최고의 문벌을 이루고 있던 安東 權氏에 대하여 공민왕은 즉위 초기에 '族黨滿國' 이라 하며 증오한 적이 있었는데, 이 때 그를 贊成事로 임명한 것이다.

36) 《高麗史》 권 41, 世家 41, 공민왕 14년 9월 경오.

37) 원에서는 權王으로 알려져 있었고, 명덕태후는 공민왕에게 假國柄하는 이유를 추궁한 일이 있었다(《高麗史》 권 89, 列傳 2, 后妃 2, 明德太后洪氏).

이상의 사실에서 특히 유의해야 할 점은 신돈의 집권기에 보여준 신돈과 공민왕과의 관계이다. 신돈을 끝까지 부정적으로 서술하려고 한《고려사》찬자는 그를 우왕·창왕과 관련시켜 廢假立眞을 내세워 조선 건국의 합리적 명분을 찾으려 하였고, 당시의 정치전반이 신돈에 의하여 주도되었다고 하며 신돈의 영향력을 지나치게 강조하고 있다. 한편, 공민왕은 노국공주가 돌아간 후 실의에 빠져 모든 국사를 그에게 위임하고 영전을 지나치게 호화롭게 조영하여 재정을 어렵게 하였으며, 말년에는 子弟衛를[38] 만들어 미소년을 소속시켜 변태성욕을 즐겼다며 그의 실정을 강조하고 있다. 그러나 이 점 역시 조선 초기 사관들의 부정적인 기술 때문이라고 보아야 할 것이다.

공민왕이 신돈에게 이례적으로 대권을 위임한 것은 틀림없는 사실이지만, 공민왕과 신돈은 같은 입장에 서서 국사를 주도해 나갔으므로 신돈의 영향력이 컸을 것은 당연하다. 곧 신돈이 기도한 변혁에 대해 공민왕은 스스로가 모든 조치에 주의를 기울였고, 또 적극적인 입장에서 정치변화에 관여하였던 것은 여러 기록에서 쉽사리 찾아볼 수 있다.[39] 그런데 중요한 것은 이 시기에 신돈에 의하여 활발하게 추진된 개혁정치에는 더욱 그러한 면이 충분히 간취된다는 점이다.

신돈집권기의 개혁정치 가운데 중요한 것으로 먼저 田民推整都監의[40] 설립을 들 수 있다. 전민추정도감 설립에 관하여 당시의 상황을《고려사》신돈전에 의해 요약하면 豪強之家들이 公私田을 점탈하고 양민을 노예로 삼는 한편, 驛吏·官奴·百姓 등 有役者를 漏隱시키는 등의 부정을 저질러 이렇게 빼돌린 田·民을 가지고 農莊을 경영하고 있기 때문에 都監을 만들어 전·민

38)《高麗史》권 43, 世家 43, 공민왕 21년 10월 갑술.

39) 공민왕 14년 9월에 신돈의 참소에 의해 金普가 제거된 다음 다시 신돈이 任君輔까지 내쫓고자 했을 때 이를 거절한 것이든지 (《高麗史節要》권 28, 공민왕 14년 9월) 그 후 신돈을 제거하려는 오인택의 모의가 있었을 때 공민왕이 신돈의 주장을 믿고 따른 것도 이를 잘 뒷받침하고 있다(《高麗史節要》권 28, 공민왕 16년 10월).

40) 최영이 貶出되고 4일 뒤인 공민왕 14년 5월 갑술에 刑人推整都監을 설치한 바 있는데, 閔賢九는 이것이 1년이 지난 15년 5월에 기능이 확대되어 田民辨正都監으로 재출발한 것으로 보고, 비록 辛旽傳에 田民辨整都監으로 칭하였지만《高麗史節要》·《高麗史》林樸傳에 보이듯이 田民推整都監으로 하는 것이 사실상 옳을 것이라고 했다(閔賢九, 〈辛旽의 執權과 그 政治的 性格(下)〉, 《歷史學報》40, 1968, 63쪽).

을 추쇄해야 한다는 것이다.[41]

농장의 확대는 충렬왕 이래 내려온 因循之弊로서 문제가 많았다. 더욱이 홍건적의 난으로 정치적·경제적 대혼란을 겪고 있는 데다가 공민왕 12년(1363)의 대대적인 封功으로 인한 대규모의 토지급여는 당시의 정치적·경제적 상황과 맞물리어 고려 말의 농장발달에 획기적 계기가 되었다. 이러한 시점에서 볼 때, 토지제도의 혼란과 有役人口의 감소는 고려의 존립을 크게 위협하는 것이었다. 그러므로 즉위 초부터 개혁정치를 지향해 왔던 공민왕은 홍건적의 난과 원의 지배체제 복구로 한때 중단됐던 개혁정치를 신돈의 등장과 더불어 다시 강력하게 밀고 나갔고, 이러한 상황은 당연한 일이었던 것이다. 그러므로 전민추정도감의 설립은 공민왕 원년 2월에 설치한 田民辨正都監과 동왕 5년 6월 및 12년 5월에 반포한 교서의 연장선상에 놓고 보아도 큰 무리는 없으리라고 본다.

전민추정도감은 신돈이 判事, 임박이 使가 되어 의욕적으로 추진되었는데, 서울은 15일, 지방은 40일을 기한으로 자진 신고토록 하여 권귀들이 점탈한 전·민을 본주에게 돌려주도록 독려하였다. 이에 천예로서 양민이라고 호소하여 양인이 된 자는 聖人이 출현하였다고 칭찬하였다 한다.[42] 그러나 전민추정도감의 성과는 주로 《고려사》·《고려사절요》 등에 단편적인 기록만 남아있을 뿐이어서 그 사실을 구체적으로 알 수는 없다. 뒷날 전제개혁론자의 계열에 속하는 《고려사》 찬자가 신돈의 정적을 악평하려는 입장에서도 이 정도의 기록을 남긴 것은 이 때의 田民推整이 매우 광범위하게 이루어져 상당한 영향을 미쳤음을 반증하고 있는 것이라 하겠다.

다음으로는 정치제도의 개혁이다.[43] 田民推整 다음 해인 16년에 諸道散官의 赴京侍衛를 법제화하여[44] 국방병력을 강화함으로써 왜구 및 원·명교체기의 군사적 압력에 대비하였다. 공민왕대에 관인계층의 양적 증가로 "官類積薪, 前職滿國"의 현상이 이미 초기 기록에 나오고,[45] 그 후 전쟁으로 군공

41) 《高麗史》 권 132, 列傳 45, 叛逆 6, 辛旽.
42) 위와 같음.
43) 閔賢九, 앞의 글(下), 66~70쪽.
44) 《高麗史》 권 82, 志 36, 兵 2, 宿衛 공민왕 16년 8월.
45) 《高麗史》 권 75, 志 29, 選擧 3, 選法 공민왕 원년 3월.

을 포상하기 위하여 첨설직이 양산된 바 있는데, 이들 외방 산관들을 직역으로서의 부경시위를 법제화하여 통제하려 한 것은 주목할 만하다. 또 공민왕 17년에는 당 현종대의 循資格을 채용하여 관료체제의 혼란을 막기 위하여 超遷을 규제하려고 하였다. 이것은 병란 혹은 정치적 혼란에 편승하여 관료체제의 불균형을 초래하고 정상적인 왕 중심의 권력질서의 확립을 저해하는 일을 막기 위한 것이었다.

여기서 우리가 또 하나 주목해야 할 것은 교육문화의 개혁이다.[46] 공민왕 16년에 임박의 건의에 의하여 성균관을 중건하고 생원의 수를 늘리는 한편, 五經四書齋를 분리하는 조처도 아울러 취하였다.[47] 공민왕이 처음부터 교육에 각별한 주의를 기울였던 사실은 중흥정책을 펴는 교서에 누차 언급된 사실에서 살필 수 있다. 홍적란으로 타버린 성균관을 중건한 사실은 다시 교육중흥의 강한 의지를 천명한 것이라고 할 수 있다. 그리하여 당시 經學을 중시하여 사서오경재를 분리하는 조치를 취한 것은 과거제도에도 변화를 가져와 元制에 따라 鄕試·會試·殿試의 3試制를 실시하였다.[48] 이보다 2년 전에는 中朝의 搜撿通考法을[49] 채용함으로써 과거에 경전 중시와 엄격한 시험관리에 중점을 두었는데 이는 성균관의 중흥과 연결되는 괄목할 만한 조처라 하겠다.

신돈이 공민왕의 전폭적인 지지 아래 개혁정치를 활발하게 추진하고 있을 때 주목되는 사실은 함께 개혁에 참여했던 신진문신세력의 성장이다. 그들의 등장을 잘 말해주는 자료는 임박의 건의로 성균관을 중건하였을 때 판개성부사 이색을 兼大司成으로 삼고, 經術에 뛰어난 金九容·鄭夢周·朴尙衷·朴宜中·李崇仁 등을 택하여 모두 兼學官으로 임명한 것이다.[50] 임박 등 7인은 모두 과거에 급제한 신진문신이며 이 밖에도 金齊顔·李存吾·鄭道傳·尹紹宗 등을 꼽을 수 있다. 이들 중에는 임박과 같이 신돈에 밀착하여 정치개혁

46) 閔賢九, 앞의 글(下), 70~74쪽.

47) 《高麗史》 권 111, 列傳 24, 林樸.

48) 《高麗史》 권 73, 志 27, 選擧 1, 科目 1 공민왕 18년.

49) 공민왕 16년 搜撿通考法은 과거시험에 수험자의 신체를 검사하여 소지품을 조사하고 신분을 확인한 뒤에 시험장에 입장시키는 법으로서 당나라 때에서부터 비롯되었다(위와 같음).

50) 《高麗史節要》 권 28, 공민왕 16년 5월.

에 적극 참여한 자가 있는가 하면 이존오는 신돈을 논핵하다가 貶出되고,[51] 김제안은 신돈 제거모의에 참여했다가 피살되기도 하였다.[52] 그러나 이색·정몽주·정도전·박상충·박의중·김구용 등은 중도적 입장에서 현실을 인정하며 개혁에 참여하였던 것이다. 이와 아울러 당시의 상황에서 눈에 띄는 것은 공민왕 18년(1369) 4월 明使 偰斯가 처음 고려에 옴으로부터 두 나라의 외교관계가 시작되었는데 공민왕이 적극적으로 친명정책을 천명하게 되자, 신진문인세력도 이에 동조하여 향후의 정치 변화에 지대한 영향을 미치게 되었다는 점이다.

명 태조 朱元璋은 원 문종 원년(1328)에 淮河유역의 濠州(安徽省 鳳陽)에서 가난한 농민의 아들로 태어났다. 17세 때 회북지방이 크게 가물고 전염병이 돌아 부모·큰형이 모두 죽으니, 游方僧이 되어 사방으로 떠돌아다니다가 25세 때 남방 군웅의 하나인 郭子興의 부하로 들어갔다(1352 ; 공민왕 원년). 공민왕 4년에 곽자흥이 사망하자 독립하여 34세 때인 공민왕 10년에 吳國公이 되고 3년 뒤에 應天府(南京)에서 吳王에 올랐다. 그러나 그 동안에 고려와 직접적인 교섭은 없었던 것 같다. 공민왕 16년에는 張士誠·方國珍을 차례로 평정하여 국력이 크게 떨치게 되자 徐達을 征虜大將軍으로 삼아 北伐의 대군를 일으키는 한편, 다음해 정월 응천부에서 황제를 칭하고 국호를 明이라 하였다.

주원장이 稱帝建元하던 날 北征軍은 山東 濟南부근에 주둔하고 있었는데, 바로 이 때 遼陽省平章 洪寶寶가 고려에 사람을 보내 명군의 위세가 크게 떨치고 있음을 알려왔다. 또 동년 8월 하순에 燕京의 위급한 사실이 전해지자 고려에서는 곧 좌상시 曹敏修를 義靜州等處安慰使로, 전 전리판서 林堅味를 安州巡撫使로 삼아 서북경의 방어에 대비하기도 했으나[53] 이 때는 이미 원의 수도 연경이 함락된 다음이었다.

연경은 공민왕 17년 8월 2일에 함락되었는데 이 소식은 2주 후에 在元高麗人 金之秀에 의하여 고려에 전해졌다. 이 소식을 들은 공민왕은 백관을 소

---

51) 《高麗史》 권 41, 世家 41, 공민왕 15년 4월 갑자.
52) 《高麗史節要》 권 28, 공민왕 17년 10월.
53) 《高麗史》 권 41, 世家 41, 공민왕 17년 8월 을미.

집하여 명과의 통교여부를 논의했으나 회의 결과에 대하여는 기록에 나타나지 않는데 이는 좀더 관망하는 것이 현명하리라는 판단 때문이라고 추측된다.[54] 그러나 명과의 교섭은 비교적 빨리 추진되었다. 앞서 언급한 바와 같이 고려는 이미 장사성·방국진 등 여러 남방군웅과 빈번한 교빙을 해왔기 때문에 명나라도 일찍부터 고려의 존재를 잘 알고 있었을 것이 틀림없다.

명은 건국 후 10개월이 지난 공민왕 17년(1368) 11월에 符寶郎 偰斯를 고려에 보내기로 결정하였다. 설사는 곧 명의 건국과 洪武帝의 즉위사정을 고려에 알리는 국서를 갖고 고려로 출발하였다. 그러나 그는 도중에 풍랑을 만나 모진 고난을 겪고 다음해 4월 하순에야 겨우 개경에 도착하였고 이로써 두 나라는 정식으로 통교의 길이 열리게 되었다. 동년 5월 중순에는 예부상서 洪尙載 등을 명에 보내어 홍무제의 등극을 칭하하고 봉작을 청하였다. 이에 명은 동왕 18년 8월에 다시 설사를 시켜 金印·誥文 및 大統曆을 가지고 고려로 떠나게 했다. 그러나 그는 또 풍랑을 만나 다음해 5월 하순에야 겨우 개경에 도착하여 공민왕을 봉하여 고려왕으로 삼았다. 그리하여 고려는 동년 7월에 이르러 洪武 연호를 사용하게 되고[55] 이로써 고려와 명은 정식으로 국교를 수립하게 되었다.

이와 같이 고려와 명과의 관계는 명이 건국된 지 1년 3개월만에 정식으로 교섭의 길이 열려 평화적이며 순조롭게 진척되었다. 비록 원이 북쪽으로 쫓겨가기는 했지만 아직 몽고지방에서는 물론 요서·요동지방에 만만치 않은 세력을 구축하고 있어서 명이 완전히 북원을 제압하기 위해서는 고려의 협력이 필요했고, 고려 역시 원의 압력에서 완전히 벗어나기 위해서도 명의 후원을 필요로 했기 때문에 두 나라는 서둘러 국교를 맺었던 것이다.

---

54) 필자는 오래 전에 〈高麗와 元·明關係〉(《한국사》 8, 국사편찬위원회, 1976), 183쪽에서 공민왕 17년 11월 정미에 禮儀判書 張子溫이 사신으로 吳王의 후대를 받은 사실을 末松保和의 논문 〈麗末鮮初に於ける對明關係〉(《史學論叢》 2, 1941, 21～22쪽)에 의거하여 吳王은 '吳王朱元璋' 임이 틀림없다 하고, 대륙의 정세에 민감했던 고려가 명과의 국교가 정식으로 성립되기 이전에 먼저 손을 써서 명의 동정을 살피기 위해 장자온을 보낸 것이라 했으나 잘못된 생각이었다. 吳王은 北元系의 吳王도 있고 또 그와 여러 번 통교가 있었으므로 閔賢九의 앞의 글(下), 91쪽에 의하여 정정하고자 한다.

55) 《高麗史》 권 42, 世家 42, 공민왕 19년 7월 을미.

한편, 원은 北奔한 후 6개월이 지난 공민왕 18년 2월 中書省右丞 豆利罕을 고려에 파견하고, 다음달 상순에 또 사신을 보내어 공민왕을 우승상으로 봉하는 등 성의를 표하였다. 그러나 이에 대하여 고려는 동지밀직사사 王重貴를 聖節使兼謝恩使로 파견하였으나 형식에 지나지 않았다. 그것은 이 해 4월에 명사 설사가 고려에 다녀가자 곧「至正」연호를 정지하였을[56] 뿐만 아니라, 동년 12월 중순에는 제1차 요동정벌을 단행하면서 북원과의 관계를 단절한 것으로[57] 보아 짐작이 간다. 이로써 여·명관계는 더욱 우의가 돈독해져 고려는 명의 책봉을 받고 그 연호를 사용하기 시작하였다.

원·명교체에 따른 고려와 명의 정상적 외교관계 수립은 그 후 대외, 대내적으로 적지 않은 문제를 야기시켰다. 대외관계에 있어서 먼저 지적해야 할 것은 요동지역을 거점으로 한 親元勢力, 즉 반공민왕세력을 분쇄하기 위하여 2차에 걸쳐 단행한 東寧府征伐이다.[58] 제1차 동녕정벌은 공민왕 18년 12월에 이성계를 동북면원수, 池龍壽를 서북면원수, 楊伯淵을 부원수로 삼아 동녕부를 공격한 것이고,[59] 제2차 동녕부정벌은 공민왕 19년 8월 중순에 공격명령이 내려졌지만,[60] 실제로 압록강을 거쳐 군사행동에 들어간 것은 이 해 11월 2일이며, 마침내 이틀후에는 遼陽城을 함락시켰다. 제2차 정벌은 사실상 제1차 정벌에 연속되는 것으로서 같은 편성 아래 이루어졌지만 보다 본격적인 것이었다. 공민왕이 동녕부정벌에서 추구한 것은 적극적인 반원책을 통하여 원세력과 연결되는 遼瀋 지역의 영향력을 완전히 차단함으로써 대내적인 안정을 꾀하는 데 있었다. 다음으로 대내문제로서 중요한 것은 공민왕 18년 6월 초순에 단행한 관제개혁이다. 이 때의 관제개혁은 공민왕 5년(1356)의 개혁, 즉 문종대의 체제로 복고하는 것을 의미한다. 앞서 언급한 바와 같이 1차로 공민왕 18년 4월에 고려에 사신으로 왔던 설사가 귀환하자 곧 원의 지

56)《高麗史》권 41, 世家 41, 공민왕 18년 5월 신축.

57)《高麗史》권 41, 世家 41, 공민왕 18년 12월 신미.

58)《高麗史》권 114, 列傳 27, 池龍壽條에 의하면 奇轍의 아들 奇賽因帖木兒가 원에서 平章 벼슬을 지내고 있다가 원이 망하자, 이곳에 웅거하여 遼瀋官吏 金佰顔 등과 더불어 변방을 침범하려고 한 때문이었다 한다.

59)《高麗史節要》권 28, 공민왕 18년 12월,《高麗史》에는 18년 11월에 단행한 것 같이 보이지만,《高麗史節要》와 비교해 볼 때 12월 신미일의 일로 여겨진다.

60)《高麗史》권 42, 世家 42, 공민왕 19년 8월 기사.

정 연호를 정지한 데 이어 다시 원의 지배체제에서 완전히 벗어나는 관제개혁을 단행한 것이다. 이어 동왕 20년 5월 하순에는 監春秋館事 李仁復, 知春秋館事 李穡 등에게 《本朝金鏡錄》을 증보케 하여 자주적인 역사의식을 높이려고 하였다. 이 책은 현존하지 않기 때문에 자세한 내용은 알 수 없으나 鄭摠이 지은 〈高麗國史序〉에 의하면 靖宗 때까지의 초기 통사로 생각된다.

이와 같이 고려는 원·명교체기라는 대륙정세의 급격한 변동에 효과적으로 대처하기 위하여 대외적으로는 동녕부에 출병하고, 대내적으로는 관제개혁과 국사편찬 등을 통하여 자아의식 내지 자주정신을 자극하였다. 그리하여 공민왕은 점차 신돈의 집정에 회의를 품게 되어 親政의 뜻을 표명하였던 것이다.[61] 공민왕이 앞장서서 추구한 적극적 친명정책은 오랫동안 추구해 온 반원정책과 직결되는 것이지만, 공민왕의 친명 성향에 가장 먼저 접근할 수 있는 계층은 앞서 언급한 바 있는 신진문신세력이었다. 이러한 상황 아래 공민왕과 신진문신세력은 더욱 밀착되어 갔으니, 공민왕 19년 11월에 李詹이 올린 상소문은 그들의 자기반성 위에 기초를 둔 강력한 현실비판이 체제에 대한 비판으로 옮겨졌음을 뜻하는 것이다.[62] 그리하여 신진문신세력의 현실비판은 마침내 신돈의 존재를 부인하는 결과로 이끌어가 공민왕에게 많은 영향을 미쳤던 것이다.

이 시기의 신돈제거 모의사건 중 가장 큰 것은 공민왕 16년 10월에 일어난 吳仁澤사건이다. 오인택은 비주류 무장이었던 만큼 제2차 무장세력의 제거라고 할 수 있다. 이 사건은 경천흥처럼 신돈의 대두로 거택된 사람뿐만 아니라 신돈의 집권으로 유배에서 풀려나 知都僉議가 된 오인택을 비롯하여 신돈과 결탁하여 승진하였던 외척 金元命 등 많은 현직관인이 가담한 큰 규모의 것이었으나 실패로 돌아갔다.[63] 동일한 정치세력간의 분열로 일어난 사

61) 《高麗史》 권 42, 世家 42, 공민왕 19년 10월 기묘일 기록에 의하면, 왕이 侍中 李春富에게 天道不順의 이유를 들어 그 태만을 책하면서 스스로 親政할 뜻을 보이고 있다. 여기에 또 주목되는 것은 田民推整都監에 대한 왕의 비판을 들 수 있다.

62) 閔賢九, 앞의 글(下), 101~102쪽.

63) 《高麗史節要》 권 28, 공민왕 16년 10월.

건이었으나, 그들이 몰래 모의할 때 "신돈은 사특하고 아첨하며 음험하고 교활하여 사람을 참소하고 헐뜯기를 좋아하며 勳舊를 내쫓고 죄없는 사람을 무찔러 죽였다"고 한 기록으로 보아, 신돈이 세력을 강화하기 위하여 黨與를 요소에 배치하고 있는 것을 보고 몹소 위기감을 느꼈기 때문에 발생한 사건으로 생각된다. 공민왕 17년 10월에는 또 前密直副使 金精 등에 의한 신돈 제거 모의사건이 일어났으나 역시 실패하였는데,[64] 앞서의 오인택사건과 같은 성격의 것으로 보여진다. 다만 특이한 것은 신진문신 金齊顔이 가담하여 유배 중 교살된 사실이다.

위의 두 큰 사건은 신돈의 집권체제가 아직 강력하지 못했던 것을 단적으로 입증하고 있다. 또한 왕과 신돈 사이에 틈이 벌어지는 사건으로 눈길을 끄는 것은 신돈이 사심관을 복설하여 스스로 五道都事審官이 되고자 하여 諸道州縣事審奏目을 갖고 왕에게 갔다가 거부당한 일이다.[65] 사심관 제도의 복설은 집권적 개혁정치와는 거리가 먼 것으로서 이 때 신돈이 스스로 5도 도사심관이 되려고 한 것은 자신의 정치적 입지를 강화하기 위하였을 것으로 여겨진다. 신돈의 이러한 노력은 그후에도 계속되었으나, 몰락할 때까지 별도의 독자적 세력권을 형성하지는 못했던 것으로 보여진다.

5도도사심관 문제와 전후하여 본래 승려로 親與인 判少府監事 高仁器가 신돈의 역모를 고발하였으나, 신돈이 스스로 왕에게 변명하고 오히려 그를 祝髮시켜 금강산으로 좇아버렸다.[66] 고인기의 고발내용을 사실로 받아들이기는 어렵다 하더라도 이 사건은 신돈에 대한 공민왕의 불신을 자극했다는 사실은 다시 신돈의 역모사건이 발생했을 때 주살한 것을 보아도 짐작된다. 이러한 와중인 공민왕 19년 7월 全羅道體察使 崔龍蘇가 서울로 돌아와 신돈을 먼저 보고 나중에 왕을 알현하였다 하여, 유사로 하여금 加杖케 하였다는 기록은 많은 시사를 주고 있다.[67] 즉 위에서 거론한 사건들은, 앞서 최영 등 무장세력에 위기의식을 느끼고 이례적으로 신돈을 등용하여 이들을 제거했

64) 《高麗史節要》 권 28, 공민왕 17년 10월.
65) 《高麗史》 권 132, 列傳 45, 叛逆 6, 辛旽 공민왕 18년 및 권 75, 志 29, 選擧 3, 事審官 공민왕 18년.
66) 《高麗史節要》 권 28, 공민왕 18년 11월.
67) 《高麗史》 권 42, 世家 42, 공민왕 19년 7월 계사.

던 경우처럼 공민왕이 신돈에 대해서도 차츰 위기의식을 느끼게 하기에 충분하다. 그리하여 공민왕은 드디어 19년(1370) 10월에 이르러 이춘부에게 친정의 뜻을 밝히게 된 것이다.

최용소사건이 있은 지 1년이 지난 공민왕 20년 7월 신돈은 드디어 모역죄에 걸려 하루아침에 실각되었다. 選部議郎 李韌이 익명의 글을 올려 신돈의 모역을 고발하자, 당여 奇顯 등을 잡아죽이고 신돈을 수원에 유배하였다가 곧 주살하고 말았는데, 기일은 겨우 5일밖에 걸리지 않는 전격적인 것이었다. 신돈의 모역사건은《고려사》신돈전에 비교적 자세히 기록되어 있다. 곧 지난 3월 왕이 憲·景의 두 능을 참배할 때 당여로 하여금 시해토록 하였으나 실패로 돌아가자, 하수자들이 그를 "怯懦無用者"라 비난하고 그 때부터 신돈이 공민왕을 살해하려고 계획하였으나 결국 문객 이인에 의해 탄로난 것이다.

신돈의 모역은《고려사》찬자의 강한 부정적인 시각 때문에 여러 가지 면에서 의심나는 점이 많다. 한마디로 조작되었을 가능성마저 배제하기 어렵다. 그러나 여기서는 그 진상을 밝히는 것보다도 몰락 후의 사태 진전에 관심을 기울이는 것이 더 중요하리라고 본다. 신돈의 실각으로 공민왕이 오랫동안 추구해 온 개혁정치는 사실상 실패로 돌아가고 정치 상황은 새로운 국면을 맞게 되었으며 정치세력 역시 재편되지 않을 수 없었다. 즉 신돈의 중용으로 제거되었던 무장세력이 다시 등장하게 되는 것이다. 경천흥·최영 등 전형적 무장세력이 貶所에서 소환되어 경복흥은 좌시중, 최영은 문하찬성사로 임명되는 등 그들은 다시금 고위관직으로 진출하게 된다. 이것은 곧 신돈의 집권기간이 부정적으로 평가되는 것을 뜻하며, 지배세력 편성에 있어 신돈집권 이전으로의 복귀를 의미하는 것이기도 하다.

한편, 신진문신세력은 대체로 종전의 관직을 유지하였으나 그들은 아직 정국을 주도해 나갈 만한 힘을 결집하지 못하고 있었다. 신흥국가인 명의 국력이 점차 요동방면까지 미쳐 오고 있었지만, 북원은 아직 요서·요동방면에 여전히 상당한 세력을 보존하고 있었다. 따라서 고려는 북원 및 그 계통의 독립세력으로 吳王·淮王·東平王 納哈出·遼陽省官吏 등과 교통하였지만, 그로 인하여 대내적으로는 친명파·친원파가 생겨 대립하기 시작하였다.

물론 공민왕은 신돈이 몰락하고 6개월이 지난 12월에 내린 교서를 보면,[68] 개혁을 중단한 것은 아니다. 그러나 19조에 달하는 개혁의 조서였지만 지난 5년 6월 및 12년 5월의 개혁 내용과 비교해 보면 의욕이 많이 감퇴된 것을 알 수 있다. 특히 경제문제 즉 田制에 관한 사항은 언급도 되지 않았으며, 武學 설치와 같은 새로운 조치가 없는 것은 아니나 添設職이 다시 복설되는 것은 무장세력의 강한 입김이 작용한 것으로 보여진다. 또한 경복흥이 政房 提調를 맡고[69] 있는 현실 속에서 개혁정치는 제약을 면치 못하였을 것이며, 또 공민왕 21년 6월 관제를 개혁하여 다시 원지배 하에서처럼 名號를 격하한 것은 명의 압력에 의한 것 같기는 하지만, 자주의식의 상실이라는 점에서 개혁의지의 후퇴라고 할 수밖에 없다.

한편, 이즈음부터 심해지는 왜구와[70] 대명관계의 진전에서 오는 긴장 내지 濟州叛亂은 무장들의 활동무대를 넓혀 주었고, 실추된 왕권을 강화시키기 위하여 공민왕은 子弟衛를 만들어 권력의 중심을 궁중으로 끌어들이려고 하였으나,[71] 명의 고자세외교와 이에 따른 친원파와 친명파의 갈등 속에서 파생된 모순을 극복하지 못한 채 시해당하고 말았다.

〈金成俊〉

3) 친원파와 친명파의 대립과 요동정벌

공민왕 때 親元派와 親明派가 생겨 서로 대립하기 시작한 것은 고려가 명과 정식으로 국교를 수립한 이후부터이다. 이에 앞서 공민왕이 원의 쇠퇴를 틈타 반원정책을 추진할 때에 기철·김용·최유 등 부원배의 비행이 적지 않았지만, 이들 부원배를 친원파라고는 할 수 없다. 친원파 또는 친명파라고

---

68) 《高麗史》 권 43, 世家 43, 공민왕 20년 12월 기해.
69) 《高麗史》 권 111, 列傳 24, 慶復興.
70) 李鉉淙, 앞의 글, 28쪽.
71) 閔賢九, 앞의 글(下), 112쪽.
李用柱, 〈恭愍王代의 子弟衛에 관한 小硏究〉(《素軒南都泳博士 華甲紀念史學論叢》, 1984).

하면 어디까지나 상대적인 의미를 갖고 있어서 단독으로는 존재할 수 없기 때문이다. 공민왕이 반원정책을 쓰고 있을 때에도 기세를 잃지 않고 번번이 재기를 노리고 있던 부원배는 명이 홍기하여 고려가 북원과의 관계를 끊고 친명정책을 강하게 밀고 나가자 친원파로 탈바꿈하였다. 한편, 주자학의 수용에 관심을 기울이고 있던 신진문신계열은 공민왕에 밀착하여 친명파로 등장하였다.

고려는 명과 정식으로 국교가 열린 공민왕 18년(1369) 4월 이후 1년에 수 차례 조공을 게을리 하지 않고 실행하였다. 물론 고려의 이러한 대명외교정책은 중국 대륙의 강대국에 대해 오래 전부터 행하여 온 전통적인 외교정책이며 그들에 대한 사신파견은 臣禮의 형식적인 표현이기도 하지만, 더 중요한 것은 정권안정과 무역 및 문화수입에 있었다.[1] 한편 현실적으로 배원정책의 작용도 있고 하여 고려는 명에 대한 조공에 있어서 성의를 다하였으며, 해로와 육로를 가리지 않고 더 많은 사신을 보내려고 노력하였다. 이에 대해 명은 처음 수년간 고려의 청원을 거절하거나 외교마찰을 일으키지 않았다.

이와 같이 고려와 명의 관계는 처음에는 순조롭고 평화적으로 진행되었으나, 명나라가 내외체제를 정비하고 북원을 압박하여 공민왕 20년(1371) 4월경부터 요동이 세력을 미치게 되자 사정은 많이 달라지게 된다. 원이 북으로 이동하게 되자 요동방면에 남아있던 원의 관료나 遺將은 북원과의 유대가 끊어져 반독립적인 상태에서 꽤 많은 병력을 거느리고 때로는 고려의 북경을 어지럽히는가 하면, 때로는 사절을 보내어 화호의 뜻을 표시하기도 하였다. 王·淮王·東平王·納哈出 등은 그 대표적인 존재였으며, 遼陽行省平章 劉益과 王右丞도 그 중의 한 세력이었다. 더욱이 유익 등은 공민왕 20년 윤3월 고려에 사절을 파견하여 요양지방은 본래 고려의 땅이므로 만약 자기들이 명에 귀부하였을 때 고려에서 후원해 주면 주민들이 강제로 이주되는 것을 막을 수 있을 것이라고 하였다. 그러나 다음달 명의 중서성에서는 유익 등이 이미 金州·復

1) 국교수립 후 첫 문화수입은 공민왕 19년 5월에 명나라에 파견되었던 成准得이 귀국하는 편에 六經·四書·通鑑·漢書를 가져오고, 또 다음달에 온 명사 侍儀舍人 卜謙을 통해 科擧程式을 보낸 것이라던가, 동왕 21년 3월 高麗子弟의 大學入學을 허가한 것 등을 들 수 있다.

州·盖州·海州 등지를 들어 귀순한 사실을 고려에 통보해 왔다.2)

이처럼 명은 유익의 귀부로 요동에 진출하여 처음 遼東衛指揮使司를 두었다가, 동년 7월에 이를 다시 定遼東衛指揮使司로 개편하여 요동제위의 군마를 통찰하였다. 이어 이 해에 高家奴를 老鴉山에서 크게 격파하여 요양 이북으로 진공하게 됨으로써 요동 경영의 기반이 다져지게 되었다. 이로써 명의 태도는 차츰 경화되어 고려에 위압적 태도를 취하기 시작하였다. 그 첫 事端으로 문제가 된 것은 공민왕 22년(1373) 7월 중순 명에서 귀국한 姜仁裕·金湑·成元揆·林完·鄭夢周 등이 갖고 온 洪武帝의 宣諭이다.3) 이 선유는 홍무제가 강인유 등에게 직접 面宣한 것을 기록한 문서로서 그 동안에 벌어진 고려에 대한 의혹, 불성실 그리고 고려의 반항적 태도를 힐난한 것이다. 이를 《고려사》 세가에서 정리하여 요약하면 다음과 같다.4)

① 明使 孫內侍를 독살한 혐의가 있는 것5)
② 倭寇 포착을 장려할 것
③ 正朝使에 정찰의 혐의가 있는 것6)
④ 李內侍 등 商賈에 假托한 정찰인이 많은 것
⑤ 朱姓女의 아비를 멀리 귀양보낸 것7)

---

2) 《高麗史》 권 43, 世家 43, 공민왕 20년 4월 무술.
3) 《高麗史》 권 44, 世家 44, 공민왕 22년 7월 임자. 姜仁裕는 전년 즉 공민왕 21년 8월에 파견된 謝恩使(謝賜綵匹)이고, 金湑는 方物進獻使, 成元揆는 賀聖節使, 林完은 賀千秋使로서 동년 7월에 같이 파견되었으며, 鄭夢周는 동년 3월 賀平蜀使 洪師範의 書狀官으로서 명에 파견된 자들이다. 한편 洪師範은 먼저 귀국 중 溺死하였다.
4) 末松保和, 〈麗末鮮初に於ける對明關係〉(《史學論叢》 2, 1941), 21~22쪽.
5) 孫內侍에 대하여 《高麗史》 권 43, 世家 43, 공민왕 21년 5월 계유조에 "孫內侍自縊于佛恩寺松樹"라고만 간단히 기록되어 있으나 《明史》에는 그가 공민왕 17년 6월 을축에 陳理·明昇 및 그 家屬을 고려에 이송하기 위하여 개경에 왔다가 자살한 것으로 되어 있다.
6) 正朝使에 내정 정탐의 혐의가 있다는 것은 지난해의 정조사 韓某(韓邦彦)는 入朝에 4개월이 걸리고, 금년의 경조사(金湑)가 4개월 전에 내조한 것은 모두 정탐차 늦게 오거나 일찍 온 것이라고 생트집을 잡은 것이다.
7) 주성녀의 아비에 대한 것은 잘 알 수 없다. 다만 본문에 周라는 성의 여자아이를 원조정에서 찾아 데리고 왔기에 물어 보았더니, 성이 朱라고 하였다 하여 明室의 성과 같기 때문에 관심을 갖고 성이 정말 周氏 또는 朱氏인지를 확인하기 위하여 문제 삼은 것 같다. 본문에 계집아이의 아비를 遠流하였다고 되어 있지만 사실 여부는 알 수 없다. 나이가 13세인 것을 보면 貢女출신이

⑥ 長寧公主를 살해한 것[8]
⑦ 遼東의 吳王과 교빙한 것
⑧ 나하추와 통교하여 牛家莊을 침범한 것
⑨ 徐摠兵을 향응한 것[9]
⑩ 濟州馬를 요구대로 進貢하지 않은 것
⑪ 今後에는 海路로 오지 말 것

위의 11조목 중 ②항과 ⑪항을 빼고는 모두 고려를 힐책하는, 자못 고압적인 내용을 담고 있다. 고려로서 보면 모두 근거가 없거나 극히 빈약한 것을 가지고 공연히 트집을 잡으려는 것으로밖에 볼 수 없다.

그런데 여기서 특히 우리의 주목을 끄는 것은 명이 고려에 대하여 북원과 내통하고 있지 않나 하는 의심을 갖고 있는 사실이다. 북원과 밀통하고 있다는 혐의로 명이 문제삼은 것은 ⑦항과 ⑧항이다. ⑦항의 북원 오왕과의 통교는《고려사》에 공민왕 18년 9월·19년 3월·20년 5월 하순의 3회에 걸쳐 遣使來聘한 기록이 보인다. 한편 교빙의 길이 열린 후 곧 오왕에게 禹磾를 보내어 回謝하였을 때에는 청혼까지 하더니, 18년 10월에 시중 金逸逢의 딸을 오왕에게 보낸 것을 보면,[10] 오왕과의 관계는 상당히 가까웠던 것을 알 수 있다. 이 밖에 동왕 18년 9월에는 오왕이 북원의 회양·雙哈達王과 함께 고려에 사절을 보낸 바 있으므로 명의 의혹을 살만 하다. 그러나 이들과의 사절 교환은 통상을 위한 평화적 내왕에 지나지 않았던 것이다.

⑧항은《고려사》세가에는 고려가 나하추와 통모하여 牛家莊馬頭의 양미 10만 곡을 절취하고 다시 군마 3천을 잃게 하였다 하고,《明實錄》에는 홍무 5년(공민왕 21년) 11월에 나하추가 우가장을 침입하여 창고의 곡식 10만 석과

아닌가 생각되지만, 명황실은 朱姓이 아닌가 하는 것 때문에 계집아이의 아비와 친족을 찾아 보내라고 하였는데, 이 사건 역시 고려에 대한 명의 不信 사례로 보인다.

8) 조서내용에는 왕의 姪女라고만 되어 있으나 충혜왕의 딸 長寧公主임이 틀림없다. 宣諭에 명이 송환한 왕의 질녀를 살해하였다고 함은 고려에서 돌아온 金哥라는 내시가 그녀의 정체에 분명치 않은 점이 있어 왕이 죽였다는 소문을 퍼뜨린 것을 말한다(《高麗史》 권 91, 列傳 4, 宗室 1, 長寧公主).

9) 徐摠兵은 북정할 때의 征虜將軍 徐達을 말하고 있는 것 같다. 서달을 향응한 것은 北平府의 軍官事情을 정찰하기 위한 것이라고 하였지만, 사실의 진위는 알 수 없다.

10) 《高麗史》 권 41, 世家 41, 공민왕 18년 10월 을유.

군사 5천여 명을 함몰하였다고[11] 적고 있어 양자의 내용이 거의 비슷하다. 그러나 고려가 나하추와 통모한 사실을 확인할 수 있는 자료는 찾을 수 없다. 고려와 나하추와의 교섭은 이보다 앞선 공민왕 11년(1362) 2월부터 개시되고 있으나,[12] 이 사건이 일어날 즈음에는 나하추가 북원의 遺將과 같이 고려의 북경을 침략하고 있었던 때였다. 그러므로 고려가 그를 향도했다는 것이지만, 이제까지의 고려와 나하추와의 관계를 살피면, 이것은 아무 근거도 없이 다만 위압적 외교목적을 달성하기 위해 무리한 추측을 가하여 명분없는 협박을 한 것에 지나지 않는다.

홍무제는 선유에서 공민왕을 힐난하는 가운데 그것이 마치 최후통첩이나 되는 것처럼 무력을 과시하고 위협적인 언사를 마구 늘어놓으며 오고 싶으면 오고, 오고 싶지 않으면 오지 말라고까지 자못 고압적인 행동을 서슴지 않았다. 이것은 홍무제가 변방 여러 나라에 대해서도 기회 있을 때마다 상투적으로 쓴 강온양면의 외교정책이기도 하지만, 고려로서는 심상치 않은 문제임에는 틀림없었다.

그리고 위의 선유와 함께 강인유 등이 가지고 온 중서성의 자문은 고려의 기대와는 달리 조공 횟수를 이제부터 「1년 數聘」에서 「3년 1빙」으로 줄인다는 것이었다. 즉 지금까지 正朝使·聖節使·千秋使 등 1년에 수차례 사신을 보내던 것을 그만두고 3년에 한 번씩 정조사만 보내면 된다는 것이었다. 이 「3년 1빙」은 비단 고려뿐만 아니라 변방 모두 나라에 통용된 것이었지만, 고려로서는 또 하나의 큰 문제거리가 아닐 수 없었다.

이에 대처하기 위하여 고려는 강인유 등이 돌아오고 10여 일이 지난 7월 하순에 密直副使 鄭庇를 正朝使, 判繕工寺事 周英贊을 獻馬使로 파견하였다. 정비 등은 앞서 선유에서 海路로 오지 말라고 한 것에 근거하여 육로로 요동을 경유하는 사행길을 택하였다. 그러나 일행이 요동 頭館站에 이르자, 명 관원이 원방사람들은 경내에 들어올 수 없다고 막으므로 여러 번 교섭을 벌렸으나 끝내 거절당하여 그만 돌아오고 말았다.[13] 따라서 고려는 부득이 다

11) 《明實錄》 권 76, 太祖 洪武 5년 11월 임신.
12) 《高麗史》 권 40, 世家 40, 공민왕 11년 2월 기묘.
13) 《高麗史》 권 44, 世家 44, 공민왕 23년 2월 갑자.

시 해로로 사신을 보낼 것을 결정하였으나, 마침 정비가 병환으로 사행할 수 없게 되자 같은 해 10월 주영찬을 밀직부사로 승진시켜 대신 하정사의 임무를 맡겼다. 그러나 이번 행차 역시 靈光 慈恩島에서 풍랑을 만나 정사인 주영찬이 익사함에 따라 사행은 또 중단되고 말았다.

이와 같이 정비와 주영찬이 시도한 두 차례의 사행이 실패로 돌아가자, 고려는 동왕 22년 11월 하순에 다시 밀직부사 張子溫을 賀正使로 임명하여 이번에는 육로를 택하여 요동의 定遼衛에 도착하였으나 또 다시 거절당하고 말았다.[14] 그러나 고려는 기일이 지났는데도 단념하지 않고 다음해 2월 밀직부사 정비·判事 禹仁烈을 하정사로 임명하여 이번에는 해로로 가게 하였다. 정비 일행은 賀正과 함께 〈請路表〉·〈請方物仍舊表〉·〈謝璽書表〉 등 3통의 국서를 가지고 갔는데,[15] 청로표는 사신이 육로로 갈 수 있는 길을 열어 줄 것을 간청한 것이고, 청방물잉구표는 조공을 예전과 같이 1년에 수차례 할 수 있도록 청한 것이다. 또 사새서표는 지금까지의 鴻恩을 사례함과 함께 앞서의 선유에 나타난 견책을 정중하게 해명한 것이었다.

정비는 무사히 바다를 건너 동년 5월 金陵(南京)에 도착하여 위의 세 가지 국서를 전달하였는데, 이는 앞서 강인유 등이 가지고 온 선유 및 중서성의 자문에 대한 고려의 답변이기도 했다. 이 국서의 특징은 홍무제의 견책에 대해서는 추상적인 변명과 관용을 바라는 내용이었으며, 고려가 가장 중점을 둔 것은 貢路와 貢期 문제였다. 즉, 공로(사행길)는 육로인 요동을 경유하는 것이며, 공기(사신파견 횟수)는「1년 수빙」으로 해줄 것을 요구하였다. 그 동안 명나라는 선유에 보이는 것처럼, 공민왕 20년 11월에 파견된 하정사 韓邦彦의 사고로 기일 내에 도착하지 못한 것은 정탐 때문이라고 힐문한 뒤에 물 속에 던져 죽이는 횡포를 자행하였다. 고려는 이러한 치욕도 참고 계속 정성을 다하여 사신을 보내며 공로와 공기 문제를 원만히 해결하려고 노력하였다. 그러나 명은 좀처럼 이에 응하지 않았고, 일이 있을 때마다 트집을 잡았다.

공로에 대해 홍무제는 앞서의 선유를 통해 洪師範(洪彦博의 아들)이 익사한

14)《高麗史》권 44, 世家 44, 공민왕 22년 11월 을축.
15)《高麗史》권 44, 世家 44, 공민왕 23년 2월 갑자.

사실을 거론하며(21년 3월 상순 출발, 귀로에 익사)[16] 海路入朝는 난파의 위험이 많다고 하여 해로를 이용하지 말라고 하였다. 그러나 정작 육로를 택하면, 앞서 정비와 장자온의 경우처럼 길을 막으니 고려로서는 난감한 일이 아닐 수 없었다. 그리고 공기에 「1년 수공」이 「3년 1공」으로 변경되는, 이른바 공기축소는 중대한 문제가 아닐 수 없었다. 이와 같이 명나라가 공로와 공기 문제를 갖고 일방적으로 억압적 태도를 취하고 사신을 죽이기까지 하는 횡포를 자행한 것은 고려의 반감을 일으키기에 충분하였다. 더 나아가 정치세력간에 친명·친원의 파당을 조성하는 요인까지 되었다.

해로를 택한 정비 일행은 공민왕 23년(1374) 6월에 귀국하여 홍무제의 手詔 및 중서성의 자문 3통을 가지고 돌아왔다.[17] 공기는 여전히 「3년 1빙」을 천명하였고, 공로는 '從海道來' 즉 해도를 따라 입국하라는 것이었다. 공로로 해로를 택하라는 것은 곧 앞서 고려가 요청한 요동경유를 정식으로 거부하는 것이 된다. 이렇듯 고려사신의 요동왕래를 거부하는 결정을 내린 것은 곧 요동폐쇄를 뜻하는 것이 된다. 앞서 언급한 바와 같이 北元·遼陽行省平章事 劉益의 귀부와 高家奴의 제압으로 요동경영의 기반이 다져짐에 따라 고려는 지름길인 요동을 경유하여 명으로 사행할 수 있는 길이 열렸으나, 육로로의 사행이 한 번도 실현되지 못한 채 요동폐쇄라는 어려운 문제가 일어나게 된 것이다.

요동폐쇄의 직접적 동기는 공민왕 21년 11월에 있었던 나하추의 우가장 침공이다. 명은 이 사건으로 큰 손해를 입게 되자, 고려가 나하추를 향도하여 침공하게 한 것이 아닌가 하는 의심을 품고 고려를 격렬하게 비난하는 한편, 서둘러 요동폐쇄의 결정을 내려 고려사신의 육로입조를 금지하였다. 이 사실이 요동의 현지 관원에게 전달된 것은 홍무 6년(공민왕 22) 정월이지만,[18] 중앙에서 결정한 것은 나하추의 우가장 침입사건이 일어난 홍무 5년 11월 임신일 직후로서 적어도 12월 중에는 정식으로 결정되었을 것이 확실하다. 어쩌면 홍무제가 고려사신에게 面宣한 12월 27일 이전이었을 지도 모

16) 《明實錄》 권 75, 太祖 洪武 5년 8월 계묘. 한편 《高麗史節要》 권 29에는 공민왕 22년 7월에 익사한 것으로 기록되어 있다.
17) 《高麗史》 권 44, 世家 44, 공민왕 23년 6월 임자.
18) 末松保和, 앞의 글, 343쪽.

른다. 선유조서 ⑪항에 "금후에는 海路로 오지 말 것"이라 한 것은 곧 遼東을 경유하여 육로로 입조하라는 뜻인데, 이것으로 보면 홍무제의 고등술책으로 面宣 이전에 이미 요동폐쇄를 결정해 놓고 고려사신에게는 마치 호의를 보이는 것처럼 육로로 들어오라고 했을 가능성을 배제할 수는 없다. 어쨌든 정비 일행은 요동폐쇄의 사실을 모르고 공민왕 22년 7월 하순에 처음으로 육로로 사행 길을 떠났으나 요동에서 저지되었으며, 동년 11월 하순에 보낸 장자온 일행도 실패한 것은 앞서 언급한 바와 같다. 이와 같이 나하추의 우가장 침공사건은 공민왕 21년 12월의 선유 이후 고려에 위압적인 외교정책을 강행하는 좋은 구실을 제공하였던 것이다.

요동폐쇄는 한편으로는 고려사절의 요동출입을 금지함으로써 나하추 등 원의 잔존세력이 고려와 결탁하여 요동지역을 넘겨다보는 것을 미연에 방지할 뿐만 아니라 다른 한편으로는 이를 교묘하게 이용하여 고려의 불성실과 반항적 태도를 강경하게 비난하며 궁지에 몰아넣음으로써 고려에 대한 효과적인 지배책을 강구하려는 고등술책이기도 했다. 그러나 공민왕은 외교적으로는 성심껏 순종의 뜻을 표방하며 친명정책을 견지하였지만 조정 신료들은 명의 지나친 강압정책에 대하여 반감을 품는 사람이 늘어나게 되었고, 이러한 정치적 분위기 속에서 친원파와 친명파의 대립이 은연중에 표면화되어 갔다. 공민왕 23년 9월 하순에 벌어진 공민왕 시해사건과 동년 11월에 일어난 명사신 살해사건은 이러한 정국의 움직임 속에서 일어난 것이다.

《고려사》 기록에 의하면, 공민왕이 말년에 후사를 얻기 위하여 자제위를 두고 미소년을 뽑아 몰래 왕비와 밀통하게 하였는데, 益妃(종실 德豊君 義의 딸)의 임신이 幸臣 홍륜과의 간통과 관계있다는 사실을 환관 崔萬生이 공민왕에게 밀고하였던 바, 왕은 이 사실을 은폐하기 위하여 홍륜을 죽이려 했다. 이에 밀고자 최만생은 해가 자기에게 미칠 것을 두려워하여 홍륜과 모의하여 선수를 써서 왕을 시해한 것으로 되어 있으나, 이는《고려사》찬자들의 그릇된 사관에서 비롯된 것으로 보인다. 자제위는 왕의 변태색정을 충족하기 위하여 설치된 것이 아니라, 공민왕이 신돈의 실각 후 지배세력의 재편과정에서 보수적 무장세력의 재등장과 더불어 초래된 왕권약화에 대처하기 위하여 권력의 중심을 궁중으로 끌어들이려고 젊은 衣官子弟를 선임한 정치적 성격이 강한 기구라고 생각된다. 그러나 공민왕은 지배세력 사이에 도사리고 있던 여러 모순을 극복하지 못한 채 시해당하고 만 것이다.

그러면 홍륜·최만생 등은 왜 공민왕을 시해하였을까. 그들이 《고려사》에 보이는 것처럼 이런 엄청난 사건을 단독으로 저질렀을 것 같지는 않다. 이와 관련해서 먼저 우왕의 즉위사실부터 알아보기로 하자. 공민왕이 갑자기 암살당한 후 정국은 후사문제로 한동안 큰 혼란을 겪지 않을 수 없었다. 즉 江寧大君 禑를 세우려는 일과, 다른 종실에서 맞이하려는 일과, 북원의 篤朶不花를 영입하려는 일 등 의견이 셋으로 나뉘어 대립되다가 이인임 일파가 승리하여 우왕이 즉위하게 되었다. 다른 종실에서 세우려는 파가 경복홍 일파이고, 북원의 독타불화를 옹립하려는 파는 누구인지 기록에는 밝혀져 있지 않지만, 反恭愍王派(친원파)라고 할 수 있다. 이 독타불화의 옹립운동은 공민왕 시해사건과 무관하지 않을 것 같다.

독타불화는 瀋王 暠(충렬왕의 손자)의 손자로서 심왕을 세습적으로 상속하여 오래 원에 거주하고 있었는데, 왕위 계승자로 물망에 오르내린 것은 이번만이 아니다. 일찍이 공민왕 11년(1362)에 奇皇后가 그를 공민왕 대신 영립하려고 하였으나 균이 사양함으로 덕흥군을 옹립하였다가 실패한 일이 있었으며, 공민왕 18년 5월에 고려가 북원과 국교를 단절했을 때부터 또 그의 영립이 추진된 것 같다. 공민왕 22년 2월에 북원의 사신 波都帖木兒가 내조했을 때 왕이 강경책을 써서 그들을 국경에서 죽이려고까지 하다가 군신의 반대로 중지했지만,[19] 이것은 북원이 다시 독타불화를 옹립하려 한 소문이 고려에 전문된 때문이었을 것 같다.

독타불화 추대사실이 기록에 처음 보이는 것은 공민왕 23년 9월의 일로서 왕이 시해되기 3일 전의 일이다. 즉 이 때 胡僧이 북원에서 와서 康舜龍에게 원이 심왕의 孫을 고려국왕으로 삼았다고 말하였는데, 이 일로 호승과 강순룡·우제 등이 옥에 갇히게 되는 사건이 일어났다. 이 기사는 일견 모호한 점이 없지 않지만, 북원이 독타불화를 옹립하려고 획책한 것은 사실인 듯하다. 공민왕이 시해된 후 친원파 사이에 일어난 독타불화의 옹립운동은 이 때의 맥락을 이어받은 것이 틀림없으며, 이 계획은 고려가 북원과 국교를 단절

19) 《高麗史》 권 44, 世家 44, 공민왕 22년 2월 을해.

한 직후부터 이미 비밀리에 추진되었을 가능성이 있다.

반공민왕파(친원파) 중에는 북원의 독타불화 옹립운동에 영합하여 무엇인가 사건을 꾸밀 가능성이 없지 않다. 명은 공민왕 21년(1372) 12월 이래 무리한 요구를 계속해 왔고, 공민왕은 명의 그칠 줄 모르는 위압과 모멸에도 순종의 뜻을 표하고 있었으니, 여기에서부터 싹튼 공민왕과 명에 대한 반감은 반공민왕 내지 친원파의 세력기반을 다지는 좋은 밑거름이 되었을 것이다. 더욱이 호승 등의 옥사는 곧이어 일어난 공민왕 시해사건 때문에 결과를 알 수 없이 되고 말았지만, 여기에는 무엇인가 심상치 않은 문제가 있는 것 같은 생각이 든다. 이럴 때 반공민왕파 즉 친원파는 홍륜·최만생 등의 음모와 연결되고, 그들을 배후에서 조종하여 왕을 암살하고 정국을 일거에 뒤엎으려고 한 것이었지만, 일이 너무 급하게 이루어졌기 때문에 미처 손을 쓸 여유도 없이 수문하시중 이인임 일파가 승리하였다. 이리하여 대외관계에 있어서는 원·명의 양쪽에 다리를 걸치는 이른바 양단 외교정책을 쓰게 됨으로써 친원파의 계획은 일단 실패로 돌아갔다. 친원파가 공민왕 시해사건을 배후에서 조종하였으리라는 심증은 다음의 명사신 살해사건을 통하여 그 일단을 밝힐 수 있을 것 같다.

명사신 蔡斌은 본래 성품이 포악하여 林密과 같이 고려에 와서 난폭한 행동을 많이 저질러 사람들의 미움을 사고,[20] 또 호송관 金義에게 모욕을 가한 일이 한두 번이 아니어서 감정을 상하게 한 바 있다. 그러던 가운데 압록강을 건너 開州站(지금의 鳳凰城)에 이르자 김의는 갑자기 채빈을 죽이고 임밀을 붙잡아 나하추에게 달아난 것이다. 그러나 이 사건도 김의의 반감으로 저질러진 단독 범행만은 아닌 것 같다. 반공민왕파의 배후조종에 의하여 강행되어 하수인 김의는 북원으로 망명한 것으로 보인다.

명사신 임밀 일행이 濟州馬를 요구하기 위하여 고려에 온 것은 공민왕 23년 4월 중순이다. 이 때 명은 2천 필을 요구하였지만 제주목자 哈赤 등은 이

20) 都堂이 명사를 宴會할 때 기녀가 채빈의 모자에 꽂은 꽃이 바르지 못하다 하여 크게 노함으로 侍中 廉悌臣을 廣州에 유배한 일이 있고, 또 그는 천성이 난폭하여 남을 잘 치고 욕함으로 시중 이하 諸宰相이 모두 능욕을 당하였다고 한 것은 그 한 예이다(《高麗史》 권 44, 世家 44, 공민왕 23년 6월 정유).

에 불응하여 350필만 출마함으로써 최영의 제주토벌이 단행되는데,[21] 그가 정토를 끝내고 10월에 돌아왔을 때는 공민왕이 암살당한 뒤였다. 그러나 임밀 일행은 무슨 이유에서인지 최영의 귀환을 기다리지 않고 공민왕이 시해되기 10여일 전에 350필 중 불량마 150필을 뺀 200필만 갖고 이 해 9월 초순에 개경을 떠난 것이다. 명사 일행은 압록강변에 도달하여 2개월동안이나 체류하다가 11월에야 강을 건넜는데, 그들이 왜 오랫동안 압록강변에 머물러 있었는지, 또 이 사이에 공민왕의 시해사실을 전해들었는지에 대한 확실한 기록이 없지만, 공식적인 통로는 아니라 하더라도 어디에선가 들어서 알았을 것이라고 보는 것이 옳을 듯싶다. 따라서 그들은 공민왕 시해에 관한 정보를 다각적으로 수소문하기 위하여 두 달이나 오랜 시간을 이곳에서 소비하였을 가능성이 커지는 것이다.

한편 호송관 김의의 귀에는 그가 밀직부사라는 고위관직에 있었던만큼 일찍이 자연스러운 경로를 밟아 전문되었을 것이다. 그는 본래 胡人 출신으로 고려에 귀화하여 고위관직에 오른 사람이었는데, 이 때 마침 호송관이 되어 명사 일행을 데리고 압록강변에 도착하여 머무르고 있던 중 반공민왕파에 의하여 공민왕이 암살된 사실을 알게 되었을 것이다. 이러한 상황에서 명나라 사신 일행이 두 달 뒤에야 압록강을 건너 개주참에 도착하자, 곧 그들의 사주를 받아 채빈을 죽이고 임밀을 사로잡아 나하추에게 달아난 것이다. 김의는 그의 경력으로 보아 본래 친원파의 한 사람이었던 듯하며, 채빈을 죽인 후 임밀까지 생포하여 북원에 송치한 것은 친원파로서의 면모를 잘 드러낸 것이라고 하겠다.

한편 다른 기록에 의하면 찬성사 安師琦가 이인임의 사주를 받아 일을 꾸민 것이라고도 하고, 안사기가 직접 김의를 선동하여 명사를 살해한 것이라고도 한다. 그리고 그 여세를 몰아 일거에 독타불화를 영립하여 정권을 잡으려고 했다는 것이다. 전자는 이인임이 장차 채빈의 귀국보고에 의하여 명으로부터 집정대신으로서 전왕 시해의 책임을 추궁당할까 두려워하여 미리 명사의 입을 막으려고 김의에게 지령을 내려 채빈을 죽이고 임밀을 잡아 북원으로 달아나게 하였다고 한다. 그러나 이것은 그가 집권 초부터 명과 북원에

21) 《高麗史》 권 113, 列傳 26, 崔瑩.

양다리를 걸치는 이른바 양단외교정책을 추구하고 있던 정치적 위치로 보아 믿기 어렵다.

그러나 후자는 신빙성이 많다. 안사기의 음모는 다음해(우왕 원년) 4월 북원으로부터 귀국한 판사 朴思敬이 明德太后에게 비밀을 누설하여 밝혀진다. 안사기는 곧 신진유학자(친명파) 朴尙衷에 의하여 격렬한 탄핵을 받고, 명덕태후의 강경한 요구로 이인임은 부득이 그를 하옥하려 하자 도망하려다가 자살하고 말았다. 이인임은 크게 노하여 안사기를 효수하고, 이 사건에 관련된 혐의가 있는 찬성사 강순룡·知密直 趙密古·同知密直 成大庸을 먼 곳으로 귀양보냈다.[22)]

위의 기록은 사실 그대로 전부 믿기 어렵다. 그러나 안사기가 巡衛府의 조사도 받기 전에 도망가다가 자살한 것은 그가 채빈 살해와 독타불화 추대에 관련되었다는 혐의를 받기에 충분하다. 아마 그는 옥에서 국문을 받게 되면 사건의 전모가 드러날까 두려워 극단적인 행동을 취할 수밖에 없었는지도[23)] 모른다. 안사기는 본래 원에서 벼슬을 지낸 친원파의 거두로서 공민왕이 암살된 후 후사문제로 관료들 사이에 의견 대립이 있을 때 그는 독타불화를 영립하려는 일파에 속해 있었던 것 같다. 그러나 이 때 그들 일파의 의견은 표면화되지 못하였다. 독타불화의 추대는 이미 원·명 교체기에 북원에 의하여 은밀하게 추진되어 온 것이 고려에 알려져 큰 파란을 일으킬 뻔한 일이 있었는 데다가, 우왕이 즉위한 후 이인임의 외교정책이 친명으로 기울어져 갈 조짐이 있자 이 문제를 표면에 드러내놓고 거론하기가 극히 조심스러웠을 것이다.

이와 같이 북원에 불리해져 가는 정치적 분위기 속에서 불만과 공포가 뒤섞인 상황 아래 친원파는 내친걸음에 다시 명사 일행을 추적하여 김의에게 공민왕의 시해사건을 알리는 한편, 그가 친원파의 한사람이었던 것을 이용하여 명사를 죽이게 하여 이로써 명과의 외교관계를 단절시킨 다음, 북원과 다시 국교를 회복하고 독타불화를 영립하려고 획책한 것 같다. 따라서 명사 살

22) 《高麗史》 권 126, 列傳 39, 姦臣 2, 李仁任 및 권 112, 列傳 25, 朴尙衷.

23) 池內宏, 〈高麗末に於ける明及び北元との關係〉(《史學雜誌》 29-1~4, 1917 ; 《滿鮮史硏究》 中世篇 3, 吉川弘文館, 1963), 276~279쪽.

해사건과 독타불화 추대운동은 깊은 관련이 있는 것이다.

공민왕이 시해된 후 수시중 이인임은 재빨리 손을 써서 여러 의견을 물리치고 우왕을 맞이하였다. 그러나 얼마 후에 일어난 명사 살해사건으로 정국이 큰 혼란에 빠져들려는 위기 속에서 친명정책이 결정적으로 정해진 것이 아니었던 것과 마찬가지로 북원과의 관계도 소홀히 다룰 수 없는 미묘한 처지에 놓이게 되었다. 바꾸어 말하면 이 때 고려의 외교정책은 명과 북원에 양다리를 걸치는 이른바 이중외교정책을 추구하지 않을 수 없었던 것이다. 그리하여 실권자 이인임은 공민왕의 장사를 치르고 곧 같은 해 11일에 典工判書 閔伯萱에게 〈先王恭愍王告喪表·請諡表·請襲表〉를 주어 명에 파견하였다. 이어 같은 달에는 또 북원 나하추의 사절을 받아들였다. 그러나 북원의 변경사태로 遣明使 민백훤은 장자온과 함께 귀국하였다.[24] 명사신의 살해사건을 알게 된 고려는 사건의 중대성에 비추어 낭패와 불안에 휩싸여 어찌할 바를 몰라 했고 인심은 또한 흉흉해져 갔다.

고려는 이 중대한 시국에 대처하기 위하여 같은 해 12월, 공민왕 18년 5월 이래 단절되었던 북원과의 외교관계를 정식으로 회복하고 判密直司事 金湑를 북원에 보내어 전왕의 상을 고하였다. 이에 대하여 북원은 다음해 5월에 사신을 파견하였으나 신진유학파(친명파) 三司左尹 金九容·典理摠郎 李崇仁·典儀副令 鄭道傳 등의 격렬한 반대에 봉착하여 개경에는 들어오지 못하였다. 고려는 할 수 없이 贊成事 黃裳·左副代言 成石璘을 江界에 보내어 후하게 대접하여 돌려보냈다. 이 일을 계기로 정도전은 재상 경복흥·이인임 등의 노여움을 사서 귀양보내졌다.[25]

그 동안 고려와 북원과의 관계는 篤朶不花 문제로 약간의 마찰이 있긴 하였으나[26] 사절의 교환을 계속하여 옛날의 우의를 회복하였고, 우왕 3년 2월

24) 《高麗史》 권 133, 列傳 46, 신우 즉위년 11월.

25) 《高麗史》 권 126, 列傳 39, 姦臣 2, 李仁任.

26) 우왕 원년 정월에 納哈出이 고려에 사절을 보내어 북원에서 瀋王 暠의 손자 脫脫不花를 왕으로 삼은 것을 보고, 전왕이 사자가 없는데 지금 누가 왕위를 계승하였느냐고 물어온 일이 있고, 원년 7월에 심왕 모자가 김의와 같이 남진중이라는 泥城萬戶의 飛報에 의하여 知門下府事 林堅味를 西京上元帥로 삼고 諸元帥를 서북면·동북면·서해도에 배치하는 한편, 諸道兵을 징집하는 등 이에 대비하기도 하였으나 별일은 일어나지 않았다.

에는 북원이 翰林承旨 孛剌的을 파견하여 우왕을 책봉하였다. 이어서 豆亇達을 보내 전왕을 孝敬大王으로 追諡함에 따라 북원의 「宣光」 연호를 사용하기에 이르렀다.

이인임의 외교정책은 채빈의 살해사건을 계기로 황망 중에 한때 친원으로 기우는 듯하였으나, 현실적으로 고려의 정치추세는 친원일변도로 나아갈 수 없는 미묘한 처지에 놓여 있었다. 북원과의 통교재개에 정면으로 반대의 깃발을 올린 정치세력은 다름 아닌 신진유학파였다. 앞서 견명사 민백훤이 채빈의 살해 때문에 요동에서 헛되이 돌아온 직후에 전교령 박상충이 성균사예 정도전 등과 함께 재상에게 속히 전왕의 상을 고하되, 만일 그렇지 않으면 쓸데없이 明帝의 의심을 사서 무슨 불상사가 일어날지 모르니 깊이 성찰함이 마땅하다고 강경하게 주장하였다. 이에 이인임은 할 수 없이 그들의 주장을 받아들여 判宗簿寺事 崔源을 명에 보내게 되었다. 이 때는 북원에 告訃使를 보내고 얼마 지나지 아니한 우왕 원년 정월의 일로 원·명에 양다리를 걸치는 이중외교정책을 쓸 수밖에 없는 고려의 입장을 반영한 것이라 하겠다.

이 때 최원이 명나라 예부에 수교한 국서에는 공민왕 시해사건의 해명과 신왕의 즉위사정, 명사 임밀 일행의 출발에서부터 압록강을 건너 귀국길에 오르기까지의 경위, 호송관 김의의 채빈 살해사건의 전말, 첫 번째의 고부사 민백훤의 회환사정 및 앞서 명이 요구한 제주도의 양마 2천 필의 나머지를 계속 발송할 것[27] 등에 관한 것이 수록되어 있다. 이것으로 고려는 조심스럽고도 어려웠던 위의 두 사건의 진상을 명에게 자세히 설명한 것이 되며, 이 가운데서 특히 문제가 미묘하고 까다로운 채빈 살해사건은 고려와 아무 관계없이 사적인 의심에서 일어난 것이라며 극구 결백을 주장하였다. 이처럼 당시의 고려 외교정책은 북원에 기울면서도 한편으로는 명을 주로 해야된다는 친명파의 현실적인 주장을 외면할 수도 없었던 것이다.

이처럼 최원의 사행으로 두 사건의 전말이 충분히 해명될 것으로 볼 수 있지만, 명의 경화된 불신은 좀처럼 누그러지지 않아 고압적인 위협과 만행

27) 《高麗史》 권 133, 列傳 46, 辛禑條에 최원의 사행보다 두 달 늦게 판사 孫天用이 명에 들어가 貢馬 1백 필을 헌납한 기록이 보인다.

이 계속되었다. 최원이 구금되고, 우왕 원년 3월의 馬匹進獻使 孫天用, 동년 5월의 마필진헌사 金甫와 동년 12월의 賀正使 金寶生이 구금되었는지 확실히 알 수는 없지만 그 후 소식이 묘연하다가 최원과 김보 두 사람만 겨우 석방되어 귀국하였다.[28] 이와 같이 사신이 구금되고 행방불명이 되는 수모를 겪으면서도 고려는 새로운 분쟁을 일으키지 않으려고 모든 것을 참고 견디었다.

이처럼 어려운 가운데서도 고려가 계속해서 명에게 요청한 가장 중요한 것은 전왕의 請諡 및 지금 왕의 承襲이었고, 다음이 歲貢問題(金銀貢·布貢·馬貢)이었다. 이미 북원의 책봉을 받고도 명과의 교섭을 계속 진행시킨 것은 안으로는 신진유학파의 강력한 주장을 무시할 수 없었고, 밖으로는 명의 강대한 신흥세력과 기울어져 가는 북원의 쇠잔한 국력에 불안을 느끼고 있었기 때문이었다. 그러다가 구금되었던 최원·김보 등이 석방되어 돌아오자 비록 請諡와 왕위 계승의 승인을 여전히 거부하고 있기는 하지만 지금까지의 경화된 태도가 약간 누그러진 듯한 판단이 섰다. 이에 고려정부는 우왕 4년(1378) 9월에 명의 홍무 연호를 다시 사용하게 되었는데, 이것은 고려가 실리외교에 민감한 움직임을 보인 좋은 증거라 하겠다.

그런데 우왕 5년 3월에 하정사 沈德符 등이 귀국길에 갖고 온 勅諭에는[29] 고려에 대한 명의 구체적인 조건을 제시하고 있다. 즉, 중서성에서 관원을 고려에 보내어 전왕이 정말 돌아가고 지금의 왕이 즉위하여 정령이 전왕 때와 같이 시행되고 있는지, 또 嗣王은 연금되어 있는 것은 아닌지를 확인할 것이며, 공물은 금년에 말 1천 필과 집정대신의 절반을 내조시키고, 명년에는 금 1백 근·은 1백 냥·良馬 백 필·細布 1만 필로 하되, 이후에는 매년 이를 상례로 할 것이며, 고려에서 억류하고 있는 요동민을 모두 송환할 것을 요구한 것이었다. 이와 아울러 별도의 조서를 통하여 명사 살해의 죄를 들어 집정대신의 내조와 위의 세공을 이행하지 않으면 군대를 일으켜 문책하겠다

28) 金寶生의 석방 기록이 보이지 않으나, 우왕 4년 10월에 또 사은사로 파견된 것을 보면 최원 등이 풀려난 후 김보생도 곧 풀려난 듯이 보인다.

29) 《明實錄》 권 116, 太祖 洪武 10년 12월 무신. 이 勅諭는 홍무 10년(우왕 3) 12월 中書省에 하달된 것이지만, 무슨 이유 때문인지 1년 3개월동안 中書省에 유치되어 있다가 이 때에 이르러 고려에 전달되었다.

고 위협까지 하였다.

고려의 시정시찰을 위한 명사 邵壘·趙振 일행은 심덕부 등과 동행하여 요동의 甛水站까지 왔다가, 고려가 아직 북원과 통교하고 있다는 정보를 전해듣고는 채빈의 전철을 다시 밟지 않을까 두려워 한 나머지 되돌아 가고 말았다. 명사가 의심을 품고 중도에서 되돌아감에 따라 고려와 명과의 관계는 다시 경색되었지만, 고려는 앞서 명의 제시조건을 현실로 받아들여 앞으로 대명교섭의 기초로 삼았다. 이러한 점에서 위의 조칙은 중요한 의미를 갖는다.

명사신 소루 등이 귀국한 지 반년이 지난 우왕 5년(1379) 10월에 門下評理 李茂方·判密直 裵彦 등은 요동을 거쳐 歲貢으로서 금 31근 4냥·은 1천 냥·白細布 5백 필·黑細布 5백 필·雜色馬 2백 필을 갖고 갔으나, 登州에서 저지되어 다음해 6월 헛되이 돌아오고 말았다. 명사 소루 등의 虛歸가 불신을 조장하여 이무방 등의 사행이 실패로 돌아가고 말았던 것이다. 이번 세공의 액수는 앞서 칙유에서 요구한 명년 이후의 수량으로 생각되지만, 금은 그것의 약 1/3, 은은 1/10이고, 말은 비록 2배에 달하고 있으나 양마가 아니라 잡색마였다. 고려는 이것이 힘에 알맞은 適量임을 보이고, 또 요동유이민은 쇄환을 준비하고 있는 중이라 하였지만, 집정대신의 입조는 묵살하는 방향으로 나갔다. 칙유에서 제시한 조건을 그대로 이행하는 것은 힘에 벅찬 일이기도 했지만, 명의 요구를 충족시키기 전에는 고려가 간절히 바라고 있는 전왕의 시호와 새 왕의 고명을 얻는다는 것은 지극히 어려운 일인 것 같이 보였다. 여기서 여·명관계는 계속 난항을 거듭하게 되고, 새로운 불씨가 겹쳐 좀처럼 해결될 기미를 보이지 않고 시일만 허비하며 많은 시련을 겪게 되었다.

그러나 여·명교섭은 고려의 은인자중으로 별다른 문제를 일으키지 않고 우왕 11년 7월에 일단 마무리되었다. 고려로서는 전왕의 시호와 신왕의 고명을 얻게 되기까지에 긴 세월과 값비싼 대가를 치르지 않을 수 없었다. 전술한 우왕 5년 10월에 파견된 이무방 등의 사행실패로부터 잡아도 5년 9개월 동안에 무려 18회에 걸쳐 사신을 일방적으로 보냈으며, 그동안 요동에서 저지되어 명에 들어가지 못한 것이 8차례이며, 구금·유배된 사신이 4회에 걸쳐 金庾 등 수십 인에 달하였다.[30] 이는 고려로서 참기 어려운 수난이며 굴욕이었다.

명은 이무방 이후 우왕 8년(1382) 11월 정몽주의 사행까지 요동경유를 모두 저지한 끝에 할 수 없이 이듬해 8월에 해로로 겨우 들어간 문하찬성사 김유 · 밀직부사 李子庸 등을 옥에 가두면서 자못 위협적인 태도로 소원을 성취하려면 5년간 밀린 세공을 한몫에 납부하라고 독촉하였다. 이 소식은 通事 崔涓 · 張伯 등이 돌아오면서 갖고 온 禮部의 咨文으로 밝혀졌다. 5년간 밀린 세공이라 하면 금 5백 근 · 은 5만 냥 · 포 5만 필 · 말 5천 필이다. 이것은 엄청난 수량이지만 명의 입장에서 보면 표면으로는 한걸음 양보하는 것 같지만 내면으로는 실속을 차리면서 시호와 고명을 미끼로 완전한 복속을 강요하는 고등의 외교정책이었다. 고려는 이러한 명의 요구에 마지 못하여 따르기로 하고 곧 進獻盤纏色을 설치하여 그 임무를 맡게 하였다. 그리하여 고려는 금 5백 근 · 은 5만 냥 · 포 5만 필 · 말 5천 필이 갖는 경제적 고통을 참아가며 금은의 일부는 마필로 折價하여[31] 동왕 10년 윤10월에 連山君 李元紘을 보내 전량 결제를 끝내게 되었던 것이다.

이에 명은 고려의 지극한 성의를 받아들여 구류중인 김유 등 6인을 석방하였고, 그들은 우왕 11년 4월에 귀국하여 조빙을 허락한다는 홍무제의 뜻을 전달하였다. 고려는 이를 절호의 기회로 간주하여 다음달 5월에 門下評理 尹虎 등을 보내 사은하는 한편, 다시금 시호 · 승습을 요청하고, 6월에는 密直使 安翊 등을 보내 聖節을 축하하였으며, 7월에는 前典工摠郞 宣之哲(김유 일행) 등 38인이 방환되어 귀국하였다.

이와 같이 오랫동안 두 나라 사이에 맺혀있던 응어리는 급속도로 풀려 명은 이해 7월에 우를 고려국왕으로 책봉하고 전왕의 시호를 恭愍이라 하였으며,[32] 곧 이어 國子監學錄 張溥를 詔書使, 國子監典簿 周倬을 諡冊使로 파견하였다.

---

30) 末松保和, 앞의 글, 354~361쪽.

31) 금은에 대해 산물이 아니므로 감면해 달라는 고려의 요청이 우왕 10년 5월에 받아들여져 금 5백 근 중 96근 14냥은 금으로 보내고 나머지 403근 2냥은 말 129필로 절가했다. 그리고 은 5만 냥 중 1만 9천 냥은 은으로 보내고 나머지 3만 천 냥은 말 104필로 절가하였다.

32) 《明實錄》 권 174, 太祖 洪武 18년 7월 계유.

이것은 명이 林密 이후 12년만에 사신을 고려에 보낸 것이 된다. 그리고 세공 문제는 앞서 5년간의 세공을 일시에 납부할 때 홍무제가 예부에 유시한대로 “三年一朝 貢馬五十匹”이 정식으로 확정된 것은 우왕 12년(1386) 7월이었다.[33] 공민왕이 시해되고 우왕이 즉위한 이래 10여 년간 줄곧 긴장 상태가 지속되어온 고려와 명의 외교적 갈등은 우여곡절 끝에 일단 종지부를 찍게 되었다.

그러나 고려와 명 두 나라는 국교를 회복한 지 겨우 1년 남짓한 우왕 12년 11월부터 다시 파문이 일기 시작하였다. 그것은 명이 또 다시 어려운 문제를 들고 나왔기 때문이다. 즉 명으로부터 말 5천 필의 索買에 관한 자문이 문하평리 안익 등이 성절사로 갔다 오는 편에 전달되었다. 이것은 이보다 4개월 전에 결정된 “3년 1조, 공마 54필”에서 보는 바와 같은 세공마와는 성질이 다른 것으로서, 말값을 지불한다는 것이었지만 고려로서 볼 때는 요구하는 양이 많아 과중한 부담이 아닐 수 없었다.

이 때 명의 요구한 마필은 북원의 유장 나하추의 정벌(본거지 金山에서 長春 서북방)을 준비하기 위한 것이었다. 그것은 비록 段子 1만 필·綿布 4만 필로 대가를 지불한다는 것이었지만, 지난번에 세공으로 마필이 많이 빠져나간 뒤였기 때문에(총 5,233필) 지극히 어려운 문제가 아닐 수 없었다. 그러나 고려는 이러한 명의 무리한 요구에 대하여 같은 해 12월에 典客令 郭海龍을 명에 보내 “말의 산출이 풍부하지 못하고 또 품종이 왜소하여 대가를 받을 수 없으나 힘써 변통하겠다”[34]는 말을 전달하였다.

고려는 다음해 3월부터 6월까지 5천 필을 모두 5運으로 나누어 요동에 보내는 성의를 보였다. 遼東都司는 그 제1운이 도착하였을 때 노약·왜소한 말을 골라서 돌려보냈으며, 제5운의 1천 필은 전부 되돌려 보내져 다시 보내는 고초를 겪었다. 말은 3등급으로 나누어 상등은 단자 2필·포 8필, 중등은 단자 1필·포 6필, 하등은 단자 1필·포 4필로 환산하여[35] 모두 단자 2,670필

---

33) 우왕 12년 2월 政堂文學 鄭夢周가 명에 들어가 왕의 便服 및 群臣의 朝服·便服을 청하는 한편 歲貢의 蠲減을 청원한 바 있는데, 그가 임무를 성공적으로 마치고 7월에 귀국할 때 세공의 견감이 위와 같이 결정된 것이다(《高麗史》 권 136, 列傳 49, 신우).

34) 《高麗史》 권 136, 列傳 49, 신우 12년 12월.

에 포 30,186필이 지급되었다. 단자가 예상 수량보다 많이 적어진 것은 곧 상등마보다 하등마가 많았다는 것을 뜻하며 이는 그만큼 부족한 말을 무리하여 변통하였기 때문이다.

그런데 곽해룡이 우왕 13년 2월에 귀국하여 고려사신의 요동내왕을 또 금절한다는 뜻밖의 사실을 보고해 왔다. 즉 "이미 일단 왕래를 허락하였으나 내왕이 오래 가면 쟁단이 이로부터 생겨 백성이 화를 입게되니 이제부터 내왕을 금절한다"[36]고 요동을 다시 폐쇄한다는 것이지만, 이유로서는 매우 모호하기 짝이 없는 것이다. 이것은 한낱 구실에 지나지 않고, 실제로는 마필색매의 경우와 같이 나하추정벌에 만전을 기하기 위한 예방조처로서 다시 요동을 폐쇄하게 된 것이라고 보는 것이 옳을 것이다.[37] 즉 고려사신이 요동을 내왕하는 가운데 나하추와 내통하여 요동경영에 지장을 주지 않을까 하고 일찍부터 경계하고 있다가 또 이런 조치를 취하게 된 것이다.

마필의 구색도 큰 문제이지만 요동폐쇄로 인한 내왕금지는 고려로서 또 하나의 커다란 충격이었다. 이러한 명의 일방적인 강행은 고려의 반감을 사기에 충분하였다. 명의 요동폐쇄 통고를 다시 받게 되자, 조야에서는 이인임의 허약한 외교정책에 대한 비판의 소리가 높아지게 되었다. 일부 관료중에는 이인임이 양단외교정책을 쓰고 있으면서도 현실적인 이익과 신진유학파의 득세 때문에 차츰 친명으로 기울어 가는데 대하여 회의와 불안을 품는 사람도 늘어나게 되었으니 그 중에서 가장 대표적인 사람이 최영이었다.

최영은 앞서 살펴 본 바와 같이 공민왕 12년에 흥왕토적공신과 경성수복공신으로 녹공되고, 공민왕 폐립사건 때에는 덕흥군의 군사를 격퇴하는데 결정적인 전공을 세운 무장이다. 이리하여 무장세력의 대두와 더불어 그 전위에 서서 실권을 잡았으나 신돈의 집권 후 그의 미움을 받아 죽을뻔 하였으나 겨우 화를 면하였으며, 그가 몰락한 후에 다시 찬성사로 등용되었다. 이어 공민왕 23년에 제주반란을 평정하고, 우왕 원년에는 判三司事가 되었다가 이듬해 2년 7월에 왜구가 침입하여 公州를 함락시키고 開泰寺에 침구하여

35) 《高麗史》 권 136, 列傳 49, 신우 13년 6월.
36) 《高麗史》 권 136, 列傳 49, 신우 13년 2월.
37) 末松保和, 앞의 글, 363쪽.

원수 朴仁桂가 敗死하자 노구를 무릅쓰고 자청하여 鴻山에 달려가서 분전하여 적을 크게 무찌르고 개선하였다. 이 때 최영의 공을 논하여 시중으로 擬望하자 시중이 되면 가볍게 외방에 나아갈 수 없으니 왜구의 평정을 기다려 그렇게 해도 늦지 않을 것이라 고사한 것은[38] 그가 명망보다 애국을 더 중히 여긴 무장으로서의 참모습을 보여주고 있는 것이다.

그는 당시 각처에서 창궐하고 있던 왜구를 여러 차례 격멸하여 큰 공을 세웠으며, 淸白忠直한 그의 인품은 당시의 집권자 이인임·임견미 등이 威福을 자행하고 부패의 극에 달했던 것과는 대조를 이루고 있었다. 그러므로 최영은 본래부터 친원파라기보다는 憂國至誠에서 명의 무리한 요구와 계속적인 횡포에 반감을 품게 되었다고 보는 것이 적절할 것이다.

그런데 여기서 주목되는 것은 우왕 13년(1387) 9월에 知門下府事 張方平이 〈賀納哈出降附表〉를 갖고 요동의 甛水站에 이르자 요동도사는 요동폐쇄의 칙유를 제시하며 길을 막았는데, 이 칙유 중에 고려의 집정대신은 '輕薄譎詐'의 무리임으로 신빙할 수 없다고 하며 都司로 하여금 통빙을 거부케 한 사실이다. 여기서 말한 집정대신이란 물론 이인임·임견미 등을 지칭하는 것이다. 명이 이인임 등을 「경박휼사」의 무리라고 힐난한 것은 마필을 압송할 때 奉使人이 도중에 말을 팔아 다른 말로 바꾸어 명나라에 노둔한 말을 상납하였는데 이는 부패한 집정대신에게 아첨하여 뇌물을 바치기 위한 것이 상례로 되어 왔기 때문이다.[39]

집정대신의 이러한 부패는 이보다 앞서 賀聖節使로 들어갔던 安翊의 관련 기록에도 보이고 있는 바, 이러한 불미스러운 사실을 알게 된 안익은 눈물을 흘리며 자신이 명에 사행한 것은 국가를 위한 것뿐이었는데, 비로소 권문이 營産하기 위한 것임을 알았다고 탄식할 정도였다.[40] 이처럼 마필공납에 따른 협잡은 일찍이 명에 알려져서 謝恩使 張子溫을 하옥한 일까지 있었다. 물론 요동폐쇄가 집정대신의 부패와 마필상납의 부정 때문에 일어난 것은 아니지만, 여기서 확실히 말할 수 있는 것은 이인임 등 집정대신의 탐람과 명에 대한 저자세 외교는 상관관계가 있다는 점이다. 이인임 등은 정권안정을 위하

---

38) 《高麗史》 권 113, 列傳 26, 崔瑩.
39) 《高麗史》 권 136, 列傳 49, 신우 13년 11월.
40) 《高麗史》 권 136, 列傳 49, 신우 12년 6월.

여 이중외교정책을 추구하고 있으면서도 명에게 지나칠 정도로 저자세 외교를 펴지 않을 수 없었고, 명도 집권대신의 탐람과 부패를 효과적으로 이용하여 위압을 서슴없이 가함에 따라 그들은 애원과 굴종으로 시종하다가 또 다시 요동폐쇄라는 반갑지 않은 사태를 맞게 되었던 것이다.

요동폐쇄의 결정이 전달되기는 했지만 고려는 이에 개의하지 않고 우왕 13년 윤6월에 문하찬성사 장자온을 사은사(許改冠服)로, 문하평리 偰長壽를 賀聖節使로 임명하여 요동을 거쳐 명에 들어 갈 수 있었다. 그러나 이 해 9월에 파견된 장자평을 비롯하여 10월의 하정사 문하평리 李玖, 14년 정월의 정몽주는 모두 요동에서 저지되어 돌아오고 말았다. 때마침(우왕 13) 요동에서 도망하여 돌아온 사람이 명제가 장차 처녀 秀才 및 宦者 각 1천 명·牛馬 각 1천 필을 요구할 것이라고 하니 都堂은 이를 걱정하였으나 崔瑩은 "사실이 이와 같다면 곧 군대를 일으켜 이를 격퇴함이 옳다"고 하였다. 이것은 당시 명의 무리한 요구에 고려인의 신경이 얼마나 날카로워졌는지를 잘 말해 주고 있다. 고려와 명의 관계에 다시 풍파가 번지고 있을 때 명은 홍무 20년(우왕 13년) 6월에 나하추를 평정하게 된다. 이에 따라 명의 세력이 요동에서 북만주에 걸쳐 비약적으로 발전하여 요동경영이 궤도에 오르게 되어 명의 야욕을 더욱 부추겼던 것이다.

요동폐쇄의 가장 큰 목적이 나하추를 정벌하기 위한 사전조처였다고 하면, 평정 후에는 고려와의 통모대상이 없어졌음으로 의당 폐쇄를 해제해야만 했다. 그러나 위에서 살펴 본 것처럼 요동폐쇄는 그 후에도 더욱 굳어져서 고려사신의 왕래를 아주 금절하는 사태를 빚고 말았으니, 요동 폐쇄 문제를 놓고 양국 사이에 다시 풍파가 일어났다. 그 가운데 안으로는 우왕 14년 정월에 최영이 이성계의 협력을 얻어 이인임·임견미 일당을 숙청하여 정권을 잡았고, 밖으로는 명이 나하추의 평정으로 요동경영에 큰 진전을 보이게 되자, 우왕 13년 12월 하순에는 드디어 고려에 침략의 손을 뻗쳐 철령 이북·이동·이서의 땅을 회수한다는 이른바 鐵嶺衛 설치를 들고 나왔다.[41] 이것이 고려에 정식으로 전달된 것은 우왕 14년 2월에 귀국한 설장수에 의해서였지

41) 《明實錄》 권 187, 太祖 洪武 20년 12월 임신.

만, 고려는 그의 복명에 앞서 현지보고에 의하여 이미 이 사실을 알고 있었다. 이 문제를 놓고 문하시중 최영은 여러 장상과 더불어 定遼衛를 공격할 것인가 또는 화의를 청할 것인가를 의논하였고, 그 결과 화의 쪽으로 의견이 기울어져[42] 곧 密直提學 朴宜中을 명에 파견하였다. 그가 갖고 간 국서는 철령 이북 公嶮嶺에 이르는 땅은 모두 고려의 영토임을 밝히고 이곳을 徵收하려는 명령을 철회해 줄 것을 요청한 것이었다.

그 후 명나라는 철령위 설치를 적극 추진하여 홍무 21년(우왕 14년 ; 1388) 3월 하순에 鐵嶺衛指揮使司를 奉集縣(요동성의 동북방)에 설치하게 된다.[43] 이 소식이 고려에 전해지자 조야는 경악을 금치 못하였고, 명에 대한 비난의 소리는 더욱 높아갔다. 이에 최영이 백관을 소집하여 철령 이북을 헌납하는 가부를 묻자, 백관이 모두 옳지 않다고[44] 하였고, 이로 인해 최영은 攻遼計劃을 수립하였다. 최영은 왕을 움직여 비밀리에 공요계획을 세운 바 있고, 그 준비는 착착 진행되어 갔다. 이에 앞서 고려는 요동폐쇄의 긴장이 감돌고 있을 때인 우왕 13년 11월에 서북의 변에 대비하여 漢陽山城의 수축, 전함의 수리, 重興山城(漢湯府 三角山)의 지형을 조사하고, 또 이듬해 초에는 5도의 성을 수리하고, 여러 원수를 서북에 파견하여 무비를 정비하는 등 우왕·최영을 위시한 많은 군신은 명과의 일전을 각오하기에 이르렀다.

명의 그칠 줄 모르는 야욕과 마수를 눈앞에 보고도 가만히 있는 것은 국가를 유지하는 현명한 길이 못된다는 것이 최영의 확고한 신념이었으며, 여기에서 우리는 외래침략자에 대한 고려인의 끈질긴 저항의식을 찾아볼 수 있는 것이다. 그러므로 그는 단순한 친원파라기보다는 철저한 애국자였으며 최영의 공요계획은 외국침략자에 대한 고려의 저항운동이었던 것이다.

공요계획은 처음 친명을 표방하는 이성계 일파가 이른바 「四不可論」을 내세워 반대하기는 하였으나, 최영은 단호하게 이를 물리치고 우왕과 같이 평양에 진주하여 서둘러 攻遼軍을 편성하였다. 최영을 8道都統使, 조민수를 左道都統使, 이성계를 右道都統使로 삼아 평양에 본영을 설치하니 총 군세는 좌·우군이 38,830명, 딸린 인원이 11,634명, 말이 21,682필이었다.

---

42) 《高麗史節要》 권 33, 신우 14년 2월.
43) 《明實錄》 권 189, 太祖 洪武 21년 3월 신축.
44) 《高麗史》 권 137, 列傳 50, 신우 14년 2월.

공요군은 드디어 4월 임술일에 평양을 출발하니 일컬어 10만 군이라 하였다. 여기서 특히 주목해야 할 것은 공요군이 위세 당당하게 출발하고 나서 3일 후 바로 홍무 연호를 정지한 것이다. 이러한 조처는 한 마디로 자주정신의 발로이며 요동정벌을 완수하겠다는 굳건한 의지를 천명한 것이다. 따라서 비록 이 공요군의 요동정벌은 이성계의 반란, 즉「威化島回軍」으로 실패하고 말았지만, 고려의 마지막 북진정책으로서 역사적 의의가 크다 하겠다.

〈金成俊〉

4. 홍건적과 왜구

1) 홍건적

(1) 원의 쇠퇴와 홍건적의 대두

元은 成宗(1294~1306) 이후 황족 사이에 제위다툼과 권신들의 전횡이 계속되었으며, 건국 이래로 전쟁을 일삼아온 결과 재정의 궁핍을 초래하게 되었다. 그리고 그것을 보충하고자 각종의 잡세를 부과하였으며 交鈔의 남발로 물가가 앙등하였다. 또한 천재와 기근이 빈번하였고 더구나 통치자인 順帝(1333~1367)의 무절제한 궁중생활은 재정난을 가속화시켰다.[1]

이러한 계속되는 어려운 상황들은 蒙古의 통치아래서 차별대우와 압박을 받아오던 漢族에게 자극을 주어 민족의식을 불러 일으켰다. 그 결과 중국 각지방에서 난이 일어났는데, 순제 즉위 초(고려 충숙왕 복위 6년 ; 1337)부터 시

1) 《元史》 권 41, 本紀 41, 順帝 至正 3년 6월 임자. 한편 《元史》 권 51, 志 3下, 五行 2, 稼穡不成條에 의하면 순제가 즉위한 이후 매년 흉년이 들어 길가에는 죽은 사람이 가득하고 사람들이 서로 잡아먹는 지경에까지 이르렀다고 한다. 또 《新元史》 권 25, 至正 14년 12월 기유조에서도 수도에서조차 혈육지간인 부자끼리도 서로 잡아먹을 지경에 이를 정도였다고 하였다.

작되었다. 朱光卿은 廣東에서 일어나 국호를 大金이라 하였으며, 方國珍은 浙江의 台州에서 일어났고 徐壽輝는 安徽·湖北에서 난을 일으켜 국호를 天完이라 하고 황제를 칭하였다. 江蘇지방에서는 張士誠이 일어나 高郵에 웅거하여 국호를 大周라 하고 誠王이라 칭하였으며, 郭子興은 안휘의 북부에서 일어났는데 그 부하에 朱元璋(뒷날 명 태조)이 있었다. 이러한 와중에서 河南지방에서 봉기한 무리들이 紅巾賊이었다.

공민왕 즉위년(1351)에 韓山童·劉福通 등이 중심이 되어 일어난 홍건적의 내력을 살펴보면 다음과 같다. 한산동은 그의 조부 이래로 白蓮敎를 신봉하여 주로 우매한 하층민들을 선동하여 "천하가 크게 어지러우므로 彌勒佛이 下生하였다"고 자칭하면서 도탄에 빠진 백성들을 구제한다며 많은 무리를 끌어 모았다. 그의 부하인 유복통은 한산동을 "宋 徽宗의 8世孫으로 중국에 군림할 것이라"고 선전하였다. 뒤에 한산동은 관군에게 잡혔으나 유복통은 군사를 일으켜 紅巾으로써 표식을 하고 각지를 공격하고 다니니, 그의 무리는 거의 10만에 달할 정도였다. 이 무리들을 紅巾賊 또는 紅頭賊 혹은 紅賊이라 하였다. 至正 15년(1355) 2월에 유복통은 亳州(安徽)에 웅거하여 한산동의 아들인 韓林兒를 영입하여 황제를 삼고 국호를 宋이라 하였다. 특히 송 휘종의 후손으로 황제를 삼아 국호를 송이라 함으로써 몽고족에 대한 한족의 적개심을 이용하였고, 몽고족인 원을 몰아내고 중화를 회복하자는 민족주의적 기치를 표방하였던 것이다.

한편 원 조정에서는 순제 지정 12년(1352)부터 승상 脫脫이 군사를 이끌고 남하하여 각지를 토벌하였다. 특히 지정 14년에 大軍을 동원하여 고우의 장사성을 토벌할 때는 고려에 원병을 요청하였다. 이 당시 원이 고려에 대하여 구원병을 요청한 것은 앞서 賀千秋節使로 원에 건너갔던 蔡河中의 건의가 한 원인이 되었는데,[2] 이 요구에 따라 같은 해 7월 柳濯·廉悌臣 등 40여 명의 장수들이 군사 2,000명을 거느리고 참전하였다.[3]

원에 원병으로 참전하였던 고려군은 당시 반란군의 실세와 원의 실정을 더욱 분명히 볼 수 있었고, 귀국한 뒤 이들이 보고한 내용은 고려의 국내외

2) 《高麗史》 권 125, 列傳 38, 姦臣 1, 蔡河中.
3) 《高麗史節要》 권 26, 공민왕 3년 7월.

정책 추진에 많은 자극을 주게 되었다.[4] 특히 북중국과 요동일대에서 크게 위세를 떨치고 있던 홍건적에 대하여는 고려에 침입할 가능성을 크게 느꼈던 것 같다. 그래서 고려는 공민왕 6년에 樞密院直學士 金得培를 西北面都巡問使兼西京尹上萬戶로 임명하고, 前戶部上書 金元鳳을 西北面紅頭軍 및 倭賊防禦指揮兼副萬戶에 임명하여 서북면지방의 방어태세를 강화하였다.[5] 당시 홍건적에 대하여 고려조정에서 크게 신경을 쓰고 있던 것은 다음 사실에서도 엿볼 수 있다. 공민왕 7년 3월에 靜州副使 朱永世와 全羅道萬戶 姜仲祥이 상경하여 왕을 알현하였는데, 왕이 매우 노하여 '서쪽에는 홍두적의 근심이 있고 동쪽에는 왜적의 재화가 있어' 백성들이 편안히 살지 못하는데 마음대로 관할지를 떠났다는 이유로 그들을 옥에 가두었다. 또 서울 外城의 수축을 명령하였다.[6] 이처럼 근무지를 이탈한 관리를 엄하게 다스리고 성곽을 수축하는 등 홍건적의 침입에 대비하고 있었던 것을 보면, 고려조정에서 당시 급변하는 중국의 상황을 직시하고 있었다고 할 것이다.

한편 공민왕 8년(1359) 11월에는 홍건적의 반란으로 어수선한 遼東과 瀋陽지방으로부터 2,300여 호가 귀화하여 오자, 고려조정에서는 이들을 서북의 각 군과 현에 나누어 정주시키고 양곡을 주었다. 그리고 고려 사람으로 압록강을 건너가 살고 있던 자들도 병란으로 스스로 돌아왔다.[7] 고려에서는 이들을 구제함과 아울러 서북면 일대에 나누어 살게 함으로써 홍건적에 대한 방어력의 보강도 함께 꾀했던 것이다.

그런데 바로 같은 달 무오일에 홍건적 3,000명이 압록강을 건너와 약탈한 뒤 돌아갔는데 도지휘사 김원봉이 이것을 감추고 보고하지 않았으므로 호부시랑 鄭之祥을 파견하여 엄중히 견책한 일이 있다.[8] 이 사건이 홍건적 침입의 시발탄이었던 것이다.

---

4) 金昊鍾, 〈恭愍王의 安東蒙塵에 관한 一硏究〉(《安東文化—人文社會科學—》 1, 1980), 2쪽.
5) 《高麗史》 권 39, 世家 39, 공민왕 6년 11월.
6) 《高麗史》 권 39, 世家 39, 공민왕 7년 3월.
7) 《高麗史》 권 39, 世家 39, 공민왕 8년 11월.
8) 위와 같음.

(2) 홍건적의 침입

紅巾賊은 공민왕 8년(1359) 2월에 고려에 글을 보내 침입을 예고하였다.

> 生民이 오랫동안 蒙古族의 아래에서 시달림을 통분하게 여기어 義를 부르짖고 군사를 일으켜 中原을 회복하고 동으로는 齊魯(山東)를 넘고, 서로는 函秦(甘肅)에 들어갔으며 南으로는 閩廣(福建·廣東)을 지나갔고, 北으로는 幽燕(河北)에까지 모두 심복하였다. … 사졸로 하여금 백성을 괴롭히지 않게 할 것이니 귀화하는 백성은 안아주고 頑迷하게 반항하는 자는 처벌할 것이다(《高麗史》 권 39, 世家 39, 공민왕 8년 2월 을유).

이처럼 자신들의 세력을 과시하여 은근히 장차 침입할 것을 암시하더니, 그 해 11월에 3,000여 명이 건너와 약탈함으로써 침입하기 시작하였다.

가. 1차 침입

홍건적의 1차 침입은 3,000여 명이 들어와서 약탈하고 떠난 다음달인 공민왕 8년 12월 정묘일에 시작되었다. 이 때 홍건적의 한 괴수인 가짜 평장(平章의 僞職) 毛居敬이 자칭 4만 명의 병력을 거느리고 압록강의 얼음을 건너와 義州를 함락시키고, 副使 朱永世와 의주 주민 천여 명을 살해하였으며, 그 다음 날에는 靜州(지금의 義州 부근)를 함락시키고 도지휘사 김원봉을 죽이고 麟州를 함락시켰다.[9] 당시 고려는 왜구의 침입으로 인한 피해가 급증하여 고심하고 있었는데, 홍건적의 침입까지 받게 되었으므로 중대한 국면을 맞게 되었다.

그리하여 고려 조정은 다시 守門下侍中 李嵒을 西北面都元帥로, 慶千興을 副元帥로 金得培를 都指揮使로, 李春富를 西京尹으로, 李仁任을 西京存撫使로 임명하였다. 이 때 적이 鐵州에 쳐들어 왔으므로 安祐와 李芳實이 격퇴하였다. 퇴각된 적들은 麟州와 靜州에 주둔하다가 을해일에 다시 철주에 침입하여 그 부근 현들을 침범하여 약탈하였다. 안우가 청천강에서 적과 만나 격파하였으나 다시 싸워서 패전하고 定州에 후퇴하여 주둔하였다. 이런 상황을 보고 받고 구원에 나선 이암이 기묘일에 서경에 이르렀는데 여러 군대가 아

9) 《高麗史》 권 39, 世家 39, 공민왕 8년 12월 정묘·무진.

직 집합하지 않았으므로 黃州까지 후퇴하여 주둔하였다. 이처럼 밀어닥친 홍건적의 침입으로 국내의 인심은 매우 불안하였으며 서울에서는 피난할 계획을 세우고 앞을 다투어 곡식으로 물품을 사들이기도 하였다. 이렇게 되니 물품 값이 올라 전에는 베 1필에 쌀 2말이었던 것이, 이 때는 곡식 값이 떨어지고 물품 값이 올라서 베 한 필에 5~6말까지 이르게 되었다.

조정에서는 서북면의 방비를 강화하기 위해 각 기관의 하급서리들을 징용하여 서북면의 전투인원을 보충하였으나 적을 막기에는 어려웠고 이달 말 적은 서경을 함락시켰다. 고려 조정에서는 호부상서 朱思忠을 적의 진영에 파견하여 적장에게 가는 베와 말안장, 굴레 그리고 술과 고기를 주면서 적의 虛實을 탐지케 하였다. 이듬해 정월에 주사충이 적의 글을 가지고 돌아 왔는데 그 내용이 대단히 거만하였다. 이 때에 왕은 피란책을 강구하였으며 漢陽遷都도 논의되었다.10)

한편 적에 의하여 함락된 서경을 탈환하고자 여러 부대가 生陽驛에 모였는데 그 수가 2만 명이었다. 적은 이것을 보고 우리 군대의 진격이 있을 것을 알고 사로잡은 의주와 정주 그리고 서경인을 죽였는데 그 수는 만 명을 헤아렸으며 시체가 산처럼 쌓였다. 이런 상황 아래 점차 전세가 고려측에 유리하게 전개됨에 따라 정월 정미일에 고려군은 마침내 서경 탈환작전을 감행하여 적군을 내몰아 龍岡과 咸從으로 물러가게 하였다. 이 싸움에서 고려군은 천여 명의 전사자를 냈다. 고려 조정은 홍건적의 완전격퇴를 위하여 전세를 가다듬고 군대를 정비하여 안우를 安州軍民萬戶府 都萬戶로, 이방실을 上萬戶로, 金於珍을 副萬戶로 임명하였다.11)

다음달 2월 안우가 이끄는 군대가 함종으로 진격하였으나 미처 전열을 정비하기도 전에 적의 공격을 받아 많은 사상자를 내었다. 그러나 고려군은 곧 진용을 정비하여 함종에서 싸워 적 2만여 명을 사살하고 적장 沈剌와 黃志善을 사로잡고 나머지 적 만여 명을 甑山縣으로 퇴각시키는 큰 성과를 거두

10) 《高麗史》 권 39, 世家 39, 공민왕 9년 정월. 왕은 어사대에 명령하여 조정의 모든 관원을 모아 놓고, 무기·시종인원·양곡·鞍馬 및 馬草를 갖추어 수십일간 毬庭을 경비케 하였다. 또 왕과 노국공주가 밤에 후원에 나가 말타는 연습을 하였는데 이 모두가 적을 피해 행차할 경우를 대비한 것이었다.

11) 《高麗史》 권 39, 世家 39, 공민왕 9년 정월 을묘.

었다. 이 싸움에서 고려군은 判開城府事 辛富와 將軍 李堅이 전사하였다. 한편 이방실이 퇴각하는 적을 정병 1천 騎를 거느리고 계속 추격하여 延州(雲山)江에 이르렀을 때, 안우와 김득배도 합세하여 추격하니 적은 크게 위축되어 얼음을 타고 강을 건너다가 빠져 죽는 자가 수천에 달하였다. 달아나는 적을 안우와 이방실이 다시 추격하여 옛 선주에 이르러 적 수백 명을 무찌르니 남은 적의 무리 3백여 명이 의주에서 압록강을 건너 달아났다.[12]

이와 같이 1차로 침입한 홍건적은 거의 전멸되다시피 하여 물러갔는데 3~4월에는 간헐적으로 西海道지방에 나타나 노략질하기도 하였다.[13]

나. 2차 침입

홍건적이 1차로 침입하였다가 물러난 후 고려조정에서는 적의 침입에 대비한 조치를 강구하였다. 공민왕 10년(1361) 10월에는 각 도에 사람을 보내어 軍의 현황을 점검하여 긴급 출동태세를 확립하도록 하고 각 사찰에서 보유하고 있는 말을 차출토록 하였으며, 그 다음달에는 公侯 이하의 지배층들로 하여금 위계에 따라 차등을 두어 戰馬를 내도록 지시하였다.[14] 이러한 조치들은 당시 남쪽의 왜구와 북의 홍건적으로 인한 피해에 대하여 조정에서 얼마나 고심하고 있었는가를 보여주는 예라 하겠다.

이러한 상황 아래 홍건적은 공민왕 10년 10월에 潘誠·沙劉·關先生·朱元帥·破頭潘 등이 10여 만의 대군을 이끌고 압록강을 건너 朔州에 침입하였다.[15] 이들은 앞서 침입했던 적과 마찬가지로 중국의 산서지방으로부터 북동쪽으로 진출한 집단으로서, 몽고의 上都(開平)를 빼고 요동을 거쳐 전후하여 동쪽으로 온 것이다. 이에 고려 조정에서는 추밀원부사 이방실을 西北面都指揮使로 임명하고 同知樞密院事 李餘慶을 파견하여 岊嶺(慈悲嶺)에 木柵을 구

12) 《高麗史》 권 39, 世家 39, 공민왕 9년 2월 계유.

13) 《高麗史》 권 39, 世家 39, 공민왕 9년 3월 기유일 조에 의하면, 홍건적의 배 70척이 西海道 豊州 碧達浦에 정박하였으며, 또 서경의 德島와 席島에 정박하였다. 그리고 鳳州에 들어가 성문에 불을 질렀고, 100여 척의 배가 安岳郡 元堂浦에 들어가서 金錢과 양곡을 약탈하고 집에 불을 질렀다. 黃洲의 琵琶浦에도 침입하였는데, 4월 초하루에는 황주 鐵和浦에 침입하니 牧使 閔瑚가 대항하여 20여 명을 무찌르고 1명을 생포하기도 하였다.

14) 《高麗史節要》 권 27, 공민왕 10년 10월·11월.

15) 《高麗史》 권 39, 世家 39, 공민왕 10년 10월 정유.

축하였다. 또한 참지정사 안우를 상원수에, 정당문학 김득배를 도병마사에 임명하고, 使者를 각 도에 보내어 군사를 점검하는 한편 여러 가지 특전을 내세워 병사를 모집하였다. 다음달인 11월 초에 안우와 이방실이 指揮使 金景磾와 함께 각자 자기 휘하의 군사를 거느리고 价州(价川)·延州(寧邊)·博州(博川) 등지에서 적을 공격하여 싸움마다 적을 무찌르고 3백여 명을 베었으므로 조정에서는 안우를 도원수로 삼아 모든 군사는 그의 지휘를 받도록 하였다. 그러나 그 뒤에 安州싸움에서 고려군이 크게 패하여 상장군 李薩과 趙天柱는 전사하고, 지휘사 김경제는 사로잡혔다. 적은 김경제를 그들의 元帥로 삼고 우리에게 글을 보내기를 "장차 110만 병력을 거느리고 동쪽으로 진공할 테니 속히 맞이하여 항복하라"고 하였다.[16] 이에 고려조정에서는 지휘관을 보강하여 참지정사 鄭世雲을 西北面軍容體察使로 임명하였으며 평장사 金鏞을 摠兵官으로, 전 형부상서 柳淵을 兵馬使로 임명하였다. 그리고 공후 이하의 모든 관리에게 명령하여 등급에 따라 군마를 내게 하였다. 이성계는 적을 공격하여 王元帥 이하 백여 명을 베는 승리를 거두기도 하였다. 그러나 적은 같은 달 16일 밤에 1만여 명의 병력으로 岊嶺柵을 공격하였고 고려군은 크게 패해 안우와 김득배 등이 단신으로 돌아오기에 이르렀다. 이에 따라 崔瑩을 개경에 보내어 京兵을 요청하였으므로 공민왕은 사태가 매우 위급함을 알게 되었다. 드디어 난을 피하기로 결정하고 개경의 부녀자와 노약자를 먼저 성 밖으로 내보내니 인심이 매우 흉흉하였다. 11월 18일에 홍건적의 선봉대가 벌써 興義驛(현재 황해도 牛峯)에 이르러 개경을 압박하자 공민왕은 그 다음날 태후·공주와 함께 남쪽으로 출발하였다. 왕의 일행이 利川縣에 이르렀을 때 이미 홍건적은 수도 개경을 무너뜨렸다. 이에 왕은 福州(安東)에 내려가 그곳에서 정세운을 摠兵官으로 삼아 교서를 내려서 적을 막도록 하였다.

홍건적은 개경을 함락시킨 후 수개월 동안 주둔하면서 갖가지 만행을 저질렀다. 적들은 말과 소를 잡아 그 가죽을 펴서 성을 만들고 그 위에 물을 얼려 사람이 기어오르지 못하게 하였다. 또한 남자나 여자나 할 것 없이 닥치는 대로 죽여서 먹기까지 하였다. 한편 적들은 개경뿐 아니라 여러 지방을

16) 《高麗史》 권 39, 世家 39, 공민왕 10년 11월.

돌아다니며 노략질을 자행하였다.

이와 같은 홍건적의 개경 점령과 약탈에 대항하여 곳곳에서 저항을 하였는데, 鹽州(延安)人 檢校中郎將 金長壽는 군대를 일으켜 적을 공격하여 遊騎 140여 명을 죽였다. 또한 安邊府와 江華府의 사람들은 거짓으로 항복한 체하고 적들을 술과 음식으로 유인하여 무찌르기도 하였다. 고려 조정도 적을 소탕하기 위하여 여러 장수들로 하여금 군대를 정비토록 하였다. 즉 공민왕 11년(1362) 정월 안우·이방실·이여경·김득배·黃裳·韓方信·安遇慶·李龜壽·최영 등은 20만의 병력을 거느리고 東郊의 天壽寺(長湍郡 津西面) 앞에 주둔하였고, 총병관 정세운은 여러 장병들을 독려하여 개경을 포위하고 그 이튿날 공격토록 하였다. 마침 그 때 눈과 비가 내려 적들의 방비가 늦추어진 틈을 타서 고려군은 사방에서 맹렬히 공격하였다. 특히 이성계는 휘하의 친병 2천여 명을 이끌고 먼저 성에 올라 적을 격파하여 나머지 군사들의 사기가 고무되어 대승을 거둘 수 있었다.[17]

즉 이 싸움에서 고려군은 홍건적의 괴수 사유와 관선생 등을 포함하여 10만에 달하는 적병을 죽여 쓰러진 시체가 온 성 안에 가득하였으며, 원나라 황제의 옥새를 비롯하여 金寶, 金·銀·銅印과 병기 등의 물품을 노획하였다.

이러한 고려의 반격으로 파두반을 비롯한 잔당 10여만 명은 압록강을 건너 도주하여 이로써 2차에 걸친 홍건적의 침입은 평정되었다.

〈羅鍾宇〉

2) 왜 구

(1) 왜구의 성격과 규모

왜구의 침입은 고려 말 내우 외환으로 어려운 처지에 있던 고려의 큰 환난 중의 하나였다. 따라서 고려는 북방의 외적과의 투쟁을 계속하면서 한편으로는 국력을 기울여 남방의 왜구와 싸우지 않으면 안되는 이중의 부담을

---

17) 《高麗史》 권 40, 世家 40, 공민왕 11년 정월.

지니고 있었다. 그 결과 민심은 더욱 어지러워졌으며 이러한 일들은 고려왕조의 종말을 가속화시켰다.

왜구는《高麗史》에, 倭寇·倭賊·倭奴·海賊·海盜 또는 단순하게 賊·寇·賊船·作寇 등으로 표현되어 있다. 이들 각 명칭에서 보이는 바와 같이 왜구란 왜가 바다를 통하여 寇賊행위를 한다는 의미로 쓰여지고 있으며, 적어도 충렬왕 4년(1278) 이전부터 왜구라는 말이 숙어로써 사용되고 있었다.[1]

왜구가 발생하게 된 원인은 당시 일본이 南北朝의 爭亂期였던 사실에서 찾을 수 있다. 곧 정권이 양분되어 중앙통치권이 지방에까지 미치지 못하는 57년이란 긴 기간 동안 사회적 불안은 증대되었다. 또 혼란기를 맞이하여 武士들은 쟁란에 편승하여 소유 영지를 확대시키고자 획책하였다. 이러한 사회정세 속에서 농지를 잃은 농민과, 전쟁에 동원되었으나 보상을 받지 못해 경제적으로 무력해진 하급무사, 그리고 여기에 토지가 적었을 뿐 아니라 그것도 비옥하지 못해 기근을 면키 어려웠던 對馬·壹岐·松浦 3島지방의 열악한 입지조건과 아울러 謙倉 中期 이후 변경지방까지 침투해 왔던 상품 화폐경제의 압박 등의 여러 조건들이 일본의 서쪽 연안 일대의 중소영주층과 영세농어민을 자극하여 해적이 되게끔 하였고[2] 바로 이들이 고려의 연안에 침입하였던 것이다.

왜구의 근거지는 특히 幕府의 통제력이 약한 변방이었지만, 확실한 지역이 어디인가에 대해서는 이견들이 있다.[3] 대체적으로 3도를 왜구의 근거지로 보는 견해가 많으나, 3도의 소재지에 관한 기록이 없어서 분명히 확인할 수

---

1) 《高麗史》 권 28, 世家 28, 충렬왕 4년 7월 무술. 왕이 元에 合浦鎭戍軍을 머무르게 하여 倭寇에 대비하기를 청하였다.

2) 佐佐木銀彌, 〈海外貿易と國內經濟〉(《講座日本史》 3, 東京大出版部, 1970), 164쪽.

3) 신석호, 〈여말 선초의 왜구와 그 대책〉(《국사상의 제문제》 3, 국사편찬위원회, 1959), 111쪽에서는 對馬·壹岐·松浦에 博多나 赤間關(下關)을 추가하여 말하였다. 그런데 《高麗史》 권 113, 列傳 26, 鄭地條에서는 對馬·壹岐를 왜구의 근거지라 하였으며, 《高麗史節要》 권 30, 신우 4년 7월조에 의하면, 鄭夢周가 日本으로부터 돌아올 때에 日本九州節度使 源了俊이 三島 倭寇의 침략을 금했다고 한다. 또한 《定宗實錄》 권 1, 정종 원년 5월조에서도 三島를 倭寇의 근거지로 보고 있다.

없다. 다만 일반적으로 대마·일기·송포를 지칭한다고 생각되어 왔는데, 근래에는 송포 대신 구체적으로 平戶島를 넣어 대마·일기·평호라는 주장도 있다.[4] 그러나 근거지로서 꼭 3도가 정확히 어디인지는 크게 문제될 것은 없다. 왜냐하면 3도가 왜구들의 중심지일 뿐, 우리 나라와 가까운 北九州의 섬들과 연안 지역은 모두가 그들의 근거지이기 때문이다. 조선 세종 때 일본에 통신사로 다녀온 朴端生은 "대마도에서 兵庫까지 이르는 도중에서 적의 수와 왕래의 通路를 조사한 바 대마·일기·內外大島·志賀·平戶 등은 赤間關 以西에 있어서의 적의 본거지요, 四州 以北 竈戶·社島 等處는 赤間關 以東의 적의 본거지이다"[5]라고 보고하였다. 이것으로 미루어 볼 때 왜구의 근거지는 한두 곳이 아니라 우리 나라와 가까운 북구주의 섬들과 연안지역 대부분이었음을 알 수 있다.

다음으로 왜구의 규모에 대하여 《고려사》의 기록에 나타난 선박의 수를 통해 살펴보면 다음 〈표 1〉과 같다.

〈표 1〉 왜구의 선박수

	시 기	선박규모	위 치
1	충정왕 2년(1350) 6월	20척	合浦에 침입
2	공민왕 7년(1358)	400여 척	五入浦 침구
3	공민왕 12년(1363) 4월	213척	喬桐에 정박
4	공민왕 13년(1364) 3월	200여 척	葛島(順天地方)에 정박
5	공민왕 23년(1374) 4월	350척	合浦에 침입
6	우왕 2년(1376) 7월	20척	전라도 元帥營 침구
7	우왕 3년(1377) 6월	200여 척	제주도 침공
8	우왕 3년(1377) 10월	40여 척	東萊縣에 침구
9	우왕 10년(1384) 5월	27여 척	陽州에 들어와 3일간 정박

위의 〈표 1〉에서 볼 때 많은 때는 400여 척이라 하고 적은 때는 20척이라고 하였다. 그런데 배의 척수에 관해서만 표시되어 있고, 탑승원에 관해서는 고찰하기 어렵다. 왜구가 사용한 선박의 크기는 보통 70톤 정도였다.[6] 그리고 탑승원에 대한 당시의 기록은 찾기 어려우나 한 가지 추측할 수 있는 것

4) 金柄夏, 《李朝前期對日貿易研究》(韓國研究院, 1969), 9쪽.
5) 《世宗實錄》 권 46, 세종 11년 12월 을해.
6) 竹越與三郎, 《倭寇記》(白揚社, 1938), 29쪽.

은 조선 중종 7년(1512) 조선과 대마도 사이에 맺어진 壬申約條이다. 이것에 의하면 각 배의 선원수를 大船 40명・中船 30명・小船 20명으로 정하고 있다. 이것으로 미루어 볼 때 선박의 탑승원을 가장 적은 20명으로 보더라도 매회 상당한 수의 왜구가 침입한 것을 추산할 수 있을 뿐더러 쌀 4만여 석을 약탈하여 갈 수 있을 정도이면[7] 그 선단의 규모도 가히 짐작할 수 있다.

침입한 왜구의 인원수에 대하여 살펴보면 공민왕 13년(1387) 5월에 왜적 3,000을 진해현에서 대파한 기록이 보이며 우왕 5년(1379) 5월에는 騎 700・步 2,000의 침구가 있었고, 도적이 많으면 千百으로 떼를 짓고, 적으면 什伍로 隊를 지어 다닌다고 하였다.[8] 이러한 규모로 미루어 볼 때 왜구는 단순한 해적의 오합지졸이 아니고 배후에는 유력한 土豪가 있어 직접 조종하였다고 할 수 있다. 즉 대표적인 조종자는 대마도주 宗氏와 壹岐島主 志佐氏・西部日本의 巨酋 周防의 大內氏・九州豊後 大友氏 등을 들 수 있다.

왜구들은 침입하면 약탈, 살인, 방화를 일삼아 연해의 조창에 불을 지르거나 도적질을 하고, 또는 漕船을 불지르고, 두어 살짜리 어린애들의 머리를 깎고 배를 갈라 쌀・술 따위와 함께 하늘에 제물로 바쳤으며[9] 침입할 때마다 부녀를 포로로 해서 밤에는 주색을 그치지 않았다.[10]

(2) 왜구의 침구목적

왜구의 침구목적에 대하여는 정치적 야심이나 문화적 욕구라는 견해도 있으나 경제적 목적이 가장 컸다고 할 수 있다. 왜냐하면 당시의 일본 상황이 남북조의 혼란기였기 때문에 문물의 수입이라든지 정치적 야심보다는 경제적 이익을 추구하고 생활 필수품을 얻기 위해 침구했을 것이다.

왜구는 고려 말에 해마다 여러 차례 침구해 왔으나, 어떤 한 지방을 오랫동안 점거하여 그 곳에 정치적 조직을 만들거나 거점을 구축한 일이 없다. 이것은 임진왜란 당시 남해안 여러 지역에 倭城을 쌓은 것과는 다르다고 할

---

7) 《高麗史》 권 39, 世家 39, 공민왕 9년 윤5월 신해.
8) 《高麗史》 권 112, 列傳 25, 偰遜 附 長壽.
9) 《太祖實錄》 권 1, 總書.
10) 竹越與三郎, 앞의 책, 209쪽.

수 있다. 왜구의 침구 목적이 경제적인 욕구 충족에 있었다면 약탈 대상은 무엇이었을까. 가장 중요한 대상은 米穀이었다. 따라서 미곡을 약탈하는 데 있어 주된 대상은 租穀을 운반하는 漕船과 양곡을 저장한 창고(특히 漕倉)였다. 《고려사》에 보이는 조선 약탈에 관한 몇 가지 기사를 살펴보면, 공민왕 원년 2월에 왜적이 변방지방을 침략하여 백성들을 죽이고 주택에 불을 지르고 선박을 약탈하였다. 또 공민왕 10년 8월에는 왜적이 동래와 울주에 침입하여 불을 지르고 약탈하였으며 조운선을 빼앗아 갔다. 그리고 공민왕 13년 3월에는 전라도의 조운선이 왜적에 막히어 갈 수 없는 등 공민왕 때에만도 12회 이상 이러한 기록이 보인다. 이러한 기록을 통해 왜구로 인하여 조운선이 약탈당하고 운항되지 못하는 것을 볼 수 있는데, 특히 곡창지대인 서해안 일대 전라도의 조운선이 많은 습격을 당하였다. 왜구가 미곡을 약탈하기 위해 조운선을 습격한 것은 왜구들이 해상활동을 민첩하게 할 수 있는 이점이 있기 때문이었다. 조운선을 발견하지 못하여 해상에서 약탈이 어려울 때에는 해안의 조창을 습격하여 미곡을 약탈하기도 하였다. 《고려사》에 의하면, 공민왕 원년(1352) 3월에 喬桐 甲山倉에 불을 질렀으며, 공민왕 7년(1358) 4월에는 韓州와 鎭城倉에 침입하였다. 이에 전라도 鎭邊使 高用賢의 청에 따라 바닷가의 창고를 내륙지방으로 옮기기도 하였다. 그런데도 공민왕 21년 4월에는 왜적이 鎭溟倉까지 약탈하였다. 이러한 사실들은 왜구들이 얼마나 심하게 쌀을 약탈하려 했는지를 알려주고 있다.

이와 같이 왜구들의 제일의 약탈 목표가 미곡이었다는 것은 당시의 일본 경제사정이 얼마나 어려웠는가를 반증해 주는 것이기도 하다. 예컨대 왜구 근거지의 하나였던 대마도의 사정은 조선시대 尹趾院이 보고한 대마도에 관한 견문 내용을 통해 알 수 있다. 자신이 일본에 사절로 갔을 때 日本通事에게 대마도는 오곡이 나지를 않는데 생계를 어떻게 꾸리는지를 묻자, 통사는 "자식을 기를 수가 없어 자식을 낳으면 바다에 던지기도 한다"고 대답하였다는[11] 것이다. 이것으로 고려 말의 일본사정이 얼마나 비참했는지 추측할 수 있다. 또한 미곡을 약탈한 것은 당시의 일본사정과, 왜구들이 대개 갑옷을 입고 말을 타고 步卒을 거느린 점으로 보아 군사상의 보급에도 관계가

11) 幣原坦, 〈對馬問題〉(《朝鮮學報》 1, 1952), 2쪽.

있다고 볼 수 있다.

다음으로 왜구의 약탈 대상은 사람이었다. 《고려사》에 의하면, 공민왕 21년 10월에 왜구가 와서 백성을 잡아갔는데 이로 보면 왜구는 침입 초기부터 사람을 포로로 약탈했던 것이다. 또 많을 때는 강화에 침입하여 府使 金仁貴를 죽이고 1천여 명을 포로로 하기까지 하였다.[12] 그러면 무엇 때문에 왜구는 목숨을 걸고 많은 사람을 노략하는 비행을 감행했는가. 우선 포로는 노비로 삼아 값싼 노동력을 공급받을 수 있었고, 노예로 팔기도 하며 적당한 대가를 지불하고 송환하도록 하려는 이유에서였다. 그 외에 군사상의 병력증가라는 이유도 있다고 볼 수 있는데 이는 당시로서는 노를 젓는 일이나 배의 잡역에 종사하도록 하기 위함이라고 추측할 수 있다. 이외에도 각종 의식과 생활에 필요한 도구를 약탈해 갔는데 이와 같은 왜구의 약탈행위는 사람을 상품의 가치로 판단한 야만적이고 비인도적인 처사이었음이 분명하다.

(3) 왜구의 침입

왜구의 침입에 대하여 먼저 살펴보고자 하는 것은 침입 횟수에 관한 것이다. 이에 관해 《고려사》 기록을 통해 조사해 보면 다음의 〈표 2〉와 같다.

다음 〈표 2〉에 의하면 왜구는 고종 10년(1223)에서 공양왕 4년(1392)까지 169년간 519회 침입하였다. 이것을 다시 왜구가 창궐하기 시작한 충정왕 2년(1350)부터 보면, 42년 동안 506회로 연평균 12회 침입한 사실을 알 수 있다. 왜구가 가장 많이 침입했던 우왕 연간에는 연평균 27회의 놀라운 숫자를 보이고 있으며, 가장 극심했던 해는 우왕 9년의 50회로 월평균 4회를 넘고 있다. 다시 이것을 침입지역으로 나누어 살펴보면 다음의 〈표 3〉과 같다.

다음 〈표 3〉에서 살펴볼 때, 침입지역은 3남(충청·전라·경상) 지방에 우선 집중되는 것을 알 수 있다. 《고려사》에 의하면 왜구가 여름에서 가을까지 3도를 침입하여 불지르고 죽이고 약탈하는 일이 많다고 기록되어 있다. 이 3도 가운데 경상도 지방은 지리적으로 일본과 가장 가깝다는 조건 때문이며

12) 《高麗史》 권 114, 列傳 27, 羅世.

〈표 2〉 왜구 침입 횟수

연 도		침입횟수	연 도		침입횟수
고 종 10년	1223	1	공민왕 16	1367	1
12	1225	1	18	1369	2
13	1226	2	19	1370	2
14	1227	2(6)	20	1371	4
원 종 4	1263	1	21	1372	19
6	1265	1(2)	22	1373	6
충렬왕 6	1280	1	23	1374	12(115)
16	1290	1(2)	우 왕 1	1375	10
충숙왕 10	1323	2(2)	2	1376	46
충정왕 2	1350	7	3	1377	52
3	1351	4(11)	4	1378	48
공민왕 1	1352	8	5	1379	29
3	1354	1	6	1380	40
4	1355	2	7	1381	21
6	1357	4	8	1382	23
7	1358	10	9	1383	50
8	1359	4	10	1384	19
9	1360	8	11	1385	13
10	1361	10	13	1387	7
11	1362	1	14	1388	20(378)
12	1363	2	창 왕 1	1389	5(5)
13	1364	11	공양왕 2	1390	6
14	1365	5	3	1391	1
15	1366	3	4	1392	1(8)

*총계 529회, ( )는 王代 전체 침입 숫자임.

서해안의 전라·충청지역은 곡창지대와 조운선의 통로라는 점 때문에 약탈 대상의 지역이 된다.

그러나 왜구는 이 지역뿐 아니라 전국의 조세가 모두 집결되는 개경 앞까지 출몰하는 등 경기도에도 많은 침입 횟수를 보이고 있다. 그리고 황해도를 거쳐 평안남도의 三和, 평안북도의 龍州·義州까지 이르고, 동해안 쪽으로는 함경남도 北靑·端州까지 이르고 있으며 연해안뿐만 아니라 內地 깊숙이까지 침입을 받지 않은 곳이 없을 정도였다. 전국적으로 3회 이상 침입을 받

〈표 3〉 왜구침입 지역표

도	별	침 입 횟 수	침 입 지 역
함	남	8	5
평	북	6	5
평	남	8	5
황	해	28	15
강	원	32	17
경	기	65	27
충	북	17	8
충	남	78	38
전	북	36	22
전	남	42	23
경	북	55	32
경	남	97	29
합	계	472	226

은 곳이 50군데이며 이 가운데 경상남도가 12개 처이며 경상북도가 8개 처이다. 가장 많은 침입을 받은 곳은 固城으로 10회이며 이 지역은 왜구가 창궐하기 시작한 충정왕 2년부터 침입을 받기 시작하였다.

가. 창궐기 이전의 왜구

왜적이 우리 나라에 침입하기 시작한 것은 삼국시대부터이다. 《三國史記》와 〈광개토왕비문〉은 당시 왜구 침입과 피해가 적지 않음을 말하고 있다.[13] 뿐만 아니라 문무왕이 왜구를 진압하기 위하여 바다 가운데 능을 만들도록 유언하였다는 사실과 신문왕 때의 感恩寺 창건에 얽힌 설화에서도 신라가 왜구에 대하여 얼마나 고심했는지를 알 수 있다.

고려시대에 들어와 왜구에 대한 기록이 처음 나타나는 것은 고종 10년(1223) 5월에 왜가 金州를 노략질하였다는 기사가 보인다.[14] 계속하여 《고려사》의 기록을 보면 고종 12년 4월에 왜선 2척이 경상도 연해지방 주현에 침

13) 《三國史記》 新羅本紀 始祖 8년 · 南海王 11년 · 祗摩王 10년 · 脫解王 17년 · 奈解王 13년조 등에 왜적이 침입한 기사가 보인다. 또한 〈광개토왕비문〉에는 "보병과 기병 5만을 보내 신라를 구하게 했다. 男居城으로부터 신라성에 이르니 倭가 그 안에 가득찼다. 관병이 이르르니 왜적이 물러났다"는 기사가 보인다.

14) 《高麗史》 권 22, 世家 22, 고종 10년 5월.

략하므로 군사를 일으켜 모두 잡았으며, 고종 13년 정월에도 왜구가 경상도 연해지방 주·군을 침입하였고, 같은 해 6월에 금주를 침입하였다. 또 고종 14년 4월에는 왜구가 금주를 침략하므로 防護別監 盧旦이 군사를 출동시켜 적선 2척을 사로잡고 적 30명을 죽였으며, 5월에는 왜적이 熊神縣을 침략하므로 別將 鄭金億 등이 산 속에 잠복해 있다가 적 7명을 죽였다.

고종 10년(1223)에서 14년에 이르는 5년간을 고려시대 왜구 흥기의 초기로 볼 수 있는데, 당시 고려의 사정은 내우 외환이 심해져 가고 있던 때였다.[15] 그런데 이 때에 침입한 왜구는 주로 금주(김해)를 중심으로 일부분의 지역에 출몰하고 있는 것으로 미루어 당시의 적의 위세는 미약했을 것이다. 그러나 고려에서는 매년 계속되는 왜구의 침입에 대하여 엄중한 항의를 했으며, 이에 대하여 일본측에서는 고종 14년 5월에 편지를 보내어 고려 변경을 침략한 죄과를 사과하고 아울러 우호관계를 맺고 통상할 것을 청하였다.[16] 이에 대하여 고려에서는 같은 해 12월 及第 朴寅을 일본에 보내어 왜구의 침입을 금지해 줄 것을 교섭하니 일본은 박인이 보는 앞에서 적의 무리 90여 인을 잡아 죽였다.[17] 이러한 고려측의 금구교섭 때문이었는지 고종 15년에서 46년에 이르는 30년간에는 적어도 문헌상으로 기록이 보이지 않는다.

그러나 이 기간에도 고려는 금주에 성을 쌓아서 왜구를 대비케 하였으며,[18] 원종 즉위년 7월에는 監門衛錄事 韓景胤·權知直史館 洪貯를 일본에 파견하여 해적의 금지를 요구했다. 또 일본측 기록에 의하면 고려 고종 19년(1232)에 肥前境社의 주민이 야음을 타서 고려를 습격하여 재물을 도적질하여 돌아왔다고 한다.[19] 따라서 이 30년 동안에도 왜구의 침입이 계속되었다는 것은 의심할 여지가 없다. 당시 고려의 사정은 거의 매년 왜구보다 규모가 큰 東眞兵·蒙古兵 등 북쪽 오랑캐의 침입에 시달려 강화도 천도까지 해

15) 당시 고려의 사정은 고종 3년부터 해마다 거란이 침입해왔고, 최씨의 독재정치가 심해 갔으며 고종 9년에는 義州賊 韓恂의 무리가 東女眞을 끌어들여 의주를 침범하는 상황이었다.
16) 《高麗史》 권 22, 世家 22, 고종 14년 5월 을축.
17) 《高麗史》 권 22, 世家 22, 고종 14년 12월.
18) 《高麗史》 권 82, 志 36, 兵 2, 城堡 고종 38년.
19) 《吾妻鏡》 後堀河 貞永 원년 윤9월 17일.

야만 했다. 게다가 洪福源 등의 반란과 몽고병이 남하하여 내륙 깊숙이 들어와 있었다. 이러한 상황 속에서 고려는 왜구에 대하여 힘이 미치지 못하였으며, 왜구 또한 이 기간에는 규모가 작아서 연해의 도서지방을 약탈하는 정도였다. 그것도 장기간 주둔하기보다는 앞에 말한 바와 같이 야음을 이용하여 빠르게 행동을 취했으리라 생각된다. 그리고 고려의 지방관리들은 잠깐 나타나는 왜구에 대하여 강화도의 조정에 보고하는 것조차 어려운 상황이었다.

고종 15년 이래로 문헌상에 보이지 않던 왜구의 기사는 원종 4년(1263) 2월에 다시 나타난다. 왜구가 금주 관내인 웅신현의 勿島에 침입하여 조공선을 약탈한 사건이 그것이다. 이에 대하여 고려에서는 같은 해 4월에 太官署丞 洪泞·詹事府錄事 郭王府 등을 일본에 파견하여 禁賊을 교섭하였다. 당시 고려에서 보낸 첩장의 내용은 다음과 같다.

> 양국이 통교한 이래로 해마다 정해진 예에 따라 進奉하는데 한 번에 배 2척에 불과하며 혹 다른 배가 우리 연해 村里를 요란케 하면 엄하게 징계하고 금할 것을 약정하였다. 그런데 2월 22일에 배 한 척이 까닭없이 勿島에 들어와 곡미와 紬布를 약탈하고, 椽島에 들어와 백성들의 의복·식량 등 생활 필수품들을 약탈하여 정해진 약조를 어겼다. 이에 첩장을 보내니 약탈자를 추궁하여 징계함으로써 양국 화친의 意義를 공고히 하기를 바란다(《高麗史》 권 25, 世家 25, 원종 4년 4월 갑인).

여기에서 주목할 것은 우선 「進奉船」이다. 이 배로 매년 한 차례씩 진봉하는 데 선박수는 2척으로 정하였으며, 그 외의 일본 배의 도항은 엄하게 징계하여 금하기로 약정되었던 것이다. 이것으로 볼 때 고려에서는 일찍부터 왜구의 피해를 방지하기 위하여 진봉의 형식으로 무역케 하였으며, 이 때 매년 2척으로 정한 것은 당시 고려가 왜인의 출입을 극히 제한하였음을 알 수 있다. 또한 일본에서 진봉선이라 칭한 것은 교역내용이나 성격이 완전한 朝貢下賜의 형식이었음을 알 수 있다. 같은 해 8월 홍저 등은 일본에 다녀 온 후, "해적을 추적하여 보니 대마도 倭奴들이었고, 그들에게서 쌀 20석, 귀밀 20석, 소가죽 70령을 징발해 가지고 왔다"고 하였다.[20] 그 후 원종 6년(1265)

---

20) 《高麗史》 권 25, 世家 25, 원종 4년 8월 무신.

7월에도 왜구가 남도의 연해 주군을 침구하니 장군 安洪民 등으로 하여금 삼별초군을 거느리고 방어케 하였다. 원종 때의 왜구에 관한 내용은 위의 두 기사뿐인데, 이 때를 전후한 고려의 사정은 고려에 침입하여 주둔한 몽고병이 서서히 철수를 하는 등 여·원간의 화해분위기가 조성되는 시기로 고려에서는 원에 대하여 신경을 쓰던 때였다. 바로 이런 기회를 이용하여 왜구는 고려의 연해를 침구한 것이다.

원종 6년의 침구 이후로 충렬왕 6년(1280)까지는 왜구의 침입이 소강상태에 들어가게 된다. 이 때는 원의 일본정벌이 준비되는 기간으로 고려에서는 원의 강압에 의해 정벌 준비를 하면서, 한편으로는 이 기회에 원을 이용하여 일본을 철저히 토벌 경략케 함으로써 왜구의 근절을 도모하려고 하던 때였다. 따라서 고려에서는 타의적이나마 정벌군의 정비가 이루어지고 있던 때였다. 당시 일본은 여러 차례에 걸친 원 세조의 招諭를 거절하면서 원의 침입에 대비하던 때이며, 또 실제로 원의 東征이 있던 때이었으므로 왜구의 침구가 소강상태에 들어간 듯하다.

충렬왕 6년 5월에 왜구가 다시 固城과 合浦에 침구하여 어부를 납치해 갔으므로 대장군 韓希愈를 보내어 해도를 지키게 하고 또 忽赤·巡馬·諸領府 등에서 200인을 뽑아 경상도와 전라도를 나누어 지키게 했다. 또한 이듬해 10월에는 전주에 鎭邊萬戶府를 설치하여 방비에 주력하였다. 이러한 고려의 적극적인 방비책으로 그 뒤 왜구가 본격적으로 창궐하기 시작하는 충정왕 2년(1350)까지의 70년 사이에는 충렬왕 16년(1290)과 충숙왕 10년(1323)의 두 차례의 침구 기록밖에 보이지 않으며 그 피해도 경미하였다.

나. 창궐기의 왜구

가) 제1기(충정왕 2년~공민왕 22년)

왜구가 창궐하기 시작한 것은 충정왕 2년(1350)부터라고 할 수 있다. 《고려사》에 의하면 "왜구가 고성·죽말·거제를 침입하니 合浦千戶 崔禪과 都領 梁瑎 등이 이를 격파하고 300여 명의 적을 죽였다. 왜구가 우리 나라에 침입한 것이 이 때로부터 시작되었다"[21]라는 기사가 보인다. 이것이 바로 유명한 「庚

21) 《高麗史》 권 37, 世家 37, 충정왕 2년 2월.

寅의 倭寇」이다. 여기에서 보이는 "왜구의 침략이 이 때로부터 시작되었다"는 기록은《고려사절요》·《동사강목》등 여러 문헌에도 보인다. 그러나 왜구의 침략에 관한《고려사》의 기록은 고종 10년(1223)에 이미 있었으며,「왜구」라는 말이 숙어처럼 된 것도 충렬왕 세가에서 찾아 볼 수 있다. 그런데 특별히 여기에서 충정왕 2년이 왜구침입의 시작이라고 한 것은 주목할 만하며,《고려사》나 조선 초기 실록 등 여러 기록에서 "庚寅以來倭寇"라고 한 기사가 보인다. 이 말은 전후 사정을 살펴볼 때 이 때 왜구의 침략에 의한 피해가 특히 컸고 또한 그 후에 계속적으로 침입하였기 때문에 경인년의 사건을 중시하였던 데서 나온 것으로 이해된다. 충정왕 2년은 여·원연합군의 2차 일본정벌이 있은 지 69년째로, 고려와 일본과의 관계는 이로부터 새로운 국면을 맞이하게 되었다.

이 때에 왜구가 창궐하게 된 이유에 대하여, 여·원연합국이 일본을 정벌했던 영향이 국민적 자각에 준 효과가 크고 또 자존심과 자부심을 향상시킴으로써 일본민의 고려에 대한 태도에 변화가 생겼고, 또한 당시의 격전지였던 대마도를 비롯한 博多 방면의 土民들이 과중한 전쟁비용의 부담에 의한 고통과 피해를 짊어져야 했으므로 왜구에 대해 지원했다는 견해가 있다.[22] 그러나 고려 충정왕 2년 무렵 당시의 일본은 南北爭亂이 격화되던 시기였다. 이러한 상황에서 일본민의 자부심이 발흥해 왜구가 창궐했다고 보기 어렵다. 그보다는 당시의 일본이 혼란기로서 치안이 어지럽고 폭력배들의 횡포가 증대해 각지의 군웅할거로 질서가 문란해졌으므로 궁핍한 변방민들의 해외 활동이 자유로웠을 것이다. 당시 고려는 왜구의 침입에 대비하여 연해의 방비에 힘을 기울여 왔으나 충정·공민왕 때에 이르러서는 원의 국내사정으로 고려에까지 원군을 요청하고, 고려는 이에 응하여 원군을 파견하여 남쪽의 방비가 소홀해졌다.

이러한 상황 아래 충정왕 2년 2월에 침입하기 시작한 왜구는 같은 해 4월에 100여 척이 순천·남원·구례·장흥 등 전라도지방을 침입하여 조운선을 약탈하였고, 5월에는 66척이 다시 순천에 침구하였으며, 6월에는 20척이 합포에 침구하여 합포영에 불을 질렀다. 계속하여 6월에는 장흥부, 11월에 동

22) 青山公亮,《日麗交涉史の硏究》(明治大學, 1955), 78~79쪽.

래군을 침구하였으며 진도현을 내륙지방으로 옮기는 사태에 이르렀다. 이렇게 충정왕 2년에 남해연안을 황폐하게 만들었던 왜구는 다음해에는 갑자기 북상하여 지금의 인천 앞바다에까지 이르렀다. 즉 충정왕 3년 8월에 왜선 130척이 紫燕島와 三木島에 침입하여 민가를 분탕하니, 조정에서는 萬戶 印瑺·前密直 李權으로 하여금 西江에 둔을 치게 하여 대비토록 하였다.[23] 그러나 같은 해 8월에 다시 南陽府와 雙阜縣에 침입하여 식량을 약탈하였다. 이에 다시 인당과 이권에게 명하여 왜를 잡도록 하였다. 그러나 이권은 "장수가 아니며, 祿을 먹지도 않으므로 명을 받들지 못하겠다"고 하며 나아가 싸우지 않았다. 이러한 사실들을 볼 때 당시의 왜구가 얼마만큼 맹위를 떨치고 있었는지를 가히 짐작할 수 있다.

왜구는 충정왕의 뒤를 이은 공민왕 때에 기세를 더하여 창궐하였다.

> 왜선이 대거 침입해 오니, 金暉南이 병사가 적어 대적하지 못하고, 西江까지 후퇴하여 구원병을 청하였다. 그러므로 모든 領兵들과 忽赤을 동원하여 西江·甲山 및 喬桐에 나누어 보내어 방비케 하였다. 부녀자들이 길에 몰려나와 통곡하고 都城이 크게 놀랬다. 또 百官과 民戶에서 군량과 화살을 차등있게 거두었다(《高麗史》 권 38, 世家 38, 공민왕 원년 3월 기미).

이것은 왜구가 개경에까지 이른 최초의 기사이다. 이 사건을 시작으로 공민왕 전 시대를 통하여 왜구의 침입이 없던 시기는 왕 5년과 17년 두 해뿐이다. 우선 초기의 큰 사건을 《고려사》 공민왕 세가에서 살펴보면 원년(1352) 9월에 50여 척이 합포에 침입하였고, 왕 3년 4월에 전라도 조운선 200여 척을 약탈하였으며, 6년 9월에는 昇天府 興天寺를 약탈하고 며칠 뒤에 교동을 약탈하였다. 또 7년 3월에는 角山城(고성 부근)에 침구하여 고려의 배 300여 척에 불을 지르고 달아났으며, 9년 5월에는 전라도 옥구지방과 양광도 평택·牙州(아산)·新平 등지에 침입하고 龍城 등 10여 현에 불을 질렀다. 다음 달인 윤5월에는 강화에 침입하여 관민 300여 명을 죽이고 쌀 4만석을 노략했으며 교동현에 불을 지르는 큰 사건이 있었다.

이처럼 왜구의 침입이 계속되던 당시 고려의 사정은 원과의 우호관계 속에서도 보다 독립성을 찾으려 애쓰던 시기였다. 공민왕 5년(1353)에는 雙城

---

23) 《高麗史》 권 37, 世家 37, 충정왕 3년 8월 무자.

을 공격하여 함락시키고 함주 이북의 땅을 수복하였으며, 원의 내란 진압에 고려군을 파견하기도 하였다. 이와 같이 공민왕은 북방의 실지회복에 주력하였고, 이 때까지만 하여도 왜에 대하여 그다지 큰 신경을 쓰지 않은 듯하다. 그런데 공민왕 7년에 들어서 심한 가뭄으로 각 지방에서는 굶어죽는 자들이 속출해 왕이 금주령을 내리고 스스로 하루 한 끼밖에 먹지 않으며 자성할 만큼 큰 시련을 겪게 되었다. 이러한 국내의 혼란 속에 북방에서는 홍건적의 침입까지 있게 되니 고려로서는 남북의 두 외적에게 협공당한 형세가 되었다. 민심은 더욱 불안하고 개경에까지 자주 나타나는 적의 위세에 공민왕 9년(1360)에는 잠시 白岳(長端)으로 移御까지 하였다.[24] 왕 10년에는 홍건적의 2차 침입이 있었고 개경은 적에게 수개월 동안 점령당하기도 하였다.

왜구의 침구는 그 이후 더욱 격심해 갔다. 다시 《고려사》 공민왕 세가에 의하면 「金鏞의 난」이 일어난 다음달인 공민왕 12년 4월에는 왜선 213척이 교동에 들어와 정박하였고, 이듬해 3월에는 왜구 200여 척이 葛島에 정박하였으며, 楊州에 침구하여 200여 호에 불을 지르기도 하였다. 또 동왕 19년 2월에는 內浦(충남 연해지방)에 침구하여 병선 30여 척을 부수고, 21년 6월에는 東界 安邊 등지에 침구하여 부녀를 사로잡고 倉米 만여 석을 약탈해 갔다. 이 때의 왜구 피해는 "해변에서 50리 혹은 30, 40리 떨어진 곳에서야 살 수 있는데 이는 왜구 때문이다"라고 말할 정도였다.[25] 이러한 왜구의 침입에 대하여 고려조정에서는 都巡問使·萬戶·鎭邊使·防禦使·巡問使 등으로 하여금 대항하여 싸우도록 하는 한편, 군대의 증강과 훈련도 계속하고 있었다.

창궐기 초기의 왜구를 그 이전의 왜구와 비교하여 보면, 그 특징으로 침입 지역이 금주(김해) 관내의 연해에서 전국의 연해 지역으로 확대되었다는 것과 수도인 개경 근해에 자주 출몰하였다는 것을 들 수 있다. 남해의 일부분에서 모든 해안으로 침입이 확대되었다는 것은 계속되는 내란과 외적의 침입으로 국내 질서가 문란해진 사실과 한편으로는 원이 약해지는 기회를 이용하여 북

24) 《高麗史》 권 39, 世家 39, 공민왕 9년 7월 신미.
25) 《高麗史》 권 42, 世家 42, 공민왕 19년 5월 갑인.

방의 국경선에도 함께 관심을 쏟았기 때문이라고도 할 수 있다. 또한 수도 개경부근에 자주 출몰한 것은 조운선과 조창을 습격한 것으로 미루어 전국의 租米가 집결되는 곳이기 때문에 개성부근을 자주 침구한 것으로 볼 수 있다.[26]

나) 제2기(공민왕 23년~우왕 4년)

왜구 창궐의 제2기는 공민왕 23년(1374)부터라고 할 수 있다. 우선 통계상으로 볼 때 이 때부터 계속해서 침구 횟수도 잦아졌다. 창궐기 초기의 침구 횟수가 23년간에 134회인데 비하여, 제2기는 18년간 403회로 많은 증가를 보이고 있다. 이 숫자는 1년에 22.4회 이상의 많은 횟수이다. 특히 우왕 3년 같은 경우에는 월평균 4.3회를 나타내고 있다.

또한《고려사》에는 공민왕 23년 이래 왜구가 다시 창궐했음을 다음과 같이 전하고 있다.

> 경인년부터 해적들이 나타나서 우리 나라 섬 백성을 침요하기 시작하여 백성들이 모두 손상을 입고 있는 것은 매우 민망한 일이다. 이 까닭에 병오년에 萬戶 金龍 등을 보내어 사태를 통보하였으며 그 때 해적을 금지하겠다는 征夷大將軍의 약속을 받아온 후 한동안 편안하였다. 근래 갑인년 이래로 해적이 또 다시 창궐하므로 判典客寺事 羅興儒를 재차 귀국에 보내어 양국간에 해적이 또 준동하고 있는 것은 실로 불상사라는 뜻을 전하였던 것이다(《高麗史》권 133, 列傳 46, 신우 3년 6월 을묘).

위의 내용은 우왕 3년 6월 判典客寺事 安吉祥을 일본에 파견하여 전한 해적의 금지를 요구했던 서한의 일부이다. 이것으로 미루어 보면 갑인년, 즉 공민왕 23년(우왕 즉위년)을 기점으로 하여 다시 왜구가 자주 침입하기 시작했음을 알 수 있다. 제2기 가운데서도 특히 우왕이 다스리던 시기는 왜구가 가장 극심했던 시기였다.《고려사》列傳 崔瑩條에 의하면 우왕 이후 왜적이 더욱 창궐하여 백성들이 전일에 비하여 살기가 매우 어렵게 되었다고 하였다. 이리하여 우왕 원년에는 3도의 常徭·雜貢·鹽稅의 감면을 허락하지 않

---

26) 수도 개경부근에 자주 출몰한 것에 대하여 青山公亮(앞의 글)은 "직접 중앙정부를 위협하여 통교의 정상화를 기하려는 의도였다"고 보고 있다. 그러나 당시 왜구는 일본을 대표할 수 있는 집단이 아니기 때문에 타당한 견해라고 볼 수 없다.

을 수 없었다. 이와 같이 왜구의 피해가 커짐과 함께 침입 규모도 전에 비하여 훨씬 대규모로 변하고 있다. 즉 공민왕 23년 4월에는 왜선 350척이 합포에 침구하였고, 우왕 5년 5월에는 騎 700·步 2,000이 진주에 침구하였으며 이듬해 5월에는 왜선 100여 척이 結城·洪州에 침구하고 7월에는 왜선 500여 척이 鎭浦에 침구하였다.

뿐만 아니라 침입지역도 초기의 연해지방에서 내륙 깊숙이 침입하고 있다. 앞의 〈표 3〉에 나타나 있듯이 제2기에만 177지역이 한 번에서 열 번의 침입을 받았다. 이처럼 당시 왜구의 창궐이 극에 달하고 잔폭해진 원인은 당시 일본사정에서 비롯되었다고 할 수 있다. 당시의 일본은 남북조 쟁란기의 후반기(1372 ; 고려 공민왕 21~1391 ; 공양왕 2)가 시작되어 懷良(皇子親王)이 九州에서 활동을 개시하기 시작한 때이다.[27] 여하튼 이 무렵 왜구의 활동은 극성스러웠고 이에 따라 우왕 3년에는 개경이 바다에 가까워 왜구의 화를 당할 염려가 크다고 하여 도읍을 내륙 깊숙한 철원지방으로 옮기려 한 일도 있었다.

이처럼 제2기의 왜구는, 초기에 해안지방을 약탈하던 것에서 벗어나 점차 내륙까지 침입해 오고 그에 따라 전술도 바뀌었다. 즉, 초기 침입시에는 보이지 않던 騎兵이 나타나고 있는 것이다. 《倭寇記》에는 왜구가 말을 배 안에서 사육하고 상륙해서는 바로 기보대오를 만든다고 하였으며[28] 우왕 3년(1377)에 黃山江에서 김해부사 朴葳와 싸운 覇家臺萬戶라는 왜장은 큰 말을 타고 싸웠다고 하였으며, 또한 황산대첩에서 이성계가 포획한 말이 1,600여 필이라는 것을 보아도 이 때의 왜구들은 내륙지방을 목표로 기병화한 사실을 엿볼 수 있다.

---

27) 이 때부터 왜구가 극심하게 된 이유에 대해 《高麗史》 권 114, 列傳 27, 金先致條에는 우왕 초기에 김선치로 하여금 왜인 藤經光을 유인하여 살해하려고 했는데 계획이 누설되어 실패하였음을 전하고, 그 뒤부터 왜구가 침입할 때마다 부녀자와 어린아이까지 살상하였으므로 전라·양광도 연해 주군들은 텅비게 되었다고 하였다. 즉 김선치에게 원인을 돌리고 있는데 일본학자들은 이 기사를 크게 취급하여 왜구의 창궐이 마치 고려가 신의를 지키지 않은 데서 비롯된 것으로 기술하고 있다. 그러나 앞서 언급한 대로 당시의 일본 국내사정이 왜구의 활동을 활발하게 한 원인이라고 보여지며 실제로 懷良이 大宰府를 함락시킨 1372년부터 왜구의 침입이 심하여졌다.

28) 竹越與三郎, 앞의 책, 24쪽.

이처럼 왜구의 침입이 제2기에 들어와서 내륙지방으로 옮겨온 까닭은 무엇일까. 왜구는 해적이므로 해상이나 해안지대의 행동이 자유로운데도 행동반경에 한계가 있고 위험이 큰 내륙으로 옮기게 된 것은 연해 주군으로서는 침구의 목적을 달성하기가 어려웠기 때문이다. 왜구로 인하여 해안의 주군은 미곡 생산이 격감되었고 조운이 통하지 않게 됨에 따라 조세의 운반을 해운에서 육운으로 옮기게 되었던 것이다. 이 제2기 동안에는 조운선을 습격당한 일이 거의 보이지 않는 것도 이런 까닭이다. 조운의 불통으로 해운에서 육운으로 옮기게 되니 해상에서 약탈행위가 어렵게 된 왜구가 내륙 깊숙히 들어오게 되었는데, 이것은 스스로 죽음의 길을 택한 것이라고 할 수 있다. 이성계의 황산대첩 등 육지에서 왜구가 크게 패한 것을 보아도 잘 알 수 있다.

이 기간동안 또 한 가지 주의를 끄는 것은 이른바 假作倭寇 즉, 假倭이다. 가왜란 왜구의 잦은 출몰로 사회가 혼란해지자 이 때를 이용하여, 왜구를 가장하고 도적행각을 벌인 일부 국내의 不良民을 말한다. 이런 가왜의 신분은 대개 禾尺과 才人들이 대부분이었다.[29] 이런 가왜들에 의한 피해도 자못 컸다. 우왕 8년(1382) 4월에 화척들이 왜적이라고 거짓으로 칭하고 관가와 민가를 털어 갔는데, 이 때 判密直 林成味 등이 포획한 수가 남녀 50여 명, 말 200필에 달한 것으로 보아[30] 그 규모도 상당했던 것을 알 수 있다. 또한 그들은 교주·강릉도의 화척과 재인들의 집단 거주지역을 중심으로 일어난 경우가 많다. 이 지역에서 가왜가 나타난 것은, 당시 이 지역이 왜구의 침입이 가장 적은 지역이었으므로 왜구를 막기 위한 관리를 파견하지도 않았기 때문이다. 이처럼 당시 고려 조정은 왜구가 많이 출몰하는 지역에 대하여는 군대 등을 파견하여 치안관계 등에 신경을 썼지만 교주도나 강릉도는 비교적 그렇지를 못했던 것이다.

우왕 6년(1380) 진포싸움에서 패퇴한 왜구는 우왕 9년을 고비로 새로운 국면에 접어들게 되니 이 기간은 왜구가 창궐기를 지나 점차 쇠퇴해가는 시기이다. 침입 횟수도 현저하게 줄어들고 있음을 볼 수 있는데, 우왕 9년

---

29) 《高麗史》 권 84, 志 38, 刑法 1, 戶婚.
30) 《高麗史》 권 134, 列傳 47, 신우 8년 4월.

에 50회 침구하였던 왜구가 10년에는 19회로 줄어들었으며 계속해서 격감하고 있다. 이 때부터 마지막 9년간에 침구한 횟수는 72회로 연평균 8회가 되는데 이는 전에 비하여 많은 차이를 보이고 있다. 또한 규모에서도 소규모로 축소되었다. 이 기간에 가장 큰 왜선단은 80척으로[31] 100척을 넘지 않았다.

이처럼 왜구가 쇠퇴해 간 이유로는 우선 화약·화포 등의 신병기로 인해 고려군의 전력이 강화되었다는 점을 들 수 있다. 우왕 6년 8월 진포싸움에서 화포를 사용하여 500여 척의 왜구를 전멸시킨 대타격 이후로 왜구는 쇠미해 가는 기색이 현저하게 나타나고 있다. 또 우왕 9년의 관음포싸움에서 승리한 고려군이 이듬해 10월에는 왜구 침입의 근거지라 할 수 있는 丑山島에 船卒을 주둔시키는 데 성공하여 이후로 왜구의 걱정이 점차 사라지게 되었다.[32] 그 후 고려에서는 왜구에 대한 보다 적극적인 대책을 추진하여 무력으로 토벌하기에 이르렀다.

우왕 14년(1388) 8월에는 鄭地 등이 왜적과 싸워 50인을 죽이고 60여 필의 말을 얻었다. 이러한 왜구에 대한 적극책은 이후로 계속되어 공양왕 원년(1389) 박위의 대마도정벌 이후에는 더욱 적극적인 대책으로 변화하였다. 그 결과 공양왕 2년에 6회, 3년에 1회, 4년에 1회에 걸쳐 왜구가 침구했을 뿐이다. 이러한 숫자는 전과 비교하여 왜구가 창궐하던 시대가 끝나고 있음을 말하고 있다. 이 시기의 고려는 정치적·경제적으로는 말기적 현상을 나타내고 있으나, 이성계·조준·정지 등의 신진관료층에 의하여 군사력이 강화되고 기강의 확립을 추진하는 등 내부적으로 서서히 국력을 회복하려는 단계였다. 특히 우왕 10년 축산도에 군대를 주둔시킨 이래 섬을 수색하여 왜구를 포획한 것은 이전에는 없었던 일로, 고려의 군사력이 강화되고 있었음을 알려주고 있다.

(4) 왜구에 대한 대책

가. 군사체제의 변동과 강화

---

31) 《高麗史》 권 137, 列傳 50, 신우 14년 5월.
32) 《高麗史》 권 113, 列傳 26, 尹可觀.

고려의 군사제도는 무신란을 계기로 변화되기 시작하여 무신집권기에는 중앙의 2군 6위 체제가 사실상 붕괴되고, 원의 간섭기에 들어서는 원과의 특수한 관계로 州鎭軍마저 소멸할 지경에 이르렀다. 따라서 군사체제는 변질되고 약화되어 군사력을 대표하던 京軍의 편제는 隊正 이상의 장교직만이 남아 「벼슬자리」로서의 성격만을 갖고 있을 뿐이었다.

이러한 상황 아래 고종대부터는 왜구의 침입이 시작되어 남방 연해지역도 국방상으로 중요하게 되었으며, 충정왕 이후 왜구가 창궐함에 따라 국방선은 전국의 연해지역으로 확대되었다. 따라서 거의 유명무실한 지방군인 주현군만으로는 국방이 어렵게 되어, 연해의 국방력을 강화하기 위하여 지방군으로서의 鎭戍軍을 증설하고 騎船軍의 재건에 착수하게 되었다. 그리고 庚寅(충정왕 2 ; 1350) 이후 왜구를 막기 위해 설치하기 시작한 수자리가 공민왕 때에는 18개소에 이르렀다.[33] 또한 연해의 軍民으로 방수에 충당케 하고, 먼 곳의 백성이 그들의 役을 제공토록 하였으며 양광·전라·경상도의 군민에게는 왜구의 방어를 전담토록 하였다.[34]

이러한 鎭戍체제는 제도화되지는 못하였으나, 국방선으로 된 연해지역을 중심으로 군사력이 분할 배치된 것은 지방 중심의 방어에서 왜구에 대한 방어로 바뀌었음을 보여주는 것으로 주목할 만하다.

다음으로 騎船軍의 재건을 살펴보면 고려 초기의 해군은 鎭溟(원산)을 거점으로 하여 東北海賊(동여진)의 경계에 주력하였다.[35] 그러나 중기 이후로는 동여진 해적과 관련한 국방상의 긴장상태가 없었기 때문에 쇠약해졌다. 그러나 말기에 이르러 왜구가 창궐하게 되자 해군력의 배양이란 문제가 중요하게 대두되었다. 공민왕 원년(1352) 3월에 李穡은 연해의 백성으로 해군을 다시 강화시킬 것을 진언했고, 동왕 21년 10월에는 禹玄寶 등이 상소를 올려 전함을 건조하고 장비를 구비하여 해군력을 강화할 것을 역설하였다. 그러나 이러한 주장들은 거의 채택되지 못하였다. 그러다가 공민왕 말엽 왜구의 침입이 격심해지고 피해가 커지자 마침내 船軍의 재건 방침이 정해졌다. 공민

33) 《高麗史節要》 권 27, 공민왕 10년 5월.

34) 《高麗史》 권 82, 志 36, 兵 2, 鎭戍 공민왕 5년 6월 敎.

35) 《高麗史》 권 82, 志 36, 兵 2, 鎭戍.

왕 23년 정월 李禧·鄭地 등은 연해와 섬 출신자들이나 배 부리는 데 익숙한 자로서 스스로 자원한 사람들을 거느리고 싸우면 5년 안에 왜구를 깨끗이 소탕할 수 있다고 하였다. 이에 이들을 楊廣道巡撫使兼倭人追捕萬戶와 全羅道巡撫使兼倭人追捕萬戶에 임명하고 그들의 휘하 군사들에게는 첨설직과 空名牒을 주었다.[36] 이 때 실시된 선군 강화책으로는 일반 군사가 아닌 섬 출신자를 선군에 충당시키고, 그들을 위해 첨설직과 같은 특전이 마련되었고, 선군의 지휘관을 위하여 순무사 겸 만호의 직함이 주어진 것을 들 수 있다.

다음으로 翼軍의 조직을 살펴볼 수 있다. 왜구의 창궐로 많은 군대가 필요하였으나 이미 상비군 조직이 무너진 당시에는 위급한 상태를 당할 때마다 농민을 동원할 수밖에 없었고 따라서 병농일치의 兵制가 마련되었는데 이것이 익군 조직이다. 일정한 지역에 여러 개의 軍翼을 두어 하나의 군사단위로 삼아 공민왕 때 서북면 지역의 국방임무를 담당케 하였다. 그런데 왜구가 창궐하게 되자 우왕 4년(1378) 서북면의 익군체제를 전국에 확대시키자는 都堂의 의견에 따라 전국에 군익조직이 만들어지기도 했으나 반년 만에 폐지되었다.

고려 말에 이르러 왜구에 대비한 군사조직의 정비, 강화와 아울러 新兵器로서의 화약·화기의 사용은 극성기의 왜구를 진압하는 데에 획기적인 전환점을 마련하였다. 고려에서 화약이나 화기에 대하여 알게 된 것은 여·원연합군이 일본에 원정할 때 원의 군사가 화기를 사용하는 것을 보았기 때문이라고 여겨진다. 그 뒤 고려는 왜구가 창궐하게 되자, 왜구격퇴에 사용하기 위하여 독자적인 화약 제조에 노력을 기울였다. 이러한 노력의 결과 崔茂宣이 최초로 화약 제조에 성공하였다. 그 후 화약과 화기가 급속히 발달하여 大將軍·三將軍·六火石砲 등 20종에 가까운 화기가 만들어졌으며 그 위력 또한 놀랄 정도였다. 또 우왕 4년 4월에는 火㷁放射軍이라는 전문부대가 편성되었고, 화기의 위력으로 우왕 6년에는 羅世의 진포싸움과 정지의 남해싸움에서 쾌승을 거둘 수 있었다.

---

36)《高麗史》권 83, 志 37, 兵 3, 船軍 및 권 113, 列傳 26, 鄭地.

나. 토 벌

고려는 왜구의 침입에 대해, 처음에는 변방을 괴롭히는 대수롭지 않은 해적으로 취급했으며, 왜구로 인하여 국가의 영토를 상실한다거나 하는 등의 일은 생각지도 않았다. 그것은 같은 시기에 있었던 북방 홍건적의 침입과 왜구의 침입에 대처하는 고려의 태도를 비교할 때 잘 알 수 있다. 그러나 왜구의 규모가 커지고 왜구로 인해 국정이 문란해짐에 따라, 이에 대해 보다 강경책을 써서 토벌을 감행하였다. 그 예를 들면 우선 우왕 2년(1376) 7월에 있었던 崔瑩의 鴻山大捷을 들 수 있다. 우왕 2년 7월에는 왜구가 다섯 차례에 걸쳐 전라도와 충청도 9개 지방을 침구하여 소란을 피웠다. 이 때 대규모의 왜구가 연산 開太寺에 침입하니 元帥 朴仁桂가 맞아 싸웠으나 전사하였다. 이에 최영이 출정하기를 자청하여 여러 장수들과 함께 홍산에 이르렀으나 지세가 험하여 모두 나아가 싸우기를 꺼려하였다. 이에 최영이 몸소 사졸보다 먼저 돌진하니 사기가 크게 올라 적을 모두 무찔렀으므로, 그 후 왜구들은 최영을 가장 두려워하게 되었다고 한다.

왜구 토벌 중 가장 특기할 만한 싸움은 나세의 진포싸움과 이성계의 황산대첩이다. 이 싸움을 계기로 왜구가 쇠퇴했다고 볼 수 있을 만큼 중요한데, 신병기(火藥)를 처음 사용하기도 한 의미있는 전투다. 우왕 6년 8월에 왜구는 500여 척의 배로 鎭浦(금강입구·현 전북 옥구군 성산면)에 침입하였다. 타고 온 모든 배를 밧줄로 굳게 묶어두고 적은 병사만이 남아 배를 지키고 거의 다 상륙하여 부근의 김제·옥구·익산 등지로 흩어져 방화와 노략질을 자행하니 사람들의 시체가 산과 들을 덮고 적들이 운반하며 흘린 쌀이 길 위에 한 자 이상 깔릴 정도이었다고 한다. 이에 조정에서는 나세를 상원수로 하고 崔茂宣을 부원수로, 沈德符를 도원수로 하여 물리치도록 하였다. 진포에 이르러 최무선이 만든 화포로 적선을 불태우니 적선은 굳게 묶인 탓으로 쉽게 흩어질 수 없어 모두 불에 타버렸다.[37] 이 진포싸움에서 겨우 살아 남은 360여 명의 적들은 沃州로 달아나 먼저 상륙한 적들과 합류하였다. 돌아갈 배를 잃고 퇴로가 끊긴 왜적들은 永同 黃澗(永同郡)·中牟(尙州郡)·化寧(尙州郡) 등

37) 《高麗史》 권 134, 列傳 47, 신우 6년 8월.

의 내륙으로 달아나면서 그들에게 포로된 자의 자녀를 살상하는 등 온갖 만행을 자행하였다. 이러한 가운데 왜구는 상주에 진을 치고 있다가 불리하다고 판단하여 善州로 진을 옮기고 京山府로 쳐들어 갔다. 이 왜구를 토벌하면서 장수 朴修敬·裵彦 등 500여 명의 고려군사가 전사했다. 왜구는 이듬해 9월 남원 운봉현을 방화하고 引月驛(현재 南原市 東面 引月里)에 주둔하여 장차 북상하겠다고 큰소리치니 중외가 크게 놀랄 지경이었다. 조정에서는 이성계를 양광·전라·경상도순찰사로 삼고, 변안열을 체찰사, 그리고 禹仁烈·李元桂·朴林宗·都吉敷·洪仁桂·林成味 등을 원수로 삼아 대토벌작전을 실시하였다. 이 전투에서 왜구는 阿只拔都의 용감함도 효력이 없이 크게 패하였다. 이 때 전사한 왜구의 피로 강이 빨갛게 되어 6, 7일간이나 변하지 않았으며 포획한 말이 1,600여 필이었고 병기도 무수히 많았다. 또한 처음에는 적군이 고려 군사보다 10배나 많았는데 70여 명만이 살아 지리산으로 도망하였다.[38]

水戰에 있어서는 정지의 남해대첩을 꼽을 수 있다. 정지는 우왕 8년부터 海道元帥가 되어 수군을 지휘하고 있었다. 그러나 전함과 무기는 보잘 것 없어 이듬해 5월에 겨우 전함 47척을 마련하여 나주와 목포에서 경비하였다. 그 때 合浦元帥 朴曼殊가 왜선 120척이 경상도 연해에 들어와 연해의 주군을 크게 소란케 한다고 보고하자, 정지는 觀音浦에 이르러 적을 만나 이를 추격하여 朴頭洋에서 크게 무찔렀다. 적의 시체는 바다를 덮었고 화포를 쏘아 적선 17척을 불태웠다. 이 싸움에서 적은 17척의 大船과 2,000여 명의 인명피해를 입었다. 이 관음포싸움 후 고려 군사의 사기가 높아졌으며 이듬해 10월에 왜구 입구의 근거지라 할 수 있는 축산도에 船卒을 두는 데 성공했다.

그 후 공양왕 원년 2월에 당시 경상도 원수이던 박위는 병선 100척으로 대마도를 정벌하여 왜선 300척과 연해 가옥을 모두 없앴으며, 원수 金宗衍·崔七夕·朴子安 등이 잇따라 이르러 본국 포로 남녀 100여 인을 데려왔다.[39]

이렇게 대마도를 정벌할 수 있었던 당시의 고려의 사정은 이성계가 위화도회군 후 우왕을 강화도에 보내고 창왕을 세워 실권을 쥐고 있던 때였다.

---

38) 《太祖實錄》 권 1, 總書.

39) 《高麗史》 권 116, 列傳 29, 朴葳.

이성계는 지리산전투, 황산대첩 등 여러 차례 왜구를 토벌한 경험으로 왜구를 잘 알고 있었기 때문에 왜구의 근거지이고 소굴인 대마도 정벌을 주장했던 것이다.

다. 회유책

고려 말 왜구에 대한 회유책은 조선시대에 비하여 거의 없는 형편이며 효과 또한 거두지 못했다. 《고려사》에 의하면[40] 공민왕 18년(1369) 7월에는 거제 남해현에 있는 귀화한 왜인들이 배반하여 다시 일본으로 돌아갔다고 하였다. 그 해 11월에는 왜적이 寧州·溫水·禮山·沔州의 양곡 운송선을 약탈하였는데, 그들은 바로 거제도에 거주하면서 영원히 화친관계를 맺고자 하므로 국가에서 믿고 허락하였던 왜인들이었으나 다시 도적이 되어 침입하였던 것이다. 이와 같이 고려의 회유책은 실패로 돌아갔으며 이후로는 회유책이 보이지 않는다. 사실상 당시의 일본 국내 사정은 왜구가 회유정책에 순응할 상황이 되지 못하였다. 설령 왜구가 회유정책에 따라 도적행위를 중지하였다고 할 때 그들에게 필요한 물자를 구하기 위한 국교정상화가 일본 국내 사정으로 보아 실현될 수도 없었고 통상교섭의 문호개방도 어렵게 되어 있었다. 따라서 회유정책은 성과를 거둘 수가 없었다.

라. 사절의 내왕

왜구의 침구가 창궐기에 들어서자 고려에서는 적극적으로 토벌을 감행하는 한편, 사절을 파견하여 왜구를 금하는 교섭을 진행하기도 하였다. 여·원 연합군의 일본원정 이후 사절은 공민왕 15년(1366)에 처음 파견되었다. 그 해 9월에 고려에서 파견한 사자 金龍이 일본에 도착하였으며, 다시 11월에는 다시 金逸을 파견하였다. 당시 고려의 국내 사정은 金鏞의 亂(공민왕 12)과 德興君의 亂(공민왕 13) 등의 내란에 시달렸을 뿐 아니라 왜구의 개경부근 출몰이 잦아진 때였다.

이러한 시대상황 아래 고려에서는 왜구를 금하기를 요구하는 사자를 파견하고, 이에 대하여 일본의 征夷大將軍은 즉시 왜구를 금할 것을 약속하였으

40) 《高麗史》 권 41, 世家 41, 공민왕 18년 7월·11월.

므로 비로소 왜구가 약간 줄어들게 되었다.[41] 그러나 당시의 일본은 신정권 제2대 征夷大將軍 足利義詮 말년에 해당되는데, 이 때는 남조의 官方정권과 대립하던 시기로 통일이 요원한 시대였다. 따라서 당시 일본은 막부정치가 지방에까지 강력히 미치지 못하던 때이므로 어느 정도 약속이 지켜졌는지 알 수 없으나 征東 이후 고려 정부와 일본 막부와의 사이에 최초의 교섭이라는 데 의의가 있다.

이 공민왕 15년의 사절파견에 대한 답례로 일본은 동왕 17년 정월에 김일에 동반하여 승려 梵湯과 梵鏐로 하여금 보빙케 하였다. 그런데 이 때 온 일본사자를 신돈이 박대하였기 때문에 이들은 노하여 돌아갔다. 같은 해 7월에 일본이 다시 사자를 보내와 土物을 바쳤다. 고려정부에서는 그 해 11월 대마도 萬戶 宗慶에게 쌀 1천 석을 주었다. 이와 같이 막부당국과 禁寇교섭을 진행하면서 아울러 대마도주 등 금구교섭에 유력한 제후들을 후대하여 평화적인 교섭을 추진하였다. 우왕 원년 2월에는 判典客寺事 羅興儒를 통신사로 일본에 파견하였다. 이듬해 10월 나흥유가 일본에서 돌아올 때 일본은 승려 良柔를 보내어 보빙케 하고, 예물도 彩段·畵屛·長劍·酒器·金龍頭 등을 바쳤다. 또한 일본 승려 周佐의 글을 보내왔다.

> 우리 西海道일대와 九州는 亂臣이 할거하여 貢賦를 不納한 지 20년이 되었습니다. 그런데 西邊海道의 우매한 백성들이 귀국을 침구하는 것이지 우리가 하는 것이 아닙니다. 그러므로 조정에서 장수를 보내어 토벌토록 하고 있는데, 이제 구주만 평정하면 해적들을 금할 수 있음을 하늘에 맹세하고 약속하는 바입니다(《高麗史》 권 133, 列傳 46, 신우 2년 10월).

왜구가 西海道 일대와 九州에 근거하였다고 미루고, 왜구를 금할 것에 성의를 표시하였다. 그러나 이러한 교섭이 이루어지고 있는 가운데에도 왜구는 더욱 창궐하여 우왕 2년에만 46회 침입하였다. 이에 우왕 3년 6월에 판전객시사 安吉祥을 다시 일본에 파견하였다. 그가 가지고 간 國書에서는 두 나라의 우호와 항로의 안정 여부가 전혀 일본의 처리 여하에 달려 있다[42]고 경고하였다. 안길상은 일본에서 병으로 죽고 일본은 그 해 8월에 승려 信弘으

41) 《東史綱目》 15 上, 공민왕 15년 11월.
42) 《高麗史》 권 133, 列傳 46, 신우 3년 6월.

로 보빙케 하였지만 일본은 회신에서 왜구들은 도망쳐 간 무리로서 명령을 준수하지 않기 때문에 금지하기가 쉽지 않다고 하였다.[43]

이에 고려는 다시 前大司成 정몽주를 파견하여 禁賊을 교섭케 하였다. 정몽주는 九州探題 源了俊을 만나 금적을 요구했으며, 그의 요구는 상당한 성과를 거두었다. 특히 원료준을 비롯한 일본인들은 정몽주의 박학다식과 인품에 감복하여 예우를 다해 대접했다. 그리고 정몽주에게 성의를 보이기 위해 우왕 4년(1378) 6월에는 원료준이 승려 신홍에게 군사 69인을 주어 고려에 가서 왜적을 잡도록 하였다. 신홍은 兆陽浦(전남 보성)에서 왜적선 1척을 포획하고 포로로 잡힌 20여 명의 부녀자를 방환하였다. 그러나 固城 赤田浦싸움에서는 이기지 못하고 돌아갔다. 같은 해 9월에 정몽주가 돌아올 때는 포로로 잡혀갔던 尹明·安遇世 등 수백 명을 돌려보내 주었으며 원료준은 周孟仁을 정몽주에 동반시켜 보빙토록 하였다.

그러나 왜구의 침입이 계속되어 우왕 4년 10월에는 다시 版圖判書 李子庸과 前司宰令 韓國柱를 파견하여 왜구의 금지를 청하였다. 이 때 이자용은 구주탐제 원료준에게, 한국주는 周防(山口縣)의 大內氏에게 가서 왜구의 금지를 요청하였다. 이에 대하여 일본은 승려 法印을 파견하여 보빙케 하고 토산물을 바쳤다. 한국주는 우왕 5년 5월에 돌아왔는데 그 때 백제 성왕의 후예라는 大內義弘이 朴居士에게 군사 186인을 주어 고려에 와서 왜적을 잡도록 하였고, 이자용의 귀국길에 원료준은 포로 230명을 돌려보내면서 창검과 말을 헌상하였다.

이상과 같이 우왕 초기에 특히 사절의 왕래가 많았던 것은 우왕 3년부터 6년 사이가 왜구가 가장 창궐하였던 때이므로 우연한 일은 아니다. 당시의 구주탐제 원료준이 왜구의 진압에 적극적인 성의를 보이며 고려의 요구에 응한 것 역시 고려와 화친관계를 유지하려는 의도보다 당시의 일본사정 때문이었다. 이것은 우왕 5년의 사절 뒤로는 고려에서 보낸 사절보다 일본측에서 오는 사절이 훨씬 많아지고 있음을 볼 때 명백히 알 수 있다. 당시 구주탐제라고는 하지만 아직도 원료준에 복종하지 않는 장수들이 있어 불화가 계속되던 때였다. 따라서 고려의 뜻을 거슬리어 막부에 적의를 품게 하는 것

43) 《高麗史》 권 133, 列傳 46, 신우 3년 8월.

은 스스로 큰 화를 초래하는 것이 되며, 왜구 중에는 더러 天皇軍과 밀통하는 자가 있었으므로, 왜구를 금함은 고려와 막부와의 정상교역과 천황군의 기세를 꺾는 데 유리하다는 속셈이었던 것이다. 사절의 왕래 가운데 한 가지 특징은 일본측의 사절로 처음부터 계속해서 승려가 오고 있다는 점인데, 이는 당시의 일본의 문화수준이 전체적으로 저급하고 특히 무신정권 아래서 일본의 지식인은 승려정도였다는 것을 말하는 것이라 하겠다.

〈羅鍾宇〉

집 필 자

개 요 ………………………………………………………… 홍승기

Ⅰ. 신분제의 동요와 농민·천민의 봉기

1. 신분제의 동요
   1) 신분제 동요의 배경 ………………………………… 홍승기
   2) 양인·천인의 신분이동 ……………………………… 홍승기
   3) 향리 및 양반귀족의 신분동요 ……………………… 나각순
2. 농민·천민의 봉기 …………………………………… 이정신

Ⅱ. 대외관계의 전개

1. 몽고 침입에 대한 항쟁 ……………………………… 윤용혁
2. 여·원관계의 전개
   1) 원의 간섭과 자주성의 시련 ………………………… 장동익
   2) 북방문제 ……………………………………………… 김구진
3. 고려 말의 정국과 원·명관계 ………………………… 김성준
4. 홍건적과 왜구 ………………………………………… 나종우

한국사 20
고려후기의 사회와 대외관계

편찬간행 **국사편찬위원회**

초판1쇄 2003년 11월 30일
2쇄 2013년 6월 4일

번각발행 **탑구당**

등록일 1950년 11월 1일
등록번호 서울 제 03-00993 호

주소 서울특별시 용산구 한강대로 62 나길 6
전화 (02) 3785-2211(대표)
팩스 (02) 3785-2272
홈페이지 www.tamgudang.co.kr
전자우편 tamgudang@paran.com

ISBN 978-89-8236-586-7
978-89-8236-566-9(세트)

값 17,000 원